仓修良先生（摄于 2012 年春）

方志学通论

（增订本）

仓修良 著

图书在版编目（CIP）数据

方志学通论 / 仓修良著. —— 增订本. —— 北京：商务印书馆，2022
ISBN 978-7-100-20362-3

Ⅰ.①方… Ⅱ.①仓… Ⅲ.①方志学 Ⅳ.①K290

中国版本图书馆CIP数据核字（2021）第184868号

权利保留，侵权必究。

方志学通论
（增订本）

仓修良　著

商 务 印 书 馆 出 版
（北京王府井大街36号　邮政编码100710）
商 务 印 书 馆 发 行
三河市尚艺印装有限公司印刷
ISBN 978 - 7 - 100 - 20362 - 3

2022年4月第1版　　　开本 710×1000　1/16
2022年4月第1次印刷　印张 42　插页 1

定价：198.00元

出版说明

仓修良先生（1933—2021）是当代著名历史学家、方志学家，江苏省泗阳县人。1958年毕业于浙江师范学院历史系，一直在杭州大学历史系任教。1998年国务院决定四校合并，为浙江大学历史系教授。生前社会兼职有中国历史文献研究会名誉会长、学术委员会主任委员，中国地方志学会学术委员，浙江省地方志学会副会长，华中师范大学历史文献研究所、华东师范大学中国史学研究所、宁波大学、温州大学兼职教授等。

仓先生毕生致力于中国史学史、历史文献学、方志学和谱牒学等方面的教学与研究，著述宏富。出版学术专著有《中国古代史学史简编》（与魏得良合著）、《中国古代史学史》、《方志学通论》、《谱牒学通论》、《章学诚和〈文史通义〉》、《章学诚评传》（与叶建华合著）、《章学诚评传》（与仓晓梅合著），自选文集《史家·史籍·史学》、《仓修良探方志》、《史志丛稿》、《独乐斋文存》。主持二十五史辞典丛书的编纂工作，主编《中国史学名著评介》（三卷本、五卷本）、《史记辞典》、《汉书辞典》、《二十五史警句妙语辞典》、《中国历史文选》（下册，与魏得良合编）、《中国史学史参考资料》、《中国华东文献丛书·华东稀见方志文献》（全五十卷），《中国历史大辞典·史学史卷》编委，撰写《中国历史要籍介绍及选读》要籍解题。古籍整理有《爝火录》（与魏得良合校）、《文史通义新编》、《文史通义新编新注》等。在《历史研究》、《新华文摘》、《中国史研究》、《文史》、《人民日报》、《光明日报》等报刊发表论文两百余篇，科研成果多次受到国家和省部级的奖励。事迹被收入中外名人辞典三十多种，治学经历被收入朝华出版社《学林春秋》，享受国务院特殊津贴。

仓先生在2017年出版《谱牒学通论》后，有意出版本人文集，将生平著述作一总结，集中呈现给学界朋友与广大读者。文集的出版，承商务印书馆的大力支持，同时得到浙江大学中国古代史研究所"双一流"项目经费出版资助。编纂工作从2019年底正式启动，由于身体原因，仓先生委托留系弟子鲍永军负责，从事制订编纂计划、搜集整理并复印论文、整齐文献格式、校对清样及引文、联络沟通等编务。仓先生确定文集编纂计划与目录，指导编纂工作，夫人任宁沪女士、女儿仓晓梅女士提供书信与照片资料，对封面设计、文集装帧等提出宝贵的意见建议。文集编纂工作，得到先生弟子们的积极参与热忱帮助。叶建华同志校对文集排版文字、核对论著引文。陈凯同志参与制订编纂计划，负责书信整理编纂工作，参与统一文集文献格式，编撰《学术论著编年目录》。张勤同志编撰《学术活动年表》。先生其他弟子，钱茂伟、舒仁辉、刘连开、殷梦霞、文善常、范立舟、陈鹏鸣、金伟、白雪飞、邹晏君、邢舒绪等同志，始终关注支持文集编纂工作。

本文集包含五方面内容，依次为专著、古籍整理、论文集、附录、书信集。文集凡十卷：第一卷《中国古代史学史》；第二卷《方志学通论》；第三卷《谱牒学通论》；第四卷《章学诚评传》（与叶建华合著）；第五卷《章学诚和〈文史通义〉》、《章学诚评传》（与仓晓梅合著）；第六卷《文史通义新编新注》；第七卷《中国史学史论集》；第八卷《方志学论集》；第九卷《谱牒学与历史文献学论集》，附录《学术活动年表》、《学术论著编年目录》；第十卷《友朋书信集》。仓先生所撰中国历史要籍解题，收入第七卷《中国史学史论集》。仓先生主编的《中国史学名著评介》、《文史通义新编》、《爝火录》以及《中国历史文选》，所撰《中国历史大辞典·史学史》、《史记辞典》、《汉书辞典》、《二十五史警句妙语辞典》词条，限于篇幅，本文集不再收录。原四本论文集《史家·史籍·史学》、《仓修良探方志》、《史志丛稿》、《独乐斋文存》中的相关序言、前言、后记，分别收入第七、八、九卷中。

文集中的专著，有增订本者，收增订本。已出版著作与发表的论文，注释体例多有不同，此次出版，为方便读者，重新编排，核对引文，尽可能按照最新出版规范，统一注释体例。

文集编纂尚在进行，仓先生不幸于2021年3月逝世，遗憾不可弥补。文集第一卷于11月问世，后续各卷陆续出版，以慰先生在天之灵。先生之风，山高水长；先生之学，百世流芳。

编者

2021年10月26日

题　辞

　　余始在弱龄，精治小学，好涉览乾嘉诸儒著述。稍长，读章实斋书，服其识议通达，足以矫当时学者溺于名物训诂之枉，自是卓然特立之士以补偏救弊自任者也。尝就其遗书各种，撮钞其精言要义而熟复之。自以为爱读章书者，莫我若矣。晚岁游历四方，与仓君修良邂逅桂林，其年方过四十，方任教于杭州大学。文质彬彬，蔼然可近。因与纵论学术，知其亦寝馈实斋之学，引为同好，相交益亲。后余数游杭州，得造其庐。观所纂述之文，充积几案。其于章实斋与《文史通义》，既有专著论列之矣。继是而治史学史，撰成《中国古代史学史简编》，以刊布于世。复从事方志学之研究，广搜博采，取精用宏，剖析源流，甄审得失，复为《方志学通论》数十万言。吁！何其多也，非兼人之力不及此！亦由君治学勤奋过人，故精进若是之速也。余以是益敬之重之。君所为《方志学通论》将出版，属余为序其书，余观其纲举目张，有条不紊，自来论方志者，皆不及此书之全备而精密。行见此书一出，沾溉无穷。今之新修地方志书者，又必人手一编，以此为津逮也。则君论述之功，岂可泯哉！余既服其难能，因书此以遗之，亦聊以志余赞叹之意云。

张舜徽

一九八六年十月二十日

修订本前言

拙著《方志学通论》1990年出版，已经13年了。由于早已脱销，所以学术界许多朋友都迫切希望我能够再版。当然，对朋友们的美意我是很感谢的，但再版我必须进行修订，并且要作大的改动。因为此书从撰写开始至今已经20多年了。1981年我将《中国古代史学史简编》书稿交出版社以后，在给高年级讲授方志学课的同时，就进行了《方志学通论》的撰写工作。1984年完成初稿，经过一年的修改，1986年初就将书稿寄给齐鲁书社，这是他们向我所约之稿。由于当时出版事业处于低谷，于是这部书稿在齐鲁书社一下子就"睡"了五年，直到1990年底才得以问世。

20年来，学术发展都在突飞猛进，方志学领域变化也非常之大，而许多内容我在研究上也都有了新的进展。特别是隋唐五代的图经，这是方志发展史上一个重要的阶段，通过对敦煌图经残卷的研究，完全可以肯定图经是一种什么著作。此前许多学者一直认为，图经是以图为主，亦有人说图经就是地图加文字说明。虽然我觉得这些说法都不妥当，但是反驳的理由并不充分。尽管当时通过友人帮助，我已经得到敦煌图经残卷，但还没有时间进行深入研究。从那时起，我就将此内容作为研究课题提出，终因教课任务重、应酬文章多而一直提不上议事日程。我也曾和研究生商量，只要他们愿意研究撰写，我可以为之提供资料，帮助修改，成果是他们的，但他们大多也以太难而谢绝。直到2000年上半年，我去美国住了半年，去前带足了有关资料，集中精力总算将此问题搞清楚了。看到了图经的庐山真面目，修改过程中，自然要明明白白地告诉读者图经是一种什么样的著作。

拙著既然重点在讲述方志发展的历史，那么中华人民共和国成立以后的修志事业自然也应当有所反映。对此，大家知道得较多的自然就是20世纪80年代以来的修志事业。这次修志工作不仅开展的面相当广，而且成书的品种和数量都创造了奇迹，任何一个历史时代都无法与之相比拟，理所当然应当大书特书，这是毫无疑义的。然而20世纪五六十年代那次修志，自然也不应当忘记，因为它毕竟是新中国成立后第一次修志。虽然，后为政治运动所迫而中断，但我们在撰写方志发展的历史时，还是应当给它应有的地位。它代表方志发展一个特定的历史阶段，这是任何人也无法否定的。况且当时同样是在党和国家领导人的关怀和指导下开展起来，而各地也同样是在有关政府组织下进行工作的，有方志小组制定的《新方志编修体例草案》和有关条例，真可谓一应俱全。虽然时间很短，其实已初见成效，修出了数以百计的县市志初稿。今天所能见到的有些志书，内容、体例也还相当不错，但一直不被人们所重视。所以这次修改过程中，我着意搜集了相关的资料，将当时的修志过程写入其中，让更多的人了解新中国成立后第一次修志工作的概况，以便将来人们研究新中国修志事业时，不再将这一段修志历史遗忘！

　　修志界同仁都已知道，全国地方志第三次工作会议已经开过，这次会议实际上是动员并部署新一轮修志工作，这就是说新一轮修志工作已经开始。那么新一轮志书究竟应当如何修法呢？实际上中国地方志指导小组原副组长王忍之同志已经提出了具体要求，认为新一轮修志有两大任务，一个是"续"，一个是"修"，"这次修志应该做到既修又续，不能偏废"。按照我的理解，就是在上一部志书的基础上，加以修正、补充和续修，而不是摆脱上一部志书，紧接下去搞续修。他指出，"修"也是新一轮修志重要的、不应该忽视的任务，不能只讲"续"，不讲"修"。他提出新一轮修志的全过程是在上一部志书的基础上，"好的保留，错的纠正，漏的补上，长的精简，如果这些工作做好了，再加上时间上把它延伸，新的续上，新一轮的修志工作就完成得更全面。摆在我们面前的，将是一部新的、更好的志书，既有最近一段历史的新史料，又有对上一部志书的提高、修正。这次修志应做到既修又续，不能偏废"[1]。我觉得王忍之同志所提出的要求是非常切合实际的。因为第一轮所修志书中有许多应当写而没有写的内容，漏得实在太多了，这些漏并不是某个小问题的遗漏，而是整段的历史丢了。不少志书对民国时期的内容基本上未记载，是不是整段的历史丢了？"文革"十年不记载，是不是成片的历

---

[1] 王忍之：《在全国续志篇目设置理论研讨会上的讲话（2000年7月26日）》，《中国地方志》2000年第5期。

史丢了？"大跃进"、人民公社所产生的负面效应略而不载，是不是没有全面地、完整地反映当时的社会现状？诸如此类，这些内容有谁能说它不重要呢？就连获得全国一等奖的《绍兴市志》主编任桂全同志也不得不承认，他们的《绍兴市志》在这些方面也确实还存在着缺陷。按理讲，在新一轮修志中对其加以补写乃是名正言顺之事，否则，难道要留给子孙后代再去补吗？作为指导小组负责人的王忍之，在新一轮修志开始之前提出这个要求是有针对性的。所以在我看来，这个要求提得非常及时，非常切合实际。上一届修志中没有完成的任务，新一轮修志理所当然要加以完成，这本是不成问题的问题。可是现在方志学界有些人却不大愿意来完成这个任务。记得2001年在杭州召开的全国续志理论研讨会上，有位志办主任就很不耐烦地说："漏了那么多，补不胜补！"言下之意，没有必要再补写了。对于这样一位志办主任，我想问一句，你的责任心哪里去了？如此态度，怎么能领导好一个省、一个市所属县市的修志工作？志书内容记载是否完整他都不管，那还管什么呢？国家拿出大量的人力、物力、财力来修志，就是希望各地都能留下一部内容完整的地情书，若是内容残缺不全，自然就有违修志的初衷。所以王忍之同志提出新一轮修志中修与补也是其不可忽视的任务是完全可以理解的。为此，我在2001年特地写了一篇题为《千锤百炼著佳章——新志续修的一些想法》的文章，从方志发展的历史到第一轮修志的现状，全面论述了王忍之同志所提要求的合理性与可行性，指出只有这样做才能出精品、出佳志。在这篇文章的最后，有这样一段话，表明了我为什么要写此文：

> 我们认为，该补的就是要补，再多也得补，这是为了对子孙后代负责，否则子孙后代要责骂我们不负责任。当然，我在文章开头已经讲了，王忍之同志提出的"修"与"补"的任务，修志界同仁已经是很难理解、很难接受，而我的一些想法又能有谁来理会呢？作为一介书生，由于人微，言再重也肯定不足以动修志界同仁之视听。尽管如此，作为方志理论工作者的我来说，在修志工作面临转轨的重要关头，何去何从，为了对方志事业负责，对子孙后代负责，我不能不说，否则就是我的失责，就是对方志事业和子孙后代的不负责任。讲了无人理会，那就不是我的责任了。这里我还想向修志界同仁提出一个问题，特别是向各

位掌权者提出，现在所修称续志，如"某某县续志"，那么以后再修如何称呼呢？每20年修一次又如何称呼呢？难道你们真的就不为以后再修者们想一想吗？这是必须回答的问题，不论你愿意还是不愿意，都必须作出回答。①

如今既然要对《方志学通论》作比较大的修订，理所当然，我要把对新一轮修志的看法和主张作为一章写入其中，表明我对这个看法是一以贯之的。因为根据我的研究，王忍之同志提出的新一轮修志形式，正符合我国传统方志的编修形式，这就是广义的续修。在我国方志发展过程中，在一般情况下，每次修志总是在前人所修志书的基础上进行续修，这中间既有补充遗漏，又有纠正错误，然后再续写新的内容，这就是广义的传统的续修形式，也是我国古代修志所采用的主要形式，真正一刀切式的续修，其数量真是微乎其微。清代学者阮元在道光《重修仪征县志序》中极力赞扬这一修志形式，他认为编修方志，要先将旧志内容列出，"然后再列新增，凡旧志有异同，则详注以推其得失；新增之事迹则据实以著其本原。其旧志缺漏、舛讹，有他书可以订正者，别立校补一类。庶乎事半功倍，详略合宜"。《重修仪征县志》正是采用这一形式编修，所以序中说："新修之志，包括旧志于其间，学者读此一编，即可见诸志之崖略，其有裨于掌故，岂不伟哉！后此修志者，能奉此志为典型，但续新增，而无改旧贯，匪特易于集事，不至费大难筹，抑且新旧相承，并垂不朽，此则余所厚望也夫。"可见他认为这是修志最应当推广的形式，因为这样修出的方志，首先有利于学者阅读，得此一本，新旧内容都在其间，查找一个问题，不必要翻阅两部志书，这也就是我们今天所说为用志者创造了方便条件。这一点广大修志工作者必须懂得，修志的最终目的是为了用，无论是存史还是资治，都是要通过用来实现的。就我个人来说，由于我研究的专业，确定了我历来就是个用志大户，当然希望用最短的时间，查找到自己所需要的资料。我想这是人之常情，谁都希望如此，查阅一部就能得到所需资料，总比查阅两部或更多要来得简便。其

---

① 《浙江方志》2001年第3—4合期，《中国地方志》2001年第4期。收入《仓修良探方志》，华东师范大学出版社2005年版。

次，通过这样编修，显然有利于锤炼精品、创造佳志。因为这样做就必然要对前人所修志书的内容进行提炼、浓缩，错的可以作必要的纠正，漏的也可及时加以补充，这自然就可以提高志书的质量。这都是明摆着的事实，我们何乐而不为呢？

我在撰写《方志学通论》初版时，第二章重点讲述我国方志发展的历史，标题是《方志发展的三个阶段和四次高潮》。该书出版后，有位朋友看了后曾坦诚地给我写了封信，提出方志发展三个阶段提得很准确，符合我国方志发展的历史；但是四次高潮的提法不太科学，只是凭看到的现象而提出，未必符合方志发展的历史。看了朋友的信以后，经过反复考虑和研究，觉得意见提得很好，因此，这次修改时，将四次高潮的提法删去。下面就这两个问题分别谈些看法。

我应约为《学林春秋》一书所写的《我与中国史学史》一文中，在讲到《方志学通论》出版时，对此问题曾有这样的论述：

> 我可以不客气地讲，在这部书中，我真正的功劳就在于第一次讲清了我国方志发展的历史及其发展规律，特别是三个阶段和每个阶段的特点，这就是方志的发展是经过地记、图经、定型方志三个阶段。至于为什么在发展不同阶段会出现不同名称，可以说从来无人问津，似乎各种名称都是理所当然，并无研究之必要。事实上，方志既然是独立的一门学科，自然也有其自身的发生、发展规律，离开社会条件和时代精神而去研究特点和规律，自然是不可能的。只要大家稍作留意就可发现，地记、图经和定型方志固然有其明显的区别，即便定型后的方志，亦都带有不同程度各自产生的时代烙印。正像我们今天所编修的新方志一样，它必然反映出我们这个时代的精神。这不仅要体现在观点上，而且要反映在内容、体例各个方面。惟其如此，要想探索出方志产生和发展规律，总结出不同阶段的特点，必须把它放到特定的社会历史条件下进行比较研究和分析，才有可能收到比较理想的效果。就以研究方志起源而言，直至今天方志学界不少人还是在抱着《禹贡》、《周官》、《山海经》等某部书坐而论道，而大量史籍记载说明，方志的名称，较早时候，史家都称为"郡书"、"郡国之书"、"郡国地志"等，这就说明，它是记

载以地方行政区划郡县为范围的一种著作。后来的发展，也正是沿着这样的道路。所以随着行政区划的变更，因而就有府志、州志这一类名称。既然如此，我国的郡县制度是在秦始皇统一六国后才在全国确立推行的，那么在郡县制度尚未确立之前，自然就不可能产生反映这种制度的著作，否则将是不可思议的。因此，我们说在春秋战国时代要产生这样性质的著作是不可能的，西周当然就更不必说了。还有人异想天开地说，方志在原始社会就已经产生，这简直是天方夜谭。我们采用了文化反映论的观点，根据我国秦汉以来社会发展概况的研究，我们得出的结论是方志起源于两汉的地记。著名的历史地理学家谭其骧、史念海先生都持这种看法。当然，关于方志起源于两汉地记，我们除了从产生的社会条件进行分析外，还有确切的史书记载为依据。《隋书·经籍志》"杂传类"小序曰："后汉光武，始诏南阳，撰作风俗，故沛、三辅有耆旧节士之序，鲁、庐江有名德、先贤之赞。郡国之书，由是而作……推其本源，盖亦史官之末事也。"这段记载说明，地记这类著作，还是从统治者所提倡开始。光武帝刘秀为了表彰家乡之盛，诏撰了《南阳风俗传》，而所记内容，就是本地人物、风俗、山川、物产等，这么一来，各地纷纷仿效。值得注意的是，作者总结性地指出："郡国之书，由是而作。"这就是说，地方性的郡县著作，从这个时候便开始了。我们认为，做学问、科学研究，就是在追求真理，别人研究出正确结论，我就坚决服从，这才是做学问应有的态度。令人遗憾的是，方志学界很大部分同志，对方志起源问题还在抱残守缺，闭起门来搞文字游戏，别人的研究结论拒不接受，史书的明文记载视而不见。这与"坚持真理，修正错误"的精神实在相距太远。[①]

在讨论方志起源的问题上，为什么有些人会连史书记载也不相信呢？难道就不知道学术讨论总是要以理服人吗？这个理就是要以确切的史料为根据，这是做学问的基本准则。为此，在这里我还要向方志学界某些人士提出一个问题，正史的记载尚且不能算数，那么我们中华民族的五千年文明史不

[①] 参见仓修良：《我与中国史学史》，张世林编：《学林春秋》，朝华出版社1999年版，第222—223页。

知将以什么记载为准？因为研究任何历史都要以确切的史料记载为依据，这是尽人皆知的常识，难道你们就没有想过吗？

我接受友人的意见，修改中将"四次高潮"删去，我觉得朋友的意见很有道理。我们今天在确定某个朝代是否为高潮，仅仅是依据我们今天所能够知道的当时产生的著作数量为标准，这显然是不科学的。我当时将魏晋南北朝、宋朝、明朝、清朝作为封建时代四次修志高潮，就是因为这四个时期皆有可知的著作数字作为依据。事实上这种看法是很表面的。就以唐朝而言，所修图经尽管一部也未完整地流传下来，但这并不足以说明唐朝所修图经数量不多。唐朝政府曾经三令五申各个地方政府必须按时向中央报送图经。从有关记载可知，各地方政府确实都在执行，而各地也都有留底，甚至是随处可得，这从当时文人的许多诗文中都可以得到反映，敦煌图经残卷更是很好的见证。正因为唐代图经的大量编修，激发了地理学的大发展，所以当时曾先后产生了数量众多的全国性的地理总志或区域志，著名的如《海内华夷图》、《元和郡县图志》、《域中郡国山川图经》和《郡国志》等。当然也就造就了一大批像贾耽、李吉甫等这样杰出的地理学家。当代许多学者在论著中也都指出，这和当时封建国家修造图经的制度是分不开的。既然如此，我们有什么理由说唐朝图经的编修未曾出现高潮呢？我们再看元朝地方志的编修，元朝统治时间虽然仅九十多年，但同样编修出数量相当多的志书。据粗略统计，现在尚能知其名者竟达170多种，况且元朝所修方志，几乎遍布全国各地。单以这个数字来和北宋或南宋相比，都可以显示出其数量是相当大的，因为北宋和南宋的统治时间都几乎为元朝的两倍。我们还要指出的是，元朝建立以后，元世祖便采纳大臣的建议，编纂《大一统志》，从而开创了明清两代编修一统志的先河。众所周知，为了编修一统志，全国各地州县势必都得编修志书，既然如此，我们又有什么理由说它没有形成或出现过高潮呢？如此看来，仅从能够知道的志书数量多少来确定是否出现过高潮，既不科学，也不符合历史实际，更无实际意义，当然就无保留价值。近来看到有的论著还在沿用此种形式，列举中国方志史上出现过五次修志高潮，并将六朝与隋并作第一次修志高潮，则更是没有道理。六朝修的是地记，隋朝修的是图经，服务的对象各不相同，这当然是次要的，问题在于为了说明高潮，硬将两个不同朝代拉在一道，这样做合理吗？总之，从魏晋南北朝以来，我们可以研究出几乎每个朝代修志都曾出现过高潮，因此，高潮越多，也就越显示不出高潮的意义了。

我在此书《初版前言》中曾说："编修地方志是我国民族文化中一个优良的传统"，原来在后面紧接着还有一句"也是我们中华民族所特有的文化传统"，出版时责任编辑并未与我商量，将这一句去掉了，他理解前一句话已经包含了这一层意思。因此，书出版后，我也没有再去专门理会这一问题。不料如今竟成为一个引发争论的大问题。于是我也不得不旧话重提，再申述一下自己的看法。

现在有些看法认为中国的方志，在世界各国都有，也就是说世界各国都在编修方志。我认为这种看法毫无根据。事实上只有我们的周边邻国日本、朝鲜、越南等国家，由于千百年来一直与中国文化交往，受到中国传统文化的影响很深，许多中国传统文化都相继传入，其中方志当然也不例外。因为我们与这些国家之间实际上并不是简单的文化交流，有些国家的"开化可以说都是藉由中国文化展开的。诸如文字、姓氏、礼俗以及衣食住行等等的方式"[1]。有的国家土地在历史上还曾被列入中国行政区划，而大多数国家则长期与中国封建王朝存在着封贡关系，即所谓年年进贡、岁岁来朝。由于中国历代君主都主张对藩属国家"厚往薄来"，因而朝鲜、越南两国在明清两代还一直维持着与中国的这种关系。这样，中华文化的大量传入自然就在情理之中。熟悉中国历史的人都知道，这些国家生活在汉文化圈中已经一两千年了。就日本而言，还在我们唐代中叶（唐中宗至玄宗间），日本元明天皇和铜年间就已经有"风土记"一类的著作产生了，并且延续时间很久，直至江户幕府后期（17世纪后期至19世纪中期），这种著作形式还大量出现。至于定型的方志，出现就很晚了，如《雍州府志》成书于日本贞享元年（清康熙二十三年），所记内容与形式已经相当于宋代早期所产生的方志或图经了。值得注意的是，该志"不但书名完全汉化，书中文字也都是汉字"。尽管如此，日本的方志编修并未制度化，并不是每个地方必须按时编修，因而到了后来都走上了地方史的道路，莫看书名是某某郡志、某某市志，其实都是史而已。至于朝鲜的方志编修开始就更晚了，根据韩国学者自己研究，古代朝

---

[1] 陈捷先：《东亚古方志学探论》，台北联经出版事业公司1998年版，第55—58页。

鲜方志编修，约在 15 世纪才起步，这就相当于我国明代中期。但是到了 19 世纪末叶，由于国家逐步衰弱，方志的编修也就没落了。因此，韩国学者对古朝鲜时期所修的方志实际上都不太重视，一般都将其列入地理书的范畴，与"地理志"作同样看待，足见他们对自己国家曾修过方志并不重视，更很少有人作专门研究。而越南方志的编修，从真正意义上来讲，亦主要是在 15 世纪以后，即我国明清时代这段时间，限于篇幅，就不再举例说明。

从上述简单介绍我们可以看到，我们周边的邻国，由于长期以来与我国进行频繁的文化等方面的交流，方志这种著作形式都传到他们那里，各国也的确都编出了自己的方志，有的还相当典型，如日本的《雍州府志》、朝鲜的《中京志》、越南的《嘉定城通志》等。但是，也许因为各个国家的风俗习惯各异，对于这种著作都没有能坚持下来。特别是由于他们都没有国家制度保证，因而既不可能做到连续编修，更不可能做到普遍编修，于是有的是自行消失，有的则最后完全变了味，全部走上地方史的道路，把地方志的特点丢得一干二净，这都是明摆着的历史事实。而我国每一个朝代都有规定，各地方政府必须按时编写。这个规定自隋唐以来直到清朝从未中断，史书也都有明确记载，有案可查，甚至对编写内容所作的要求，史书也有记载。这就保证了我们这一优良的文化传统、特有的文化发展现象得以代代相传，尽管其内容总是不断地在发展与丰富，体例也在不断地完善与更新，但是作为方志所固有的特点却一直保持着不变。从这个意义上来讲，我们自然完全有理由讲"也是我们所特有的文化传统"，有什么不可以呢？所以著名学者谭其骧先生在中国地方史志协会成立大会上的讲话中说："我们的祖宗给我们留下来八千多部方志，这是我国一个很伟大的、特有的宝库，这中间有大量的可贵的史料。"[①] 台湾学者陈捷先教授在其《清代台湾方志研究》一书中称方志"为全世界文化史中的一项特有瑰宝"。有谁能说不是的呢？我倒认为，自己拥有特有的瑰宝而不敢理直气壮地承认，那才是很可悲的现象。东亚一些国家历史上曾经仿照中国方志的编修，在各自国内按照这种著作形式编出过有关志书，然而天长日久，随着时间的推移，由于各国的生活习惯、风俗民情各不相同，对于这种著作形式没有一个国家能够坚持下来，要么中断，要么

---

① 参见《中国地方史志通讯》1981 年第 5—6 合期。

演变成单纯的地方史。这些事实再次说明，文化这种意识形态，总是一定的社会政治和经济的反映，同时又反过来作用并影响一定的政治和经济。因此，它的民族性和地域性表现得都很明显。不同民族、不同地域的文化自然就形成了人类文化的多样性，这是研究学术文化最起码的常识，只有懂得这个道理，才能够理解为什么不同的国家、不同的民族会产生不同的学术文化。

现在有些人不顾这些基本的常识（也许是不懂得这些基本常识），硬说方志这种著作形式在世界各国都普遍存在，如《黑龙江史志》1988年第3期载刘纪生的《略论方志的多国性》一文便持这个观点。文中首先列举了凯撒的《高卢战记》和塔西佗的《日耳曼尼亚志》。学过世界史的人都知道，这是古罗马时期的两部史书。为了说明这两部书的性质和内容，我们不妨将著名历史学家郭圣铭所著的《西方史学史概要》一书对这两部史书所作的评介摘引于下，以便大家了解其真相。

《高卢战记》：

> 凯撒之所以能够在政治上得势，原因之一便是他曾在高卢总督任内（公元前58—前49年）为罗马奴隶主贵族立下了汗马功劳。凯撒的《高卢战记》，大概是作于公元前52年。他写这部书的动机，似乎是存心替自己表功，来影响当时罗马人的视听，就像现今资本主义国家内资产阶级政客在竞选时要发表演说一样。……此书记述凯撒经营高卢的始末，其中记载了他对高卢人、日耳曼人所进行的一系列的战争，以及他于公元前55年、前54年两次侵入不列颠岛的经过，并且对高卢之地的山川形势、物产状况、民族分布、风俗民情等等，也有描述。《高卢战记》主要是凯撒用来为自己树碑立传的……①

《日耳曼尼亚志》：

> 本书的全名为《论日耳曼人的起源、分布地区和风俗习惯》，是第一部比较完备的关于日耳曼诸部族的记载。当时日耳曼人正处在从氏族

---

① 郭圣铭：《西方史学史概要》，上海人民出版社1983年版，第39页。

转变到国家的过程中，在社会生活上还保持着许多原始时代的遗风。塔西佗把日耳曼人那种刚健勇猛的精神，与当时罗马上层社会中那种腐化堕落的情形作了对比……《日耳曼尼亚志》具有很高的史料价值，恩格斯曾引用它所提供的材料，来说明古代日耳曼人的社会概况。①

这两部书很明显都是史学著作，不知为什么到了该文作者的笔下却都变成了方志，这不能不使我怀疑，他对方志最基本的特点和内容是否一无所知，否则怎么会把记载战争历史为主的《高卢战记》也说成是方志呢？难道真的就不知道方志的编修是有区别于其他著作的自己特殊的体例的吗？《高卢战记》有哪一点是符合方志的体例？至于《日耳曼尼亚志》，由于有个"志"字，似乎可以肯定是方志了。殊不知这里的"志"字应作"史"字解释，因为"志"的意思还作记、记事和史解释。宋代史学家郑樵在《通志·总序》中解说他的书名时就曾明确指出："古者记事之史谓之志……太史公更志为记，今谓之志，本其旧也。"因此，他的《通志》就是"通史"之意。既然如此，那么该文所列举的其他几部书名如《美国志》等，也就无须一一再作说明了。不过该文作者还有一个概念没有搞清楚，即方志是一个地区的综合性著作，也就是说它的地方性、区域性非常明显，而全国性的就不能称方志，就如我们上面所列举的日本、朝鲜、越南那几部书无不如此。对此，还在20世纪80年代，谭其骧先生就已经指出："地方志不同于总志。地方志顾名思义是记载一个地方的事情的。地方志所记载的地方可大可小，大的一个省一种志，古代的大到一个州一种志，小的不管是一个县一个镇，也可以有县志、有镇志。尽管可大可小，但总而言之是一个地方一种志。因为是记载一个地方的，所以地方志简称就叫'方志'。'方'是对全国而言的，'方'是'总'的对立体。凡是以全国为记载对象的，那就不能叫它'地方志'。清朝人编的《四库全书》，大家都知道，在地理类里头就有一部分叫总志之书，一部分叫方志之书，那就分得很清楚。凡是记载全国的，就在总志里头；记载一个地方的，就在方志里头。把各省的通志和府、州、县志叫做方志，这是很正确的，也是很科学的。可是这几年，我看到不少地方

---

① 郭圣铭：《西方史学史概要》，第47页。

出版的地方志通讯一类刊物上所刊载的文章，往往把总志与方志混为一谈，这是很不应该的。我认为搞地方志工作的，有必要把这两个概念分清楚。"①尽管这段文字在初版中已经引过，但时至今日，有的方志理论工作者尚且对总志与方志两者概念还是分不清楚，因此有必要将谭先生的讲话再摘引一次，因为这对于方志工作者是非常重要的。上面评论的那位作者，也正是这两个概念没有搞清楚，所以就把《美国志》等都列举出来，以说明国外也是有方志这种著作形式的，由于大前提错了，结论当然也就不可能是正确的。

  由于近几年方志学界访问美国者增多，因而写中美方志比较研究的文章也多起来了，大有三人成虎之势，给人们无形中造成一种错觉，那就是美国必然也是有这种地方志的，否则怎么做比较研究呢？对此我在美国期间曾作过专门的调查和研究，得出的结论是否定的。那些比较研究纯属牵强附会，比较者完全将方志这种著作形式的特点和体例丢在一边。我访问了印第安纳大学资深教授司徒琳女士，她研究中国明史已有40年之久，称得上是位中国通，由于重点是研究南明史，自然就需要查阅大量的地方志，也称得上是位用志大户，当然对方志这种著作形式有着较深认识。因为我们是老朋友，所以交谈比较随便，当我问起美国是否有方志这种著作时，她肯定地回答说"没有"。接着就说："你们中国有些人研究方法有问题，往往总以为凡是中国有的东西，别的国家也一定会有，实际上就忘记了每个民族、每个国家都有自己不同的历史、不同的风俗民情、不同的生活习惯，当然也就形成了各自不同的民族文化，怎么会连这点常识也不知道呢？"接着她介绍了美国对地方史的编写是相当重视的，每个州都有一位资深的历史学教授主持其事，年薪很高。这就是说人家重视编写的是地方史，而绝不是什么地方志。为了让大家更多地了解外国学者对这个问题的看法，这里不妨再列举美国芝加哥大学亚力托教授的看法。他的《中国方志与西方史的比较》一文，许多论著都曾作过征引，他在文中说：中国"自宋以来，方志在形式上和内涵上的一致性是惊人的。至于西方，根本没有长期一致的文体，即使一国中的一致性也

---

① 谭其骧：《地方志与总志及历代地方行政区划》，《中国地方志通讯》1984年第4—5合期。参见《长水集（续编）》所收《地方志与总志》，人民出版社2009年版。

没有……而方志的形式则千年基本未变"[①]。文中所讲为什么会产生这种现象，其理由与司徒琳教授所讲大体是一致的，那就是由不同的历史条件和不同的风俗习惯所造成的，这是任何个人意志所无法转移的。所以我们可以肯定地说，不仅美国没有地方志，所有西方国家都没有。难怪浙江省地方志办公室杨金荣主任参观访问澳大利亚回国后，见面就对我说："他们那种地方文献根本就无法与我们的地方志相比。"这里还可以告诉大家这样一件事情，西方国家不仅没有地方志，而且在英文中也没有这样合适的词汇，因此，就无法将"方志"这个名称翻译过去，于是西方一些学者的论著中在引用拙著《方志学通论》时，他们只好仍旧使用中文书名。对此，台湾学者陈捷先教授在《东亚古方志学探论》一书的《引言》中曾作了说明："我们中国古老优良的文化遗产中，有一种叫'方志'的，在英文字汇里找不到一个合适的译名。尽管有人译作 Local History 或是 Local Gazeteers，但是中国的方志显然不是如英国教会教区历史或意大利一个小城报纸那样的局限内容与单纯写作目的，因此这些译名都不太切合实际，都不能概括中国方志的真正内涵。英国诗人所谓的'东方是东方，西方是西方'，似乎也有些道理了。中国方志的特别与找不着合适的英文译名，可能与这种文化遗珍的内容与书体有关……方志既有如此特殊的内容与书法，在西洋文化产物中是不见的，当然相同的译名就不容易找到了。"可见这就是不同地域、不同文化在语言文字上的具体反映。类似情况当然可以列举出很多，这都是无法否认的事实存在。

　　写到这里，我很坦诚地向方志学界同仁提出一点希望，希望方志学界同仁共同努力，呵护好我们中华民族这一优良文化传统，使其能够正常地代代相传，而不要在我们这一代人手中变味乃至自行消亡。因为有些迹象引起了我的担心，但愿我这个担心是多余的。我们提倡在新志编修过程中大家要发挥创新精神，但是，创新总是以继承为前提，要在继承的基础上根据时代和现实的需要加以发展、创新，若是离开这个前提，把千百年来方志发展过程中所形成的一些优良传统、有别于其他著作的所独具的特色全部抛开，另起炉灶地搞独创，那就会失去编纂地方志的宗旨和意义，这种做法只能叫作"新创"，而不是我们所希望的"创新"，一字之差，意义全然不同。因

[①] 参见《广东史志》1986 年第 1 期。

此，所有创新都必须照顾到方志有别于其他著作的固有特点和体例，如果连这些都不复存在，那方志这种著作形式也就会逐渐变味乃至消亡。就如《山东省志》在《人物志》卷之外，另设《诸子名家》卷，本来这样的做法是无可厚非的，只要将这些诸子名家放在一卷之中，并适当加大其篇幅也就可以了。遗憾的是编纂者们所采用的编写形式，完全超越了方志体例，而是一个人编写一本书。这种做法已经不是什么篇章升格与突出问题了，其结果已经是与《山东省志》并列了。不管你是否承认、如何辩论，摆在大家面前的事实就是这样。不仅如此，人们不禁还要发问，你们这一个一个人物志，与各式各样的人物评传究竟有什么区别？既然与这些人物传没有多大区别，那又从哪一点能说明你是方志呢？你这个人物志，不懂方志的人照样可以编写。其实我们已经讲了，问题并不在于《诸子名家》能否单独立卷，而在于立卷后如何处理、如何编写。人家批评你的也并不是单独立卷错了，而是没有将这些人"纳在一卷"之中编写。众所周知，绍兴的名人名家之多是举世闻名的，《绍兴市志》为了突出这点，也曾设立了《名家学术思想》卷，以集中反映人物群体。他们这一做法，受到了方志学界的好评，并被认为是创新之举，因为其做法仅仅在于突出重点、反映特色，而编写中没有任何越位。可见设想都是一样，由于做法不同，效果完全相反。如果他们也是按照《山东省志》的《诸子名家》卷那样的写法，其结果必然也是被否定。

尤其令人感到不安的是，自从修志出现高潮以来，社会上许多书籍也都打着志书的旗号出现，莫名其妙的"志书"实在不少，一个家族的历史也名之曰志，有的还是由志办组织编写，《陋巷志》可视作代表。该书序言中就这样写道："《陋巷志》是以春秋时期鲁人颜回所居'陋巷'地名命名的志书，它与孔氏家族志《阙里志》一样，在中国地方志中是以圣贤家族历史为对象的专门志书。"可见人家已经将这种家族志堂而皇之地列为方志系列专门志书了。其实它不过是一部名副其实的家族史而已，而这里的《阙里志》的"志"，原本当作"史"的意思，从来就没有人把它当作地方志看待，如今却一律都附会成地方志了。圣贤家族可以修志，其他家族同样可以照此办理，长此以往，当然还会出现许许多多类似的系列志书，整个修志事业不就乱了套吗？对此，难道大家真的就能等闲视之吗？

这次修改过程中，曾得到许多朋友的帮忙。江苏泗阳县志办公室苏仲林主任为我及时寄来20世纪60年代编修出版的《泗阳县志》，邢舒绪同志为我查对有关引文、校对打印的书稿，于伟平、詹利萍同志为我查找有关资料，方志出版社的领导非常热情地为我出版此书，责任编辑李沛先生在编辑出版此书中付出了辛勤劳动。还要特别指出的是，北京图书馆出版社领导和浙江古籍出版社有关同志都曾决定或动意欲为我出版此书。对于他们的热情帮助和深情厚谊，一并在此表示感谢和敬意！

最后，热忱地欢迎方志学界同仁和读者朋友对本书批评指正！

仓修良

二〇〇三年三月三十日于浙江大学寓所

初版前言

地方志是我国文化遗产中非常宝贵的一个组成部分，它在我国浩如烟海的文化典籍中，占有很大的比重。据统计，全国保存的各种方志有8500种左右，共11万多卷，占我国现存古籍十分之一左右。这是一个巨大的数字，为我们研究祖国的各地历史、地理、物产资源、风土人情、自然灾害等提供了很多宝贵的材料。

编修地方志是我国民族文化中一个优良的传统，但是我们必须懂得，这种著作形式，与其他的文体一样，绝不是成于一朝一夕，也不是成于某一人之手，而是在悠久的历史进程中逐渐形成和发展起来的。开始并不像人们所想象的那么完善，一出现便是一部完美的著作。它和谱学一样，都是史学的旁支，并随着史学的发展而产生和形成，乃至最后成为一门独立的学问——方志学。因此，我们在研究方志的起源和发展时，必须把它放在史学发展的长河中进行探索，才能正确得出产生的原因，发现每个阶段不同的特点。关于这点，马列主义经典作家早就提出，要把研究的问题提到一定的历史范围之内，具体地分析具体的情况。列宁在《论民族自决权》一文中说："在分析任何一个社会问题时，马克思主义理论的绝对要求，就是要把问题提到一定的历史范围之内。"[1]然而目前研究方志起源的某些文章，有一个共同的倾向，即脱离社会发展条件，抛开政治、经济、学术文化等重要社会因素，孤立地仅就某部书来谈起源，其结果自然不可能讲清方志的起源。学术思想是各个时代政治、经济的反映，各种学术文化著作总要为特定的时代服务，方志的编修自然也不例外，这就是方志发展过程中之所以会出现明显的阶段性的原因。所以我们研究方志的起源和发展，必须密切联系当时社会的条件，否则就不可能达到预期的目的。

---

[1] 《列宁选集》第二卷，人民出版社1995年版，第375页。

方志学和其他学科一样，有它自己的特点和发展规律。因此，不仅要研究方志的产生和发展的历史，而且要找出它产生的原因和发展的规律，总结各个时期的特点和编纂方法，以做到推陈出新，为今天编纂社会主义新方志服务。从方志的产生到方志学的建立，经历过相当长的历史时期，在不同的阶段还出现不同的名称，所记内容也是在不断变化，逐步丰富完善起来。这些变化显然都与当时的社会风气以及政治、经济、文化发展有着密切的关系。既然学术思想是时代的反映，各种学术文化著作又都总要为特定的时代服务，因而也就必然要打上时代的烙印。所以我们研究方志发展史，必须密切联系有关社会条件，否则就讲不清各阶段的特点和名称、内容、体例的发展与变化，最多只能做些现象的罗列。

方志，顾名思义，它是以记载一方之事为内容的地方性著作，也就是前人所讲的"郡县之书"。由于它具有舆地著作的一些特性，故从《隋书·经籍志》开始，封建时代的目录学分类，都将它和一般舆地著作一样列在史部地理类。当时方志尚未形成一门独立的学科，这样分法是可以理解的。而目前研究方志的论著中，普遍存在着另一个倾向，即把历来公认的许多著名的舆地著作都纳入了方志的行列，如《元和郡县图志》、《太平寰宇记》、《舆地纪胜》、《读史方舆纪要》等等，有的甚至将顾炎武的《天下郡国利病书》也称为方志。这么一来，历史地理学就完全被方志学所取代了。这种做法显然是不妥当的，所以许多历史地理学家已经纷纷提出了批评。谭其骧先生1983年4月在洛阳召开的中国地方史志协会年会上所作的报告中就已指出："地方志不同于总志。地方志顾名思义是记载一个地方的事情的。地方志所记载的地方可大可小，大的一个省一种志，古代的大到一个州一种志，小的不管是一个县一个镇，也可以有县志、有镇志。尽管可大可小，但总而言之是一个地方一种志。因为是记载一个地方的，所以地方志简称就叫'方志'。'方'是对全国而言的，'方'是'总'的对立体。凡是以全国为记载对象的，就不能叫它地方志。清朝人编的《四库全书》，大家都知道，在地理类里头就有一部分叫总志之书，一部分叫方志之书，那就分得很清楚。凡是记载全国的，就在总志里头；记载一个地方的，就在方志里头。把各省的通志和府、州、县志叫作方志，这是很正确的，也是很科学的。可是这几年，我看到不少地方出版的地方志通讯一类刊物上所刊载的文章，往往把总志与方志混为一谈，这是很不应该的。我认为搞地方志工作的，有必要把这两个概念分清楚。《禹贡》是《尚书》的一篇，《汉书·地理志》是《汉书》的一篇，因为没有单独成书，所以《四库全书》里头当然没有把它列为地方总志；因为它不是一本书，但是它的性质无疑是总志。我们当然不能因为它不列在《四库全书》总志里头而不把它当成一部总志。各地的地方志都不应该追溯到《禹贡》、《汉书·地理志》上去。要把总志和方志分清楚。"① 谭先生的讲话很中肯，应当引起方志学界足够的重视。

方志的性质是具有"亦地亦史"的地方性综合著作，记载内容的多样性，就决定了它的性质既不是史，也不是地，而是介乎史地之间的一种边缘学科。尽管它原是史学发展过程中所产生的一个分支，经过长期的发展，它已另立门户，成为一门独立的学问。只有充分认识这一特性，才能更好地帮助我们在编修新志过程中处理好继承和创新的关系。创新必须在总结旧志经验的基础上进行，如果完全丢掉方志的特点而去创新，那编纂出来的也就不可能是方志。当然，社会主义时代编修的方志，必须反映社会主义社会的精神面貌，如果一切均依旧志体例、篇目，内容很少有时代气息，自然也就谈不上创新。从方志发展的历史来看，每个时代的篇目、内容，总是反映那个时代的精神。我们现在提倡要创立社会主义时代新的方志理论，编修新型的方志。但如果对旧志的发展演变和旧志的编纂理论一无所知，新方志理论从何而来？新方志又如何编修？没有继承就绝无创新之理，这是经典作家早已指出的。相反，我们对旧方志理论和编纂方法的探索、研究，目的正在于批判地继承，吸取其有益的东西，为编修新志、创立社会主义新的方志理论服务。

方志学是一门既古老而又年轻的学科。我从事于中国史学史的教学和研究工作，方志既是史学的一个旁支，所以我对它要分点精力进行研究。60年代，我曾写过20余万字的初稿。在"文革"中，这部初稿连同有关资料和卡片全都丢失了，对我来说，无疑是个很大的损失。粉碎"四人帮"以后，特别是党的十一届三中全会以后，"政通人和，百废俱兴"，在党中央领导的直接关怀下，全国各地掀起了修志高潮。为了适应这一形势的要求，从1981

---

① 谭其骧：《地方志与总志及历代地方行政区划》，《中国地方志通讯》1984年第4—5合期。参见谭其骧：《长水集（续编）》所收《地方志与总志》。

年起，校、系有关领导要我给高年级学生开设"方志学"课，于是不得不重理旧业，从头做起。几年来又多次应许多省份和兄弟院校的邀请，为他们举办的方志讲习班、培训班讲课，所到之处，学员们都希望将讲稿印发。他们的热切求知愿望，使我深受感动。就这样，遂决心将自己对方志和方志学的看法、想法重新写成这部《方志学通论》。这样既解决教材之需要，又可供各地修志工作者参考。

要了解方志的发展演变过程和特点，是需要翻阅大量的各种类型的方志著作的。但是，要大多数人做到这点比较困难，因为有许多方志只有在全国比较大的少数图书馆方能看到。为了解决这一困难，我在书中尽可能多地抄录了有代表性的方志篇目。至于像敦煌发现的唐代图经，大家看到的机会就更少了。为了能让更多的人看到唐代图经究竟是什么样的东西，故将三部唐代图经残卷全文附上。

我是在吾师黎子耀教授引导下进入史学园地的，而对于方志学的探索，又是受黎师的启迪。他在60年代初已经提出，方志起源于两汉之地记；方志，是史学发展的一个旁支。从那时起，我就按此精神进行钻研。这次在重新撰写过程中，尽可能参考了所能见到的方志学界老一代的著作和新的研究成果，从中吸取营养，在此谨向先辈和同仁致以衷心感谢！当然，本着百家争鸣的精神，对于具有争论性的问题，一般都提出了自己的看法。限于学术水平和见闻，加之又是一门新的学科，书中错误疏失，实所难免，衷心希望得到史学界特别是方志学界专家、方志编纂新秀和广大读者的指正。

书中所有表格除一幅由阙维民同志代为制作，其余皆为小女仓晓梅绘作或复制，她并参与了定稿后的誊写工作。一氓老人在百忙中为拙稿书写了题签，当代文献学家、中国历史文献研究会会长张舜徽教授撰写了题辞，还有许多师友为这部书稿的撰述提供宝贵的资料，在此一并表示诚挚的谢意！

此书能够顺利地出版，自然更要感谢齐鲁书社的领导和编辑同志。在目前学术著作出版不景气的情况下，他们为我提供了出版条件，并为书稿提出了许多十分宝贵的意见，在此再次表示感谢！

仓修良

一九八六年春节于杭州大学

目 录

第一章 方志的性质和特点 1
    第一节 方志的性质 1
    第二节 方志的特点 6

第二章 方志的起源 38
    第一节 关于方志起源的几种看法 38
    第二节 方志应是特定时代的产物 60
    第三节 方志起源于两汉之地记 64

第三章 方志发展的第一个阶段——魏晋南北朝的地记 89
    第一节 魏晋南北朝地记发达的原因 89
    第二节 魏晋南北朝时期地记概述 94
    第三节 魏晋南北朝时期地记的内容 110
    第四节 魏晋南北朝时期地记简评 130

第四章 方志发展的第二个阶段——隋唐五代的图经 151
    第一节 隋唐五代图经发达的原因 152
    第二节 图经是一种什么样的著作 157
    第三节 隋唐五代图经发展概况 161
    第四节 隋唐图经的内容 167
    第五节 敦煌图经残卷简介 172

第六节 《沙州伊州地志》残卷的名称和《沙州都督府图经》残卷版本问题 ... 203

第七节 敦煌图经残卷的价值和启示 ... 206

第五章 方志发展的第三个阶段——体例趋于定型的宋元方志 ... 217

第一节 记人述地再度汇合一体 ... 217

第二节 宋代方志编修概述 ... 223

第三节 方志体例趋于定型 ... 229

第四节 宋代方志述评 ... 244

第五节 稳步发展的元代方志 ... 267

第六章 迅速发展的明代方志 ... 278

第一节 明代方志发展概况 ... 278

第二节 明代方志编修的特点 ... 282

第三节 明代方志述评 ... 294

第七章 进入全盛时期的清代方志 ... 304

第一节 清代方志编修概况 ... 304

第二节 清代方志编修的体例 ... 310

第三节 清代修志中的流派 ... 314

第八章 民国时期的方志编修与方志学研究 ... 327

第一节 民国时期的方志编修概况 ... 327

第二节 民国时期方志评述 ... 336

第三节 民国时期的方志学研究概述 ... 344

第九章 新中国的修志事业概述 ... 354

第一节 马鞍形的新中国修志事业的发展 ... 354

第二节 20世纪80年代第一届志书述评 ... 373

第十章 章学诚和方志学 ... 403

第一节 坎坷的一生 ... 403

第二节 章学诚的方志理论 ... 410

  第三节 章学诚方志理论的三大来源 438
第十一章 旧方志的价值和整理 463
  第一节 旧方志的价值 463
  第二节 旧方志的整理 481
第十二章 新方志的编纂 502
  第一节 建立修志机构 502
  第二节 资料的搜集、整理和鉴别 503
  第三节 关于新志编修的几点意见 527
第十三章 新一轮志书的编纂 575
  第一节 上一轮修志的巨大成就 576
  第二节 上一轮修志中存在的问题 584
  第三节 上一轮修志中出现诸多问题的原因 590
  第四节 新一轮修志的精品意识 593
第十四章 胡乔木的方志理论 612
  第一节 胡乔木的生平简述 612
  第二节 明确阐述修志工作和地方志书的性质 620
  第三节 针对志书弊病，提出编纂要求 626
  第四节 确保志书质量的关键在于把好人选关 635

后　记 641

第一章
方志的性质和特点

第一节 方志的性质

关于方志的性质，长期以来一直存在着不同的看法。所谓性质，主要是指学科的属性而言，具体说就是方志记载的对象、内容究竟是什么。内容决定着形式，著作体裁又大多与内容有着密切关系。

在封建社会里，方志一直被认为是地理书，属于地理学的范畴。从《隋书·经籍志》以来的公私目录，大都把它列入史部地理类。这种分法在当时来说还是有一定道理的。一则是地记的产生便是由地方性的地理著作与地方性的人物传记汇合而成，它确实具有地理的性质；再则是到了隋唐时期，由于社会政治原因，方志在发展过程中产生了较大的变化，图经取代了地记。就性质而言，图经的地理成分显然更多。因此，在方志尚无独立门目的情况下，把它列入地理类自然是可以理解的。不过从宋代开始，从记载内容到著作体例都有了较为明显的发展和变化，不仅恢复了地记的内容，而且有了更多的充实，体例逐渐趋于完善。可是大多数公私目录学家并未引起足够重视，仍旧因袭前例，目之为地理书，未作相应变更，有的学者还在著作时强调应加强其地理性。所以到了清代，不少学者在辑佚时也都把这些著作视为地理之书。

不过在宋代，就已经有许多学者提出方志是属于史的范畴的看法。有的直接提出"郡之有志，犹国之有史"的看法，有的则在编写中强调史的职能和作用。如绍兴九年（1139）董弅在为《严州图经》所写的序中，就历叙了他纂修这部图经的起因、经过和目的。他于绍兴七年（1137）知严州后，"尝访求历代沿革，国朝典章，前贤遗范，率汗漫莫可取正"，"乃喟然曰：唯严为州，山水清绝，有高贤之遐躅，久以辑睦得名"。"历代以来，文人才士，间出于其地，伟贤巨公，来为牧守者相望也，庸可以勿纪乎？"于是"检订事实，各以类从，因旧经而补辑，广新闻而附见，凡是邦之遗事略具矣。岂特备异日职方举闰年之制，抑使为政者究知风俗利病，师范先贤懿绩；而承学晚生，览之可以辑睦而还旧俗；宦达名流，玩之可以全高风而励名节，渠小补也哉？"这里说得十分明显，他之所以要编纂这部图经，不单是为了"举闰年之制"，而更重要的是为新官上任了解当地风土民情提供资料，同时也为宣传封建道德提供教材，要让后人从先哲往事中学习其高尚品德，以培养出好的社会风气。像这样的要求，地理书显然是无法胜任的。又如元祐七年（1092），林虑在为朱长文所写的《吴郡图经续记·后序》中说："先生之书三卷，若干条，而所包括者，古今图籍，不可胜数，虽浮图方士之书，小说俚谚之言，可以证古而传久者，亦毕取而并录，先生岂欲矜淹博而耀华藻哉！举昔时牧守之贤，冀来者之相承也；道前世人物之盛，冀后生之自力也。《沟渎》条浚水之方，《仓庾》记裕民之术，论风俗之习尚，夸户口之蕃息，遂及于教化礼乐之大务。于是见先生之志，素在于天下也，岂可徒以方域舆地之书视之哉！"书名称为图经，按理讲应为"方域舆地之书"，但在林虑看来，其内容和作用均远非地理书所能比拟，所以指出："岂可徒以方域舆地之书视之哉！"这就明显地否定了它是地理之书。再如马光祖在《景定建康志序》中说："郡有志，即成周职方氏之所掌，岂徒辨其山林、川泽、都鄙之名物而已。天时验于岁月灾祥之书，地利明于形势险要之设，人文著于衣冠礼乐风俗之臧否。忠孝节义，表人材也；版籍登耗，考民力也；甲兵坚瑕，讨军实也；政教修废，察吏治也；古今是非得失之迹，垂劝鉴也。夫如是，然后有补于世。郡皆然，况陪都乎！"这就是说，在马光祖看来，郡志之作，绝不是单纯为了"辨其山林、川泽、都鄙之名物而已"，而必须能起到表人材、察吏治、垂劝鉴等作用。显然这些都不是地理书所能做到的，而都是历史书的功能。上举三例，虽然没有一条明确提出郡志就是郡史，却都从不同的角度论述了郡志必须具备史的功能，发挥史的垂鉴作用，并且也都用不同的形式指出，不能把它看作是"方域舆地之书"。其主张如何，确实是一目了然。到了明清时期，提出志乃史体的主张就比较普遍了，如嘉靖年间所修之志，大多强调这一问题。《河间府志序》中说："古有列国之史，而今有一方之志。"《彰德府志序》说："夫志者，郡史也。"《宝应县志·义例》说："志，史也，事必核，文必当，义必精，夫是之谓史。"《昆山县志·凡例》说:"志,固一邑之史。"《浦江县志略序解》说:"今之志,古之史也。"诸如此类,不胜枚举。清代此说之盛更胜于明代,章学诚大倡其说,这是大家比较熟悉的。直至近代,持此说者仍不乏其人,最为典型的代表人物要算李泰棻了。他在所著《方志学》一书中,开宗明义便说:"方志者,即地方之志,盖以区别国史也。依诸向例,在中央者谓之史,在地方者谓之志。故志即史,如某省志,即某省史,而某县志,亦即某县史也。欲知方志之定义,须先知史之定义。"这实际上是将志和史完全等同起来,这也就是章学诚所讲的,国史方志只有记载范围广狭之殊,绝无内容本质之异。

当然,由于方志内容记载的广泛和著作数量的增多,也确实引起一些目录学家的注意。因为从图书的分类来说,图书部类之分合,是随着学术的发展、书籍的多寡和地位的高下而决定的,它直接反映着各个时代学术发展的面貌。所以在明代公家所编之《文渊阁书目》中,第一次将方志单独立了门类,因为地方志数量特多,故还分古今志、旧志、新志三类。后来万历年间所纂之《内阁藏书目录》,打破四部分类的成规,将图书分为十八部,而图经、志乘都独立门类,与经、史、子、集等并列。而私家目录,自从朱睦㮮在《万卷堂书目》中将方志列为史部的一个独立门类后,陈第的《世善堂书目》、祁承㸁的《澹生堂藏书目》、徐乾学的《传是楼书目》、钱谦益的《绛云楼书目》等也都先后在史部为方志立了专类。所有这些都反映了方志在学术地位上的变化与提高。不过,习惯势力的影响也并不是轻易所能改变的。章学诚虽然力主志乃史体,反对图经属于方志,而在目录学上,又主张书籍分类要达到"辨章学术,考镜源流"的目的,但是他在所编的《史籍考》分类中,仍将方志列在地理部。因此单从目录上有时还很难确切反映出著作的性质,正像汉魏六朝之地记,有的放在地理类,有的则列在杂传类。

关于地方志,它既不是地理著作,也不是单纯的历史著作,其性质实际上是介于史地之间的一种边缘学科,不过史的性质更强,总的是属于历史学的范畴,是史学发展过程中所产生的一个旁支。因此,它就不完全等同于"史"。这种著作,是记载某一地区的山川、地理、风土、人物、社会经济等内容。开始是由地方性的地理与地方性的人物传记汇合发展而成,最初就叫地记。这种著作的出现,反映了当时地方经济的发展与门阀豪族势力的增长。东汉以来,各地经济得到发展,特别是各地豪族势力壮大,便成为产生地记这类著作的社会基础。尤其是魏晋六朝时期，因门阀豪族制度的形成，这种著作得到了蓬勃的发展。所以我们说这种著作开始时是为了维护豪族地主利益、巩固门阀制度而形成的一种史学。刘知幾批评说"郡书者，矜其乡贤，美其邦族"，自然还是有道理的。因为它开始产生就是为世家大族服务的。随着时代的发展，中经演变，至宋元时期基本定型，其记载内容一直在不断丰富，体例也在逐步完善，形成自成一体的著作形式，虽是史学一个分支，但已有别于一般史学著作。故自宋以来，许多学者既不把它看作地理著作，也不把它看作历史之书。司马光在为宋敏求所作的《河南志序》中说："《周官》有职方、土训、诵训之职，掌道四方九州之事物，以诏王知其利害，后世学者为书以述地（里）[理]，亦其遗法也。唐丽正殿直学士韦述为《两京记》，近故龙图阁直学士宋君敏求，字次道，演之为《河南（志）》、《长安志》，凡其废兴、迁徙及宫室、城郭、坊市、第舍、县镇、乡里、山川、津梁、亭驿、庙寺、陵墓之名数，与古先之遗迹，人物之俊秀，守令之良能，花卉之殊尤，无不备载。考诸韦记，其详不啻十余倍，开编粲然，如指诸掌，真博物之书也。"①在这里，司马光将方志称为"博物之书"，这个概括具体而形象，说明了方志所记载的内容是非常丰富的，是地理著作和历史著作都无法比拟的。明代学者王世贞在《万历金华府志序》中说："窃谓志志者详于地而略于人，志史者详于人而略于地，乃今所志，分野、灾祥、山川、土田、官师、人物，彬彬乎三才之理备矣。"这就是说，在他原来的想象当中，编写方志总是详于地理而略于人物，编写历史总是详于人物而略于地理，可是现在的方志，乃是天文、地理、人物等无所不备。那么，这样的著作究竟是一种什么性质呢？他在《通州志序》中说："窃谓今志犹古史也。古者千乘之国与附庸之邦，皆有史官以掌记时事，第不过君卿大夫言动之一端，而所谓山川、土田、民物、风俗、兵防之类，意别有图籍以主之，志则无所不备录矣。"②在他看来，方志好像是古代诸侯国史，但两者毕竟又有区别，古代诸侯国史仅记"君卿大夫言动之一端"，而方志"则无所不备录"。可见他认为方

---

① 司马光撰：《传家集》卷六十八，《钦定四库全书荟要》本，吉林出版集团有限责任公司2005年版，第659页。

② 《弇州山人续稿》卷四十，《明人文集丛刊》，文海出版社1970年版。

志属于史的性质,但内容记载却比一般史书来得丰富。至于内容记载丰富到何等程度,缪荃孙在《重修信义志序》中说:"志也者,志地、志人、志事、志物,上之自古迄今,下之由近及远,无饰辞,无私造,则谓之良志。"①

综上所述,可见方志所载虽有一定的地理内容,但它并不是地理书;它具有地方史性质,但内容却比地方史丰富多彩。它记载的面比地方史广泛得多,但它与地方史相比,并不需要那么系统,更没有地方史记载那么深刻与专门。它可以补史书记载之不足,又可为编著史书提供资料。因此地方史与地方志相比,两者虽有相同之处,更有许多相异之点,各有所长,谁也代替不了谁。所以清代纪昀(1724—1805)说:"今之志书,实史之支流。然一代之地志与一方之地志,其体例又不同也,故修地志者,以史为根柢,而不能全用史;与史相出入,而又不能离乎史。其相沿之通弊,则莫大于夸饰,莫滥于攀附。一夸饰而古迹人物辗转附会,一攀附而琐屑之事迹、庸沓之诗文相连而登。"②这就说明,方志是史学发展中的一个支流,它的性质属于史的范畴,但与史书相比,从内容到形式,从体例编纂到文字叙述,两者又有显著不同。特别是经过长期的发展,时至今日,地方志已经有了自己完整的理论和体系,并已独立成为一门学科——方志学,因此,尽管它曾经具有过"亦地亦史"的性质,而封建时代的目录学家在分类上又多将它列在地理类,但从它的内容和作用来说,绝不应再从属于地理。也不能因为它的性质属于史的范畴,并是史学发展所产生的一个支流,而强调它应从属于历史。我们不能再坚持章学诚"志属史体"的老观点了。章学诚当时提出志就是史,是有其特定的历史条件的。他当时既为了矫枉,反对把方志看成地理著作,同时又为了提高方志的地位,强调方志的作用和价值,因此这一观点存在片面性也是可以理解的。在今天来说,这个观点无疑已经过时了,若再史志不分,片面去强调,对今天修志来说,势必带来不良的影响。当然,对于目前研究中的另外一种倾向也应当注意,即不适当地强调方志的地理性,于是许多明明是历史地理著作,也都被硬拉来作为方志加以论述,因而历史地理无形中就被取消了。之所以会产生这种现象,一个很重要的原因是长期以

---

① 《艺风堂文漫存》卷二,文史哲出版社1973年版。
② 《安阳县志序》,《纪文达公遗集》卷八,清嘉庆十七年纪树馨刻本。

来目录学家大多将方志列入地理类。但应注意的是，它们总的又都是属于史部。《隋书·经籍志》分史部为十三类，第十一类便是地理；《四库全书》史部分为十五类，地理亦归入第十一类。这个事实说明，地理著作本身在发展过程中也曾经属于历史的范畴，它是作为历史学的组成部分而存在的。《汉书·地理志》以后的许多正史大多立有这一性质的专志。后来经过发展而形成独立的一门学科，这也是历史事实。其实史、地二门，关系十分密切，有时很难划清此疆彼界。我们研究历史，必须要涉及相关历史时期的地理，否则历史也搞不清楚。同样，研究历史地理，也必须熟悉历史，并且研究中要采用历史学的方法。诚如谭其骧先生所说："历史时期的地理，换句话说，就是过去了的地理情况。这种情况少数是有遗迹保留到今天的，可以通过实地考察进行研究。但那只是极少数，大多数却不可能有遗迹留下来，都随着时间的消逝而过去了，消失得无影无踪了。要研究这些已经过去了的消失了的地理情况，那就非得依靠历史学的方法不可。因此，我们可以这样说，历史地理学就其学科性质而言虽然属于地理科学，但就其研究方法而言，却既不能说只需要运用地理学的方法，也不能说要以地理学的方法为主，至少应该说运用历史学方法的重要性不下于运用地理学的方法。"[①] 我摘引这段讲话，目的在于说明史、地两个学科关系至为密切。但绝不能把地理说成是历史科学的组成部分。同样，在方志学已经独立成为一门学科的时候，我们自然也就没有必要再说它从属于某学科了。

最后，若要对方志的性质下一结论的话，那即是：方志是一种记载某一地区历史、地理、社会风俗、物产资源、经济文化等方面的综合性著作。它属于广义的历史范畴，从清代开始，已经形成了一门独立的学问。

第二节 方志的特点

关于方志的特点，谈论的文章很多，有的提出四点：区域性、连续性、

[①] 谭其骧：《在历史地理研究中如何正确对待历史文献资料》，《学术月刊》1982年第11期。收入《长水集（续编）》。

广泛性、可靠性；有的提出五点：地方性、连续性、广泛性、资料性、可靠性。大体就这两种，不过提法也不尽一样。如可靠性，有的则称真实性，有的还称科学性。总的说来，是概括了方志这种著作的特征。但有的提法也并不很妥当，如最后一点，可靠性、真实性或者说科学性，对于旧方志来说，这个结论并不切合实际，因为旧方志中虽然包含着大量的可贵史料，但并不能说其中的资料都可靠、真实。关于这点，谭其骧先生在中国地方史志协会成立大会上的讲话题目就叫《地方史志不可偏废，旧志资料不可轻信》[1]，若是问题不大，决不会把它作为讲话的中心，并列为标题。讲话指出："我们的祖宗给我们传下来八千多部方志，这是我国一个很伟大的、特有的宝库，这中间有大量的可贵的史料。这是肯定的。但是，这决不等于说，旧方志中的资料完全可靠、完全可信。我喜欢说老实话，老实说，我们八千多部地方志并不是每一部都修得好，旧方志十部中难得有一部好的，大多数是不好的，但坏的也保留了那个时候的资料。对待地方志里的每一条史料都要慎重，照搬照抄要上大当。地方史一般是私人著作，学术价值较高。地方志除少数出于名家手笔外，多数是由州县官找几个会作八股文的乡曲陋儒修的，这些人只会做八股，根本不懂得做学问，不懂得著作之体，不懂得前朝的掌故，所以有的志越修越坏。虽然每一部方志都有保存的价值，但对方志中的各个项目、每一条具体记载，我们决不能轻信不疑，不经考核，照抄照搬。"讲话还从四个方面列举事实加以说明，论证了方志记载的内容并不是都可信、都真实，有许多都是牵强附会、道听途说、捕风捉影、东拼西凑，不仅错误很多，而且还有许多离奇传说、神怪故事。所以，从总体来说，我们不能给方志下可靠性、真实性或科学性这样一类的结论。因为从全部方志来看，有很大一部分内容记载是不可靠、不真实、不科学的。我这样讲，绝不是否定方志的价值和作用，而是要在充分认识的基础上，恰如其分地评价它在学术上的地位和价值。若不看到并指出它的局限性，势必会使许多人"上大当"。

还要指出的是，有些人片面强调方志的价值，认为所载内容比正史更为可信，这种说法显然是不妥当的。如《县志编修初探》一文中说："从史学

---

[1] 参见《中国地方史志通讯》1981年第5—6合期。收入《长水集（续编）》。

研究看，县志在歪曲现实程度上，比完全受封建王朝直接督修的'正史'或'官书'小得多，也不像它们那样'装腔作势'。"① 从这个结论来看，作者对于正史和方志都不太了解。方志可补正史之不足，但这毕竟是局部的。从总体看，正史虽有曲笔之处，但可信程度总是在方志之上，这是略具史学常识的人都应懂得的道理。上引谭先生的讲话，实际上是对许多人轻信方志而不信"正史"、"官书"的现象提出的十分严肃的批评。何况今天所流传下来的方志，除少数是出于个人私修外，大多是出于官修，是地方官限于朝廷功令，召集一些乡曲陋儒所修，无论从哪一方面讲，也不可能超过"正史"、"官书"。明代学者王世贞在《通州志序》中就曾指出："史之大纲在不虚媺，不隐恶，以故世子之隆崇，卿相之威灵，而执简者侃然而拟其后。今州邑之荐绅将举笔，而其人非邦君即先故，盖有所不得不避矣。是故古史之得在直，而今志之失在谀也。"这是封建时代学者所讲，自然不会夸大其缺点。又清代章学诚在《答甄秀才论修志第一书》中也曾有过严肃批评，指出："志乃史体，原属天下公物，非一家墓志寿文，可以漫为浮誉，悦人耳目者。闻近世纂修，往往贿赂公行，请托作传，全无征实。此虽不肖浮薄文人所为，然善恶惩创，自不可废。"②又纪昀在《安阳县志序》中说："尝叨校四库书，是古来志书之所聚也。参互考校，求唐宋元之志不甚谬，至明而谬始极；当代通都大邑之志不甚谬，至僻邑而谬益甚。其体例谨严、考证详确者，千百之一二耳。"由于他负责编纂《四库全书》，对全国所有古往今来的方志有机会作全面的比较，所得结论自然可信。可见封建时代所修的方志，绝不像有的人所想象的那样"在歪曲现实程度上，比完全受封建王朝直接督修的'正史'、'官书'小得多"。我们决不能因为要强调方志的价值就随意贬低"正史"、"官书"的地位，否则便是无知的表现。讲这种话的人，只知道"正史"、"官书"是封建王朝直接监修的，而不了解绝大多数方志也是在各级地方政府监督下编修的。《四库全书总目》就曾直言不讳地指出："通志皆以总督、巡抚董其事。然非所纂录，与总裁官之领修者有别。故今不题某撰而题某监修，从其实也。监修每阅数官，惟题经进一人，唐宋以来之旧例也。"

---

① 参见《中国地方史志通讯》1981 年第 7—8 合期。
② 《文史通义新编新注》外篇四《答甄秀才论修志第一书》，浙江古籍出版社 2005 年版，第 841 页。

这就说明了两个问题：第一，实际上把总督、巡抚监修各省通志，视作历朝宰相监修国史。至于府、州、县志，同样是由地方官吏所控制。第二，这种做法唐宋以来就是如此。正因为地方官吏例行公事而修志，弊病很多，所以章学诚在《答甄秀才论修志第一书》中又说："今之所谓修志，令长徒务空名，作者又鲜学识，上不过图注勤事考成，下不过苟资馆谷禄利。甚而邑绅因之以启奔竞，文士得之以舞曲笔，主宾各挟成见，同局或起抵牾，则其于修志事，虽不为亦可也。"这就是说，在章学诚看来，在各级官吏所控制下编修的方志，实在太不像话，还是不修为好。像这样的方志，又怎么能与"正史"、"官书"相比拟呢？总之，我们认为，在评价方志的价值和学术地位时，应当做到实事求是，不能无原则地夸大拔高，更不能说它比"正史"、"官书"还要来得可靠，否则将会"误人子弟"，使更多人"上大当"。在此建议大家很好地阅读一下谭其骧先生在全国地方史志协会成立大会上所作的那篇报告。

我认为，方志的特点，可以归纳为地方性、连续性、广泛性、多样性和时代性五点。

一、突出的地方性

地方性可以说是地方志主要的特点。因为方志从它产生之日起，就是以专门记载某一地区事实为职能的一种著作。汉魏南北朝时期的地记，就是在各地世家大族控制下编写的，目的在于"矜其乡贤，美其邦族"，为本乡本土高门大姓服务。汉光武帝刘秀之所以要下令编写《南阳风俗传》，自然也在于"矜其州里，夸其氏族"，所以其内容不会超越本地之事。到了隋唐的图经，那就更是根据国家的规定，编纂各地风俗、物产、地图等项上报，当然不必涉及他处之事。从宋代起，方志的发展趋于定型，内容虽然不断丰富，但无论是府、州、县志，总还是记载自己特定区域以内之事。至于乡镇志、边关志以及山水、寺观等各种专志，更是有明显的区域范围。因此，方志这种著作，从总体来说虽有其共性，但是，由于各自的地理形势、山川气候、物产资源、风土人情以及社会环境等方面不尽相同，于是各地所编的方志在内容上必然是各具特色。从大的方面来说，北方的方志中不可能出现南方水乡泽国的色彩，南方的方志中也不可能看到北国风光。同样都是南方，山区、平原、沿海又各不相同。

又如大运河所通过的各府、县，所修方志对于运河或漕运记载总是特别详细。《嘉靖通州志略》第三卷即为《漕运志》。《乾隆淮安府志》专立《漕运篇》，在《河防篇》中又有"运河"目。《扬州府志》有《河渠编》。《正德丹徒县志》、《隆庆丹徒县志》均立有《河渠篇》。《康熙丹徒县志》不仅有水利，而且在《赋役志》内列有漕挽。《光绪丹徒县志》则更为详细，在《河渠志》内又专列运河，《食货志》又专列漕运。《乾隆丹阳县志》设有漕渠。《光绪丹阳县志》则设水利，在《水利》篇中还特地指出："丹阳一邑，乃江浙漕艘必由之路。"这些内容，非运河沿岸的府、州、县志，自然就不会有记载了。

再如，我国沿海港口设置市舶司，这又是带有地方性的机构，内地或高原地区既无港口，也就不会有这种机构的设置。上海、杭州、宁波等地，都是我国最早对外进行海外交往的重要港口，所以这些地方很早就设立了市舶司。《弘治上海县志》、《乾道临安志》、《宝庆四明志》等地方志，都留下了这方面的资料。

黄河是我们中华民族的摇篮，千百年来，她给我们民族带来了生活的幸福，同时也带来过不少灾难。因此，沿河一带的府州县志，很自然的都有关于这方面内容的记载，如《乾隆河南通志》，全书八十卷，"河防"一门便有五卷之多，还另有"水利"三卷。非黄河沿岸地区，显然就不需要设这个门目了。

元末明初，我国东南沿海时常遭受到倭寇的骚扰，从明英宗正统年间以后，侵扰逐渐严重，给沿海一带人民带来了很大的灾难。因此江苏、浙江、福建沿海许多府县志的编修，大多列有寇警一目，专门记载倭寇侵扰和各地人民抗倭斗争的情况。据《乐清县志》卷十四《寇警》所载，从明洪武二年（1369）至嘉靖四十年（1561）的192年间，曾有13年发生倭寇侵扰事件，而且有的一年之中竟连续发生多次。仅嘉靖一朝，就有九年发生过倭患。现录数例于下：

嘉靖八年（1529）夏四月，倭寇乐清县西门。十一月倭寇鹦头，邑人方辂拒战，死之。

嘉靖二十三年（1544），倭寇窑奥、芙蓉，指挥戴祀、江九山四人战死。

嘉靖二十五年（1546），倭寇鹨头，处州人牟洪等拒战，胜之，斩首数十级。

嘉靖三十一年（1552）春三月，倭寇黄华，勇士三十六人力战死之。夏四月六日，倭入沙角歧头。十一月，倭夜劫水坑，壮士赵连力战死。

嘉靖三十三年（1554），倭寇湖头。

嘉靖三十七年（1558）春三月，倭寇乐清，百户秦煌、应袭千户魏履谦战死，参将张铁及同知尹尚孔力御之。夏四月十二日，倭寇乐清馆头，逼磐石。时兵道袁祖庚在磐石城，督守甚严，城外焚掠殆尽。十七日又有倭船百余，从黄华江斩关而入，竟逼乡城，焚戮四厢民居。

嘉靖三十八年（1559）夏四月，倭寇乐清，参将张铁却之。五月，倭自太平败还，奔黄华，据舟出海。

定海地处海岛，《光绪定海县志》除"兵制"外，卷十二专立"海防"，除了记载其他海防设施外，大段摘引了《嘉靖定海县志》关于防御倭寇的措施和各种对策，并指出："定薄海而邑，与倭岛为邻，盖贡道所经，于入寇最迩，故防患尤切。兹举防御之关于定海者，撮而志之。"他如温州、台州等府州县志，以及江苏、福建有关府州县志多有记载。这些内容无疑都反映了地方志的地方性特色。至于山区、内地，也都有各自的特色，这里就不再列举。总之，地方志所载内容，必定具有地方性的特点，否则也就不称之为地方志了。

二、编纂的连续性

编纂的连续性是方志这种著作又一个显著特点。自从这种地方性的著作产生以后，由于政治和其他各种原因，经过一定时期，又都加以续修，做到前后相继，从不中断。隋唐五代时期统治者出于政治需要，命令诸州都要编送图经。宋代建国以后，便"令天下每闰年造图"。《续资治通鉴长编》卷十八载：太平兴国二年（977），"（七月）丁巳，有司上诸州所贡闰年图。故事，每三年一令天下贡地图，与版籍皆上尚书省。国初以闰为限，所以周知山川之险易，户口之众寡也"。明清两代，因修《一统志》的需要，更是三令五申，要求各地按时编修志书上报。由于已经形成制度，故从未中断，有如历代编修国史，代代相传，形成程式。据现今流传的各地方志和有关文献记载，最能体现出这种著作编修连续性的，以《镇江府志》最为典型。不仅阶段分明，而且种类齐全，除元朝仅修一次外，唐、宋、明、清都多次编修。现将能够考知者列举于下：

《京口记》二卷。宋太常卿刘损撰。
《南徐州记》二卷。宋史学学士山谦之撰。
《京口续志》。
《京口耆旧传》。
《（润州）古图经》。

以上后三书已无从考知卷数和作者姓名。

《润州图经》二十卷。① 唐孙处玄纂。处玄润州人，以学行著名，长安中征为左拾遗。
《润州志》。
《（润州）旧经》。
《祥符（镇江）图经》。
《（镇江）图经》。

以上后四书亦不知卷数和作者姓名。

《镇江志》十卷。宋乾道年间熊克纂修。
《嘉定镇江志》二十三卷。史弥坚修，卢宪纂。

---

① 《新唐书·艺文志》作《润州图注》。

《嘉定镇江续志》。宋赵善湘修，何洯纂。

《咸淳镇江志》。宋陈均、赵汝梅、陈梦斗、赵与可修。方逢辰、黄国用纂。

《至顺镇江志》二十一卷。元俞希鲁纂。

《永乐镇江府志》。明永乐三年（1405）知府罗观修，丁礼纂。

《成化镇江府志》。明成化年间知府熊佑修，丁元吉纂。元吉乃丁礼从子。

《正德镇江府志》三十二卷。明正德八年（1513）知府林魁修，史鲁纂。

《万历镇江府志》三十六卷。明万历二十五年（1597）知府王应麟修，王樵纂。

《康熙镇江府志》五十四卷。清康熙十四年（1675）知府高得贵修，张九徵等纂。

《康熙镇江府续志》五十四卷。清康熙二十四年（1685），康熙南巡，知府高龙光据《康熙志》续补至康熙二十四年。

《雍正镇江府志》五十五卷。清雍正四年（1726），丹徒知县冯咏复据原志补刻，而增《河工圩田疏稿》、《桐村艺文》为第五十五卷于后。

《乾隆镇江府志》五十五卷。清乾隆十五年（1750），知府朱霖修。主要依据康熙、雍正志纂辑而成。

据上所列，从《京口记》至《乾隆镇江府志》，一千二百余年间，修志有据可查者就达23次之多。南宋以后便修了13次，平均四十年左右修一次。上列23部书中，有几部无确定时间，只要了解镇江的建置沿革便可推知。建安十四年（209），孙权自吴徙丹徒，号曰京城，亦曰京口，后迁建业，于此置京口镇。晋属毗陵郡，南渡后，于京口侨置徐州、兖州。宋元嘉中，以南徐州治京口。隋开皇中改置润州，唐因之。宋政和元年（1111）升润州为镇江府，元为镇江路，明、清为镇江府。故凡称"润州"者，必在隋开皇中叶至宋政和元年以前所修。

再就一个时代来看，浙江的湖州，在宋代先后曾修过15种，计有：

《吴兴统记》十卷。景德年间左文质纂。

《祥符（湖州）图经》。李宗谔纂。

《（湖州）旧图经》。

《吴兴图经》。

《吴兴郡图经》。

《吴兴续图经》。绍兴中编纂。

《吴兴地志》。

《吴兴地理志》。

《（湖州）旧志》。

《湖州志》。

《（吴兴）郡志》。

以上有十种不知确切编纂时间，其中八种不知撰人姓名。

《吴兴志旧编》十二卷。淳熙中周世楠纂。

《吴兴志》二十卷。嘉泰谈钥编纂。

《吴兴人物志》。端平中陈振孙编纂。

《吴兴新录》。不知编撰时间和撰人姓名。

尽管名称不同，但所记内容是大体一致的，而其记录又大多相连贯。若从真宗景德年间算起，至理宗端平年间，则每十五年便修一种。即使以有宋一朝三百年计算，亦仅二十年便续修一次。从这来看，其连续性也是十分典型的。

到了明清两代，由于统治者的重视和大力提倡，各地的府、州、县志都得经常编修，因而连续性就更带有普遍意义了。清朝政府就曾下令，各地志书六十年一修，而湖南省则又规定过各地县志十五年一修。各级政府奉行虽有得力与不力之别，但例行公事总不能废，故旧志刊行不久，新志又在编修，这就保持了连续性。单以省志而言，有清一代，河南、江西等省就先后修过5次，府州县志就更加多了，江苏《常熟县志》曾13次续修，山东《泰安县志》曾8次续修。至于续修五六次的县份就相当多了。有学者统计，山东省在明代以来四百余年中，修到五次以上的方志有72种，数量之大，相当可观。这就进一步说明，方志的连续性是带有普遍意义的。也就是说，连续性乃是方志的共性，所有方志无不具有此特点。

这里还要附带说上几句，有些学者在谈论史、志区别时，往往大谈"史纵志横"，有的还引章学诚所谓"史体纵看，志体横看"。有的更进一步发挥，认为"地方志是一方之全史，它是从横的方面记载当时当地人民参加生产斗争、阶级斗争和科学实验的实际情况的，国史取以为参考。国史是从纵的方面，自上而下地记载一朝一国的政治、经济、文化的情况的。国史的体例特别是《史记》的八书，《汉书》的十志，给地方志以极大的影响"。这是一种误解，哪有一部方志只写横断面而不写纵贯的发展？章学诚的意思是方志的编写不必贯通古今，不必每部都搞"发凡起例"，"如前志无憾，则但当续其所有；前志有阙，但当补其所无。夫方志之修，远者不过百年，近者不过三数十年"①。他这个主张，实际上就是根据方志具有连续性的这一特点而提出的。由于时间不长，无须多在贯通古今的纵深方面下功夫，且志的主体内容多为平行并列，有如《史记》之八书、《汉书》之十志。但如果就此认为方志编写只要横断面展开，无须写纵贯的沿革，那就错了。事物总是在发展变化的，社会更是在不断发展变化。方志难道都记载一成不变的事物吗？既然要以不断向前发展的社会为其编写对象，以不断发展变化的事物为其记载内容，那么就不可能只要横断而不要纵贯。尽管所写时间只有几十年，多者上百年，但几十年间，衣食住行、社会风俗、工农业生产，无不在变化。编写当中，哪一点可以不讲纵贯沿革？因此，横与纵绝不是史、志的区别。方志的"大事记"，不就是贯穿全书的纲领吗？它在全书中的地位，就是应起到提纲挈领的作用，它就相当于正史中的本纪。问题就在于方志中平行并列的各种志目特多，这就给人以错觉，以为全是在写横断面，殊不知各种专志又都有自身的纵贯线。大家知道，"二十四史"自《史记》以后，便都断代为书，南朝宋、齐、梁、陈四个朝代，寿命最长的刘宋也仅享国60年，而南齐仅存在24年。《宋书》和《南齐书》中的志，也仅记载各朝数十年的典章制度。若按上述观点讲，这些书志又何尝不是"横断面的展开"？但它

---

① 《文史通义新编新注》外篇四《记与戴东原论修志》，第885页。

们却都是地地道道的正史，谁能说出它与方志的各专志在形式上存在着什么区别？所以我认为，用所谓"史纵志横"的标准来作为史、志的区别是很不恰当的，因为这种说法与实际情况并不符合。这种不符合事实的观点，不仅没有科学性，更重要的是在修志人员中造成混乱，使他们无所适从。

三、内容的广泛性

作为一种著作体裁的方志，从总体上来说，它记载的内容是十分广泛、非常丰富的，单就这点而言，可以说没有一种著作可以与它相比。上自天文，下至地理，山川水利、物产资源、典制沿革、贡赋徭役、风俗习惯、各类人物、宗教寺院、科举学校、艺文著作、阶级斗争、经济发展、天灾人祸、奇闻轶事，无所不有。正由于它具有这样一个特点，所以为我们留下了许多正史和其他史籍所没有的宝贵资料。尽管每一部方志所记内容不一定都很理想，所列栏目也并不是都那么相同，但那些基本的内容却大都具备。我们不妨列举如下四部志书的篇目，从中便可以看出方志所载内容确实非常广泛。

明正德元年（1506），王鏊、吴宽纂修的《姑苏志》六十卷：

卷一：郡邑沿革表。卷二至四：古今守令表。卷五至六：科第表。卷七：沿革、分野、疆域。卷八至九：山。卷十：水。卷十一至十二：水利。卷十三：风俗。卷十四：户口、土产。卷十五：田赋。卷十六：城池。卷十七：坊巷。卷十八：乡都。卷十九至二十：桥梁。卷二十一至二十三：官署。卷二十四：学校。卷二十五：兵防。卷二十六：仓场、驿递。卷二十七至二十八：坛庙。卷二十九至三十：寺观。卷三十一：第宅。卷三十二：园池。卷三十三：古迹。卷三十四：冢墓。卷三十五：吴世家。卷三十六：平乱。卷三十七至四十二：宦迹。卷四十三至五十八：人物。卷五十九：纪异。卷六十：杂事。

明嘉靖九年（1530），莫尚简、张岳纂修的《惠安县志》十三卷：

卷一：建置、形胜、封域、图里、险塞。卷二：山川、潮汐（汐）。

卷三：土田、水利、桥梁。卷四：风俗。卷五：物产。卷六：户口、田赋。卷七：课程、上供、支费、职役。卷八：公宇。卷九：学校。卷十：典祀、丘墓、丛祀。卷十一：秩官。卷十二：选举。卷十三：人物。

明正德十六年（1521），唐胄纂修的《琼台志》四十四卷：

卷一：郡邑疆域图。卷二：郡邑沿革表。卷三：郡邑沿革考。卷四：郡名、分野、疆域、形胜、气候。卷五至六：山川。卷七：水利、风俗。卷八至九：土产。卷十：户口。卷十一：田赋。卷十二：乡都、墟市、桥梁。卷十三：公署。卷十四：仓场、盐场、驿递、铺舍。卷十五至十六：学校。卷十七：社学、书院。卷十八至二十：兵防。卷二十一：平乱、海道。卷二十二至二十三：黎情。卷二十四至二十五：楼阁、坊表。卷二十六：坛庙。卷二十七：寺观、古迹、冢墓。卷二十八：职役。卷二十九至三十一：秩官。卷三十二：破荒启土、按部。卷三十三：名宦。卷三十四：流寓。卷三十五：罪放。卷三十六至四十：人物。卷四十一：纪异、灾祥。卷四十二：杂事。卷四十三：文类。卷四十四：诗类。

明嘉靖十九年（1540），樊深、邰相纂修的《河间府志》二十八卷。此志编纂，分纲列目，共分十六个志：

卷一：天文志：分野、星考；地理志：疆域、沿革、名类、山川。
卷二至三：建置志：城池、古迹。
卷四至五：宫室志：公署、学校，社学、书院附。
卷六：河道志：河渠、漕运。
卷七：风土志：风俗、时序、土产、农占、祥异。
卷八：财赋志：户田、屯田、官庄、窑厂、草场、马政、盐政、徭役、驿递、税课、盐钞。
卷九：典礼志：公式、祀典、宾兴、乡仪。

卷十：邮政志：历代、时政。

卷十一：武备志：兵制、兵变。

卷十二：世系志：帝王，封建王侯表附；皇后，公主封君附。

卷十三：寓贤志：公寓、流寓。

卷十四至十七：宦迹志：名宦、建议。

卷十八至二十五：人物志：先贤、仕籍、儒林、孝友、隐逸、高义、贞烈、艺术、方技。

卷二十六：选举志：荐辟、科贡、武举、报效、武弁、封赠、任子、宠赉。

卷二十七至二十八：艺文志：诗类、文类，文类历代艺文志目附。

从上列篇目可以看出，一些基本内容如山川、水利、户口、田赋、风俗、物产、学校、人物等，几乎所有地方志书无一例外都得记载。因为水利关系到农业生产的发展，而户口与征收田赋有直接关系，物产涉及贡品，学校则有关社会之教化。凡此种种，在封建时代都与地方官吏的考绩有着密切关系，因此每个地方官吏都得关心，所以每当新官上任以后，查阅该地的方志，了解全县概况，便成为他们不可缺少的课题。

不过，由于地区的不同或朝代的更迭，各地方志所载内容还出现许多不尽相同的名目。如众所周知的苏州园林建筑，不仅有着悠久的历史，而且居于全国之冠。所以早在宋代，朱长文所修的《吴郡图经续记》中就已列有"园第"一目。范成大的《吴郡志》卷十四则专讲"园亭"。明代《正德姑苏志》亦将"园池"列为专卷。至于《隆庆长州县志》、《崇祯吴县志》也都相继立有"园亭"、"园林"之目。所有这些，都反映这一特点。当然，这类园林建筑在整个江南地区都颇为流行，因而在江浙两省的许多府州县志中亦往往列有此目。就以杭州而言，宋代所修著名的"临安三志"，对此内容亦早有著录。《淳祐临安志》设有"园馆"，《咸淳临安志》则称"园亭"。其他如元《至正昆山志》列有"园亭"，明《嘉靖昆山县志》列有"园池"，《崇祯松江府志》列有"第宅园林"，《成化湖州府志》列有"园第"。甚至许多著名镇志也有这一内容，如《乾隆乌青镇志》卷七就有"园第"一目。这些记载对于研究我国江南园林的发展历史和园林建筑艺术的精湛造诣，无疑都具有非常重要的价值。

海塘建筑是我们祖先在与海水为患的斗争中产生的智慧结晶。我国是世界上修筑海塘最早、规模最大的国家，而浙江的杭州在江海塘修建方面又是最早作出巨大成绩的，所以很早以来，《杭州府志》和有关县志都有专卷记载这方面的内容，如《光绪杭州府志》曾以六卷的篇幅记载海塘修建的过程和经验。其他如《万历嘉兴府志》、《乾隆温州府志》、《光绪海宁县志》等府县志均有"海塘"一目。另外，沿海地区的方志，还有许多专门列有"海道"、"海运"、"海防"、"潮汐"等门目，记载了许多其他史书所没有的宝贵资料。

至于边远地区的方志，还记载了许多关于少数民族的情况。

每部方志大多有"田赋"、"徭役"、"贡课"、"贡赋"、"赋役"等门目，通过这些门目内容的研究，可以看到历代统治者对劳动人民所加的苛捐杂税，其名目繁多，真是五花八门、无奇不有，又往往是因时因地而易，有许多名目是其他史书所不载的。有些地方赋役太重，人民困苦，使得地方官吏也不得不承认现实，并感到束手无策。如《天台图经》的作者丁大荣为该书所作的一篇《后序》，便是反映嘉泰年间这个地区农民所受剥削的典型材料。《后序》曰："图志之作，民风地域固皆可考而知，其百里利害之所关，群情休戚之所系，难以悉载者，因并及之。大概兹邑民瘼有四：一曰乡夫困于差役，二曰居民艰于斗籴，三曰榷酤之额重于他邑，四曰籴本之费抑于郡胥。夫差役之困、斗籴之艰，某幸于黾勉兴除，其利病之源，详见于前之二记矣。其或增益所未至者，犹有待于后之人。榷酤之重额，籴本之抑纳，其人微力绵，无因以达于当路者，日夜念此未能革也。盖以榷酤之额，重于曩昔者，赤岩之有银场也，商旅辐辏，市井杂袭，饮者多而额亦随增，官欲便民，乃弛榷禁，而为万户闻亦易为办集。其后银场浸废，民旅聚散，事非昔比，而酒额自若，今以五邑较之，而黄岩为最大，岁额不过五十余缗，天台户口不及其半，而数倍之。当是时也，居官惮于薄费，失于申减，贻害迄今，每岁一排额，则纷集而哀诉，实字民者之所动心也。籴本之抑，则以吏胥月输官钱，多者五十余千，少者亦半之，且吏之乞取于民，法禁至严，今之所输，岂其家赀，非藉民财而何取？是既不戢其奸，又从而纵之，尤当官者之所不忍也。后之君子，职在抚字，有以才望为当路所知者，傥为达之于上，革去其弊，遗利无穷，实邑民之幸，亦某之所望焉。嘉泰二年十一月跋。"[①] 可见这位父母官虽然看到了劳动人民身受四害，也很想为之革除，但对后两项却深感无能为力，"人微力绵，无因以达于当路者"，因而无可奈何地只好把希望寄托于后来之人。这个事实也说明，方志的编修对地方官来说，还可起到"交接班"的作用，新上任的官吏看了本地的方志后，不仅可以了解到这里的风土民情以及物产、赋税征收等情况，而且还可以了解到前任官吏做了哪些兴利除弊的"德政"，还有哪些问题应当解决。其实这个作用不单适合于封建时代的官吏，在今天来说，其价值应当显得更加重要。

另外，方志所载的各地风俗民情，更是其他著作很少反映的。诸如上元节的灯会，清明节的扫墓、春游，端午节的划龙船，中秋节的赏月，重阳节的登高，等等，在各地都有丰富多彩而形式不尽相同的活动，这些内容在各地各类方志中都有详略不同的记载。所以我说方志所载内容是十分广泛的，是任何著作所无法比拟的。这里不妨举一则事实，也许更加容易说明问题。日常我们遇到的很多事情都很有意义，对于建设社会主义精神文明也很有价值。有些看来不过一点小事，但其意义却很重大，本应使之留传后世、扬名千古，但由于历史著作记载范围的局限，无法将其写入史册。如果按照方志的特点来看，这方面内容完全可以写入新编方志之中。1985年1月11日《四川日报》社编的《文摘周报》上转载了《中国农民报》发表的一条新闻《县长题词麻花摊》，现将这一报道转录于下：

河南民权县城绿洲路旁，一家麻花摊上，高悬着一条红色横幅："祖传七代食品：麻花庄麻花。吃着咯嘣嘣，夜里能点灯，掉在地上全摔碎，放到水里扑棱棱。题词：李晓新。"

李晓新，是民权县县长。他的题词，写出了这家麻花的特点，吸引着川流不息的顾客。

麻花技师叫张俊江，是王桥乡麻花庄农民。麻花庄因给清代乾隆皇上进贡麻花而易为此名。张俊江继承祖传秘诀，加工的麻花黄焦酥脆，色、香、味均出类拔萃。

---

① 《民国台州府志》卷六十九，《中国地方志集成》，上海书店出版社1993年版。

为鼓励农民进城办食堂，今年，李县长"三顾茅庐"，请张俊江"出了山"，又亲自在县城给张俊江安排了住房和售货点。1984年11月，张俊江一家携带炉灶，来到县城。当天晚上，李县长饱蘸笔墨，挥毫题了词。

对于这一报道的内容，民权县在编修县志的时候，应当将其写入县志。理由有两条：第一，从这件小事可以说明社会主义时代的"县太爷"非常关心人民的生活。为了丰富人民的生活，使大家能够吃到所喜爱的食品，李县长竟亲自出马，"三顾茅庐"，请出能人，并亲自为之安排住房和营业地点，自始至终没有发号施令。这种精神自然是很可贵的，它反映了今天的"县太爷"乃是人民的勤务员的本色。它可以教育大家，为了实现祖国的"四化"，应当少说空话、多做实事。第二，麻花庄的麻花是有着悠久历史、人民所喜爱的传统食品，是民权县的特产，因此，作为民权县的县志，理所当然要记载。因为每个地方的食品风味在一定程度上都反映出这个地区人民的生活习惯和风俗民情，而这方面的内容，又是历来方志必不可少的重要组成部分。

综上所述，可见方志确实是一种内容非常广泛的著作，就这点而言，没有哪一种著作形式可以与它相比拟。

四、记载的多样性

方志这种著作，在保持其基本体例的情况下，可以说真正做到了"百家争鸣"，从内容多少到形式表现，从体例安排到语言文字，都没有一个确定不变的模式。在一般情况下，都是由编纂者自行决定记载内容的范围和采用何种体例，应当说这也是方志之所以富有那么大的生命力的一个重要因素。编纂得好，也可以成为藏之名山、传之后世的著作。即使有些称不上著作，但其内容记载翔实，对于保存乡邦文献还是有重要价值的，同样会得到人们的重视。清代著名史学家全祖望，一生中对于整理乡邦文献作出了巨大贡献，因而对于地方志也特别重视，自云："吾乡志书，其为吾家所藏者，自宋以下，无一不备，所少者《永乐志》耳。及钞《大典》（指《永乐大典》）始得之。是志也，里人纪徵士宗德、李处士孝谦为之。其书体例绝佳。生平不喜袁清容志，谓其党仕元之匪人，没前宋之遗事，得此书以补之，真大快事也。成化中杨实所修未见此书，故过于略，今而后枌社之志毕具矣。"①从这段文字可以看出，全祖望因得到一部好的方志而感到十分高兴，认为是一大快事，这一方面说明他爱书的心情，另一方面也说明"其书体例绝佳"，内容丰富，得此书可以补以前所修志书之不足。可惜此书体例绝佳到何等程度，我们已经不得而知。自宋以来，各类志书所载内容的详略悬殊是很大的，凡是翻阅过旧方志者都会有此感觉。同样是两卷县志，有的分类达数十门之多，有的则仅数门而已。如《弘治崇安县志》，仅四卷之书，竟列57门，所以《四库全书总目》批评它"猥杂殊甚"。而《弘治赤城新志》有二十三卷篇幅，也仅有州邑疆域图、州邑沿革谱、官守人物表、风俗、版籍、水利、学校、公廨、人物、官守、职役、宫室、祠墓、典籍、补遗、考异等15门。两者相比，差别很大。当然，总的来说，有的是细目并列，有的是分纲列目。前者自地记产生，中经图经，直至宋元方志之定型，类皆如此。自宋元以来，方志记载内容逐渐增多，门目日广，于是分纲列目之体逐渐增多，大类之中，再分细目，由于经过归类，较之细目并列的志书，查阅起来更为方便。比较通行的，一般都采用纪传体，即用纪、图、表、志、传五种体裁编写，这无疑是受到正史的编写所影响。当然，各书的编写要求也并不相同，有的是五体齐备，而大多数则只有三四种。"纪"相当于今日所称之"大事纪"。如《万历淮安府志》卷一称"郡代纪"，《嘉靖安庆府志》卷一称"历代纪"，《嘉靖惠州府志》卷一称"郡事纪"，《隆庆岳州府志》卷一称"郡邑纪"，《嘉靖邓州志》除"郡纪"外还有"帝纪"一卷。总的来说，称呼虽有不同，而所记则多为一府之大事。为了说明问题，现将用纪传体编纂之方志，依采用诸体多少不同，各举一例。

五体具备的如《嘉靖邓州志》：

卷一：郡县图。卷二：郡纪。卷三：帝纪。卷四：沿革表。卷五：封爵表。卷六：秩官表。卷七：选举表。卷八：舆地志。卷九：创设

---

① 《鲒埼亭集外编》卷二十四《永乐宁波府志题词》，全祖望撰，朱铸禹汇校集注：《全祖望集汇校集注》，上海古籍出版社2000年版，第1204页。

志。卷十：赋役志。卷十一：陂堰志。卷十二：学校志。卷十三：祀典志。卷十四：兵防志。卷十五：宦迹列传。卷十六：人物列传。

《隆庆岳州府志》也是五体皆有，只是名称略有变化，图称"图说"，"志"皆称"考"，如《军政考》、《职方考》、《司天考》等。

只有四体而无表者如《嘉靖惟扬志》：

卷一：郡邑古今图。卷二：建革志、疆里志。卷三：历代志。卷七：公署志。卷八：户口志。卷九：盐政志。卷十：军政志。卷十一：礼乐志。卷十二：经籍志。

另外还有《人物列传》、《诗文志》等门类。原书三十八卷，影印本仅存十八卷。这部方志从门类上看并无"纪"，而《历代志》所载正是大事纪要，起自唐尧"建为九州，东南曰扬州"，止于明太祖洪武四年（1371）命"清江淮水滨及河际故道，某日乘巨艘抵瓜洲，入运河……至淮阴"条。看来似乎是名实不符，《历代志》实际上就是《历代纪》。从残存内容看，五种体裁只缺一表而已。

四体中有图而无纪者如《嘉靖徐州志》：

卷一：州县图（包括州总图、州境图、县境图、县治图）。卷二：表（沿革表、职官表、选举表）。卷三：天文志（星野、灾祥）。卷四：地理志（山川）。卷五：地理志（田赋）。卷六：人事志（官署、学校）。卷七：人事志（户役、漕政）。卷八：人事志（祀典、兵防）。卷九：人事志（方外、玄释、杂纪）。卷十：封建传。卷十一：宦迹传。卷十二：人物传。

四体中有纪而无图者如《嘉靖惠州府志》：

卷一：郡事纪。卷二：沿革表。卷三：秩官表。卷四：选举表。卷五：地理志。卷六：建置志。卷七：赋役志。卷八：学校志。卷九：祀典志。卷十：兵防志。卷十一：名宦传。卷十二：流寓传。卷十三：人物传、列女传。卷十四：外志。卷十五：杂志。卷十六：词翰志。

四体中无图无纪者如《嘉靖德清县志》：

卷一：舆地考。卷二：宫室考。卷三：食货考。卷四：官制考。卷五：职官表。卷六：选举表。卷七：治行传。卷八：人物传。卷九：艺文志。卷十：杂志。

四体中还有是以记、考、表、传等形式编写的，如《嘉靖江阴县志》便是这样：

卷一：建置记。卷二至三：提封记。卷四：风俗记。卷五至六：食货记。卷七：学校记。卷八：秩祀记。卷九：河防记。卷十：兵卫记。卷十一：禄秩考。卷十二至十三：官师表。卷十四至十五：选举表。卷十六至十八：列传。卷十九：外记。卷二十：外传。卷二十一：遗文。

《万历郴州志》虽有表、志、传、纪四种体裁，但"纪"只记祥异，而不是本州之大事：

卷一：沿革表、封爵表。卷二至三：秩官表。卷四至五：科贡表。卷六至七：提封志。卷八至九：创设志。卷十至十一：食货志。卷十二：秩祀志。卷十三：儒学志。卷十四：兵戎志。卷十五：循良传。卷十六：人物传。卷十七：孝义传。卷十八：侨寓传。卷十九：仙释传。卷二十：祥异纪。

有些志书名义上用的是纪传体，实际上很多只用五体之中的两三种而已。明万历七年（1579）编纂的《栝苍汇纪》，则用纪、表两种：

卷一：舆图纪。卷二：沿制纪。卷三：秩统纪。卷四：次舍纪。卷五：官师表。卷六：选举表、封爵表。卷七：地理纪。卷八：食货纪。卷九：禋祀纪。卷十：保围纪。卷十一：治行纪。卷十二：往哲纪、闺操纪。卷十三：艺文纪。卷十四：大事纪。卷十五：杂事纪。

从所列门类可以看出，卷一虽用"纪"，实际是"图"。另外除三个"表"外，全都称"纪"，而这些"纪"中，只有《大事纪》、《杂事纪》名实相符，其他的"纪"实质就是志的意思。因此，只要仔细推求，便可发现这部书所采用的仍是四种体裁。

《嘉靖山阴县志》用的是志、表、传三体：

卷一：建置志、疆域志。卷二：山川志。卷三：物产志、风俗志、民赋志。卷四：水利志、祠祀志、学校志。卷五：选举表。卷六：官师表。卷七：宦迹传、寓贤传。卷八至九：人物传。卷十：人物外传。卷十一至十二：杂志。

明嘉靖二十二年（1543）编纂的《萧山县志》也用志、表、传三体：

卷一：天文志、地理志。卷二：建置志。卷三：食货志。卷四：人物表。卷五：列传。卷六：杂志。

《嘉靖广德州志》仅有表、志二体：

卷一：郡县表。卷二：职官表。卷三：舆地志。卷四：宫室志。卷五：学校志。卷六：食货志。卷七：秩官志。卷八：人物志。卷九：祥异志。卷十：艺文志。

《嘉靖长沙府志》则用谱、纪二体，实际上也就是表、纪二体。五谱：《郡县沿革世谱》、《封建世谱》、《郡守以下历任年谱》、《十二州县职官历任年谱》、《选举年谱》。十二纪：《地里纪》、《食货纪》、《建置纪》、《学校纪》、《正祀纪》、《兵防纪》、《名胜纪》、《名宦纪》、《人物纪》、《物异纪》、

《方外纪》、《杂纪》。

《嘉靖保宁府志》用纪、传二体，实际上也就是志、传二体：

> 卷一至二：舆地纪。卷三至四：建置纪。卷五：食货纪。卷六：名胜纪。卷七：宦迹纪。卷八：名宦列传。卷九：人物纪。卷十：人物列传。卷十一至十四：艺文纪。

也有为数不多的志书，竟用图、纪、表、志、世家、列传六体，《嘉靖建阳县志》便是典型代表：

> 卷一：图、总序、县纪。卷二：历代职官年表、亲属官表、历代选举年表、封荫例授等表。卷三：封域志、山川志、风俗志。卷四：治署志、户赋志、储恤志。卷五：学校志、秩祀志。卷六：艺文志。卷七：杂志。卷八：世家。卷九至十六：列传。

根据上面所列可以看出，单是用纪传体编纂的方志就出现如此之多的不同种类，还有许多分纲列目的编纂，大纲通篇称纪、称篇、称类、称考、称部、称志，等等。尽管其用意一致，但毕竟称呼不同。

《弘治兴化府志》不仅通体称纪，而且分类也与其他方志大不相同，分《吏纪》、《户纪》、《礼纪》、《兵纪》、《刑纪》、《工纪》六类。这是按照我国封建社会中央政府六部设置而相应分类的。唐代大史学家刘知幾的儿子刘秩在编辑历代典章制度成《政典》一书时，就是采用礼、户、吏、兵、刑、工六纲。后来章学诚在编纂《湖北通志》时，所汇编之《湖北掌故》亦是以此六部分纲。明嘉靖三十一年（1552）所编纂的《泾县志》，亦是通体称"纪"，但不是分为六纲，而是分《建置纪》、《舆地纪》、《秩统纪》、《次舍纪》、《田赋纪》、《禋祀纪》、《历宦纪》、《选举纪》、《人物纪》、《艺文纪》十类。可见同是用纪，分类亦并不相同。

《嘉靖池州府志》通体称篇，篇下再列细目。计有：《舆地篇》、《风土篇》、《建置篇》、《田赋篇》、《祀典篇》、《官秩篇》、《人物篇》、《杂著篇》。

《嘉靖安溪县志》通体称类，类下列目。计有：《地舆类》、《规制类》、

《官制类》、《学校类》、《选举类》、《人物类》、《文章类》、《杂志类》。《弘治句容县志》、《嘉靖瑞金县志》、《嘉靖宁国县志》、《嘉靖尉瓦县志》等亦皆用此法。

《隆庆仪真县志》通体称考，计有：《疆域考》、《沿革考》、《山川考》、《形胜考》、《古迹考》、《建置考》、《官师考》、《户口考》、《田赋考》、《马政考》、《食货考》、《水利考》、《学校考》、《选举考》、《人物考》、《风俗考》、《祠祀考》、《武备考》、《祥异考》、《艺文考》。

明万历元年（1573）所修的《兖州府志》大纲通体称部，计有：《帝王部》、《圣贤部》、《象纬部》、《舆地部》、《食货部》、《文教部》、《武卫部》、《人物部》、《杂志》、《艺文部》。

《万历会稽县志》则更加特别，不仅分类特别，称呼也很特别，大类称"书"，看来是复司马迁《史记》八书之称：卷一至三《地书》，卷四《治书》，卷五至八《户书》，卷九至十六《礼书》。近代著名历史地理学家夏廷械先生对这部方志的编纂曾作过评论，指出："是志凡分地、治、户、礼四书，分书以挈纲领，盖为创格。《地书》、《治书》、《户书》并重，考实勿避俚俗，亦具识见。每书冠以总论，每类有结论，颇得体要。又卷中正文引文，都施以圆圈方围以示别。黄虞稷《千顷堂书目》录此书，云隆庆间修，殆未见其原本也。"[①]

至于通体称志，那就不胜枚举了，比较典型的当推何乔远的《闽书》。之所以要称志，作者还有自己的理论，《闽书》序曰："《闽书》者，予师何司空先生所为征闽之书也，为志二十有一，不年表，不世家，不列传。先生曰：'迁、固史也，予志也，故皆为志焉。'"其目有：《分野志》、《方域志》、《建置志》、《风俗志》、《版籍志》、《扦圉志》、《前帝志》、《君长志》、《文莅志》、《武军志》、《英旧志》、《方技志》、《宦寺志》、《方外志》、《闺阁志》、《岛夷志》、《灵祀志》、《祥异志》、《蓷苇志》、《南产志》、《蓄德志》、《我私志》。何乔远是明代历史学家，他知道志与史有区别，所以一律称志，这本是对的，但仅拘泥于名称而不注意内容实质，这是修志的大忌。故《四库全

[①] 夏廷械：《馆藏善本书题识》，《浙江省立图书馆馆刊》第 4 卷第 3 期。又载洪焕椿：《浙江方志考》卷六《绍兴府县志》，浙江人民出版社 1984 年版。

书总目》就曾提出批评，指出："其标目诡异，多乖志例。《扞圉志》载兵防及将弁兵士额数，而复有《武军志》以详其人；《文莅志》则合职官、名宦而为一，分并均失其当。《前帝志》载宋端宗及少帝昺，端宗虽即位于福州，然正史已详，不宜复入志中。且帝昺即位于粤之硎洲，尤与闽无涉。《英旧志》载人物，而复分缙绅、弁铨、关柝、韦布、闾巷、侨寓、裔派为七类，转觉淆杂。《宦寺志》专载五代林延遇、明张敏、萧敬三人，亦非志中所应有。《蓄德志》杂载丛谈、逸事，并及诗话文评，于名为不称。《我私志》则乔远自志其宗族，虽仿古人自叙之例，而称名不典，语多鄙野。其文辞亦好刊削，字句往往不可句读，盖不能出明人纤佻矫饰之习。"① 我认为这个批评总的来说是中肯的，标目名不副实自然不好，这是任何时候都要反对的。再说对于历代帝王，正史都有记载，作为地方志书，本来无须代劳，《闽书》仍作《前帝志》，确是不伦不类。后来章学诚亦再三指出：帝王后妃，方志不宜为之立传。这都说明，何乔远虽然在理论上认为史志有别，在形式上也都一律称志，但在内容记载上又偏偏史志不分。尤其不妥当的是，特地立了《我私志》，专志其宗族，这是开了一个非常不好的先例。章学诚在《答甄秀才论修志第一书》中就曾指出："志乃史体，原属天下公物，非一家墓志寿文。"② 何乔远这一做法自然更有甚于墓志寿文。若是修志人员都利用自己手中的特权，为其宗族树碑立传，那对方志发展的影响将是不可设想的。

明嘉靖十五年（1536）所修之《滁州志》，其体例更为特别，似史非史，似志非志。对此，《四库全书总目》亦作了批评，指出："先述天文、山川、物产，各为一篇。次则皆以编年纪事，间附论断，与他地志分目者不同。然传纪、舆图，各有本例，以志名而用史体，文虽创而义则乖矣。"③ 通篇编年纪事，本已有失志体，加之又间附论断，自然就更不符合志体了。

细目并列体可视为方志发展中的正宗，自方志产生以来，直到近代，大量方志的编修都采用了这种体裁，其中还出现过不少名志，可见其生命力之旺盛。由于用这种体裁编纂的方志流传较广，所以这里就不再列举了。

---

① 《四库全书总目·史部·地理类存目三》，中华书局1965年版，第646页。
② 《文史通义新编新注》外篇四《答甄秀才论修志第一书》，第841页。
③ 《四库全书总目·史部·地理类存目三》，第642页。

上面之所以要罗列那么多的方志篇目，目的在于使大家能注意到，方志在发展的长河中，曾产生了多种多样的体裁，即使都是纪传体，也还有那么多不同的形式。可见，方志这种著作从内容到体例都只有一个大体的范围和格式，而绝对没有特定的、一成不变的模式，即使是细目并列之体，同样是随着时代的变化、地理位置的不同，其内容栏目亦不断有所增减。所有这些都说明了方志记载的形式是多样的，不像今天有些学者说的那么单一化。理解了这点，对于指导今天新志的编修是有现实意义的。从事方志理论研究，千万不要用过多的条条框框去束缚修志人员的手脚，应当充分发挥每个人的主观能动性和创造性，为繁荣社会主义的方志学作出贡献。

以上主要是从方志形式、体例的多样性而言，至于语言文字记载上的多样性那就更加明显了，文字上可长可短，不事雕饰，真正做到"有话则长，无话则短"，三言两语，不拘一格。有许多所谓不登大雅之堂的遗闻琐事，都赖方志得以保存，正因为它具有这样不拒细流、不拘形式的特点，所以不少有价值的材料才得以留传。它所记载的内容，既谈不上系统性，也谈不上完整性，有点类似于韩信将兵，以多取胜。关于这点，凡是翻阅过旧方志者都会有所体会，这里就不再列举了。这里只需引阮元对《嘉定镇江志》和《至顺镇江志》的两段评论即可说明问题。他在为这两部方志刊本所作的序中说："京口自东晋以来，屹为重镇，流民侨郡，分并改隶，都督开府，参佐从事，寄治版授，建置纷烦，以及宋之差遣，元之橡属，读史者惮于钩稽，往往沿讹袭谬。今详观《宋志》，于六朝侨寄郡县，缕析条分，于节度观察等官罢复，纪之甚详，其刺守历任年月，于纪传所不载者，皆稽考得其次序……至于元《至顺志》本承《宋志》而作，然绝不剿袭其书，《宋志》于刺守宰贰等官，载至嘉定九年止，而《元志》即从嘉定十年起，其例尤为可法……又二书于晋宋以来士大夫居宅坟墓，皆详其坊巷乡都所在，其作铭作记之人，亦莫不罗列，虽遗迹久湮，而按籍考之，犹可得其仿佛，后人性好简略，鲜有及此之详明者。"这些记载对于正史来说，自然是起到了拾遗补阙的作用。如果方志也不记载，那么对于这些内容，后人就无从查考了。由于记载内容的广泛，也就决定了其记载形式、语言文字等的多样性，这是有互相连带关系的。

五、鲜明的时代性

作为一种著作形式，方志的时代性表现得尤为明显。可是令人不解的是，谈论方志特性的文章很多，列举了这种特性那种特性，单单就不谈时代性。众所周知，一个时代的文学作品和史学著作若不能反映出一个时代的精神面貌和社会风气，这样的著作自然就失去了它的存在价值和意义。方志之所以能够得到不断的发展和繁荣，就在于它能够适应社会发展的需要，不断变更其形式和内容，以满足时代的需要，所以它的生命力越来越旺盛。这就越来越引起人们对它的重视。在封建社会里，方志既可以被统治者用来作为粉饰所谓"盛世"的点缀品，成为他们歌颂"升平气象"的工具，又有其实用价值，为巩固封建统治服务。从刚开始的地记，中经隋唐图经，直至定型的方志，无不具有时代精神。

地记乃是地方经济发展后门第制度的产物，所以人物传记便成为它重要的内容之一。然而到了隋唐时代，由于政治上的因素，人物传记从图经中消失了，但无论从形式还是内容，它们都各自具有其时代的特点。即使是后来之方志，宋元与明清也各有特点。当然，这只有进行具体比较，才能看出其不同的变化。同是镇江府志，宋元两代所修，其内容的侧重点竟大不相同。阮元的《研经室外集·四库未收书提要》指出：《至顺镇江志》"体例大致取法于《嘉定志》，而纪载详备，较为过之。大约《宋志》主于征文，此则重于考献。《宋志》旁稽典籍，务核异同；此则备录故事，多详兴废。镇江在宋为边防之地，故其志攻守形势，网罗古今；在元为财赋之区，故此书物产、土贡，胪陈名状。其用意各有所在，不得而同也。至于郡守参佐，《宋志》近征唐代，此则远溯六朝；乡贤寓公，《宋志》旁搜隋氏以前，此则详于两宋及元，互为补苴，不可偏废"①。宋、元二志内容记载重点之所以不同，其原因这里讲得十分清楚，"在宋为边防之地"，金兵南下，强敌压境，故于山川形势、战略要地，网罗古今，详加记载，这就强烈反映了战火纷飞的动乱的南宋之时代精神；而到了元代至顺年间，在全国统一的局面之下，镇江作为重要的财赋之区的地位便显得更加重要，因此这时所修的方志，自然

---

① 《四库全书总目·附录·四库未收书目提要》，第1846页。

要突出经济物产，对于攻守形势的战争气息，也就无突出之必要。可见方志内容的记载，与时代特点息息相关。宋代开始，书院盛行，于是宋元以来的方志很快予以反映。从思想领域来看，宋代又产生了理学，并且后来发展成为我国封建社会后期的统治思想。这种理学也称道学，在社会上影响很大。因此后来许多方志亦多有专门记载。如《成化金华府志》有"道学"一门，《嘉靖宁波府志》有"理学"一门，都及时反映了社会现实。到了清代，许多方志的人物志中，除"儒林"、"文苑"外亦多列有"理学"或"道学"一目，如《嘉庆晋江县志》就是如此。又如从明代中叶开始，随着欧洲资本主义的发展，许多国家殖民者相继东来，抢占殖民地，开始了对中国的掠夺和侵略，同时西方的传教士也陆续来华从事宗教活动，充当了殖民者侵略中国的先遣队。他们的侵略行径，遭到了中国人民的抵制和反抗。这些内容在有些地方志中也不同程度地得到了反映，如《嘉靖常熟县志》专有"外教"一门，到了清代所修方志，则直称"教堂"。至于反抗殖民者侵略的斗争事迹，大多记入"寇警"、"海防"、"军事"等栏目之中，因为初期殖民者的活动还是有地区限制的，所以并不是每部方志均有记载。

明代中叶，在商品经济高度发展的基础上，我国在若干地区、若干手工业部门中出现了资本主义萌芽。对于这一新生事物，各地所修方志都有多少不等的记载，并且这些记载一般都比较具体、真实。因此，地方志成为研究明清经济史，特别是研究资本主义萌芽的必不可少的重要史料。而这些内容大多分散在物产、土产、农桑、食货、风俗等门类之中。当时的苏州、松江、杭州、嘉兴、湖州五府，不仅成为江南最繁荣的城市，而且是全国丝棉纺织业中心，这些地区的丝棉纺织生产，竟然影响着全国很多地方。对这些内容，各地方志都从不同角度予以反映。从地方志中我们可以看到，明清时期浙江杭、嘉、湖的蚕丝不仅运销全国各地，甚至许多地方的丝绸生产简直离不开浙江的蚕丝：

《嘉庆江宁府志》卷十一载："江宁本不出丝，皆买丝于吴越。"
《崇祯松江府志》卷六载："松江织造上贡吴绫等之原料，浙产为多。"
《乾隆赣州府志》卷三载："葛布唯会昌佳，会昌安远有以湖丝配入者，谓之葛丝。"

《弘治八闽通志》卷二十五载："此地蚕桑差薄，所产者多类，民间所须织纱帛，皆资于吴航所至。"

《乾隆潞安府志》卷三十四载："每岁织造之令一至，比户惊慌。本地无丝可买，远走江浙买办湖丝。"

再看产地嘉兴、湖州一带情况：

《南浔镇志》卷二十四载："每当新丝告成，商贾辐辏，而苏、杭两织造，皆至此收焉。"

以上所引足以说明，全国各地的丝织原料大多仰给于浙江，这就进一步促进了浙江丝织工业的发展。这一情况，《乾隆乌青镇志》卷二《农桑》小序作了概括的说明，指出整个浙西地区蚕桑的生产重要性已胜过农业。小序说："杨子云：谷人足于昼，丝人足于夜。农桑古无畸重，惟浙西蚕桑之息，较田功差胜，农务亦较迟，故器具节次言之不厌其详。"由于农桑在当地人民生活中所处地位重要，因此作者将桑树的品种和栽培方法、养蚕的工具、养蚕的季节、养蚕的程序和方法都作了详细的记载。这样记载就把当地人民的生产状况如实反映了出来，这就是从实际出发。又该志卷七《土产》介绍丝："有头蚕、二蚕两时，有东路、南路、西路、北路四乡所出，西路为上，北次之。蚕毕时，各处商客投行收买。平时则有各处机户，零买经纬自织。又有贸丝诣各镇卖于机户，谓之贩子。本镇四乡产丝不少，缘无机户，故价每减于各镇。"从这简单的介绍，我们可以知道，当时一年养蚕两季，蚕毕则有商客收买，又有所谓"机户"和贸丝的"贩子"。这为研究当时农村市镇经济的发展和资本主义的萌芽提供了非常具体而丰富的史料。这些方志的作者能够注意到当时社会的变化及生产上的特点，并及时将其反映到所编方志当中，这才为我们留下这么多宝贵的材料。这进一步说明，方志的编修必须反映社会的现实和时代的特点，否则它就会失去生命力而没有存在的必要。为了比较全面地反映方志的时代性，现将清朝末年和民国初年所编的三部方志的篇目抄录于下。

《上海县续志》目录：

卷首：图说。

卷一：疆域：沿革、界至、形势、乡保、镇市、风俗、岁时、占验、方言。

卷二：建置上：城池、万寿宫、衙署、街巷、坊表、仓庾、海关、各局、善堂、救火会、医院、水电、农会、商会。

卷三：建置下：会馆公所、义冢。

卷四：水道上：江、浦、支水、堰闸、塘、桥梁、津渡、码头。

卷五：水道下：治绩。

卷六：田赋上：恩蠲、户口、田亩、赋额。

卷七：田赋下：杂税、厘捐、芦课、漕运、海运、积储。

卷八：物产。

卷九：学校上：学校、劝学所、书院、义学。

卷十：学校中：初等小学堂、两等小学堂、高等小学堂。

卷十一：学校下：中等以上学堂、女学堂暨幼稚舍、西国教学各学堂、学会。

卷十二：祠祀：秩祀、私祀。

卷十三：兵防：兵制、营署、军装、营讯、邮铺、渔团、警察、商团、兵事。

卷十四：职官表：驻县统辖官、县属各官、教职、会审员。

卷十五：名宦。

卷十六：选举表上：科第、贡生、毕业生科第、武科。

卷十七：选举表下：辟荐、封赠、录荫、列仕。

卷十八至十九：人物。

卷二十：艺术。

卷二十一：游寓。

卷二十二至二十五：列女。

卷二十六：艺文。

卷二十七：名迹：古迹、第宅园林、宗祠、冢墓。

卷二十八：杂记一：祥异。

卷二十九：杂记二：寺观、教堂、僧道。

卷三十：杂记三：遗事。

卷末：叙录。

上海设县较晚，但开埠以后，发展很快。因此断限于宣统三年（1911）的《上海县续志》不仅反映了中国近现代社会的某些特点，而且还反映出半殖民地半封建社会的病态，这种病态从各个门目的设置中可以得到充分的体现。辛亥革命虽然推翻了封建帝王的统治，建立了民主共和国，但是大量的封建制度，特别是封建思想意识还一直在广为流传。这些情况，只要翻阅民国时期所修的方志，就可得到不少有关材料。

民国初年所修《定海县志》篇目：

舆地志第一
  一、建置沿革，二、形势，三、疆界，四、列岛，五、洋港及潮流，六、分区，七、户口，八、水利，九、土质，十、气候，十一、名胜及古迹。

营缮志第二
  一、城垣，二、学校，三、公署，四、军事建筑，五、河渠，六、塘堤，七、街衢，八、桥梁，九、会所，十、场厂，十一、仓库，十二、善堂，十三、公园，十四、森林，十五、祠庙。

交通志第三
  一、水道，二、陆道，三、邮信，四、电报，五、电话，六、电灯。

财赋志第四
  一、田赋，二、关税，三、杂税，四、地方税及杂捐，五、公款及公产。

鱼盐志第五
  一、渔业，二、盐产。

食货志第六

（无子目，细目略）

物产志第七

　　一、植物，二、动物，三、矿物，四、杂产。

教育志第八

　　一、学校教育，二、社会教育，三、教育机关。

选举志第九

　　一、科贡，二、学位，三、仕进，四、公职，五、褒奖。

人物志第十

　　（子目略）

职官志第十一

　　（子目略）

军警志第十二

　　一、军防，二、警察、三、保卫团。

礼教志第十三

　　一、祀典，二、宗教。

艺文志第十四

　　一、书目，二、金石目。

故实志第十五

　　（即旧志大事记）

方俗志第十六

　　一、方言，二、风俗。

民国十年（1921）所修《衢县志》篇目：

卷一：象纬志：星纪、经度、气候、五行。
卷二：方舆志：沿革、疆里、山脉、河流、坊巷、乡庄。
卷三：建置志上：城池、公廨、学校、法团、善举、邮电。
卷四：建置志下：坛庙、寺观、会馆。
卷五：食货志上：户口、粮赋、贡榷、仓储、蠲振、盐法、钱币。
卷六：食货志下：农田、水利、林场、矿区、商市、天产品、制造品。

　　卷七：古迹志：古城、旧署、坊表、塔、宅第园亭、冢墓。

　　卷八：风俗志：礼仪、习尚、节序、方言。

　　卷九：防卫志：军备、屯卫、巡警、民团、历代兵事记。

　　卷十：官师志：治官表、学师表、武官表。

　　卷十一：族望志：族望表。

　　卷十二：爵秩志：封荫表、仕进表。

　　卷十三：选举志：文科表、武科表、明经表、荐辟表、国学表、乡选表、游学毕业表。

　　卷十四：艺文志上：经部、史部。

　　卷十五：艺文志下：子部、集部、附录。

　　卷十六：碑碣志一：城署儒学类。

　　卷十七：碑碣志二：名胜公益类。

　　卷十八：碑碣志三：神庙生祠类。

　　卷十九：碑碣志四：寺墓类。

　　卷二十：名宦志。

　　卷二十一：人物志一：三国至宋。

　　卷二十二：人物志二：元、明。

　　卷二十三：人物志三：清。

　　卷二十四：人物志四：流寓、方技、仙释。

　　卷二十五：列女志：戚畹、寿母、贤媛、贞烈、贞孝、节孝。

　　卷二十六：杂志。

　　卷二十七：诗文内编上：文。

　　卷二十八：诗文内编下：诗。

　　卷二十九：诗文外编上：文。

　　卷三十：诗文外编下：诗。

　　从以上三部方志的篇目，我们可以清楚地看到，由于时代的不同，方志的记载也在发生变化，尽管每部都还不同程度地留存着封建的残迹，但却毫无掩饰地反映了近现代社会所具有的特点和精神面貌，不仅内容更新，许多名词也都变了。诸如商会、会馆、学堂、医院、邮电、教会等，都是近现代的产物，封建时代所编的方志自然不可能出现这些内容。同样，反映封建时代特点的许多内容，在近现代所修的方志当中，正逐步地被淘汰而趋于消失。这些事实都进一步说明，方志所体现的时代性不仅非常明显，而且非常强烈。因此，我们在讲方志特性的时候，对于时代性万万不应忽略。当然，时代性不单反映在每部方志的体例和内容上，更多地反映在其语言文字上面。众所周知，人们的语言可以透露出各自的生活经验和心理状态，是其全部生活的反映，而每个人又都生活在特定的社会环境之中，这样，各种语言也就必然具有一定的历史背景，反映出一定社会所具有的特点。特别是人们相处交往中的那些常用的共同语言，几乎无不打上深刻的时代烙印。方志记载内容较为广泛，许多街谈巷议都得以记载，民风民俗都得到保存，因而许多丰富的民间语言得到流传。总之，正因为方志具有强烈的时代性，所以我们今天在研究某个朝代的衣食住行、风俗习惯时，旧的方志可以为我们提供许多其他地方很难找到的资料。

综上所述，方志的这五种特点或特性，便构成了方志总的共性。当然，这个共性对于其他著作来说，它又成为方志的个性。也就是说，必须大体上具备上述这些特点，才能称得上是方志，这些特点使它有别于其他著作体裁。不过还应当知道，每部方志又大多有自己的个性，通志有通志的个性，府、州、县志又有府、州、县志的个性；同样都是县志，由于时代不同，地域有别，内容重点、篇目多寡亦各有不同，绝不可能是千篇一律。海岛、山区、平原三种县志，其内容、篇目都不可能相同。山水志等专志所载的内容、篇目，显然与府、州、县志的要求又不相同。这都说明，方志既有共性又有个性，脱离共性而只强调个性固然不对，只强调共性而否定个性显然也不正确。因此，很好地认识方志的特点，对于在新方志的编修中如何批判、继承和发扬方志的优良传统，具有非常重要的现实意义。

第二章
方志的起源

第一节 关于方志起源的几种看法

方志，顾名思义，是一方之志书，它是以记载一方之事为内容的一种著作，因此全称应为"地方志书"。唐代杰出史学评论家刘知幾称它为"郡书"，并在史学著作分类上把它列入"杂述"类；《隋书·经籍志》的作者称之为"郡国之书"，这是很有道理的。关于这点，我们下面再作详细论述。这种著作的内容，开始比较简略，所分门类亦不过地图、山川、风土、物产、人物数种而已。到了宋元时代，不仅体例日趋定型，而且内容也不断增加，可以说随着社会的向前发展，其内容逐渐丰富。举凡一地的建置、舆图、疆域、山川、名胜、物产、赋役、风俗、职官、人物、金石、艺文、学校、灾异等情况，均有记载。所以宋代大史学家司马光称它为"博物之书"。

地方志书的编修，在我国已经具有悠久的历史，并成为我国民族文化发展中一个优良的传统。这种带有地方行政区域特色的地方性著作，究竟起源于何时，直到今天仍是众说纷纭。有的主张源于《禹贡》，有的坚持源于《山海经》，有的认为出自《周官》，有的则说溯源于古代诸侯国史。除此以外，更有人提出"多源"之说。对于这些说法，笔者都不敢苟同。因为不仅其论据不能令人信服，而且都是撇开社会条件，单从某一部书来探索一种著作的起源，这种研究方法本来就欠妥当，自然就很难得出令人首肯的科学结论。

一、关于起源《禹贡》说

《禹贡》是我国古代历史文献《尚书》中的一篇。《尚书》是古代的史料汇编，也可以说是档案汇编，因为里面所收均为古代帝王的重要政治文件。

据古代史籍记载,《尚书》为孔子所删订,在流传过程中,已经过后人篡改和补充。经过学者们的研究考订,认为许多篇章都是出自孔子后人之手,而《禹贡》一篇,学术界已公认是战国时代的作品。

著名的历史地理学家谭其骧先生在1982年历史地理学年会上所作的题为《在历史地理研究中如何正确对待历史文献资料》的报告中再次严肃指出:"这几年各地都在修地方志,不少省、区都办了地方史志通讯这一类刊物,我偶然翻阅,发现许多人讲到政区沿革时往往闹笑话。例如,《禹贡》不是大禹时代的作品,《禹贡》里的'九州'不是夏代的行政区划,而是战国时代学者对他们所知道的整个'天下'所作的地理区划,这是稍稍接受过一点'五四'以后的历史教育、破除了对儒家经典的迷信的人都能知道的常识,可是现在的地方史志工作者竟然还有人在沿袭封建时代的老一套,讲到一地的沿革,还是从夏禹时属某州讲起。"① 这里批评的虽是某些地方修志中所出现的现象,其精神实具有普遍意义,要大家在研究中对待文献资料必须持审慎的科学态度,"不要轻信前人对古代文献资料所作的解释"。事实上在方志理论研究中确实也曾出现过这种现象,抓住前人的三言两语,便以己意加以发挥。如有的方志论著,将《禹贡》的九州说成是"全国的行政区划"。为了说明《禹贡》对后世方志编修的影响,甚至还说:"从体例来考察,后世纂修的许多方志,特别是全国性的区域志,不少是昉自《禹贡》。例如,唐李吉甫纂《元和郡县图志》,就是依《禹贡》别九州之例,将天下分为……十道来进行载述的。又如宋王存纂《元丰九域志》,也依《禹贡》别九州之例,按宋制将天下别为……诸路等,而确立其全书结构。这都说明后世方志在体例方面同《禹贡》存在着源流关系。"② 关于"全国的行政区划"说之不妥,谭先生的讲话已经指出,无须多说。至于《元和郡县图志》和《元丰九域志》也绝不是"依《禹贡》别九州之例"。因为"道"和"路"并非两书作者所自定,而是唐、宋政府所划。这在历史上都有明确记载。而两书的体例,近代历史地理研究工作者似乎亦无人说它们是源于《禹贡》。我们就

---

① 参见《学术月刊》1982年第11期。收入《长水集(续编)》。
② 黄苇:《方志渊源考辨》,《中华文史论丛》1981年第三辑。收入黄苇:《方志论集》,浙江人民出版社1983年版。

以《元和郡县图志》来说吧，王文楚、邹逸麟所撰《我国现存最早一部地理总志——〈元和郡县志〉》一文中曾明确指出："《元和志》的体例，追溯其渊源，大体上是承受了两方面的原委：一是《汉书·地理志》以来各正史地理志和六朝以后地理总志的影响。这两种都可以称为疆域地理志的体制，是以一朝某一时期的疆域为范围，以州郡为纲，以县为目，分别记述其建置沿革，然后在各郡县下附系户口、山川、城邑、关塞、亭障、祠庙、古迹、物产等。《元和志》继承了这种体制，并有所扩充……二是汉魏以来图记与图经的影响。"①文中从未提到《禹贡》的影响。李志庭在《李吉甫与〈元和郡县志〉》一文中亦说："李吉甫对于舆地学界最大的影响，还在于他在《元和郡县志》里创立了一个比较完整的地理总志的体例……这种体例，正如王文楚、邹逸麟同志在《我国现存最早一部地理总志——〈元和郡县志〉》一文中所说，大体是继承了汉魏以来疆域地理志和图记、图经两方面的体制，并加以发展而成的。"该文不仅讲了承受，而且讲了它的影响，说："这种体例，既突出了疆域政区的主体，又可使政治、经济、自然等地理要素汇于一体，而且按图识志，使人一目了然，确实是比较完善的地理总志体例。所以多为后起学者所师范。《两唐志》、《宋志》中的'贡赋'一项，就是效法《元和郡县志》的。后起的地理总志亦多有继承。乐史的《太平寰宇记》以府州为纲，以县为目，下列建置沿革、府境、四至八到、主客户、土产、山川、古迹等项，都和《元和郡县志》一致。此外，它又增加了风俗、姓氏、人物等项，这些也多为后来总志所吸收，所以《太平寰宇记》在地理总志的发展史上有着继往开来的作用。不过，乐史删去《元和郡县志》中'贡赋'和地图等项目，却为后人所不取。后于乐史的王存，他编修《元丰九域志》，不但重新开列'土贡'一项，而且也有过附图的打算，所以原本称此《志》为《图》，后因图无绘，'乃请改曰志'。"作者还引了《四库全书总目》对该书的评述，说："'舆地图经，隋唐志所著录者，率散佚无存。其传于今者，惟此书为最古，其体例亦为最善。后来虽递相损益，无能出其范围'，并将它'录以冠地理总志之首'，称其为'诸家祖述之所自'。"②我之所以不厌其

---

① 参见《历史地理》创刊号，上海人民出版社1981年版。
② 参见《史学史研究》1984年第2期。

烦地大段摘引这些论述，目的在于说明这些重要的全国地理总志著作，并不像有的人所说"是昉自《禹贡》的"、"是依《禹贡》别九州之例"而作的。这几位同志都是从事历史地理研究工作的，所述应属可信，但他们文章中论述这些著作的渊源时，竟都未提《禹贡》，难道是出于偶然吗？

当然，《禹贡》作为我国最早的一篇地理文献，所述内容确实是相当丰富的，它把全国区分为九州，而对于山脉、河流、土壤、物产、贡赋、交通等多有叙述，古人言地理者确实有人将它视为源头，是完全可以理解的。如《隋书·经籍志》地理类序中说："《书》录禹别九州，定其山川，分其圻界，条其物产，辨其贡赋，斯之谓也。"这里所讲其实就是指《禹贡》所载内容。序中还说："晋世，挚虞依《禹贡》、《周官》，作《畿服经》。"这是因为该书所记内容与《禹贡》大体相似，故说是"依《禹贡》"而作。元代张铉所纂《至正金陵新志》的《修志本末》中也述及《禹贡》，并为许多论述方志起源者所引用。其实我们只要看了原文，就会发现作者不仅是出于泛泛而论，而且是概念含糊不清，竟将《禹贡》与诸侯国史相提并论。如曰："古者九州有志尚矣，《书》存《禹贡》，周纪职方，春秋诸侯有国史，汉以来郡国有图志。"一般论著，大多引到此为止，从而引申出古人论述方志之起源首列《禹贡》。"九州有志尚矣"，有何依据？《禹贡》既然是别九州以叙九州之事，如何又与割据一方之诸侯国史相比附？诸侯国史是什么？在《修志本末》中也已讲了："晋之《乘》，楚之《梼杌》，鲁之《春秋》皆诸侯史也。《乘》、《梼杌》缺亡，不可复知。以《春秋》经传考之，诸所记载，或承赴告，或述见闻，其事有关天下之故者，虽与鲁无预，皆书于册；其非义之所存，及闻见所不逮者，虽本国事，亦或弃而不录，疑此皆非圣人笔削新意。史策旧章，固存斯义，修《景定志》者，用《春秋》、《史记》法，述世年二表，经以帝代，纬以时地人事，开卷瞭然，与《建康实录》相为表里，可谓良史。而戚氏讥其年世徒繁，封画鲜述，所作续志，悉芟去之，以论他郡邑可也，而非所以言建康，岂惟前代事迹漫无统纪，亦将使昭代之典，阁而不彰。今不敢从述世年表，悉依前例。"综上所引，可见作者对于诸侯国史记载的内容十分清楚，而方志所应具有的内容也叙述得十分明白。方志编修，既用《春秋》、《史记》之法，无疑已是地方史了，这与《禹贡》有何关系？所以我认为这里虽列了《禹贡》，但毫无实际意义，完全是出于信口而谈，因而摘引其作为方志起源的论据，实在是缺乏认真分析。至于其他所引，这里就不一一列举了。总之，对于前人论述，必须进行分析，近情可信者用之，言之成理者信之，若是七拼八凑、信口而论，摘引再多，也不能令人信服。

二、关于起源《山海经》说

《山海经》究竟是一部什么性质的著作，长期以来一直存在着争议，至今尚无定论。多数人认为，从其内容来看，应是我国古代的一部地理著作。现存18篇，简而言之，分《山经》和《海经》两大类。经多数学者研究，其书既不是出于一人之手，也不是出于一时之作。最早编写时间是在战国，流传当中，不断为后人所增删和篡改，所以全书是经过逐渐附益而成的。由于它最大的特点是采用神话的形式，因而常被看成是荒诞不经的著作。书中记述了将近一百个神话故事，是我国古籍中保存神话最多的一部作品。它以神话的形式，既记录了全国的山水矿藏，又记载了260多种动物、130多种植物。其所记山水并不都是虚构，北魏郦道元的《水经注》，是众所周知有一定科学价值的地理书，其中引用《山海经》的材料有80多条，并经过郦道元的考实。清代毕沅（1730—1797）在其所注的《山海经序》里也说，书中山水，多数都能考知。谭其骧先生在《〈山经〉河水下游及其支流考》一文中说："实际上《山海经》中《山经》部分包含着很丰富的有关黄河下游河道的具体资料……我们如把《北山经》中注入河水下游的支流，一条一条摸清楚，加以排比，再以《汉书·地理志》、《水经》和《水经注》时代的河北水道予以印证，就可以相当具体地把这条见于记载的最古的黄河故道在地图上显示出来。"[①] 另外，经过长期的研究证实，它还是世界上最古老的矿藏地质文献，所记226处金、银、铜、铁、锡等矿藏，现在大都可以证实。关于这部书的价值，袁珂先生在《〈山海经〉写作的时地及篇目考》一文中作了很好的概括。文章开头就说："在先秦古籍当中，《山海经》是一部具有丰富内容和独特风貌的书。全书虽然仅仅三万一千多字，却包括了我国古代神话、历史、地理、物产、医药、宗教……各方面的许多宝贵材料，是研究

---

① 参见《中华文史论丛》1978年第七辑。收入谭其骧：《长水集（下）》，人民出版社2009年版。

我国古代历史和古代神话的极重要的文献。这些材料，大体上还保存着传说中古代社会生活各方面的本来面貌，并没有经过多少涂饰和修改，尤其使我们感到可贵。"[1] 上述所引都说明《山海经》这部古籍的内容丰富、风貌独特，具有很高的科学价值，绝不是一部荒诞不经之书。

当然学术界的看法也并非一致，如袁行霈先生的《〈山海经〉初探》便是代表了另一种看法："《山海经》是一部什么书？目前大多数论者都认为《山海经》是古代的一部可信的地理著作。"文章列举了自《汉书》以来历代对此书的评论以后，概括性地指出："上述形法、地理、语怪、小说等说，各有一定的道理，但都不免有片面性。还是鲁迅先生说得确切：'《山海经》今传本十八卷，记海内外山川神祇异物及祭祀所宜，以为禹益作者固非，而谓因《楚辞》而造者亦未是；所载祠神之物多用糈（精米），与巫术合，盖古之巫书也，然秦汉间人亦有增益。'这是十分精辟的见解，可惜他没有详加论述。现仅就我个人接触到的一点有限的材料，将这个问题展开论证一下。"文章在反复辩证以后说："总之，我认为《山经》是战国初、中期巫祝之流根据远古以来的传说，记录的一部巫觋之书，是他们行施巫术的参考。《海经》是秦汉间的方士书。《汉书·艺文志》将《山海经》与五行、蓍龟、杂占等书一起列入数术略，是有一定道理的，但它与度测地势建立城郭的形法书毕竟不同。《山海经》固然详述山川、异域，但多系传闻之辞，很难考实；而且并非以讲述地理为目的，不可视为实用的地理著作。《山海经》与小说虽有姻缘，对后世志怪小说影响很大，但它本身究竟不能算是小说作品。"[2]

对这样一部书为什么在看法上会产生这样大的分歧呢？关键在于它的内容、形式、体例都与众不同、过于奇特。像这样一部书，直到现在，竟还有人硬把它与方志挂起钩来，说是方志起源的一个源头。事实上只要大家冷静地将此书与方志作一比较，就可以发现无论是形式、体例、结构，两者全无共同之处。而持此论者的理由则是："从后世方志的某些内容来考察，也或多或少可以看出《山海经》中的某些记述是其渊源所在。""辛氏《三秦记》所述确多'乡国灵怪'。此正与《山海经》中的某些记述略同。又《禹

---

[1] 参见《中华文史论丛》1978年第七辑。收入袁珂：《神话论文集》，上海古籍出版社1982年版。
[2] 参见《中华文史论丛》1979年第三辑。收入袁行霈：《清思录：袁行霈自选集》，首都师范大学出版社2008年版。

贡》记物产而不及风俗,职方载地理而不及人物,然《山海经》所述,既有风土、人情,又涉人物、世系。这些不仅已补《禹贡》与《周官》之无,而且正同后世方志风俗、人物门类吻合。此外,后世方志多有祠庙、碑碣、仙事、异闻等记录,考之《山海经》,亦有祭祀、巫医、神祇、怪异等载述。由此亦可见方志某些内容有来源于《山海经》之痕迹。所以,若谓《山海经》亦是后世方志源头之一,确无不可。"①

我认为,这种简单附会式的论证是不可取的。单纯以该书中有某些内容,就拿后来之方志对号入座,这如何能令人信服?若是此论成立的话,那么我们有理由可以这样讲,古代所有典籍,都是从不同角度对后来方志有着影响,这是毫不夸张的。远的姑且不讲,就以东汉应劭的《风俗通义》而言,恐怕其影响更为直接。此书既述人物,又载山泽;既记载祀典,又遍录怪神,特别是所叙风俗,形象而生动,对研究汉代的社会风气自然很有价值。如卷八《祀典》小序曰:"自高祖受命,郊祀祈望,世有所增。武帝尤敬鬼神,于时盛矣。至平帝时,天地六宗已下及诸小神,凡千七百所。今营夷(寓)[寓]泯,宰器阙亡。盖物盛则衰,自然之道,天其或者欲反本也,故记叙神物曰祀典也。"单是这几句话,就告诉了人们关于汉代事鬼敬神的状况。而内容则大多反映出汉代的一些风俗习惯。书中有一条记汉代妇女装束的材料,描写很细致,为了解汉代妇女的打扮提供了具体的形象。"桓帝元嘉中,京师妇人作愁眉、啼妆、堕马髻、折腰步、龋齿笑。愁眉者,细而曲折。啼妆者,薄拭目下若啼痕。堕马髻者,侧在一边。折腰步者,足不任体。龋齿笑者,若齿痛不忻忻。始自梁冀家所为,京师翕然皆放效之。"②这种记载与后世方志记某地风俗者相类似。至如人物,若《愆礼》、《过誉》、《十反》等卷所载,多为当时之人,有如后来方志中之名宦、孝义之类传,一般都做到记事首尾完整、本末具备,绝不像《山海经》那种三言两语、少头无尾的记载,根本谈不上人物传记,况且所记又多为传说中之人物。可以试举一例以见一斑。《十反》卷载:"太尉沛国刘矩叔方,父字叔辽,累祖卿尹,好学敦整,土名不休扬,又无力援,仕进陵迟。而叔方雅有高问,远近

---

① 黄苇:《方志渊源考辨》,《方志论集》。
② 王利器:《风俗通义校注·附录·风俗通义佚文》,中华书局 2010 年版,第 567 页。

伟之，州郡辟请，未尝答命，往来京师，委质通门。太尉徐防、太傅桓焉，二公嘉其孝敬，慰愍契阔，为之先后，叔辽由此辟公府博士，征议郎。叔方尔乃翻然改志，以礼进退，三登台衮，号为名宰。"这种人物记载方法，与后世方志之人物传记已无区别。据上所引，我们能否说《风俗通义》是方志的源头之一呢？或者说是后世方志的鼻祖呢？显然都不妥当。

事实上，《山海经》所载人物与后来方志中人物传根本不可同日而语。这里有必要说明一下，古代所有的史书都必须有人物活动，因为作为一部真正的史书，必须要时间、地点、人物、事件四者有机地结合，若是四者缺一，都不能成为有价值的史书。但是，有人物活动的记载，并不意味着就有人物传记，人物传记的产生是从司马迁作《史记》才开始的。关于这点，下面将详细论述。因此，若是只要见有人物记载便说与方志有渊源关系，而对其体例、形式则全然不管，这是无法令人信服的。尽管古人也有将《山海经》与方志拉在一起的，但从未有人说出道理，因此，对这类记载必须分析研究，合理者加以肯定，不可信者则据理驳之。古人所说，未必尽为可信，不能笼统地全盘接受。当然，近人所论引得最多的便是《隋书·经籍志》的那条记载。该条记载在著录南齐陆澄所汇编之《地理书》时说："陆澄合《山海经》已来一百六十家，以为此书。"这里只不过说明陆澄将《山海经》看作是地理书而已，并不足以说明陆澄认为它是方志的源头。正如今天许多学者也都肯定它是一部很有价值的地理著作，但并不认为方志与它有渊源的关系。著名历史地理学家谭其骧、史念海诸先生，都认为《山海经》具有很高的科学价值，但他们都主张方志起源于两汉之地记。因此肯定《山海经》是地理书，并不能因此就推论它一定就是方志的源头。值得注意的是，近代方志学家张国淦在编著《中国古方志考》一书时，所收内容十分广泛，但对《山海经》并不收录，因为他把该书视为同《水经注》一类的著作。这也说明，他肯定《山海经》是地理书，但认为与方志没有关系，所以和《水经注》一样都不收录。

三、关于起源《周官》说

在方志界，有许多讲方志的文章，几乎是言必称《周官》，甚至有些讲话或文章还直接讲"方志起源于《周官》"。其实这样的笼统讲法是不通的，因为《周官》是一部讲各种官制职能的书，作为著作体裁的方志，如何会直接起源于讲官制的《周官》呢？当然，多数学者的论著记载还是比较明确的，即《周官》所载"外史掌四方之志"，"小史所掌邦国之志"，"诵训，掌道方志"。至于古人最早论述此事者，即人们常引的司马光为宋敏求《河南志》所作序中所讲："《周官》有职方、土训、诵训之职，掌道四方九州之事物，以诏王知其利害。后世学者为书以述地（里）[理]，亦其遗法也。"①到了明代，不少人在所纂方志的序中亦有此提法，如嘉靖朝所修的《河间府志》，作者在自叙中说："西田樊深曰：志者，郡邑之史也，古以来恒有之，而于今为重。盖《周礼》有小史以掌邦国之志，有外史以掌四方之志，而又有职方氏以掌天下之图。"当然到了清代，此说便颇为流行了，说得最多、持之最力者看来莫过于章学诚了。其所撰方志论文，多半都要以《周官》所载作为自己论据。其《方志立三书议》中说："余考之于《周官》，而知古人之于史事，未尝不至纤析也。外史掌四方之志，注谓若晋《乘》、鲁《春秋》、楚《梼杌》之类，是一国之全史也。"《州县请立志科议》中说："按《周官》，宗伯之属外史，掌四方之志。"至于《和州志》的许多序例，开篇首句便以《周官》为发端，可谓典型。直至清末，著名学者缪荃孙在《重修信义志序》中还说："昔孔子得百廿国宝书以成《春秋》，前贤以为即方志也。《周礼》诵训掌道方志，以诏观事。"②可见此说影响颇大。当然，近代学者持此说者就更加普遍了，似乎已经成为定论。因此更有必要详加辩论。

《周官》又名《周礼》或《周官经》，为儒家经典之一，相传为周公所作。事实上关于这部著作历来就有争议，到了宋代，怀疑它的学者就更多了。其中以洪迈之言最为简要明白，可以说基本上作了否定。《容斋续笔》卷16"《周礼》非周公书"条说："《周礼》一书，世谓周公所作，而非也。昔贤以为战国阴谋之书。考其实，盖出于刘歆之手。《汉书·儒林传》尽载诸经专门师授，此独无传。至王莽时，歆为国师，始建立《周官经》以为《周礼》，且置博士。而河南杜子春，受业于歆，还家以教门徒。好学之士郑

---

① 《传家集》卷六十八，《钦定四库全书荟要》本。
② 《艺风堂文漫存》卷二。

兴及其子众往师之，此书遂行。歆之处心积虑，用以济莽之恶。莽据以毒痛四海，如五均、六筦、市官、赊贷诸所兴为，皆是也。故当其时，公孙禄既已斥歆颠倒六经，毁师法矣。历代以来，唯宇文周依六典以建官，至于治民发政，亦未尝循故辙。王安石欲变乱祖宗法度，乃尊崇其言，至与《诗》、《书》均匹，以作《三经新义》……呜呼！二王托《周官》之名以为政，其归于祸民一也。"这一论述，便向人们揭示了《周官》一书全系后人之伪托，从而打破了长期以来所传周公制作《周礼》之神话般的谎言。清朝末年，许多学者根据这一精神，纷纷著书立说，进一步肯定《周礼》乃刘歆所伪作，著名的如廖平的《古学考》和康有为的《新学伪经考》等。近代学者进一步研究，曾从周秦铜器铭文所载官制，参证该书中的政治、经济制度和学术思想，把它定为战国时代作品。童书业先生在《春秋左传考证》中甚至认为是"战国后期的作品"。

对于这部书的来历，当代著名文献学家张舜徽先生曾提出独到的看法。他在1979年12月5日给顾颉刚先生的信中说："昨蒙寄示考证《周礼》一文，拜读之余，至佩厘析缜密，千载疑案，殆自此可成定谳矣。舜徽早岁治经，亦尝博综历代诸儒考辨之辞，反复稽治，而不能定其孰是。其后为流略之学，始恍然有悟于古之以'周'名书者，本有二例：一以朝代为名，一取周备之义。《汉志》著录之书，儒家有《周政》六篇，《周法》九篇；道家有《周训》十四篇；小说家有《周考》七十六卷，《臣寿周纪》七篇，《虞初周说》九百四十三篇。细详诸书标题，皆取周遍、周备之义，犹《周易》之得义于周普也。儒家《周政》、《周法》，盖所载乃布政立法之总论；道家之《周训》，小说家之《周考》、《周纪》、《周说》，犹后世'丛考'、'杂钞'、'说林'之类耳。故刘、班悉列于每类之末，犹可窥寻其义例。自后世误以为言周时事，说者遂多隔阂不可通。章实斋《校雠通义》以为《周政》、《周法》乃官礼之遗，宜附之《礼经》之下；又以《周考》不当侪于小说，皆所谓通人之蔽也。《周礼》原名《周官》，亦取周遍、周备、无所不包之意。实战国时人参考当时列国政制法令，去短取长，杂钞而成。故其所记，或政典，或九州，或司马教战之法，或考工作器之术，咸纂录于一书。再益以儒家政治理想，增减而排比之，以成为较有条理之'官制汇编'。不独古代未尝实行，后世亦未有能实行之者……由于此书为战国时人所辑录，故孔子与春秋诸大夫以及诸子百家引经，皆无一字及之。推之仲尼所言'吾学周礼'，韩宣子聘鲁所云'周礼尽在鲁'，悉无与于此书也……自汉以来，尊之者目为周公所制，黜之者谓出刘歆之手，而其实皆非也。"后来张先生在撰《经传标题辨惑》一文时，又将此义作了进一步发挥，指出："《周礼》一书，本名《周官》，是周末列国设官分职的综合叙述，是一部战国时的'官制汇编'。由于当时各国力谋改革政治制度，都具有变法图强的要求，对于设官分职，务求刷新、周密。当时留心时政的人，便采访各国官制，截长补短，使之条理化、系统化，成为一部内容丰富的'官制汇编'。由于取材的来源不同，所以在内容方面，也不免存在互相抵牾、彼此矛盾之处。这部书所以名为《周礼》或《周官》，也是采用周普、周遍、周备、无所不包的意思。后人硬要把'周'字解为周代，说它是周公致太平之书，于是异说纷起，带来了许多无谓的辩难和争吵，延绵达两千年之久，终不能得到合理的解决。如果能在标题上理解到'周'字的含义，不是指朝代，而解为周备，那就廓然开朗，不致纠缠于无意义的争辩了。可知读书考古，有必要首先将书名的含义弄清楚，才能探讨它的内容。这却不是一件小事。"①经过这样的论述，就把《周官》这部书的来龙去脉讲清楚了，既指出它产生的时代，又讲明它产生的原因，以致内容所以会自相矛盾，也就完全可以理解了。可见这部书的产生，也并非出于偶然，是为了适应当时各国政治改革的要求而编辑的，所以书中所载诸制，不独周王朝未能全部实行，后来各诸侯国亦不可能全都实行。实际上这部书的编辑，目的在于托古改制，因此，它所载的内容自然也就未必可信，这是显而易见的。

为了进一步论证上引说法之可信，这里再将著名史学家黄云眉先生辩证《周礼》五史之说不可信的论点加以摘引。黄先生在《略论〈周礼〉五史与〈礼记〉左右史》一文中首先指出："《周礼·春官·宗伯》，详载大史、小史、内史、外史、御史等五史之员额与职掌，学者多信周代之史官制度，非后世所能及。大史内史尚矣，而章学诚修《和州志》，于《氏族表》、《皇言纪》、《官师表》等序例中，论小史、外史、御史等官之专门任务，亦多所推阐，盖皆非泛设而已者。且如六官副写约剂以登大史，大史又就六官所登以

---

① 以上均见《中国历史文献研究集刊》第二集，湖南人民出版社 1981 年版。

副写之,则一官失守,得以取征于副本,其保存史料之法,亦视后世为密。使此等制度果为事实,岂非甚盛!然《周礼》一书,于诸经最为晚出,真伪未有定论,所谓五史云云,考之诸书,不特繁委纤悉,偏重人事(备书天道鬼神灾祥卜筮梦等于策,即古代史官职掌,说详汪中《左氏春秋释疑》)之五史职掌,无从参证,即五史之官名,亦未能备具。"接着便根据先秦和汉代众多史籍所载史官名称详加罗列,并作考订,最后结论说:"准是以言:《周礼》五史,可信者惟大史、内史;《礼记》二史,可信者惟左史,天子有大史、内史、左史等,诸侯皆有大史而不皆有内史、左史。其职掌亦不必与《周礼》、《礼记》同。若其因大史而有小史,因内史而有外史,因左史而有右史,因《周礼》之无左右史,而以《礼记》之左右史强与《周礼》之大史内史冶为一炉,皆由前人以理想构为制度,而后人以文字认为事实,故纷纷藉藉而终莫能通其说也。然则所谓粲然大备之周代史职,夷考其实,盖亦廑矣。"[1]全文考订精详,评论入情入理,不作假设,不用推论,一切由具体史实入手,读之令人心悦诚服。

综观上引两文,前者为论述《周官》一书之伪作,后者为考订其内容所述"五史"之说的乌有,两文参互阅读,可起相得益彰之效。全书既是假托之作,内容自然未必尽属可信,更不可引以为古代官制设置之依据。特别是黄先生的论著发表已经八九十年[2],时至今日,中外许多学者论述方志起源的时候,仍旧竞相引《周官》所载外史、小史之说作为可靠之论据而加以发挥,这不能不说是值得遗憾的。这些本属子虚乌有之说,何以能作为信史而予以宣扬?更何足以取信于人?

当然,也有学者是不同意这种说法的,并直率地提出了批评的意见。崔富章先生的《章学诚"方志为外史所领"说发疑》一文便对这种说法进行了较为系统的辩驳。文章开宗明义指出:"翻阅部分方志及论著,见到许多人讲方志起源,必称《周礼》,清人章学诚堪称代表。"文章写得十分微妙,其精神虽是批评当前方志学研究中所流行的起源《周官》说,但全部内容却是抓住古人来做文章。方志起源《周官》之说,章学诚虽不是始作俑者,但

---

[1] 黄云眉:《史学杂稿订存》,齐鲁书社1980年版。
[2] 该文最早发表于《金陵学报》1931年第1卷第1期。

确实是宣扬鼓吹最有力的代表人物，影响极大。因此，文章罗列了章氏的主要论点，加以归纳，提出五大疑问，逐条进行辩释。特别值得注意的是，文章又从语言学角度论证《周礼》所记内容之不可信。认为"《周礼》成书较迟，流传情况复杂，真伪纷如聚讼"。"以'外史'为例：'外史掌书外令，掌四方之志，掌三皇五帝之书，掌达书名于四方，若以书使于四方，则书其令。''三皇五帝之书'，郑玄注：'楚灵王所谓三坟、五典。'考《左传》昭公十二年记楚灵王事云：'左史倚相趋过。王曰：是良史也，子善视之，是能读三坟、五典、八索、九丘。'杜注：'皆古书名。'姜亮夫先生曰：'其书久亡，莫由达其意，其可断言者，必楚方俗之书；要不出楚事、楚故、楚言、楚物之类，皆史之所司也。'① 遍检《尚书》、《诗经》、《左传》诸典籍，均不见'三皇五帝'字样。'皇'字在战国以前只是形容词及副词，偶亦用作动词或用为人名，绝无用作一种尊位之名称者。'三皇五帝'之说乃形成于战国后期（严格地说，乃形成于北土。南土楚人则终战国之世亦无三皇五帝观念。郑玄拉楚灵王作注，又属误会），周代史官何由掌其书？"这就进一步揭穿了《周礼》的作者因出于假托而东拼西凑，于是书中就出现了许多自相矛盾、无法自圆其说的现象。文章最后提出："无任何佐证，单单抓住'外史掌四方之志'一语作论断，难免有捕风捉影之嫌（近又有挖出'诵训掌道方志'之句，遂谓《周礼》有三'志'：四方之志、邦国之志、道方志。殊不知，'道'者说也，'道方志'者，说四方所识久远之事也，这是'诵训'的职务）。我认为，探讨方志起源，不必奉《周礼》为纲。依我之见，先秦典籍中写到的楚之'故志'、诸侯之'志'、'周志'、'郑书'（当然也可以包括鲁之《春秋》、晋之《乘》、楚之《梼杌》诸纪年之牒）都不是'方志'——以行政区划为范围进行分门别类的综合记录。章学诚的'方志为外史所领'说，在使用材料上，在推论过程中，的确存在严重的缺陷和混乱，后人没有必要承续这一观点。"②

　　从方志学界的研究状况来看，这一说法之所以会如此广泛流行，看来和章学诚的影响确实有很大关系，因为他在方志学的发展和建立上是位至关重

---

① 姜亮夫：《三楚所传古史与齐鲁三晋异同辨》，《历史学》1979 年第 4 期。

② 《晋阳学刊》1982 年第 2 期。

要的人物，并且又是一位史学理论家，因而对他的说法很少有人提出怀疑。另外，持此说者又过于轻信了《周礼》一书，认为书中所载都是周王朝所实行过的制度和设置过的官职。所以有的文章便说方志在西周时代已经产生。当然，为什么会产生这种看法，其关键又在于对《周礼》所载文字的误解，以为"四方之志"就是今天所讲的方志，既然这样理解，那么方志这种著作在他们看来于西周时代不仅已有了，就连"方志"这个名称也有了。这自然纯属于由字面解释而产生的误解。要知道，这里的"志"就是史的意思，"四方之志"就是四方诸侯国的历史。关于这点，郑玄在所作注中也说得很清楚。他在外史"掌四方之志"下注曰："志，记也，谓若鲁之《春秋》、晋之《乘》、楚之《梼杌》。"又在小史"掌邦国之志"下注曰："《春秋传》所谓《周志》、《国语》所称《郑书》之属也。"① 上述所列之书，都是各诸侯国史书，这是众所周知的。古代史书本称"志"，宋代大史学家郑樵在叙述他的著作《通志》命名之缘由时就曾指出："古者记事之史谓之志……太史公更志为记，今谓之志，本其旧也。"② 这就是说，古代之志，就是记事之史书。那么郑玄和郑樵所说是否有史实根据呢？我的回答是肯定的，因为在《左传》和《国语》诸先秦史书中确实都有明确的记载。《左传》文公二年记狼瞫为了说服对方时，就曾称引《周志》，说："《周志》有之：'勇则害上，不登于明堂。'"杜预注："《周志》，周书也。"而《汲冢书》中亦曾引用《周志》。朱希祖《汲冢书考》中也称《周志》即《周书》，以所引一语见今《周书·大匡》篇。事实上，《左传》一书引用这类志书内容的地方相当多，有的是出现在双方辩论时，引用前志所载内容作为自己的论据；有的则是出现在"君子曰"之中。为了说明问题，现摘引数条于下：

文公六年：臾骈曰："不可，吾闻《前志》有之曰：'敌惠敌怨，不在后嗣，忠之道也。'"

成公四年：季文子曰："不可……《史佚之志》有之曰：'非我族类，其心必异。'楚虽大，非吾族也，其肯字我乎？"

---

① 《周礼正义·春官宗伯》，中华书局1987年版，第2098、2137页。
② 郑樵：《通志·总序》，《通志二十略》（王树民点校本），中华书局1995年版。

襄公四年：君子曰："《志》所谓'多行无礼，必自及也'，其是之谓乎！"

襄公二十五年：仲尼曰："《志》有之：'言以足志，文以足言。'不言，谁知其志？言之无文，行而不远。晋为伯，郑入陈，非文辞不为功。慎辞也！"

昭公元年：公孙侨曰："侨又闻之，内官不及同姓，其生不殖。美先尽矣，则相生疾，君子是以恶之。故《志》曰：'买妾不知其姓，则卜之。'违此二者，古之所慎也。"

昭公三年：小邾穆公来朝，季武子欲卑之。穆叔曰："不可。曹、滕、二邾实不忘我好，敬以逆之，犹惧其贰，又卑一睦，焉逆群好也？其如旧而加敬焉。《志》曰：'能敬无灾。'又曰：'敬逆来者，天所福也。'"季孙从之。

哀公十八年：君子曰："惠王知志。《夏书》曰：'官占唯能蔽志，昆命于元龟。'其是之谓乎！《志》曰：'圣人不烦卜筮。'惠王其有焉。"

综观上引，可见《左传》所载之"志"，均是指古书、古史而言。因为进入春秋时期以后，社会生产力的发展、自然科学的进步、阶级斗争的推动和社会制度的迅速变化，促使人们对传统的神意观念产生了动摇。因为许多人事的变迁、制度的演变，都不是用天命或神意所能解释得了的，从而引起了人们对人事的重视。于是许多政治家和史官在论及国家的兴亡盛衰和当前政治时事的时候，既不是海阔天空地议论，也很少再援引天命或神意，而是列举他们所掌握的历史知识为论据。他们还强调，王者施政要以过去的历史为鉴。《国语·周语下》所引太子晋那段话可谓最为典型。他说："启先王之遗训，省其典图刑法，而观其废兴者，皆可知也。"上面所引，正是反映了这一历史事实。而从所引各书内容来看，都是有关各类史实，绝不能把它们都视为后来之方志。

再从《国语》所载来看，申叔时为楚庄王教育太子所开的书目中也有"故志"，并说明"教之故志，使知废兴者而戒惧焉"[①]。韦昭对"故志"所作

---

① 《国语·楚语上》,《国语集解》(修订本)，中华书局 2002 年版，第 486 页。

注曰:"谓所记前世成败之书。"这自然也就是历史,与《左传》所载之《前志》恐即一书。又《楚语》上还载:"灵王城陈、蔡、不羹,使仆夫子皙问于范无宇……对曰:'其在志也,国为大城,未有利者。'"非常明显,范无宇在回答问题时首先指出,此事在古书上有所记载,国作大城,未有利也。所有这些都充分说明,郑樵所说"古者记事之史谓之志"是完全正确的,因为从先秦史籍中皆可得到证实,并不是凭空的臆断。

也许有人会提出问题,认为古书所说的志即记事之史,自然可以成立,但《周礼》为什么又讲外史"掌四方之志",小史"掌邦国之志"?既然都是诸侯国的历史,为什么要作如此区分?这一问题实际上又涉及西周的分封。周初为了加强统治,在全国实行了大分封。把东西两都连在一起,都属于王畿的范围,达千里以上。将王室的近亲姬姓都分封在近畿周围,作为王室的直接依靠力量。在京畿以外,还分封了许多异姓诸侯。而在当时,只有周天子设置史官记载历史,各诸侯国的历史同样也是由周天子的史官记载。由于有这样的历史事实,加之周代又确实有大史、内史之称见于史书,于是《周礼》的作者不仅附会出外史和小史,而且为他们作了明确的分工,这就是小史"掌邦国之志"、外史"掌四方之志"的来历。意思是说,畿内所有诸侯国之历史由小史记载,畿外的各诸侯国历史则由外史负责记载。所以孙诒让在《周礼正义》中说:小史"掌邦国之志者,谓掌王国及畿内侯国之史记,别于外史掌四方之志为畿外侯国之志也"。因此,无论是"四方之志"还是"邦国之志",都是指诸侯国之历史,而绝不是后来之"方志",这是显而易见的。事实上由于历史的发展,到了春秋时代情况就不同了,随着周王室的衰微,各诸侯国势力日渐强大,各自都先后有了自己的纪年,设置了自己的史官从事历史的记载,突破了周王室垄断历史的局面。同时记载的形式也不再局限于官文书的整理,而是逐渐发展为按年代顺序连续记载的编年体的国史形式了。如晋《乘》、郑《志》、楚《梼杌》、鲁《春秋》、秦《秦纪》等等,都是见之于先秦史书记载的。同时,我们已经知道的鲁的《春秋》、魏的《竹书纪年》(原书名已不可知)、秦的《秦纪》,都是编年史体,这可以说是当时史学发展的主流。所以到了战国时代便出现了编年体巨著——《左传》,这绝不是偶然的,它是史学发展的必然产物。

但是也有人认为上述诸侯国史就是最早的方志,其理由是:"那时的所谓国，法制上乃周王朝主宰下的各封域，实质等于郡县制后的各政区，故《乘》、《梼杌》、《春秋》为我国最古的几种方志，名称不同罢了。"①并且还说："这些史籍今已不见，仅就孔子所修鲁国《春秋》来看，虽然字句极简，语焉不详，严格说还不算史书，只能算鲁史的提纲，但其所记内容，涉及的面宽广，既不限于人事，也不偏于地望，自然现象，社会风情，人民生活，各样都有。"②我认为这实际上是史志不分的观点。诸侯国史，无论从体裁形式还是记载内容，与后来的郡县方志都是不同的。首先，当时的诸侯国，"实质"也并不等于郡县制后的各政区，由于性质的不同，其职能也就各自有别，这是众所周知的，无须多辩。具体到孔子所修之《春秋》，说是最早之方志，那就更不妥当了。《春秋》乃是我国最早的一部编年体史书，所记内容虽以鲁国历史为主，记载鲁国的内政特详，但是凡涉及列国之事亦均有记载，就这点而言，它实际已具有国际史的意味，如于当时列国间的朝聘、盟会、战争等均有记载。这样的内容，如何能和后来的方志相提并论？它们之间虽存在着共性，但还是有区别的。明代著名文学家、史学家王世贞在《通州志序》中就已经指出了这点。他说："窃谓今志犹古史也。古者千乘之国与附庸之邦皆有史官以掌记时事，第不过君卿大夫言动之一端。而所谓山川、土田、民物、风俗、兵防之类，意别有图籍以主之，志则无所不备录矣。是故古史之失在略，而今志之得在详也；然史之大纲在不虚媺，不隐恶，以故世子之隆崇，卿相之威灵，而执简者侃然而拟其后。今州邑之荐绅将举笔，而其人非邦君即先故，盖有所不得不避矣。是故古史之得在直，而今志之失在谀也。"③这里王世贞讲得很有分寸，"今志犹古史"，但并不就等同于古史，两者虽有共同之处，但还是存在着巨大差别，特别是内容记载上的不同，这是带有实质性的，否则方志就是古代诸侯国史，并无自己的特性，那也就无所谓方志了。

至于有人又根据《周礼·地官·司徒》所载"诵训，掌道方志，以昭观事"大做文章，认为方志著作不仅在周朝已经有了，而且就连方志名称也出

---

① 王燕玉：《方志刍议》，《中国地方史志论丛》，中华书局1984年版。
② 王燕玉：《方志刍议》，《中国地方史志论丛》。
③ 《弇州山人续稿》卷四十，又载《通州志》卷首。

现了。我认为，这里"方志"二字仍是指四方诸侯国历史而言，与今天所讲的方志是两个不同的概念，千万不能混为一谈。此事郑玄在注中已经讲清楚了，注曰："说四方所识久远之事，以告王观博古所识。""道"者说也，"道方志"者，就是说四方诸侯国所记载的历史，这是"诵训"的任务，实际上就是为帝王讲述历史。我国古代帝王有一个传统，即自古以来就很重视历史的借鉴，并专门设官为他们讲述历史。西周统治者就曾再三声称："我不可不监于有夏，亦不可不监于有殷。"[①]这就是说，他们要从夏商两代亡国的历史中吸取教训，用前代兴亡之事迹，作为自己施政的借鉴。《国语·楚语下》记载说："又有左史倚相，能道训典以叙百物，以朝夕献善败于寡君，使寡君无忘先王之业。"可见当时的史官每天都要给国君讲述历史。其目的十分明确，使国君不要忘记先王所建立的事业是来之不易的，应时时记在心上。后来历代统治者便把设专官讲史作为制度固定下来，代代相传。很典型的如魏晋南北朝时期，后赵君主石勒曾被掠卖为奴隶，做了君主以后，虽不识字，却很重视历史。《晋书·石勒载记》说："勒雅好文学，虽在军旅，常令儒生读史书而听之，每以其意论古帝王善恶，朝贤儒士听者莫不归美焉。"至于那些著名的帝王，就更加重视了。当然，"诵训，掌道方志"，也可以理解为讲述四面八方所记载的各种大事，可以是历史上的，也可以是当前的，因为"志"就有记事之意，所记之事自然有古有今，而古代记事则多为史官为之。《史记·廉颇蔺相如列传》所记秦赵渑池之会，两国均有御史相从，随时记录，便是生动的说明。

综上所述，《周官》既是战国时代托古所作之书，所载内容自然不尽可信，加之许多论著摘引其记载时对于文字理解上又多有误解，因此方志起源于《周官》之说自然不足以取信于人。

四、关于起源古代诸侯国史说

这一说法虽与上述意见有共同之处，但它不再称引《周官》，而是直接

[①]《尚书·召诰》，顾颉刚、刘起釪：《尚书校释译论》，中华书局2005年版，第1441页。按"监"字古本作"鉴"。

提出后世郡县志书便是古代诸侯国史，认为一方之志便是一方之史。宋人郑兴裔在所作《广陵志序》中便说："郡之有志，犹国之有史，所以察民风，验土俗，使前有所稽，后有所鉴，甚重典也。"① 这一说法到了明代便颇为流行，如嘉靖《河间府志序》中说："古有列国之史，而今有一方之志，是虽名谓有殊，而核名实以记时事者，其义同也。"这就明显地将古代"列国之史"与当今之"一方之志"完全等同起来了。到了清代，持此说最力者当然还是首推章学诚。他首先肯定："国史、方志，皆《春秋》之流别也。"② 这就是说，在他看来，国史和方志都是从《春秋》那里发展而来，源头同是《春秋》。他还一再说明："志乘为一县之书，即古者一国之史也。"③ 又在《为张吉甫司马撰大名县志序》中说："郡县志乘，即封建时列国史官之遗，而近代修志诸家，误仿唐宋州郡图经而失之者也。"④ 近代学者梁启超也认为最古之史便是方志，他在《中国近三百年学术史》的《方志学》一节中，开头便说："最古之史，实为方志。如孟子所称'晋《乘》、楚《梼杌》、鲁《春秋》'，墨子所称'周之《春秋》、宋之《春秋》、燕之《春秋》'，庄子所称'百二十国宝书'。比附今著，则一府州县志而已。"可见这一说法的影响也相当大。但所持理论，则又与源于《周官》之说相同，最明显的当然还是章学诚。其他论著对于所以然者则讲得很少，而所讲者亦大多着眼于古代各诸侯国领域很小，有如后世郡县之规模，很少从所记内容和著作体例考虑，实际上是只看形式而忽略了实质。古诸侯国领土虽小，但它的性质和职能毕竟与后世之郡县不同，两者自不可同日而语。况且诸侯国史所载内容正如王世贞所说，"不过君卿大夫言动之一端"，不像方志所记内容那样丰富广泛。再从体裁而言，诸侯国史大多为编年记事之体，这是当时史体的主流，也是当时最进步的史学体裁，这与后世方志体裁记载形式的多样性也全然不同，因此很难看出两者之间存在着什么渊源关系。虽然梁启超认为"最古之史，实为方志"，但在这个问题上他也无法自圆其说，而不得不承认"惟封建与郡

---

① 《郑忠肃公奏议遗集》下，清康熙《郑氏六名家集》本。
② 《文史通义新编新注》外篇四《方志立三书议》，第 829 页。
③ 《文史通义新编新注》外篇五《永清县志前志列传序例》，第 986 页。
④ 《文史通义新编新注》外篇六《为张吉甫司马撰大名县志序》，第 1039 页。

县组织既殊，故体例靡得而援焉"。① 既然体例、内容并不相同，一定要拉两者的渊源关系，实在是过于牵强。之所以会出现这种情况，看来主要是史志不分、概念不清所造成的。关于这点，我在第一章《方志的性质》一节中已作论述。

五、方志多源论

关于方志的起源，除上述几种主要看法外，在讨论过程中，还有人提出"方志多源"的主张，认为方志的源头是多种的，而不是一个，是这一说法的中心思想。其代表人物应推黄苇先生。他在《方志渊源考辨》②中多次强调，"从上述多方面的种种情况看来，方志源头较多，不仅有《周官》、《禹贡》、《山海经》，还有《九丘》之书和古舆地图等等。这还只是就已知的情况而言，如果进一步广泛深入考察，或者还可找到如民间传说等一类的来源。至此，似可归结说：方志并非起自一源，而是多源"；"后世修志诸家在论述方志由来时，不仅指明《周官》，而且语及《禹贡》、《山海经》、《九丘》以及舆图、地志、史籍等等。这些也都是确凿的事实，足以证明方志出自多源，并非一源"。文章说得十分肯定，以为所论都有"确凿的事实"为根据，自然应当是可以深信不疑的了。但实际看来恐怕并非如此。关于《周官》、《禹贡》、《山海经》三书，上文已作了分析，事实并不能说"确凿"，有的是出于后人之附会，有的则如崔富章文所说，乃出于"捕风捉影"。

既然谈到还有《九丘》，也不妨看看真相如何。黄苇先生在上述文中说："还应看到，除《周官》、《禹贡》和《山海经》外，从有关古籍和另外一些记载来考察，尚可觅得方志的其他一些源头。《大元一统志·序》称：'九州之志，谓之《九丘》，《周官》小史掌邦国之志，外史掌四方之志，志之由来尚矣。'这就除《周官》而外，又提到了《九丘》。《九丘》，古书名。据《左传》载：'左史倚相趋过。王曰：是良史也，子善视之，是能读《三坟》、

---

① 梁启超：《中国近三百年学术史》十五《清代学者整理旧学之总成绩（三）》，朱维铮校注：《梁启超论清学史二种》，复旦大学出版社 1985 年版，第 439—440 页。
② 原载《中华文史论丛》1981 年第三辑。收入《方志论集》和《中国地方史志论丛》。

《五典》、《八索》、《九丘》。'《九丘》早佚，原文已不可知，惟《尚书·序》称：'九州之志，谓之《九丘》。丘，聚也，言九州所有，土地所生，风气所宜，皆聚此书……即谓上世帝王遗书也。'由此看来，《九丘》成书甚早，在《左传》以前，即已流传，其内容又涉及'九州所有'、'土地所生'、'风气所宜'，故亦属地志之类，而且后世修志者在探索方志渊源时，已语及此书。所以《九丘》亦可列作方志源头之一。"从文章叙述来看，确是有所依据，但此依据是否可信？是否可以看作"确凿的事实"？恐怕并非如此。要知道，《尚书序》乃汉人孔安国所作，《三坟》、《五典》、《八索》、《九丘》是怎样性质的书，他也没有看到过；这些书记载什么内容，古书也未见有过记载。因此他在序中所说也仅仅是望文生义的推测罢了。只要将他对这四部书的解释全部看了，问题便清楚了。序中说："伏羲、神农、黄帝之书，谓之《三坟》，言大道也；少昊、颛顼、高辛、唐、虞之书，谓之《五典》，言常道也；至于夏、商、周之书，虽设教不伦，雅诰奥义，其归一揆，是故历代宝之，以为大训。八卦之说，谓之《八索》，求其义也；九州之志，谓之《九丘》。丘，聚也，言九州所有，土地所生，风气所宜，皆聚此书也。《春秋左氏传》曰：楚左史倚相，能读《三坟》、《五典》、《八索》、《九丘》，即谓上世帝王遗书也。"对于这段文字，只要稍作推敲，即可发现其底细。《三坟》说是"言大道"之书，而《五典》则说是"言常道"之书。根据何在？何以知前者是"言大道"，而后者是"言常道"呢？显然是出于望文生义。因为"典"字就有"常道"之意，《尔雅·释诂》曰："典，常也。"其意就是从此而来。至于"坟"字，《尔雅·释诂》曰："大也。"既是帝王之书，不外都是讲治国之"道"，故孔安国在《尚书序》里便将《三坟》说成是"言大道"之书，似乎言之成理，还有什么可怀疑呢？对于《九丘》的解释，则完全是附会《禹贡》述九州之内容而来，更是出于主观之臆断。因从无史书言及《九丘》之内容或性质，只有《禹贡》真的讲了"九州所有"、"土地所生"、"风气所宜"，于是加以移植，便成了《九丘》的内容。所以后来许多学者并不同意他的说法。如东汉贾逵解释《八索》为八王之法，《九丘》是九州亡国之戒；张衡则认为《八索》即《周礼》的八议，《九丘》即《周礼》的九刑。可见历来诸家说法不一，而皆出于推测，皆无实据。故杨伯峻先生在《春秋左传注》中说："古今解此四种书者甚多，其书既早已只字无存，臆说何足据？"① 不过近代各辞书作者对此皆持较为审慎的态度，释文大多曰"相传为古代书名"，绝不引申或发挥。像这样谁也没有见过的书，究竟内容记的是什么也无法确定，如何竟引来作为论述方志起源的依据呢？况且孔安国生活在西汉时，所言也只有臆断，而无真凭实据，元人所说自然更不足为凭。再看《元大一统志》的那种讲法，更是捕风捉影，又怎么能说成"是确凿的事实"呢？

当然，作为一种著作体裁的方志，究竟起源于何时，是一源还是多源，确实应当进一步加以探讨，以取得符合历史发展的科学结论。但黄苇先生在《方志渊源考辨》中所提出的那些源头以及多源的标准概念，笔者实不敢苟同。依笔者之愚见，上列诸书恐与后来之方志均无渊源关系，事实上历来的历史学家和目录学家从未把它们列入方志范畴。上面已经讲了，若按黄先生的标准，恐怕古代所有史籍都可视为方志的源头。不仅如此，"这还只是就已知的情况而言，如果进一步广泛深入考察，或者还可找到如民间传说等一类的来源"。表面看来是尽量挖掘源头，到头来变成自我的否定，源头太多，最后就变成无源。因此这样的多源论，无论在理论上还是实际上都是不能成立的。《方志渊源考辨》一文最后说："方志多源也应是事理之所当然。因为，人类任何一种重要文化遗产都是从多方面吸取源泉，逐步发展、丰富、演化而来。方志这类庞大久远的文化典籍当然也不例外。长江大河正是由于最初不断有多种细流注入，才逐渐积聚，成为源头，然后再经汇合，形成巨流，方始波澜壮阔，浩浩荡荡，奔腾入海。方志的发生和发展过程也应是这样。"这段话中，实际上有几个概念含糊不清的地方。首先，起源与发展过程中继续吸取、汇合、渗透而使之不断完善或壮大应区别开来。刚起源时，从水流而言，流量不一定很大；从著作而言，内容不一定丰富，体例不一定完善。经过不断发展，从河流来说，又吸收、汇合了许多支流，从而流量不断加大，以至形成波澜壮阔、奔腾汹涌的大江、大河；从著作而言，在发展过程中，又不断吸取、融合了其他著作的有关成分，于是不仅丰富了内容，而且逐渐完善了体裁。方志的起源和发展的过程，正是体现了这一精神。因

---

① 杨伯峻：《春秋左传注（修订本）》昭公十二年"三坟、五典、八索、九丘"注，中华书局1990年版，第1340—1341页。

此，起源和发展这两个不同阶段不能混为一谈。其次，对于源头的概念必须搞清。所谓"源"，就是水流起头的地方，"源头"即水流之发源处，这应当说是众所周知的常识，宋代学者朱熹在《观书有感》诗中说："问渠那得清如许，为有源头活水来。"可见流动之活水都有源头。如我国第一大河长江，《辞海》（2009年第六版）云："上源沱沱河出青海省西南部唐古拉山脉各拉丹冬雪山。"《辞源》曰："源出青海南境唐古拉山之沱沱河。"这就是说，沱沱河自然就可视为长江的源头，而没有必要再去说明有多少细流汇合而成沱沱河。而现今世界上计算河源一般都以"河源唯远"、"河源唯长"等原则确定，也就是说，确定源头的关键，是源区里有哪条河流在长度和流量上占有优势。这就是寻求河流源头的原则。可是黄苇先生却说："长江大河正是由于最初不断有多种细流注入，才逐渐积聚，成为源头，然后再经汇合，形成巨流。"这里人们可以明显地看到，他自己声称是在探索源头，而实际上却是在寻求注入源头的那"多种细流"。像这样的"多种细流"，自然是千头百绪、难以穷尽的。而从其文章论述的指导思想来看，这实际上也正是他所要寻求的"源头"，看来其多源论的思想根源也就在这里。

综上所述，可见《方志渊源考辨》中关于源头的概念确实是与众不同的，因此他实际在寻求的也正是那"多种细流"，既然如此，当然也就无法寻求到真正的源头。正是由于对源头概念的不清，于是便不着边际地罗列古书，一一与方志比附，称之为方志的源头。甚至对古书上那些毫无史实根据、纯属捕风捉影的主观臆断，也如获至宝。这样做，要想探明方志的起源岂不难哉！

第二节　方志应是特定时代的产物

一、探索方志起源不能离开时代背景

马列主义经典作家早就指出，一定的学术文化是一定的政治、经济在意识形态上的反映，同时又反过来作用并影响一定的政治和经济。因此，不同时代总是要出现为这一时代服务的学术文化思想体系、学术流派以及相应的

各种学术著作。这就是说，文化这种精神生产，一定都建立在特定的物质生产之上，并与当时的社会政治有着极为密切的联系。因此，我们无论研究哪一个时期的学术文化，都不能把它孤立出来就事论事，必须同产生它的社会经济和政治发展的历史过程联系起来加以研究。这样既注意到它与政治、经济的相互关系，又不忽视学术文化本身的渊源和发展过程。许多学者正是遵循着这一精神，在各自从事的学术领域中进行研究，因而都已经取得了可喜的成果，使得历史学、文学、哲学等都变成了有规律可言的学科。就以新中国成立后出版的各种文学史而言，大多能结合各个时代背景——经济发展和政治特点——来评论、总结各个时代的文学成就，指出了发展原因，找出了发展规律。

大家都知道，唐代诗歌十分发达，在不到300年的时间里就留下了将近5万首诗歌，不仅数量多，而且艺术水平很高，成为我国封建社会诗歌"高度成熟的黄金时代"。原因何在？游国恩等主编的《中国文学史》第二册《概说》作了十分细致的分析，指出："隋唐统治者为了扩大统治基础，除经济方面采取措施而外，在用人方面也一反魏晋以来保护士族特权的九品中正制，实行科举，通过明经、进士等常科以及其他种种名目的制科考试，选取官吏。许多宰相、大将都是科举出身，这就在许多中下层地主阶级文人面前展开了比较宽广的出路，激发了他们对功名事业的种种幻想。在宗教和文化上，唐统治者对儒、道、释三家思想都很重视……其他宗教和学说也未受排斥，这对文人的思想活跃也是很有利的条件。作家的队伍扩大了，许多作家都来自中下层地主阶级，生活上都经历过不同程度的磨炼，他们对社会情况、人民生活都比魏晋六朝那些上层文人更为熟悉，思想感情、精神面貌也比他们充实而健旺。""国家空前规模的统一，对文学繁荣也提供了有利的条件。""尤其值得注意的是，唐代国内各民族关系比过去更为融洽，中外文化的交流，也比过去更为活跃。中国传统的音乐、舞蹈、绘画、雕塑及至日常生活的饮食、服饰，都受到其他民族文化的影响而有重要的发展和变化……各种艺术的发展，大大地促进了文学的发展。王维的山水诗，号称'诗中有画'，显然受到山水画的积极影响。音乐的发展，不仅有助于诗歌的入乐传唱，还直接促成了词的诞生。更值得注意的是吸收其他民族文化的精华，使唐人精神生活大大丰富了。我们读李颀、岑参、杜甫等人描写音乐、舞蹈、绘画的诗歌，可以看出当时艺术创作饱满的内容、新鲜的活力，也可以看出当时作家们勇于接受新鲜事物的时代精神。""唐代的君主，很重视诗歌，也大多能诗，太宗、玄宗的诗曾为某些文人所称赞……在进士科考试中，诗歌是重要内容之一，所谓'丹霄路在五言中'。这种制度对一般文人普遍重视诗歌技巧的训练及诗歌形式的掌握，也是有一定作用的。唐代人民群众爱好诗歌成为普遍风气。《全唐诗》中收录了很多和尚、道士、尼姑、宫人、歌妓，以及无名士的作品，可以看到诗歌在唐代的确不是少数文人的专利品……这种诗歌和群众之间的亲密关系，是过去的诗人所无法想象的。这固然是唐诗繁荣的结果，但反过来对诗歌创作也是一种促进的力量。"

综上所引，可以清楚看出，他们既全面论述了唐代文学之所以繁荣的普遍原因，又单独强调了唐代诗歌发达的特殊原因；既谈了政治、经济的因素，又讲明了学术文化相互的渗透和影响。看了这些以后，人们自然可以明白，唐代的诗歌之所以能够达得高峰，绝非出于偶然。

可是在方志学的研究领域里，太缺少这种研究精神。在研究方志的起源时，大多满足于抱住某一部书而大做文章，很少有人从时代特点入手来探索它的起源。至于为什么在发展的不同阶段会有不同的名称，可以说从来无人问津，似乎各种名称都是理所当然，并无研究之必要。方志学既然是一门独立的学科，自然也与其他学科一样，有其自身的发生、发展的规律。要研究不同阶段的特点和规律，若离开社会条件、时代精神，那是根本不可能的。因为方志与其他著作一样，是时代的产物，因而它的内容、体例都必然要按时代的特点和要求不断发生变化，只要大家注意研究就可以发现，各种方志都不同程度带有各自时代的烙印。正像我们今天要编修社会主义时代的新方志一样，它必须要反映出我们社会主义时代的精神。这种时代精神，不仅要体现在观点上，而且要反映在内容、体例等各个方面。因此，依笔者之愚见，要想探索出方志产生和发展的规律，总结其不同阶段的特点，单凭直观的就书论书是办不到的，我们必须用马列主义的文化反映论，把方志放到它所产生的特定社会历史条件下进行比较分析和研究。这样既可以总结出它有别于其他著作所独具的特点和规律，又可以发现它在发展过程中与其他各类著作相互影响、互相渗透的作用。整个方志发展史告诉我们，地方志的内容记载也是由简单而逐步丰富起来的，它的体裁也是由似志非志、似史非史、似地非地的"四不像"而逐步完善起来的,这种内容的增多、体例的完善,又正是与各种时代条件息息相关的。因此,我们要研究方志的起源和发展的历史,总结它的特点和规律,必须把它放在历史发展的长河中加以研究和分析。同时我们也应当注意到,方志学和谱牒学一样,都是史学的旁支,是随着史学的发展而产生和形成的,经过不断的发展,逐渐形成一种独特的著作体裁,再经过许多学者的努力,最终形成一门独立的学问——方志学。正因为如此,在研究方志的起源和发展的时候,还必须结合史学的发展加以分析和研究,否则有些问题就无法说清楚。

二、需要与可能

任何一种著作体裁,应当说都是应社会需要而产生的,方志自然也不例外,绝不是某些人凭空制作的。就理论上来说,这一点恐怕不会有人反对。可是,当问题具体化以后,也许就不那么简单了。现在许多论述方志起源的论著,不是讲《周官》,就是讲《禹贡》,这样自然就要涉及具体时间了。于是有的认为方志在西周时已经产生了,有的则说最迟在战国时代已经产生了。其依据不外是《周官》的记载和对《禹贡》的分析,真凭实据、确凿可信的史料记载谁也没有。众所周知,西周以来,诸侯各国都有历史,这是见于史书记载,并为大家经常所引用的。若说有什么区别,也仅在于西周时期各诸侯国的历史即"四方之志",同样也由周天子的史官记载;到了春秋时代,随着周王室的大权旁落,各诸侯国都先后设置了史官从事历史的记载,打破了周王室垄断历史记载的局面,总之都有自己的一国之史。而当时的诸侯国所管辖面积并不太大,当时的千乘大国也不过地方百里,一般都在我们现在一个县的面积上下。像这样一个诸侯国家,编一部史书也就够用了,无须再编著与历史书相类似的著作,这是显而易见的事。何况不仅没有留传下这种著作,就是先秦史籍中也从未记载曾经有过这种著作。这就说明,当时的社会还没有提出这个需要。

我们再从可能性来看。方志的名称,较早时候史家多称为"郡书"、"郡国之书"、"郡国地志"等,这就说明,它是记载以地方行政区划郡县为范围的一种著作。后来的发展也正是沿着这样的道路,所以随着行政区划的变动，就有了府志、州志这一类名称。众所周知，郡县制度是秦始皇统一六国以后才在全国确立推行的。既然如此，那么在郡县制度尚未确立之前，自然就不可能产生反映这种制度的著作，否则将是不可思议的。因此，我认为在春秋战国时期要产生这样性质的著作也没有可能。同时我们也应当看到，秦是一个短命的王朝。公元前221年秦王政统一六国，到公元前206年就被农民起义所推翻。在这短短的十多年中，一直处在动荡不安的环境中，连一部国史也无人去过问，哪里还会有人去编修郡县志呢？汉承秦制，在全国推行郡县制度，经过汉初七十年的休养生息，到了武帝初年，社会经济得到空前的繁荣，这就为文化的发展创造了条件。到了西汉后期，地方经济得到迅速的发展，豪族地主的势力不断壮大，这就为产生地方性著作提供了温床。从这个时候开始，各地先后产生了许多地方性的人物传记和地方性的地理著作，经过两者汇合，从而形成方志雏形之地记。因此，我认为方志起源于两汉之地记。

第三节　方志起源于两汉之地记

一、历史观的变化促使人物传记的产生

人物传记乃是方志著作中重要的组成部分，然而这种人物传记到司马迁著作《史记》时才创立，先秦史书中虽叙述了各种不同人物，但作为人物传记的形式，当时并没有产生。关于这点，清代历史学家赵翼曾作了详细的考证。他在《廿二史劄记》卷一《各史例目异同》中说："古书凡记事立论及解经者，皆谓之传，非专记一人事迹也。其专记一人为一传者，则自迁始。"又在《陔余丛考》中说："列传叙事，则古人所无。古人著书，凡发明义理，记载故事，皆谓之传。孟子曰：'于传有之。'谓古书也。左、公、谷作《春秋传》，所以传《春秋》之旨也；伏生弟子作《尚书大传》、孔安国作《尚书传》，所以传《尚书》之义也。《大学》分经、传，《韩非子》亦分经、传，皆所以传经之意也。故孔颖达云：大率秦汉之际，解书者多名为传。又汉世称《论语》、《孝经》并谓之传……是汉时所谓传，凡古书及说经皆名之，非专

以叙一人之事也。其专以之叙事而人各一传，则自史迁始，而班史以后皆因之。"这就是说，先秦古籍和秦汉之际所称之"传"，与列传和传记之"传"显然不同。这也是先秦时代还不可能产生地方志这种著作的又一个证据。

　　我们还可以从历史观的发展进一步证实赵翼论断之正确。人们的历史观随着社会的发展而不断发生着变化，从古籍和卜辞中所反映的殷商历史观念是神权至上，正如《礼记·表记》中所说："殷人尊神，率民以事神，先鬼而后礼。"因此殷纣王直到将灭亡的前夕，还自认为他的宝位是有天替他保护的，说什么"我生不有命在天"[①]。到了西周时代，人们的思想虽然还是存在神意史观，但与殷商相比已经有所不同，故《礼记·表记》篇中说："周人尊礼尚施，事鬼敬神而远之。"于是也就出现了"殷鉴"的思想。到了春秋时期，社会生产力的发展、自然科学的进步、阶级斗争的推动和社会制度的迅速变化，促使人们对传统思想的看法产生了动摇和怀疑，于是对于神意的崇拜虽然在历史观中仍占有统治地位，但毕竟有些人开始认识到盲目信赖鬼神不一定能得到什么好处，人的吉凶祸福与"天"并没有什么直接的关系，从而引起了人们对人事的重视，孔子当时就曾说："人能弘道，非道弘人。"[②]并对富有神秘意味的天道和鬼神总是敬而远之，避而不谈。这种历史观的变化，直接反映到历史的记载上面。

　　这里需要说明的是，我们应当知道，古代的史官一直负有双重职能：一是关于人事方面，一是关于天道（即宗教迷信）方面。随着时代的发展，这两类任务的比重在不断地发生着变化，起初以天道内容为主（殷商卜辞就说明这一点），随着社会发展，人事活动的内容逐步超过了天道。直到春秋时代，史书上还有所谓"祝史陈信于鬼神"[③]的记载。把"祝"与"史"连在一起，正说明当时史官所从事的工作还是两重性质。一旦出现"怪异"之事，君主就要问于史官，让他们提出对策。如《左传》哀公六年记载楚国上空出现"有云如众赤鸟，夹日以飞，三日"的怪事，楚王忙派使者求问于周太史，周太史即教楚王祷禳以消灾。正是由于古代有浓厚的天人感应思想，往

[①] 《尚书·西伯戡黎》，《尚书校释译论》，第1052页。
[②] 《论语·卫灵公》，《论语注疏》，北京大学出版社1999年版，第216页。
[③] 《左传》襄公二十七年，《春秋左传注》，第1133页。

往把天象的变化与人事联系起来。从天象的变化进而观察人事的变化，两者同时记录下来，这就成了编年体历史的雏形。《春秋》记天象很多，可以说是有力的旁证。不过由于孔子对鬼神已抱"敬而远之"的态度，所以他对所记的天象和灾异并没有人为地去披上神秘的色彩，更没有把它们与人事牵在一起。这种思想内容正体现了以天道解释历史变动的史观转向以人事解释历史变动的史观的过渡。这种编年体史书记载的内容也随着史观的变化而不断变化和丰富。如《左传》襄公二十九年记载："鲁之于晋也，职贡不乏，玩好时至，公卿大夫相继于朝，史不绝书。"又僖公七年记载："夫诸侯之会，其德刑礼义，无国不记。"可见春秋时代，各国之间的交往、会盟以及本国的施政活动成为各国史书的主要内容。当然，对人事的重视反过来又促进了对历史知识的注意，以便人们从中寻求经验和教训。春秋时期贵族中非常注意历史借鉴和历史教育，楚国著名的贤大夫申叔时给楚太子所开的书目中就有五种是历史。这样自然也就促使人们重视历史的记载，注意保存历史资料，推进史籍编写工作的开展。所以到了战国时代便出现了编年体巨著——《左传》。

综上所述，春秋以来，天命、鬼神思想在不断地衰退，而重视人事的观点则在迅速地发展着。到了战国时期，各类政治人物在进行辩论或说明问题时，已很少有人再援引神意，而大多以历史上的人事为依据。荀子在《天论》中所说的"治乱非天也"，便具有典型的代表性。历史的发展进程，尖锐激烈的社会变革，都在不断促进人们历史观的发展。战国七雄之间生死存亡的斗争，强弱兴衰的变化，无一不说明人的主观能动性在历史发展中所起的重要作用。如战国初年，魏国最先实行变法，其结果使魏国经济得到迅速发展，国力逐渐强大，一跃而成为战国初年第一个强盛的封建国家。可是齐魏马陵之战，齐军在名将孙膑的指挥下，针对魏军的骄傲轻敌思想，避开正面作战，实行诱敌深入，在马陵伏下精兵，大败魏军，俘虏魏太子申，迫使魏将庞涓自杀。经此一战，魏国一下子就从战国前期的首强地位跌了下来。又如战国初年，秦与山东诸国相比，政治、经济都比较落后，可是由于秦孝公采用了商鞅变法的主张，实行比较全面、彻底的改革，收到了显著的效果，使秦国由落后一跃而为先进，最后统一了全国。再如秦长平之战，起初赵军在老将廉颇的指挥下采取坚守战略，两军相持三年，秦军不得前进一步。后来赵孝成王中了秦国的反间计，任用只会纸上谈兵的赵括去代替富有军事实践经验的廉颇，缺智无谋的赵括很快中计身亡，40万赵军全部投降于秦。在刘邦、项羽之间长达四年之久的楚汉战争中，主将的能动作用更加显而易见。鸿门宴之前，两军几次火并，楚强汉弱的形势十分明显，可是最后竟以项羽自刎乌江楚军惨败而告终，这个结局绝非出于偶然。司马迁在《项羽本纪》中指出，刘邦怯懦而有智谋，项羽坦率而少谋略，关键就在这里。

地主阶级在执掌政权以后，不仅要总结历史上这些重要的经验教训，更要总结新兴地主阶级夺取胜利过程中的经验和教训。可是编年体史书有一个缺陷，就是不大容易集中体现一个人一生的贡献。而纪传体则可以突出各种人物在历史进程中所起的作用，突出人物在物质文化创造上的功绩，特别是每个人的功或过，从中总结出成败得失的经验和教训。生活在西汉鼎盛时期的历史学家司马迁，正是适应这一时代的要求，在总结编写包括上下3000年历史的时候，创立了以人物为中心的纪传史体，在史学发展史上树立了一块丰碑，为史学发展开创了新的时代。这种史体的产生，对后世史学的发展产生了重大的影响。郑樵说："使百代而下，史官不能易其法，学者不能舍其书，六经之后，惟有此作。"[1] 赵翼说："自此例一定，历代作史者遂不能出其范围，信史家之极则也。"[2] 我认为这虽说不上是史家作史的"极则"，但它直接影响着两千年来史学的发展。在我国漫长的封建社会里，许多史学家编写史书，确实都采用了司马迁所创立的纪传史体。不仅如此，它同时也开创了我国的传记文学，在文学史上有着非常深远的影响。在它的影响下，刘向首先写出了独立的传记著作《列女传》。此后，脱离正史、专写人物传记的风气逐渐盛行起来。特别是到了东汉、三国以后，此风更是大盛，并出现了人物分类的传记，如《高士传》、《高僧传》、《逸士传》等；分地域的传记，如《襄阳耆旧记》、《会稽先贤传》、《汝南先贤传》等。这就为方志的产生创造了条件。这些地方性的人物传记，与专记一方风土的地理著作相汇合，便产生了方志的最初形式——地记。我之所以要花很多的篇幅来论述纪传史体的产生过程，其最终目的就是要说明这个问题。这就是说，人物传记尚未产

---

[1] 郑樵：《通志·总序》。
[2] 赵翼：《廿二史劄记》卷一《各史例目异同》，中华书局1984年版，第3页。

生之前，产生方志的条件尚未完全成熟，因此若是离开产生的条件而悬空地去谈起源，自然是不可能收到预期的效果。

二、《史记》的诞生直接推动着人物传记的发展

《史记》的产生在我国史学史上和文学史上均具有划时代的意义，它开创了我国纪传史学和传记文学发展的新局面，并树立了史书编纂的典范，对后世史学和文学的发展均起着极为重要的作用。特别是后世史家撰写纪传体史书，基本上是沿着这个路子走的。从班固的《汉书》起，历代所谓"正史"在体裁形式上几乎完全承袭《史记》。而且自从以人物为中心的《史记》问世以后，它还启发着人们研究历史的方法和兴趣。《隋书·经籍志》在正史类小序中叙述了《史记》、《汉书》、《东观汉记》和《三国志》等书的著述情况后，接着就说："自是世有著述，皆拟班、马，以为正史，作者尤广。一代之史，至数十家。"其影响之大，于此可见。在《史记》产生以后，刘向首先仿此例而作单独人物传记《列士传》、《列女传》，遂开了人物传记的先河。自此以后，应社会之需要，各类人物传记便纷纷出现。在《隋书·经籍志》杂传类中，著录之书便有217部、1286卷之多（通计亡书，合219部、1503卷），不仅在史部十三类中名列首位，而且占史部总数的四分之一强。按照清人姚振宗的《隋书经籍志考证》统计，汉隋之间的人物传记应为470部，这个数字相当可观。而这些杂传，类别很多，内容丰富，大多能反映出时代的特点。值得注意的是，其中地方性的传记约70部之多，竟占著录数字的三分之一。这些事实说明，自从《史记》、《汉书》问世以后，不仅每个朝代都出现了许多种拟班、马而作的纪传体断代史，而且各类传记著作确实如同雨后春笋般在各地产生。特别是那些既富有时代气息又带有地方色彩的各地人物传记，正是产生地方志的重要组成部分。

三、两汉魏晋的选举制度促使人物传记盛行

早在西汉初年，封建统治者为了选拔官吏，就已采取了由郡国举荐贤良方正的措施。到了武帝元光元年（前134），又设孝廉一科，命令郡守和王

国相每年各推荐孝廉一人，孝廉一科成为此后尚书、侍中、侍御史和刺史、守、令等各级官吏的主要来源，这就是汉代选拔官吏的察举制度。后来这种察举制度一般都以郡国名士主持的乡间评议为主要根据，并形成一种社会风气。据《后汉书·许劭传》记载："初，劭与靖（劭从兄）俱有高名，好共核论乡党人物，每月辄更其品题，故汝南俗有月旦评焉。"而同时的郭泰亦号称有人伦之鉴。这种乡间评议，就是对一个人的品德学问进行褒贬。举为孝廉的人，经过考核合格，一般都能做官，尤其在东汉，举孝廉成为求仕进者的必由之路。魏晋以来，各朝又相继实行九品中正制，这种制度实际上是汉代察举制度的发展。九品中正制就是在各州郡设置大小中正，负责评定本地方的人物，依人才高下分为九等，也就是九品，作为吏部除授官吏的依据，所以称为"九品中正"。州郡的中正官多以籍隶本州的中央官员兼任。这一制度初实行时，士人评定之权掌握在政府的中正手中，中正采择舆论，按人才优劣以定品第，多少改变了东汉以来名士"臧否人伦"、操纵选举的局面。可是随着地方豪族势力的发展，门阀制度形成，中正官便逐渐为各地大族名士所掌握，品定人物之权也就完全落入他们手中。在这种情况下，品定士人的标准也就很自然地由才德而逐渐变为世家门第的高低。因此到了西晋时就已形成了"上品无寒门，下品无世族"和"据上品者，非公侯之子孙，即当途昆弟"的局面，这种选举制度实际上已发展成为保障士族政治特权的工具。

总而言之，无论察举制还是九品中正制，都是封建统治者用以选拔人才的制度，它们有一个共同的特点，就是对被选拔的士人都要进行一番评论。既然政治上盛行对人物的评论，就必然直接影响到史学上也出现注重褒贬人物的风气。因为当时被选拔的人一般都要来自门第高的世家大族，这样一来，评论死人实际上还是为评论活人而服务的，旨在用来标榜门第高贵，夸耀本族人才出众，于是大写家传、家谱和其他地方传记。这就说明，传记的盛行和谱学的发展，都是直接为当时政治服务的，而地方志的编纂同样也有这个作用，因而自汉代产生以后，到了魏晋时期便得到蓬勃发展。

四、地方经济的发展和地方势力的强大是产生地记的社会基础和政治条件

　　一个时代自有一个时代的著作特色,一个时代自有一个时代的学术风气,方志之所以产生于两汉,不仅是时代提出了要求,而且社会也提供了产生的条件,它绝不是无源之水、无本之木。我们认为由于地方经济的发展和地方豪族势力的增长,直接成为产生地方志的土壤与条件。还在西汉时代,许多豪族地主便大肆兼并土地,横行乡里。有的是豪强地主通过各种途径谋取官职,把持政治;有的则是官僚依仗权势侵占土地而成为地主。据《汉书·张禹传》记载,张禹原是"以田为业"的大地主,做官后更强买民田400顷。又如曾官封九卿的杨恽,便是"家居治产业,起室宅,以财自娱",并且还"逐什一之利"。①到了西汉后期,许多豪族地主占有土地以后,采用庄园的经营方式。东汉开始以后,这种庄园形式便逐渐在各地建立起来。最典型的如刘秀娘舅樊宏的樊陂庄园,"东西十里,南北五里",拥有三百余顷耕地,"广起庐舍,高楼连阁,波陂灌注,竹木成林,六畜放牧,鱼蠃梨果,檀棘桑麻,闭门成市"②。《后汉书·樊宏传》记载,其家"世善农稼,好货殖……三世共财……其营理产业,物无所弃,课役童隶,各得其宜,故能上下戮力,财利岁倍,至乃开广田土三百余顷"。仲长统说:"豪人之室,连栋数百,膏田满野,奴婢千群,徒附万计。船车贾贩,周于四方;废居积贮,满于都城。琦赂宝货,巨室不能容;马牛羊豕,山谷不能受。"③以上史料正反映了典型的自给自足的庄园经济。东汉末年的崔寔在所著《四民月令》里,对这种自给自足的庄园经济曾作了较为全面的叙述。这些豪族地主在其经济力量非常雄厚以后,便进而要取得政治权力以保持其既得的经济地位。于是他们便利用察举选官这一制度,相互勾结,互相标榜,相互推荐亲属故旧。这样势必要制造舆论,需要地方性的著作来为其服务,"地记"就在这种形势下应时而生。特别是到了"选士而论族姓阀阅"④、"贡荐则必阀阅

---

　　① 《汉书·杨敞传》附《杨恽传》。本书所引"二十四史",均采用中华书局标点本。
　　② 《水经·比水注》,《水经注校证》,中华书局2007年版,第693页。
　　③ 《后汉书·仲长统传》。
　　④ 仲长统:《昌言》,仲长统撰,孙启治校注:《昌言校注》所附佚文,中华书局2012年版,第423页。

为前"①的时候，宣扬显赫的家世，打出祖先的旗号，就显得更加重要了。所以各地都有所谓"先贤传"、"耆旧记"、"风俗传"之类的著作出现。开始时也许就是人物传记，但不久便与专记一方风土的地理相汇合，这便是最早的方志，也就是人们常说的方志的雏形——地记。当然，这种地记，有的是称"某地记"，有的则仍旧称"传"，如《南阳风俗传》、《关东风俗传》等都是大家比较熟悉的，自然不会把它们看作单纯的人物传记。关于这点，下面我们还将举例说明。

关于方志起源于两汉，除了从其产生的社会条件进行分析外，还有确切的史书记载为依据。《隋书·经籍志》杂传类小序曰："后汉光武，始诏南阳，撰作风俗，故沛、三辅有耆旧节士之序，鲁、庐江有名德先贤之赞。郡国之书，由是而作……推其本源，盖亦史官之末事也。"这个记载说明，地记这类著作，也是先从统治者所重视的地区开始撰作的。光武帝刘秀为了表彰乡里之盛，诏撰了《南阳风俗传》。而所记内容，也是从地方人物、风俗、山川、物产逐步扩大、逐渐充实完备的。值得注意的是，这里提出"郡国之书，由是而作"，是说，关于地方性的郡国的著作，从这个时候便开始了。这无疑就是说方志这类著作是从这个时候开始的。大家知道，《隋书·经籍志》是唐初所作，在中国封建社会中从目录学角度来说是一部权威性的著作。所谓权威并不是因为它是官修，而是因为参加编修者都是当时学术界的专家权威。故此志对后来学术的发展影响很大，是继《汉书·艺文志》以后对古代著述的第二次总结，它概括了《汉书》记载以后历史和学术发展的趋势。在修此书时，许多著作编修者都还亲眼见到过、研究过，所述比较可信。在《南阳风俗传》的影响之下，各地纷纷撰述此类著作。而对这类著作，《隋书·经籍志》的作者认为，"盖亦史官之末事也"。这与刘知幾的看法是一致的。《史通》把它放在"杂述"一类，作为"史氏流别"。因此说方志乃是史学发展的一个旁支，它是在史学发展过程中产生的，这既有史实为基础，又有理论为依据。

正因为地记是在上述情况下产生的，所以开始时总是带有较为浓厚的为地方豪族地主服务的色彩。关于这点，刘知幾在《史通·杂述》篇中已提

---

① 王符：《潜夫论·交际》，中华书局 1985 年版，第 355 页。

出了批评，指出"郡书者，矜其乡贤，美其邦族，施于本国，颇得流行，置于他方，罕闻爱异，其有如常璩之详审，刘昞之该博，而能传诸不朽，见美来裔者，盖无几焉"。正如刘知幾所说，由于这类著作有着这样严重的缺点和局限性，因此得以流传下来的实在很少。刘知幾是史学评论家，他对史书的分类和评论都是经过慎重考虑的，《史通》是他的代表作，著作此书是要表达自己的学术宗旨和作史的主张。关于这点，在该书《自叙》中有明确说明："长安中，会奉诏预修唐史。及今上（中宗）即位，又敕撰《则天大圣皇后实录》。凡所著述，尝欲行其旧议。而当时同作诸士及监修贵臣，每与其凿枘相违，龃龉难入。故其所载削，皆与俗浮沉。虽自谓依违苟从，然犹大为史官所嫉。嗟乎！虽任当其职，而吾道不行；见用于时，而美志不遂。郁怏孤愤，无以寄怀。必寝而不言，嘿而无述，又恐没世之后，谁知予者。故退而私撰《史通》，以见其志。"像这样一部著作，自然不能把它与一般野史或读史札记相比，它对于史书不仅作了分类，还都基本作了评论，所作分类绝不是随便列举，所下结论也大都值得信赖。他在《史通》里所列郡书，即以圈称的《陈留耆旧传》为最早，从未把《春秋》、《周官》、《禹贡》、《山海经》之类列为郡县之书；至于《三坟》、《五典》、《八索》、《九丘》，书中根本就不去谈论。应当说这就是史学评论家的风度，不搞捕风捉影，不去牵强附会。所以说，无论是历史评论家还是文学评论家，所作评论一般都是比较审慎的。

应当指出的是，有些学者在研究方志的起源时，为了适应自己的观点，往往曲解前人的著作来附会自己的说法，这种做法自然是不可取的。如黄苇先生的《秦汉杂述与方志发端》[①]一文便是如此。文章开头便说："方志历史悠久，究其源流，大约渊源于春秋战国，至秦汉始发其端。秦汉之际，杂述渐繁，唐刘知幾'榷而为论'，列作十流，'一曰偏纪，二曰小录，三曰逸事，四曰琐言，五曰郡书，六曰家史，七曰别传，八曰杂记，九曰地理书，十曰都邑簿'。凡此十流，均史之杂著，各自成家，与正史参行。十流之中，郡书、地理书、都邑簿多记郡国及畿辅诸事，所载虽不齐全，叙述亦颇简约，但于一方山川、都邑、道里、物产、户口、人物、民情、风俗，每有

---

① 参见《方志论集》。

所录，体例亦初备，当是方志发端所在。所以，探索方志源流，须对秦汉郡书、地理书及都邑簿加以研究，使明来龙去脉。"众所周知，《史通·杂述》篇是刘知幾对史书进行分类时，在正规史书之外，还有十种无类可归，便总称之为"杂述"，乃是对唐以前史学发展之总结，并非专论秦汉。他把史书发展分为"上代"、"中古"和"近古"三个时期，其精神是在说明"偏记小说，自成一家，而能与正史参行，其所由来尚矣。爰及近古，斯道渐繁，史氏流别，殊途并骛，权而为论，其流有十焉"。而从其内容来看，所论列者主要为汉魏六朝之著作，十类之中并无一部秦人著作，即使汉代也没有几部，大多为魏晋南北朝时期的作品，如何能以"秦汉杂述"来概括呢？而刘知幾"权而为论"的前提并不是"秦汉之际，杂述渐繁"，而是"爰及近古，斯道渐烦"，实际是通指汉魏六朝。上述对刘知幾著作思想明显的曲解，实际是用自己的观点强加于古人。事实上不仅刘知幾的《杂述》篇中无一部秦人著作，就是在《秦汉杂述与方志发端》一文中也未能举出秦人所作的这类杂述。既然如此，何必要虚张声势，硬加"秦汉杂述"？该文还说："郡书多记郡国乡邦先贤耆旧节行，用以叙旧劝善，流传久远……故郡书实是一方人物志，此与后世方志多专列一门记载人物，应属一类。"这一结论不仅与刘知幾所论本意相违，而且与事实也不相符。刘知幾在《杂述》篇中曾批评郡书的缺点是"矜其乡贤，美其邦族"，前者是人物，后者就不一定指人物了。不能因为他所列的几部书均称传，就下结论"郡书实是一方人物志"，否则《南阳风俗传》、《关东风俗传》当作何理解？难道也都是专记一方人物吗？清人浦起龙曾为《史通》作注，他在"郡书"下注曰："此谓乡邦旧德之书，视史家为繁。""乡邦旧德"自然就不单指乡邦人物，否则也就谈不上"视史家为繁"，也就是说所记内容比史书所载要丰富得多。

事实也确实如此，刘知幾所讲的"郡书"绝不是专记一方人物。就以圈称的《陈留耆旧传》而言，《隋志》著录于杂传类（二卷），而地理类又著录有《陈留风俗传》三卷，据前人考证，两者本为一书。姚振宗《隋书经籍志考证》卷二十一："《陈留风俗传》三卷，圈称撰。案此《风俗传》，与《耆旧传》本为一书，前世著录家乃分出《耆旧传》二卷入杂传，而此连《风俗传》并入于地理，务欲各充其类故也。唐《经籍志》总入此类，《新志》则两头互见。"可见圈称所作之传，并不单记人物。又如习凿齿的《襄阳耆旧记》，虽以记名，但因有"耆旧"二字，往往也被误认为单纯的人物传记。因为《隋书·经籍志》也是入杂传类，而新、旧《唐志》作《耆旧传》，《崇文总目》、《直斋书录解题》并作《耆旧传》。《郡斋读书后志》卷一曰："《襄阳耆旧记》五卷，晋习凿齿撰。前载襄阳人物，中载其山川城邑，后载其牧守，隋《经籍志》曰《耆旧记》，唐《艺文志》曰《耆旧传》，观其书纪录丛脞，非传体也，名当从《经籍志》云。"为什么在看法上与分类上会产生如此分歧呢？这正足以说明它两者性质兼而有之，所以目录学家各取一端。这正是地方志的特点，而当时目录学分类上还无"方志"这一类。裴松之在注《三国志》时，则更简称为《襄阳记》。故清人王谟在其所辑的《汉唐地理书钞》中，就曾辑有习凿齿的《襄阳记》。王氏根据《三国志注》、《后汉书注》、《世说新语注》、《水经注》、《初学记》、《艺文类聚》、《北堂书钞》、《太平御览》、《太平寰宇记》、《通鉴注》等书，共辑了22条，由于是按地理标准要求，故凡与地理有关者方被辑入，而人物或议论等方面则不予辑录。我们查对了《后汉书》刘昭注，其中曾多次引用了《襄阳记》内容，而王谟仅辑录三条。再以裴松之《三国志注》为例，《吴书·朱然传》中有地名"柤中"，裴松之引《襄阳记》曰："柤音如租税之租。柤中在上黄界，去襄阳一百五十里。魏时夷王梅敷兄弟三人，部曲万余家屯此，分布在中庐宜城西山鄢、沔二谷中，土地平敞，宜桑麻，有水陆良田，沔南之膏腴沃壤，谓之柤中。"这一条王谟在书中辑录了。同样，《吴书·三嗣主传》中在讲到丹杨太守李衡时，裴松之将《襄阳记》中的《李衡传》全部引用，以补陈寿写李衡事迹之过略。为了说明问题，现将该传抄录于下：

《襄阳记》曰：衡字叔平，本襄阳卒家子也，汉末入吴，为武昌庶民。闻羊衜有人物之鉴，往干之。衜曰："多事之世，尚书剧曹郎才也。"是时校事吕壹操弄权柄，大臣畏逼，莫有敢言。衜曰："非李衡无能困之者。"遂共荐为郎。权引见，衡口陈壹奸短数千言，权有愧色。数月，壹被诛，而衡大见显擢。后常为诸葛恪司马，干恪府事。恪被诛，求为丹杨太守。时孙休在郡治，衡数以法绳之。妻习氏每谏衡，衡不从。会休立，衡忧惧，谓妻曰："不用卿言，以至于此。"遂欲奔魏。妻曰："不可。君本庶民耳，先帝相拔过重，既数作无礼，而复逆自猜疑，逃叛求活，以此北归，何面见中国人乎？"衡曰："计何所出？"妻曰："琅邪王素好善慕名，方欲自显于天下，终不以私嫌杀君明矣。可自囚诣狱，表列前失，显求受罪。如此，乃当逆见优饶，非但直活而已。"衡从之，果得无患，又加威远将军，授以棨戟。衡每欲治家，妻辄不听，后密遣客十人于武陵龙阳氾州上作宅，种甘橘千株。临死，敕儿曰："汝母恶我治家，故穷如是。然吾州里有千头木奴，不责汝衣食，岁上一匹绢，亦可足用耳。"衡亡后二十余日，儿以白母，母曰："此当是种甘橘也。汝家失十户客来七八年，必汝父遣为宅。汝父恒称太史公言，'江陵千树橘，当封君家'。吾答曰：'且人患无德义，不患不富，若贵而能贫，方好耳，用此何为！'"吴末，衡甘橘成，岁得绢数千匹，家道殷足。晋咸康中，其宅址枯树犹在。

在这篇短短 500 余字的传记中，将丹杨太守李衡的一生经历及其在政治上的贡献，都交代得清清楚楚，特别是他那倔强的敢于同恶势力斗争的性格和为官廉洁的精神表现得十分突出。文章还向人们交代，在李衡一生的政治生涯中，之所以能做到善始善终，是与他有一个贤内助分不开的。文字简洁流畅，语言生动形象，不愧是出于一位史学名家的手笔。看来习凿齿在写此传时，还曾作过一番社会调查，末了两句"晋咸康中，其宅址枯树犹在"，说明李衡的旧宅他都去看过，可见他继承了司马迁重视社会调查的优良传统。《襄阳耆旧记》所留下的这个人物传也充分说明，在方志产生的初期，当它还处在地记阶段的时候，对于人物传记的编写不仅相当重视，看作是地记不可缺少的组成部分，而且一般都写得相当成功，这与当时社会风气特重人物传记的编写有着密切关系。写好人物传记，在当时甚至被视为史家能否写好历史的基本功。因为人物传记的编写最能反映出一个人的史学观点与才能，所以《晋书·职官志》就曾记载"著作郎始到职，必撰名臣传一人"，以试其才。这自然会影响地记的编写。可是后来许多方志所写人物，大多流于流水账式而大为失色。看来今天编写新方志，有必要大力提倡继承并发扬这一好的传统。

上述事实说明，不能单凭书名而定其性质或内容，必须较为全面地了解其所载内容，然后才能定其性质属于哪一类。仍以《襄阳耆旧记》为例，若是仅看到王谟所辑《襄阳记》那些内容，且书名又简称为《襄阳记》，无疑会把它看作是一部地理书。相反，若是仅看到上引《李衡传》那条材料，又看到书名为《襄阳耆旧传》，也许就会认为这是一部专记一方人物的传记之书。这样各持一端，岂不就出现了瞎子摸象的笑话吗？尽管此书明代中期还在流传，但到了清代乾隆年间，刻本已不载山川城邑，而仅存人物。明万历二十一年癸巳（1593），陆长庚在为该书所写的序中说："《襄阳耆旧传》，绍熙初太守吴琚刻于郡斋，泯灭久，郡无得而觏焉。宣城少司寇胡公价，初令临海，得于学士先生，梓以归。书前载人物，中载山川城邑，后载牧守，晁氏谓记录丛脞，非传体也，名传可已。嗟乎！人物、山川，相待而显，孔明龙卧隆中，士元凤栖东野，德公遁迹鹿门，习氏选胜白马，皆足为山川重。若乃叔子岘山之碑，元凯万山潭之石，季伦高阳池之饮，明德高风，千载之下令人慨想。"① 这个序言为我们说明了两个问题：其一，从所述该书所载内容来看，明代流传的与宋人所见之本相同，早期的地记能够较为完好地流传下来的似乎唯有此书；其二，序言对晁公武的批评提出了不同的看法。这一争论不能不引起我们思考，为什么对同一部书会有不同看法呢？晁氏的评论认为其"记录丛脞，非传体也"，看来这两句话正点出了该书性质的实质，足以说明问题。内容记载既有山川、城邑诸项，自然不免显得有些琐碎，更非单纯传记，晁氏说它"非传体也"，确是行家语言，可见目录学家知识是丰富的，目光是敏锐的。这种体例正是方志早期阶段地记的特点，这部书实际上为我们留下了早期地记的基本面貌，可惜的是今天所传已非完本。但是若将王谟所辑之《襄阳记》与今传《襄阳耆旧记》对照研究，仍可了解其大概。

五、地记是方志发展的早期形式

我认为由地方性的人物传记与地方性的地理著作相汇合而形成的地记，就是方志发展的早期形式。特别是在光武帝刘秀诏撰《南阳风俗传》以后，沛、三辅、鲁、庐江等地也都先后撰写了这类著作，后来发展很快，几乎遍

---

① 清乾隆五十年任兆麟校刻本《襄阳耆旧记》卷首。

及各地。当然，在开初的时候，人们对于名称并不大注意，因此有的称志，有的称传，有的称记，有的称录，也有的称图经，名称并不统一，但从后来的发展趋势看，称记者为多，称志者也不少，如《陈留志》、《南中志》、《豫章旧志》等。不过这种志，与"记"的意思一样，就是记事的意思。看来形成"方志"这个专有名称，还是有一个相当长的历史过程的。尽管当时出现的名称不一，但这种地记不外乎都有山脉河流、地理沿革、风土人情、人物传记等方面内容。但是，黄苇先生在《地记与图经考述》[①]一文中，仅根据清人王谟和陈运溶所辑的佚文，列举《太康地记》、任昉《地记》、罗含《湘中记》、盛弘之《荆州记》四种，挑选部分材料，便概括论述地记的内容和特点，这样如何能得出正确的结论呢？上面我已经指出，王谟等人是从地理书的角度来进行辑佚的，辑佚时各有自己的原则，王谟《汉唐地理书钞·凡例》中就有这么一条："是书编次门目既有先后，故同一《冀州记》也，卢植记主地理，故列前，荀绰记主人物，故列后；同一《冀州论》也，卢毓论主地理，故列前，何晏论主人物，故列后；且同一习凿齿《襄阳记》也，而以记地理者居前，记耆旧者居后；同一谯周《巴蜀志》也，而以志地理者居前，志异物者居后。体例则然，非有参差舛错。"这就是说，他的辑佚是将地理方面的内容放在前面，关于人物方面的内容则放在后面。正如中华书局在《汉唐地理书钞·出版说明》中指出："可惜他那时已经八十多岁，在'大耋已及，贫病交加'的情况下，没有能够把所辑的地理书全部刻完。"王谟的初步计划，定为388种，分12门。后来发刻的时候，又重行删订，改为前编四册，后编八册。他在《自序》中说："困于资力，迫于时日，谅不能一律克期告竣，计惟当以前编为主，后编姑从庋置。"所以他的重订目录也只"限于前编四册"。事实上"四册目录虽然订定了，但并没有刻完"。放在前面的尚且没有刻完，列在后面的自然就更不必说了。只要把该书的《自序》、《凡例》和《出版说明》稍作浏览，就不会把书中所辑资料作为地记的全部内容进行介绍了。看来责任并不在王谟辑佚之不全，而在于引用者实在太粗心了。王谟讲得很清楚，每部书都分成两大部分，志地理者居前，志人物者列后。限于时间、财力，计划未能实现，因此我们今天看到的只有地理

---

① 参见《方志论集》。

而无人物。就以他在《凡例》中列举的《襄阳记》而言，他所传的虽仅有地理，而人物传记仍在流传。

大量事实说明，人物乃是地记内容的重要组成部分，若是抛开这一重要内容而去奢谈地理，势必无法体现出地记的真实面貌和基本特点。也许有人会说，《襄阳记》乃是特殊情况，大多数地记未必都有人物。我认为，对于这个问题单以理论辩驳是无法取信于人的，这里还是列举事实，证明我所说决非出于虚构。且以刘义庆《世说新语》为例，这是一部主要记载汉末、三国、两晋士族阶层遗闻轶事的小说，涉及人、地、事件很多。梁时刘孝标为此书作注，征引书籍达400余种，其中以当时史书、地志、家传、谱牒之类为多，而这些书籍大多已失传，吉光片羽，赖以而存，为我们今天了解这些书的内容和性质提供了许多可贵的线索。宋人高似孙在《纬略》中称刘氏注此书，引援详确。高氏《纬略》曰："孝标注此书，引援汉、魏诸史，如晋氏一代，凡一百六十七家，皆出于正史之外。"清人叶德辉在《世说新语注引用书目》序中说："六朝唐人书注最浩博者，（梁）[宋]裴松之《（三）国志注》、刘孝标《世说新语注》及《文选》李善注三书而已，郦亭《水经注》犹后也。三书恒为考订家所采获。"我之所以要选《世说新语注》为例，这就是重要因素。现以该书所引地记而言，比较典型的约略统计便有17部之多（总地志与传记类除外），并且皆为晋宋人所作。生活在南朝梁的刘孝标，对于这些当代著作，全出于亲眼所见，故书中注引自然较后人辗转相抄者来得正确可信。在这17部地记中，有的仅引一条，有的多至数条。从所引内容来看，有关人物者10部，有关地理者7部。为了便于说明问题，除《襄阳记》上文已列举的外，按在《世说新语》中出现先后为序，每部各摘引一条于下：

荀绰《冀州记》。《言语》篇注：荀绰《冀州记》曰："（满）奋字武秋，高平人，魏太尉宠之孙也。性清平有识。自吏部郎出为冀州刺史。"

山谦之《丹阳记》。《言语》篇注：《丹阳记》曰："新亭，吴旧立，先基崩沦。隆安中，丹阳尹司马恢之徙创今地。"

刘澄之《扬州记》。《言语》篇注：《扬州记》曰："冶城，吴时鼓铸之所，吴平，犹不废。王茂弘所治也。"

山谦之《南徐州记》。《言语》篇注:《南徐州记》曰:"(京口)城西北有别岭入江,三面临水,高数十丈,号曰北固。"

山谦之《吴兴记》。《言语》篇注:《吴兴记》曰:"於潜县东七十里,有印渚,渚傍有白石山,峻壁四十丈,印渚盖众溪之下流也。印渚已上至县,悉石濑恶道,不可行船;印渚已下,水道无险,故行旅集焉。"

盛弘之《荆州记》。《言语》篇注:盛弘之《荆州记》曰:"荆州城临汉江,临江王所治,王被征,出城北门而车轴折。父老泣曰:'吾王去,不还矣!'从此不开北门。"

孔灵符《会稽郡记》①。《言语》篇注:《会稽郡记》曰:"会稽境特多名山水。峰崿隆峻,吐纳云雾,松栝枫柏,擢干竦条。潭壑镜彻,清流泻注。王子敬见之,曰:'山水之美,使人应接不暇。'"

张资《凉州记》②。《言语》篇注:张资《凉州记》曰:"(张)天锡字纯嘏,安定乌氏人,张耳后也。曾祖轨,永嘉中为凉州刺史,值京师大乱,遂据凉土。天锡篡位,自立为凉州牧。苻坚使将姚苌攻没凉州,天锡归长安,坚以为侍中、比部尚书、归义侯。从坚至寿阳。坚军败,遂南归,拜散骑常侍、西平公。"

郑缉之《东阳记》。《政事》篇注:《东阳记》云:"(山)遐字彦林,河内人。祖涛,司徒。父简,仪同三司。遐历武陵王友、东阳太守。"

荀绰《兖州记》。《文学》篇注:荀绰《兖州记》曰:"(袁)准有隽才,大始(应为泰始之误)中,位给事中。"

江敳《陈留志》。《赏誉》篇注:《陈留志》曰:"(阮)武,魏末清河太守。族子籍,年总角,未知名。武见而伟之,以为胜己。知人多此类。著书十八篇,谓之《阮子》。终于家。"

贺循《会稽记》。《赏誉》篇注:《会稽记》曰:"(白楼)亭在山阴,临流映壑也。"

熊默《豫章旧志》。《规箴》篇注:《豫章旧志》曰:"庐俗字君孝,

---

① 鲁迅《会稽郡故书杂集》和张国淦《中国古方志考》均作《会稽记》。
② 此书张国淦《中国古方志考》未著录。

本姓匡，夏禹苗裔东野王之子。秦末，百越君长与吴芮助汉定天下，野王亡军中，汉八年，封俗鄡阳男，食邑兹部，印曰'庐君'。俗兄弟七人，皆好道术，遂寓于洞庭之山，故世谓庐山。孝武元封五年，南巡狩，浮江，亲睹神灵，乃封俗为大明公，四时秩祭焉。"

虞预《会稽典录》。《捷悟》篇注：《会稽典录》曰："孝女曹娥者，上虞人。父盱，能抚节按歌，婆娑乐神。汉安二年，迎伍君神，泝涛而上，为水所淹，不得其尸。娥年十四，号慕思盱，乃投瓜于江，存其父尸曰：'父在此，瓜当沉。'旬有七日，瓜偶沉。遂自投于江而死。县长度尚悲怜其义，为之改葬。命其弟子邯郸子礼为之作碑。"

张僧鉴《浔阳记》。《栖逸》篇注：《寻阳记》曰："初，庾亮临江州，闻翟汤之风，束带蹑屐而诣焉。亮礼甚恭，汤曰：'使君直敬其枯木朽株耳！'亮称其能言，表荐之，征国子博士，不赴。主簿张玄曰：'此君卧龙，不可动也。'"

郑缉之《永嘉记》。《轻诋》篇注：《永嘉记》曰："王和之字兴道，琅邪人。祖翼（当作廙），平南将军。父胡之，司州刺史。和之历永嘉太守、正员常侍。"

在以上所引17部地记中，对于《会稽典录》，刘知幾《史通·采撰》篇指明是"郡国之记"，自然无须再说。另外还有《陈留志》、《豫章旧志》两部称志，上文已讲了。在当时来说，"志"与"记"其意一也。清代著名学者孙诒让在为所辑《永嘉郡记集本》写的序中就曾明确指出："（《永嘉郡记》自）天水以后，传帙既亡，地学之儒，甄录尚众，或称《永嘉地记》，或称《永嘉记》，记亦作志，斯并文偶省易，谊相通假，楬署任情，讨核匪要。"作为一代文字学大师，如此训释自然足以信赖无疑。值得注意的是，所引17部地记之中，内容为人物者竟达10部之多，这就说明当时的地记，人物乃是其重要记载内容之一，这正是适应当时社会的要求与时代精神的。所以清人姚振宗在《隋书经籍志考证》卷二十"《豫章旧志》"条中曰："侯康《补三国艺文志》曰：'此书《隋志》作晋熊默撰，三卷；《唐志》作徐整撰，八卷。书似宜入地理类，而隋、唐志俱入杂传，原书既亡，无可考核。'案汉魏六朝地理之书，大体略如《华阳国志》之体，有建置，有人物，有传有赞，而注意于人物者为多。自来著录之家，务欲各充其类，以人物为重者则入之传记，以土地为重者则入之地理，亦或一书而两类互见，不避复重；或裁篇而分类录存，不嫌割裂。各随其意，各存其是，初无一定之例也。"又卷二十一"《会稽记》"条曰："案本志杂传类，有《会稽先贤像赞》五卷，不著撰人，两《唐志》并云贺氏撰。似其旧本与此为一书，凡六卷，后人分析言地域山川者入此类，遂分属两篇。"姚振宗是在研究分析大量魏晋六朝地记的情况下综合得出上述结论的。指出当时地理之书，"大体略如《华阳国志》体"，不过有的"以人物为重"，有的"以土地为重"，"而注意于人物者为多"。我认为，这个结论是符合这类著作的实际情况的。这与杜佑在《通典·州郡典》序中一段话的精神是相一致的。序文曰："凡言地理者多矣，在辨区域，征因革，知要害，察风土……如诞而不经，偏记杂说，何暇编举。注曰：谓辛氏《三秦记》、常璩《华阳国志》、罗含《湘中记》、盛弘之《荆州记》之类，皆自述乡国灵怪，人贤物盛，参以他书，则多纰缪，既非通论，不暇取之矣。"这里杜佑是在批评《三秦记》等著作"皆自述乡国灵怪，人贤物盛"，与专门言地理之书相较，则有不伦不类之感，并且内容又多"诞而不经，偏记杂说"。这个批评其实正说中了地记的性质和特点，因为它的确是似地理而又非地理，写人物却又不是单纯人物传记。杜佑是唐代中期人，他在编纂《通典》时，这类著作有许多都是亲自见过，所作批评虽不一定正确，但所举内容却都是事实。"偏记杂说"、"人贤物盛"，自然是超越了地理书的范围。不过长期以来，对于这种地记乃至后来的方志，在目录学上均无独立的分类门目，有的一直被看作地理之书，有的则被视为杂传。姚振宗自然也不例外。至于有许多著作，包括上面所说之《三秦记》、《华阳国志》、《湘中记》、《荆州记》等书，之所以会有的著录于地理，有的列之于杂传，正是由于这类著作内容的特殊性，使得目录学家产生不同看法，难以处置，无所适从，于是便出现了"或一书而两类互见"、"或裁篇分类著录"的奇特现象。有的同一部著作，此书载入地理，彼书分在杂传。此类现象，直到清代，一直如此。如上列《世说新语》注中所引17部地记，叶德辉在《世说新语注引用书目》中将《华阳国志》、《凉州记》列入"伪史部"，将《陈留志》、《会稽典录》列在"杂传部"，其余则皆归入"土地部"。而沈家本所编之《世说注所引书目》中，则将《冀州记》、《兖州记》分在"杂史",《华阳国志》分在"载记",《陈留志》、《襄阳记》、《会稽典录》、《豫章旧志》、《凉州记》、《寻阳记》六部列在"杂传",其余都载入"地理"。可见同样这17部书,分类又有很大区别。值得注意的是,沈家本在有些书目下面还作了简单分类说明。在《凉州记》下曰:"案此记张天锡事,乃记事之书,非地理书。"又《寻阳记》下曰:"《隋志》无,《新唐志》地理类张僧鉴《浔阳记》二卷,当即是书。寻、浔古今字。观注中所引亦记事书,非地理书,故改入此。"当然他也是出于推测,所说未必可信。如被他列入地理类的《东阳记》、《会稽郡记》,注中所引亦为人物,与《凉州记》、《寻阳记》相同。总之,这种现象的出现,恰恰为我们研究地记的内容和特性提供了强有力的证据。同时也告诉我们,汉魏六朝时期的地记,不仅可求之于隋唐诸志的地理类,而且也当求之于杂传类。但是由于这些著作大多早已亡佚,无法见其全貌,现在所能见到的都是出自前人书中所引,而所引者又都是各取所需,如裴松之注《三国志》所引者以人物为多;刘昭注《续汉书·郡国志》、郦道元的《水经注》,则又主于地理。而刘孝标《世说新语注》,虽也以人物为多,但因该书为小说,内容涉及面较广,故其他内容亦多有反映。这就说明,各书所引以何种内容为多,与所注之书的性质有着密切关系。至于类书所收,就更加明显了,如《初学记》、《太平御览》等书的地部、州郡部,所收内容自然大都是关于山水城邑、地理区划;而《太平御览》的竹部、兽部、鳞介部,《北堂书钞》的舟部,《艺文类聚》的水部等,所收当然不会是人物。所以我们绝不能仅据某些著作的部分内容所引就轻下结论。如上述《东阳记》,《世说新语注》所引为人物,而《水经注》卷四十《渐江水》所引则为传说;《陈留志》、《世说新语注》所引为人物,《续汉书·郡国志》注所引则皆为山川、名胜和传说。《襄阳记》更为明显,《世说新语注》所引皆为人物,《水经注》各卷所引则全属山川名胜。若是各执一端,那永远也讲不清楚。后来各家辑佚,其着眼点也不尽相同,因此我们在使用时必须注意。如王谟所辑,如上所述,旨在地理。若孙诒让、鲁迅诸人,则旨在存旧书之大略。正如鲁迅在《会稽郡故书杂集》序中所说:"《会稽郡故书杂集》者,取史传地记之逸文,编而成集,以存旧书大略也……书中贤俊之名,言行之迹,风土之美,多有方志所遗,舍此更不可见。用遗邦人，庶几供其景行，不忘于故。"①正因如此，他尽量做到有记必录。如朱育《会稽土地记》，虽仅在《世说新语注》中保存两条共 18 个字，也照样作为一部书辑佚，并为之作序一篇。他把这类著作都看作方志。若对以前亡佚之书，都能以此精神对待，自然就可以做到"存旧书大略也"。我们研究汉魏六朝之地记，也必须持有这种精神，要比较全面地去掌握第一手材料，分析排比，这样才能得出令人信服的结论。如果信手摘抄一些片面的材料便轻易下结论就永远也讲不清地记究竟是何种性质的著作。

六、《越绝书》不是地方志

《越绝书》和《吴越春秋》都是后人专写古代历史的著作，内容同为关于春秋末期吴、越两国之事。其材料的来源主要取之于民间长期流传的关于两国之事的传说，再参之于《国语》、《左传》和《史记》的有关记载，编纂而成两书。不过两书所采用的编写方式各不相同，特别是《越绝书》更是与众不同，不仅形式奇特，而且连作者姓名也不标注。因此从《隋书·经籍志》以来，多注为子贡所作。直到宋代，目录学家陈振孙开始产生怀疑，在《直斋书录解题》中说："《越绝书》十六卷，无撰人名氏，相传以为子贡者，非也。其书杂记吴越事，下及秦汉，直至建武二十八年。盖战国后人所为，而汉人又附益之耳。"余嘉锡先生对此说十分赞赏，在《四库提要辨证》中摘引以后说："斯言得之矣。"这实际是说，该书不是东汉人所作，著之者非一人也，成之者非一世也。汉人是在前人已作的基础上附益而成。清人洪颐煊并广征博引，论证"《越绝》本八篇"，"与杂家《伍子胥》篇数正同"②。特别是引了李善注《文选》中曾有"《越绝书·伍子胥水战兵法》"条，很有说服力。因此这一说法是有相当道理的。近人顾实在《汉书艺文志讲疏》中便直接提出《内传》八篇，今存六篇，当即杂家《伍子胥书》，余为袁康所作。不过自明代杨慎诸人从该书最后之《越绝篇叙外传记》中的隐语析出为会稽人袁康、吴平所作后，清代作《四库全书总目》，便总结前人之说，著为定论。于是对

---

① 《鲁迅全集》第十卷，人民文学出版社 1981 年版。
② 洪颐煊：《读书丛录》卷二十"伍子胥"条，丛书集成初编本，商务印书馆 1939 年版。

《越绝书》的作者尽管存在不同看法，但自此始终都标袁康、吴平所作。

此书内容杂记吴越之事，是研究古代历史特别是吴越历史的重要史籍之一。其性质显然属于地方历史。自《隋书·经籍志》将它与《战国策》等书列入杂史，此后公私书目便相继都将它列入杂史。《四库全书总目》将它列入载记，也是从割据一方之史的角度出发。"载记"类小序曰："五马南浮，中原云扰，偏方割据，各设史官，其事迹亦不容泯灭。故阮孝绪作《七录》，'伪史'立焉。《隋志》改称霸史，《文献通考》则兼用二名。然年祀绵邈，文籍散佚，当时僭撰，久已无存。存于今者，大抵后人追记而已。曰霸曰伪，皆非其实也。案《后汉书·班固传》称撰平林、新市、公孙述事为载记。《史通》亦称平林、下江诸人《东观》列为载记。又《晋书》附叙十六国，亦云'载记'。是实立乎中朝以叙述列国之名。今采录《吴越春秋》以下，述偏方僭乱遗迹者，准《东观汉记》、《晋书》之例，总题曰'载记'。"当然也有些目录学书将它列入古史。总之，它一直都被视为史书。

自清人毕沅在《乾隆醴泉县志序》中提出"一方之志，始于《越绝》"之说后，后来许多方志学家遂相沿其说。而当前方志学界对此说似乎更是深信不疑，并把它称为现存之最早方志。笔者实不敢苟同。我认为，毕沅此说并无任何根据，其实还是受章学诚那种诸侯国史便是方志的观点影响，推演而出。因为章学诚长期在毕沅的幕府之中，并为他编纂《湖北通志》等多部方志，因此毕沅受其影响显而易见。而毕沅本人既无修志的实践经验，又无总结方志的理论根据，序中所言纯出于泛泛而论，何足为凭？况且再从《越绝书》本身来看，无论从著书宗旨、著作体例，还是从编纂形式、记载内容诸方面来看，都与方志无共同之处，只能说是地方史，而绝不是地方志。

首先从著书宗旨来看，该书作者明白表示是拟《春秋》而作，首篇《外传本事》曰："当是之时，齐将伐鲁，孔子耻之，故子贡说齐以安鲁。子贡一出，乱齐破吴，兴晋强越，其后贤者辩士，见夫子作《春秋》而略吴、越，又见子贡与圣人相去不远，唇之与齿，表之与里，盖要其意，览史记而述其事也。"又说："《越绝》谁所作？吴越贤者所作。当此之时，见夫子删书，作《春秋》，定王制，贤者嗟叹，决意览史记，成就其事。"而卷末《越绝篇叙外传记》又说"圣人没而微言绝"，"发愤记吴越，章句其篇，以喻后贤"；"圣人发一隅，辩士宣其辞，圣文绝于彼，辩士绝于此，故题其文谓之《越绝》"。如此不厌其烦地声称《越绝书》是继孔子《春秋》而作，因为孔子"作《春秋》而略吴、越"，故决意"览史记而述其事"。正因如此，所以清人俞樾在解释"越绝"之时便说，即《春秋》绝笔于获麟之时，其意在记吴、越之事以续补《春秋》，而重点更在于越，故曰"越绝"。应当明确的是，在封建社会里，史家们作史一般都不敢自比孔子作《春秋》，更不敢说续作。宋代杰出的史学家司马光就公开表示"经"不可续。他所编修的《资治通鉴》，其所以上起周威烈王二十三年（前403）三家分晋，刘恕曾当面请教："公之书不始于上古或尧舜，何也？""公曰：'周平王以来，事包《春秋》，孔子之经，不可损益。'曰：'曷不始于获麟之岁？'曰：'经不可续也。'"[①] 关于这点，清代史家王鸣盛还曾作过评论，说："司马光《资治通鉴》托始于周威烈王二十三年命魏、赵、韩为诸侯，以为周不能守名器，故托始于此，盖借此以立议论、示鉴戒，为名教防闲，其实公本意则不敢上续《春秋》，但续《左传》，而始于此。说详《十七史商榷》。"[②] 可是《越绝书》的作者却毫无顾忌地口口声声说是在续补《春秋》，这难道不值得深思吗？《春秋》原是一部史书，被推崇为经乃是从汉代开始，这一思想倒可以为研究《越绝书》成书时代提供一定线索。《春秋》既是史书，续补者自然也是史书，这是显而易见的事。那么既是写越国之事的史书，为什么要称《越绝书》呢？《外传本事》亦曾作说明："越者，国之氏也。何以言之？按《春秋》序齐、鲁，皆以国为氏姓，是以明之。绝者，绝也，谓句践时也。"并且又自问自答说："何不称《越经书记》，而言绝乎？曰：不也。绝者，绝也，句践之时，天子微弱，诸侯皆叛，于是句践抑强扶弱，绝恶反之于善，取舍以道……以其诚在于内，威发于外，越专其功，故曰越绝。故作此者贵其内能自约，外能绝人也。贤者所述，不可断绝，故不为记明矣。"其实这样来解释书名，仍旧含糊不清，还是俞樾所说能使人得其要领。特别是联系到作书之旨，再看俞樾之说，便更觉其言之有理。总之，从著书宗旨来看，《越绝书》与方志全然不同，没有一部方志公开声明要续补《春秋》，因此我认为，它是一部欲申明《春秋》大义的史书，而不是方志。

[①] 刘恕：《资治通鉴外纪后序》（影印本），上海古籍出版社1987年版。
[②] 王鸣盛：《蛾术编》卷十一"《通鉴续左传》"条，商务印书馆1958年版。

其次，从著作体例来看，《越绝书》也不像方志。此书既有经传之称，又有内外之分，这是任何一部方志都不曾有过的体例。《外传本事》对此解释曰："经者论其事，传者道其意，外者非一人所作，颇相覆载，或非其事，引类以托意。"其实这个解释并不能说明问题。"论其事"与"道其意"有何区别？从现存文字来看并无两样，《计倪内经》与《外传计倪》同是记句践与计倪论政，只是所谈内容不同，并无形式区别。或许原来亦在仿《春秋》经传的形式。据《崇文总目》记载，原书有25篇，"旧有内纪八，外传十七，今文题阙舛，才二十篇"。可见在宋代已经阙佚，今传者尚有19篇，首、尾两篇实属叙、跋之性质，真正记事者仅中间17篇。为了便于说明问题，现列其篇目于下：

1.《外传本事》
2.《荆平王内传》
3.《外传记吴地》
4.《吴人内传》
5.《计倪内经》
6.《请籴内传》
7.《外传纪策考》
8.《外传记范伯》
9.《内传陈成恒》
10.《外传记越地传》
11.《外传计倪》
12.《外传记吴王占梦》
13.《外传记宝剑》
14.《内经九术》
15.《外传记军气》
16.《外传枕中》
17.《外传春申君》
18.《德叙外传记》
19.《篇叙外传记》

现今流传的版本分卷颇不一致，有分 14 卷，有分 15 卷，有分 16 卷，而均为这 19 篇。现将篇目列出，可以让大家进行比较，有哪一部方志的体例与它有相似之处？

再者，从编纂形式来看，《越绝书》也不是方志。除《外传记吴地》与《外传记越地传》两篇外，基本上都是采用问答形式，首尾两篇为自问自答，其余皆为句践与计倪、大夫种等人论政，与《战国策》相类似，而每篇又多有特定的目的要求，双方论述，大多围绕着一个中心思想展开。关于这点，《德叙外传记》篇末曾有自述："观乎《太伯》，能知圣贤之分；观乎《荆平》，能知信勇之变；观乎《吴》、《越》，能知阴谋之虑；观乎《计倪》，能知阴阳消息之度；观乎《请籴》，能知□人之使敌邦贤不肖；观乎《九术》，能知取人之真，转祸之福；观乎《兵法》，能知却敌之路；观乎《陈恒》，能知古今相取之术；观乎《德叙》，能知忠直所死，狂懵通拙。"从古至今，能找出哪一部方志的编纂形式与它相同？特别是十七篇中，每篇自具首尾，单独记事，不相连属。这种形式，与《战国策》尤其相似，而与早期地记"偏记杂说"、"人贤物盛"的特点并无相同之处。

最后，再从记载内容来看，《越绝书》也不是方志。全书除《外传记吴地》与《外传记越地传》两篇主要记载吴越山川、地理、城邑外，其他都是谈论治国、用兵之道。所以张宗祥在为该书校注本所写的序中说："越自句践归国，行计倪、范蠡之术，覆吴报仇，霸于中国。其道在富民贵谷，古所谓民为邦本、民食为天，耕三余一、耕九余三之道，越尽行之，此其精神，详于《计倪内经》、《外传枕中》两篇之中，最此书之要旨也。"这一段话将该书的中心思想作了简要的概括。虽然钱培名将它称为"复仇之书"，其实也离不开上述内容和思想。既是复仇，必然要讲两国交兵。既要取得复仇成功，句践首先非得富国强兵，方能达到目的，进而称霸中原。因此，中间既要谈治国、富民，又要讲兵法、权术。所以《四库全书总目》中说："其文纵横曼衍，与《吴越春秋》相类，而博丽奥衍则过之。中如《计倪内经》、《军气》之类，多杂术数家言，皆汉人专门之学，非后来所能依托也。"像这样一些内容，从来就不曾有方志作如此写法。再从文字的表达形式来看，方志也不能同它比拟。单着眼于《外传记吴地》与《外传记越地传》两篇同方志的部分内容有相类似处，就断言它是方志，这显然不够妥当。因为上述内容表明，主体毕竟不在于此。我们评论任何一部著作，总是要看它的总体，若单就某一部分来谈，自然不可能得出切合实际的结论。正像《汉书》百篇，有十篇志，我们照样只能说它是纪传体史书，而不能说它是典章制度体史书，道理是一样的。

综上所述，从多方面来衡量，《越绝书》只能是一部地方史，而绝不是地方志。张国淦先生的《中国古方志考》未将此书收入，看来绝非出于偶然。所以谭其骧先生在1981年中国地方史志协会成立大会上的报告中就曾提出批评："《隋书·经籍志》列东汉的《越绝书》和《吴越春秋》于杂史，东晋的《华阳国志》于霸史，这几种汉晋著作显然都是地方史。近代有人把它们目为地方志是不对的。"①

最后需要指出的是，关于《越绝书》的成书年代，笔者认为它是成于战国时代，其成书情况和性质与《战国策》相类似，当然其作者也就不可能是东汉时的袁康和吴平了。根据笔者研究，袁康、吴平并不是历史人物，而是明代杨慎所臆造的人物，对此笔者已有专文论述。②

---

① 谭其骧：《浅谈地方史和地方志》，《江海学刊》1982年第1期。收入《长水集（续编）》，题为《地方史志不可偏废，旧志资料不可轻信》，文字稍有改动。

② 仓修良：《袁康、吴平是历史人物吗？——论〈越绝书〉的作者》，台湾《历史月刊》1997年3月号。收入《史家·史籍·史学》，山东教育出版社2000年版。

第三章
方志发展的第一个阶段
——魏晋南北朝的地记

第一节　魏晋南北朝地记发达的原因

　　魏晋南北朝时期是我国方志发展史上一个重要的阶段。在这个时期，作为方志初期形式的地记得到了非常蓬勃的发展，乃至形成方志发展史上第一次高潮，不仅产生了许多著名的地记，而且为今后方志进一步发展积累了许多宝贵的经验。这种地记尽管今天流传下来的很少，完整的可以说一部也没有，但对于这个阶段在方志发展史上所处的地位和作用，我们必须予以高度的重视，因为方志这种著作的产生自此开始，大家所寻找的方志源头，实际上就在这里。

　　地记之所以在魏晋南北朝时期得到蓬勃的发展，这与当时地方豪族地主政治、经济势力的发展有着密切的关系。地方豪族地主政治、经济势力的膨胀，门阀制度的形成，是地记得以高度发展的社会基础和政治条件。前面已经讲了，地方豪族地主经济势力的产生自西汉末年已开始萌芽，到了东汉便得到普遍发展，逐渐形成世家大族，并渐次形成了门阀制度。魏晋以来，这种世家大族的势力更加发展，形成了一股不可忽视的社会力量，并通过九品中正的选人制度，操纵地方选人、国家用人的大权，官品的升降，大都凭借"世资"、"门第"。九品中正的选举制度实际上是保护世家大族利益、促进门第制度发展的用人制度，选举的标准不是以人材优劣为本，而仅以门第高下为据。因为州的大中正和主簿以及郡的中正和功曹都出身于豪族，故其取士势必偏袒右姓大族。唐代学者柳芳就曾指出："魏氏立九品，置中正，尊世冑，卑寒士，权归右姓已。其州大中正、主簿，郡中正、功曹，皆取著姓士族为之，以定门冑，品藻人物，晋、宋因之，始尚姓已。然其别贵贱，分士庶，不可易也。"①既然是"著姓士族"操纵了选举大权，那么"尊世胄，卑寒士，权归右姓"实际上已成为当时社会的不成文法，可见当时的族姓与社会地位、权利是密切相连的。其结果便出现了"上品无寒门，下品无势族"②的现象。清代历史学家赵翼在批评九品中正制选人的弊病时说："高门华阀有世及之荣，庶姓寒人无寸进之路，选举之弊，至此而极。然魏晋及南北朝三四百年，莫有能改之者，盖当时执权者即中正高品之人，各自顾其门户，固不肯变法。且习俗已久，自帝王以及士庶，皆视为固然，而无可如何也。"③这些事实都说明，用人与门第有着十分密切的关系，门第高上则世代显荣，门第低下则"无寸进之路"。王仲荦先生为了说明曹魏以后世家势力更加发展并逐步形成累世显荣的门阀，曾列举了大量的历史事实，很具有说服力。"例如：颍川荀氏，自荀淑仕汉为朗陵令，淑子爽官至司空，淑孙彧为曹操谋臣，位至尚书令，荀氏在魏晋南北朝，为世'冠冕'。颍川陈氏，自陈寔仕汉为太丘长，寔子纪位至九卿，纪子群仕魏至司空，其后子孙历两晋南北朝，并处高位。平原华氏，自华歆仕魏至太尉；东海王氏，自王朗仕魏至司徒；山阳郗氏，自郗虑仕汉佐曹操至御史大夫；河东裴氏，自裴潜仕魏至尚书令；河东卫氏，自卫觊仕魏至尚书；扶风苏氏，自苏则仕魏至侍中；京兆杜氏，自杜畿仕魏至尚书仆射；北地傅氏，自傅嘏仕魏至尚书仆射；他们的子孙，一直到两晋南北朝，还是'衣冠'联绵不绝。此外，以东晋南朝的王、谢而论，琅邪王氏，自王仁仕汉至青州刺史，仁孙王祥仕魏至太傅，祥弟览亦历九卿，祥从子衍仕西晋至太尉，览子导仕东晋至丞相；陈郡谢氏，自谢缵仕魏为典农中郎将，缵子衡仕西晋至九卿，衡子安仕东晋至太傅，王、谢遂俱为江左'盛门'。以北朝的崔、卢、郑、王而论，清河崔氏，自崔林仕魏至司空；范阳卢氏，自卢植仕汉为北中郎将，植子毓仕魏至司空；荥阳郑氏，自郑众仕汉至大司农，众玄孙浑仕魏至将作大匠；太原王氏，自王柔仕汉为北中郎将，柔弟子昶仕魏至司空。由于九品中正制的继续执行，这些士族门阀累世富贵，是显而易见的。"④这些世家大族，大多聚族

---

① 《新唐书·儒学中·柳冲传》。
② 《晋书·刘毅传》。
③ 《廿二史劄记》卷八《九品中正》，第167页。
④ 王仲荦：《魏晋南北朝史》，上海人民出版社1979年版，第144页。

而居，多者数千家，少者千余户，方圆数十里，组成一个个自给自足的庄园经济群体。他们凭借着在社会上的特殊地位，只要得到推荐，很快就能登仕。为了显示自己门第的高贵，他们又往往各自标举郡望，以达到垄断权势的目的。同是崔姓，独以清河崔氏为贵；同是王姓，独以琅邪王氏为高。清河崔氏、琅邪王氏便以此自别于他郡的崔氏和王氏，以显示自己门第的高贵。因为门第的高下直接关系到每个人的社会地位与政治权利。在门第森严的情况下，世族寒门之间既不得同席而坐，更不得互通婚姻，实际上已成为当时社交、婚姻等不可逾越的鸿沟。正因如此，所以当时那些出身于寒门的官僚，总想通过联姻来高攀衣冠世族，以改变自己的社会地位。"赵邕宠贵一时，欲与范阳卢氏为婚，卢氏有女，其父早亡，叔许之，而其母阳氏不肯，携女至母家藏避。"侯景请婚于王、谢，是大家比较熟悉的一个故事，梁武帝回答他却十分干脆："王、谢门高，可于朱、张以下求之。"[①] 这就说明门第之中又有旧望与新门之别，侯景虽然显贵，毕竟还是新兴的贵族，自然不得与旧贵族平起平坐。当时的"著姓士族"据柳芳所说："过江则为'侨姓'，王、谢、袁、萧为大；东南则为'吴姓'，朱、张、顾、陆为大；山东则为'郡姓'，王、崔、卢、李、郑为大；关中亦号'郡姓'，韦、裴、柳、薛、杨、杜首之。"[②] 以上所列，均属旧的世家，他们一直享有旧的声望，而后起的新贵，尽管官场之中地位很高，仍不得与他们比肩，旧门第始终压倒新贵族。即使同姓中的原有寒士，有人发迹，虽为达官显贵，门第仍不得与旧世族相比。可见门第之中仍有区别，"郡望"在这里就起着决定作用了。赵翼在《六朝重氏族》中就曾举例说："（南齐）王敬则与王俭同拜开府仪同，徐孝嗣谓俭曰：'今日可谓连璧。'俭曰：'不意老子遂与韩非同传！'"王俭乃琅邪王氏，而王敬则是晋陵王氏，姓氏虽同，由于郡望不同，门第相去甚远。故王俭愤愤不平，认为这样一来，是降低了他的身份。至于寒士有发迹致通显，又得与世族相攀附，已为荣幸之极。因此，有些寒门素族为了提高自己的社会地位，往往伪诈高门，诡称郡望，千方百计挤入高门旧望。这种讲究门第郡望的风气，甚至一直影响到唐朝初年。隋末农民大起义

---

① 赵翼：《陔余丛考》卷十七《六朝重氏族》，中华书局1963年版，第316—318页。
② 《新唐书·儒学中·柳冲传》。

曾打乱了整个封建统治秩序，魏晋南北朝以来的世家大族、门阀制度一度遭到了严重的打击，使它们在政治上、经济上的势力都大为衰落。但值得注意的是，这种世族地主并未因此就退出了历史舞台，相反，在唐朝政权建立以后，虽然失去了往日那种显赫的声势，但在社会上仍有很高的地位和相当大的势力。就连唐太宗的许多重要大臣也都争着向这些世家大族攀婚，当时三品以上之官，"欲共衰代旧门为亲，纵多输钱帛，犹被偃仰"①。特别是以崔、卢、李、郑为首的山东世族，更是妄自尊大，嫁女时必多方索取聘礼以抬高其身价。这种情况使得唐太宗深感不安，认为如果再发展下去，势必严重影响社会风气，打击新贵们的情绪，动摇新政权的根本。所以他在一道诏令中严厉指出："自号膏粱之胄，不敦匹敌之仪，问名惟在于窃赀，结缡必归于富室，乃有新官之辈，丰财之家，慕其祖宗，竞结婚媾，多纳货贿，有如贩鬻，或贬其家门，受屈辱于姻娅，或矜其旧族，行无礼于舅姑，积习成俗，迄今未已。既紊人伦，实亏名教。朕夙夜兢惕，忧勤政道，往代蠹害，咸已惩革，惟此敝风，未能尽变，自今已后，明加告示。"②已经发展到需要用行政命令的办法予以禁止，问题的严重性亦于此可见。

至于魏晋南北朝所建立的政权，与这些世家大族更是休戚相关的。世家大族是这些政权得以存在的支柱，当然每个政权对这些世家大族也就关怀得无微不至。就以东晋政权的建立而言，就是得到北方南下的世家大族的拥戴而得以重建的，当然，其中以琅邪王氏翼戴之功居多。因此，王导任至宰相，王敦都督江、扬、荆、湘、交、广六州军事，当时社会上就曾流传"王与马，共天下"③的民谣，这就在一定程度上说明了司马氏所重建的东晋政权是与世家大族共有天下的。正因如此，所以自北方南下的世家大族到达江南以后，东晋政府除了吸收他们中间的"贤人君子"共谋国事外，对其家族也都作了很好的安置。如太原王佑子王峤携二弟渡江避难，到了建邺，司马睿便下令说："王佑三息（子）始至，名德之胄……宜蒙饰叙。且可给钱

---

① 《旧唐书》卷六十五《高士廉传》。
② 王溥：《唐会要》卷八十三《嫁娶》，上海古籍出版社2006年版，第1810页。
③ 《晋书·王敦传》。

三十万，帛三百匹，米五十斛，亲兵二十人。"① 这些世家大族每到一处，便广占良田，建立庄园。单是王、谢两大家族，其子孙在江浙一带就占有大量的良田沃土。王导仅在建康附近，赐田就有八十顷，到了刘宋时期，他的后代"广营田业"，不计其数。谢安一家的田地，遍布浙江的绍兴、吴兴及江苏句容一带。到刘宋初期，他家还有"田业十余处，僮仆千人"，"资财巨万，园宅十余所"。②

这些世家大族为了巩固其在政治、经济上的地位与特权，维护门第制度，自然要寻找能够为其制造舆论的工具，史学便成为他们选中的对象。他们为了夸耀本家本族的人才出众，标榜自己门第的高上，于是大写家谱；为了显示自己门第的高上，表明自己郡望的优越，于是便大肆表彰本郡的人才，撰写各类乡贤传记；还要进一步说明，本郡之所以会产生那么多人才，完全是由于本郡的山川名胜、地气灵秀、物产丰富，这就是人们常说的"人杰地灵"吧。这种地灵优越于他郡，所以郡望理所当然就高了。所有这些都得着意宣传、大力鼓吹，这样就产生了兼载人物与地理的著作形式——地记。所以我们说，谱学和地记是为了维护世家大族利益、巩固门第制度而形成的两种史学方式，它们产生的社会条件和肩负的任务是一致的，都是世家大族所建立的庄园经济在意识形态上的反映，可以说是一根藤上结出的两个不同形状的瓜。可见到了魏晋南北朝时期，史学发展之所以会衍生出两个旁支——谱学、地记，绝不是出于偶然。当时的社会现实既向人们提出了要求，同时又提供了所需的土壤和温床。这就进一步说明，地记乃是时代的产物，它负有时代的使命，因此从内容到形式，都具有强烈的时代精神。它的产生绝不是凭空而降，而是有本有源。脱离时代背景，孤立地用某部著作来说明方志的起源，不仅不符合马列主义的观点和方法，而且是徒劳无益的。总之，标举郡望在于显示门第的高下，而门第的高下，与每个人的社会地位、政治权利都有着十分密切的关系。因此，宣传郡望的优越以巩固门第制度，这就是地记产生后所肩负的社会使命。

---

① 《晋书·王湛传族孙峤附传》。
② 《宋书·谢弘微传》。

第二节　魏晋南北朝时期地记概述

魏晋南北朝时期，由于社会的需要，地记得到了很大的发展，并形成了方志发展史上的第一次高潮。当时除了先贤传、耆旧传、风俗记、风土记之类著作外，出现了大量地记，这就将专写人物与专写风俗两者结合起来。这些著作流传下来的虽然不多，但它们的内容曾被许多史籍所征引，成为我们研究了解当时地方发展的宝贵资料。

魏晋南北朝时期，在史学园地里，以人物为中心的纪传史体的蓬勃发展成为这一时期史学发展的主流，在整个史学领域里占据了绝对的优势。当时不仅纪传体史书很多，而且产生了数量很大、类型多样的人物传记。究其主要原因，当时作史旨在品评人物，故中心在传，因而传记史学风靡一时，这在当时和后世目录学著作中都有反映。阮孝绪的《七录》和《隋书·经籍志》均有杂传一类。这些杂传中，有的是记载全国范围内的人物，如先贤传、孝友传、良吏传、名士传、文士传、高士传、逸士传、忠臣传、列女传、高僧传等；有的则仅记载某一个地区内的人物，如《兖州先贤传》、《徐州先贤传》、《陈留耆旧传》、《长沙耆旧传赞》等。这种地方性的人物传记，实际上就成为地记产生的先导，因为它只要再增加风俗记、风土记之类的地方性地理的内容，便成为最初的地记著作。而这一时期的地方性地理著作亦相当发达。《隋书·经籍志》地理类序云："丞相张禹，使属朱贡条记风俗，班固因之作《地理志》。其州国郡县，山川夷险，时俗之异，经星之分，风气所生，区域之广，户口之数，各有攸叙，与古《禹贡》、《周官》所记相埒。是后载笔之士，管窥末学，不能及远，但记州郡之名而已。"这就是说，自班固《汉书·地理志》以后，全国性的地理著作很少出现，而继起的多为地方性的地理著作。之所以会出现如此现象，作者归结为"管窥末学，不能及远"，这显然是不对的。事实上，从东汉末年到隋初的400年间，除西晋的短暂统一外，我国社会处于长期分裂和动荡不安的状态，这样的社会现状，要编写一部全国性的地理著作，既无可能，也无必要。相反，由于这个时期地方经济的发展和地方世家大族势力的成长，正需要地方性著作为其服务，所以这个时期地理学发展的趋向亦以地方性为主。故当时地方性传记著作和地方性地理著作都非常发达，两者并逐渐结合而形成一体。

至于两者的开始结合，可溯源于东汉初年，上面我们已经论及。光武帝刘秀为了表彰自己的家乡，曾下令编写《南阳风俗传》，在其影响之下，沛、三辅、鲁、庐江等地也都纷纷产生了这类著作。这类著作虽名为传记，实际已包含风俗等内容，兼有人物传记与地理著作的性质，已成为最初形态的地记。有的人不了解此种情况，总以为凡是称传者自然都讲人物，这无疑是一种误解。《南阳风俗传》、《关东风俗传》是这种性质，《陈留耆旧传》、《襄阳耆旧传》亦是这种性质。这种传可以说是由单纯的传记走向地理志与传记相结合的一种过渡。对于这一时期人物传记的撰写，我们若是仔细观察，可以发现两种情况：第一，成于东汉的人物传记，几乎全是北方人物传，三国开始，方有会稽、广州等南方地区人物传的出现，到了晋代，南方便多于北方。这一情况表明，政治经济中心逐步在南移。第二，人物传记的撰写，以东汉到三国间为多，西晋开始直至南北朝，此种著作相对讲是逐渐减少的。相反，某地记、某州记等形式的地记的撰写却非常风行。这一变化说明，地记的产生与发展同门第制度的形成有着十分重要的关系。门第制度需要标举郡望，以显示自己门第的高贵，因此，单纯夸耀本地人物出众显然还不能满足要求，还需要宣传产生这些杰出人物的地理条件等的优越，于是这两种内容就自然地结合起来。也正因为这种地记中已有人物记载，所以单独编撰地方性人物传记便逐渐减少。为了便于说明问题，现将这一时期所产生的人物传记和地记分别列表于下，表中所列皆为书名、作者和时代可确考者：

人物传记产生顺序表

书名	时代	作者	附考
三辅决录	东汉	赵岐	
兖州山阳先贤赞	东汉	仲长统	
陈留耆旧传	东汉	袁汤	
陈留耆旧传	东汉	圈称	
巴蜀耆旧传	东汉	赵谦	
巴蜀耆旧传	东汉	王商	
巴蜀耆旧传	东汉	祝龟	亦作《汉中耆旧传》
巴蜀耆旧传	东汉	郑廑	
益州耆旧杂传记	东汉	陈术	亦作《益部耆旧传》
汝南先贤传	三国魏	周斐	
陈留耆旧传	三国魏	苏林	
东莱耆旧传	三国魏	王基	
会稽先贤传	三国吴	谢承	
吴先贤传	三国吴	陆凯	
桂阳先贤画赞	三国吴	张胜	亦作《桂阳先贤传》
豫章列士传	三国吴	徐整	亦作《豫章烈士传》
广州先贤传	三国吴	陆胤	
交州人物志	三国吴	士燮	
鲁国先贤传	晋	白褒	
山阳耆旧传	晋	仲长毂	
广陵列士传	晋	华融	亦作《广陵烈士传》
陈留志	晋	江敞	亦作《陈留人物志》，敞亦作微、徽
楚国先贤志	晋	杨方	
楚国先贤传	晋	张方贤	亦作张方
襄阳耆旧传	晋	习凿齿	亦作《襄阳耆旧记》、《襄阳记》
荆州先贤传	晋	高范	
长沙耆旧传赞	晋	刘彧	亦作《长沙旧传赞》，作者刘彧
益部耆旧传	晋	陈寿	亦作《益都耆旧传》
续益部耆旧传	晋	常宽	亦作《梁益耆旧传》
蜀后贤传	晋	常宽	
会稽后贤传	晋	钟离岫	
交州先贤传	晋	范瑗	
徐州先贤传	南朝宋	刘义庆	
徐州先贤传赞	南朝宋	刘义庆	亦说作者郭缘生
武昌先贤传	南朝宋	郭缘生	亦作《武昌先贤志》
吴郡钱塘先贤传	南朝梁	吴均	
广州先贤传	北魏	刘芳	此为河南境
幽州古今人物志	北齐	阳休之	亦作陈休之
关东风俗传	北齐	宋孝王	

地记产生顺序表

书名	时代	作者	附考
冀州风土记	东汉	卢植	
三秦记	东汉	辛氏	
云阳记	东汉	王褒	
临海水土记	东汉	杨孚	
九江寿春记	东汉	朱玚	
蜀郡乡俗记	东汉	赵宁	
秦记	三国魏	阮籍	
九江志	三国魏	何晏	
宜阳记	三国魏	阮籍	
桂阳记	三国魏	杨元凤	
益州记	三国蜀	谯周	
三巴记	三国蜀	谯周	
华阳记	三国蜀	僧仁显	
娄地记	三国吴	顾启期	
吴县记	三国吴	顾微	
吴兴录	三国吴	韦昭	
三吴郡国志	三国吴	韦昭	
会稽土地记	三国吴	朱育	
临海水土异物志	三国吴	沈莹	
豫章旧志	三国吴	徐整	
冀州记	晋	裴秀	
冀州记	晋	荀绰	
冀州记	晋	乔潭	
雍州记	晋	裴秀	
西河记	晋	喻归	
关中记	晋	葛洪	
关中记	晋	潘岳	
兖州记	晋	荀绰	
齐记	晋	伏琛	亦作《齐地记》
齐地记	晋	晏谟	亦作《三齐记》、《齐记》
齐地记	晋宋间	解道虎	虎字亦作康、彪
三吴土地记	晋	顾长生	
吴郡记	晋	顾夷	亦作《吴地记》
吴地记	晋	张勃	
风土记	晋	周处	亦作《羡阳风土记》
宣城记	晋宋间	纪义	

续表

书名	时代	作者	附考
会稽记	晋	孔晔	
会稽记	晋	贺循	
会稽典录	晋	虞预	
闽中记	晋	陶夔	
洛阳记	晋	华延儁	
洛阳记	晋	陆机	
洛阳记	晋	戴延之	
洛阳记	晋	杨佺期	亦作《洛阳图记》、《洛阳图》
汝南记	晋	杜豫	
荆州记	晋	范汪	
宜都山川记	晋	袁山松	
湘中记	晋	罗含	亦作《湘中山水记》、《湘川记》
豫章旧志	晋	熊默	
豫章旧志后撰	晋	熊欣	
交广二州记	晋	王范	亦作《交广二州春秋》、《交广春秋》
交广记	晋	王隐	
交广记	晋	黄恭	亦作《交州记》
交州记	晋	刘欣期	
广州记	晋	顾微	
广州记	晋	裴渊	
蜀志	晋	常宽	亦作《蜀后志》
蜀后志	晋	杜袭	亦作《蜀后记》
删补蜀记	晋	王隐	亦作《蜀记》
华阳国志	晋	常璩	
巴蜀记	晋	袁休明	亦作《巴蜀志》
益州记	晋	任预	
益州记	晋	刘欣期	
南中志	晋	常璩	
秦州记	南朝宋	郭仲产	
仇池记	南朝宋	郭仲产	
沙州记	南朝宋	段国	
吴郡地理记	南朝宋	王僧虔	亦作《吴郡地理志》、《吴地记》
吴地志	南朝宋	董览	亦作《吴地记》
扬州志	南朝宋	刘澄之	
丹阳记	南朝宋	山谦之	亦作《丹阳志》
续风土记	南朝宋	单子发	
南徐州记	南朝宋	山谦之	

续表

书名	时代	作者	附考
京口记	南朝宋	刘损	亦作《南徐记》
豫州记	南朝宋	刘澄之	
寿阳记	南朝宋	王元谟	
钱塘记	南朝宋	刘道真	
吴兴记	南朝宋	山谦之	
会稽记	南朝宋	孔灵符	
临海记	南朝宋	孙诜	
东阳记	南朝宋	郑缉之	
永嘉记	南朝宋	谢灵运	
永嘉记	南朝宋	郑缉之	亦作《永嘉郡记》、《永嘉志》
荆州记	南朝宋	盛弘之	
荆州记	南朝宋	庾仲雍	
荆州记	南朝宋	郭仲产	
荆州记	南朝宋	刘澄之	
南雍州记	南朝宋	郭仲产	
湘州记	南朝宋	庾仲雍	
湘州记	南朝宋	郭仲产	
湘州记	南朝宋	甄烈	
豫章记	南朝宋	张僧鉴	
豫章记	南朝宋	雷次宗	
豫章古今记	南朝宋	雷次宗	
江州记	南朝宋	刘澄之	
鄱阳记	南朝宋	刘澄之	
寻阳记	南朝宋	张僧鉴	
寻阳记	南朝宋	山谦之	
临川记	南朝宋	荀伯子	
南康记	南朝宋	邓德明	
南康记	南朝宋	王韶之	
广州记	南朝宋	刘澄之	
南越志	南朝宋	沈怀远	
南越志	南朝宋	邓德明	
始兴记	南朝宋	王韶之	
梁州记	南朝宋	刘澄之	
海岱记	南朝齐	崔慰祖	
吴地记	南朝齐	陆道瞻	亦作《吴郡记》
会稽记	南朝齐	虞愿	
武陵记	南朝齐	黄闵	

续表

书名	时代	作者	附考
沅陵记	南朝齐	黄闵	
沅川记	南朝齐	黄闵	
西京新记	南朝梁	萧贲	
京邦记	南朝梁	陶季直	亦作《京邦记》
建安记	南朝梁	萧子开	
南雍州记	南朝梁	鲍至	
荆南地志	南朝梁	萧绎	亦作《荆南志》、《荆南记》、《荆南地记》
江陵记	南朝梁	庾诜	
武陵记	南朝梁	鲍坚	
武陵记	南朝梁	伍安贫	亦作《武陵地理记》、《武陵图志》
衡阳郡记	南朝梁	顾宪之	
江州记	南朝梁	萧绎	
益州记	南朝梁	李膺	
广梁南徐州记	南朝梁	虞孝敬	记广州、梁州、南徐州三郡之事
凉记	南朝梁	段龟龙	亦作《西凉记》、《凉州记》
建康记	南朝陈	姚察	
建安地记	南朝陈	顾野王	
凉州记	南北朝	张资	
中山记	北魏	张啸	
三晋记	北魏	王遵业	
永安记	北魏	温子升	
西京记	北魏	崔鸿	
徐州人地录	北魏	刘芳	亦作《徐地录》、《徐地记》
赵记	北齐	李公绪	
西京记	北周	薛寅	
益州记	北周	王褒	

当然，由于汉魏南北朝的著作流传下来的很少，我们现在只能根据前人的征引加以考证，自然不可能做到全面。为了做到书名、作者、时代三者可考方收，因此有很大一部分著作，因作者不明或时代不清而未能收录。如《南阳风俗传》、《三辅耆旧传》、《沛国先贤传》、《鲁国先贤传》等，都是在光武帝下令后编撰的，由于作者无从查考，同样不予收录。对于地记亦用此法，标准一样，可以使统计相对合理。各种著作不仅内容价值高低不同，际遇更不一样，这就使流传和被引用的机会不可能等同。从上列两表统计的内

容,可以进一步证实我在上面所提出的结论:人物传记在三国以后逐渐减少,地记在三国以后不断增多。

地方性人物传记:东汉九部;三国九部;两晋十四部;南北朝七部。

地记:东汉六部;三国十四部;两晋四十四部;南北朝七十二部。

以上数字表明,地记的数量不仅是直线上升,而且增加的速度快得惊人,三国时为人物传的一倍半,两晋时达到三倍,南北朝时已为九倍了。而从总数来讲,地记亦为人物传的三倍半。可见当时地记发展是十分迅速的。当时究竟产生了多少部地记,现在已无法查考。虽然据《隋书·经籍志》记载,南齐时陆澄收集了160家著作,依成书先后为序,编成《地理书》149卷;到了南朝梁,任昉又在陆澄所编《地理书》基础上,增收了84家,编成《地记》252卷,但这个数字并不能作为统计地记部数的可靠依据。因为其中还包含着从《山海经》以来许多全国性的地理著作,这是《隋书·经籍志》已经明确指出的。另外,诸如西晋挚虞所作的《畿服经》,自然也都在收录范围之内,这些著作当然都不能算是地记。就是任昉所增之84家,到唐初修《五代史志》时,所能见到的只有12家,其余究竟是些什么内容,也就不得而知了。所以,陆澄所收的160家和任昉所增的84家,我们绝对不能将其全部看作是地记,最多只能用来说明地记的编著速度快、数量多,如此而已。数量很多,这是可以肯定的结论,因为时至今日,我们尚能较为确切地统计出130多部。以此看来,其总数似应远在陆、任二家所收总和之上。

从上列表中,我们还可以看到,当时地记的名称并不一致,有记、志、录、传等,而以记为主流,记、志又是互为通用。前面我讲了,当时的记与志其意相同,都是记载的意思。正因如此,所以目录学家著录时,往往便出现志作记、记作志的相互交换的情况,如袁休明的《巴蜀记》亦称《巴蜀志》,董览的《吴地志》亦称《吴地记》,山谦之的《丹阳记》亦称《丹阳志》,甚至《华阳国志》在郦道元的《水经注》中有时亦称作《华阳国记》,如此等等就是明证。有些著作虽然称传,其性质已不是单纯的人物传了,实际上已经是地记。如圈称的《陈留耆旧传》、习凿齿的《襄阳耆旧传》、宋孝王的《关东风俗传》和《南阳风俗传》等便是如此,这些都应列入地记表中。又北魏刘芳的《徐州人地录》,书名便标出有人有地,一望便知是地记,所以《北堂书钞》、《太平寰宇记》等著作引用时,便径称刘芳《徐州记》。

再如江敞的《陈留志》,《隋书·经籍志》、《旧唐书·经籍志》皆作《陈留志》,《新唐书·艺文志》则称《陈留人物志》。其实该书亦并非专记人物,刘昭所作《续汉书·郡国志》注引了11条,皆为地理和传说方面内容。而《世说新语》、《水经》、《文选》、《史记》等书注所引,则又多为人物。可见该书亦是既载人物又记地理的地记。这些事实告诉我们,研究任何著作都不能单凭书名便对其性质和内容轻下断语,否则将会得出十分错误的结论。

值得指出的是,如果我们对于上列两表中的作者稍加留心,便可发现在他们的行列中有很大一部分是历史学家,有的还相当著名,许多人都编撰了当代历史著作。为便于大家了解,现列简表于下:

姓名	时代	所著当代史	附考
谢承	三国吴	后汉书	
袁山松	晋	后汉书	
刘义庆	南朝宋	后汉书	
韦昭	三国吴	吴书	
周处	晋	吴书	
谯周	晋	蜀本纪	
陈寿	晋	三国志	
习凿齿	晋	汉晋春秋	亦作《汉晋阳秋》
虞预	晋	晋书	
荀绰	晋	晋后书	
王隐	晋	晋书	
陆机	晋	晋纪	
谢灵运	南朝宋	晋书	
王韶之	南朝宋	晋安帝阳秋	亦作《晋纪》
庾铣	南朝梁	晋朝杂事	
山谦之	南朝宋	宋书	
吴均	南朝梁	齐春秋	
姚察	南朝陈	梁书帝纪	
顾野王	南朝陈	陈书	
常璩	晋	汉之书	
崔鸿	北魏	十六国春秋	

事实说明,许多历史学家参与了地记的编撰工作,他们很自然地把史书编写的方法和要求带进了这一新的著作领域,直接影响和指导着这类著作的

成长。这个事实再次表明，方志自产生之日起，便与史学有着密切的关系，我们说它是史学发展过程中分出的一个支流，绝不是空洞的立论，而是有着丰富的史实根据的。我们可以这样断言，凡是脱离史学的发展而孤立地谈方志的起源问题，是不可能谈清楚的。基于这一事实，所以我们认为，方志的产生既有特定的社会条件，同时学术发展的继承、学科之间的相互影响和渗透亦都起着十分重要的作用。当然，其中也包含着地理学发展的重大影响。地记作者如裴秀便是著名的地理学家，顾野王亦曾以著《舆地志》而著称于世，他们在地记的发展中无疑都起了很大作用。

上面我们论述了地记乃是维护世家大族利益、巩固门第制度而形成的一种史学著作。也许有人要问，此说是否有据？我们的回答是肯定的。对于这个问题，我们仍从地记的作者加以分析，便可得到满意的答复。如果将地记的作者略加排比，将他们的郡望、门第、任官和所作之地记联系起来，就可发现，绝大部分的地记作者不是出身于该地的高门大族，便是在该地任官，他们与该地的世家大族有着血肉难分的利害关系，因此，他们所写的地记是直接为这个郡望门第服务的。下面就分别列举事实予以说明。

一、当地人所撰之地记

贺循的《会稽记》、顾夷的《吴郡记》是当地人所撰地记中较为突出的两部。而贺、顾两姓则是江东的世家大族，就连司马氏过江重建政权，都要对他们进行拉拢以便取得支持。过江之初，王导就曾认为，只有笼络好具有代表性的江东世家大族顾荣、贺循，再通过他们的关系，才有可能使整个江东世族地主集团逐渐向司马氏靠拢，因此他向司马睿进策说："顾荣、贺循，此土之望，未若引之，以结人心。二子既至，则无不来矣。"[①] 司马睿便正式委派王导代表自己去拜访顾、贺二氏。当然，顾荣、贺循也感到利害关系的一致，所以，经过王导的拉拢，便应命而至。这样一来，江东其他世族地主自然也都纷纷靠拢司马氏，史称"由是吴会风靡，百姓归心焉。自此之后，

---

① 《晋书·王导传》。

渐相崇奉，君臣之礼始定"①。这就说明，江东地主归附司马氏，顾、贺二族起着决定作用。他们当时的社会地位、势力和影响，自然也就可想而知了。为了维护自身的社会地位和既得利益，贺循亲自编撰《会稽记》，可见他对这种著作寄托了很高的希望。顾夷与顾荣是何种关系，因史书很少记载，已无从查考。不过，他与顾荣同属吴郡之望族著姓是无疑的。《世说新语·文学》篇注中引《顾氏谱》曰："夷字君齐，吴郡人。祖廞，孝廉。父霸，少府卿。夷辟州主簿，不就。"在那"举贤不出世族，用法不及权贵"的社会里，如果出身寒门，荐举根本就轮不上他了。顾姓所写的，这个地区的地记尚有顾启期的《娄地记》、顾微的《吴县记》、顾长生的《三吴土地记》等，这里就不作分析了。不过还要指出的是，作《吴地记》的还有一个作者叫陆道瞻，是南齐时吴郡人，而陆姓亦是江东的"著姓"。唐代谱学家柳芳在谈各地之"著姓大族"时就曾指出："东南则吴姓，朱、张、顾、陆为大。"② 了解各地的"著姓"，对于研究这一问题具有重要意义。

《徐州人地录》的作者刘芳，据《魏书》本传记载："字伯文，彭城人也，汉楚元王之后也。六世祖讷，晋司隶校尉。祖该，刘义隆征虏将军、青徐二州刺史。父邕，刘骏兖州长史。"而刘芳本人"为散骑常侍、国子祭酒、徐州大中正、行徐州事"。众所周知，彭城刘姓不仅是一个名门望族，而且是帝王之后，累世显通。因此，就连唐代大史学家刘知幾亦以自己出身于彭城刘氏而有着无限的优越感。他在《史通·书志》篇中说："帝王苗裔，公侯子孙，余庆所钟，百世无绝。"为了表示自己门第的高贵，他还特地作了《刘氏家乘》和《谱考》，以考定刘氏先世之世系。唐代尚且如此，魏晋南北朝正是门第制度盛行之时，显耀自己本姓本族郡望之优越的做法就更加可想而知了。刘芳不仅是徐州本地的名门望族，而且身任徐州大中正，这是一种操持着"定门胄，品藻人物"③ 大权的官职，拥有选拔用人的大权。处在这样一个环境之中的刘芳，亲自撰写《徐州人地录》，其用意十分明白。

《会稽记》作者孔灵符，会稽山阴人。孔氏亦为当地名门大姓。"祖愉，

---

① 《晋书·王导传》。
② 《新唐书·儒学中·柳冲传》。
③ 《新唐书·儒学中·柳冲传》。

晋车骑将军。父闿，散骑常侍。"兄"季恭始察郡孝廉，功曹史，著作佐郎，太子舍人，镇军司马，司徒左西掾。未拜，遭母忧。隆安五年，于丧中被起建威将军，山阴令，不就"。后"征为右卫将军，加给事中，不拜。寻除侍中，领本国中正，徙琅邪王大司马。寻出为吴兴太守，加冠军"。"义熙八年，复督五郡诸军、征虏、会稽内史。""十年，复为尚书右仆射，加散骑常侍，又让不拜。顷之，除领军将军，加散骑常侍，本州大中正。十二年，致仕，拜金紫光禄大夫，常侍如故。"死后，"追赠侍中、左光禄大夫、开府仪同三司"。其权势之大，可想而知。孔灵符本人，"元嘉末，为南谯王义宣司空长史、南郡太守，尚书吏部郎。世祖大明初，自侍中为辅国将军，郢州刺史。入为丹阳尹"后"自丹阳出为会稽太守，寻加豫章王子尚抚军长史"。他在山阴霸占了大片良田美土，史载："灵符家本丰，产业甚广，又于永兴立墅，周回三十三里，水陆地二百六十五顷，含带二山，又有果园九处。"① 这样的家世、家业、社会地位，又出任本郡太守，应当说是促使孔灵符编撰本郡地记的重要因素。

《三晋记》的作者王遵业，乃太原晋阳人。众所周知，太原王氏亦是当时著名的世家大族，累世显贵，世称"齇王"。史书曾记载这样一个故事：王遵业高祖慧龙，崔浩弟恬闻其为王氏子，以女妻之。"浩既婚姻，及见慧龙，曰：'信王家儿也。'王氏世齇鼻，江东谓之'齇王'。慧龙鼻渐大，浩曰：'真贵种矣！'数向诸公称其美。"② 这一记载充分说明太原王氏当时社会地位之高、影响之大。史书还记载，"除乐安王范傅，领并、荆、扬三州大中正。慧龙抗表，愿得南垂自效，崔浩固言之，乃授南蛮校尉、安南大将军左长史"。死后，"赠安南将军、荆州刺史，谥穆侯"。王慧龙子宝兴，王遵业之祖父。"州辟治中从事、别驾，举秀才，皆不就。闭门不交人事。袭爵长社侯、龙骧将军。"王慧龙孙琼，王遵业之父。"太和九年，为典寺令。十六年，降侯为伯。帝纳其长女为嫔，拜前将军、并州大中正。"孝昌三年（527），除镇东将军、金紫光禄大夫、中书令。时琼子遵业为黄门郎，故有此授。"卒，赠征北将军、中书监、并州刺史。"王遵业本人"位著作佐郎，

---

① 《宋书·孔季恭传》。
② 《北史·王慧龙传》。

与司徒左长史崔鸿同撰起居注。迁右军将军、兼散骑常侍"。"转司徒左长史、黄门郎、监典仪注。遵业有誉当时，与中书令陈郡袁翻、尚书琅邪王诵并领黄门郎，号曰三哲。时政归门下，世谓侍中、黄门为小宰相，而遵业从容恬素，若处丘园。"[1] 从这些材料可以看出，自王慧龙以至王遵业，四代相传，一直处于显贵地位。王宝兴尽管"州辟治中从事、别驾，举秀才，皆不就"，"闭门不交人事"，由于郡望门第，照样"袭爵长社侯，龙骧将军"。所以，只要有特殊的社会地位，虽然未做官，但一经推荐，立刻就能登仕；即使没有土地，只要凭借他们在社会上的特殊地位，很快就会拥有巨大的田产。对于这样特殊的社会地位，他们自然不会轻易让它失掉。撰写地记正是为了达到这一目的。从上述事实来看，王遵业撰《三晋记》绝不会是例外。

我们再看《襄阳耆旧记》的作者习凿齿，《晋书》本传载："习凿齿字彦威，襄阳人也。宗族富盛，世为乡豪。"他自己进入仕途，也是通过"荆州刺史桓温辟为从事"，"转西曹主簿"。既然如此，他写本郡地记，也就不可能与此毫无关系。

以上所举，皆为出身于本地世家大族的名士，为了维护其既得的特殊社会地位、权势和利益，纷纷编撰本地本郡的地记，以宣扬自己门第的高贵、郡望的优越、人才的出众。

我们若稍作考查便可发现，还有很多地记，其作者大多在某地任过官职，有许多或许是在他们任官期间所作。因为当时社会上重世家门阀，因此，官吏们到某地任官，必须对当地的世家大族有所了解，这样可以避免在施政过程中触犯他们的利益。特别是当时的取士制度，与族姓、门第有着密切关系，并非任何有才华之士皆可得到荐举。所以，主管选举之官尤其必须熟悉本郡世家大族的家世和社会地位，否则荐举错了，不仅触犯世家大族的利益，而且自己亦有丢官的危险。正因为如此，我们可以这样讲，编撰地记对于地方官吏来说，实际上已经成为政治上的需要。这也正如当时地方官吏需要熟悉谱学一样。史书记载，魏晋南北朝时期，主管选曹者非精于谱学不可，以便熟悉各姓人物。故宋刘湛为选曹，就曾自撰《百家谱》，以助铨叙，最后竟成为谱学家。这与地方官撰写地记，其精神自是一脉相通。当然，当

---

[1] 《北史·王慧龙传》。

时许多地方官吏也大多出身于世家大族，其中还必然存在着相互庇护的关系，这就是"物以类聚，人以群分"，乃是自然之理。总之，上述的政治因素，促使地记得到普遍发展。

二、地方官吏所撰之地记

《益州记》作者李膺，《南史·邓元起传》附载曰："膺字公胤，有才辩。西昌侯（萧）藻为益州，以为主簿。使至都，武帝悦之，谓曰：'今李膺何如昔李膺？'对曰：'今胜昔。'问其故，对曰：'昔事桓、灵之主，今逢尧、舜之君。'帝嘉其对，以如意击席者久之。乃以为益州别驾。著《益州记》三卷行于世。"

《衡阳郡记》作者顾宪之，《梁书》本传载："顾宪之字士思，吴郡吴人也。祖觊之，宋镇军将军，湘州刺史。宪之未弱冠，州辟议曹从事，举秀才，累迁太子舍人，尚书比部郎，抚军主簿。元徽中，为建康令……齐高帝即位，除衡阳内史。"有政绩，"时刺史王奂新至，唯衡阳独无讼者，乃叹曰：'顾衡阳之化至矣。若九郡率然，吾将何事！'"《衡阳郡记》看来正是在衡阳任职期间所作。

《临川记》作者荀伯子，《南史》本传载："颍川颍阴人，晋骠骑将军羡之孙也。父猗，秘书郎。伯子少好学，博览经传……著作郎徐广重其才学，举伯子及王韶之并为佐郎，同撰晋史及著桓玄等传。迁尚书祠部郎。""伯子为妻弟谢晦荐达，为尚书左丞，出补临川内史。车骑将军王弘称伯子'沈重不华，有平阳侯之风'。伯子常自矜籍荫之美，谓弘曰：'天下膏梁，唯使君与下官耳，宣明之徒不足数也。'迁散骑常侍。"我们知道，荀伯子之所以会如此狂妄自矜，是有一定道理的，因为颍川荀姓自汉以来，一直属于高门大姓。《临川记》之作，大约亦在其临川内史任职期间。

《湘中记》作者罗含，《晋书》本传载："罗含字君章，桂阳耒阳人也。曾祖彦，临海太守。父绥，荥阳太守。含幼孤，为叔母朱氏所养……弱冠，州三辟，不就。含父尝宰新淦，新淦人杨羡后为含州将，引含为主簿，含傲然不顾，羡招致不已，辞不获而就焉……后为郡功曹，刺史庾亮以为部江夏从事。太守谢尚与含为方外之好，乃称曰：'罗君章可谓湘中之琳琅。'寻转州主簿。后桓温临州，又补征西参军……转州别驾……及温封南郡公，引为郎中令。寻征正员郎，累迁散骑常侍、侍中，仍转廷尉、长沙相。"从他这一生经历可以看出，他作《湘中记》是完全可以理解的。

《会稽典录》作者虞预，会稽余姚人。宗人共荐其为县功曹，太守庾琛命为主簿，太守纪瞻到，复为主簿，转功曹史。[①]

《荆州记》作者盛弘之，曾任临川王侍郎。[②]

《荆州记》作者范汪，曾作过荆州留守。[③]

《关中记》作者潘岳，曾先后任过河阳令和长安令。[④]

《荆南地志》和《江州记》作者梁元帝萧绎，在继皇帝位之前曾先后任过荆州刺史和江州刺史。[⑤]

《洛阳记》作者杨佺期，《晋书》本传载此人"自云门户承籍，江表莫比，有以其门地比王珣者，犹恚恨"。曾"拜广威将军、河南太守，戍洛阳"。

《洛阳记》作者陆机亦出仕洛阳多年，颇为朝廷所重，士人推服，"然好游权门"，"以进趣获讥"。[⑥]《洛阳记》的撰写，或许与此有关。

至于崔鸿之撰《西京记》，陶季直之撰《京邦记》，薛寰之撰《西京记》，姚察之撰《建康记》，他们大多供职京师，具有优越条件。尤其是崔、姚诸人多身居史职，写史本是他们分内之事。

上面列举了十多种地记，大体上尽量照顾各种类型，诸如地域的分布、作者任职的高低，都尽可能有所反映。这里之所以不厌其烦地大量列举，目的在于做到论据可靠，若是仅列举三两部，也许会有人说是出于偶然的巧合。因为日常生活中、科学研究中，偶然巧合的事情确实都存在。数量多了，自然就很难说是巧合了。

除了上述两种情况外，也还有些地记的作者既非本地之人，也并非到该地做官，当然其中因素相当多。如《京口记》作者的刘损就是因族兄刘粹镇

---

① 《晋书》本传。
② 《隋书·经籍志》。
③ 《晋书》本传。
④ 《晋书》本传。
⑤ 《梁书·元帝本纪》。
⑥ 《晋书》本传。

守京口，族兄刘毅又历显位，乃随其父"闲居京口，未尝应召"，《京口记》之作当在这个时候。因为元嘉中，他到外地任官，"历职义兴太守"，"官至吴郡太守，追赠太常"。①《南越志》的作者沈怀远则因贬谪广州时，以文笔见用于刺史。《宋书·沈怀文传》附传载：初"为始兴王浚征北长流参军，深见亲侍。坐纳王鹦鹉为妾，世祖徙之广州，使广州刺史宗悫于南杀之。会南郡王义宣反，怀远颇闲文笔，悫起义，使造檄书，并衔命至始兴，与始兴相沈法系论起义事。事平，悫具为陈情，由此见原。终世祖世不得还……前废帝世，流徙者并听归本，官至武康令。撰《南越志》及《怀文文集》，并传于世"。以理推之，《南越志》之作当在他流徙广州期间。再如《建安地记》作者顾野王是位著名学者，著作繁富，单史地方面便有《通史要略》、《国史纪传》、《舆地志》等多种。《南史》本传载："十二，随父之建安，撰《建安地记》二篇。长而遍观经史，精记默识，天文地理，蓍龟占候，虫篆奇字，无所不通。"至于仕途生活，都是后来的事。可见《建安地记》之作是在他青年时代。

综上所述，大量的事实表明，无论哪种情况，地记的编撰者皆为世家出身的达官贵人或名流学者，因而对于本乡本土的地理文化、乡贤物盛极尽宣扬夸耀之能事，出于本地世家大族者，则为显示门第之高贵；身为该地长官者，则为其施政之参考。对于地记夸耀乡里，刘知幾曾多次提出批评。《史通·采撰》篇说："夫郡国之记，谱牒之书，务欲矜其州里，夸其氏族。读之者安可不练其得失，明其真伪者乎？至如江东'五俊'，始自《会稽典录》（自注：郡国记也），颍川'八龙'，出于《荀氏家传》（自注：谱牒书也），而修晋、汉史者，皆征彼虚誉，定为实录。苟不别加研核，何以详其是非？"《史通·杂述》篇又说："汝、颍奇士，江、汉英灵，人物所生，载光郡国，故乡人学者，编而记之……郡书者，矜其乡贤，美其邦族，施于本国，颇得流行，置于他方，罕闻爱异……地理书者，若朱赣所采，浃于九州；阚骃所书，殚于四国。斯则言皆雅正，事无偏党者矣。其有异于此者，则人自以为乐土，家自以为名都，竞美所居，谈过其实。又城池旧迹，山水得名，皆传诸委巷，用为故实，鄙哉！"刘知幾的评论，言语虽然很简

---

① 《宋书·刘粹传》。

单，但却抓住了要害。既指出了这种郡书的著作意图，在于"矜其乡贤，美其邦族"，又指出这种著作大多由"乡人学者，编而记之"，而那些地方性的地理书，也都是"人自以为乐土，家自以为名都，竞美所居"。这些确实都符合当时的实际。之所以要"矜其乡贤"、"竞美所居"，目的就是上面所讲的，显耀门第的高贵、郡望的优越，以维护其门阀制度下的特殊社会地位和权益。

上面我们讲到，志、传两体的结合，形成了地方志的雏形——地记。而这种结合，实际上也影响到全国性的地理著作的内容。在西晋短暂的统一时期内曾出现过一部全国性的地理志——挚虞的《畿服经》。《隋书·经籍志》地理类小序云："晋世，挚虞依《禹贡》、《周官》作《畿服经》，其州郡及县分野、封略、事业、国邑、山陵、水泉、乡、亭、城、道里、土田、民物风俗、先贤旧好，靡不具悉，凡一百七十卷，今亡。"畿者京畿，即指京城周围而言；服者取五服、九服之意，指京畿以外的其他地区。意思是说记载京城和其他各地区的内容，所以说它是一部全国性的地理总志。书中记有"乡贤旧好"，这是朱赣的《风俗记》与班固的《汉书·地理志》所没有的。地理书中记载人物，显然是受人物传记的盛行所影响。同时也应当看到，这一内容的增加反过来又影响着地方性的同类著作的编写，这就是学术发展上相互影响、相互渗透、相互促进的巨大作用。唯其如此，到了南北朝时期，志、传结合的地记得到了迅速的发展，而单纯的人物传记便逐渐减少，这与社会的需要和学术发展的影响都有着密切的关系。可见研究学术的发展，既要注意学术发展的渊源关系，又不能局限于此，否则不仅将产生片面性，而且也无法讲清问题。

第三节　魏晋南北朝时期地记的内容

地记的发展以魏晋南北朝时期最为繁荣，前表所列虽然只有130多种，但那仅仅是指作者和时代都确切可考者而言，还有许多只知时代而作者无考，或只知作者而时代又无法确考，这两类情况的数量还相当大，当然也还有许多由于时过境迁，种种原因导致连书名也未能流传下来。因此，从当时发展的迅猛形势来看，总有数百种之多，这个估计应当是比较可靠的。如书名得以流传下来的，冀州、关中、西京、齐地、吴郡、徐州、丹阳、会稽、陈留、洛阳、荆州、湘州、豫章、交广、益州等州郡地记都在数种以上。说明这种著作，当时因社会需要，大多经常在编撰。为了说明问题，我们不妨列举几个数字作参考。魏晋南北朝时期，全国州郡的设置一直不断在变化。当时地方行政区划虽然都是用州、郡、县三级制度，但各个时期州、郡的大小和多少并不一致。三国鼎立的最后一年，全国共有18个州。西晋末年，全国有21个州。南朝宋有22个州，238个郡。①南朝齐有23个州，395个郡。南朝梁有23个州，350个郡。又据《隋书·地理志》载，大同年间，由于"多有析置"，州竟达107个。南朝陈有42个州，109个郡。十六国时，州的规模很小，如前赵刘曜，所占实际只有两晋的秦、雍二州，但却划成七州。北燕所占实际相当于西晋平州的一半，但也分置五个州。而西秦仅占西晋的秦、凉二州之半，也设置11个州。所以对十六国所设州数，这里就不一一列举了。北魏有州113个，这是《魏书·地形志》记载的，实际是东、西魏的总和。据《隋书·地理志》记载，北齐有97个州，160个郡。北周有210个州，508个郡。根据上述当时所设置的州郡数字来看，平均每个州郡编写一部地记，其数字就相当可观了。何况大量材料说明，当时这种地记的编写确实十分盛行，所以我们估计当时产生地记的数字在数百部以上绝不是夸大其词。当然，唐宋以后直至明清，地记的编写几乎从未间断，只不过是后来的地记内容更加丰富了，除了保持原有的名称外，与成型的方志已基本无异。这也足以说明，地记本是方志的一种，方志乃是地记进一步发展的产物。这里要指出的是，黄苇先生在《地记与图经考述》一文中说："地记和地志之名，早在北宋即已基本消失。"②我认为这个结论是毫无事实根据的。陈正祥先生在《中国文化地理》一书中作了统计，宋代以记为名的地方志书尚有82种之多，并列举了有代表性的地记14种。我又根据《中国古方志考》所载，参以《宋史·艺文志》以及上书所举，计得书名、作者可考者40种：《长安图记》（吕大防）、《交州古今记》（章颖）、《交州续记》（杜孝严）、《江左记》

---

① 据《通典》记载。
② 参见《方志论集》。

（张参）、《金陵记》（沈立）、《金陵地记》（黄元之）、《池阳记》（范致明）、《池阳后记》（张古）、《鄞县记》（李璜）、《台州风俗记》（陈公辅）、《闽中记》（林世程）、《东京记》（宋敏求）、《汴州记》（王权）、《寿州风俗记》（宋祁）、《湘中新记》（周衡）、《岳阳风土记》（范致明）、《零陵总记》（陶岳）、《永州风土记》（柳拱辰）、《郴江记》（徐得之）、《辰州风土记》（徐彭年、田渭）、《吉州记》（吴机）、《南康记》（朱端章）、《广州记》（许牧）、《番禺记》（王德琏）、《番禺杂记》（郑熊）、《潮州记》（王中行）、《邕管杂记》（范旻）、《剑南广记》（郭友直）、《成都古今集记》（赵抃）、《续成都古今集记》（王刚中）、《成都古今丙记》（范成大）、《成都古今丁记》（胡元质）、《成都古今前后记》（孙汝聪）、《涪陵记》（冯忠恕）、《阆苑记》（朱涉）、《阆苑前记》（何求）、《阆苑续记》（曹无忌）、《阆苑新记》（王震）、《龙门记》（王向弼）、《梓潼古今记》（孙汝聪）。

以上这些著作，在《宋史·艺文志》和其他许多书目中大多有著录，其中不少还常被舆地著作所称引。宋敏求的《东京记》、林世程的《闽中记》、吴机的《吉州记》、黄元之的《金陵地记》、范致明《岳阳风土记》等书影响更大。尤其是《岳阳风土记》，《四库全书总目》曾对它作了很高的评价。可见地记之名在北宋不仅没有"基本消失"，而且产生了相当多的一批。许多作者还充分发挥这种著作地方性的优势和特点，写出了不少有价值的作品。人们只需对《宋史·艺文志》和其他有关目录学著作稍事翻阅，便可得知。所以我认为黄苇先生的那个结论是缺乏根据的。当然，这些地记就其内容来说，与后来称志的方志已无实质上的差异，但它们仍旧沿用旧的名称。这也进一步说明，地记原是方志的最初称呼，是方志发展的最初阶段，两者之间一脉相承，因此，到了后期仍有称初名者，自然不足为奇。

魏晋南北朝时期的地记是我国方志发展史上一个重要的阶段，它的内容和形式，都反映了方志发展的特殊阶段性，也就是我们上面所讲的时代性。可是，由于当时编撰的地记大多散失，完整的几乎一部也未能流传下来，因此我们已经无法看到它的全貌。虽然有人做过不同形式的辑佚工作，也只能将散见于一些著作中的片断加以汇集，仍无法求得全貌。我们今天要研究它的内容，只能根据后人著作中所作的片断、零碎的征引，或借助于已有的辑佚，自然无法做到全面，只能得知其梗概。

我认为地记乃是地方性的人物传记与地理志结合的产物，既然如此，它就必须兼有两者的内容。诸如州郡建置、地理沿革、山川形胜、人物旧事、神话传说、风俗物产以及典故、古迹等大体略备。当然，由于地方与作者旨趣之不同，故每部地记所记项目多寡、内容详略并不一致。虽然同为地记，所记却因人因地而异。这就说明，方志的地方性，还在地记时代就已经表现得十分突出。下面我们就这些内容，分别予以介绍。

一、表彰本地之人物

记载人物，在魏晋南北朝时期可以说是地记的首要任务。为了标榜自己门第的高贵，势必要把本族做过高官的人一一予以表彰，这是当时政治的需要。这一内容正体现了这一时代的精神，自然也就反映了方志的时代性。关于魏晋南北朝时期地记的内容必载人物，这一点在前面已作了详细的论证，这里不再重复。至于地记载述人物，是否都在"矜其乡贤，美其邦族"以夸耀其门第呢？我们的回答也是肯定的。虽然没有完本流传下来，我们从残卷和片断的记载中仍可得到较为满意的答复。现以《会稽典录》、《襄阳耆旧记》和《华阳国志》三书为例作一考察。

《会稽典录》是东晋初年余姚人虞预所作。虞预字叔宁，"本名茂，犯明穆皇后母讳，（改）"。初为宗人共荐县功曹，见斥。太守庾琛命为主簿，纪瞻代琛，复为主簿，转功曹史。察孝廉，不行。安东从事中郎诸葛恢、参军庾亮等荐预，召为丞相行参军兼记室。遭母忧，服竟，除佐著作郎。大兴中，转琅邪国常侍，迁秘书丞、著作郎。咸和中，从平王舍，赐爵西乡侯。假归，太守王舒请为谘议参军。苏峻平，进爵平康县侯，迁散骑侍郎，著作如故。除散骑常侍，仍领著作。以年老归，卒于家。著《晋书》40余卷、《会稽典录》20篇、《诸虞传》12篇。[①]《会稽典录》，《隋书·经籍志》著为24卷，《旧唐书·经籍志》、《新唐书·艺文志》同。《宋史·艺文志》中已不见载，但宋人著述时见称引，似乎又非出于转录，可见当时社会上还在流

---

① 以上均见《晋书》本传。

传，后遂湮没。鲁迅先生在《会稽郡故书杂集》中搜辑逸文，尚得 72 人。今按先后顺序列表于下：

姓名	籍贯	历任官职
范蠡	楚宛三户	越之上将军
计仉		
宋昌		
郑吉	会稽山阴	云中都尉、西域都护
陈嚣	会稽山阴	
严光	会稽余姚	东汉谏议大夫
钟离意	会稽山阴	北部督邮、堂邑令、尚书仆射
郑弘	会稽山阴	县宰、郡督邮
盛吉	会稽山阴	司徒职方、侍御史、廷尉
孟英	会稽上虞	君掾吏
孟尝	会稽上虞	郡户曹吏，断案严明
梁宏	会稽句章	主簿
郑云	会稽句章	主簿。学《朝诗》、《公羊春秋》
谢夷吾	会稽山阴	荆州刺史、巨鹿太守、下邳令等
董昆	会稽余姚	狱史、廷尉卿等
王充	会稽上虞	
赵晔	会稽山阴	
董黯	会稽句章	以孝闻名
高丰		狱吏
任光	会稽鄮	主簿
黄昌	会稽余姚	州书佐、蜀郡太守
王修	会稽句章	扬州从事、鄞县令
杨乔	会稽乌伤	右丞
戴就	会稽上虞	仓曹掾
周规	会稽余姚	功曹、临湘令
陈修	会稽乌伤	少为郡干，迁豫章太守，性清洁恭俭
沈勋		
淳于翼		洛阳市长

续表

姓名	籍贯	历任官职
魏朗	会稽上虞	
陈业	会稽山阴	以高风亮节著称
骆俊	会稽乌伤	少为郡吏，察孝廉，补尚书郎，擢拜陈相
陈官		大夫
虞国	会稽余姚	少有孝行，为目南太守，行惠政
虞歆	会稽余姚	历郡守，节操高厉
盛宪	会稽	举孝廉，补尚书郎，迁吴郡太守，征为骑都尉
徐私		汝阴令、右扶风都尉，有政绩
陈瑞		
魏徽		郡功曹吏
皮延	会稽山阴	养母至孝
伍贱	会稽余姚	
张京		
周昕		辟太尉府，举高第，迁丹阳太守
周喁		从曹操征伐，以为军师
丁览	会稽山阴	仕郡至功曹，守始平长。子固为左御史大夫
徐陵	会稽太末	历三县长，所在著称，迁零陵太守
虞翻	会稽余姚	功曹，富春长、骑都尉
虞汜	会稽余姚	散骑中常侍、交州刺史、冠军将军、余姚侯
虞忠	会稽余姚	宜都太守。子潭仕晋，历位内外，终于卫将军
虞耸	会稽余姚	在吴历清官，入晋，除河间相
虞昺	会稽余姚	仕吴黄门郎，以捷对见异，超拜尚书侍中
贺齐	会稽山阴	守太末长，平东校尉、威武中郎将、新都郡太守，偏将军、奋武将军、安东将军，封山阴侯等
阚泽	会稽山阴	察孝廉，除钱唐长，迁郴令。孙权称尊号，用为尚书。后为中书令，加侍中。再拜太子太傅，领中书如故
吴范	会稽上虞	治历数，知风气，闻于郡中。孙权以其为骑都尉，领太史令
魏滕	会稽上虞	历历山、潘阳、山阴三县令，鄱阳太守
谢承	会稽山阴	五官郎中、长沙东部都尉、武陵太守
任奕	会稽句章	以文章著称
虞俊	会稽余姚	
邵员	会稽余姚	

续表

姓名	籍贯	历任官职
谢渊	会稽山阴	举孝廉,迁建武将军。兄咨,海昌都尉
钟离牧	会稽山阴	郎中、南海太守,丞相长史、中书令、越骑校尉、平魏将军、武陵太守、扬武将军,封都乡侯
卓恕	会稽上虞	为人笃信,言不宿诺
朱育	会稽山阴	仕朝常在台阁,为东观令,遥拜清河太守,加位侍中。推刺、占射,文艺多通
贺邵	会稽山阴	散骑中常侍、吴郡太守、左典军、中书令领太子太傅
夏方	会稽永兴	吴时拜仁义都尉,累迁五官中郎将。朝会未尝乘车,行必让路
夏香	会稽永兴	历任邑长,皆有声绩
张立		为人刚毅,志意慷慨
朱朗	会稽永兴	以孝勇为魏擢以为将
唐庠		
张谀	会稽上虞	
虞伦	会稽余姚	
曹娥	会稽上虞	
孟淑	会稽上虞	

上述72人中,除个别外,全为会稽人氏。他们中间有的以孝道著称,有的以笃信闻名,有的是为官廉洁,有的是世代显荣,予以表彰,自然使乡里得到显荣。我们从上表中还可以看到另外一个问题,72人之中,有9人是余姚虞姓,这显然是作者虞预为了"美其邦族"。当然,《会稽典录》所载,绝不只是72人,关于这点,该书《朱育传》便是有力的证据。传中还提及许多人,肯定该书都会入传。这篇传记十分重要,它为我们提供了地记的内容和编写宗旨的重要线索,是研究地记极为重要的一篇文献。裴松之注《三国志》时,将它完整地保留下来。传中通过太守濮阳兴与朱育的对话,将会稽的山川优美、人贤物盛都表述出来。《会稽典录》曰:

孙亮时,有山阴朱育,少好奇字,凡所特达,依体象类,造作异字千名以上。仕郡门下书佐。太守濮阳兴正旦宴见掾吏,言次,问:"太守昔闻朱颍川问士于郑召公,韩吴郡问士于刘圣博,王景兴问士于虞仲翔,尝见郑、刘二答而未睹仲翔对也。钦闻国贤,思睹盛美有日矣,书佐宁识之乎？"

育对曰："往过习之。昔初平末年，王府君以渊妙之才，超迁临郡，思贤嘉善，乐采名俊，问功曹虞翻曰：'闻玉出昆山，珠生南海，远方异域，各生珍宝。且曾闻士人叹美贵邦，旧多英俊，徒以远于京畿，含香未越耳。功曹雅好博古，宁识其人邪？'翻对曰：'夫会稽上应牵牛之宿，下当少阳之位，东渐巨海，西通五湖，南畅无垠，北渚浙江，南山攸居，实为州镇，昔禹会群臣，因以命之。山有金木鸟兽之殷，水有鱼盐珠蚌之饶，海岳精液，善生俊异，是以忠臣系踵，孝子连间，下及贤女，靡不育焉。'王府君笑曰：'地势然矣。士女之名可悉闻乎？'翻对曰：'不敢及远，略言其近者耳。往者孝子句章董黯，尽心色养，丧致其哀，单身林野，鸟兽归怀，怨亲之辱，白日报仇，海内闻名，昭然光著。太中大夫山阴陈嚣，渔则化盗，居则让邻，感侵退藩，遂成义里，摄养车妪，行足厉俗，自扬子云等上书荐之，粲然传世。太尉山阴郑公（指郑弘），清亮质直，不畏强御。鲁相山阴钟离意，禀殊特之姿，孝家忠朝，宰县相国，所在遗惠，故取养有君子之辇，鲁国有丹书之信。及陈宫、费齐皆上契天心，功德治状，记在汉籍。有道山阴赵晔，征士上虞王充，各洪才渊懿，学究道源，著书垂藻，骆驿百篇，释经传之宿疑，解当世之槃结，或上穷阴阳之奥秘，下撼人情之归极。交阯刺史上虞綦毋俊，拔济一郡，让爵土之封。决曹掾上虞孟英，三世死义。主簿句章梁宏，功曹史余姚驷勋，主簿句章郑云，皆敦终始之义，引罪免居。门下督盗贼余姚伍隆，鄮主簿任光，章安小吏黄他，身当白刃，济君于难。扬州从事句章王修，委身授命，垂声来世。河内太守上虞魏少英，遭世屯蹇，忘家忧国，列在八俊，为世英彦。尚书乌伤杨乔，桓帝妻以公主，辞疾不纳。近故太尉上虞朱公（指朱儁），天姿聪亮，钦明神武，策无失谟，征无遗虑。是以天下义兵，思以为首。上虞女子曹娥，父溺江流，投水而死，立石碑纪，炳然著显。'王府君曰：'是既然矣。颍川有巢、许之逸轨，吴有太伯之三让。贵郡虽士人纷纭，于此足矣。'翻对曰：'故先言其近者耳。若乃引上世之事，及抗节之士，亦有其人。昔越王翳让位，逃于巫山之穴，越人薰而出之。斯非太伯之俦邪？且太伯外来之君，非其地人也。若以外来言之，则大禹亦巡于此而葬之矣。郮大里黄公^①，洁己暴秦之世，高祖即阼，不能一致。惠帝恭让，出则济难。征士余姚严遵，王莽数聘，抗节不行。光武中兴，然后俯就。矫手不拜，志陵云日。皆著于传籍，较然彰明。岂如巢、许，流俗遗谭，不见经传者哉？'王府君笑曰：'善哉，话言也！贤矣，非君不著。太守未之前闻也。'"

濮阳府君曰："御史所云，既闻其人。亚斯已下，书佐宁识之乎？"

育曰："瞻仰景行，敢不识之？近者太守上虞陈业，洁身清行，志怀霜雪。贞亮之信，同操柳下。遭汉中微，委官弃禄，遁迹黟歙，以求其志。高邈妙踪，天下所闻。故桓文^②遗之尺牍之书，比竟三高。其聪明大略，忠直謇谔，则侍御史余姚虞翻、偏将军乌伤骆统。其渊懿纯德，则太子少傅山阴阚泽，学通行茂，作帝师儒。其雄姿武毅，立功当世，则后将军贺齐，勋成绩著。其探极秘术，言合神明，则太史令上虞吴范。其文章之士，立言粲盛，则御史中丞句章任奕、鄱阳太守章安虞翔，各驰文檄，晔若春荣。处士鄮卢叙，弟犯公宪，自杀乞代。吴宁斯敦、山阴祁庚、上虞樊正，咸代父死罪。其女则松阳柳朱、永宁翟素，或一醮守节，丧身不顾；或遭寇劫贼，死不亏行。皆近世之事，尚在耳目。"

府君曰："皆海内之英也。吾闻秦始皇二十五年，以吴越地为会稽郡，治吴。汉封诸侯王，以何年复为郡，而分治于此？"

育对曰："刘贾为荆王，贾为英布所杀。又以刘濞为吴王。景帝四年，濞反诛，乃复为郡，治于吴。元鼎五年，除东越，因以其地为治，并属于此，而立东部都尉。后徙章安。阳朔元年，又徙治鄞。或有寇害，复徙句章。到永建四年，刘府君上书，浙江之北，以为吴郡。会稽还治山阴。自永建四年，岁在己巳，以至今年，积百二十九岁。"

府君称善。

是岁，吴之太平三年，岁在丁丑。育后仕朝，常在台阁，为东观

---

① 指夏黄公，姓崔名广，字少通，齐人，隐居夏里修道，号曰夏黄公。
② "文"下当有"林"字。

令，遥拜清河太守，加位侍中，推刺占射，文艺多通。①

这篇传记为我们提供了三点重要情况：第一，传中许多人物，都不在上述所辑72人之列，而这些人物以其事迹来看，肯定会被收入《会稽典录》。诸如上虞綦毋俊、余姚驷勋、余姚伍隆、鄞主簿任光、上虞魏少英、乌伤骆统、章安虞翔、吴宁斯敦、山阴祁庚、上虞樊正、松阳柳朱、永宁翟素等传，均因未被征引，因而无从辑佚而失传。可见原书所收人物，数量是相当可观。第二，反映了当时的社会风气，人们竞相夸耀自己的乡里，美化自己的宗族。虞翻在回答王景兴的发问时，先是列举会稽郡所处的优越地理位置，接着以十分自豪的口气说："山有金木鸟兽之殷，水有鱼盐珠蚌之饶，海岳精液，善生俊异，是以忠臣系踵，孝子连闾，下及贤女，靡不育焉。"这就是说，会稽之所以会产生那么多杰出的忠臣、孝子、才士、贤女，就是因为有异于他处的良好的地理环境，人物英杰是因为地气灵秀，"海岳精液，善生俊异"。所以人才好坏，似乎与地理环境密不可分。这个事实告诉我们，当时之所以要编写地记，地记又之所以要包含人物与地理两大内容，正是当时这种社会风气所决定。朱育本人之所以要写《会稽土地记》，看来绝不会与此无关。从这篇传记可以断言，书名虽曰《会稽土地记》，但其内容绝不仅限于地理。《晋书·夏统传》中有这样的记载，夏统是会稽永兴人，太尉贾充"使问其土地风俗"，夏统回答说："其人循循，犹有大禹之遗风，太伯之义让，严遵之抗志，黄公之高节。"可见言土地风俗，都不能抛开具体人物而空洞抽象地谈论。我认为，《会稽典录》中的《朱育传》，可视为魏晋南北朝地记的缩影。朱育还是生活在三国时代的，到了两晋南北朝，社会上夸耀乡里、颂扬门第的风气更为盛行，因而地记的编写也就更为流行。第三，传记的内容还告诉我们，生活在当时社会中的人，对于本乡本土的各类著名人物都必须有所了解，对本地的建置沿革、名山大川等也必须有所熟悉，因为这些内容无论是在官场上还是社交应酬方面都是必不可少的。在社交之中，为了标榜自己门第的高贵、郡望的优越，对于自己乡里山水、人物无不

---

① 陈寿撰，裴松之注：《三国志》卷五十七《虞陆张骆陆朱传第十二》，陈乃乾校点，中华书局1982年版，第1324—1326页。

极尽渲染夸张之能事。在官场中，还要随时准备应对长官的提问，若在本郡任职，这一点尤为重要。

上面我们对《会稽典录》做了较为详细的分析，从中可以看出，这种地记的编纂确实是在"矜其乡贤，美其邦族"，尤其是前者表现得更为突出。下面我们再以《襄阳耆旧记》和《华阳国志》两书为例，重点来看如何"美其邦族"。

《襄阳耆旧记》是历史学家习凿齿所作。对于这部书的全面评价，我们放到后面再谈。此书明万历年间民间尚有流传，但到清乾隆年间，刻本虽仍称《襄阳耆旧记》，实际只有传文，而无山川城邑。这个刻本共分三卷，第一、第二两卷乃襄阳本地人物传，第三卷所记则为外地到襄阳任职的牧宰。前两卷共有本地人物31人，每人传记文字长短不一，长的有数百言，短的仅有一句话八个字，可见散佚十分严重。在这仅存的31人之中，习姓便有7人之多，几乎占全数的四分之一。计有习融、习询、习蔼、习承业、习珍、习温、习嘏，又习融之子习郁亦附于融传之中，习询又附有习竺。从《三国志》裴松之注和郦道元《水经注》来看，该书所收习姓人物远不止于此，如《蜀书·杨戏传》注引《襄阳记》曰："习祯有风流，善谈论，名亚庞统，而在马良之右。子忠，亦有名。忠于隆，为步兵校尉，掌校秘书。"《水经注》在"习郁襄阳侯之封邑也，故曰邑城矣"条下注曰："《襄阳耆旧传》：习郁字文通，为黄门侍郎，封襄阳公。"习氏一个家族在这部地记之中便收入这么多人物，几乎成为习氏家传。还有不少人物也与习氏家族沾亲带故，如丹阳太守李衡妻为习竺之女，庞统之弟庞林妻为习祯之妹，诸如此类，都很典型。

我们再看常璩的《华阳国志》。史载"江原常氏，代有明德，故大姓也"。可见常氏亦是世家大族，他们的势力影响也无须多说。常璩在写《华阳国志》时，虽说有这样那样的目的和宗旨，但无论如何总免不了要宣扬自己的宗族，显耀自己的门第。《后贤志》中，一共作传二十篇，常氏家族便占三篇：《郫令州主簿常勖修业》、《湘东太守常骞季慎》、《武平太守常宽泰恭》。又在《益、梁、宁三州先汉以来士女表》中列有：

义烈：侍中长水校尉常洽，字茂尼。

道德：侍御史常诩，字孟元；侍中常竺，字代文；广汉便敬宾妇常元常（广都令常良女）；殷氏妇常靡常（常仲山女）；赵侯夫人常纪常（常常侍女）。

义正：郫令常勖，字修业；州都常忌，字茂通。

闳才：湘东太守常骞，字季慎。

述作：武平太守常宽，字泰恭。

自汉以来，三州士女该有多少，而常氏家族便列十人。这个数字就足以说明问题，很明显的是在"美其邦族"。

这里需要说明一点，上面三部著作未必典型，只是由于这类著作大多散失，而这三部有的经过前人辑佚，有的虽残缺仍能看出其梗概。就是这样既非典型又残缺不全的著作，已经足以反映出这类著作的编写非常明显的是出于"矜其乡贤，美其邦族"，当时的社会风气如此，它必然要体现当时的时代精神和社会风貌。因为编写当中牵强附会，妄自穿凿，夸大其词，颇失其真，所以自唐以来，颜师古、刘知幾、李吉甫等著名学者都纷纷提出了批评。

二、记载地理之沿革

作为地理书来说，首先要记载地理沿革，特别是郡县建置沿革。自秦汉统一以后，在全国推行郡县制度，但因朝代不断更替，各地郡县的大小多少，变化也十分频繁。对于这些变化情况，不仅本地人需要熟悉，对于地方官吏来说，了解这些尤为重要。上引《朱育传》中，朱育对濮阳兴的提问对答如流，将会稽郡的建废兴复以及治所的变更都一一作了回答，使太守十分满意。若是对此一无所知，自然就无法交差了。又如常璩作《华阳国志》，据其自叙所云，著书目的重点却在地理方面。《华阳国志》并不是地理书，这是人所共知的事，但他在《序志》中所言，也是确凿无疑。他认为陈寿著《益部耆旧传》，然梁、益、宁三州土地不复悉载；而一般地理志又是过去的记载，难以考究后来郡县之分合和地名改易的情况；可是西晋灭亡以后，三州历经战乱，城邑变化很大，而政府并无图簿可稽。凡此种种，使他深深感到不能不写这部《华阳国志》。《序志》曰："三州土地，不复悉载。《地理志》颇言山水，历代转久，郡县分建，地名改易，于以居然辨物知方，犹未详备。于时汉晋方隆，官司星列，提封图簿，岁集司空，故人君学士，荫高堂，翳帷幕，足综物土，不必待《本纪》矣。曩遭厄运，函夏滔堙，李氏据蜀，兵连战结，三州倾坠，生民殄尽。府庭化为狐狸之窟，城郭蔚为熊罴之宿，宅游雉鹿，田栖虎豹，平原鲜麦黍之苗，千里蔑鸡狗之响，丘城芜邑，莫有名者。嗟呼三州，近为荒裔，桑梓之域，旷为长野。反侧惟之，心若焚灼。惧益遐弃，城陴靡闻。乃考诸旧纪，先宿所传，并《南裔志》，验以《汉书》，取其近是，及自所闻，以著斯篇。"这里他再三说明，由于兵连战结，城邑荒芜，图籍不存，州郡疆界，无从辨认，长此以往，不堪设想，因此搜集材料，"以著斯篇"。以上事实从多方面说明，当时的人们对于自己乡土的疆域沿革、地理变迁都甚为关心，所以编撰地记时，这些也就成为必不可少的重要内容了。因此，关于这点，每部地记自然都有记载。例如：

  潘岳《关中记》曰："三辅旧治长安城中，长吏各在其县治民。光武东都之后，扶风出治槐里，冯翊出治高陵。"[1]
  谯周《巴记》曰："初平元年，赵颖分巴为二郡，欲得巴旧名，故郡以垫江为治，安汉以下为永宁郡。建安六年，刘璋分巴，以永宁为巴东郡，以垫江为巴西郡。"[2]
  《豫章记》曰："新吴、上蔡、永修县，并中平中立。豫章县，建安立。上蔡民分徙此地，立名上蔡。"[3]
  鲍至《南雍州记》曰："永嘉之乱，三辅豪族流于樊沔，侨于汉侧立雍州，因人所思，以安百姓也。宋文帝因之置南雍州。"[4]
  山谦之《丹阳记》曰："丹阳冶城，去宫三里，吴时鼓铸之所。吴平，犹不废。"又云："孙权筑冶城，为鼓铸之所。既立石头大坞，不容

---

[1] 刘昭：《续汉书·郡国志》注。
[2] 刘昭：《续汉书·郡国志》注。
[3] 刘昭：《续汉书·郡国志》注。
[4] 《汉唐地理书钞》，中华书局1961年版，第346页。

近立此小城，当是徙县治，空城而置冶尔。冶城疑是金陵本治，汉高六年，令天下县邑，秣陵不应独无。"①

圈称《陈留风俗传》曰："（考城县）秦之穀县也。后遭汉兵起，邑多灾年，故改曰菑县，王莽更名嘉穀。汉章帝东巡过县，诏曰陈留菑县，其名不善。高祖鄘柏人之邑，世宗休闻喜而显获嘉应，亨吉元符，嘉皇灵之顾，赐越有光，列考武皇，其改菑县曰考城，是渎盖因县以获名矣。"②

习凿齿《襄阳耆旧记》曰："襄阳城本楚之下邑，檀溪带其西，岘山亘其南，为楚国之北津也。楚有二津，谓从襄阳渡沔，自南阳界出方城关是也，通周、郑、晋、卫之道。其东则从汉津渡江夏，出平皋关是也，通陈、蔡、齐、宋之道。又谓秦南阳郡即昭王十六年使左更错伐楚取邓，封公子悝始制南阳郡，两汉邓县之地。"③

三、描绘山水之秀丽

美化家乡之山水，乃是地记之特点。所以刘知幾早就提出批评，这些著作大多是"人自以为乐土，家自以为名都，竞美所居，谈过其实"④。当然有些也并非出于故意夸大，乃是由于偏爱之情。因此，这些记载总的来说对于后人了解各地山水走向、自然环境，还是有很大价值的。特别是对岩洞、温泉等的记载，对于今天用处就更大了。

会稽郡由于有得天独厚的自然条件，长期以来就以山清水秀、风景宜人而称著于世。所以孔灵符在《会稽记》中说："会稽境特多名山水。峰崿隆峻，吐纳云雾，松栝枫柏，擢干竦条，潭壑镜澈，清流泻注。王子敬见之曰：'山水之美，使人应接不暇。'"⑤这一描绘，就今天来看，似乎亦并无夸

---

① 《世说新语·轻诋》篇注，余嘉锡笺疏：《世说新语笺疏》，中华书局2007年版，第970—971页。本书所引《世说新语》注，皆据此本。
② 《水经·汳水注》，《水经注校证》，第556页。
③ 《汉唐地理书钞》。
④ 《史通·杂述》，《史通通释》，上海古籍出版社1978年版，第276页。
⑤ 按《世说新语·言语》篇注引作《会稽郡记》。

张之意。为了说明"山水之美",孔灵符在书中记载了一郡之内的所有山水,然此书早已散佚,无由见其全貌,但鲁迅先生对该书作过辑佚,尚得数十条之多,仍可窥其梗概,而所辑者又大多为山水名胜。

长江三峡自古闻名,对这一壮丽奇景,不仅诗人竞相讴歌,而且许多地记也都尽情描绘。

盛弘之《荆州记》曰:"峡长七百里,两岸连山,略无绝处,重岩叠障,隐天蔽日。常有高猿长啸,属引清远。渔者歌曰:'巴东三峡巫峡长,猿鸣一声泪沾裳。'"①

袁山松《宜都记》曰:"自黄牛滩东入西陵界,至峡口百许里,山水纡曲,而两岸高山重障,非日中夜半,不见日月,绝壁或千许丈,其石彩色形容,多所像类,林木高茂,略尽冬春,猿鸣至清,山谷传响,泠泠不绝,所谓三峡,此其一也。山松言常闻峡中水疾,书记及口传,悉以临惧相戒,曾无称有山水之美也。及余来践跻此境,既至欣然,始信耳闻之不如亲见矣。其叠崿秀峰,奇构异形,固难以辞叙,林木萧森,离离蔚蔚,乃在霞气之表,仰瞩俯映,弥习弥佳,流连信宿,不觉忘返,目所履历,未尝有也。既自欣得此奇观,山水有灵,亦当惊知己于千古矣。"②

此外,各种地记所载各地山水之美确实不胜枚举,如:

李膺《益州记》曰:"平乡江东迳峨眉山,在南安县界,去成都南千里,然秋日清澄,望见两山相峙如峨眉焉。"③

《湘中记》曰:"衡山有玉牒,禹案其文以治水。遥望衡山如阵云,沿湘千里,九向九背,乃不复见。"④

《南中志》曰:"县西高山相连,有大泉水,周旋万步,名冯河。县西北数十里有山,众山之中特高大,状如扶风太一,郁然高峻,与云气相连结,因视之不见。其山固阴沍寒,虽五月盛暑不热。"⑤

---

① 《世说新语·黜免》篇注,《世说新语笺疏》,第1014—1015页。
② 《水经·江水注》,《水经注校证》,第793页。
③ 《水经·青衣水注》,《水经注校证》,第822—823页。
④ 《续汉书·郡国志》注。
⑤ 《续汉书·郡国志》注。其中《南中志》佚文又见《水经注》所引。

四、叙述地名之由来

我国地名之来历,似乎十分复杂,但只要仔细推求,仍有规律可循。有的因山而得名,如山东、山西、山阴、山阳等;有的因水而得名,如淮阴、淮南、泗洲、泗阳等;有的因长江而得名,如江南、江左、江西、江阴等;有的因黄河而命名,如河内、河南、河东、河西等。更有许多是因地形、物产和神话传说而得名。这些地名往往就无规律可循,特别是后者,如果不了解典故和神话传说,就无法得知某地名之由来。关于这些,地记都会给你以满意的解释。现仅以孔灵符《会稽记》所载列举数例于下:

> 秦望山在州城正南。为众峰之杰,入境便见。扳萝扪葛,然后能升。山上无甚高木,当由地迥多风所致。昔秦始皇登此,使李斯刻石。其碑见在。
>
> 虞国,余姚人。汉时为日南太守,有惠政。行部,有双雁随轩翔舞,及还余姚,雁亦随归。国卒,雁栖于墓侧。后遂成群。今余姚有双雁乡。
>
> 诸暨县北界有罗山。越时,西施、郑旦所居所。有方石,是西施晒纱处。今名苎罗山。
>
> 陈音山,昔有善射者陈音,越王使简士卒,习射于郊外,死因葬焉。今开冢,壁悉画作骑射之象。因以名山。
>
> 颜乌,会稽人,事亲孝。父亡,负土成坟。群乌衔土助之,其吻皆伤。因以名县。
>
> 东晋丞相王导云:初过江时,有道人神采不凡,言从海来相造。昔与育王共游鄮县,下真舍利,起塔镇之。育王与诸真人捧塔,飞行虚空入海。诸弟子攀引,一时俱堕,化为乌石。石犹人形。至今村名塔墅,屿名乌石。[1]

---

[1] 《会稽郡故书杂集》,《鲁迅全集》第十卷。

从以上所引六条来看，这些传说有的近乎事实，自属可信；有的则是神话传说，当然不足为据，只不过为了说明该地名的来历而已，此类情况就很难说具有什么科学性了。但属于后一类的记载毕竟是少数，而那些带有历史典故性质的传说大多比较可信。就如第一条"秦望山"，就因秦始皇登此山眺望过会稽郡的形胜和大自然的美景而得名。又如关于"乌衣巷"的得名，山谦之在《丹阳记》中说："乌衣之起，吴时乌衣营处所也。江左初立，琅邪诸王所居。"① 该书又说："东府城西有简文为会稽王时第，东则孝文王道子府。道子领扬州，仍住先舍，故俗称东府。"因为"东府"之名在历史上比较重要，能够得知它的来历便容易了解这个名称的含义，所以后人对此进一步作了考证："此在元帝未即位以前，帝以镇东大将军领扬州刺史，故称东府也。其后以京都所在，刺史不加征东、镇东之号，而东府之名犹存，故扬州治所称东府城也。"② 历史上还有"北府"之名，故山谦之在《南徐州记》中又说："旧徐州都督以东为称，晋氏南迁，徐州刺史王舒加北中郎将。'北府'之号，自此起也。"③ 可见这些地记记载各地名称及与地名相关的名称的来历，无论对于研究历史还是研究历史地理都具有重要参考价值。

五、介绍各地之水利交通

地记对于各地的水利兴修和水陆交通情况大多有较为详细的记载，因为这些内容都与国计民生有着密切的关系。前者关系到生产的发展，后者涉及各地的相互交往和物资的流通及军事行动。而水利的兴修，往往又可以说明地方官吏的政绩，用来表彰其"惠政"。现略举数例于下：

孔灵符《会稽记》曰："汉顺帝永和五年，会稽太守马臻创立镜湖，在会稽、山阴两县界。筑塘蓄水，高丈余，田又高海丈余，若水少，则泄湖灌田；如水多，则开湖泄田中水入海。所以无凶年。堤塘周

---

① 《世说新语·雅量》篇注，《世说新语笺疏》，第421页。
② 钱大昕：《廿二史考异》卷二十二《晋书五》"桓宣传"条，凤凰出版社2008年版，第296页。
③ 《世说新语·排调》篇注，《世说新语笺疏》，第952页。

回五百一十里,溉田九千余顷。"①

任豫《益州记》曰:"(广都)县有望川源,凿石二十里,引取郫江水灌广都田,云后汉所穿凿者。"②

《襄阳记》曰:"汉侍中习郁,于岘山南,依范蠡养鱼法作鱼池。池边有高堤,种竹及长楸,芙蓉、菱茨覆水,是游燕名处也。山简每临此池,未尝不大醉而还,曰:'此是我高阳池也。'襄阳小儿歌之。"③

《荆州记》曰:"城南六里县西北有温泉,其下流有数十亩田,常十二月下种,明年三月新谷便登,一年三熟。"④

《吴兴记》曰:"於潜县东七十里,有印渚,渚傍有白石山,峻壁四十丈。印渚盖众溪之下流也。印渚已上至县,悉石濑恶道,不可行船;印渚已下,水道无险,故行旅集焉。"⑤

李膺《益州记》曰:"滟滪堆,夏水涨,没数十丈,其状如马,舟人不敢进,故曰滟滪。"又曰:"淫(犹)豫,言舟子取途不决水脉,故犹豫也。"⑥

《益州记》曰:"泸水源出曲罗巂下三百里曰泸水,两峰有杀气,暑月旧不行,故武侯以夏渡为艰,泸水又下合诸水,而总其目焉,故有泸江之名矣。"⑦

《荆州记》曰:"襄阳旧楚之北津,从襄阳渡江,经南阳,出方关,是周、郑、晋、卫之道,其东津经江夏,出平皋关,是通陈、蔡、齐、宋之道。"⑧

以上所引材料说明,当时所撰的各种地记,对这类内容的记载是相当重视的,因为这些内容无论是在当时还是后世都具有实用价值。可见地记的编

---

① 鲁迅先生在这条后面加了案语,指出:"宋时无会稽县,此非孔记,或后人有所增改。"
② 《续汉书·郡国志》注。
③ 《世说新语·任诞》篇注,《世说新语笺疏》,第 866—867 页。
④ 《续汉书·郡国志》注。
⑤ 《世说新语·言语》篇注,《世说新语笺疏》,第 164 页。
⑥ 参见《蜀中名胜记》卷二十一引,丛书集成初编本。
⑦ 《水经·若水注》,《水经注校证》,第 826—827 页。
⑧ 《续汉书·郡国志》注。

撰，在政治上、经济上、军事上都有其现实意义。

六、反映各地之物产风俗

记载一方之物产及各地的风俗民情，本是地理志必备的内容，志传汇合而为地记以后，这个内容仍是重要的组成部分。这从许多地记所残存的材料就足以得到证实：

《三秦记》曰："（蓝田）有川，方三十里，其水北流。出玉、铜、铁、石。"①

《荆州记》曰："（酈）县北八里有菊水，其源旁悉芳菊，水极甘馨。又中有三十家，不复穿井，仰饮此水，上寿百二三十，中寿百余，七十者犹以为夭。汉司空王畅、太傅袁隗为南阳令，县月送三十余石，饮食澡浴悉用之。太尉胡广父患风羸，南阳恒汲饮此水，疾遂瘳。此菊茎短花大，食之甘美，异于余菊。广又收其实，种之京师，遂处处传植之。"②

盛弘之《荆州记》曰："枣阳县一百步许，蔡伦宅。其中具存，其傍有池，名蔡子池。伦，汉顺帝时人，始以鱼网造纸，县人今犹多能作纸，盖伦之遗业也。"③

《荆州记》曰："（长沙郡酃县）有酃湖，周回三里，取湖水为酒，酒极甘美。"④

盛弘之《荆州记》曰："秭归县室多幽闲，其女尽织布至数十升。"章怀太子李贤注《后汉书》引此条时，又云："今永州俗犹呼贡布为女子布也。"⑤

《南徐州记》曰："徐州人多劲悍，号精兵。故桓温常曰：'京口酒

---

① 《续汉书·郡国志》注。
② 《续汉书·郡国志》注。
③ 《太平御览》卷六○五引，中华书局1960年版。
④ 《续汉书·郡国志》注，《资治通鉴》宋元嘉二十七年注亦载。
⑤ 《后汉书·王符传》注。

可饮，箕可用，兵可使.'"①

伍安贫《武陵记》曰："人气和柔，多纯孝，少宦情，常弹五弦之琴，以黄老自乐，有虞夏之遗风。"②

郭仲产《秦州记》曰："陇山东西百八十里。登山岭，东望秦川，四五百里，极目泯然。山东人行役升此而顾瞻者，莫不悲思。故歌曰：'陇头流水，分离四下。念我行役，飘然旷野。登高远望，涕零双堕。'度汧、陇，无蚕桑，八月乃麦，五月乃冻解。"③

诸如此类的记载，虽然都是片断的、极不完整的，但毕竟可以告诉我们，当时的地记对各地物产和风俗民情等的记载确实是比较普遍的。

魏晋南北朝的地记内容除上列六个方面外，还有许多关于传说故事、历史遗迹、自然现象等的记载。传说故事中又有关于尧、舜、禹等帝王和名人的传说，不少地记都记有尧、舜曾到某处巡狩，大禹曾到某处治水，某名人曾在该地居住，等等，似乎这样一来，该地便大为增光。事实上，这类记载往往多不可信，而是作者旨在美化乡里而已。如孔灵符《会稽记》记载："舜，上虞人。去虞三十里，有姚丘，即舜所生也。"④这一记载纯属传说，司马迁作《史记》也未定其何处人，于是裴骃《集解》、司马贞《索隐》、张守节《正义》皆各引材料，加以论证，终不能得出结论。传说故事中还有一种是关于神、仙、灵、怪的记载，数量虽然不少，但多为牵强附会。正因如此，唐代许多学者都先后提出批评，颜师古注《汉书·地理志》曰："中古以来，说地理者多矣。或解释经典，或撰述方志。竞为新异，妄有穿凿，安处附会，颇失其真。"著名地理学家李吉甫《元和郡县图志序》也说："古今言地理者凡数十家。尚古远者或搜古而略今，采谣俗者多传疑而失实，饰州邦而叙人物，因丘墓而征鬼神，流于异端，莫切根要。"这些批评在今天来说虽不一定全部正确，但对其弱点还是击中了要害。

---

① 《世说新语·捷悟》篇注,《世说新语笺疏》，第 688 页。
② 陈运溶：《麓山精舍辑本六十六种》,《汉唐地理书钞》，第 438 页。
③ 《续汉书·郡国志》注。
④ 《史记正义·五帝本纪》。

综上所述，魏晋南北朝时期地记的内容是十分丰富的，因为它毕竟是合史地、传志为一体，为后来方志内容记载的多样性开了先河，实际上已经初步形成了记载一方之政治、经济、历史、风俗等的综合性的地方性著作。

第四节　魏晋南北朝时期地记简评

魏晋南北朝时期的地记由于种种原因，已无一部完整无缺地流传下来，这给我们研究它的性质、全貌造成了很大困难。在这种情况下，要对某部地记进行评论自然就更加困难。现仅就此现状择其中流传较广、影响较大、历来评价较高的略加简要评述。

一、常璩的《华阳国志》

常璩，字道将，东晋蜀郡江原（今四川崇州）人，出生在世家大族，其生平事迹史书很少记载。初仕十六国成汉李氏，官至散骑常侍。晋穆帝永和三年（347），桓温伐蜀，常璩与中书监王嘏等劝李势投降。桓温以常璩为参军，随至建康，晋封势为归义侯。《华阳国志》乃常璩入晋以后所作。此外，他还著有《汉之书》（一名《蜀李书》），故明代嘉靖年间张佳胤便称他为著名的历史学家，在《江原常氏士女目录·跋语》中说："道将承源家学，修辞有经，斯龙门世业，良史称材。"[①] 这就说明他有深厚的家学渊源。据他自己所作《后贤志》的《常勖传》称："志笃坟典，治《毛诗》、《尚书》，涉洽群籍，多所通览。"《常骞传》称："骞治《毛诗》、《三礼》，以清尚知名。"《常宽传》称："治《毛诗》、《三礼》、《春秋》、《尚书》，尤耽意大《易》，博涉《史》、《汉》，强识多闻……撰《蜀后志》及《后贤传》，续陈寿《耆旧》作《梁益篇》。"《隋书·经籍志》曾著录常宽《蜀志》一卷，《续益部耆旧传》二卷。所有这些对于常璩来说，都有很大的影响，与他后来编撰《华

---

① 吴琯辑：《古今逸史》"附《江原常氏士女目录》"，任乃强：《华阳国志校补图注》附录一，上海古籍出版社 1987 年版，第 745 页。

阳国志》也有很大关系。

　　关于《华阳国志》一书的性质历来就存在着不同的看法。唐代刘知幾和杜佑都把它看作地理著作，并且两人所举之书亦完全相同。《史通·杂述》篇云："若盛弘之《荆州记》、常璩《华阳国志》、辛氏《三秦》、罗含《湘中》，此之谓地理书者也。"而《通典·州郡门》序注曰："辛氏《三秦记》、常璩《华阳国志》、罗含《湘中记》、盛弘之《荆州记》之类，皆自述乡国灵怪，人贤物盛。"应当注意的是，他们这里所讲的地理书，实际还是指地记、地志而言。浦起龙在《史通·杂述》篇地理书之下注曰："此兼风土人物言，其书亦史志地俗一类。"可见并非指一般地理书而言。《隋书·经籍志》、《宋史·艺文志》以之入霸史类，《旧唐书·经籍志》、《新唐书·艺文志》和《郡斋读书志》以之入伪史类，《直斋书录解题》以之入杂史类，《四库全书总目》以之入载记类。为什么古代学者和目录学著作对这部书的看法和分类会产生分歧呢？这个现象的出现正足以说明它是两种性质兼而有之，而当时分类中尚无方志一类，于是目录学家便各取一端。常璩本人作此书的宗旨重在地理，余则不过"略言"、"约取"而已，这从其《序志》中可以看出。而南宋李𡑋却又认为重在人物，他在《重刊华阳国志序》中说：这部著作"其指归有三"，而"就其三者之间，于一方人物，尤致深意，虽侏离之氓，贱俚之妇，苟有可取，在所不弃。此尤足以弘宣风教，使善恶知所惩劝，岂但屑屑于山川物产以资广见异闻而已乎"。值得我们注意的是，李𡑋在这篇序中实际上肯定了《华阳国志》乃是郡县之"图志"，序文开宗明义便说："古者封建五等，诸侯国皆有史以记事。后世罢封建为郡县，然亦必有图志以具述。"《华阳国志》正是这类著作。至于郡县之图志应当记些什么内容呢？序文接着说："盖以疆域既殊，风俗各异，山川有险要阨塞之当备，郡邑有废置割隶之不常，至于一士之行，一民之谣，皆有不可没者，顾非笔之于书则不能也。《周官》职方氏掌天下之地图，辨其邦国都鄙、夷蛮闽貊、五戎六狄之人民，与其财用之数要，至于九谷之所宜，六畜之所产，亦未尝不占毕而纪其详。况夫环数千里之地，分城置邑殆逾数十，中间时异事变，往往裂为偏方霸国，其理乱得失盖有系天下大数，安可使放绝而无闻乎？此晋常璩《华阳国志》之作所以有补于史家者流也。"这段文字既是论述郡县图志应当写的内容范围，又实际肯定已经包含之内容。尤其值得注意的是，全篇序文无一处将《华阳国志》称作史书,而仅仅只说:"此晋常璩《华阳国志》之作所以有补于史家者流也。"这种提法意味着什么,是非常明显的。基于上述情况,可以这样说,李㻋既未将《华阳国志》看作单纯的历史著作,也未将它视为地理之书,而是肯定它为一部记载一方之事、内容丰富的郡县图志之类的著作。这一看法在当时和后世并不多见,可谓独树一帜。当然这也说明他确实看出了此书的特色。比他稍早的北宋学者吕大防也曾为《华阳国志》作过序,但这篇序对《华阳国志》的内容介绍得十分片面。他认为本书重点在于介绍人物,全篇论述几乎皆不出于人物,若是人们未见本书而仅看此序,一定会认为这是一部地方性的人物传记。因为全篇序文只字未提其他内容,诸如地理山川、风俗物产等,虽然讲了一句"此书虽繁富",但紧接着又与陈寿《耆旧传》相比,"不及承祚之精微"。这就难免给人以错觉,以为所言"繁富"亦指人物而已。

对于这部著作,直到今天,学者们的看法仍不一致。有的认为它是我国现存的最早地方志,持此论者首推朱士嘉先生。朱先生在《中国地方志统计表》一文中说:"舆地之书昉自先秦,方隅之志则未闻也,今所见者以《华阳国志》为最早。"文中还说:"《华阳国志》十二卷,附录一卷,晋常璩撰,《隋书·经籍志》以之入霸史类,《直斋书录解题》以之入杂史类,《郡斋读书志》以之入伪史类,《四库提要》以之入载记类,而皆不以地志目之。今审其书,乃专记巴蜀地理、风俗、人物之方志也。"[①] 而张舜徽先生在《中国历史要籍介绍》一书第七章《以地域为记载中心的方志》中,引述了李㻋序所述该书内容后,接着便说:"这里面的内容,很显明的以风土人物为主,虽十之七八,叙述政治沿革,但也注意到了交通险塞、物产土俗、大姓豪族,以及先贤士女各方面,无疑地是今日方志的初祖。"近来不少学者如刘重来、刘琳等发表文章,亦都持此观点。

但也有许多学者认为《华阳国志》乃是地方史,而不是地方志。持此论者以谭其骧、王仲荦二先生为代表。谭先生的观点,前面已作过介绍。王先生说:"从这部书的书名看,好像是地方志,其实是一部地方性的通史。""叙述有法,材料丰富,是研究西南地方史和西南少数兄弟族以及蜀

---

① 参见《史学年报》1932年第4期。

汉、成汉政权的较好史书，有很高的史料价值。"[1]可见时至今日，对这部书的看法分歧还很大。

如何看待这一分歧？我看还得从该书的体例和内容出发作具体论述，不能简单地说是这样或不是那样。当然，我认为两种说法都有相当道理，之所以会产生如此分歧，正是因为《华阳国志》确实具有似志非志、似史非史的特点，关键就在于如何作进一步分析了。

《华阳国志》原名《华阳国记》，这在该书《序志》中已有说明。故《水经注》引用该书时亦常称《华阳国记》，或简称《华阳记》。可见常璩在撰写此书时，亦把它视作当时十分盛行的地记。全书12卷，大约11万字。第一至四卷叙述巴、蜀、汉中、南中的历史变化和郡县建置沿革，先总叙历史变化，后列郡县沿革。第五至九卷以编年形式记载西汉末年至东晋初年先后割据于此的公孙述、刘焉父子、刘备父子和李氏成汉政权以及西晋统一时期的历史。第十至十二卷记益、梁、宁三州自汉以来的士女。这样的内容与组织形式确实是既像地方史，又像地方志。前面我们讲了，地方志的最初形式就是由地方性的地理著作与地方性的人物传记汇合而形成的。《华阳国志》与其他当时的地记相比，就是多了编年记事的地方历史。尽管常璩在《序志》中讲过是"略言""丧乱之事"、"约取""士女英彦"，实际上全书叙政治沿革的比重是相当大的。看来这是许多学者坚持认为《华阳国志》是一部地方通史的重要原因。同时在《序志》中，常璩又引用了荀悦在《汉纪序》里提出的"立典有五志"的主张，以表明自己写书的目的。《序志》曰："夫书契有五善：达道义，章法式，通古今，表功勋，而后旌贤能。"这显然是史家写史的法度，现在他拿来作为《华阳国志》的编写准则，而书中也确实贯彻、体现了这种精神。他是一位历史学家，曾写过记载成汉历史的《汉之书》，因而把史家的风度和写史的精神都带进了《华阳国志》。所以，我认为目前许多学者将这部书视为地方史是相当有道理的。

但是我们又必须注意，方志既是史学发展过程中所产生的一个分支，它就自然少不了史学所具有的某些特征，否则就不成其为史学的分支。尤其是在它产生的初期，这种特征更为明显。况且任何一种著作体裁在它刚产生的

---

[1] 王仲荦：《魏晋南北朝史》，第905页。

时候，无论是形式还是内容都还不可能做到完善，每部著作之间也不可能做到一致，必有此轻彼重、此详彼略的现象，这是正常的。而从《序志》来看，常璩当时是按地记的形式来写的，书名原来亦为《华阳国记》。对于所载内容，作者本意是重在地理，但对于世家大姓、先贤士女的记载又不厌其烦。王仲荦先生在批评该书的缺点时说："由于时代的局限和阶级的局限，《华阳国志》也存在不少缺点。对属于地主阶级的'耆旧'、'先贤'、'大姓'、'显宦'，他们的仕宦言行，往往不厌其详地加以载述。还有，因为它是一部地方性的通史，有时不免流露出地方民族主义的色彩。"[1] 王先生的这个批评正从反面说明《华阳国志》应当属于当时的地记一类著作，所列缺点正是当时所有地记的通病。因为地记之作就是要赞美本地山水人物之优越，尤其对世家大族的鼓吹更是不遗余力，对此前人早就作了许多批评。实际上这种著作就是为世家大族掌权制造舆论的工具，常璩的《华阳国志》自然也不例外。益、梁、宁三州为什么会出现这些著名人物呢？常璩在《序志》的《先贤士女总赞论序》中说："华岳降精，江汉吐灵。济济多士，命世克生。德为世俊，干为时贞，略举士女，表诸贤明。世济其美，不陨其名。"这就是说，由于有"华岳降精，江汉吐灵"，所以这一带人才济济，远胜于他处。为了表明人才济济，因而对"先贤"、"显宦"便详加著录。值得注意的是，常氏为江原县的大姓，常璩在书中自然也没有忘记对本族的宣扬。书中是这样记载江原县的："江原县：郡西，渡大江，滨文井江，去郡一百二十里。有青城山，称江祠。安汉、上下朱邑，出好麻、黄润细布，有羌筒盛，小亭有好稻田。东方常氏为大姓。文井（江）上有常堤三十里，上有天马祠。"更有甚者，《后贤志》总共立传20人，而常氏上传者便有三人，已经超过七分之一，结合三州郡县的数量，再看这个比例，其用意就非常明显了。所以我们可以这样讲，常璩撰写《华阳国志》，同样是为了"矜其乡贤，美其邦族"。

再从该书的内容和体裁来看，与一般史书相比，也确实有它的特殊之处。刘琳先生在《华阳国志校注·前言》中说："从内容来说，是历史、地理、人物三结合；从体裁来说，是地理志、编年史、人物传三结合。这两个三结合构成了《华阳国志》的一个显著的特点，这也是中国方志编纂史上的

---

[1] 王仲荦：《魏晋南北朝史》，第906页。

一个创举。"这个说法虽不是十分确切，但还是有一定道理。若与当时流行的地记相比，它多出一个记载地方割据政权的编年史内容。事实上宋代以后定型的方志，亦往往有"编年纪"或"大事记"之类，以记载一府一县之大事，所不同者只不过详略与性质有别而已。至于地理、人物两大内容，则与其他地记完全相同。正因如此，所以才会产生两种不同看法。

　　从地理方面来看，这是常璩写《华阳国志》的重点所在。因为经过长期的战乱，三州的建置、城邑变化都很大，而一般地理志往往记载过去较多，难以考究后来的郡县分合变化和地名改易情况，这就成为常璩撰写《华阳国志》的重要原因之一。因此它和其他地记一样，比较详细地记载了三州郡县建置沿革和分合变化的情况，记载了各地的风俗民情、山水物产、豪族大姓等内容。这些内容不仅是研究这个地区历史、地理、经济、文化、风俗民情等的珍贵史料，而且对于研究当时地记的内容和体例也有很重要的价值。因为魏晋南北朝时期所修地记完整地流传下来的几乎没有，尽管后来许多学者作了很大努力辑佚汇编，但所得毕竟是零碎的、片断的，终归看不出全貌。《华阳国志》在流传过程中尽管有多种刻本和抄本，但经过许多学者精心整理和校补，大体上保持了原貌，内容上虽还有明显的残缺，但总的看来无伤大体。我们只要通观全书，就可以发现，常璩原来在叙述各郡建置沿革时，一般都讲清何时始建、属县多少和汉晋户数，当然设郡较晚者只有后来的户数。《汉中志》、《蜀志》、《南中志》所记各郡大多如此，唯独《巴志》属郡多缺载，看来是后人传抄所遗漏。

　　总的来说，《巴志》、《汉中志》、《蜀志》、《南中志》四者并列，分别叙述，自成体系。各志均先溯述渊源，次述所领各郡及各郡所属县之沿革等内容，最后总括郡县总数。并分述各郡沿革、属县、户数、距京师洛阳里数，以及风土民情、物产资源。各县之记载虽较为简略，但对县内沿革、山川、沼泽、大姓、盐铁局各官以及祠庙古迹亦都有详略不等之记载，并记各郡间之距离。其中《蜀志》所记之蜀郡最为典型，不仅载有汉、晋之户数，而且对蜀郡城郭、桥津、故城，以及所属各县距郡里数、方位均有记载。其内容和形式多与后世成型之方志相类。

　　当然，由于各郡位置的险要、建置时间的早晚以及风俗物产各不相同，所以各郡综合叙述详略长短也就不可能一样，且各个县的记载也是详略不同。只要我们看了此书即可以发现，常璩在介绍这些郡的建置及其概况时，并不是采用同一个格式，而是按照各郡的具体情况、特点，采用不同的形式并反映不同的重点，对于几项基本内容，有的放在开头，有的夹在中间，有的放在末尾，灵活多样，不拘一格。这样一来，不仅做到内容丰富，而且富有文采，不像一般地理志那样枯燥无味。至于建置较晚、无历史典故可言者，则简单记载建置时代、属县、户数、物产、民情等内容而已。

综上所述，《华阳国志》虽按正史地理志的形式而作，但它远比正史地理志内容丰富。它不仅在每一志之首冠以一篇总序，论述这一地区的历史演变、政区沿革、风土人情、物产资源、山水土质、世家大姓等，而且每一郡又有小序一篇，叙述一郡的概况。至于每县，则详述本县沿革、山川、物产、祠庙、古迹、传说、大姓等。尤其可贵的是，常璩在撰写《华阳国志》时，搜集了许多民间的诗歌、谚语，这些民歌、谚语不仅更能反映当时社会的现实，增强形象的真实感，而且也可使文字生动活泼。这也是当时所有地记内容的一大优点。现录《巴志·总叙》中的几首诗歌于下：

有的是说明该地民性质朴敦厚的。其民质直好义，土风敦厚，有先民之流，故其诗曰：

川崖惟平，其稼多黍；
旨酒嘉谷，可以养父。
野唯阜丘，彼稷多有；
嘉谷旨酒，可以养母。

有的是用来歌颂廉洁奉公的地方官吏的。永建中，泰山吴资元约为郡守，屡获丰年，民歌之曰：

习习晨风动，澍雨润乎苗。
我后恤时务，我民以优饶。

及资迁去，民人思慕，又曰：

望远忽不见，惆怅尝徘徊。
恩泽实难忘，悠悠心永怀。

有的是用来揭露地方官吏贪财害民的罪行的。孝桓帝时，河南李盛仲和为郡守，贪财重赋。国人刺之曰：

狗吠何喧喧？有吏来在门；
披衣出门应，府记欲得钱。
语穷乞请期，吏怒反见尤；
旋步顾家中，家中无可与。
思往从邻贷，邻人已言匮；
钱钱何难得，令我独憔悴。

有的反映广大人民对腐败政治的不满，希望社会得到安宁。汉末政衰，牧守自擅，民人思治，作诗曰：

混混浊沼鱼，习习激清流。
温温乱国民，业业仰前修。

以上这几首诗歌，形式比较简单，语言也较少加工，但短小精悍、直叙其事，都是当时社会现实最尖锐、最直接的反映，富有浓厚的生活气息。特别是后两首，深刻地反映了当时的社会生活和人民的思想感情。常璩在书中引用了这些民间歌谣，说明他在采录这些民间流传的诗歌时，不单是注意这些诗歌的艺术性，而且也很注意诗歌的思想性。总之，采录民间的谚谣以反映各地的风俗习惯、自然风光以及人民生活，乃是当时地记编写内容的一大特点，作为历史学家的常璩，在编撰《华阳国志》中对这一特点的表现尤为突出。

人物传是地记内容的另一重要组成部分。常璩在《华阳国志》中采用了三种形式记载这个地区的人物：一是人物赞，即《先贤士女总赞》；二是人物传，即《后贤志》所写的20个传；三是人物目录，即《梁益宁三州士女总目》，实际上相当于人物表。这一部分显然就是两汉以来各地所盛传的人物传赞和《先贤传》、《耆旧传》之类。各种人物传的形式虽未见到，但也可以想象其大概。尽管《隋书·经籍志》杂传类载有刘义庆的《徐州先贤传赞》、张方的《楚国先贤传赞》、刘彧的《长沙耆旧传赞》等，但终因未能见到这些著作而不得其解。《华阳国志》的《先贤士女总赞》可以说就是这类著作的缩影。所谓"赞"，就是对一个人平生主要事迹或突出贡献用概括的语言加以称颂，并且一律采用四字一句的韵文。范晔写《后汉书》，每篇纪、传大多是既有论又有赞，他对于这种"赞"曾十分自负地说："赞自是吾文之杰思，殆无一字空设，奇变不穷，同合异体，乃自不知所以称之。"[1] 可见这种赞的形式甚为流行，影响很大。不过范晔在《后汉书》中所作的赞，都是放在每篇传、纪之末尾，作为全文的结束语。而《华阳国志》则是放在开端，看来那些"先贤"、"耆旧"传赞亦都如此。这种赞语一般以两句或四句为多，少的一句，多至八句，而传记内容亦长短不一。现举例于下：

  云卿安贫。朱仓，字云卿，什邡人也。受学于蜀郡张宁，餐豆屑饮水以讽诵。同业怜其贫，资给米肉，终不受。著《河洛解》。家贫，恒以步行。为郡功曹。每察孝廉，羞碌碌诣公府试，不就。州辟治中从事，以讽咏自终。[2]

  稚子奕奕，古之畏爱。王涣，字稚子，郪人也。初为河内温令，路不拾遗，卧不闭门。民歌之曰："王稚子，世未有，平徭役，百姓喜。"迁兖州刺史，部中肃清。征拜侍御史，洛阳令。聪明惠断，公平廉正，抑强扶弱，化行不犯，发奸擿伏，忽若有神，京华密静，权豪畏敬。元兴元年卒。百姓痛哭，二县吊丧，行人商旅，莫不祭之。贾胡左咸，遭其清理，制服三年。洛阳弦歌之，为立祠。天子悼惜，每下诏书德令，必赐后嗣，与卓茂等为伍。[3]

  长伯抚遐，声畅中畿。柝虎命邦，绰有余徽。郑纯，字长伯，郪人

---

[1] 范晔：《狱中与诸甥侄书》，《宋书·范晔传》。
[2] 参见《先贤士女总赞》中，刘琳：《华阳国志校注》（修订版），成都时代出版社2007年版。
[3] 参见《先贤士女总赞》中，刘琳：《华阳国志校注》（修订版）。

也。为益州西部都尉。处地金、银、琥珀、犀象、翠羽出，作此官者皆富及十世。纯独清廉，毫毛不犯，夷汉歌叹。表闻，三司及京师贵重多荐美之。明帝嘉之，乃改西部为永昌郡，以纯为太守。在官十年卒，列画颂东观。①

炎精下颓，朱明不扬。太尉瞀瞢，任国救荒。濯日旸谷，将升扶桑。恶直丑正，汉道遂丧。李固，字子坚，郃子也。阳嘉三年，以对策忠亢，拜议郎。大将军梁商，后父也，表为从事中郎，授荆州刺史。直州部有乱，至州，先友其贤者南阳郑叔躬、宋孝节、零陵支宜雅，表荐长沙、桂阳太守赵历、栾巴，奏免江夏、南阳、南郡太守孔畴、高赐、为昆等，州土自然安静。徙太山太守，克宁盗贼。入为将作大匠。多致海内名士南阳樊英、江夏黄琼、广汉杨厚、会稽贺纯、光禄周举、侍中杜乔、陈留杨伦、河南尹存、东平王恽、陈国何临、清河房植等，皆蒙征聘。转大司农。顺帝崩，太后临朝，拜太尉，与后兄大将军梁冀，太傅赵峻并录尚书事。冲帝崩，时徐、扬有盗贼，太后欲不发丧，须召诸王至。固争不可，言国家多难，宜立长君。太后欲专权，乃立乐安王子，为质帝。质帝崩，太后复与梁冀谋所立。固与司徒南郡胡广、司空蜀郡赵戒书与冀，引周勃，霍光立文、宣以安汉之荣，阎、邓废立之祸；言国统三绝，期运厄会，兴崩之渐，在斯一举，宜求贤王亲近，不可寝嘿也。冀得书，召公卿列侯议所立。三公及鸿胪杜乔佥举清河王蒜，冀然之，奏御太后。中常侍曹腾私恨蒜，说冀明日更议。广、戒从冀，固与乔必争蒜宜立："中兴才也，且年长识义，必有厚将军。"冀不听，策免固、乔。岁余，收下狱。以无事，出之。京师市邑皆称千万岁。② 冀恶其为人所善，更奏系之。固书与二公曰："吾欲扶持汉室，使之比隆文、宣，何图梁将军迷谬，诸子曲从，以吉物为凶，成事为败。汉家衰微，从是始矣，将军亦有不利。吾虽死，上不惭于天，下不愧于人，求义得义，死复何恨？"遂自杀。二公得书，叹息流涕，士民咸哀

---

① 参见《先贤士女总赞》中，刘琳：《华阳国志校注》（修订版）。
② 《后汉书·李固传》作"京师市里皆称万岁"，"千"字恐衍。

哭之。桓帝无道，冀寻受诛，汉家遂微，政在阉宦，无不思固也。[①]

从以上所引四例可知，标题虽是《先贤士女总赞》，实际上是有赞有传，并且赞传皆是长短不一，视每个人物在当时所处地位而定。我们认为，若要想得知当时流传的各地"先贤"、"耆旧"传赞形式如何，只要看《华阳国志·先贤士女总赞》便可了解其大概。因为常璩在写《华阳国志》时，已基本将记载地方人物的各种著作形式的优点都采用了。这里附带说明一下，这种传赞形式是当时流行的社会风尚产物。魏晋南北朝时期，在士大夫中间广为流行着品题人物的风气，这种风气很自然地反映到各类史书之中，在陈寿的《三国志》中表现得尤为明显。因为他曾长期任职巴西郡大中正，这是一种专做"定门胄，品藻人物"[②]的官。这种品藻人物的方式，就是用简单语言将一个人的特长、个性或贡献比较准确地概括起来。如《三国志》里说曹操是"非常之人，超世之杰"；刘备"知人待士，盖有高祖之风……机权干略，不逮魏武"；孙权"屈身忍辱，任才尚计，有句践之奇英"；等等。这些简单的评论，确是点出了各个人的特点和地位，刻画了他们的个性和才能。又如虞预的《会稽典录》里说，陈瑞"谦恭敬让，行惟敬谨"；丁览"清身立行，用意不苟。推财从弟，以义让称……为人精微洁净，门无杂客"；虞忠"贞固干事，好识人物"；虞耸"清虚无欲，进退以礼"；卓恕"为人笃信，言不宿诺"；贺邵"为人美容止，正其衣冠，尊其瞻视，动静有常"；等等。可见当时社会上那种品藻人物的风气，不仅影响了各类史书如《后汉书》、《三国志》等，而且影响到了地记。尽管有的置于篇首，有的编于篇末，有的夹叙于文中，有的突出为标题，表现形式不尽相同，但总的精神都是一样的。这种品藻人物虽并无多大历史价值，却是反映了当时流行的社会风尚，单就这一点而言，地记的内容就又深深地打上了那个时代的烙印。至于列为标题的，也无须到其他书中寻找，《华阳国志·后贤志》各传便是很好例证。每篇标题之后，均有四字组成的颂辞两句，而这两句颂辞，一般都能概括出这个人的个性、贡献和才能。现举数例于下：

---

① 参见《先贤士女总赞》下，刘琳：《华阳国志校注》（修订版）。
② 参见《新唐书·柳冲传》。

西河太守柳隐休然：西河烈烈，秉义居贞。
汉嘉太守司马胜之兴先：汉嘉克让，谦德之伦。
太子中庶子陈寿承祚：庶子稽古，迁固并声。
给事中任熙伯远：给事温恭，尚德蔑荣。
中书郎王长文德俊：中书渊识，宝道韬明。
大司农西城公何攀惠兴：司农运筹，思侔良平。

显然，这些两句韵语就相当于今天给一个人所下的总结性评语，只有了解此人的生平事业，方能深知其意。

《华阳国志》对于所载人物还有一种简单的"目录"。目录虽说简单，但还是包含了不少内容，诸如姓名、任官、籍贯等，有的还附注有简单事迹和史料来源；每人名字之前都有一个品题，如"高尚"、"德行"、"文学"、"美秀"等。现将各种品题分别列举一条于下，以见其义：

高尚：逸民林闾，字公孺。临邛人。扬雄师之，见《方言》。
德行：治中从事李弘，字仲元。成都人也。
文学：侍中、扬州刺史张宽，字叔文。成都人。始受文翁遣东受七经，还以教授者。
美秀：中郎将何霸，字翁君。郫人也。
执正：大司空汜乡侯何武，字君公。霸弟，以忠正为三公，王莽欲篡位，惮而杀之。
政事：左曹、卫将军护军都尉陈立，字少迁。临邛人。历牂柯、巴郡、天水三郡太守，治为天下最。
节士：太中大夫章明，字公孺。繁人也。
知士：博士罗衍，字伯纪。成都人也。
德政：益州太守王阜，字世公。成都人也。
公亮：大司农、司隶校尉任昉，字文始。循子也。

另外还有许多品题名目，如义士、保贵、忠亮、道德、义烈、述作、经治、高士、笃爱、至孝、推贤、匡正、猛略、守宪、仁义、烈士、颖逸、忠勤、玄寂、明略、玄始、忠正、高清、洁白、俊才、将略、思防、志士、筹画、美化、壮烈、玄贞、雅重、果壮、渊通、术艺、善绩、文才、明廉、亢烈、阴德、推让、高让、精诚、方术、优游、忠谋、知术、忠壮、隐遁、隐知、精密、秀颖、清秀、正直、孝士、固率、致远、爽朗、高尚、雅望、德望、温雅、义壮、知思、恺悌、尚志、果锐、修慎、义正、果烈、德行、令德、令才、闳才、强济、仁让、德义、素隐、执义、清正、卓略、清重等。"前贤"、"后贤"目录共列401人，而所加品题名目却有如此之多。从这众多的品题之中，可以进一步了解当时社会上所流行的品评人物的风气和特点。

上述两大方面的内容是全书的精华所在，它与当时地记的内容和记载形式都更为接近，所以许多学者把它视为流传至今的最早的方志著作。它是研究我国西南地区古代政治、经济、地理、文化和风俗民情的一部不可多得的珍贵史料，更是我们研究当时地记的唯一典型材料。

二、习凿齿的《襄阳耆旧记》

习凿齿（？—384），字彦威，东晋襄阳（今属湖北）人。出身于世家大族，史称"世为乡豪"，"博学洽闻，以文笔著称"。荆州刺史桓温辟为从事，不久转西曹主簿，亲遇隆密，累迁别驾。以忤温旨，左迁户曹参军，又出为荥阳太守。"是时温觊觎非望，凿齿在郡，著《汉晋春秋》以裁正之。"[①] 书中述三国历史，以蜀汉为正统，以曹魏为篡逆，深得后世正统论者所赞许，朱熹作《通鉴纲目》即承其说。从史书记载来看，习凿齿一生不做违心之事，不失为一位正直的史家。《世说新语·文学》篇亦云："习凿齿史才不常，宣武甚器之，未三十，便用为荆州治中。凿齿谢笺亦云：'不遇明公，荆州老从事耳！'后至都见简文，返命，宣武问：'见相王如何？'答云：'一生不曾见此人。'从此忤旨，出为衡阳郡，性理遂错，于病中犹作《汉晋春秋》，品评卓逸。"又《续晋阳秋》曰："凿齿少而博学，才情秀逸，温甚奇之。自州从事，岁中三转，至治中。后以忤旨，左迁户曹参军，衡阳太守。在郡著《汉晋春秋》，斥温觊觎之心也。"三书所载，史实大体相同，说明这位正

[①]《晋书·习凿齿传》。

第三章　方志发展的第一个阶段——魏晋南北朝的地记　143

直的史家由于才华出众，曾得到人们的赏识，因而仕途一帆风顺，唯因不能迎合桓温的意旨而一再"左迁"。在这种恶势力面前，习凿齿不仅没有屈服，而且勇敢地用自己的史笔揭露桓温阴谋篡权的野心。这种不保高官厚禄、不怕丢官杀头的精神，充分表现了史家应有的高贵品德。习凿齿晚年因病一直住在襄阳，《襄阳耆旧传》一书正是成于是时。

据《隋书·经籍志》载，《襄阳耆旧记》原书五卷。而《旧唐书·经籍志》、《新唐书·艺文志》均作《襄阳耆旧传》，《宋史·艺文志》又作《襄阳耆旧记》。同时在宋人私家书目中对其称呼亦不相同，陈振孙的《直斋书录解题》作《襄阳耆旧记传》，晁公武的《郡斋读书志》作《襄阳耆旧记》。清人章宗源在《隋书经籍志考证》一书中对此曾作过考证，引刘昭《续汉书·郡国志》注、裴松之《三国志注》、郦道元《水经注》和《文选·南都赋》注为例，认为"刘昭生处梁代，其所见在《隋志》前，则知称传之名其来久矣"。那么称记之说与之相比，究竟哪个更早，他却没有讲。这势必给人一个错觉，似乎最早便称传。所以，我觉得章氏之说不够全面。为了弄清事实，这里不妨将《隋志》以前引过此书的作者时代及名称排列于下：

  刘宋裴松之《三国志注》作《襄阳记》。
  北魏郦道元《水经注》作《襄阳记》。
  梁刘孝标注《世说新语》作《襄阳记》。
  梁刘昭注《续汉书·郡国志》作《襄阳耆旧传》。
  唐初李善注《文选》作《襄阳记》。

从上引五部著作注者的时代和名称来看，裴松之最早，郦道元次之，他们注中所引均作《襄阳记》。刘孝标和刘昭同为梁人，前者亦称之为《襄阳记》。最晚的是李善，也称之为《襄阳记》。可见就目前所能见到的史料来说，称记之名比传更早，并且一直沿袭下来。清人叶德辉在《世说新语注引用书目》序里已经指出："六朝唐人书注最浩博者，（梁）[宋]裴松之《（三）国志注》、刘孝标《世说新语注》及《文选》李善注三书而已，郦亭《水经注》犹后也。三书恒为考订家所采获。"上所列五部书，叶氏提及四部，其中三部尤为考订家所推崇，这个事实不能不引起我们重视。宋代晁公武在《郡斋读书志》里说："《襄阳耆旧记》五卷，晋习凿齿撰，前载襄阳人物，中载其山川城邑，后载其牧守。隋《经籍志》曰《耆旧记》，唐《艺文志》曰《耆旧传》。观其书纪录丛脞，非传体也，当从《经籍志》。"晁氏是从该书的记载内容和体例来看，认为其"非传体"，因为内容有"山川城邑"，记录又"丛脞"。"丛脞"就是琐碎之意，谓所记内容不完整、不系统，街谈巷议、民间传说，三言两语，皆可记入，这就是当时地记的一大特点。这个特点，被后世方志一直保持下来，许多不能登大雅之堂的民间事迹，大多由此得以保存。所以说，这是我们今天所能知道的比较典型的一部地记。虽然今天已经看不到像《华阳国志》那样比较完整的本子，但从前人的记载，我们还可以得知其大概。此书宋元明时代还在民间流传。宋末元初的马端临在《文献通考·经籍考》中记载此书时亦曰："前载襄阳人物，中载其山川、城邑，后载其牧守。"与晁氏记载相同。直到明代万历年间，所刻之本仍与宋代流传一样，这从前章所引陆长庚在为该书新刻本所写序文中已得到证实。到清乾隆五十三年（1788）任兆麟刊刻时，家中藏本仅一册，已"不载山川城邑"，只有人物传，原藏本亦称《襄阳耆旧传》，但因"前人所引率称记，则仍旧名"。此书《四库全书》未收，《书目答问》传记类载："《襄阳耆旧记》三卷。晋习凿齿。任兆麟校刻心斋十种本，有脱误。"清代流传的除了此本外，尚有光绪己亥吴庆焘重辑本。三卷排列，前两卷为襄阳人物，第三卷为牧宰。从这个传本人们可以明显看出，中间两卷山川、城邑被抽掉了。这个做法不是目录学家为了分类方便起见而分开，便是传抄者因其所好而为之。因为宋代目录学家晁公武已经讲过"记录丛脞，非传体"。中间两卷抽掉后，便成了名副其实的传记，但这么一来，便使它失去了原来的真实面貌。值得庆幸的是，由于这部书影响大、征引多，内容散在各书中得以保存下来的为数还不少，王谟在《汉唐地理书钞》中就辑得22条。黄惠贤先生的《校补襄阳耆旧记》取诸家辑补校订之长，大致恢复了原书的面貌。该书1987年由中州古籍出版社出版，又收入黄惠贤著《魏晋南北朝隋唐史研究与资料》（湖北人民出版社2010年版）。这一古籍整理的成果，为我们今天进一步研究提供了方便。

习凿齿是位历史学家，人物传写得相当成功，其书虽属地记，免不了要"矜其乡贤，美其邦族"，但对本地人物仍是做到褒贬分明。上引《李衡传》

中，处处表现其妻英习，李衡之所以能够成就一生的事业，似乎英习的随时指点起了很大作用。全书人物传中，强调女子作用者只此一传，而李衡妻英习乃习竺之女，只要了解这个关系，作者的用意自然可知，即在于美化自己家族。全书单独为妇女立传者亦只有习祯之妹，题曰《庞林妇习》，庞林事迹得以留传者尚赖于此传。两卷先贤人物总共只三十一个传，而习氏家族成员便有八个之多，竟超过四分之一，几乎成了习氏家传。这是当时的社会风气使然，也很难以此来责怪习凿齿。不过他也有不同于时人的长处，书中对于所写"乡贤"并非全部唱赞歌，而是做到有褒有贬。如在《罗宪传》中，称其"方亮严整，待士无倦，轻财好施，不营产业"，推荐人才，不重私情，唯才是举，"荐常忌、杜轸等，皆西国之良器，武帝并召而仕之"。对其兄子罗尚，在短短的一篇传中，几乎全为贬词。先是概括地下了结论："太康末为平西将军、益州刺史①，性贪，少断。"接着就引用蜀人的评论："尚之所爱，非邪则佞；尚之所憎，非忠则贤②。富拟鲁卫，家如市里；贪如豺狼，无复极已。蜀贼尚可，罗尚杀我。平西将军，反使为祸③。"两传相接，对比鲜明。在"牧守"一卷里，表彰了那些不谋私利、为民造福的地方官吏。杜预在荆州兴修水利，灌溉良田万余顷，"公私同利，众庶赖之，号曰'杜父'"。又开凿水道，便利交通，都得到当地人民的歌颂。刘洪④治荆州，"劝课农桑，宽刑省赋，岁用有年，百姓爱悦"。由于为当地做了好事，故当他"卒于襄阳，士女嗟痛，若丧所亲。众老追思洪，虽《甘棠》之咏召伯，无以过也"。特别是对刘洪的用人唯贤，在传中更着意表彰："皮初，刘洪牙门将。洪讨张昌，初为都战帅，忠勇冠军，汉沔肃清，实初等之功也。洪表初为襄阳太守，朝廷以初虽有功，襄阳名郡，乃以洪婿夏侯陟为守。洪曰：'若必姻亲可用，荆州十郡，安得十婿？'乃表'陟姻亲，不得相监，初勋宜见酬报。'诏听之。"在封建社会里，正直不谋私利、唯才是举本不多见，而像刘洪这样就更加难能可贵。诸如此类的记载，都充分说明作为一位正直史家的

---

① 按《晋书》本传作"益州刺史、西戎校尉"。
② 按《晋书》本传"贤"字作"正"。
③ 按《晋书》本传"使"字作"更"。
④ 按《晋书》作"刘弘"。

习凿齿，能够本着"彰善嫉恶"的直书精神。所以刘知幾在《史通·直书》篇中给予他极高的评价，指出："金行（晋）在历，史氏尤多。当宣（懿）、景（师）开基之始，曹、马构纷之际，或列营渭曲，见屈武侯，或发仗云台，取伤成济。陈寿、王隐咸杜口而无言，干宝、虞预各栖毫而靡述。至习凿齿，乃申以死葛走生达之说，抽戈犯跸之言。历代厚诬，一朝始雪，考斯人之书事，盖近古之遗直欤！"善恶褒贬，黑白分明。在地记中能持这样写作态度的还是不多见的。

《襄阳耆旧记》亦和其他地记一样，大量采用了民间的谚谣和当时流行的语言，这样不仅在内容上而且在语言上都能反映出时代的特色。刘知幾在《史通·言语》篇里非常强调这点，指出："时人出言，史官入记，虽有讨论润色，终不失其梗概者也。夫《三传》之说，既不习于《尚书》、两汉之词，又多违于《战策》。足以验氓俗之递改，知岁时之不同。"这就说明语言的时代性是很强的，从语言之中可以窥见各个时代的精神。我们说方志具有时代性，重要的一点就体现在这里。正因如此，它往往为我们留下许多正史所不载的宝贵史料。如该书《蔡瑁传》载："蔡瑁，字德珪，襄阳人。……家在蔡洲上，屋宇甚好，四墙皆以青石结角。婢妾数百人，别业四五十处，汉末诸蔡最盛。""永嘉末，其子犹富，宗族甚强，共保于洲上，为草贼张如所杀，一宗都尽。"这条材料对于研究汉末魏晋时代世家大族势力的发展有很大价值。他们大多聚族而居，庄园遍布各处，单是婢妾便有数百人，其他庄丁佣人就更可想而知了。而这些内容对于习凿齿来说，都是家乡之事，所记大多可信。加之蔡瑁这个人，《后汉书》和《三国志》中均未立传，因此这些材料就显得尤其重要。

至于山川、城邑两卷，已经无处可寻。王谟在《汉唐地理书钞》里虽然辑了22条，有的显然还是出自传记中。如"羊祜与邹湛登岘山"一条，非常明显是从《羊祜传》中录出的。传文曰："祜乐山水，每风景，必造岘山，置酒谈咏，终日不倦。尝慨然叹息，顾谓从事中郎邹湛等曰：'自有宇宙，便有此山。由来贤达胜士，登此望远，如我与卿者多矣！皆湮灭无闻，使人悲伤。如百岁后有知，魂魄犹应登此也。'"值得注意的是，这段文字与《晋书·羊祜传》完全相同，而与《汉唐地理书钞》辑文略有差异。辑文开头是"羊公与邹润甫登岘山，垂泣曰"，其下所言皆同。《书钞》辑文录自《艺文类聚》，这部类书则是纂于唐高祖武德七年（624），成于《晋书》编纂之前。之所以出现这个差异，不外乎两种情况：一则是唐初修《晋书》时参考了《襄阳耆旧记》，将这一内容全文照录，而《艺文类聚》的编纂者在摘引此条时，对字句作了一些变动；一则是《艺文类聚》摘引的是原来文字，而《襄阳耆旧记》在流传中文字残缺，后人用《晋书》中某些传文作了补充。关于这点，任兆麟在乾隆年间刻本序中就曾说："世抄行本脱讹颇多，今为补正数处，以备史传记一家。"至于补了哪些内容，用何书作补，序中均未言及。因此，上述两种可能性都不能排除。当然，《汉唐地理书钞》所辑《襄阳耆旧记》大多为关于地理方面的内容，若要归类，大致可分为如下四个方面：

一是叙述城邑地理位置及交通情况。

襄阳城本楚之下邑，檀溪带其西，岘山亘其南，为楚国之北津也。楚有二津，谓从襄阳渡沔，自南阳界出方城关是也，通周、郑、晋、卫之道。其东则从汉津渡江夏，出平皋关是也，通陈、蔡、齐、宋之道。又谓秦南阳郡即昭王十六年使左更错伐楚取邓，封公子悝，始置南阳郡，两汉邓县之地。

二是讲解山川地名之由来。

鹿门山，旧名苏岭山。建武中，习郁为侍中，时从光武幸黎丘，与帝通梦，见苏岭山神，光武嘉之，拜大鸿胪。录其前后功，封襄阳侯，使立苏岭祠，刻二石鹿，夹神道口，百姓谓之鹿门庙，或呼苏岭山为鹿门山。

三是记载本地物产与风俗。

岘山下汉水中出鯿鱼，味极肥而美。襄阳人采捕，遂以槎断水，因谓之槎头缩项鯿。

屈原五月五日投汨罗江，其妻每投食于水以祭之。原通梦告妻，所祭食皆为蛟龙所夺。龙畏五色丝及竹，故妻以竹（叶）为粽，以五色丝缠之。今俗，其日皆带五色丝、食粽，言免蛟龙之患。又原五日先沉，十日而出，楚人于水次迅楫争弛，棹歌乱响，有凄断之声，意存拯溺，喧震川陆。风俗迁流，遂有竞渡之戏。人多偷堕（即惰），信鬼神，崇释家。

四是介绍本地古迹与传说。

汉侍中习郁，于岘山南，依范蠡养鱼法作鱼池。池边有高堤，种竹及长楸，芙蓉、菱茨覆水，是游燕名处也。山简每临此池，未尝不大醉而还，曰："此是我高阳池也。"襄阳小儿歌之。

秦颉字幼起,往南阳,过宜城中,一家东向大道,住车往视之,曰:此居处可作冢。后丧还,至此住车处,丧车不肯前,故吏为市此宅葬之。今宜城城中大冢前有二碑是也。

襄州石梁山,山起白云则雨,黄云则风,黑云则蛮多病。

从上面归纳的四个方面内容来看,就其性质而言,该书显然属于地理范围。而其内容之杂沓琐碎,也确实如晁公武所言,有些传说还夹杂着一些迷信色彩。但总的来说,此书尽管杂沓琐碎,但对于研究襄阳地区地理物产、风土人情还是有很重要的价值。如"屈原投汨罗江"一条,就可以使人们知道,在习凿齿生活的时代以前,为了纪念爱国诗人屈原,民间早已流传着吃粽子、赛龙舟的风俗了。这一部分内容与上述人物传相结合,正是一部最早的、典型的地记。

三、宋孝王的《关东风俗传》

宋孝王,北齐、北周时广平(今河北鸡泽东南)人。关于他的生平事迹,史书记载很少,《北齐书》、《北史》均是在别人的传后附带讲了几句,两书的记载连文句都基本相同。《北史》卷二十六《宋隐传》末这样记载:"道玙从孙孝王,学涉,亦好缉缀文藻。形貌矬陋而好臧否人物,时论甚疾之。为北平王(高贞)文学。求入文林馆不遂,因非毁朝士,撰《朝士别录》二十卷。会周武灭齐,改为《关东风俗传》,更广闻见,勒成三十卷以上之。言多妄谬,篇第冗杂,无著述体。周大象末,预尉迥事,诛死。"从这简短的记载中我们仍可以看出,宋孝王乃是一位学问较为渊博、好学好写、平时又好评论人物的学者。由于喜爱评论人物,而自己又其貌不扬,因而引起人们反感。评论人物总是有褒有贬,因此有人就将"非毁朝士"的罪名强加于他。其人既遭反对,其书自然不会得到好评,这是自古以来之通例。于是,"言多妄谬,篇第冗杂,无著述体"便成为对《关东风俗传》的全面评价。所谓"言多妄谬"、"非毁朝士"自然是指其中内容,而"篇第冗杂,无著述体"也正如晁氏《郡斋读书志》批评《襄阳耆旧记》所说的"记录丛脞,非传体也",这都是以纪传体的标准来衡量这种新产生的地方性的著作。刘知几在《史通·补注》篇中亦认为其书纪事"鄙碎"。其实,"丛胜"、"冗杂"、"鄙碎"正是地记的长处，因为具有这个长处，所以才记下了许多正统史书所不载的重要史实。如《通典·食货典·田制下》所引《关东风俗传》记载豪强占有土地的资料，乃是研究北齐土地制度不可多得的重要史实，但并不见正史记载。

《关东风俗传》究竟是怎样一部著作，确实一言难尽。《隋书·经籍志》不载，《新唐书·艺文志》将其列入杂史类，张鹏一在《隋书经籍志补》里将它列入杂传类。看来他们也都未必见过此书。原来所作谓之《朝士别录》，那就是专论人物的著作，后来"更广闻见"，搜集材料，扩大记载内容，撰成《关东风俗传》，自然所载人物仍是其主要内容，这是确定无疑的。其书又以风俗名传，必载地理、风土、人情。刘知幾在《史通·书志》篇中说该书"亦有《坟籍志》，其所录皆邺下文儒之士、雠校之司。所列书名，唯取当时撰者"。虽名曰传，还有专记本地人当时撰作的《坟籍志》，无疑开了后世地方志中载艺文志的先河。根据上述情况，我们可以这样认为：《关东风俗传》是记载以邺地为中心的地理、风俗、人物、艺文等内容的著作，从各方面情况分析来看，这部被认为"篇第冗杂，无著述体"的著作，正是一部内容丰富的地记。刘知幾在《史通》里对这部书曾多次加以赞扬。在《书志》篇中赞扬他作《坟籍志》很注意分寸，入志者皆为本地人所作，并且所列全属当代人作品，既有区域范围，又有时代断限，所以刘知幾在书中给予很高的评价。在《言语》篇里，表扬宋孝王能用当时的方言口语，如实反映出事实真相与时代精神。因为魏晋以来，许多作者"通无远识，记其当世口语，罕能从实而书，方复追效昔人，示其稽古，……用使周、秦言辞见于魏晋之代，楚、汉应对行乎宋、齐之日"。记的是当今事实，用的是古代言词。这样一来，今古不分，真伪相乱，自然就很难反映出事实真相。刘知幾在批评这种现象以后，指出："唯王（劭）、宋（孝王）著书叙元、高时事，抗词正笔，务存直道，方言世语，由此毕彰。而今之学者，皆尤（指责）二子以言多滓秽，语伤浅俗。夫本质如此，而推过史臣，犹鉴[形]者见嫫姆多媸，而归罪于明镜也。"这里一方面表扬了王、宋二人"记言得实"，一方面也指出了当时的社会风气是"恶质好华"。特别是在《直书》篇中，赞扬他不怕权势、敢于直书的大无畏精神，在列举正反两方面大量事实后说："次有宋孝王《风俗传》、王劭《齐志》，其叙述当时，亦务在审实。案于时河朔(指元魏)王公,箕裘未陨;邺城(指高齐)将相,薪构仍存。而二子书其所讳,曾无惮色。刚亦不吐,其斯人欤?"评价之高,显而易见。若与上引附传中所云该书"言多妄谬"的说法相较,正形成了十分鲜明的对照。可见一部书的好坏,任何人都不能随心所欲乱作评定,是非自有公论。当然,刘知幾在《补注》篇中对该书内容的庞杂也提出了批评,为了"志存该博",再加子注,使人们看了便有"鄙碎"之感。以上事实说明,刘知幾无疑是见过此书的,否则他不可能作出如此细致深刻、令人信服的评价。

  总之,魏晋南北朝时期的地记数量是相当多的,也产生了较为深远的影响。如罗含的《湘中记》、盛弘之的《荆州记》等都非常有名,流传很广,但因早已散佚,无法见到其全貌。加之前人很少有较集中的评论,现在进行评介也要考虑到地域关系,故选择上面三部著作略加述评,目的在于使大家能够对地记这种著作有较为具体的认识。

第四章
方志发展的第二个阶段
——隋唐五代的图经

魏晋南北朝时期的地记盛极一时，成为方志发展的第一阶段。到了隋唐五代，地记的编撰进入了低潮，代之而起的便是图经的盛行，方志的发展进入了第二阶段。对于图经起源于何时，如何发展而来，说法也还不一致。傅振伦先生认为："图经起源于地记，其可考者有晋人挚虞的《畿辅经》。"[①]《方志学概论》的作者认为："过去地志和地图平行发展……到了周隋之际，图和志两者开始合为一体，地志与地图合编一书，做到图说结合，有图有说，图说并重。隋唐的方志继续了这一传统。"[②] 还有黄苇先生在《方志论集》一书中引了近人王以中的说法："中国古来地志，多由地图演变而来。其先以图为主，说明为附；其后说明日增而图不加多，或图亡而仅存说明，遂多变为有说无图与以图为附庸之地志。"认为"王氏此说颇为有理"。我们认为这三种说法都不符合方志发展的历史实际。从目前的文献资料来看，地记与图经同时出现于东汉时代，只是因为当时和魏晋南北朝时期社会上的需要，使得地记得到广泛的发展。可是，在隋唐大一统的形势下，随着中央集权的加强，许多制度有了改变，也引起了社会风气的变化。这样一来，地方著作的功能也相应发生变化，于是地记的编撰逐渐减少，而图经则得到普遍的发展。因为地记是适应地方政治、经济势力发展的需要而产生的，而图经则是中央集权加强的产物，它是为巩固中央集权服务的。因此，我们可以这样说，地记编撰的减少，图经编修的盛行，可以视为封建中央集权战胜地方

---

① 傅振伦：《从敦煌发现的图经谈方志的起源》，《兰州大学学报》1980年第1期。收入《中国史志论丛》，浙江人民出版社1986年版。

② 参见该书第二章第一节《历代的方志编纂》，福建人民出版社1983年版。

封建割据势力的一种表现。这种变化显然有着深厚的社会背景和复杂的社会因素,绝不是因为个人意志说变就变的。这就充分说明,任何一种著作的产生、发展和变化,都必然有其各式各样的社会原因。

第一节　隋唐五代图经发达的原因

一、中央集权加强和地方世家大族势力的削弱

随着隋唐统治的先后建立,封建中央集权制度有了非常明显的加强,而那些盛极一时的世家大族势力逐渐在削弱,这是图经得以盛行的重要原因。隋统一全国以后,曾实行了一系列加强中央集权的政治、经济措施。如改革地方行政机构,将州、郡、县三级改为郡、县两级制,裁减不必要的机构,便于政令的推行。汉魏南北朝时期,州、郡、县长官权力很大,可以自行选用下级僚佐,从而使世家大族把持了本地大权。针对这一情况,隋文帝开皇三年(583)规定,九品以上的地方官一律由中央任免,并且"刺史、县令,三年一迁,佐官四年一迁"[①]。于是全国大小官吏悉由吏部管理任免,特别是县佐还规定须用别郡人,不得用本地人,这一条应当说非常重要。这些措施的实行,使那些世家大族失去了把持地方政务的特权。在隋统一之际,南方的门阀世族已经腐朽没落,山东的世家大族亦已在逐步衰落,通过各项政治、经济改革,更进一步促使其不断衰落。尤其值得注意的是,规模巨大的隋末农民大起义,不仅一度打乱了整个封建统治秩序,而且首当其冲的是魏晋南北朝以来的门阀制度,世家大族遭到了严重的打击,使其在政治上、经济上的势力都大为衰落,出现了所谓"燕赵右姓,多失衣冠之绪,齐韩旧俗,或乖德义之风,名虽著于州闾,身未免于贫贱"[②]的现象。在唐朝政权建立以后,这些旧的世族尽管在社会上仍有很高的地位和一定的影响力,但往日那种显赫声势却一去不复返了。当然这种门阀地主并未因此就甘心退出历

[①] 参见《隋书·百官志》。
[②] 王溥:《唐会要》卷八十三《嫁娶》,第1810页。

史舞台,特别是以崔、卢、李、郑为首的山东世族,仍以士大夫自居,妄自尊大,嫁女时必多方索取聘礼以抬高其身价。这种情况甚至使得唐太宗也深深感到不安,认为如果再听其发展下去,势必严重影响社会风气,动摇新的政权。所以他在诏令中就曾严厉指出:"自号膏粱之胄,不敦匹敌之仪,问名惟在于窃赀,结缡必归于富室。乃有新官之辈,丰财之家,慕其祖宗,竞结婚媾,多纳货贿,有如贩鬻,或贬其家门,受屈辱于姻娅,或矜其旧族,行无礼于舅姑,积习成俗,迄今未已。既紊人伦,实亏名教。朕夙夜兢惕,忧勤政道,往代蠹害,咸以惩革,惟此敝风,未能尽变。自今以后,明加告示,使识嫁娶之序,各合典礼,知朕意焉,其自今年六月禁卖婚。"① 这就说明,这些世家大族虽然已经无权无势,但其虚名在社会上还有影响,并且令人向往。唐太宗唯恐这个余波乱人伦、亏名教,扰乱社会风气,于是采用编《氏族志》的手段,借以抑压世家大族的地位。将法令制度通过编写谱牒著作的形式贯彻执行,把全国旧望与新贵的地位进行一次大调整并加以固定下来,使那些本不为士族的新贵进入了士族行列,自然也就压低了旧士族的社会地位。后来武则天当权,又通过唐高宗下诏改修《氏族志》为《姓氏录》,这就把士族的范围更加扩大,进一步促进了士、庶合流。改订《姓氏录》,是对旧士族营垒的一次更大冲击。总之,唐代通过多次大型谱牒的编纂,用政治手段重新评定了姓氏门第,突出皇室和功臣地位,压制旧的门阀势力,削弱门第观念,并通过谱牒著作这种形式,使之合法化。六朝以来的豪门士族,经过多次冲击,确实已经衰落凋零。唐朝后期参加过政治革新运动的政治家、诗人刘禹锡的《乌衣巷》诗:"朱雀桥边野草花,乌衣巷口夕阳斜。旧时王谢堂前燕,飞入寻常百姓家。"可以视为这种衰落凋零的真实写照。显赫一时的王、谢等世家大族,早已失去了往日的威风。门阀制度的消亡,世家大族的衰落,意味着大量产生地记的温床已经崩溃。由于政治的需要,代之而起的便是图经的盛行,以后即使还曾不断出现过一些称为某地记的著作,但也已失去了往日那种特有的功能。

---

① 王溥:《唐会要》卷八十三《嫁娶》,第1810页。

二、东晋以来侨置州郡所造成的混乱是隋大修图经的重要原因

隋朝政权建立以后，首先遇上的便是东晋以来设置的侨置州郡所带来的麻烦。隋朝初年，杨尚希就已看出"天下州郡过多"的弊端。他在给隋文帝的上书中指出："自秦并天下，罢侯置守，汉、魏及晋，邦邑屡改。窃见当今郡县，倍多于古，或地无百里，数县并置，或户不满千，二郡分领。具僚以众，资费日多，吏卒人倍，租调岁减。清干良才，百分无一，动须数万，如何可觅？所谓民少官多，十羊九牧。"[1] 地方机构重叠，官吏冗多，国家"租调岁减"而"资费日多"，这种局面的造成可谓由来已久。自从西晋永嘉以后，各少数民族贵族先后在北方建立了许多政权，迫使中原广大人民大量流向江南。南下的世家大族本来就互相标榜门第与郡望，就如刘知几所说，他们"竞以姓望所出，邑里相矜"[2]，因为当时的社会风气是"人轻寒族"、"世重高门"。到南方以后，这些贵族自然不愿意丢掉自己的金字招牌，便想方设法将自己的郡望搬到南方，于是侨置州郡便在江南纷纷出现。故刘知几在《史通·邑里》篇中说："自洛阳荡覆，衣冠南渡，江左侨立州县，不存桑梓。由是斗牛之野，郡有青、徐；吴、越之乡，州编冀、豫。欲使南北不乱，淄、渑可分，得乎？"王仲荦先生对这种现象非常风趣地说："地望在习惯上已经变成了他们的商标，有如解放前在大城市中的某姓公馆标以某姓生地如'合肥李公馆'、'常州盛公馆'者然。倘使琅邪王氏、陈郡谢氏为了流寓江南而变成了丹阳王氏、会稽谢氏，那就等于取消了他们的高贵标帜，因此，他们也必会提出：琅邪（或陈郡）'既是望邦，衣冠所系，希立此郡，使本壤族姓，有所归依'了。"[3] 晋成帝咸康元年（335）在江乘县（今江苏句容北）境内设置了第一个侨郡——南琅邪郡。此后又在京口（今江苏镇江）界内侨置南徐州和南兖州，在广陵（今江苏扬州）界内侨置南青州，在芜湖界内侨置南豫州等州一级的地方机构；在今天江苏常州不仅侨置南兰陵郡，还设有南兰陵县。据统计，仅在江苏便设置有十五六个郡级和 60

---

[1]《隋书·杨尚希传》。
[2]《史通·邑里》，《史通通释》，第 144 页。
[3] 王仲荦：《魏晋南北朝史》，第 348 页。

多个县级的流寓郡县，搞得杂乱无章，名实相违。所以在南朝齐沈约写《宋书》时，就已经感到头绪纷繁、难以详书。在《宋书·志序》里，他就曾大发议论，指出："魏晋以来，迁徙百计，一郡分为四五，一县割成两三，或昨属荆、豫，今隶司、兖，朝为零、桂之士，夕为庐、九之民，去来纷扰，无暂止息，版籍为之浑淆，职方所不能记。自戎狄内侮，有晋东迁，中土遗氓，播徙江外，……百郡千城，流寓比室。人仿鸿雁之歌，士蓄怀本之念，莫不各树邦邑，思复旧井。既而民单户约，不可独建，故魏邦而有韩邑，齐县而有赵民。且省置交加，日回月徙，寄寓迁流，迄无定托，邦名邑号，难或详书。"这就说明，东晋南朝以来，地方行政区划和机构设置既多且乱。所以在隋朝初年，杨尚希便上书建议，应"存要去闲，并小为大"。于是开皇三年（583），隋文帝根据这个建议，改州、郡、县三级为州、县两级，还合并一些州县，到大业三年（607），又改州为郡，成为郡、县二级制。裁减了不必要的机关和官吏，自然也就节省了国家的开支。既然要整顿州县，就必然要整顿版籍，因为这直接关系到国家赋税的收入。隋建国之前，山东和南方的世家大族有较高的社会地位、雄厚的经济力量，占有大量的部曲、奴婢，还荫庇着为数众多的"浮客"，使得国家控制的人口很少，严重影响着政府的收入。所以隋文帝即位后，于开皇五年（585）先后实行了"大索貌阅"和"输籍法"两项措施，目的就在于严格核对户口，"户口不实者，正长远配"[1]。图经的编修，显然亦是为了配合这些措施而施行的。通过图经，可以进一步了解全国所置州县的现状，诸如疆域的区划、户口的多少、赋税的增减、物产的品种等，均可得知。所以我们说，消除东晋以来侨置州郡所造成的混乱，整顿地方行政区划，加强户口控制，乃是隋朝大修图经的重要原因。

三、修史制度与选举制度的变化对方志发展所产生的影响

方志既是史学的旁支，那么修史制度的变化必然会给方志发展带来一定的影响。隋唐以前，中国的史书大多出于私家之手；虽有官修史书，但也

---

[1] 《隋书·食货志》。

只不过是个人接受皇帝的命令编写罢了，与私人撰史并无多大区别。特别是魏晋南北朝时期，私家撰史之风大为盛行。和之前相比，这一时期的史学不仅取得了许多新的成就，而且出现了不少新的特点，除正宗的编年、纪传等史书外，还出现了大量的人物传记、地记（方志的初期形式）、谱牒等著作形式。这一则与褒贬人物的史学思想发展有关，再则与世家大族把持地方政治、经济，进而左右中央政权有关。隋唐以后，情况不同了。为了加强中央集权的统治，不仅在政治、经济等方面采取措施，而且抓紧了对意识形态的控制。隋文帝开皇十三年（593），"五月癸亥，诏人间有撰集国史、臧否人物者，皆令禁绝"[1]。这不仅把国史的纂修大权垄断在中央政府手中，就连私自评论人物的著作也一律禁止。然而在地记之中，人物传记是重要内容，这么一来，它的发展就明显地受到限制。隋文帝为什么要禁止私家评论人物呢？这显然是针对旧的世家大族势力，因为他们向来标榜自己门第的高贵、郡望的优越，借品评人物而相互吹捧或自我吹嘘，若再让这种风气泛滥，势必将侵蚀、危害封建中央集权制度，故而要下令禁止，可见社会舆论的重要性历来都很受重视。

另外，选举制度的变化既然影响史学思想的发展，很自然地也要影响地方志的发展。不论是两汉的察举，还是魏晋南北朝的九品中正制，都需要对人物进行品评褒贬。而这种品第人才的选举制度，又都积极地影响着褒贬人物的史学思想的发展，所以汉魏六朝以人物为中心的纪传体史著占据了绝对的地位，并在其直接影响下产生了大量的为门第制度服务的人物传记、谱牒著作和各种地记。从隋朝开始，采用了科举选士制度，并于唐代确立为选拔官吏的主要制度。这种科举制与以前的察举制和九品中正制不同，它是以才取士，无须对人物进行褒贬品第，更不受门第郡望的限制。由于这种制度选举用人是"以文章进"，而不是"以门第进"，加之世家大族皆已凋零，因而当时官场中做官反以进士出身者为荣，社会上甚至认为"缙绅虽位极人臣，不由进士者，终不为美"[2]，从而引起以褒贬人物为中心的史学思想发生相应变化。同时，在选举制度改变以后，社会上议论的中心也随之发生变化，以

---

[1] 《隋书·高祖纪下》。
[2] 王定保：《唐摭言》卷一《散序进士》，上海古籍出版社2012年版。

往的议论都集中在人物上，而现在所关心的却是哪一种制度更为有利于加强封建国家的统治，这种政治上的要求，自然也直接反映到史学思想上来。加之隋文帝明令禁止私人修史、臧否人物，唐朝更设立史馆，专门从事修史工作，纪传体正史的编修由政府全权掌握。这些需要与可能，使得史家的注意力不得不有所转移，于是主通明变的史学思想继之而起，研究历代典章制度发展变化的史学著作亦相应产生，杜佑的《通典》就是在这种形势下产生的。同时，这一时期还出现了专记一朝一代典章制度的会要体史书，这类史学著作的出现，对后世方志的发展有着极为重要的影响。

总之，由于朝代的更替，社会的发展，各种制度的变化，政权中心的转移，中央集权的加强，图经终于取代了地记来行使其历史的使命。因此，隋唐五代图经的发展绝不是一种偶然的现象，它是社会发展必然的产物。

第二节　图经是一种什么样的著作

对于图经起源于何时、如何发展而来的问题，学术界的说法也很不一致。如前面所讲傅振伦先生认为："图经起源于地记，其可考者有晋人挚虞的《畿辅经》。"笔者认为这一说法不很妥当，因为图经虽然是方志发展的第二阶段，事实上它却并不是起源于地记，而是与地记同时出现于东汉时期。常璩在《华阳国志》中记载了东汉时巴郡太守但望的奏疏中已经提到《巴郡图经》，这是今天所能知道的最早的一部图经。《华阳国志》卷一《巴志·总叙》这样记载："永兴二年（154）三月甲午，望上疏曰：'谨按《巴郡图经》：境界，南北四千，东西五千，周万余里。属县十四。盐、钱五官各有丞、史。户四十六万四千七百八十，口百八十七万五千五百三十五。远县去郡千二百至千五百里，乡亭去县或三四百，或及千里。'"但望的奏疏较长，其中心议题是要求将巴郡"分为二郡"，便于管理，故将《巴郡图经》所载该郡的境界、属县、盐铁官、户口以及远县去郡的里数和乡亭去县的里数都详加列举。又据有关文献记载，东汉顺帝时侍中王逸还作过《广陵郡图经》，可见东汉时图经已经出现是毫无疑问的。不过，由于当时和魏晋南北朝时期社会上的需要，图经不像地记那样受到重视而得到大规模的发展。到了隋唐时期，在大一统的形势下，随着中央集权的加强，许多制度发生了变化，也引起了社会风气的变化。由此，作为地方性著作的功能也相应发生了变化。于是地记编撰大大减少，而图经由于政府提倡则得到迅猛的发展。方志的发展从此也就进入了第二阶段。

至于图经究竟是何种形式的著作，由于大家都未完整地见过，所以各人所说不外都是出于想象和推测。王重民先生在20世纪60年代所写的《中国的地方志》一文中说："图经（公元6—12世纪）。最早的图经是以图为主，用图表示该地方的土地、物产等。经是对图作的简要的文字说明。晋人常璩所撰《华阳国志》记述了公元154年巴郡太守但望根据《巴郡图经》了解巴郡的境界、属县、属官、盐铁官和户口等，他所依据的文字当系地图的说明（即经）。这种文字说明，越到后来越多，图在图经中的地位和作用因之缩小。6世纪的图经仍然有图有经，但是以经为主了。到了隋代，图经一类的地记更为普遍。大业中（605—618）'普诏天下诸郡，条其风俗、物产、地图'，虞世基、郎茂等从这些材料中编成了《隋诸州图经集》100卷，可见里面是包括着许多图经的。"[①] 王重民先生讲"最早的图经是以图为主"，显然就是出于推测，因为最早的图经并未流传下来，且文献中也没有详细而明确的记载。一般说来，土地、疆界、城邑、山脉、河流等用图表示自然可以理解；物产皆以图表示则难以想象，是否像《本草纲目》那样，对各地所有物产皆绘之以图？至于说但望"所依据的文字当系地图的说明（即经）"，同样是出于推测，因为《华阳国志》并无这样的记载。对于上段文字还有两点需要指出，一则是"到了隋代，图经一类的地记更为普遍"的讲法并不确切。图经和地记虽然是方志发展早期的两个阶段，但两者之间毕竟还是有所区别的，况且到了隋代，更为普遍的乃是图经而不是地记。关于这点，上文已经作了论述。二则是认为"虞世基、郎茂等从这些材料中编成了《隋诸州图经集》100卷，可见里面包括着许多图经的"，这一说法也不太确切，恐怕他们是据各地所上之图经汇编而成《隋诸州图经集》100卷。正如《隋书·经籍志》所载，南齐时陆澄收集了160家著作，依成书先后为序，编成《地理书》149卷；到了南朝梁，任昉又在陆澄所编《地理书》基础上增收了84家，编

[①] 参见《光明日报》1962年3月14日。收入王重民：《冷庐文薮》，上海古籍出版社1992年版。

成《地记》252卷。可见这个《地记》并非陆澄、任昉自己所编修，而是他们所汇编。

关于图经的形式，王永兴先生在1987年为《敦煌石室地志残卷考释》一书所写的《序言》中是这样说的："根据制度的内容以及'图经'这一名称，这些地方志应以图为主，而辅之以文字说明。仲荦先生辑录在此书中的地方志都是残卷，因此其地图部分可能已亡佚，所残存者只是很不完全的文字部分了。"看来这个说法似乎更离谱了些。王重民先生还说，"最早的图经是以图为主"，越到后来，图的"地位和作用因之缩小"，6世纪的图经"是以经为主了"。不管怎么说，这个结论还比较近乎事实。唐代的图经残卷已经放在面前，特别是敦煌图经残卷①中《沙州都督府图经》存者近乎三丈，所记内容有水、渠、壕堑、泽、堰、故堤、殿、碱卤、盐池、湖泊、驿、州学、县学、医学、社稷坛、杂神、异怪、庙、冢、堂、土河、古城、张芝墨池、祥瑞、歌谣等25种之多，内容字数之多已经相当可观，却丝毫没有图的痕迹，若还说以图为主，于情于理都是讲不通的。再看被后人定名的《沙州伊州地志》，是唐光启元年（885）写本，实际上也是一部图经残卷，残存的内容也相当多，所记有各州县的户数、公廨、乡数，各县又分寺、观、烽、戍的名称，山川、湖泊、古迹、风俗等，与《沙州都督府图经》基本相同，也不见有图的痕迹。因此，认为隋唐时代图经以图为主可以说是没有任何根据的。

我认为，所谓图经，实际上是指这种著作卷首都冠以各种地图，并不是说皆以图为主。不妨看三个例证：第一，据文献记载，隋炀帝于大业五年（609）命秘书学士修成《区宇图志》1200卷，"卷头有图，别造新样，纸卷长二尺，叙山川则卷首有山川图，叙郡国则卷首有郭邑图，其图上有山川城邑"②。这种《区宇图志》实际上也可以为《区宇图经》。第二，大家比较熟悉的李吉甫《元和郡县图志》，原来也有图，如今流传下来的仅为《元和郡县志》，图也失传了。当日有图时显然也是放在卷首。同样，我们也可以称

---

① 文中所引敦煌图经残卷，凡书中未注出处者，一律引自书目文献出版社1986年出版的《敦煌社会经济文献真迹释录》第一辑，以及上海古籍出版社1993年出版的王仲荦《敦煌石室地志残卷考释》。

② 章宗源：《隋书经籍志考证》卷六，参见王承略、刘心明主编：《二十五史艺文经籍志考补萃编》第十四卷，清华大学出版社2012年版，第158页。

其为《元和郡县图经》，因为古人常将经、志两字互用，图经亦即图志。北宋时，中央曾多次下令要求全国编修图经，因此，全国各地都在编修。宋人周煇在《清波杂志》卷四中就曾这样讲："近时州郡皆修图志，志之详略，系夫编摩者用力之精粗。"这里就将图经称为图志。又如宋真宗咸平四年（1001），苏通判为作《善政侯祠堂记》云："善政侯琅邪王公讳元晖，册封之典，《图志》载之备矣。"① 很显然，这个《图志》就是图经。第三，我再举南宋绍兴九年（1139）所修之《严州图经》为例，卷首有图九幅：《子城图》、《建德府内外城图》、《府境总图》、《建德县境图》、《淳安县境图》、《桐庐县境图》、《遂安县境图》、《寿昌县境图》、《分水县境图》。以下内容则先讲严州府，再后则分县编修。这也是图经。对此，我们有什么理由能说图经应以图为主？值得注意的是，王象之的《舆地纪胜》、陈振孙的《直斋书录解题》、马端临的《文献通考》在著录《严州图经》时，皆作《新定志》。郑瑶所修《新定续志》（也称《景定严州续志》）卷四"书籍"门，在著录此书时亦称《新定志》。可见当时人是将志与图经视作同一含义的。需要指出的是，北宋时期沿袭唐五代编修图经的制度，自建国之始便一直重视抓各地图经的编修，尽管各州县都先后修了图经，但流传下来的却实在太少。今天所能见到的，最早无过于北宋朱长文在元丰七年（1084）所撰的《吴郡图经续记》三卷。由于已经无图，所以只好以南宋最早修的图经为例。

　　通过上面的论述，我们完全有把握下这样的结论：图经是一种有图有文的地方性著作，是很有价值的一种地方文献。它是方志发展的第二个阶段，当然具有地方志的许多特征。不过它绝不像有些论者所言是以图为主的，它的图一般都放在全书的卷首。这些结论正是在看了敦煌图经残卷后才得出的。因为敦煌图经残卷还可以告诉我们，唐代图经的结构与内容和宋人所修的图经的基本格调是一致的。关于这点，我们将在下文作详细的比较和论述。因此，我们可以这样讲，敦煌图经残卷帮助我们拨开迷雾，揭开盖在图经上的面纱，看清了图经的庐山真面目，否则还必然要继续着猜宝式的研究，而"图经以图为主"的结论也势必将一直流行下去。单就这一点而言，敦煌图经

---

① 徐时栋：《四明六志校勘记》卷九，宁波市地方志编纂委员会整理：《宋元四明六志》第八册，宁波出版社2011年版。

残卷的发现，在关于方志发展史的研究上已经起到了无可代替的重大作用。

第三节　隋唐五代图经发展概况

隋唐五代时期，是我国地方志发展的第二阶段，即图经盛行时期。在隋统一以后，由于上述多种原因，特别是中央集权的封建政府的需要，图经得到蓬勃发展。唐和五代也都实行了编修图经制度，可惜的是，确切的文献记载很少。作为封建政府正式的法令规定，至今为止，隋朝的一条也未见到，唐和五代的在正式史书中也仅各见到一条，其中五代的那条规定还非常具体。由于这些朝代所修的那么多图经竟然连一部也未能完整地流传下来，所以后人对它一无所知，自然也就免不了产生许多误解和猜测。值得庆幸的是，古代有些学者在其著作中也为我们留下了十分可贵的点滴资料。当然，敦煌图经残卷的发现总算为我们解开了千古之谜。

关于隋代图经，我们根据前人考订成果作一不完全统计，现在所能知道成于隋的图经约有如下这些：《上谷郡图经》、《齐州图经》、《江都图经》、《故安图经》、《东都图经》、《洛阳图经》、《固安图经》、《魏郡图经》、《陈州图经》、《淮阳图经》、《雍州图经》、《丹阳郡图经》、《冀州图经》、《宣城郡图经》、《弘农郡图经》、《蜀郡图经》、《历阳县郡图经》、《河南郡图经》。

以上所列，并不是说隋代只修了这十八部图经，也并不是像《地记与图经考述》一文所说："有隋一朝三十余年，各地共修图经六种，已超过历代修图经之总和。"[①] 这个结论显然是不正确的。此外，隋还有全国性的图志和图经集各一部，即《区宇图志》和《隋诸州图经集》。《隋书·郎茂传》称："撰《州郡图经》一百卷奏之，赐帛三百段，以书付秘府。"郎茂，字蔚之，恒山新市（今河北正定东北）人，炀帝时官拜尚书左丞。此书《隋书·经籍志》则作《隋诸州图经集》，《新唐书·艺文志》又作《隋图经集记》，卷数皆是100卷，而书名却有三个。上文已经讲了，其性质与任昉编的《地记》相同。郎茂将各地所送之图经加以汇集，依区域次序编排，故称《隋诸州图经集》

---

① 参见《方志论集》。

比较符合实际，原名或许只称《诸州图经集》，唐初修史者加了"隋"字。既然当时已"付秘府"，唐初修史时应当可以看到。而称之为《州郡图经》显然不妥，因为隋初实行地方行政区划改革，推行州、县两级制，后又改州为郡，实行郡、县二级制，怎么还会称《州郡图经》？总之，这部《隋诸州图经集》是汇集全国各地图经编纂而成的一部隋代图经总集，它在一定程度上可以反映出隋朝图经发展的概况和记载的内容。因为作者郎茂曾任"尚书左丞，参掌选事"，有可能看到全国各地进呈的图经。否则以他一人之精力纂辑全国各地的图经，其难度之大自然可想而知。这部《图经集》也足以表明，隋朝编修图经确实是相当普遍的。另外，隋炀帝时所修之《区宇图志》与各地编修图经也有着很大关系。《隋书·崔赜传》记载："（大业）五年，受诏与诸儒撰《区宇图志》二百五十卷，奏之。帝不善之，更令虞世基、许善心衍为六百卷。"《太平御览》卷六〇二文部《隋大业拾遗》曰："大业之初，敕内史合人窦威、起居舍人崔祖濬及龙川赞治侯伟等三十余人，撰《区宇图志》一部，五百余卷……属辞比事，全失修撰之意，帝不悦。敕追秘书学士十八人修十郡志，内史侍郎虞世基总检……及图志第一副本新成八百卷奏之，帝以部秩太少，更遣子细重修，成一千二百卷。卷头有图，别造新样，纸卷长二尺，叙山川则卷首有山水图，叙郡国则卷首有郭邑图，其图上有山川城邑。"可惜的是，这部 1200 卷的《图志》，至唐初已大部散佚，仅存十分之一。《隋书·经籍志》著录的只有 129 卷，而唐张彦远《历代名画记》载此书仅 128 卷。这里要指出的是，当时编修这样一部规模宏大的全国图志，需要参考材料之多也是可以想见的。这自然又要联想到全国各地编修图经之事，《隋书·经籍志》"地理类"小序有这样的记载："隋大业中，普诏天下诸郡，条其风俗、物产、地图，上于尚书。"看来这条诏令与当时编修《区宇图志》有着很大的关系，况且这些内容又都是图经所必备的。众所周知，唐代李吉甫编修之《元和郡县图志》，其基本资料无疑得益于全国各地所修之图经。关于这点，正如王永兴先生所说的"唐代能出现像贾耽、李吉甫这样杰出的地理学家，和当时封建国家修造地图地志的制度是分不开的"[①]，这应当说是很有道

[①] 王永兴：《〈敦煌石室地志残卷考释〉序言》，参见王仲荦：《敦煌石室地志残卷考释》，中华书局 2007 年版。

理的。后来宋代曾产生过几部全国性地理著作，亦与当时全国各地图经、方志的编修有着密切关系，如《太平寰宇记》、《元丰九域志》、《方舆胜览》、《舆地纪胜》等。人们在评论《太平寰宇记》等的价值时，无不指出它们采用了大量的新旧图经地志，所载唐以前地志佚文可补史籍之缺略。南宋黄鼎于乾道五年（1169）为《乾道四明图经》所作序中就曾指出：徽宗"大观元年（1107），朝廷创置九域图志局，命所在州郡编纂图经"。其后元代开始创修《一统志》，明、清两朝相承，每当纂修之前，总是下令各地府州县编修方志进呈，以备修一统志之用。所以隋能够在短时间内修成1200卷规模的《区宇图志》，显然是得益于各地进呈之图经无疑。

到了唐代，图经编修得到了进一步的发展，政府已经设立专门的官吏管理此项工作，并明确规定编修期限和办法。《新唐书·百官志》"兵部尚书"条载："职方郎中员外郎各一人，掌地图、城隍、镇戍、烽候、坊人、道路之远近，及四夷归化之事。凡图经非州县增废，五年乃修，岁与版籍偕上。"又《唐会要》卷五十九"职方员外郎"条记载："建中元年（780）十一月二十九日，请州图每三年一送职方，今改至五年一造送。如州县有创造及山河改移，即不在五年之限，后复故。"将这两条材料联系起来看，后一条之州图很可能就是指州图经，因为图经本身必然就有地图。可见唐代图经的编修，原来定为三年一修，后改为五年一修；从条文规定来看，若遇特殊情况，如"州县增废"、"山河改移"等发生，则随时都要造送。这种制度在时间短促的五代时期亦未间断。特别令人高兴的是，《五代会要》卷十五《职方》"长兴三年"条为我们留下了内容非常丰富而具体的材料，为我们研究隋唐五代图经的发展提供了十分有力的证据：

> 长兴三年（932），五月二十三日，尚书吏部侍郎王权奏："伏见诸道州府，每遇闰年，准例送尚书省职方地图者。顷因多事之后，诸道州府旧本虽存，其间郡邑或迁，馆递增改，添增镇戍，创造城池，窃恐尚以旧规录为正本，未专详勘，必有差殊。伏请颁下诸州，其所送职方地图，各令按目下郡县镇戍城池，水陆道路或经新旧移易者，并须载之于图。其有山岭溪湖、步骑舟楫各得便于登涉者，亦须备载。"奉敕："宜令诸道州府，据所管州县，先各进图经一本，并须点勘文字，无令差

误。所有装写工价，并以州县杂罚钱充，不得配率人户。其间或有古今事迹、地里山川、土地所宜、风俗所尚，皆须备载，不得漏略，限至年终进纳。其画图候纸到，图经别敕处分。"

这条材料可以说明这样几个问题：第一，虽然规定每遇闰年各地州县须造送地图、图经，可是地方官往往例行公事，将旧的抄录一本上报，这势必不能反映各地新的变化，必须防止此类事情的发生。第二，地图和图经的内容要求都有具体罗列，地图上"郡县城池"、"水陆道路"、"山岭溪湖"、"步骑舟楫各得便于登涉者"均须备载。可见地图所载内容偏重于为军事服务，而图经内容则更为丰富，两者所载内容明显并不相同，当然地图可以附在图经之中，成为图经的一部分。就像隋所修之《区宇图志》，卷首所载之图即相当于地图，《元和郡县图志》卷首也必然就是郡县之地图，而单行者就是一张图而已。第三，对于图经内容，文中作了具体的要求："古今事迹"、"地里山川"、"土地所宜"、"风俗所尚"皆须备载。虽然只有四句话 16 个字，但所包含的内容范围却相当广泛。所谓"古今事迹"，自然就包括本州县的历史发展、建置沿革、历史事件、历史人物、故事传说等；所谓"土地所宜"，就是指这个地方的土地适宜于种植哪些粮食、水果、蔬菜、药材、树木等，也就是平日所指的"物产"；所谓"风俗所尚"，则包括了这个地方的衣、食、住、行、婚、丧、嫁、娶等各种习俗风尚，自然还包括是否能歌善舞。所有这些都是中央政府需要对这个地区作全面了解的内容。要向某个地区征收些什么贡赋以及各地的民情如何，都得通过图经来了解。第四，图经的编修显然不像地图那么简单易行，因而编修一部图经所需经费是相当可观的，这等经费如何开支，文中也有明确规定，不得向老百姓头上摊派，一律由州县杂罚钱中支出。可见当时政府对这项工作是相当重视的，考虑得也相当周到。所以这一记载，对于研究隋唐五代图经的发展，特别是图经内容的要求是有很大作用的。这个要求与宋代的情况可以说基本上是一致的，《宋史·职官志》"职方郎中"条是这样要求的："掌天下图籍，以周知方域之广袤，及郡邑、镇砦道里之远近。凡土地所产，风俗所尚，具古今兴废之因，州为之籍，遇闰岁造图以进。"从宋代政府三令五申要各地编修图经来看，这个内容显然就是指修图经而言，这与上引《五代会要》那条文字相比，可以说是完全相同。通过这一比较，笔者对于隋唐五代图经的研究自然就更加充满信心，因为就政府要求来说并无什么差别。图经是什么样的著作，隋唐五代未完整地留下来，那就看宋代图经吧！

由于唐朝政府明确规定各地都要按时造送图经，所以不仅内地广为实行，而且边远地区也都无例外地普遍编修。如远在南方的交趾，据唐末崔致远《桂苑笔耕集》卷十六《补安南录异图记》载："交趾四封，图经详矣。"北方的沙州、西州、伊州等地也都修有图经、地志、图录一类著作，敦煌石室图经残卷的发现已经足以证明这点，而这些地方许多都在今天我国新疆境内。遗憾的是，隋唐以来，图经虽然大量编修，竟无一部完整地流传下来。敦煌发现的几部残卷，若不是连同其他书籍一道被封在石室之中，也很可能不会流传至今。推其原因，这种著作的编修，大多出自封建国家的功令，很多地方官往往例行公事，大都采取应付态度，草草了事，这种编修完全变成了案牍之公式，很难谈得上是著作。有的为了交差，便将旧本过录一遍上呈，当然不会考虑其学术价值。五代王权那个奏章已经揭露了"以旧规录为正本"，又敦煌发现的《沙州伊州地志》的末行就曾注明"张大庆因灵州安慰使嗣大夫等来至州，于嗣使边写得此文书记"，至于出于什么动机而抄写，自然尚可研究。于是当时过境迁，图经便和其他文书档案一样，在完成它的历史使命之后，就不再有人去重视它了。加之唐代又先后编著了许多全国性的区域志，如《括地志》、《长安四年十道图》、《开元三年十道图》、《开元十道要略》、《贞元十道录》、《海内华夷图》、《古今郡国县道四夷述》、《元和郡县图志》、《域中郡国山川图经》和《郡国志》等，凡是当时被看作重要的内容，均已被收入上述各书，自然也就无人再去收藏这些大量的公文档案了。历史事实证明，越是易得的书籍，越是容易失传，因为人们不注意收集和保存。正是因为这个道理，到宋代初年，人们已经很少看到唐和五代的图经了。所以《新唐书·艺文志》地理类仅收录了孙处玄所修的《润州图经》一部，看来这也是很自然的。除此之外，今天尚能知道名称的还有：《京西京北图经》、《淮阴图经》、《汉阳郡图经》、《武陵图经》、《陇州图经》、《临桂图经》、《岳州图经》、《坊州图经》、《衡山图经》、《茶陵图经》、《泾阳图经》、《南郡图经》、《邵阳图经》、《常山图经》、《湘阴图经》、《（涿州）图经》、《夷陵图经》、《（升州）图经》、《鄂州图经》、《（苏州）图经》、《汉阳图经》、《扬子图经》、《夔州图经》(原乾曜撰)、《严州图经》、《夔州旧图经》(李国纬撰)、《福州图经》、《开元(吴兴)图经》、《建州图经》、《(维州)图经》、《沙州都督府图经》、《(悉州)图经》、《沙州图经》、《(恭州)图经》、《西州图经》、《(奉州)图经》、《沙州伊州地志》、《柘州图经》、《吴兴图经》(陆羽撰)。

根据各类文献记载，比较确定的有38种，而刘纬毅的《汉唐方志辑佚》一书中还列有"约为唐人所作"者80余种，于此可见唐代编纂图经确实相当普遍。尽管没有大批地流传下来，但从许多文献记载来看，在唐代的社会里，这种著作在全国各地确实普遍存在。不仅中央政府用它来了解各地的政治、经济、军事等方面情况，有时地方也用它来作为归顺称臣的象征。我们可以这样说，在唐代，编修图经与否，事实上可以看作是否归顺大唐政权的一种象征，而绝不是可修可不修的。如唐代中叶著名诗人张籍的《送郑尚书赴广州》诗就有这个意味在其中，诗曰：

圣朝选将持符节，内制宣时百辟听。
海北蛮夷来舞蹈，岭南封管送图经。
白鹇飞绕迎官舫，红槿开当宴客亭。
此处莫言多瘴疠，天边看取老人星。[①]

请看，朝廷命官一到，不仅少数民族"来舞蹈"，而且马上有"封管"送上图经。可见在当时，地方对中央政府及时送上图经是很重要的，否则送行诗也就不必讲了。另外，唐代著名诗人元稹有《进西北边图经状》一文，更为我们留下了非常难得的材料。现将状文抄录于下：

《京西京北图经》四卷。

右，臣今月二日进《京西京北图》一面，山川险易，细大无遗，犹虑幅尺高低，阅览有烦于睿鉴，屋壁施设，俯仰颇劳于圣躬。寻于古今图籍之中，纂撰《京西京北图经》，共成四卷。所冀裀席之上，敧枕而

[①]《唐张司业诗集》卷四，四部丛刊初编本。

郡邑可观，游幸之时，倚马而山川尽在。又太和公主下嫁，伏恐圣虑念其道远，臣今具录天德城以北，至回鹘衙帐已来，食宿井泉，附于《图经》之内，并别写一本与《图经序》，谨同封进其图四卷，随状进呈。①

这个简短的进状再次告诉人们，地图和图经还是不一样的。图经不仅是最高统治者用来了解全国郡邑分布和山川形势，而且在长途远行时还可以作为旅途的指南，依靠它来确定行程。去过河西走廊的人都会深深感到，这一点实在太重要了。正因如此，许多文人墨客在游览山川名胜的时候，往往还借助它作为导游之用。众所周知，张籍的良师益友韩愈在早上刚上了《谏佛骨表》以后，傍晚就被贬到八千里路以外的潮州，"本为圣朝除弊政"，却落得如此下场。于是他怀着满腔的义愤离开京城，一路上便借大好的山水名胜来消除胸中的积郁。将要到达韶州时，他给张籍写诗一首，请代借一本图经，标题是《将至韶州先寄张端公使君借图经》，诗曰：

曲江山水闻来久，恐不知名访倍难。
愿借图经将入界，每逢佳处便开看。②

人还未到，便先寄诗请借图经，目的在于每逢佳处，先打开图经作些了解，以便更好地游览。这一则说明当时各地确实皆有图经，否则如何能开口便借；再则说明图经的内容是相当丰富的，竟能成为文人墨客游览山水名胜的忠实伴侣。关于图经的重要内容，下文将作详细论述。

第四节　隋唐图经的内容

隋唐时期编纂图经尽管非常普遍，但由于没有一部完整地流传下来，因此今人不仅对它的全貌无从了解，就是对它究竟包含哪些内容，也难以讲得

---

① 《元氏长庆集》卷三十五，四部丛刊初编本。
② 《韩愈全集校注》，四川大学出版社1996年版，第818页。

清楚。我们现在只能根据前人所征引的有关资料和后人的辑佚成果来加以分析研究。王谟在《汉唐地理书钞》里曾对郎蔚之的《隋州郡图经》和《冀州图经》作过辑佚，不仅条文少，而且所辑还有不少错误，他辑的隋朝图经，有些条文明显是唐代的内容。今人刘纬毅所撰《汉唐方志辑佚》一书，所采辑书籍多，内容丰富。今据其所辑，选择部分条文归纳为如下几个方面内容：

一、叙建置的沿革

《梁州图经》：梁州汉中郡，春秋至战国时楚地，秦汉为汉中郡。《蜀志》曰："刘备初得汉中日，曹公虽来无能为也。"

《贝州图经》：清河县，秦为厝县，汉为信成县。

《蓟州图经》：蓟州渔阳郡，《禹贡》冀州之域，春秋战国时属燕，秦时于此置渔阳郡，二汉因之。

《辽州图经》：辽州乐平郡，《禹贡》冀州之城（恐为"域"字误）。春秋时，其地属晋，战国属韩，后属赵。秦汉为上党郡，贞观中避讳改为仪州。后又为箕州，复为辽。

二、释地名的由来

《上谷郡图经》：黄金台，易水东南十八里。燕昭王置千金于台上，以延天下之士。

《盱眙图经》：台子山，周回一十里，在县东一里。案《宋书》云，元嘉二十七年，宋将臧质引兵下造弩台，以射城中，因以为名。按台子山，在楚州西南是。

《润州图经》：古号铁瓮城者，以其坚固如金城之类。

《润州图经》：其城因山为垒，缘江为境，《尔雅》曰："丘绝高曰京。"因谓之京口。

《饶州图经》：以山川蕴物珍奇，故名饶。

《宜春图经》：望凤山，在州西北七十里，上有一峰，远观似凤，以此为名。

三、述山河的走向

《冀州图经》：刁黄山，在县西六十里，亦名发瓮山，漳水出焉。壶关三老上书明戾太子，冤者死于此而冢存。

《丹阳郡图经》：方山在江宁县东五十里，下有湖水。旧扬州有四津，方山为东，石头为西。

《豫章图经》：蜀水在丰城县北。按《汉书·地理志》曰：蜀水源出县内小界山、东山，东流入南昌县漳水合。《耆老传》云：仙人许逊为蜀旌阳县令，有奇术。晋末人皆疾疠多往蜀诣逊请教，逊与一器水，投于上流，疾者饮之，无不愈也。邑人敬其神异，故以蜀水为名。

《歙县图经》：北黟山，在县西北一百六十八里，高一千一百七十丈，丰乐水出焉。旧名黄山，天宝六年敕改焉。案，江南诸山之大者，有天台、天目，而天目近连浙江，天台俯瞰沧海。江海者，实以地下为百川所归。然歙州则江之上游，而海上滥觞也。今计歙川之平地已合，与二山齐矣。况其山又有摩天戛日之高，此则浙江东西宣、歙、池、饶、江等州山，并是此山之支脉明矣。其诸峰悉是积石，有如削成，烟岚无际，雷雨在下，其霞城、洞室、符窦、瀑泉，则无峰不有。若林涧之下，岩峦之上，奇纵异状，不可模写，信灵仙之窟宅也。山中峰有溪丘公仙坛，彩霞灵禽栖止其上，是浮丘公与容成子游之处所。昔有人到坛所，忽见楼台焕然，楼前有莲池，左右有盐积、米积，遂归，引村人上取，了不知其处所。山下人往往闻峰上有仙乐之声。

四、载各地的物产

《永嘉图经》：永嘉县东三百里，有白茶山。

《陵州图经》：陵州盐井，后汉仙者沛国张道陵之所开凿。周回四丈，深五百四十尺。置灶煮盐，一分入官，二分入百姓家。因利所以聚人，因人所以成邑。万岁通天二年，右补阙郭文简奏，卖水一日一夜，得四十五万贯，百姓贪其利，人用失业。井上又有玉女庙。古老传云，比十二玉女，尝与张道陵指地开井，遂奉以为神。又俗称井底有灵，不得以火投及秽污。曾有汲水，误以火坠，即吼沸涌，烟气冲上，溅泥漂石，甚为可畏。或云，泉源通东海，时有败船木浮出。

《江夏图经》：白雉山，其山上有芙蓉峰。前有狮子岭，后有金鸡石。西南出铜矿。自晋、宋、梁、陈以来，常置立炉，冶烹炼。

《江夏图经》：樊山，西陆路去州一百七十三里，出紫石英。

《茶陵图经》：茶陵者，谓陵谷生茶茗。

《歙州图经》：黟县有墨岭，上有石如墨色，软腻，士人取以为墨。

五、讲风俗与民情

《邕州图经》：俗俭啬浇薄，内险外蠹，椎髻跣足，尚鸡卜及卵卜，提匏箕踞。

《邕州图经》：乡村之俗，多戴白巾。

《荆州图经》：襄阳县南八里，岘山东南一里，江中有蔡洲，汉长水校尉蔡瑁所居。宗族强盛，共保蔡洲为王，如所没一宗都尽。

《睦州图经》：隋置睦州，取俗阜人和、内外辑睦为义。

《代州图经》：邑地井泉咸苦，民皆辇车远汲。魏牵招为郡，凿原为渠，注水城内，迄今民赖其益。

《坊州图经》：地近边面，人皆精于制兵器。

《坊州图经》：中部、宜君风土颇恶，勇而不知义。

《常州图经》：昔有谶述其地云："无锡宁，天下平；有锡兵，天下争。"故名之。

六、记名胜与古迹

《宋州图经》：梁王有修竹园，园中竹木，天下之选集。诸方游士各为赋，故馆有邹枚之号。又有雁鹜池，周回四里，亦梁王所凿。又有清泠池，有钓台谓之清泠台。

《洛阳图经》：华林园，在城内东北隅。魏明帝起名芳林园，齐王芳改为华林。

《夔州图经》：滟滪在瞿唐口，夏水迅激，至为艰难。谚曰："滟滪大如马。瞿唐不敢下。"

《冀州图经》：白登山，在定襄县东北，汉高所困之处。上有台，因山为名。

《冀州图经》：枋头城，在县南，去河八里，对酸枣棘津是也。即汉建安中，曹公于淇水口下大枋木，以成堰遏洪水，东入白沟，以通漕运，故时人号其处为枋头。晋太和四年，大将军桓温北伐慕容暐时亢旱，水道不通，乃凿钜野三百余里，以通舟运，自清水入河。暐将慕容垂率众八万来拒温，大破之。遂至枋头，会军粮竭尽，焚舟步退。垂以八千骑追之，温战败于襄邑，亦谓此也。后苻氏克邺，改枋头为永昌县。

《润州图经》：（金山）本名浮玉山，因头陀开山得金，故名。金山寺，诗人多留题。

《盱眙图经》：长围山，周回四里，在县北七里，上置军营，将士一千人守捉。至德二年节度使高适置。按《宋书》云，元嘉二十七年，宋文帝遣臧质，拒魏太武帝，遂于梁山筑长图城，造浮桥，绝水路，即此山。又改为长围山。当在楚州西南一百八十里。

我们从以上六个方面介绍了隋唐五代时期图经的内容。当然这并不是说仅限于这六个方面的内容，其实对于道路交通与农田水利，其记载亦相当重视。特别是道路交通，可以说是每部图经必备的内容。因为它直接关系到中央政府对各地的统治，同时军事、商旅都很需要，敦煌图经残卷足以说明这个问题。限于篇幅，就不多介绍了。就上述这些内容，若与魏晋南北朝的地记相比，除了不强调人物外，其他内容完全相同。当然，每部图经卷首还有各式各样的图，这也许就是图经与地记最大的区别。还要指出的是，隋唐五代图经的编写，有许多似乎并非出于闰年要送图经，许多内容记载相当认真，甚至还旁征博引，征引之书相当多，我们发现的就有《史记》、《汉书》、《三国志》、《宋书》等正史，此外尚有《左传》、《庄子》、《尔雅》、《魏都赋》、《洞箫赋》等，至于对《禹贡》、地记和前人所作图经的征引就更加普遍，说明编写人员还是相当有水平的。从其内容看，也并非像出自应付而作，况且许多内容也与定型后的方志一样，具有一定的学术价值。只是由于长期以来对图经不清楚、不了解而产生种种误会，因而大部分人总以为图经就是专门为政府服务的公文案牍，就连方志学大师章学诚也对其产生偏见，指责其为地理专书，但地理专书毕竟还是学术著作。事实上，由于它的内容丰富，在当时，除了为军事、商旅必备之外，对于文人墨客的游山玩水和专家学者著述研究，同样具有重要作用。众所周知，在唐代曾产生过许多著名的地理学家和地理著作，很显然这与当时全国各地普遍编修图经有着密切的关系。众多而丰富的图经，成了各类地理著作取之不尽、用之不绝的丰富资源。可以设想，如果没有这么多的图经作为依据，任何一位地理学家只靠个人力量到全国各地调查访问而写出一部全国范围的地理学著作，自然是相当困难的。所以我们可以毫不夸张地说，由于隋唐时期不断编修图经，因而也造就了一批地理学家，产生了许多著名的地理著作。

第五节　敦煌图经残卷简介

唐代图经编修虽然非常普遍，但流传下来的很少，就连新、旧《唐书》均著录的《润州图经》也早已散佚。值得庆幸的是，敦煌石室还为我们保存下来几部图经的残卷，为我们研究唐代图经的体例、形式和内容提供了宝贵的资料。《沙州都督府图经》、《西州图经》和《沙州伊州地志》（即《沙州地志》）就是其中人们常提到的三部。由于大多数人很难看到这类文献，为了帮助大家了解隋唐时代图经的大体面貌，现将三部图经残卷全文抄录于后，以便共同研究。

一、《沙州都督府图经》

关于《沙州都督府图经》，罗振玉曾写过跋，对其成书年代、内容价值都作了考订和介绍。王重民又写了叙录，对罗氏考订提出了不同看法。两位的跋和叙录对于研究这部图经的来龙去脉关系极大，现一并抄录于后，以帮助大家更好地对这部图经残卷进行研究。

罗振玉跋：

《沙州图经》残卷，首尾缺佚，其存者长不逾三丈。始于《水渠》，竟于《歌谣》，叙述详赡，文字尔雅。其所记水渠、泊泽、池堰，如苦水、独利河、兴胡泊及三泽二堰，均不见于他地书。七渠之名，仅都乡渠一见于《使于阗记》。(《图经》：又分一渠名都乡渠。案高居诲《使于阗记》：西渡都乡河，至阳关。殆即此渠。) 盐池三所，《元和图志》则举其一而遗其二。(《图经》：东盐池水在州东五十里。案《元和图志》作"盐池在县东四十七里"，即此池也，而不及西北两池。) 所记城塞驿路，如汉武之长城旧塞，十九驿之名称建置，均为古今地志所不及。所记十六国时诸凉遗事，取校崔鸿书，如张体顺之讹张慎，(《图经》：凉王且渠茂虔访于奉常张体顺。今本《北凉录》作张慎，误。体顺于李暠时为宁远将军，李歆时为左长史，见《西凉录》，殆西凉亡而仕北凉者。) 宋承义之误宋承。(《图经》：郡人宋承义、张弘以恂在郡，有惠政。案宋承义今《西凉录》作宋承，夺义字，当据补。下承义名两见，并讹作承。) 凉武昭王之庚子纪年，直称至五年，非元年称庚子，二年称辛丑。(《图经》：凉王李暠庚子五年，兴立泮宫，增高门学生五百人，起嘉纳堂于后园。案《西凉录》一载此事于癸卯四年，误先一年。又案暠建元庚子元年，庚子二年，以至五年，皆以庚子纪之，今本《西凉录》作庚子元年，辛丑二年，壬寅三年，癸卯四年，甲辰五年，误也，当据此改正。) 武昭之修塞城，敦煌之献同心梨，系年舛误(《图经》：《后凉录》吕光麟庆元年，敦煌献同心梨。案麟庆今本《后凉录》一作麟嘉。又此事《后凉录》列于太安三年，云敦煌太守宋歆送同心梨，误先一年，当据此改正。)，均足正明人纂辑两本之讹夺。又如效谷古城在州东北，不在州西，(《图经》古效谷城在州东北三十里，是汉时效谷县。案《一统志》称效谷、龙勒故城，俱在沙州卫西。《西域图志》云："今日敦煌县西逾党河，旧城基址，不一而足，效谷、龙勒城郭遗址，疑于是乎在。"此云在州东北，则非在沙州卫之西可知。惜徐星伯先生不及见此，当时未于城东北一寻迹之也。) 辛武贤所开井泉，在州北不在州西，(《图经》：辛武贤讨昆弥，至敦煌，遣使者按行，悉穿大井。案《汉书·西域传》下《乌孙传》载此事，作"案行穿卑鞮侯井"，孟康注："大井，六通渠也。下流涌出，在白龙堆西土山下"，《西域图志》白龙堆在敦煌县西境，引《汉书·地理志》"敦煌郡正西关外白龙堆沙",是均谓白龙堆在敦煌西,此志谓大井渠在县北十五里,与孟康说不合。)足订《汉书》孟康注及《西域志》之讹误。①崔不意为渔泽都尉,非鱼泽尉,(《图经》:济南崔意不为渔泽都尉。案颜注作济南崔不意为渔泽尉,此云"意不",殆"不意"二字之倒置,颜注渔泽下夺"都"字。当时诸障皆都尉治之,当据此补正。)足补《汉志》颜注之夺文。《匈奴传》"起亭燧"之"燧"不作"隧",(《图经》:建塞徼,起亭燧,筑外城,设屯戍,以等守之。案此疏见《匈奴传》,唯"亭燧"《匈奴传》作"亭隧"。师古注隧谓深开小道而行,避敌钞寇,其义纡曲,宜从此作亭燧,谓起烽堠也。又《匈奴传》守字上无"等"字,此衍。)足正师古隧之曲解。如是之类,指不胜屈。此戋戋残卷,虽把不盈握,而有裨史地之学,如此之宏!惜徐、张、沈、何诸先生早不及见也。

至此书之作,殆在开、天间。虽卷中多颂扬武后语,及遇大周处多跳行空格,而无伪周之新字,且有开元之纪年;又避唐讳,如"虎"作"武","隆"作"陉","基"作"其","四民"作"四人"之类,均为作于唐而非周之确证。记事至开元而止,而不及天宝以后,其非作于肃、代以后又可知矣。唐代图经,久绝于世,亟为考其厓略,俾读者知此为人间鸿宝也。一九〇二年十二月。

此书乃溧阳端忠敏公方向伯希和君影照,予从忠敏借印十本,分颁同好。乃逾二年……搜行箧得旧本,亟遣工复影,与《西州图经》同印行之,以推广忠敏传古之雅意……癸丑(1913)八月又记。

此卷无前后题,予往臆定为"沙州图经",未敢遽自信也。近日本狩野博士(直喜)游欧,手录英伦及巴黎所藏《敦煌书目》,载法京有《沙州都督府图经》卷三,知臆定固不误也。英京所藏,有《沙州图经》卷第一,其标目第一沙州,第二、第三、第四敦煌县,第五寿昌县,则篇目亦班班可考矣,附记于此。是年十一月又记。

重民按:是书于一九〇九年排印入《敦煌石室遗书》中,题为"沙

---

① 经查对《汉书·西域传》下《乌孙传》,原文为:"遣使者案行表,穿卑鞮侯井以西。"孟康注:"(卑鞮侯井,)大井六,通渠也,下泉流涌出,在白龙堆东土山下。"

州志"。罗振玉作跋文两则，又撰《沙州志残卷校录札记》一卷，附于后。一九一三年影印入《鸣沙石室佚书》时，罗氏将《札记》中有关考证者，散入跋文为夹注，即上所录者是也。①

王重民先生所写叙录：

　　《沙州都督府图经》卷第三，始《祥瑞》，终《歌谣》，存者七十九行。按一九〇九年罗振玉曾据二〇〇五号另一残卷，印入《敦煌石室遗书》，嗣又付之影印。然首尾残缺，不著书名，故罗氏排印本题为《沙州志》，影印本题为《沙州图经》，虽为近之，未为得也。此残卷虽长不及二〇〇五号，然卷尾尚有"沙州都督府图经卷第三"一行，俾吾人得识原书真名，为可宝也。持与二〇〇五号罗印本相校，《祥瑞》"甘露"条："右垂拱四年董行端园内"，罗印本右下羡一按字，端作靖，校以连理木条，作端是也。

　　"五色鸟"条："平康乡界武孝通园内"，罗印本衍界字。"白狼"条："天告臣子，并守忠于陛也"，罗印本于陛二字作愷，《校记》云愷字误。《歌谣》："□皷不服"，罗印本服字磨灭。此又文字上足资校证者也。

　　罗跋云："此书之作，殆在开天间。虽卷中多颂扬武后语，及遇大周处多跳行空格，而无伪周之新字，且有开元之纪年。又避唐讳，如虎作武，隆作陛，基作其，四民作四人之类，均为作于唐而非周之确证。纪事至开元而止，而不及天宝以后，其非作于肃、代以后，又可知矣。"按罗说虽辩，余颇疑实作于武后之世也，请略言之。新井等三驿，称"于证圣元年正月十四日，敕为沙州遭贼少草，运转极难，稍竿道停，改于第五道来往。又奉今年二月二十七日勅，第五道中总置十驿，拟供客使等食"云云。此称今年，当蒙证圣而言，可知是书当作于证圣二年，不在开天之世，此一证也。据"横涧驿"条知证圣元年十二月三十日沙州刺史为陈玄珪，据"甘草驿"条同年纪事称前刺史李无亏，则证圣元年李无亏已去职，故称前刺史，盖是书纂于李无亏为刺史时，而成于证圣

---

① 王重民：《敦煌古籍叙录》，中华书局2010年版，第113—115页。

二年陈玄珪为刺史时，此二证也。汉人称当时皇帝为"今上"，六朝以来称"圣神皇帝陛下"，天授二年"日扬光"条有"咸以为圣神皇帝陛下，受命之符"一语，更可知是书作于武后时，不在开天之世，此三证也。"张芝墨池"一条，虽有开元四年纪事，然全卷纪事，无逾证圣以后者，且"墨池"条与全书体例不合，（按原文明云其池已磨灭，故老相传，池在前件所去；而标题下乃称在县东北一里云云，此行显系后人窜入，不然应叙入正文，方与全书体例一致。）自开元二年九月以下，当系后人增入，应据全书以疑此条，不应据此条以定作书年代。又访查墨池为刺史杜楚臣、县令赵智本所主使，而张氏又为敦煌右族，则事举之后，窜入《图经》，至为易易。明于此，则无伪周新字，且避玄宗讳者，正因写于开天之世；卷中多颂扬武后语及遇大周处多跳行空格者，正以作于证圣时故也，此四证也。罗说虽辩，然余说则甚通。今日因重检二〇〇五号卷子，偶有所感，故并识之。一九三五年四月二十七日。①

对于这部图经的内容价值，上面两篇叙跋都给予了高度评价。但对于成书年代，两文作者显然持不同看法，目前学术界似乎以采用罗说者为多。究竟哪一种说法较为合理，大家可以根据图经残卷的内容自行评定。现将残卷内容照原样抄录于下，原是直行书写，现因排版格式所需改为横排，其他都一律照旧，包括每行字数和提行格式；凡遇缺文，则在括号内注一缺字。对于图经残卷文字的校勘写定，笔者参考吸收了甘肃人民出版社2007年出版的李正宇著《古本敦煌乡土志八种笺证》的相关研究成果。

P.2005《沙州都督府图经》残卷

（以上残缺）

美草更（缺）

^{美草}又西北流入硖谷（缺）

流（曝）［瀑］布桂鹤逍（缺）

---

① 王重民：《敦煌古籍叙录》，第115—117页。

第四章 方志发展的第二个阶段——隋唐五代的图经

弊虧日月深（缺）

里不生草木中有（缺）

春之後仲夏（缺）

秋後即下向人（缺）

無雜鳥水無（缺）

者不過數寸（缺）

曲多野馬（犙）[牦]牛（缺）

狼虫豹窟穴其（缺）

里至子亭鎮西三（缺）

烽又西北流六十里至山闕烽水東即是

鳴沙（流）山其山流動無定峯岫不恒俄然

深谷為陵高崖為谷或峯危似削孤岫如

晝夕疑無地朝已干霄中有井泉沙至不掩

馬馳人踐其聲若雷其水西有石山亦

無草木又東北流八十里百姓造大堰號為

馬圈口其堰南北一百五十步闊廿步高二

丈總開五門分水以灌田園荷鍤成雲決

渠降雨其腴如涇其濁如河加以節氣

少雨山谷多雪立夏之後山暖雪（霄）[消]雪

水入河朝減夕漲其水又東北流卌里至

沙州城分派溉灌北流者名北府[渠]東流者

名東河水東南流者二道 一名神農渠 一名陽開渠 州

西北又分一渠北名都鄉渠又從馬圈口分

一渠於州西北流名宜秋渠州城四面水

渠側流觴曲水花草菓園豪族士流家

家自足土不生棘鳥則無鴞五穀皆

饒唯無稻黍其水溉田即盡更無流蜄

苦水

右源出瓜州東北十五里名鹵澗水直西流至瓜州

城北十餘里西南流一百廿里至瓜州常樂縣南山
南号為苦水又西行卅里入沙州東界故魚泉驛
南西北流十五里入常樂山又北流至沙州階亭驛
南即向西北流至廉遷烽西北廿餘里散入沙鹵

獨利河水
　　右源出瓜州東南三百里流至沙州燉煌縣
　　東南界雨多即流無雨竭涸

懸泉水
　　右在州東一百卅里出於石崖腹中其泉傍出細
　　流一里許即絕人馬多至水即多人馬少至水
　　出即少西涼異物志云漢貳師將軍李廣
　　利西伐大菀迴至此山兵士衆渴乏廣［利］乃以掌
　　拓山仰天悲誓以佩劍刺山飛泉涌出以濟
　　三軍人多皆足人少不盈側出懸崖故曰
　　懸泉

七所渠
　宜秋渠　　　長廿里
　　右源在州西南廿五里引甘泉水兩岸修堰十里
　　高一丈下闊一丈五尺其渠下地宜晚禾因号為宜
　　秋渠
　孟授渠　　　長廿里
　　右據西涼録燉煌太守趙郡孟敏於州西南十
　　八里（於）甘泉［水］都鄉斗門上開渠溉田百姓蒙賴
　　因以為号
　陽開渠　　　長一十五里
　　右源在州南十里引甘泉水舊名（中）［平］渠據西涼
　　録刺史楊宣移向上流造五石斗門堰水溉
　　田人賴其利因以為号
　都鄉渠　　　長廿里
　　右源在州西南一十八里甘泉水馬圈堰下流

造堰擁水七里高八尺闊四尺諸鄉共造因

亏都鄉渠

北府渠　　長卅五里

右源在州東三里甘泉[水]上(中)[平]河斗門為其渠

北地下每年破壞前涼時刺史楊宣以家粟萬斛

買石修理於今不壞其斗門壘石作長卅步闊三丈

高三丈昔燉煌置南府北府因府以為渠名

三丈渠　　長五里

右源在州東三里甘泉水上於[平]河斗門南向東修

堰穿渠一十三里其渠闊三丈因以為号

陰安渠　　長七里

右在州西南六里甘泉水上據西涼錄燉煌太守

陰澹於都鄉斗門上開渠溉田百姓蒙利而安

因以為号

一所壕灄水　　闊卅五尺　　深九尺　　壕遶城四面

右其壕西南角有一大泉分為兩道流遶城四面

周匝至東北隅合流北出去城七里投入大河

三所澤

東泉澤

右在州東卅七里澤內有泉因以為号

卅里澤　　東西十五里　　南北五里

右在州北卅里中有池水周迴二百步堪漚麻眾

人往還因里數為号

大井澤　　東西卅里　　南北廿里

右在州北十五里漢書西域傳漢遣破羌將軍

辛武賢討昆彌至燉煌遣使者按行悉穿

大井因号其澤曰大井澤

二所堰

馬圈口堰

右在州西南廿五里漢元鼎六年造依馬圈山造

因山名焉其山周迴五十步自西涷已後甘［泉］水湍
激無復此山
長城堰　　　高一丈五尺　　　長三丈　　　闊二丈
右在州東北一百七十里堰苦水以溉田承前造
堰不成百姓不得溉灌刺史李無虧造成百
姓欣慶無虧漢（承）［丞］相蔡之後自隴西徙居
幽州之范陽五代伯祖司空（訴）［訢］尚後魏（太）［世］祖
舅陽平王杜（起）［超］女後為公主憶長安城（太）［世］祖
于范陽為主築長安城俗号長安城李（隨）［隋］時定
氏族去其安字直為長城李氏
大周聖神皇帝賜無虧長城縣開國子故時
人名此堰為長城堰
一所故堤　　　高三丈　　　闊三丈五尺
右在州東北一百廿步按十六國春秋嘉興四年西
涼李歆為且渠蒙遜戰敗於酒泉東懷
城歆死國滅其弟恂為燉煌太守与諸子弃
燉煌奔于北山蒙遜以索元緒行燉煌太守緒
行險惡失於人心郡人宋承義張弘以恂在郡有
惠政密遣招恂九月率數十騎入于燉煌索［元］緒
東奔宋承義等推恂冠軍將軍涼州刺史蒙
遜遣子德政率眾一万攻恂恂閉門不戰至五年
春蒙遜率眾二万攻燉煌遣恂書諭以興亡
之運恂不答二月三面起堤以水灌城恂使
壯士千人連板為橋潛欲決堤悉為蒙遜所擒
將佐等勸恂曰今水弥盛東軍來者相繼雖
有熊武之士決戰無所宜遣使降因以擊之
恂遣使請降遜不許左長史宋承義武衛
將軍張弘等開門降遜恂自殺其堤多毀
滅唯東面北面（其趾）［基址］少存
一所殿六門　　五架　　高四丈　　東西十七步　　南北八步

　　　　右在子城中近城南門據西涼録涼王李暠庚子
　　　　年建造此殿以聽政至今見在州司以為館
鹹鹵
　　　　右州界遼闊沙磧至多鹹鹵鹽澤約餘
　　　　大半
三所鹽池水
　　東鹽池水
　　　　右在州東五十里東西二百步南北三里其鹽
　　　　在水中自為塊片人就水裏漉出曝乾並是
　　　　顆鹽其味淡於河東鹽（東）印形相似
　　西鹽池水
　　　　右俗号沙泉鹽在州北一百一十七里揔有四陂每
　　　　陂二畝已下時人於水中漉出大者有馬牙
　　　　其味極美其色如雪取者既衆用之
　　　　無窮
　　北鹽池水
　　　　右在州西北卌五里東西九里南北四里其鹽不如
　　　　西池与州東鹽味同
一所興胡泊　　東西十九里　　南北九里　　深五尺
　　　　右在州西北一百一十里其水鹹苦唯泉堪食商
　　　　胡從玉門關道往還居止因以為號
一十九所驛並廢
　　州城驛
　　　　右在州東二百步因州為名東北去清泉驛卌里
　　清泉驛
　　　　右在州東北卌里去橫澗驛廿里承前驛路在
　　　　瓜州常樂縣西南刺史李無虧以舊路石
　　　　磧山險迂曲近賊奏請近北安置奉天授二年
　　　　五月十八日　　勅移就北其驛置在神泉觀
　　　　莊側故名神泉驛今為清泉戍置在驛傍

因改為清泉驛
橫澗驛
　　　右在州東北六十里北去白亭驛廿里刺史陳玄
　　　珪為中間迂曲奏請奉證聖元年十二月卅日
　　　勅置驛側有澗因以為名
白亭驛
　　　右在州東北八十里東北［去］長亭驛卅里同前奉
　　　勅移為置白亭烽下因烽為号
長亭驛
　　　右在州東北一百廿里東去甘草驛廿五里同前
　　　奉　　勅移為置在長亭烽下因烽為号
甘草驛
　　　右在州東北一百卅五里東南去階亭驛廿五
　　　里前刺史李無虧為中間路遠兼有沙鹵
　　　　奏請奉　勅置驛側有甘草因以為号
階亭驛
　　　右在州東一百七十里東去瓜州常樂驛
　　　卅里同前奉　　勅移為置在階亭烽
　　　側因烽為号
新井驛　　廣顯驛　　烏山驛已上驛並瓜州捉
　　　右在州東北二百廿七里二百步瓜州常樂界
　　　同前奉　　勅置遣沙州百姓越界供奉
　　　如意元［年］四月三日　　勅移就稍竿道
　　　行至證聖元年正月十四日
　　　勅為沙州遭賊少草運轉極難稍竿道
　　　停改於第五道來往又奉今年二月廿七
　　　　日　　勅第五道中揔置十驛擬供
　　　客使等食付王孝傑幷瓜州沙州審
　　　更檢問今瓜州捉三驛沙州捉四驛件
　　　檢瓜州驛數如前

雙泉驛
　　右在州東北四百（七）[四]十七里一百六十步瓜
　　州常樂縣界唐儀鳳三年閏十月奉
　　　勅移稍竿道就第五道莫賀延磧
　　置沙州百姓越界捉奉如意元年
　　四月三日　勅移就稍竿道行至
　　證聖元年正月十四日　　勅為沙州
　　遭賊改第五道來往南去瓜州常樂
　　縣界烏山驛六十九里二百六十步北去
　　弟五驛六十[四]里八十步
第五驛
　　右在州東北五百一十一里卅步同前奉
　　勅置沙州百姓越界捉南去雙泉
　　驛六十四里八十步北去冷泉驛六十八里
　　卅步
冷泉驛
　　右在州東北五百七十九里一百七十步同前
　　奉　　勅置沙州百姓越界捉南去弟
　　五驛六十八里卅步北去胡桐驛八十四里
胡桐驛
　　右在州東北六百六十三里一百七十步同前奉
　　勅置沙州百姓越界捉南去冷泉驛八十四
　　里北去伊州柔遠縣界赤崖驛八十里
東泉驛
　　右在州東卅里東去其頭驛廿五里刺史
　　李無虧為其路山險迂曲奏請就北安置
　　奉天授二年五月十八日　　勅移就北其
　　驛遂廢
其頭驛
　　右在州東六十五里西去東泉驛廿五里東去

懸泉驛八十里同前奉　　勅移廢

懸泉驛

　　右在州東一百卅五里舊是山南空谷驛唐

　　永淳二年録奏奉　　勅移就山北懸

　　泉谷置西去其頭驛八十里東去魚泉

　　驛卅里同前奉　　勅移廢

魚泉驛

　　右唐咸亨四年刺史李祖隆奏奉

　　勅置去州東一百八十五里東［北］去瓜州常樂

　　［城］卅五里西去懸泉驛卅里同前（奏）［奉］

　　勅移廢

（无）［無］窮驛

　　右在州東一百里在（无）［無］窮山置西去其頭驛卅

　　五里東去空谷驛卅里唐永淳二年奏移就

　　北行其驛遂廢

空谷驛

　　右去州東一百卅里在空谷山南置西去（无）［無］窮

　　驛卅里東去黄谷驛卅里為同前移道其

　　驛遂廢

黄谷驛

　　右去州東一百七十里東去魚泉驛廿五里為

　　同前移道其驛遂廢

州學

　　右在城内在州西三百步其學院丙東厢有先

　　聖太師廟堂内有（素）［塑］先聖及先師顏子

　　之像春秋二時奠祭

縣學

　　右在州學西連院其院中東厢有　先聖太

　　師廟堂内有（素）［塑］先聖及先師顏子之像

　　春秋二時奠祭

醫學

　　右在州學院內於北牆別構房宇安置

二所社稷壇

　　州社稷壇各一　　高四尺　　周迴各廿四步

　　　右在州城南六十步春秋二時奠祭

　　燉煌縣社稷壇各一　　高四尺　　周迴各廿四步

　　　右在州城西一里春秋二時奠祭

四所雜神

　　土地神

　　　右在州南一里立舍畫神主境內有灾患

　　　不安因以祈焉不知起在何代

　　風伯神

　　　右在州西北五十步立舍畫神主境內風不調

　　　因即祈焉不知起在何代

　　雨師神

　　　右在州東二里立舍畫神主境內亢旱因即祈

　　　焉不知起在何代

　　祆神

　　　右在州東一里立舍畫神主摁有廿龕其院周迴

　　　一百步

一所異（惟）[怪]

　　老父投書

　　　右按十六國春秋北涼永和三年正月有一老父

　　　見於城東門上投書於地忽然不見書一紙八

　　　字滿之其文曰涼王（卅）[三十]年若七年涼王且渠

　　　茂虔訪於奉常張體順順曰昔虢之將亡神

　　　降于莘此老父之見國之休祥深願陛下勉念

　　　脩政以副（卅）[三十]之慶若盤于遊田荒於酒色臣

　　　恐七年將有大變虔不悅卒為魏所滅

二所廟

先王廟
　　右在州西八里西涼録涼王李暠諡父為涼簡公
　　於此立廟因号先王廟其院周迴三百五十步
　　高一丈五尺次東有一廟是暠子譚讓恂等
　　廟周迴三百五十步高一丈五尺号曰李廟
　　屋宇除毀階墻尚存
孟廟
　　右在州西五里按西涼録神〔璽〕二年燉煌太守趙郡
　　孟敏為沙州刺史卒官葬於此其廟周迴三百步
　　高一丈三尺
一所冢
　闞冢
　　右在州東廿里闞駰祖倞之冢也後魏書云駰
　　字玄陰燉煌人也祖倞有名於西土父玫為一時
　　秀士官至會稽（合）〔令〕其冢高三丈五尺周迴
　　卅五步
三所堂
　嘉納堂
　　右按西涼録涼王李暠庚子五年興立泮
　　宮增高門學生五百人起嘉納堂於後園
　　圖讚所志其堂毀除其階尚存其地在子
　　城東北羅城中今為効穀府
　靖恭堂
　　右按西涼録涼王李暠庚子三年於（西）〔南〕門外
　　臨水起堂以議朝政閱武事今堂（其）〔基〕尚存
　　餘並破毀
　謙德堂
　　右按西涼録涼王李暠建以聽政其堂在子
　　城中恭德殿南今并除毀
一所土河

右周迴州境東至磧口亭去州五百一十里一
百步西至白山烽去州卅里南至沙山七里
北（去）[至]神威烽去州卅七里漢武帝元鼎六年立
以為匈奴禁限西凉王李暠建初十一年又
修立以防奸寇至（随）[隋]開皇十六年廢

四所古城

　古（阿）[河]倉城　　周迴一百八十步
　　右在州西北二百卅二里俗号（阿）[河]倉城莫知時代
　　其城頹毁（其趾）[基址]猶存

　古効穀城　　周迴五百步
　　右在州東北（卅）[冊]里是漢時効穀縣本是漁澤障
　　桑欽説漢（武孝）[孝武]元封六年濟南崔（意不）[不意]為
　　漁澤（都）尉教人力田以勤効得穀因立為縣
　　名焉（後秦符堅）[後漢獻帝]建安廿一年為酒泉郡人黄（花）[華]
　　攻破遂即廢壞今北面有頹（其）[基]數十步

　古長城　高八尺　（其）[基]闊一丈　上闊四尺
　　右在州北六十三里東至階亭烽一百八十里入瓜州
　　常樂縣界西至曲澤烽二百一十二里正西入
　　磧接石城界按匈奴傳漢武帝西通月氏
　　大夏又以公主妻烏孫王以分匈奴西方於烏
　　孫北為塞以益廣（因）[田]漢元帝竟寧元年
　　侯應對詞曰孝武出軍征伐建塞起亭
　　遂築外城設屯戍以守之即此長城也

　古塞城
　　右周迴州境東在城東卅五里西在城西十五里
　　南在州城南七里北在州城北[卅]五里據漢書武
　　帝元鼎六年將軍趙破奴出（合）[令]居析酒
　　泉置燉煌郡此即闢土疆立城郭在
　　漢武帝時又元帝竟寧[元年]單于来朝
　　上書願保塞和親請罷邊戍郎中侯

　　　　　應以為不可日孝武出軍征伐建塞徼起
　　　　　亭燧築外城設屯戍以（等）守之邊境少安
　　　　　起塞已未百有餘年據此詞即元鼎六
　　　　　年築至西涼王李暠建初十一年又修以
　　　　　備南羌北虜其城破壞（其趾）[基址]見存
張芝墨池　　在縣東北一里効穀府東南五十步
　　　　　右後漢獻帝時前件人於此池學書其池盡
　　　　　墨書絕世天下名傳因茲王羲之顧書論
　　　　　云臨池學書池水盡墨好之絕倫吾弗
　　　　　及也又草書出自張芝時人謂之[草]聖其池
　　　　　年代既遠並磨滅古老相傳池在前件所
　　　　　去開元二年九月正議大夫使持節沙州諸軍
　　　　　事行沙州刺史兼豆盧軍使上柱國杜楚臣赴
　　　　　任　尋墳典文武俱明訪覩此池未獲安（惜）[措]至
　　　　　四年六月燉煌縣令趙智本到任其令博覽
　　　　　經史通達九經尋諸古典委張芝索靖
　　　　　俱是燉煌人各檢古跡具知處所其年九
　　　　　月　拓上件池中得一石硯長二尺闊一尺五寸
　　　　　乃勸諸張族一十八代孫上柱國張仁會上
　　　　　柱國張履暹上柱國張懷欽上柱國張仁會
　　　　　上柱國張楚珪上柱國張嗣業文舉人昭武
　　　　　校尉甘州三水鎮將上柱國張大（爽）[州]學博士
　　　　　上柱國張大忠游擊將軍守右玉鈐衛西
　　　　　州蒲昌府折衝都尉攝本衛中郎將充
　　　　　于闐錄守使燉煌郡開國公張懷福昭武校
　　　　　尉前行西州岸頭府果毅都尉上柱國張懷
　　　　　立壯武將軍行右屯衛岷州臨洮府折衝都
　　　　　尉上柱國張燕容昭武校尉前西州岸
　　　　　頭府左果毅都尉攝本府折衝充墨離
　　　　　軍子將張履古等令修葺墨池中立廟

及張芝容

監牧	羇縻州	江河淮濟	海溝
陂	宫	郡縣城	關鏟津濟
岳瀆	鐵	碑碣	名人
忠臣孝子	節婦列女	營壘	陵墓

臺榭郵亭鑛窟 帝王遊幸 名臣將所至屯田

右當縣並無前件色

廿祥瑞

同心梨

右後凉録吕光麟(慶)[嘉]元年燉煌獻同心梨

赤氣龍跡

右按西凉録李暠庚子元年赤氣起于後

園龍跡見于小城

白雀

右按西凉録凉王李暠庚子[三]年白雀翔于

靖恭堂

大石立

右按西凉録凉王庚子四年五月大石自立

於燉煌馬圈山

瑞葛

右西凉王庚子五年燉煌有葛緣木而生作

黄烏之色沙州無葛疑是瑞烏二字相

似誤為葛焉

嘉禾 木連理 柳樹生楊枝

右按西凉録凉王庚子五年六月燉煌獻

嘉禾木連理柳樹生楊枝

白狼 黑狐 黑雉

右按西凉録凉王庚子五年七月見於燉煌

鳳凰

右按西凉録凉王建初元年正月鳳凰集

于効穀

白龍

　　右唐武德五年夏四月癸丑白龍見於平
　　河水邊州司録奏

甘露

　　右武德六年六月己酉甘露降弥漫十五里①

木連理

　　右唐調露元年扵燉煌鄉董行端園
　　内木生連理

甘露

　　右唐垂拱四年董行靖園内甘露降於
　　樹上垂流於地晝夜不絶

野穀

　　右唐聖神皇帝垂拱四年野穀生
　　於武興川其苗藜高二尺已上四散似
　　蓬其子如葵子色黄赤似葵子肥而
　　有脂炒之作䴵甘而不熱收得數百石
　　以充軍糧

瑞石

　　右唐乾封元年有百姓嚴洪爽於城西李先
　　王廟側得上件石其色翠碧上有赤文作
　　古字云（下）[卜]代卅卜年七百其表奏為上瑞當
　　為封嶽並天[下]咸置寺觀号為萬壽此州
　　以得此瑞石遂寺觀自号靈圖

白雀

　　右唐咸亨二年有百姓王會昌於平康
　　鄉界獲白雀一雙馴（善）[善]不驚當即進上

---

① 据李德范校录《敦煌西域文献旧照片合校》（北京图书馆出版社2007年版）所收录法藏P.2695《沙州都督府图经卷第三》残片，"十五里"又作"十五日"。

第四章 方志发展的第二个阶段——隋唐五代的图经　191

黄龍
　　右唐弘道元年臘月為高宗（太）[大]帝
　　行道其夜崇教寺僧徒都集及（直）[值]
　　官等同見空中有一黄龍見可長三
　　丈以上踊頭（髣鬟）光麗頭目精明首向北斗尾垂
　　南下當即表奏制為上瑞
五色鳥
　　右大周天授二年一月百姓陰嗣鑒於平康
　　鄉武孝通園內見五色鳥頭上有冠翅
　　尾五色丹嘴赤足合州官人百姓並往
　　看見群鳥隨之青黄赤白黑五（白）色具
　　備頭上有冠性甚馴善刺史李無虧
　　表奏稱謹檢瑞應圖曰代樂鳥者
　　天下有[道]則見也止於武孝通園內又陰
　　嗣鑒得之臣以為陰者母道鑒者明
　　也天顯
日揚光　　慶雲
　　右大周天授二年冬至日得支（慶）[度]崔撝
　　等狀稱今日冬至卯時有五色雲扶日闊
　　一丈已上其時大明大挍一倍以上比至辰時
　　復有五色雲在日四邊抱日光彩甚鮮見在官
　　人百姓等同見咸以為聖神皇帝陛下受命
　　之符刺史李無虧表奏謹檢瑞應圖曰
　　聖人在上日有大光天下和平又曰天子孝則
　　景雲出遊有人從巳西巳北巳東來者咸云
　　諸處　　赦日亦揔見五色雲抱日
蒲昌海五色
　　右大周天授二年臘月得石城鎮將康拂①

---

① 據 P.2695 殘卷，无"將"字。

     軌延弟地舍撥狀稱其蒲昌海水舊来
     濁黑混雜自從八月巳来水清明（徹）[澈]底其
     水五色得老人及天竺婆羅門云中國有聖
     天子海水即清無波奴身等歡樂望請奏
     聖人知者刺史李無虧表云（淮）[准]海水五色
     大瑞謹檢瑞應圖禮斗威儀曰人君乘
     土而王其政太平則河（傔）[溓]海夷也天應魏
     國當塗之兆明土德之昌
白狼
     右大周天授二年得百姓陰守忠狀稱白狼頻
     到守忠庄邊見小兒及畜生不傷其色如雪者
     刺史李無虧表奏謹檢瑞應圖云王者仁
     智明（惁）[哲]即至動准法度則見又云周宣王
     時白狼見犬戎服者天顯陛下仁智明（惁）[哲]動准
     法度四夷賓服之徵也又見於陰守忠之庄
     邊者陰者臣道天告臣子並守忠（悾）[陛下]也前
     件四瑞諸州皆見並是天應陛下開天
     統殊（徵）[徽]號易服色延聖壽是以陽烏疊
     彩暎澄海以通輝瑞鳥摛祥對景雲而共
     色胡戎唱和識中國之有聖君退迩謳謠
     嘉   大周之應寶命
歌謠
     神皇聖氏生於文王[文王]之祖生於后稷故詩人所
     謂生（人）[民]尊祖也於昭武王承天剪商誰其下武
     聖母神皇穆斯九族綏彼四方遵以禮儀
     調以陰陽三農五穀萬（庚）[庚]千箱載興文
     教載構明堂八窗四闥上圓下方多士濟濟
     流水洋洋明堂之興百工時揆庶（人）[民]子來皷
     鼓不勝肅肅在上無幽不察無遠不相千齡
     所鐘萬國攸向俗被仁禮家懷孝讓帝

德廣運

聖壽遐延明明在下於昭于天本枝百代

福（作）[祚]萬年惟彼洛邑

聖母營之惟彼河水

神皇清之穆穆帝子

聖母生之浩浩海瀆

神皇平之福兮祐兮在

聖母兮盛兮昌兮在

神皇兮

聖母皇皇撫臨四方東西南北無思不服禿（馼）[髦]

狂瞽侵我西土

皇赫斯怒爰整其旅荒儌之外各安其

所穆穆

聖君受天之佑　聖皇為誰

神皇聖母于萬斯年受天之佑

永淳之季

皇昇玉京如（㝃）[喪]其考（人）[民]不聊生裴徐作

豐淮海波驚　皇皇聖母定縱服

橫綏以　大德威以（往）[佳]兵神謀獨運

天鑒孔明危邦載靜亂俗還平河

圖洛書龜背龍脅

聖母臨（人）[民]永昌帝業既營大室爰

構明堂如天之（堰）[偃]如地之方包含五色

吐納三光傍洞八牖中制九房百神薦

（趾）[祉]膺軋（乾）之統得坤之經子來之作不

日而成不得有得[有得]非名如天之壽於万

斯齡黃山海水蒲海沙場地鄰蕃

服家接渾鄉昔年寇盜禾麥（調）[凋]傷

四（人）[民]（優優）[擾擾]百姓遑遑

聖人哀念賜以（惟）[維]良既撫既育或引

> 或將昔靡單被今日重裳春蘭
> 秋菊無絕斯芳
> 　右唐載初元年四月風俗使於百
> 姓間採得前件歌謠具狀上訖[①]

对于这部残缺不全的图经，罗振玉把它视作"人间鸿宝"。因为隋唐以来的图经竟一部都未流传下来，有了这部残卷，我们便可以了解隋唐所编图经的概况。所以为了让更多的人能够看到它，故全文照录。关于它的成书年代，罗振玉认为在"开天间"，而王重民则提出在武则天当政的证圣年间。目前研究方志的著作大多采用罗说，但也有些著作竟将"开天间"改为"开元间"，不知真有论据还是出于臆测。我颇同意王重民的论证，除王先生所列四条论据外，还可作一点补充。"祥瑞"二十条，出自《西凉录》有八条，唐代武德两条，高宗乾封、咸亨、调露、弘道各一条，其余都发生在武则天时代，而高宗晚年，武则天实际已经掌了大权。可以这样讲，所载祥瑞，实际上一半是发生在武则天统治时期内，而且这些内容的记载很详细具体。因为武则天是历史上最有名的"好祯祥"的皇帝，在她做皇帝期间，为了贪图吉气，年号就曾更换十七次之多，这在中国历史上可以说是空前绝后的。因为她"好祯祥"，官吏们便投其所好，上书奉承。史载朱前疑"浅钝无识"，但他知道"则天好祯祥"，于是"上书云：臣梦陛下寿满八百"，立刻拜为拾遗，不久再进言梦见武则天"发白更黑，齿落更生"，再迁驾部郎中，"又上书云：闻嵩山唱万岁声"，即赐绯鱼袋。[②]这些记载说明武则天贪图吉气、好闻祥瑞竟达到如此地步。因此各地官吏在编纂图经时纷纷投其所好，这是完全可以理解的。所以我们说这部图经关于祥瑞的内容记载，从另一个侧面说明它成书于武则天时代的可能性更大。况且最后之"歌谣"则由风俗使采于载初元年（689），即武则天称帝前一年，也是很重要的证据之一。

《沙州都督府图经》的发现，对于研究历史、地理、语言文字等方面的价值，限于篇幅，这里都不去涉及；单从研究隋唐时代图经的性质、体例、

---

① 据 P.2695 残卷，"狀"作"件如"二字。其残卷末有"沙州都督府图经卷第三"字样，为本卷所无。
② 《朝野佥载》卷三、卷四，中华书局 1979 年版；《资治通鉴》卷二〇六，中华书局 1956 年版。

内容、形式诸方面就已具有非常重要的价值。图经究竟是一种什么样的著作，长期以来，许多学者把它说得玄而又玄，实在令人无法捉摸。实际上它与南北朝之地记相似，只不过前面增加了各种类型的图罢了，而很少有人物传，即使有也退居次要地位，这就是两者的最大差别。至于图，我想不外乎疆域图、山川图、城池图、宫殿图、名胜古迹图等，而这种图都居于卷首，就像上面已经讲到的隋《区宇图志》那样，"叙山川则卷首有山水图，叙郡国则卷首有郭邑图，其图上有山川城邑"，如此而已。

二、《西州图经》

在敦煌发现的还有唐代《西州图经》残卷。这部图经残缺更加严重，仅存50余行。尽管如此，它的价值却不可忽视，可补今传许多史籍记载之缺。罗振玉当年也曾为此作跋，从其中的考证就可以说明这个残卷的价值。现将罗振玉所作跋全文照录，并将图经原文抄录附后：

此卷首尾均缺，审其文乃《西州图经》也。以证新旧两《唐书·地理志》多合。惟两志均言西州领县五，《旧志》为：高昌、柳中、蒲昌、天山（《通典》及《寰宇记》无此县，《元和志》有之）、交河（此名见柳中注中）；《新志》则有前庭，无高昌，而于前庭注曰："本高昌，宝应元年更名。"（《元和志》作天宝元年更名）今此卷所载凡六县：曰高昌，曰前庭，曰柳中，曰蒲昌，曰天山，曰交河。高昌、前庭并载，疑《唐志》及诸地志误也。六县中之柳中，本汉旧称，殆亦当汉旧地。《后汉书·班勇传》："为西域长史，屯柳中。"李贤《注》："柳中，今西州县。"又《西域传》："车师前王居交河城，去长史所居柳中八十里。"《通典》及《寰宇记》并云柳中在西州之东四十四里（《元和志》作西至州三十里，里数微不合），《舆地广记》西州柳中县取汉旧地为名。齐次风先生（《前汉书》卷九十六《考证》）因《汉书·狐胡国传》中有治车师柳谷之语，疑班勇所屯之柳中即柳谷，今考此卷移摩、萨捍、突波三道下并云："出蒲昌县界，西北向柳谷。"他地道下云："出交河县界，西北向柳谷。"柳谷凡四见。《唐书·地理志》交河注："自县北八十里有龙泉馆，又北入谷，百三十里经柳谷。"与此正合。据《元和志》交河东南至州八十里，是交河在西州之西北，柳谷又在交河之西北。而柳中据《通典》诸书所记，则并谓在西州之东，方位迥异，截然两地。今此卷四道之下，并云"西北向柳谷"，为《通典》、《唐志》诸书之左证，可纠正次风先生之失。至卷中所载十一道，《唐志》及诸地志均不载，惟银山道见《新唐书·焉耆传》（帝命郭孝恪为西州道总管，率兵出银山道），《新唐志》西州注谓"银山碛又四十里至焉耆界"，银山道殆以碛得名。又《元和志》云"大沙海在柳中县东南九十里"，今此书大海道下云"出柳中县界，东南向沙州"，是大海道因大沙海得名，与《唐志》可互证。至白水涧之名，曾见《唐书·娄师德传》："与虏战白水涧，八遇八克。"《通鉴》亦载："高宗永淳元年吐蕃入寇河源军，军使娄师德将兵击之白水涧。"注："白水涧有白水军。"考《唐书·地理志》一，叙陇右节度所统九军有白水军，注"在鄯州西北二百三十里"，此卷中之白水涧绝非其地。盖唐之鄯州，为今西宁；唐之西州，为今吐鲁番，今由西宁至吐鲁番，计程三千余里，此道不应如此辽远。且此卷言"白水涧道出交河县界，西北向处月已西诸番"，交河在西州之西北，而鄯州则远在西州东南数千里，则此白水涧非鄯州之白水涧审矣。

至此书之作，当在乾元以后，陷蕃以前。新开道下有"见阻贼不通"语，是作志时，州尚未沦于吐蕃之证。且其叙述丁谷、宁戎两窟风景，文字尔雅，尤非唐中叶以后所能为也。又考西州天宝元年改交河郡，乾元元年复为西州，今卷中丁谷窟条云"西去州廿里"，圣人塔条云"在州子城外东北角"，则《图经》之名，确是西州，而非交河，其撰于乾元以后，而不在至德以前，又可知矣。宣统元年（1909）十一月。①

P.2009《西州图经》残卷

（以上残缺）

道十一達

---

① 罗振玉：《雪堂校刊群书叙录》卷下，罗继祖主编：《罗振玉学术论著集》第九集，上海古籍出版社2010年版，第304—305页。又罗振玉关于两部图经之跋，《鸣沙石室佚书》影印本均附在各卷之后。

赤亭道

　　右道出蒲（缺）

　　磧滷雜沙（缺）

新開道

　　右道出蒲（缺）

　　觀十六年（缺）

　　有泉井（缺）

　　之陁今見阻賊不通

花谷道

　　右道出蒲昌縣界西合柳中向庭州七百卅里

　　豐水草通人馬

移摩道

　　右道出蒲昌縣界移摩谷西北合柳谷向庭

　　州七百卅里足水草通人馬車牛

薩捍道

　　右道出蒲昌縣界薩捍谷西北合柳谷向庭

　　州七百卅里足水草通人馬車牛

突波道

　　右道出蒲昌縣界突波谷西北合柳谷向庭州

　　七百卅里足水草通人馬車牛

大海道

　　右道出柳中縣界東南向沙州一千三百六十

　　里常流沙人行迷誤有泉井鹹苦無草行

　　旅負水擔糧履踐沙石往來困弊

烏骨道

　　右出高昌縣界北烏骨山向庭州四百里

　　足水草峻崄石龕唯通人徑馬行多損

他地道

　　右道出交河縣界至西北向柳谷通庭州四

　　百五十里足水草唯通人馬

白水澗道

　　　　右道出交河縣界西北向處月巳西諸蕃

　　　　足水草通車馬

　　　銀山道

　　　　右道出天山縣界西南向焉耆國七百里多

　　　　沙磧滷唯近烽足水草通車馬行

　　山窟二院

　　　丁谷窟有寺一所并有禪院一所

　　　　右在柳中縣界至北山廿五里丁谷中西

　　　　去州廿里寺（其）[基]依山［而]構撰巇疏階雁塔

　　　　飛空（虹）[虹]梁飲漢巖巒紛亂叢簿阡

　　　　眠既切烟雲（亦）[赤]虧星月上則危峰迢遰

　　　　下輕溜潺湲寔仙居之勝地諒栖靈之

　　　　秘域見有名額僧徒居焉

　　　寧戎窟寺一所

　　　　右在前庭縣界山北廿二里寧戎谷中峭巇三

　　　　成臨危而結極曾巒四絕架迴而開軒既

　　　　庇之以崇巖亦環之以清瀨雲蒸霞蔚

　　　　草木蒙籠見有僧祇久著名額

　　古塔五區

　　　聖人塔一區

　　　　右在州子城外東北角古老傳云阿育王之

　　　　所造也按內典付法藏經云輪伽王於閻浮

　　　　提造八萬四千塔阿輸伽即阿育王也其塔

　　　　內有故碑碣與道俗同故此俗稱聖人塔

　　　　（以下缺）

　　《西州圖經》殘卷所存內容雖然不多，但仍可以看出，它在編纂形式上與《沙州都督府圖經》大體一致，即文字敘述的格式亦多相同，對研究唐代圖經的編纂體例、格式，兩者可起到相得益彰之功。從這兩部圖經殘卷的內容还可以看出，图经的作用在隋唐时期不仅表现在政治上的需要，而且在军事上似乎显示得更为突出。《沙州都督府图经》的十九所驿，《西州图经》的十一道，记载都较为详细，不仅写了方位、离州的距离、通向，而且说明了沿途的地形、水草是否丰足、能否行驶车马以及置废通塞诸内容。虽然卷首均已残缺，未留下任何图的痕迹，但可以想见，当年在作此等图经之时，势必都在卷首绘图以示意。有了这类图经，在军事行动上便可起着很大的作用。因此，我们说隋唐的图经是应当时政治、军事上的需要而普遍得到发展的，这绝非出于臆造。

三、《沙州伊州地志》

在敦煌鸣沙石室中还曾发现过一部唐光启元年（885）写本记载沙州和伊州地方情况的著作残卷，前人把它定名为《沙州地志》。日本学者羽田亨在其所撰《唐光启元年写本沙州伊州地志残卷考》一文中，则题名为《沙州伊州地志》。这篇文章万斯年曾收入所辑译的《唐代文献丛考》[①] 一书中。对于这部著作，就其性质来说属于地志自然毫无问题，但其名称如何，似乎还可商榷。此书前面残缺，卷末从形式看尚属完整，实际上内容杂乱无章，显然这是出于抄写的差错。由于字数不多，为便于说明问题，仍将原文抄录于后。《沙州伊州地志》残卷文字的写定，参考了李正宇先生《古本敦煌乡土志八种笺证》所录释文。残卷名未予改动，仍称《沙洲地志》。

S.367《沙州地志》残卷
龍勒泉縣南一百八十里按涼州異物志云漢貳師將軍
李廣利西伐大宛得駿駒以歸愍而放之來至
此泉飲水噴鳴彎衡落地因以為龍勒泉
龍堆泉縣南五里昔有駿馬來飲此水鳴噴宛轉迴旋而去
因此池南有土堆似龍頭亦以為名

[①] 万斯年辑译：《唐代文献丛考》，商务印书馆1957年版。

壽昌海縣東南十里即渥洼水 ^{屈曲周迴一里餘深淺不測漢得天馬處也}

大渠^{縣南十里源自渥洼水} 長支渠^{縣南十里} 石門澗^{源自縣南三里} 無鹵澗^{源縣西南十里}

石城鎮東去沙州一千五百八十里去上都六千一百里本漢樓
蘭國漢書西域傳云地沙鹵少田出玉傅介子既殺
其王漢立其弟更名鄯善國（陏）[隋]置鄯善鎮（陏）[隋]亂其
城遂廢貞觀中康國大首領康艷典東來居此城
胡人隨之因成聚落亦曰典合城其城四面皆是沙磧^{上元二年}
^{改為石城鎮隸沙州}屯城西去石城鎮一百八十里鄯善質子尉屠耆
歸單弱請天子國中有伊循城城肥美願遣一將屯田
積穀得（衣）[依]其威重漢遣司馬及吏士屯田例循以鎮之
即此城是也（胡）[故屯城]以西有鄯善大城遂為小鄯善今屯城也
新城東去石城鎮二百卌里康艷典之居鄯善先修此城因名新城漢為弩之城
蒲桃城南去石城鎮四里康艷典所築種蒲桃於此城中因号蒲桃城
薩毗城西去石城鎮四百八十里康艷典所築其城近薩
毗澤山險阻恒有吐蕃及土谷渾来往不絕
鄯善城周迴一千六百卌步西去石城鎮廿步漢鄯善城
見今（塠）[摧]壞（幡）[播]仙鎮^{故且末國也漢書西域傳云去上都六千八百廿里（陏）[隋]置且末郡上元三年改（幡）[播]仙鎮}
古屯城在屯城西北　　沮末河源從南山大谷口出其源
去鎮城五百里經且末城下過因以為名以前城鎮並陷吐蕃
蒲昌海在石城鎮東（三北）[北三]百廿里其海周廣四百里漢書
西域傳云黃河（西）[兩]源一出葱嶺一出于闐在南山下其
河北流与葱嶺河合東注浦昌海一名鹽澤者也去玉
門陽關三百餘里伏流地下南出積石山為中國河焉也
伊州下公廨七百卌千　户一千七百廿九　鄉七
右古昆吾國西戎之地周穆王伐西戎昆吾獻赤刀是也
后語訛轉為伊吾郡漢書西域傳云周衰戎狄
錯居涇渭之北伊吾之地又為匈奴所得漢武帝伐匈
奴收其地其後復弃至後漢永平十六年北征匈奴取伊

吾廬地置田禾都尉西域復通以后伊吾三失三得順
帝置伊吾司馬一人魏晉無聞郡縣（陏）[隋]大業六年於城
東買地置伊吾郡（陏）[隋]亂復没於胡貞觀四年首領石萬
年率七城來降 我唐始置伊州寶應中陷吐蕃大中四
年張議潮收復因沙州卌户居之羌龍雄處約一千三
百人

貢賦　　管縣三　　伊吾　　納職　　柔遠
伊吾縣在郭下　公廨三百一千一十五　户一千六百一十三　鄉四
右本後漢伊吾屯其城云是竇固所築也魏以為縣漢書
云伊吾盧夷狄舊號耳

寺二 宣風觀二 祥犙烽七 水源 毛瓦 狼泉 香棗 戍三 鑿亭 赤
　　安化　　大羅　　　　盤蘭泉 速度谷 伊地具　　　　稍竿

風俗有文字田夫商販之人惟有平鐵為鏾冬夏常食
餅無釜甑之具杯椀匙筯皆不畜渴則渠踞地而飲
古所謂洿樽桮飲則其質朴之像其俗又不重衣冠唯
以多財為貴
陸地鹽池地周迴十里北去縣六十里磧中無水陸地出鹽月
滿味甘月虧即苦積久採取竟無減損
小伊吾城北去縣廿里本伊吾縣也百姓因此城側近先有田水
就其地壘城故曰小伊吾
時羅漫山 与柔遠縣分管 源泉水 縣北十里 第二水縣東北五里
第三水縣東北九里凡三水皆臨崖涌出南流入磧即絕火
祆廟中有素書形像無數有祆主翟槃陁者高昌
未破以前槃陁因入朝至京即下祆神因以利刀刺腹左右
通過出腹外截齐其餘以髮繫其本手執刀兩頭高
下絞轉說國家所舉百事皆順天心神靈助無不徵驗
神没之後僵仆而倒氣息奄七日即平復如舊有司奏
聞制授游擊將軍
納職縣下東去州一百廿里　公廨二百一十五千　户六百三十二　鄉七
右唐初有土人鄯伏陁屬東突厥以徵稅繁重率城人

入磧奔鄯善至並吐渾居住歷焉者又投高昌不安而
歸胡人呼鄯善為納職既從鄯善而歸（逐）[遂]以為号耳

寺一　祥燕尼　戌一百泉　烽八 百尺　不到泉　永安
　　　　　　　　　　　　　東柘厭　花泉　延末

城北泉去縣廿里在坎下湧出成湍流入蒲昌海也

柔遠縣 西南去州二百卅里公廨
　　　 盧三百八十九　鄉一

右相傳（陏）[隋]大業十二年伊吾胡共築營田貞觀四年胡歸國
因此為縣以鎮為名

觀一天上　烽四白望　白楊山　伊地具　獨堆

柔遠鎮鎮東七里（陏）[隋]大業十二年置伊吾郡因置此鎮

時羅漫山縣北四十里按西域傳即天山也綿亘數千里其上有
漢將竇固破呼衍王刻石紀德之碑姜行本磨去舊
文更刻新文以贊唐德其山高六十里置壇場祈禱其州
下立廟神名阿覽

伊吾軍 東南去上都四千八百里

右景龍四年五月日奉　勅置至開元六年移就甘露
鎮兵士三千人馬一千卌疋

四至 東南去伊州三百里　西南去西州八百里
　　 西去庭州七百八十里　東北接賊界

龍部落本焉耆人今甘蘭伊州各有領首其人輕銳健
鬪戰皆稟　皇化　沙州東南姚閱山去州一百八十里
西南有紫亭山去州一百九十里其山石皆紫色復名紫
亭　庭州瀚海軍　西州天山軍交河縣　伊州

伊吾军柔远孫

光啓元年十二月廿五日張大慶因靈州安（尉）[慰]使嗣大夫等來
至州於嗣使邊寫得此文書記

　　这部《沙州伊州地志》的成书时代，应在唐末宣、僖二宗时。因为全书所载内容涉及时间最迟者为大中四年（850），从行文来看，在此之前撰写的可能性很小，而抄写年代是光启元年（885），所以日本学者羽田亨把它定在大中四年以后、光启元年十二月以前这段时间是可靠的。关于名称，在隋唐时代，有关这方面内容的地方性著作称地志的并不多见。因为当时社会上流行的是图经，封建中央政府对此有明文规定，各地方政府必须按时编造上报。事实证明，各地政府不仅编造图经上报，而且自己也多有保存，以备查考。上面所录的三部残卷，似乎都是出于后任官吏所抄存，这也足以说明地方官吏对这种图经的重视。正由于这种图经在当时普遍流行、影响较大，因而在当时文人的诗文中都得到反映，可见这种图经确实到处都有。从这个角度而言，我认为《沙州伊州地志》应当就是图经。对此，我们将在下面作详细论述。

第六节 《沙州伊州地志》残卷的名称和《沙州都督府图经》残卷版本问题

《沙州伊州地志》残卷现在的名称是日本学者羽田亨所定，他在文章中也并未说明为何将其定为今名。笔者认为似乎应当称"图经"更为妥当。如前所述，隋唐时期，各个地方政府都必须按时编纂图经上报，如果没有，也得设法抄录一部，这部残卷就是明证。尤其可喜的是，卷末还标明"光启元年十二月廿五日，张大庆因灵州安慰使嗣大夫等来至州，于嗣使边写得此文书记"。这一则表明此件并非原著，再则也让人们知道抄自何时何处。不仅如此，同时还说明上面下来的官吏大员们，随身都带有所要视察地方的图经，要通过图经的记载来了解该地的情况。当然，在当时当地来说，图经还有一个更重要的作用，即有助于了解道路交通。凡是去过河西走廊的人都会深深体会到这一点确实是非常重要的。通过图经了解当地情况，在宋代似乎已经成为一种制度，许多地方官吏上任之初，为了掌握该地的风土民情、利弊兴废，首先便找当地的图经来看。南宋大学者朱熹于淳熙六年（1179）掌管南康军时，刚一到任便查看图经，他要从图经中了解政绩、民俗、先哲、古迹等，当他发现当地图经编得很不理想时，还亲自动手为之编纂。赵不悔于乾道九年（1173）知徽州，"吏以图经先至"，看了以后很不满意，故决定重修。他在《新安志序》中说："徽为郡自汉始，至于今久矣。图经纪述其事宜详也，试考之则遗阙而不备，读者恨焉，此《新安志》所以作也。不悔昔将承乏此州，而吏以图经先至，见其疏略，即有意于补次。"又《湘山野录》卷上记载，寇准"晚窜海康，至境首，雷吏呈《图经》，迎拜于道"。还未到任，地方官吏已经捧着图经迎拜于道，可见图经与地方官吏的关系之密切，这种关系至迟应当是从唐代开始就已经延续下来了。正由于这种图经在唐代十分流行，影响颇大，因而才有可能在当时文人的诗中得到反映。正如上文所述，由于确实随处都有，所以韩愈只要作诗一首，就可以轻而易举地从友人处借得图经。就从这些角度而言，《沙州伊州地志》也应当就是图经。

再从其内容和体例来看，这部书与《沙州都督府图经》等几种图经残卷、残片亦大体相类似。此书所记有州的各县户数、公廨、乡数，各县又分寺、观、烽、戍的名称，山川、湖泊、古迹、风俗等，与《沙州图经》残片、《沙州都督府图经》残卷基本相同。当然，从形式上看，《沙州都督府图经》似乎更加条理化，格式、标题都较为正规而有规律，此书则比较零乱，或许是出自抄写人员的缘故。况且《沙州都督府图经》残卷，罗振玉最初也称之为《沙州志》，所幸卷末有"沙州都督府图经卷第三"字样一行，方才改称《图经》，否则至今很可能仍称《沙州志》。这种先入为主的现象，在学术研究上还是常见的，当然不能因此便作为定论。又《沙州图经》残片三种，残片第一行明明写着"《沙州图经》卷第一"字样，而王仲荦先生在《敦煌石室地志残卷考释》一书中，照样称之为《沙州志残片三种考释》。王先生的意思自然可以理解，图经就是地志的一种，但这毕竟并不规范，因为原名并不叫地志。况且地方志在发展的不同阶段有着不同的称呼，魏晋南北朝称地记，隋唐五代称图经，宋以后才称方志。地志乃是一种笼统称呼，而地理书亦称地志，它是全国地理总志的简称。王先生所称正是指大范围而言，从其考释的书名和主要内容就足以说明这一点。该书前三篇分别为《唐天宝初年地志残卷》、《贞元十道录剑南道残卷》、《诸道山河地名要略第二残卷》，都属于全国地理总志。因此，将本称图经者亦更名为地志，显然是不妥当的。所以我认为该称什么就称什么，这是文献整理研究中很重要的一点，即不得乱改名称。这是文献整理工作的一条原则。说得再明确一点，随意更改乃是文献整理工作之大忌。基于上述理由，《沙州伊州地志》残卷还是改称《沙州伊州图经》更为合适。

《沙州都督府图经》残卷，实际上存在着两种版本。研究者一般大多只注意其内容和体例，而很少去注意版本之不同。再读王重民先生为该残卷所写的叙录，其中有这样一段话：

> "张芝墨池"一条，虽有开元四年纪事，然全卷纪事，无逾证圣以后者，且墨池条与全书体例不合，（按原文明云其池已磨灭，故老相传，池在前件所去，而标题下仍称在县东北一里云云，此行显系后人窜入，不然应叙入正文，方与全书体例一致。）自开元二年九月以下，当系后人增入，应据全书以疑此条，不应据此条以定作书年代。又访查墨池为刺史杜楚臣、县令赵智本所主使，而张氏又为敦煌右族，则事举之后，窜入图经至为易易。

我读了这段文字，觉得王先生的分析甚为有理。于是再去通读全部残卷，发现该残卷在体例上还有一个特点颇值得注意，即每一条标题都用数字标目，而单位则一律用"所"，如"七所渠"、"二所庙"、"一所冢"、"四所古城"等。但是我们也发现有不少条并无数字标目，"张芝墨池"就是其中之一，此外"咸卤"、"州学"、"县学"、"医学"、"歌谣"等也没有数字标目，尤其是"廿祥瑞"更加特别，虽有数字，却无计数单位，显然与体例不合。这有几种可能性。一则是后人编修时仅仅在前人所修基础上作些增补，增补时乱了人家的体例也不管。况且当时图经的编修是十分频繁的，不像后世修志周期很长，按当时政府规定，三年五年就得向中央送一次图经。在这种情况下，后一次编修者在前人已修的基础上作些增益补充是完全有可能的。另则是此残卷也并非原件，就如《沙州伊州地志》残卷乃是抄件，抄写的人自然就不管什么体例了。再则这个残卷留下来时就有两种本子，如P.2695与此虽同出一本，但从《祥瑞》的"甘露条"起行格稍异，笔迹显然亦不相同。显然这里也存在着两种可能性，一种是两个本子之中，一为原本（底本），一为抄本；另一种则是两个本子全是抄本。而大家经常列举的多为P.2005，因为此卷残存较长，内容较多，能够说明问题。P.2695则仅存"祥瑞"一项内容，不够完整。但是，此卷最后却标出了"《沙州都督府图经》卷第三"字样，这就把自己的名称告诉了人们，这一点应当说非常重要，否则必然又遭到后人任意将其改名换姓的厄运。不是吗？罗振玉先生最初看到 P.2005 残卷后，已将其定名为《沙州志》，以后看到此件才又改回来。至于 P.5034《沙州都督府图经》残卷，则是这部图经的寿昌县内容，因为隋唐时期图经的编修体例已经与后世大体相同，州一级图经的编修，总是先记载州境大事，然后再分县记述。这从敦煌遗存的图经残片也可以得到证明。S.2593 背有这样几行文字：第一行"沙州图经卷第一"。第二行"第一，州。第二、第三、第四敦煌县。第五，寿昌县"。可见寿昌乃是沙州的属县。需要说明的是，据笔者分析，此残片实际上是编修图经时所列的提纲草稿，而不是正式图经。它与 S.788《沙州志》残片一样，而这个《沙州志》残片名称，显然又是后人所加，因为原件上已经看不出原来名称。以笔者之见，同样应称图经，并且与 S.2593 背应为同一部书的内容。如果编辑这类文献的人作一仔细对照，立刻就可发现，这个《沙州志》残片所记内容正是寿昌县的范围，岂不就是《沙州图经》"第五，寿昌县"？还有 P.2691 残片，亦属同样性质。而此残片，王仲荦先生在《敦煌石室地志残卷考释》中仍称《沙州志》。书目文献出版社出版的《敦煌社会经济文献真迹释录》一书中则称《沙州城土镜》，这是据残片内容中有"沙州城土镜"字样而定的，其实并不妥当，因为许多内容并不在沙州城内，而是在沙州范围之内。为什么会产生任意定名的情况呢？关键在于对隋唐时期普遍发展的图经现象不太了解，总以为这些都应当就是地志。还有一点要指出的是，P.5034《沙州都督府图经》残卷与 P.2005 和 P.2695 两个残卷是否为同一个底本，现在还很难说，因为尚无法找出其共同点，而此件在《敦煌石室地志残卷考释》一书中也没有收入。

第七节　敦煌图经残卷的价值和启示

敦煌图经残卷虽然都残缺不全，有的是有尾无首，有的是首尾全无，有的只一张纸片保存几行字而已，如《沙州图经》残片。但是其价值却不容忽视，诚如罗振玉在为《沙州都督府图经》残卷所写的跋中所说："唐代图经，久绝于世，亟为考其崖略，俾读者知此为人间鸿宝也。"①这个评价显然是相当高的，但是又绝无夸大之意。因为有了这些残卷，我们终于打开了隋唐五代编修图经的大门，看到了图经究竟是一种什么样的著作。它使我们真真实实地认识到图经确实是我国地方志发展的一个重要阶段，在地记和定型方志之间起到了十分重要的承前启后的作用。在未看到这些图经残卷之前，所下的结论毕竟还是理论性成分占主导地位；有了这些残卷，情况就大不一样，从具体材料出发，参之以文献记载，再辅之以理论，自然就可以研究得出比较可信的结论，它的重要性当然也就不言而喻了。下面就其价值谈些具体的看法。

首先是让人们对图经的总体形象有了一个直观的认识。它实际上就如同后世的方志，只不过内容详略不同而已。从体例结构来看，当时凡属州的图经，总是先记载州境大事，而后再分县叙述。如《沙州图经》残片六行，第一行为"《沙州图经》卷第一"，第二行为"第一，州。第二、第三、第四，敦煌县。第五，寿昌县"。分卷次序十分明确，第一卷是讲州，第二至四卷是记敦煌，第五卷乃记述寿昌。又如《沙州伊州地志》在编纂体裁上同样有此特点，即先叙州之沿革大事及州境内河流湖海、著名城镇，然后再分县叙述。由于卷首残缺，对整个州的记事情况已无由得知，而对州下辖县的记载，诸如去州之远近、户口、贡赋、乡镇、物产、寺观、烽戍、风俗等都有详略不同的记载。这种详略不等甚至零乱的情况出现，很大可能都是出自抄写者的粗枝大叶，因为卷末明白标出此乃抄本。这对于研究这种著作的体裁和它的史料价值无疑都是很大的损失。但即使如此，从它的轮廓仍旧可以看出，它与《沙州图经》残片完全是一致的。这种先记载州境大事，而后再分县叙述的编纂体例，对后来府州郡志的编纂有着很大的影响，只要将宋代所编纂之州郡图经或方志稍作比较，便可看出这种影响和渊源关系。如宋代董弅所修之《绍兴严州图经》、张津所修之《乾道四明图经》以及罗愿的《新安志》等，都是先述州而后再分县叙述。尽管详略完备不可同日而语，但其影响和渊源关系却无法割断。学术界有人将地方志的开始形成定在两宋时期，这种说法显然是很不妥当的。因为它不仅割断了方志发展的历史，否定

---

① 罗振玉：《雪堂校刊群书叙录》卷下，《罗振玉学术论著集》第九集。

了方志发展存在阶段性,而且把方志这种著作的产生和发展视作无源之水、无本之木,不符合方志发展的历史事实。之所以会产生这种看法,关键在于对魏晋南北朝的地记和隋唐五代的图经了解得不够清楚,特别是对图经,更是缺乏认真研究,总以为图经就是地图再加说明,或者是图经总是以图为主。总之,唐代图经残卷残片的发现,不仅可以为人们了解图经这种著作提供直观的材料,而且对于研究方志发展和演变的历史,特别是研究其阶段性和渊源关系,都有着非常重要的价值。它以事实告诉我们,当时所修的图经与宋代所修的图经以及后来定型的方志是一脉相承的。特别是宋代所修的图经还留下了很多部,这就有可能作比较研究。无论是其体例上(即目前修志界同仁常用的术语"框架结构"),还是内容记载方面,可以说完全是一脉相承的。而与魏晋南北朝时期的地记相比,自然与后者更加接近,特别是在体例形式方面,它在两者之间实际起到了承前启后的作用。如魏晋南北朝的地记并不重视图的作用,图经自然必定有图,而成型的方志卷首一般也都冠以各种地图,以致图成为一部方志必不可少的组成部分。可见隋唐的图经对后世成型方志影响之大。

其次,图经残卷还说明这样一个事实,当时在编修图经时,与后世修志一样,对于所要记之事,除了作社会调查之外,有许多是历史上发生的事件和人物,往往引用史书和其他文献记载来加以叙述,以使其内容更加丰富,给人们以更多的知识。如《沙州都督府图经》残卷,因保存下来比较多,故我们还能看到其中比较多的引书,它先后引了《西凉异物志》、《汉书·西域传》、《汉书·匈奴传》,以及《十六国春秋》中引用的《西凉录》、《前凉录》、《后凉录》、《魏书》、《瑞应图》以及王羲之的《颓书论》等。特别是对《西凉录》引用最多,如"悬泉水"条:

> 右在州东一百卅里,出于石崖腹中,其泉傍出细流一里许即绝。人马多至,水即多;人马少至,水出即少。《西凉异物志》云:"汉贰师将军李广利伐大(菀)〔宛〕,迴至此山,兵士众渴乏。广〔利〕乃以掌拓山,仰天悲誓,以佩剑刺山,飞泉涌出,以济三军,人多皆足,人少不盈。侧出悬崖,故曰悬泉。"

先是自行叙述，再引《异物志》作证。《元和郡县志》和《太平寰宇记》记载此泉，除文字略有出入外，内容均大体相同，而《太平寰宇记》还引《凉州异物志》，很可能与《西凉异物志》为同一书。

又如"古长城"条，先讲现状，再引书说明来历：

古长城高八尺（其）[基]阔一丈上阔四尺

右在州北六十三里，东至阶亭烽一百八十里，入瓜州常乐县界。西至曲泽烽二百一十二里，正西入碛，接石城界。按《匈奴传》，汉武帝西通月氏、大夏，又以公主妻乌孙王，以分匈奴西方。于乌孙北为塞以益广（因）[田]。汉元帝竟宁元年，侯应对词曰：孝武出军征伐，建塞起亭，遂筑外城，设屯戍以守之，即此长城也。

再如"阚冢"条，即今所谓名人坟墓：

右在州东廿里，阚驷祖倞之冢也。《后魏书》云："驷字玄阴，敦煌人也。祖倞，有名于西土，父玫，为一时秀士，官至会稽（合）[令]。其冢，高三丈五尺，周回卅五步。"

《沙州伊州地志》多次引用了《汉书·西域传》。而《西州图经》虽仅存50余行，仍为我们留下了一处引书的例证，在"圣人塔一区"条曰：

右在州子城外东北角。古老传云："阿育王之所造也。"按内典《付法藏经》云："输伽王于阎浮提造八万四千塔。"阿输伽即阿育王也。其塔内有故碑碣与道俗同，故此俗称圣人塔。

从以上所引四段文字来看，这几部图经编写人员文字水平相当不错，知识面也相当广，绝不像专为政府规定闰年编造图经而作，其内容之丰富，并不亚于明清时期那些粗制滥造的方志。不妨就用被某些文人吹捧得很高的明代康海的《武功志》和韩邦靖的《朝邑县志》作一比较，一定可以得出比较满意的结论。特别是《西州图经》对丁谷窟、宁戎窟风景的描述，真乃极尽对仗之能事，显然是受到六朝和唐初文风的影响。现将"丁谷窟"条摘引于下：

> 丁谷窟有寺一所，并有禅院一所
>
> 右在柳中县界，至北山廿五里丁谷中，西去州廿里。寺（其）[基]依山[而]构，揆嶮疏阶，雁塔飞空，虹梁饮汉，岩峦纷乱，丛簿阡眠，既切烟云，亦亏星月。上则危峰迢递，下[则]轻溜潺湲，寔仙居之胜地，谅栖（灵）[霞]之秘域。见有名额，僧徒居焉。

这样优美的文字，很难想象是出自一般庸吏之手。单就这段文字而言，可以判断这部图经很可能是修于唐朝初年。因为讲究文章的华丽，乃是六朝时的文风，唐初还受此文风的影响，重视四六对偶。当然，这几部图经残卷和残片还说明这样一个问题，即编写的主要内容还是来自当时社会的现实生活，并且也的确都是为当时社会现实所服务。因此，其材料也只能是主要来自现实生活，这就得靠编写人员的调查和搜集，尤其是关于本地内容，凡涉及历史和神话传说的，也就少不了要引经据典。如《沙州都督府图经》在写古迹"张芝墨池"条时，为了说明张芝"书绝世，天下传名"，特地引了历史上杰出的书法家王羲之的《题书论》中所说"临池学书，池水尽墨，好之绝伦，吾弗及也"，"草书出自张芝，时人谓之[草]圣"等句来加以佐证。可见这些编写人员还是下了一番功夫的。凡是使用过旧方志的人都会知道，旧方志往往猎奇，记载一些奇闻轶事，但又引经据典，说明并非自己臆造。《沙州都督府图经》残卷中"老父投书"一条正是这种性质，其文曰：

> 按《十六国春秋》："北凉永和三年正月，有一老父见于城东门上，投书于地，忽然不见。书一纸，八字满之。其文曰：'凉王（卅）[三十]年，若七年。'凉王且渠茂虔访于奉常张体顺，顺曰：'昔虢之将亡，神降于莘，此老父之见，国之休祥。深愿陛下尅念修政，以副（卅）[三十]之庆。若盘于游田，荒于酒色，臣恐七年将有大变。'虔不悦。卒为魏所灭。"

很显然，从作者意图来看，记载此事的目的自然是教诫当权者应当"尅念修政"，切莫"荒于酒色"，以避免走凉王灭亡的道路。这一思想后来就发展成为方志六字功能"存史、资治、教化"中的"教化"功能，也就是史学领域之教诫史学的反映。

再者，这几部图经残卷和残片的内容，也为我们正确认识图经的真实面貌提供了强有力的证据。因为在未看到这些残卷、残片之前，图经究竟记载些什么内容，是如何记载的，谁也作不出理直气壮的回答。我认为隋唐统治者提倡编修图经乃是巩固中央集权的一种措施。一个国家的统治者，最关心的就是要知道他统治了多少面积土地，有多少人口，可以征收多少赋税，等等，所有这些应当都可以从图经中得以了解。是否真的如此，从前一直未得到证实，因为尽管前人对图经内容作过不少辑佚，但以上这些内容却很少见到，而这些残卷残片已为我们作了满意的回答。如《沙州伊州地志》残卷就有"贡赋"一项，此州管三个县，"伊吾县（在郭下），公廨三百一千一十五，户一千六百一十三，乡四"。"纳职县，下，东去州一百廿里，公廨二百一十五千，户六百三十二，乡七。""柔远县，西南去州二百卌里，公廨，户三百八十九，乡一。"而"伊州，下，公廨七百卅千，户一千七百廿九，乡七"。又如《沙州图经》残卷，"寿昌县，下，东北去州一百廿里，公廨二百九十五千，户三百五十九，乡一"。记载似乎很简单，但是，这个县的公廨钱、户口、去州之路程都有了，对于当时统治者来说自然已经足矣。所以图经记载的数字，往往就成为统治者征收税赋的依据。随着以后征收内容的变化，图经记载自然也在变化，尤其是后来的方志，大多有"田赋"这一门类，而所载赋税数字，往往也就成为地方官征收赋税的一种依据。《建炎以来系年要录》卷一五〇"绍兴十四年五月"有这样一条记载："初，两浙转运副使李椿年置经界局于平江府，守臣直秘阁周葵见椿年，问之曰：'公今欲均税耶？或遂增税也？'椿年曰：'何敢增税！'葵曰：'苟不欲增，胡为言本州七十万斛？'椿年曰：'若然，当用图经三十万数为准。'"这条材料生动地说明图经作用之大。幸好过去修的图经对以前征收赋税之数字都有所记载，否则当时就将多征收一倍以上，可见图经在历史上的作用是不可忽视的。图经残卷的内容还告诉人们，当日所修图经其内容大多记载与当时现实生活密切相关之事。如《沙州都督府图经》的十九所驿，《西州图经》的十一道，记载都较为详细，不仅有方位、离州的距离、通向，而且说明了沿途的地形、水草是否丰足，能否行驶车马以及置废通塞诸内容。驿站是因古代交通不太方便而设置的传递信息的重要设施，尤其在向边远地区及时传达中央政府命令和军事情报方面有着重要的作用。如《沙州都督府图经》"清泉驿"条这样记载："右在州东北卅里，去横涧驿廿里，承前驿路，在瓜州常乐县西南。刺史李无亏以旧路石碛，山险迂曲近贼，奏请近北安置，奉天授二年五月十八日勅移就北。其驿置在神泉观庄侧，故名神泉驿，今为清泉戍，置在驿傍，因改为清泉驿。"对其位置、远近、设置始末、名称来由都作了交代。道路交通不仅关系到军事方面，而且关系到民间的通商，况且这里正是处于丝绸之路的要冲，自汉以来已经如此，因此，在唐代掌握交通情况就显得尤其重要。所以《西州图经》在叙述十一道时，对于不同状况都有不同说明。"突波道"条："右道出蒲昌县界突波谷，西北合柳谷，向庭州七百卅里，足水草，通人马车牛。""大海道"："右道出柳中县界，东南向沙州一千三百六十里，常流沙，人行迷误。有泉井，咸苦，无草。行旅负水担粮，履践沙石，往来困弊。""乌骨道"："右出高昌县界北乌骨山，向庭州四百里，足水草，峻险石麓，惟通人径，马行多损。"我们引述三条道路的记载，其中对三种不同情况都作了如实反映。一则是"足水草，通人马车牛"，这不仅有利于军事行动，而且很便利于通商。二则是虽有泉井而水苦不能饮，又无草，自然就影响了商旅的通行。再则是虽足水草，但仅有羊肠小道，马行都很危险，车辆更不必说了。然而很难想象，"大海道"既然是"常流沙，人行迷误"，为什么有些行旅还是"负水担粮，履践沙石"往来于此道呢？据我国探险人员考察证明，"大海道"是古代丝绸之路上连接吐鲁番与敦煌之间最近的一条路，比常走的哈密路线要近一半以上。所以许多人宁可"负水担粮"而走此道。可以想见，这种图经对于频繁往来于丝绸之路的经商者来说自然是非常重要的。因为他们不仅可以从中了解到每条道路的路况，了解到何处设有驿站可以住店，而且可以掌握每个州县城距离当时京城长安的路程和各个州县城之间的远近。因为每部图经都有"四至"的记载，这也是当时统治者所关心的内容。如《沙州图经》残片记"沙州城土镜"："东去京师三千七百五十九里，去洛阳四千六百九里。""四至"："东，（西）[至]瓜州三百一十九里；西，至石城一千五百八十里；西北，至西州一千三百八十里。"又《沙州伊州地志》

也还留下"伊吾军"："东南去上都四千八百里。""右景龙四年五月□日奉勅置，至开元六年，移就甘露镇。兵士三千人，马一千卅匹。""四至：东南去伊州三百里，西南去西州八百里，西去庭州七百八十里，东北接贼界。"通过这些记载，东南西北路程之远近都一目了然。

与农业生产有着密切关系的水利事业，显然也是图经记述的重点内容之一。《沙州都督府图经》残卷就记载有七所渠和二所堰，对这些水利建设的兴建始末、主要建造人以及农田受益、百姓蒙利等情况都作了记载。在所记七所渠中，北府渠最长，"长卅五里"，"右源在州东三里甘泉上平河斗门，为其渠北地下，每年破坏。前凉时，刺史杨宣以家粟万斛，买石修理，于今不坏。其斗门垒石作，长卅步，阔三丈，高三丈。昔敦煌置南府、北府，因府以为渠名"。又如在记载长城堰时，除了叙述其高大范围及距州里程外，还讲述了名称的来历："刺史李无亏造成，百姓欣庆。无亏，汉丞相蔡之后，自陇西徙居幽州之范阳。五代伯祖司空诉，尚后魏（太）[世]祖舅阳平王杜（起）[超]女，后为公主忆长安城，（太）[世]祖于范阳为主筑长安城，俗号长安城李。隋时定氏族，去其安字，直为长城李氏。"这种叙述方式为后世方志所继承。很多方志记述某一事件时往往通过讲述故事的形式，将事件的来龙去脉都作详细叙述，这一记事风格实际上从方志最初阶段的地记已经开始，真可谓一脉相承。从这些水渠的记载人们还可以看到，凡是为当地水利事业作过贡献的官吏，通过介绍水渠，其事迹一般都得到了表彰。兴修了那么多水渠、水堰，效益究竟如何呢？该图经在前面总的叙述中已经作了叙述："州城四面水渠侧，流觞曲水，花草果园，豪族士流，家家自足，土不生棘，鸟则无鸮，五谷皆饶，唯无稻黍，其水溉田即尽，更无流脉。"在一千二三百年前的封建社会，又是大西北的边陲地区，能够做到"花草果园"、"五谷皆饶"、"家家自足"，实在是了不起的事情，何况当时图经的编修者未必会有故意夸大的意识。

至于物产，也是图经必定记载之内容。不过，在这些图经残卷、残片中，我们并没有看到某种物产的具体名称，只有在《沙州都督府图经》残卷中记载了这里产盐的内容，在"三所盐池水"条，分别记载着东、西、北三处盐池。其中面积最大的为北盐池，"东西九里，南北四里"；而产盐质量最好的则是西盐池，"时人于水中漉出，大者有马牙，其味极美，其色如雪。

取者既众，用之无穷"。质量之好、产量之高，于此可见。而东盐池所产"其味淡于河东盐"，因为河东盐乃是当时影响比较大的内陆盐，因此知名度高，所以用它来相比。至于北盐池面积虽大，而所产之盐"与州东盐味同"。另外，《沙州伊州地志》残卷亦记载有产盐内容，其"陆地盐池"条云："地周回千里，北去县六十里。碛中无水，陆地出盐。月满味甘，月亏即苦。积久采取，竟无减损。"这一记载与《元和郡县志》所载大体相同："陆盐池，在州南六十里。周回十余里，无鱼。水自生如海盐，月满则盐多而甘，月亏则盐少而苦。"但前者曰"地周回千里"，后者则曰"周回十余里"。《地志》残卷所云"千里"，显然是抄写时误十为千。除此之外，我们在残卷中就没看到其他有关物产的记载，只有在《沙州图经》残片中还留下这样几句话："沙州，先是瓜州地，宜种美瓜，故号瓜州，后始改名为沙州。"很明显这是在说明沙州地名的来历。可以想见，作为物产的"美瓜"与盐池一样，应当是有所记载的，只不过未能保存下来而已。在这些残卷中，我们还看到了所在州县内的山水名胜古迹、少数民族、风俗、祥瑞、歌谣等内容，这里不再一一列举。值得注意的是，《沙州都督府图经》残卷的"祥瑞"门目之前，列了许多空目：

监牧	羁縻州	江河淮济	海沟
陂	官	郡县城	关铲津济
岳渎	铁	碑碣	名人
忠臣孝子	节妇列女	营垒	陵墓
台榭邮亭矿窟	帝王游幸	名臣将所至屯田	

在这些空门目之后，接着有这样一行记载：

右当县并无前件色。

这无疑是说，当时图经的编纂内容是有统一要求的，上列空目内容按规定都是应当记载的，但是由于当地并无这些内容，故只好一一列出，并说明："右当县并无前件色。"若是当时图经的编纂并无具体要求，那么罗列这么多的空目自然就是毫无意义了。因此，它的保留对我们研究隋唐图经的内容具有非常重要的意义。当然，不研究方志发展史的人自然不会去注意，因为一般人也并不知道其重要性何在。这些空目的存在无疑告诉我们，隋唐时期的图经，除了它已经记载的那些具体内容外，上列各项空目只要本地也有，那就应当记载。如此看来，当时图经所记之内容是相当丰富的，边远地区尚且如此，文化、经济都更为发达的内地自然是可想而知了。同时也还说明，图经的编纂因地方的不同而决定其内容之详略，也充分体现出这种著作具有十分明显的地区差异，这就是后来人们在谈论方志的特性时常说的地方性或区域性。而这些丰富的内容也进一步说明图经从来就不是以图为主，而它的编纂也绝不是专"为国防提供地志资料"，起码在隋唐时期并不如此。它在军事上确实具有非常重要的价值，但从来就不是专门为军事服务的。人们可以看到，它所记载的绝大多数内容都与军事并无直接关系。

上面仅就图经本身的发展和在方志发展史上所起的作用谈了三个方面的重要价值。至于这些图经残卷作为历史文献资料的史料价值，同样具有重要的意义。正如罗振玉先生在为该残卷写的跋中所说："其所记水渠、泊泽、池堰，如苦水、独利河、兴湖泊及三泽二堰，均不见于他地书。七渠之名，仅都乡渠一见于《使于阗记》。（《图经》：又分一渠名都乡渠。案高居诲《使于阗记》：西渡都乡河，至阳关。殆即此渠。）盐池三所，《元和图志》则举其一而遗其二。（《图经》：东盐池水在州东五十里。案《元和图志》作'盐池在县东四十七里'，即此池也，而不及西北两池。）所记城塞驿路，如汉武之长城旧塞，十九驿之名称建置，均为古今地志之所不及。"此外，跋文还列举了此残卷在校勘古籍中有关人名、地名等记载之错误，足见其史料价值确实不可忽视。又如王仲荦先生在《沙州志残片三种考释》中指出，残片中所载有许多山泽均无考，如：

会道山，州东南二百五十里。石泉山，州东二百八十六里。大乌山，州北一百九里。石槽山，州西北三百卅里。望山，州西北三百三十七里。

考释曰：以上五山无考，始见于此残片。

又如：

  姚闵山，县东南一百八十里。龙勒山，县南一百八十里。西紫亭山，县西南一百九十八里。龙泽，县东七里。曲泽，县西北一百九十里。

  考释曰：以上山泽并无考，始见于此残片及《寿昌县地镜》。龙泽《地镜》作大泽。

再如：

  龙堆泉，县东南三里。寿昌海，县南十里，方圆一里。大渠，县南十里。石门涧，县东南三里。无卤涧，县西南十里。

  考释曰：以上涧泉，并无考，始见于此残片及《寿昌县地镜》。

  如此众多的山、泽、涧、泉均无考，说明什么问题呢？内地所著主要古籍没有记载，而这里的著作传入内地的又不多，况且这类图经尽管当时很普遍，但是一般学者要能看到全国所有的图经也是比较困难的，所以内地学者的著作要全面反映出边远地区的这些内容，其困难之大是显而易见的。也正因为"无考"，自然就更显示出其可宝贵性。《沙州都督府图经》残卷中的水渠、泊泽、池堰等亦"均不见于他地书"，特别是"十九驿之名称建置，均为古今地志所不及"，正因如此，所以才称得上"人间鸿宝"。这在上文已经作了评述。对于研究唐代的语言文字、风俗民情等方面，同样具有重要价值。因此，这些残卷、残片尽管数量并不多，但其价值却千万不可忽视。

第五章
方志发展的第三个阶段
——体例趋于定型的宋元方志

宋元时代的方志发展，在整个方志发展史上具有划时代的重要意义，它起到承前启后、继往开来的重要作用。在这一时期，无论是修志的普遍性还是成书的数量，都是史无前例的。从各方面来看，方志发展到了宋元时代，内容日益充实，体例不断完善，已基本趋于定型。

第一节 记人述地再度汇合一体

一、宋代学术空气的活跃对方志发展与体例的完善起了很大的推动作用

宋代学术空气的活跃，在整个中国封建社会中表现十分突出，无论在文学、史学、哲学，还是在自然科学方面都呈现出富有生机的景象。张舜徽先生曾这样说过："宋代学者气象博大，学术途径至广，治学方法至密，举凡清代朴学家所矜为条理缜密、义据湛深的整理旧学的方式与方法，悉不能超越宋代学者治学的范围，并且每门学问的讲求，都已由宋代学者创辟了途径，准备了条件。宋代学者这种功绩，应该在中国学术史上大书特书，而不容忽视或湮没的。"[①] 我认为这个评论符合宋代学术发展的实际情况。可以这样说，自秦统一以后的整个封建社会中，学术发展的盛况无一个朝代可与之

[①] 张舜徽：《论宋代学者治学的博大气象及替后世学术界所开辟的新途径》，《中国史论文集》，湖北人民出版社 1956 年版。又见《张舜徽集》第三辑《讱庵学术讲论集》，华中师范大学出版社 2008 年版，标题稍有改动。

相比。这与当时思想言论相对自由有很大关系。当时讲学风气盛行，各地书院林立，学派之间相互交流和竞争。宋代统治者也不强行扶持某一派，压制另一派，各学派相互共存，相互讨论和争鸣，繁荣学术事业。而各个学派又都很注意研究学术渊源的师承关系，于是写传记、作年谱成为当时学者非常重视的课题。章学诚曾说过："魏晋以还，家谱图牒，与状述传志，相为经纬，盖亦史部支流，用备一家之书而已。宋人崇尚家学，程朱弟子，次序师说，每用生平年月，以为经纬。而前代文人，若韩柳李杜诸家，一时皆为之谱，于是即人为谱。而儒杂二家之言，往往见之谱牒矣。孟子曰：'颂其诗，读其书，不知其人可乎？'以谱证人，则必阅乎一代风教而后可以为谱。盖学者能读前人之书，不能设身处境，而论前人之得失，则其说来易得当也。好古之士，谱次前代文人岁月，将以考镜文章得失，用功先后而已；儒家弟子，谱其师说，所以验其进德始终，学问变化。"①我们知道，这种年谱是一种按年月顺序专门记载某一个人生平事迹的著作，它是由传记体发展而来的。这些事实说明，宋代由于学术发展的需要，对各类人物不仅进行研究，撰写传记，而且进一步发展到编写年谱，这种风气实际上推动了对人物的研究和评论。这个社会现实在当时各类著作中都得到充分反映。作为时代性十分显著的方志著作，自然更加不会例外。只要我们略加注意便可发现，宋人文集中为个人作传或变相作传记之类的行状、墓志铭等的风气十分盛行。这一现象唐人文集中虽然也有，但绝无此盛况，况且所载内容也无法与之比拟。这一变化影响很大，顾炎武在《日知录》卷十九"古人不为人立传"条中说："列传之名，始于太史公，盖史体也。不当作史之职，无为人立传者，故有碑有志有状而无传。梁任昉《文章缘起》言传始于东方朔作《非有先生传》，是以寓言而谓之传。《韩文公集》中传三篇：太学生何蕃、圬者王承福、毛颖；《柳子厚集》中传六篇：宋清、郭橐驼、童区寄、梓人、李赤、蝜蝂。何蕃仅采其一事而谓之传，王承福之辈皆微者而谓之传，毛颖、李赤、蝜蝂则戏耳而谓之传，盖比于稗官之属耳。若段太尉则不曰传，曰逸事状，子厚之不敢传段太尉，以不当史任也。自宋以后，乃有为人立传者，侵史官之职矣。"章学诚在《史考释例》一文中说："自唐以前，子史著述专家，故

---

① 《文史通义新编新注》外篇二《刘忠介公年谱叙》，第537页。

立言（入子）与记事（入史）之文，不入于集，辞章诗赋，所以擅集之称也。自唐以后，子不专家，而文集有论议，史不专家，而文集有传记，亦著述之一大变也。彼虽自命曰文，而君子以为是集中之史矣（指传记言）。"[1] 文集尚且如此，方志要反映社会现实和时代精神，恢复人物传记，自然完全可以理解。至于其他内容，由于受到各种学术发展的影响，也都不同程度地得到丰富和充实。

二、宋人研究当代史风气盛行直接推动记人述地再度汇合一体

从史学研究角度来看，宋代史学有一个非常明显的特点，就是整理、编纂当代历史的风气很盛行，而且取得的成就也非常之大，这与宋朝统治者重视此项工作是分不开的。宋朝政府不仅设置专门史官负责编修，而且也不禁止私人修史。陈傅良在《建隆编自序》中说："本朝国书，有日历，有实录，有正史，有会要，有敕令，有御集；又有司专行指挥典故之类；三朝以上，又有宝训；而百家小说私史，与士大夫行状志铭之类，不可胜记。"[2] 可见当时国家史馆里所分的门类相当多，每个部门各司其职，分头记述。尤其值得注意的是，私家著作亦"不可胜记"。宋代许多史家很注意当代史的纂修，并且取得了巨大的成就，无论是数量之多还是卷帙之大，都是空前的。他们有的采用编年体，有的编写纪传体，完全冲破了隋文帝以来个人不得私修国史和品评人物的禁令，使得史学领域出现了一片繁荣的景象。编年体姑且不谈，纪传体著名的有欧阳修的《新五代史》、王偁的《东都事略》。特别是后者，乃是私人所修纪传体北宋的历史，所记内容上起宋太祖，下迄宋钦宗，凡本纪12篇、世家5篇、列传105篇、附录8篇。其中世家所载，俱皇后皇子。而时人所作的当代人物传，据《宋史·艺文志》所载，计有《宋名臣录》、《宋勋德传》、《宋两朝名臣传》、《咸平诸臣录》、《熙宁诸臣传》、《两朝诸臣传》（以上均不知作者）和张唐英的《宋名臣传》、葛炳奎的《国朝名臣叙传》，此外还有朱熹的《宋名臣言行录》、徐自明的《宋宰辅编年录》

---

[1] 《文史通义新编新注》外篇一，第440页。
[2] 马端临：《文献通考》卷一九三"建隆编"条引，中华书局2011年版，第5615页。

等。编写各类人物传的风气,很自然地要影响方志编修的领域,使得人物传记再次恢复了应有的地位,这就促使记人述地再度汇合一体,并逐步完善,日渐趋于定型。

三、宋元方志作者已注意作志的目的性促使人文方面的内容大量增加

宋元方志的作者很注意这种著作对社会所起的作用,强调要有益于政事,有补于风教。这就是对方志有了新认识,并逐渐赋予它新的使命,提出新的要求,这是宋元方志发展完善的最重要因素。汉魏南北朝的郡书、地记旨在矜其乡贤、美其邦族,而现在条件变了,这个要求已经远远不能满足社会需要。宋元祐年间的郑兴裔在《广陵志序》中就明确提出:"郡之有志,犹国之有史,所以察民风,验土俗,使前有所稽,后有所鉴,甚重典也。余奉简书,自庐移守兹土,表章先哲,利赖兆民,日求康治,而文献无征,心窃悼焉。"①因此决心编修此志。这里他明确将方志与国史的作用相提并论,既然如此,所写内容势必要进一步向史靠拢。要"表章先哲",自然就离不开人物传。对于这样的方志,他在序文最后说:"圣天子采风问俗,藉以当太史之陈,后之来守是邦者,亦庶乎其有所据依矣。"而与他同时的朱长文,在其所作《吴郡图经续记序》中说,这部图经,"置诸郡府,用备咨阅,固可以质凝滞,根利病,资议论,不为虚语也"。林虙在《后序》中更说:"举昔时牧守之贤,冀来者之相承也;道前世人物之盛,冀后生之自力也。《沟洫》条浚水之方,《仓庾》记裕民之术,论风俗之习尚,夸户口之蕃息,遂及于教化礼乐之大务……岂可徒以方域舆地之书视之哉!"这个《后序》自然是看了图经的内容以后才写的,看到了其中有"举昔时牧守之贤"、"道前世人物之盛"等内容,所以便提出不能"以方域舆地之书"来看待这类著作。南宋绍兴九年(1139),董弅在《严州图经序》中更明确提出,图经之编修,不单是为"备异日职方举闰年之制",而且要能达到"使为政者究知风俗利病,师范先贤懿绩,而承学晚生,览之可以辑睦而还旧俗,宦达名流,玩之可以全高风而励名节"。要达到这些目的,自然就非写人物传不可。

---

① 《郑忠肃奏议遗集》卷下。

景定二年（1261），马光祖在所作《建康志》的序中说："郡有志，即成周职方氏之所掌，岂徒辨其山林川泽都鄙之名物而已。天时验于岁月灾祥之书，地利明于形势险要之设，人文著于衣冠礼乐风俗之臧否。忠孝节义，表人材也；版籍登耗，考民力也；甲兵坚瑕，讨军实也；政教修废，察吏治也；古今是非得失之迹，垂劝鉴也。夫如是，然后有补于世，郡皆然，况陪都乎！"这就是说，在他看来，一部郡志必须包括上述五大方面的内容，然后才能有补于世。绝不是"徒辨其山林川泽都鄙之名物而已"。如果只是这样，势必就无补于世，也就失去了修志的意义。因此，所有郡志的编修，均必须作如此要求。《建康志》实际是周应合编纂的，他在《修志本末》中亦云："尝闻南轩先生因修郡志，而示训曰：'削去怪妄，订正事实，崇厚风俗，表章人才。'是编也，于前之八字，无能为役，于后之八字，或庶几焉。"意思是说，他所修的这部方志在去妄订正方面，自己所下功夫还有欠缺，而对后两点要求，大约是不成问题了。从上述所引可以看出，宋人在方志编修方面不仅已提出了较为明确的目的，而且编写的内容相当丰富，这是隋唐五代的图经所无法比拟的。这与宋代整个学术发展的影响，特别是宋代史学的发展给予的影响显然是分不开的。

到了南宋时代，许多人对于方志的编修又寄予新的希望，希望通过它激发人们爱国家、爱家乡的情感，这是根据当时的新形势而提出的新要求。陆游在《嘉泰会稽志序》中就表达了这种思想。所以南宋所修方志特重山川形势，这与当时的形势也有很大关系。

到了元代，方志又有了进一步发展。元至正四年（1344），杨维桢在为《至正昆山郡志》所作的序中说："余谓金匮之编，一国之史也；图经，一郡之史也。士不出门，而知天下山川疆理，君臣政治，要荒蛮貊之外，类由国史之信也。不入提封，而知其人民、城社、田租、土贡、风俗异同、户口多少之差，由郡史之信也。"这里他也明确提出，图经就是一郡之史，人虽未入此郡，只需看了郡志，便可得知古往今来该郡之概况。既然按史的性质要求，隋唐时代那种图经的编写方法和内容自然就无法胜任这样的任务了。故序中还提出："然则操志笔者，非有太史氏之才，孰得与于斯乎？"所有这些都充分说明，宋元时期之所以能产生许多著名的方志流传至今，有很重要的学术价值，关键在于作者们有着较为明确的目的性，即使所编之图经亦不单纯为了"举闰年之制",不是简单地完成任务,而是把它当作著作看待;所载内容既要有益于社会风尚,又要有补于后之为政,加之编修又多得人,所以编修的方志既有利于志体的发展,又在不同的方面具有一定的学术价值。这样的著作自然会传之后世。

四、许多学者参加方志的编修是促使方志逐步形成著述体裁的重要原因

方志的发展到了宋元时代,无论是名称、体例还是内容,都逐渐趋于定型,因此,宋元时期在方志发展史上具有划时代的意义,从各个方面来看,都为后世方志的发展奠定了基础。所以我们说方志的发展到了宋元,便进入了第三个阶段,即名实相符的称志阶段。尽管这时有的还称图经,但在内容和体例上与往日的图经已有显著的不同。由于这是一个新旧交替的过渡阶段,因而有许多名实不符的志书是完全可以理解的。方志的体例和内容的重大变化,虽说关键在于当时社会的需要和学术风气的影响,而大批学者从事方志的编修,显然又可视为直接的原因。方志在长期发展过程中,逐步形成了其著述体例,若是编修得体,同样可以藏之名山、传之后世,这就吸引着一大批学者从事这项著述工作。他们的参加大大推动了方志编修工作的开展,对于方志内容的不断丰富、体例的不断完善,乃至学术性的不断加强,都起着极为重要的作用。据现有材料可知,曾经参与方志编修的学者有:宋敏求、朱长文、刘攽、范成大、李焘、熊克、薛季宣、陈傅良、高似孙、周必大、陈振孙等。如宋敏求,家有藏书3万卷,司马光说他"见闻博洽,当时罕伦,又闲习国家故事,公私有疑,咸往质焉"[①],著作凡450卷。像这样一位博学多闻的人,著作一部方志,其学术价值自然可以想见。朱长文,据《宋史》本传讲:"年未冠,举进士乙科,以病足不肯试吏,筑室乐圃坊,著书阅古,吴人化其贤。长吏至,莫不先造请,谋政所急,士大夫过者以不到乐圃为耻,名动京师。"刘攽乃是司马光编修《资治通鉴》的三大助手之一。熊克是一位著名的历史学家,曾著有《九朝通略》、《中兴小历》、《诸子精华》、《四六类稿》、《北苑别录》等。薛季宣是著名的永嘉学派的创始人,

---

① 司马光:《河南志序》,《传家集》卷六十八。

陈傅良则是这个学派黄金时代的一位巨子。这么多的名家参加方志编修，与专门应付官样文章者自不可同日而语。他们编修方志十分注意内容的实用价值，同时也没忽视其体例的完善，这对于促进方志的学术性、提高方志的生命力都有着直接的作用。所以说，广大学者参加方志的编修，对于方志记载内容的扩大、体例的完善，乃至使其逐步趋于定型，都起着非常重要的作用，从而使方志的编修跨入了一个新的阶段。

第二节　宋代方志编修概述

一、宋代方志编修十分普遍

宋代方志编修，据有关材料来看，已经遍及全国各地。凌万顷在《玉峰志序》中说："郡县必有志。"黄岩孙在宝祐五年（1257）所写的《仙溪志跋》中说："今僻陋之邦，偏小之邑，亦必有纪录焉。"周煇在《清波杂志》中讲得就更具体："近时州郡皆修图志，志之详略，系夫编摩者用力之精粗。"一个地方若是没有编修方志或者编修不及时，都将遭到后人的议论，并且还被看作是地方官吏的一种失职。宝祐二年（1254），邱岳在《琴川志序》中曾大发议论："吁！宰是邑，生长是邑，虽更易之岁月，名称之意义，且不及知，它复何望焉？此前人失于纪述，故后人无所稽据，遂使名都大邑传信失实，良可叹已！"又如史能之在咸淳二年（1266）知常州府后，发现这里志书长久失修，便自主其事，编成《咸淳毗陵志》30卷。他在所作序中说："毗陵有志旧矣，岁淳祐辛丑，余尉武进时，宋公慈为守，相与言病其略也，俾乡之大夫士增益之，计书成且有日，越三十年，余承朝命长此州，取而阅之，则犹故也。嘻！岂职守之遵绁不常，而郡事之缪辖糜暇，是以久而莫之续邪，抑有待而然邪？……今山川暎发，民物暎蕃，谨固封圻，为国之屏壤，地非小弱也，而郡志弗续，非阙欤？"可见在当时，作为州县之官吏，编修本地之志书，已经变成职责范围之内的事情，倘若年久不修，便被批评为失职。这种社会舆论，往往还胜过国家的法令。因为国家法令还可以用旧的过录一本加以搪塞，这就是隋唐图经的致命弱点，自然就无保存流传的价值。而社会上一旦认为方志是各地不可缺少的东西，那它不仅身价提高，而且生命力也加强了。所以宋代方志发展很快，数量很大，名称也很多。当时图经、志、记、图志、录、乘等称呼并用。陈正祥先生在《中国文化地理》一书中曾分类作了统计，认为现在尚有书名及编纂年代可查的宋代方志，以志为名者尚有383种，以图经为名者尚有176种，以记为名者有82种，称图志者有22种，总计约800种。当然，这个数字不一定很确切，因为他把全国性的地理总志都计入其中，而以录和乘为名的地方志尚未计入。如程大昌的《雍录》、佚名氏的《吴郡录》、佚名氏的《吴兴新录》、林特的《会稽录》、华镇的《会稽录》、高似孙的《剡录》、俞瑞的《剡东录》、李献父的《南海录》、辛怡显的《至道云南录》等，均以"录"为名。洪刍的《豫章职方乘》、程叔达和李大异的《隆兴续职方乘》等，均以"乘"为名。此外，还有以谱、编等为名的，如孙楙修的《永嘉谱》、杨备的《恩平郡谱》、李宗谔的《(高要)郡谱》、曹叔远的《江阳谱》和留元刚的《永宁编》、家安国的《通义编》等。这些著作都属于地方志的范畴。以《永嘉谱》为例，《直斋书录解题》著录曰："礼部侍郎郡人曹叔远器远撰，曰年谱、地谱、名谱、人谱，时绍熙三年，太守宛陵孙楙，属器远裒集，创为义例如此。"《温州经籍志》著录曰："曹文肃《永嘉谱》，区分四目，在古地志中，实是创例，其所谓年谱者，盖以志建置沿革诸大事，并编年纪之；其所谓地谱者，盖以志山川、疆域、名胜、古迹；其所谓人谱者，盖以志官师、除罢、选举、人物。惟名谱不得其义，不知所志何事也。其书明《文渊阁书目》共十册，周天锡《慎江诗类》一，录谢灵运《北亭》、《往松阳始发至三州》、《读书斋》诗下附邵少文云，右三诗见宋《永嘉谱》，《康乐集》中不载，近冯惟讷《诗纪》亦遗之，是此书明末尚存，今则不可复得矣。"从这段文字中，我们可以得知《永嘉谱》的内容与前世的地记和当时的图经、方志所载大体相同。可见研究宋代的方志不能只着眼于名称，尽管称志、称图经是主流，但称记、谱、乘、编者亦不能忽视。看一部著作是否属于方志，要先看其内容和著作体例，而不能用名称定其是与不是。总之，宋代方志编修非常发达，出现了前所未有的繁荣局面。特别是许多著名学者参加了编修工作，对于其体例和内容的基本定型，并能立足于著作之林，都起了不可忽视的重要作用。

二、宋代统治者重视图经的编修

宋代统治者很重视当代史的整理和编修工作，政府设置专门史官，分别纂修宝录、国史、会要等书。设编修院（后改名史馆）掌修国史，起居院掌修起居注，日历所主撰日历，又有时政记，由中书省、枢密院分撰。同样，为了及时掌握全国州县形势，了解各地风俗民情及赋税、贡品等情况，宋代统治者自建国之始便一直重视抓各地图经的编修。据李焘《续资治通鉴长编》卷十二记载："开宝四年（971）正月戊午，知制诰卢多逊等重修天下图经。"该书卷十四"开宝六年四月"条又记载："是月，遣卢多逊为江南生辰国信使。多逊至江南，得其臣主欢心。及还，舣舟宣化口，使人白国主曰：朝廷重修天下图经，史馆独阙江东诸州，愿各求一本以归。国主亟令缮写，命中书舍人徐锴等，通夕雠对送与之。多逊乃发。于是江南十九州之形势、屯戍远近、户口多寡，多逊尽得之矣。"《宋史·宋准传》记载，开宝八年（975），宋准又"受诏修定诸道图经"。从上述记载可以看出，当时编修图经固然出于政治目的，但这种著作要同时抄送史馆，否则就不存在"史馆独阙江东诸州（图经）"的事实了。可见宋代图经之编修还兼有供史馆采摘的任务，这就与隋唐有所不同了。

《玉海》卷十四"《祥符州县图经》"条记载："景德四年（1007）庚辰，真宗因览西京图经，有所未备，诏诸路州府军监，以图经校勘，编入古迹。选文学之官，纂修校正，补其阙略来上。及诸州以图经献，诏知制诰孙仅，待制戚纶，直集贤院王随，评事宋绶、邵焕校定。仅等以其体制不一，遂加例重修。命翰学李宗谔、知制诰王曾领其事。又增张知白、晏殊，又择选人李垂、韩义等六人参其事。（大中祥符）三年（1010）十二月丁巳，书成，凡一千五百六十六卷，目录二卷。宗谔等上之，诏嘉奖。"清人徐时栋在《四明六志校勘记》中对这件事曾有这样的说明："宋真宗景德四年二月，诏诸路州府军监以图经校勘编入古迹，而上诸朝。及诸路以图经献，体制不一，遂重修之。至大中祥符三年十二月书成，又诏职方牒诸州谨其藏，此见之《会要》、《实录》中。"可见修图经事原在《会要》和有关《实录》中均有记载。经过这次大规模的发动，全国各地图经大体完备。所以刘文富在《重修严州图经序》中说："大中祥符三年十二月丁巳，诏奖翰林学士李宗谔等上新修诸道图经，由是图籍大备。"

徽宗大观元年（1107），"朝廷创置九域图志局，命所在州郡，编纂图经"①，上呈志局。

仅以北宋一朝来看，曾三令五申要各地编修图经，这自然就推动了各地编修图经、方志的普遍开展。作为中央集权的封建国家来说，为了加强统治，必须对全国各地的山川形势、风俗民情、水陆交通、物产贡赋等都能全部掌握，这不仅是政治、经济上的需要，而且于军事上显得尤为迫切。事实证明，能够承担这一任务者只有图经或方志。所以，宋代统治者对这项工作特别重视，自然是完全可以理解的。《宋史·职官志》"职方郎史"条下载："掌天下图籍，以周知方域之广袤，及郡邑、镇砦道里之远近。凡土地所产，风俗所尚，具古今兴废之因，州为之籍，遇闰岁造图以进。四夷归附，则分隶诸州，度田屋钱粮之数以给之。分案三，置吏五。旧判司事一人，以无职事朝官充，掌受闰年图经。国初，令天下每闰年造图纳仪鸾司。淳化四年，令再闰一造；咸平四年，令上职方。转运画本路诸州图，十年一上。"这个规定要求具体明确、掌管职责分明，各级官吏按章办事，所以宋代所修图经确实普及全国。郑樵在《通志·艺文略》"图经"条下共收图经33部，出于宋代所修的便有26部，除去郡地图1部外，尚有25部：《开封府图经》18卷、《畿内诸县图经》18卷、《京东路图经》98卷、《京西路图经》46卷、《河北路图经》161卷、《陕西路图经》84卷、《河东路图经》114卷、《淮南路图经》90卷、《江南路图经》114卷、《两浙路图经》95卷、《吴郡图经》6卷（李宗谔撰）、《吴郡续图经》3卷（朱长文撰）、《荆湖南路图经》39卷、《荆湖北路图经》63卷、《川陕路图经》30卷、《益州路图经》82卷、《利州路图经》63卷、《夔州路图经》52卷、《梓州路图经》69卷、《广东路图经》57卷、《广西路图经》106卷、《福建路图经》53卷、《南剑州图经》6卷、《吉州图经》9卷、《江宁府图经》6卷。

宋代实行路、府（州）、县三级地方行政制度。宋仁宗天圣年间，分天下为十八路，十八路的图经齐全。郑樵为南宋初年的历史学家，故对北宋所修路一级图经情况还可以得知。至于府、县两级，一则数量大，不易统计，

---

① 黄鼎：《乾道四明图经序》，《宋元方志丛刊》第五册，中华书局1990年版。

再则是私人修史，条件也有所限制，故其他图经仅记 7 部。十八路图经总共为 1415 卷，当然其中包含着许多府州县图经，为我们研究宋代图经发展的概况提供了重要的依据。

三、方志的实用价值是方志得以迅速发展的又一重要原因

方志的实用价值表现在多方面。封建中央政府要通过它了解各地情况，以便加强统治。同时，它又要为国史馆修史或编修全国地理总志提供材料。而在地方官吏或学者之中，它的实用价值也得到更为普遍的重视。从许多地方官吏为各地方志所写的序文中可以得知，地方官吏上任之初，为了掌握该地的风土民情、利弊兴废，首先便要找当地的图经或方志来看。南宋学者朱熹于淳熙六年（1179）出任南康军，刚一到任便查看图经，他要从图经中了解政绩、民俗、先哲、古迹等。当他发现图经不理想时，还亲自动手为之编纂。赵不悔也是如此，他在《新安志序》中说："徽为郡自汉始，至于今久矣，图经纪述其事宜详也，试考之则遗阙而不备，读者恨焉，此《新安志》所以作也。不悔昔将承乏此州，而吏以图经先至，见其疏略，即有意于补次。"赵不悔于乾道九年（1173）知徽州，"吏以图经先至"，他看了大失所望，故上任后决心编修此志。项公泽在《玉峰志跋》中说："昆山为吴壮邑，地险而俗劲，田多而赋重，凋弊积有年矣，故于稽古载籍之事多缺焉。考之《吴郡志》，虽附书二三，其详不可得而闻。"这就是说，他认为昆山本为吴郡比较富裕的地方，可是"田多而赋重"，凋弊已经很久了，想探求其原因，图志载籍没有，就是《吴郡志》亦很少记载此事。所以淳祐间他出任此邑以后，乃修此志。再如吴机在嘉定年间兼知真州，发现这里"三百年间盛而衰，衰而复盛，或者举而归之数，非也"，"及考其所以盛衰之故，而求诸古之图志，则缺而不修。吏或持绍熙间郡侯韩公录本以进者，问其板，曰：火于兵久矣。传录舛讹，固不足以备翻阅，而废不续者，又三十年，后将何据？"[①] 元代的官吏上任之初，亦复如此，冯福京在《大德乐清县志序》中说："揭来兹邑，首访图经，无复存者，愿于

[①] 吴机：《仪真新志序》，《康熙仪真县志》旧序部分。收入《稀见中国地方志汇刊》第十三册，中国书店 1992 年版。

僧司得一摹本，乃淳熙己亥所作。"可见当时的地方官吏，在上任之初，为了调查研究，了解该地情况，都要首先查阅郡县志书。正因如此，有的官吏在上任途中便接到了当地前来迎接官员送上的图经。释文莹在《湘山野录》中评论寇准的诗，无意之中为我们留下了这样一条宝贵的材料，该书卷上载："寇莱公诗'野水无人渡，孤舟尽日横'之句，深入唐人风格。初授归州巴东令，人皆以寇巴东呼之，以比前赵渭南、苏韦州之类。然富贵之时所作诗皆凄楚愁怨……余尝谓深于诗者，尽欲慕骚人清悲怨感以主其格，语意清切脱洒孤迈则不无，殊不知清极则志飘，感深则气谢。莱公富贵时，送人使岭南云：'到海只十里，过山应万重。'人以为警绝。晚窜海康，至境首，雷吏呈《图经》，迎拜于道。公问州去海近远？曰：'只可十里。'憔悴奔窜，已兆于此矣。"一则故事为我们留下了很好的史料。而这类情况，一般史书很少有记载。

方志成为地方官吏征收赋税的依据。《建炎以来系年要录》卷一五一"绍兴十四年五月"有这样一条记载："初，两浙转运副使李椿年置经界局于平江府，守臣直秘阁周葵见椿年，问之曰：'公今欲均税耶？或遂增税也？'椿年曰：'何敢增税！'葵曰：'苟不欲增，胡为言本州七十万斛？'椿年曰：'若然，当用图经三十万数为准。'"这条材料生动地说明图经作用之大，幸好旧图经对于以前征收赋税之数有所记载，否则就将多征收一倍以上。

方志是整理地方文献、查考地方人物的宝库。徐时栋《四明六志校勘记》卷九云："宋真宗咸平四年（1001），苏通判为作《善政侯祠堂记》云：'善政侯琅邪王公讳元晖，册封之典，《图志》载之备矣。'其时编茸之诏未下，而吾乡已有志乘可备征引。"地方志经过长期的发展，内容不断丰富，学术性不断增加，学者们在研究和著述时已多所引用。它进一步引起人们的关心和重视，这对方志体例的完善和定型有着重要的作用。

方志是文人雅士游览名山大川、名胜古迹的好伴侣。许多学者在游览之中，往往以方志作为向导，遇到疑难不解之处，便到图经或方志之中查找答案。金华学派的创始人吕祖谦在《入越录》中记述其会稽之游，就曾多次言及利用这里的《图经》。《入越录》云："淳熙元年八月二十八日，自金华与潘叔度为会稽之游……九月八日早，过大中戒珠寺，王右军故宅也……寺后即蕺山。蕺，菜名，《图经》云：'越王嗜蕺，尝采于此。'十一日……过报恩光孝寺，寺后飞来山，即《图经》所谓怪山也。传云自琅琊飞至，其说不经……十二日雨，不可出，借《图经》寻近城名山，须雨霁遍游。"①

方志又是有志于兴利除弊的地方官吏的期望的寄托。许多地方官吏了解到本地百姓疾苦，想为之革除弊病，但因职位太低、权力有限，力不从心，于是便将事情原委记载于方志之中，把希望寄托于后人。这一情况，最明显者无过于丁大荣。此人于嘉泰间任职天台，了解到该地"民瘼有四"，想尽行革除而无能为力，因此深深感到，图志之作固可考知"民风地域"，但更重要的是，"其百里利害之所关，群情休戚之所系"，生民利病必须记载。他在嘉泰二年（1202）所作的《天台图经跋》中作了异乎寻常的记载，指出："大概兹邑民瘼有四：一曰乡夫困于差役，二曰居民艰于斗斛，三曰榷酤之额重于他邑，四曰斛本之费抑于郡胥。夫差役之困、斗斛之艰，某幸于黾勉兴除，其利病之源，详见于前之二记矣。其或增益所未至者，犹有待于后之人。榷酤之重额，斛本之抑纳，其人微力绵，无因以达于当路者，日夜念此未能革也。"接着便将二者弊病详加叙述，最后提出："后之君子，职在抚字，有以才望为当路所知者，傥为达之于上，革去其弊，遗利无穷，实邑民之幸，亦某之所望焉。"②当时和后世的方志均以记载郡县官吏功绩为多，而注意记载民间利病者并不多见，因此尤其显得可贵。

由于方志在宋代用途十分广泛，于是便引起各方面的重视，尤其是得到学术界的重视，因而得以立足于著作之林，它的生命力也就更为旺盛，从而得到迅速发展。吕祖谦根据自己的亲身体会，深深感到方志这种著作的重要性，因此在《白鹿洞书院记》一文中语重心长地说："考方志、纪人物，亦有土者所当谨。"③

第三节　方志体例趋于定型

宋元方志的编修由于得到学术界的重视，其内容增多、实用价值提高，于是内容和体例都不断得到完善，从而使得这种地方性的著作逐步趋于定型。

---

① 吕祖谦：《东莱集》卷六，清同治退补斋刊本。
② 《正德天台县志》旧序。
③ 吕祖谦：《东莱集》卷六。

宋代所修图经的数量虽然很多，但应当看到的是，许多著作名为图经，而其内容已经是既讲地理又述人文，失去隋唐图经单记地理的特点了。这一变化的原因，除上述种种外，当时所修的几部重要的全国性地理总志内容的变化对此也有很大的影响。比较明显的如《太平寰宇记》和《元丰九域志》。特别是前者，影响更为直接。宋太宗太平兴国年间，乐史（930—1007）为了反映大一统局面的北宋盛世，"颂万国之一君，表千年之一圣"，"撰成《太平寰宇记》二百卷，并目录二卷，起自河南，周于海外，至若贾耽之漏落，吉甫之阙遗，此尽收焉。万里山河，四方险阻，攻守利害，沿袭根源，伸纸未穷，森然在目，不下堂而知五土，不出户而观万邦，图籍机权，莫先于此"。① 作者对《元和郡县图志》的内容不太满意，因此遂采用《畿服经》和《华阳国志》之例，除了因袭《元和郡县图志》门类外，又增加风俗、姓氏、人物、艺文、土产等，并因人物而详及官爵及诗文杂事。由于《太平寰宇记》采用了大量的新旧图经，所载唐以前地志佚文可补史籍之缺略，所以成书以后，便反过来激发和影响着方志和图经的发展。《四库全书总目》称"其书采摭繁富，惟取赅博。于列朝人物，一一并登。至于题咏古迹，若张祜《金山诗》之类，亦皆并录。后来方志必列人物、艺文者，其体皆始于（乐）史。盖地理之书，记载至是书而始详，其体亦自是而大变"。我们认为，"后来方志必列人物、艺文者，其体皆始于史"，如前所述，并不是事实，但此书当时产生了很大的影响，倒是确有其事。清人洪亮吉等都反对方志和地理书记载这些内容，所以都将此作为该书的缺点而加以批评。洪亮吉在《太平寰宇记序》中说："至若地理外又编入姓氏、人物、风俗数门，因人物又详及官爵，及诗辞杂事。遂至祝穆等撰《方舆胜览》，宁略建置沿革，而人物琐事，必登载不遗，实皆滥觞于此，此其所短也。"朱彝尊大约也持此态度，故周中孚在为该书所写的跋中指出："其体例虽因《元和郡县志》，而援引更加详审，间采稗官小说，亦惟信而有征者取之。有宋一代志舆地者，当以子正（乐史字）为巨擘。竹垞（朱彝尊字）有意贬抑，谓不若《九域志》、《舆地记》之简而有要，岂其然乎！"从这些争论就可反映出该书内容和体例影响之大、波及之深远。所以在论述宋元方志发展趋于定型时，不应忽视这一影响，尽管它也

---

① 乐史：《太平寰宇记》，中华书局2007年版。

是吸收地记等著作发展而来的。这就进一步说明，在学术发展过程中，各种著作的内容和体例相互影响，互相渗透，一直在发生着作用。

北宋建立以后，承袭了隋唐五代各地定期修图经的制度。所以在一段时期内，各地确实修了许多图经。但随着学术发展的影响，图经的内容在不断丰富，已非往日图经所能比拟。同时完全称志的著作也不断增多。这都说明方志的发展在这个时期开始发生重大的变化，内容不断充实，体例逐渐完善，名称趋向统一，是在逐渐趋向定型。为了说明问题，现根据《中国古方志考》作一粗略统计，分北宋、南宋和宋三组，凡是难以确定为南宋或北宋者，都归入宋。而对于志和图经以外称呼者，如乘、谱、记、编等，一律归入其他。根据这一原则，统计结果是：

北宋 $\begin{cases} 志：24 种 \\ 图经：96 种 \\ 其他：52 种 \end{cases}$ 共计 172 种

南宋 $\begin{cases} 志：248 种 \\ 图经：31 种 \\ 其他：25 种 \end{cases}$ 共计 304 种

宋 $\begin{cases} 志：150 种 \\ 图经：92 种 \\ 其他：43 种 \end{cases}$ 共计 285 种

三者总数合计是 761 种。这三组数字很醒目地告诉人们，北宋时期图经的数量很多，到了南宋大大减少，而称志者却增加约 10 倍，其他名称也在减少，这说明在名称上确实是趋向于统一。这是宋代方志逐步趋向定型的有力证据。

再从内容来看，图经记载的详略也不可一概而论。凡是官修者，出于例行公事，往往比较简略。正如朱长文在《吴郡图经续记序》中所说："大中祥符中诏修图经，每州命官编辑而上，其详略盖系乎其人，而诸公刊修者，立类例，据所录而删撮之也。夫举天下之经而修定之，其文不得不简，故陈迹异闻，难于具载。"这就是说，政府规定编修的内容有一个统一的要求，故"其文不得不简"；至于详略的程度如何，还要看主持其事者学识水平。

北宋中期以后，情况已经不同，许多有政治头脑又有学术见解的地方官吏从有补于政事、"存教化，识典章"、"因其俗而施其教"等目的出发，不单纯为"举闰年之制"。特别是许多著名学者，尤其是历史学家参与其事，视之为有益于名山事业，因而内容、面目为之一变。从宋代所留传下来的图经足以说明这一问题。今天所能看到的宋人图经，最早的无过于北宋朱长文元丰七年（1084）所撰的《吴郡图经续记》了。前有自序一篇，末附常安民、林虙、祝安上、孙佑四人所作的《后序》和《跋》。三卷目录是：

上卷：封域、城邑、户口、坊市、物产、风俗、门名、学校、州宅、南园、仓务、海道、亭馆、牧守、人物。
中卷：桥梁、祠庙、宫观、寺院、山、水。
下卷：治水、往迹、园第、冢墓、碑碣、事志、杂录。

从其目录来看，已不同于隋唐之图经，最明显的是它多了牧守、人物。故常安民在元祐元年（1086）所写的《后序》中说："观其论户口则继之以教，陈风俗则终之以节。至于辨幼玉之怨，正语儿之妄，纪谭生之讥，其论议深切著明，皆要之礼义。与夫守牧之贤，人物之美，事为之善，凡前言往行有足称者，莫不褒嘉叹异，重复演说，信乎所谓'君子于言无苟'者。"这自非一般官吏例行公事所纂之图经可以比拟。所以林虙在《后序》中特别强调，作者之志，"素在于天下也，岂可徒以方域舆地之书视之哉！"朱长文是位"名动京师"的学者，"有文三百卷"，《宋史》把他列入《文苑列传》，自非偶然。"元祐中，起教授于乡，召为太学博士，迁秘书省正字。"所修《吴郡图经续记》就其所分门类与所记内容来看，显然已不是单纯的记地之图经了，与定型的方志体例与内容相较，实已无多殊异。尽管在内容排列上人地参差，但这仅是技术性问题而已。值得注意的是，既是"续记"，那么原有的《吴郡图经》自然更早，而所记内容当然也不会有太大的出入。正如朱长文在自序中所说："参考载籍，探摭旧闻，作《图经续记》三卷，凡《图经》已备者不录，素所未知，则阙如也。"推求其意，其体自是一仍《吴郡图经》旧例。

北宋所修图经，我们今天所能知道的尚有李茂诚所纂之《大观明州图经》。原书虽早已失传，但从黄鼎于乾道五年（1169）为《乾道四明图经》

所作的序中还能得知其梗概。因为乾道间张津重修《四明图经》时，曾访得此书残卷以为蓝本。黄氏序中说："大观元年（1107），朝廷创置九域图志局，命所在州郡编纂图经，于是明委郡从事李茂诚等撰述。故地里之远近，户口之主客，与夫物产之异宜，贡赋之所出，上而至于人物、古迹、释氏、道流，下而至于山林、江湖、桥梁、坊陌，微而至于羽毛、鳞介、花木、果蓏、药茗、器用之类，靡不毕备。书成未几，而不幸厄于兵火……制置直阁张公治明之二年，政成民和，郡以无事……公乃分委僚属，因得旧录，更加采摭，纂为七卷。"可见黄鼎也曾见到过《大观明州图经》的"旧录"，否则不可能对其内容有如此详细的了解。根据这一记载，可知此图经所载之内容与《吴郡图经续记》大体相似，名虽曰图经，实已为定型之志体。

到了南宋，郡县所修之书称志者日渐增多，称图经者日益减少，上列数字已经表明。但称图经者毕竟还有，甚至今日尚能得见者还不止一部。上面已经讲到的《乾道四明图经》12卷，其清咸丰刻本现在仍广为流传。兹将其目录抄列于下：

  卷一：总叙、分野、风俗、城池、子城、祠庙、水利、古迹（州城内）、贤守事实。

  卷二：鄞县：乡（里村附）、御书、桥梁、渠堰、祠庙（祠堂附）、山、水（江湖河潭附）、人物（名僧附）、古迹、冢墓、县宰题名。

  卷三：奉化县：贤宰、人物。

  卷四：定海县。

  卷五：慈溪县：贤宰、人物、逸民、冢墓。

  卷六：象山县：祠庙、山。

  卷七：昌国县：盐场、祠庙、山、水（湖潭井）、古迹。

  卷八：古赋、古诗、律诗、绝句、长短句。

  卷九至卷十：记。

  卷十一：碑文、铭、赞、传、书。

  卷十二：太守题名记、进士题名记。

从目录便可知道，今所流传者并非足本，每县之下，子目悬殊太大，定海县下竟是空无一目。全祖望在为该书所写的跋中已经指出这点："四明志乘，以吾家为最备，自胡尚书《宝庆志》、吴丞相《开庆志》、袁学士《延祐志》、王总管《至正志》、季孝廉《永乐志》、杨教授《成化志》、张尚书《嘉靖志》，无一佚失，足以豪矣。张制使《乾道志》则最初之作也，购之不可得，乃过天一阁范氏，见《四明文献录》全引其书，为之狂喜，乃别为抄而出之……顾予犹疑非足本，尝见《成化志》中于遐追山二庙下，纪刘毅、胡怅谏吴越无纳土事，以为出自《乾道志》，今竟无之，则脱简殆多。然要属难得之书，可宝爱也。"① 尽管残缺，但其内容之丰富、体例之完善，仍能体现出定型方志之体式。

我们再看绍兴九年（1139）董弅所修、淳熙十二年（1185）陈公亮重修的《严州图经》，原为18卷，现仅存3卷。该书无目录，从其内容查得：

卷首：《太宗皇帝初领防御使诏》、《太上皇帝初授节度使制》、《敕书》、《节度使榜》、《重修图经序》、《旧序》。图：《子城图》、《建德府内外城图》、《府境总图》、《建德县境图》、《淳安县境图》、《桐庐县境图》、《遂安县境图》、《寿昌县境图》、《分水县境图》。

卷一：严州：历代沿革、分野、风俗、州境（道路附）、城社、户口、学校（科举附）、廨舍、馆驿（楼阁亭榭）、仓场库务（铸钱监附）、军营（兵籍附）、坊市、桥梁、沟渠、物产、土贡、税赋（茶租、免役和预买附）、课利、寺观、祠庙（坛壝附）、古迹、贤牧（题名附）、学校、登科记（宗姓及童子武举附）、人物、碑碣。

卷二：建德县：历代沿革、县境（道路附）、社、乡里、户口、工廨舍、知县题名、馆驿（亭附）、土贡、税赋（茶租免役和预买附）、课利、寺观、祠庙、山（岩洞附）、水（溪滩津渡湖池附）、古迹、贤令、人物、碑碣、坟墓。

卷三：淳安县：历代沿革、县境、城社、乡里、户口、学校、廨舍、馆驿、仓务、土贡、税赋（茶租免役和预买附）、课利、寺观、祠庙、山、水（溪滩津渡附）、古迹。

---

① 《鲒埼亭集外编》卷三十五《跋乾道四明图经》，《全祖望集汇校集注》，第1477—1478页。

从卷首所载县境图便可推知，原来各县皆如建德、淳安一样，分别记载，如今桐庐、遂安、寿昌、分水四县全都散失。就以此残缺不全的内容和体例来看，已经相当丰富和完善了，虽然还名曰图经，实已是定型的方志。朱绪曾在《开有益斋读书志》中云："严州重修《图经》，绍兴己未知军州事董弅序，此旧序也。（绍兴）［淳熙］丙午迪功郎州学教授刘文富序，此重修序也。冠以太宗初领防御使诏，太上皇帝（即高宗）初授节度使制，乃建隆元年太宗为睦州刺史，封天水县开国子。宣和三年，高宗授遂安、庆源等军节度使，进封康王也。次子城图、建德府内外城图、府境总图、建德、淳安、桐庐、遂安、寿昌、分水各县境图，以严州及六县分卷，各列子目，其体例与《宝庆四明志》同。"一个名曰图经，一个称之曰志，但它们的体例却相同，这自然不是偶然的巧合。值得注意的是，此书成于南宋初年，到了景定三年（1262）郑瑶等人再续修此书时，便不再称图经，而是称《新定续志》，或称《景定严州续志》。这样一来，就进一步做到名实相符。更值得注意的是，王象之《舆地纪胜》、陈振孙《直斋书录解题》、马端临《文献通考》在著录《严州图经》时，皆作《新定志》。就是郑瑶等人所修的《新定续志》（也称《景定严州续志》）卷四"书籍"门，在著录此书时亦称《新定志》，可见到了南宋时代，图经易名方志，已是大势所趋。在内容已经充实、体例已经完善的情况下，再称图经已是名实不符，因此改称方志实属情理之中，这样更加体现出名实相符。此种交替易名之事，不仅从当时人修志的序、跋中得到说明，就是宋人笔记和其他有关著作中亦有所反映。嘉泰元年（1201），陆游在为《嘉泰会稽志》所写的序中说："书虽本之图经，图经出于先朝，非藩郡所可附益，乃用长安、河南、成都、相台之比，名《会稽志》。"又如嘉定元年（1208）所修的《罗山志》，罗鉴在序中说："嘉定元春，西昌李君以簿领摄邑事，见委编次，于是请问耆宿，搜罗逸闻，遍考诸家记载，公私碑刻，而以《祥符旧经》为祖，累年汇梓，乃克成书，凡五十有一门，厘为六卷；载维诗文，不可不录，编而成集者，又四卷，总一十卷，名曰《罗山志》。"[1]可见在《罗山志》之前，这里只在祥符年间修过图经，看来编修过程中，也就是以它为蓝本。再如淳熙五年（1178）李纶在《临漳志序》中说："一郡之治，千种

---

[1]《康熙崇仁县志》旧序，清康熙十二年补刻本。

万流，经贤明二千石日琢月范，积有岁时，美者有加，恶者有减，近世博物君子，多取而述之，以为一书，庐潮之图经，延平清源之志是也。"①还有淳祐三年（1243）王南一在《清漳志序》中说："漳隶闽接广，要郡也。郡旧有图经，续谓之志，国朝自祥符至嘉定二百余年，屡经刊辑，推以古今，撮其纲要，旧序详之矣。"②这就说得更加明显了，旧的原称图经，续编的就称志了。我们再看宋人的笔记亦有类似记载。如赵与时的《宾退录》卷四载："开禧丙寅，眉州重修图经，号《江乡志》。"这里实际上是把图经与志看作一回事，讲的是"重修图经"，修成后却称《江乡志》了。

上面这些事实可以说明，在图经过渡到称方志的交替过程中，两者内容已经不存在实质差别，而在当时人们的思想中，图经和志实际上就是一个概念。当时人们的著作在引用时也确实是如此看待两者的。仍以《宾退录》为例，该书曾多次引用方志和图经的内容。

《宾退录》卷一："《章贡志》谓：'汉高帝六年，命灌婴略定江南，令天下城县邑，始置雩都县。'按《高纪》六年冬十月，但书'令天下郡邑城'而已，余皆无所见。雩都置县，《地理志》不书岁月，考纪及传，灌婴踪迹未尝到江南。凿空著书，可付一笑。洪驹父《豫章职方乘》亦谓：'灌婴在汉初定江南，故祀以为城隍神。今江西郡县城隍多指为灌婴。'其实非也。友人萧子寿（大年）考《功臣侯表》，始知其为陈婴。"这条记载中，批评了两部地方志记载失实，捕风捉影。《章贡志》是南宋李盛所修，大约成书于理宗绍定元年（1228）以后。《豫章职方乘》是北宋末洪刍所修。

《宾退录》卷二："《靖州图经》载：其俗居丧不食酒肉盐酪，而以鱼为蔬。今湖北多然，谓之鱼菜，不特靖也。老杜《白小》诗云：'白小群分命，天然二寸鱼。细微沾水族，风俗当园蔬。'正指此。盖老杜尝往来荆楚，而此诗则嘉兴鲁氏定为夔门所作，夔亦与湖北相邻故也。注杜诗者，皆不及此。"这条是征引图经的记载来为杜诗作注，做得恰到好处，人们看了，一目了然。于此也可见图经内容的价值，已受到学者们的重视。《靖州图经》是南宋淳熙中孙显祖所修。

---

① 《康熙漳州府志》旧序，清康熙五十四年刻本。
② 《康熙漳州府志》旧序，清康熙五十四年刻本。

该书卷三引东蜀杨天惠撰《彰明县附子记》云:"绵州故广汉地,领县八,惟彰明出附子……盖附子之品有七,实本同而末异。其种之化者为乌头,附乌头而傍生者为附子,又左右附而偶生者为鬲子,又附而长者为天雄,又附而尖者为天佳,又附而上出者为侧子,又附而散生者为漏篮,皆脉络连贯,如子附母,而附子以贵,故独专附名,自余不得与焉。"在引了杨文以后,接着便说:"《古涪志》既删取其略著于篇,然又云:'天雄与附子类同而种殊;附子种近类漏篮,天雄种如香附子。凡种必取土为槽,作倾邪之势,下广而上狭,置种其间,其生也与附子绝不类;虽物性使然,亦人力有以使之。'此又杨说所未及也。审如《志》言,则附子与天雄非一本矣。杨说失之。"这是引方志记载来证杨说之误。《古涪志》是宋人王宽夫所作,其成书时代已不得而知。

该书卷四所载便是上引"眉州重修图经,号《江乡志》",书中还征引了该志末卷《杂记门》所载的传说故事。

在四卷之中,便引了五部方志,其中三部称志,一部称图经,一部称乘。所涉及的内容亦是多方面的。该书作者赵与时,南宋末人,是宋太祖赵匡胤的七世孙,宝庆进士,官丽水丞。对他这部《宾退录》,前人评价很高,说它"可为《梦溪笔谈》及《容斋随笔》之续",有的甚至以为"宋人杂说之最佳者"。其学术价值于此可见。而就在这样一部书中,如此重视地方志的记载,从而也反映出方志的学术价值已普遍受到学者们的重视,其地位也已经随着它内容的丰富而在不断提高。同时,就这部书的记载来看,也进一步说明在当时人们的观念之中,图经与方志并无区别,图经就是方志,方志就是图经,其义一也。所以许多地方便出现名曰修图经,成书后却称某志的现象。关于这点,除了上面已引事实外,这里还可列举一例。南宋绍定年间,鄱阳人张世南在《游宦纪闻》卷一中云:"鄱阳为郡,文物之盛,甲于江东,无图经地志,元祐六年余干都颉作《七谈》一编,叙土风人物,云张仁有篇,徐濯有说,顾雍有论,王德琏有记,今不复存矣。嘉定乙亥,史守始延郡之前辈访问,汇聚而为《图经》,然登载亦未详尽,如秋荐五十有五人,殊无确然之说。"这里作者又将图经与地志并提,意思是说,既无图经,也无地志。尤其值得注意的是,文中讲到"嘉定乙亥,史守始延郡之前辈访问,汇聚而为《图经》",而《宋史·艺文志》著录有史定之《番阳志》30卷,实即此书。据史书记载，嘉定七年（1214）史定之任鄱阳知州，嘉定乙亥，乃是嘉定八年（1215），可见上述嘉定乙亥史守所修之《图经》，正是史定之的《番阳志》，这又是图经即方志的确证。又如郭晦在为《至元嘉禾志》所撰的序文中说："真宗景德四年，尝诏诸道修图经，仅得海盐一志而已。"实际上只成一部《海盐图经》，这里他却称志。正因如此，有的地方在新修方志时两者并称，如《淳祐江州图经志》、元《郴州图经志》等，至于称图志的就更多了。

章学诚否定图经属于方志，无可否认是出于偏见。遗憾的是，时至今日，仍有人坚持这种观点，甚至提出方志这种著作宋代才开始产生，这种看法实难成立。事实上在南宋的方志编修中，虽然称志者远远超过图经，但在同时代人的著作中征引者似乎还是以图经为多。这是因为他们所记之事往往多出于前代，而以前则图经居多。如《曲洧旧闻》卷八有这样一条记载："新安郡黄山有三十六峰，与池阳接境，在郡西，岩岫秀丽可爱，仙翁释子多隐其中，《图经》不著其名。山有温泉，其色红，其源可瀹卵，刘宜翁尝游焉，题诗寺壁，其略曰：'山有灵砂泉色红，涤除身垢信成功。不除心上无明业，祇与山间众水同。'宜翁名谊，元丰间，自广东移江西。"这是批评《图经》连黄山三十六峰也不记载，实在太不应当。这里的《图经》，显然是指《歙州图经》。而这部《图经》看来确实太简略，故上引赵不悔《新安志序》中也甚为不满，指出："图经纪述其事宜详也，试考之则遗阙而不备，读者恨焉，此《新安志》所以作也。"这里又是把图经与志同等看待，图经记事本当详细，由于前面所修之《图经》未做到这点，故不得不重修。《曲洧旧闻》的作者朱弁是南宋初年新安人，所以对黄山的风景名胜比较熟悉。又如王明清在《挥麈后录》卷一载："滁州清流关，昔在五季，太祖皇帝以五千之兵败江南李氏十五万众，执皇甫晖、姚凤以献周世宗，寔为本朝建国之根本。明清昨仕彼郡，考之《图经》云：'皇祐五年十月，因通判州事王靖建言，始创端命殿宇于天庆观之西，奉安太祖御容。初以兵马都监一员兼管，至元丰六年专差内侍一名管勾香火，每月朔望，州官朝拜，知州事酹献。岁朝寒食冬旦至节，诏遣内侍酹献。'今焉洊罹兵革，殿宇焚荡之久……"王明清是南宋人，历仕孝、光、宁三朝。陈傅良曾荐其入史馆修史而未果。他鉴于南渡后史料散佚，因而搜集遗闻逸献，成《挥麈录》20卷，图经也成为他搜采的对象。

我们再看北宋著名的文学家、杰出的科学家沈括（1032—1096），在他晚年所写的《梦溪笔谈》一书中也征引了图经。该书卷十六《艺文三》载："士人刘克，博观异书。杜甫诗有'家家养乌鬼，顿顿食黄鱼'。世之说者皆谓夔峡间至今有鬼户，乃夷人也，其主谓之鬼主，然不闻有乌鬼之说。又鬼户者，夷人所称，又非人家所养。克乃按《夔州图经》称：'峡中人谓鸬鹚为乌鬼，蜀人临水居者皆养鸬鹚，绳系其颈，使之捕鱼，得鱼则倒提出之，至今如此。'予在蜀中，见人家养鸬鹚，使捕鱼，信然，但不知谓之乌鬼耳。"这条记载再次说明，宋代学者在研究古人诗句中难解之意时，往往是从图经记载中得到解答。大诗人杜甫出身于蜀，根据家乡的风俗写成诗篇，时过境迁，"乌鬼"之称在民间逐渐消失，因而对其所写的诗句，后人也就不得其解了。幸得《夔州图经》的记载，为人们解开了诗篇所含之谜。尽管今人对此持有不同看法，似乎仍不能否定其说。

以上所引三部图经显然都是北宋的作品，但从所征引的内容来看，详略固然不尽相同，而其学术价值都从不同角度体现出来。故许多学术著作竞相征引，自然使其影响不断扩大，从而也就促使更多人来注意、关心这种地方性综合著作的编修和发展。

至于直接称志而名实相符，今天仍能看到的当首推宋敏求的《长安志》了。当然，这并不是北宋最早的方志，庆历年间陶弼《瑞莲池》诗有这样两句："额名旧载零陵志，碑字新镌子厚诗。"[1]据此可知，庆历之前已早有《零陵志》了，不过未能留传下来。因此，今天能够见到北宋最早的方志只有《长安志》。

宋敏求（1019—1079），字次道，赵州平棘（今河北赵县）人，曾为编修官，预修《新唐书》，又修《国史会要》、《两朝正史》，熟于朝章典故，著书甚多，今传仅有《春明退朝录》、《长安志》。宋敏求还曾作《河南志》20卷，可惜已经散佚。对这两部方志，司马光曾给予很高的评价。他在《河南志序》中说："唐丽正殿直学士韦述为《两京记》，近故龙图阁直学士宋君敏求字次道，演之为《河南[志]》、《长安志》。凡其废兴迁徙，及宫室、城郭、坊市、第舍、县镇、乡里、山川、津梁、亭驿、庙寺、陵墓之名数，与古先之遗迹，人物之俊秀，守令之良能，花卉之殊尤，无不备载。考诸韦记，

---

[1] 邓显鹤：《沅湘耆旧集前编》卷第十八，湖湘文库点校本第一册，岳麓书社2007年版，第302页。

其详不啻十余倍，开编粲然，如指诸掌，真博物之书也。"从此序全文来看，《河南志》的内容似乎比《长安志》还要丰富。这是两部主要记述古代都城的志书。《长安志》20卷，卷首冠赵彦若序一篇。卷一：总叙、分野、土产、土贡、风俗、四至、管县、户口、杂制。卷二：雍州、京都、京兆尹、府县官。卷三至卷六：宫室。卷七至卷十：唐皇城、唐京城。卷十一至卷二十：所属各县。而在宫室和唐京城八卷之中，对历代古迹，长安的坊市、街道、宫室、官邸等都有详细记载，深得历代学者的好评。《四库全书总目》中说："凡城郭、官府、山川、道里、津梁、邮驿，以至风俗、物产、宫室、寺院，纤悉毕具。其坊市曲折，及唐盛时士大夫第宅所在，皆一一能举其处，粲然如指诸掌……此志精博宏赡，旧都遗事，藉以获传，实非他地志所能及。"就连自己认为学问既精且博的王鸣盛对此志也非常推崇，认为"宋氏此编，纲条明析，赡而不秽，可云具体。厥后程大昌《雍录》，好发新论，穿凿支离，不及宋氏远矣"[①]。它不仅是流传至今最早、最完备的一部记载古都的志书，对于研究古代长安历史、地理等有重要的参考价值，而且是北宋所修以志命名的地方志中所能见到的唯一著作。它对于方志发展历史的研究亦有着重大作用。它告诉我们，方志的发展到了北宋时，从内容到体例都已逐步在摆脱旧图经的框框和格局。尤其重要的是，该书的编修并非出于官令，而是私人所修，无须受任何约束，纯粹作为一部学术著作出现，更容易体现出记载内容的真实性。它与同时代的朱长文的《吴郡图经续记》相比，无论是内容还是体例都大体一致。可见在研究方志的定型时，不能把北宋和南宋截然分开。

当然，在研究方志的定型时，不能仅从名称的变化来说明，因为名称还只停留在形式上，更应当注意其内容和体例的变化。从内容方面来看，人文方面的内容在这一时期的著作中显然是大大增加了，无论是称志还是称图经，人物已成为不可缺少的组成部分。另外，学校或书院也已成为志书必载之内容，这正反映了宋代社会上讲学风气的盛行。书院讲学既关系到培育人才，又关系到树立好的社会风气，对于精神文明的建设有着重要作用，因此各地编纂方志时都十分重视。又如，宋代所修的方志中，好多都有"碑碣"一门，

[①] 《新校正长安志序》，宋敏求撰，毕沅校正：《长安志》，《中国方志丛书》，台北成文出版社1970年版。

将本地的重要石刻加以汇集，这无疑又是受到宋代金石学发展的影响。金石学乃是宋代学者在史学领域中所开辟的一个新的园地，它把历史研究的范围从书本扩大到实物即古器物和碑刻的领域，并涌现出一批富有史料价值的金石学著作。我国古代学者对金石古器物进行研究，用它作为考证古史的资料是由来已久的，不过到了宋代才正式出现专门之学——金石学。宋代学者从事金石古器物的搜集研究工作的人很多，他们的考订工作也进行得很细微，并取得了很大的成绩，因而在社会上形成了竞相研究金石之学的风气。蔡绦在《铁围山丛谈》卷四中曾生动地记载了宋代金石学之风的盛行，不仅"学士大夫雅多好之"，就连当时的最高统治者宋徽宗也深受这种风气的影响。当然，宋徽宗的重视金石古器物，虽多少也有些出于艺术的爱好，但主要的还是当作古董来收藏，是为了卖弄文史、粉饰太平而已，与其他学者们用来证实历史、研究文字是不同的。但他这么做，又不能不影响着广大官吏对此加以注意。宋代的金石学家不仅对古器物、碑刻进行搜集，而且对金石文字进行考释，并用金石文字来考订历史记载，著名的如欧阳修的《集古录》、赵明诚的《金石录》等。南宋郑樵在所作《通志·二十略》中，特地立了《金石略》，使得宋代学术发展中的这一新成果在史书中及时得到了反映。所以说，宋代所修方志专门列了"碑碣"一门，应当是受到社会上金石学研究之风的影响。再者，关于"艺文"的记载虽不能说始于宋代，但隋唐图经毕竟无此内容，而宋代所修方志陆续出现，无疑又增加了这种著作的学术价值。诸如此类，都足以说明宋代的方志内容已相当丰富，形成了后世方志编修的大体规模。

　　再从体例来看，宋人所修方志许多都细目并列，但也有许多是分纲列目，上面提到的《永嘉谱》便是这样。又如《宝庆四明志》亦是如此，全志21卷，列目于下：

　　卷首：序、目录。
　　卷一：叙郡上：沿革表、沿革论、境土、分野、风俗、郡守。
　　卷二：叙郡中：社稷、城隍、学校（乡饮、酒礼及贡举附）。
　　卷三：叙郡下：城郭、坊巷、仓库务场局院等、公宇、官僚、驿铺。
　　卷四：叙山、叙水（渠堰、碶闸、桥梁、津渡附）、叙产。
　　卷五：叙赋上：户口、夏税、秋税、酒、商税。

卷六：叙赋下：市舶、牙契、杂赋、湖田、职田、常平仓、义仓、朝廷窠名、监司窠名、盐课。

卷七：叙兵：制置司水军、禁军、厢军、土军。

卷八：叙人上：先贤事迹上。

卷九：叙人中：先贤事迹下、列女、孝行、仙释。

卷十：叙人下：科目人才、衣冠盛事。

卷十一：叙祠：神庙、宫观、寺院；叙遗：车驾巡幸、乡人义田、纪异、存古。

卷十二至二十一：分别为鄞县志、奉化县志、慈溪县志、定海县志、昌国县志、象山县志。

从目录可以看出，前11卷为郡志，共分九门，各门之下又立子目。第十二卷以下则为各县分志，每县自为门目，不与郡志相混。

又如卢宪所修之《嘉定镇江志》，亦是分纲列目，纲目分明。原书共30卷，今传本乃从《永乐大典》中录出，已经残缺，有的子目已缺，道光二十二年（1842）刻本中也就只写"子目"字样，说明原有子目已缺。卷七宫室下面的子目是祠庙，显然总目与子目不符。卷一、卷二均为地理，卷三风俗与攻守形势放在一道，卷四田土，卷五赋税，卷六又是地理，卷十学校与兵防放在一道，这些无疑都出于后人编排之错误。刘文淇在《嘉定镇江志校勘记》中已作了说明。因为该志分纲列目较为典型，现仍将其目录抄录于下：

卷首：郡县表：州郡、县、封爵食邑、官名。

卷一：地理：叙郡、子目。

卷二：地理：城池、坊巷、桥梁、津渡。

卷三：风俗；攻守形势。

卷四：田土：屯田、军田、职田。

卷五：赋税：土贡、钱盐、宽赋、常赋、和买、经总制钱、免役钱、均役、课程、坊场河渡。

卷六：地理：山川。

卷七：宫室：祠庙。

卷八：僧寺：寺、院。

卷九：道院：观、院。

卷十：学校：子目、镇江府学、丹阳县学、金坛县学、书院；兵防：子目。

卷十一：古迹：居宅、陵墓。

卷十二：宫室：楼、台、亭、堂；公廨：治所、仓、库、驿传、邮传、务、场。

卷十三：刺守：晋徐州刺史、晋晋陵太守、宋南徐州刺史、齐南徐州刺史、梁南徐州刺史、陈南徐州刺史、宋齐梁行南徐州事、宋齐梁南东海太守、宋齐梁陈南兰陵太守。

卷十四：刺守：唐润州刺守、五代润州刺守。

卷十五：刺守：宋太守；参佐：晋宋齐梁陈大小中正以下，晋宋齐梁陈长史司马以下，晋宋齐梁陈别驾治中以下，宋迄陈郡丞、齐梁典签文学、唐副使行军司马以下。

卷十六：参佐：唐别驾长史司马以下，唐知盐铁院、宋通判以下；将佐：唐都头以下、宋都统制以下。

卷十七：宰贰：丹徒县、丹阳县、金坛县；寓治：总领所、粮料院、干办公事。

卷十八至十九：人物。

卷二十：总目：释、道。

卷二十一：祥异：天文、虹、地震、火、花卉、龙凤、鸟兽、虫鱼、器物、谣、谶、纪异；杂录：子目、文事。

卷二十二：杂录：武事、恤刑、鞫狱、拾遗。

这部方志还有一个很大的特点，即在每一门目之前，均作序一篇，可惜的是竟一篇也未流传下来。从这些方面来看，这部方志的编纂体例是相当完善的，体现了方志发展内容和体例的定型。《景定建康志》应当说更为典型，作者采用纪传体史书的体裁来编写方志，不仅内容充实，体例更显得整齐而完善。这是方志发展史上一大明显的重要变化，可以称为定型方志的典型代表，对后世方志发展有着重大的影响。这个时期编写的方志中，还出现了编年体的大事纪形式，如《永嘉谱》的《年谱》，就是用编年的形式记载建置沿革诸大事；高似孙《剡录》的《县纪年》，亦是这种编年体的大事记。诸如此类，都足以说明宋代方志的编修在体例上不断得到完善。

综上所述，我们认为，宋代方志的定型不仅反映在名称的变化，逐渐趋于统一而称志，而且还体现在内容的不断充实和体例的逐渐完善上面。事实上，名称只不过是内容与体例发展变化结果的体现，因为内容是首要的，内容丰富了，再用图经已不相称，于是年长日久，逐渐更易，也并非一朝一夕之事。章学诚就曾讲过："名者实之宾，实至而名归，自然之理也。"[①]又说："名者，实之宾，徇名而忘实，并其所求之名而失之矣。"[②]他论定一切事物都是"先具其实，而后著之名也"[③]。这符合唯物论的观点。现在有些谈论宋代方志定型的著作，仅仅着眼于名称变化的介绍，显然是无法谈清楚宋代方志之定型的。

第四节　宋代方志述评

宋代方志编修得到前所未有的发展。据前人著作记载统计，能够知道书名的有近 800 种之多，这个数字是非常可观的。流传至今的尚有 30 余种。不仅数量多，编修广泛，而且大多具有相当质量，其中还涌现出不少名志。如范成大的《吴郡志》，梁克家、陈傅良的《三山志》（又名《长乐志》），罗愿的《新安志》，施宿的《嘉泰会稽志》，陈耆卿的《嘉定赤城志》，周应合的《景定建康志》，高似孙的《剡录》等。还有最为人们所称道的"临安三志"。临安是南宋的都城，从绍兴八年（1138）建都以来，历时 141 年，而其志则三次编修：孝宗乾道五年（1169）府尹周淙始修，理宗淳祐十年（1250）府尹赵与𥲅命陈仁玉等人再修，度宗咸淳四年（1268）知府潜说友三修。这三部志书，人们常合称为"临安三志"。现将流传至今的宋修方志列表于下：

[①]《文史通义新编新注》内篇三《针名》，第 189 页。
[②]《文史通义新编新注》内篇三《黜陋》，第 181 页。
[③]《文史通义新编新注》内篇一《易教中》，第 12 页。

名称	卷数	编纂者	成书年代
吴郡志	50 卷	范成大	绍熙二年（1191）
云间志	3 卷	杨潜	绍熙四年（1193）
长安志	20 卷	宋敏求	熙宁年间
建康志	50 卷	周应合	景定二年（1261）
吴郡图经续记	3 卷	朱长文	元丰七年（1084）
玉峰志	3 卷		淳祐十一年（1251）
玉峰续志	1 卷		咸淳年间
重修琴川志	15 卷，图 1 卷	孙应时	庆元二年（1196）原修
		鲍康	宝祐二年（1254）增补
		卢镇	至正二十三年（1363）续修
镇江志	20 卷，首 1 卷	卢宪	嘉定六年（1213）
重修毗陵志	30 卷	史能之	咸淳四年（1268）刻
临安志	15 卷，缺第 4—15 卷	周淙	乾道五年（1169）
临安志	52 卷，今存 6 卷	陈仁玉等	淳祐十二年（1252）
临安志	100 卷，缺 4 卷	潜说友	咸淳四年（1268）
严州图经	8 卷	董弅	绍兴九年（1139）修
		陈公亮	淳熙十二年（1185）重修
严州续志	10 卷	郑瑶等	景定三年（1262）刻
澉水志	8 卷	常棠	绍定三年（1230）
吴兴志	20 卷	谈钥	嘉泰元年（1201）
四明图经	12 卷	张津	乾道五年（1169）
四明志	21 卷	罗濬等	宝庆三年（1227）
四明续志	12 卷	梅应发等	开庆元年（1259）
会稽志	20 卷	施宿	嘉泰元年（1201）
会稽续志	8 卷	张淏	宝庆元年（1225）
剡录	10 卷	高似孙	嘉定七年（1214）
赤城志	40 卷	陈耆卿	嘉定十六年（1223）
新安志	10 卷	罗愿	淳熙二年（1175）
三山志	42 卷	梁克家、陈傅良	淳熙九年（1182）
仙溪志	4 卷	黄岩孙	宝祐五年（1257）

以下四种辑佚：

名称	卷数	编纂者	成书年代
吴兴统记	1 卷	左文质	
吴兴志续编	1 卷	周世南等	淳熙年间
河南志	不分卷	宋敏求	
寿昌乘	不分卷		宝祐年间

下面就其中具有代表性者略作述评。

一、范成大的《吴郡志》

范成大（1126—1193），字致能，号石湖，平江（今江苏苏州）昆山人。绍兴二十四年（1154）中进士，时年 28 岁。起初在地方任职，40 岁方入京城。累官至中书舍人、参知政事。他是一位著名的诗人，为官期间，也曾为国家做过一些好事。乾道六年（1170），孝宗为索取河南"陵寝"地，派范成大出使金国，在金主面前，他能"词气慷慨"，"全节而归"，这个举动在当时为朝野南北所一致称道。从淳熙九年（1182）起因病五次上书，请求解职退休，回归乡里。后来虽曾两次起知福州、太平州（今安徽当涂），实际并未任事。晚岁退居石湖，自号石湖居士。《吴郡志》正是其隐居期间所作，成于绍熙二年（1191）。绍熙四年（1193）范成大因病逝世。因此直到绍定二年（1229），《吴郡志》才由汪泰亨补后刊行。全书共 50 卷，分 39 门，是南宋流传至今最早、最完整的一部志书。此书内容丰富，门类区分也较为合理，所载之事也比较详尽，《四库全书总目》称其"征引浩博，而叙述简核，为地志中之善本"。又"往往于夹注之中，又有夹注，考成大以前，惟姚弘补注《战国策》，尝有此例，而不及此书之多，亦可云著书之创体矣"。可见范成大著此书时，是从实用价值出发，并把它视为学术著作，当然与那些为例行公事而作者不可同日而语。此志元、明、清均有刻本，民国时期有刻本、影印本、铅印本三种，流传较广。此外，范成大在桂林任职期间还著有《桂海虞衡志》。

二、罗愿的《新安志》

罗愿（1135—1184），字端良，号存斋，安徽歙县人。乾道二年（1166）进士。史称其"博学好古，法秦汉为词章，高雅精炼，朱熹特称重之。有《小集》七卷，《尔雅翼》二十卷。知鄂州，有治绩"[①]。可见罗愿不仅是一位"博学好古"的学者，而且也是一位理政有方、享有政绩的官吏。从其为该志所作的序来看，编纂《新安志》乃是他的夙愿，并且早就从事资料搜集采访工作。而赵不悔乾道九年（1173）出知徽州，也有此要求，于是便邀请他承担此事，因而在不到两年的时间内便能成书，如此之快，绝非出于偶然。罗愿在序中说："梁萧几为新安太守，爱其山水，始为之记。又有王笃《新安记》，唐有《歙州图经》，国朝太平兴国中，诏编广记，往往摭取之。至大中祥符中颁李宗谔所修新图经于天下，则由前诸书废不显……又失祥符所颁，特抄取计簿益之，以里魁亭父之所隐实者编以为册，余五六十年矣，私窃悼之。间因阅前史及国典，并杂家稗说，有及此者，稍稍附著，后得《祥符图经》于民间，则总目粗设，益访故老，求遗事，思辑为一书，然未果就。会邦君赵侯闻之，勉使卒业，约敕诸曹，遇咨辄报，且谕属县，网罗金石之文，使得辅成其说，而书出矣。"这段文字还说明，罗、赵两人情投意合，为了编好此志，赵不悔还下令有关部门都要为编修此书竭尽全力，晓谕各属县尽力提供有关资料，为罗愿的编纂工作提供了极大的方便，这也是《新安志》能在短期内成书的重要因素。我之所以要不厌其烦地叙述这一过程，目的在于说明《新安志》之所以会被后人视作名志，乃是事出有因。《新安志》十卷，采用分纲列目体：

卷首：序、目录。

卷一：州郡：沿革、分野、风俗、封建、境土、治所、城社、道路、户口、姓氏、坊市、官府、庙学、贡院、放生池、馆驿、仓库、刑狱、营寨、邮传、祠庙。

卷二：物产：谷粟、蔬茹、药物、木果、水族、羽族、兽类、畜

[①]《宋史·罗汝楫传》。

扰、货贿；贡赋：税则、杂钱、夏税物帛、小麦、秋税糙米、折帛钱、进贡、上供物帛、上供纸、酒课、税课、茶课、盐课、公用。

卷三：歙县：沿革、县境、镇寨、乡里、户口、田亩、租税、酒税、城社、官廨、道路、桥梁、津渡、山阜、水源、古迹、祠庙、道观、僧寺、丘墓、碑碣、贤宰。

卷四：休宁；祁门。 ⎫
卷五：婺源；绩溪；黟县。 ⎬ 五县事目略如歙县。
　　　　　　　　　　　 ⎭

卷六至卷七：先达。

卷八：进士题名；义民；仙释。

卷九：牧守。

卷十：杂录：人事、诗话、杂艺、砚、纸、墨、定数、神异、记闻。

通过这个目录可以发现，这部方志有一个显著的特点，就是经济、人文方面的内容特别丰富。第二卷物产、贡赋两大门类从两个侧面反映这个地区当时的经济特点。而第六至十卷的五卷篇幅，全为人文方面的内容。全书所载真正地理方面的内容所占比重很小，这应当看作是方志发展过程中内容趋向定型的重要体现。这部方志还有三点值得注意：第一，反映地方性特点比较明显，特别是物产、贡赋、杂录三大门类表现尤为突出。众所周知，文房四宝——宣笔、徽墨、宣纸、歙砚——历史悠久，闻名中外，是徽州的特产。因此罗愿在《新安志》中对墨、纸、砚都作了不同程度的记载。其中对徽墨，还通过故事的形式，将选料、调配和制作方法作了详尽的记载，这样就把古人创作的技术和宝贵的经验传了下来。第二，充分发挥作者个人的专长。关于这点，《四库全书总目》亦指出："其'物产'一门，乃愿专门之学，征引尤为该备。"他作过《尔雅翼》，因此"物产"一门写得更为出色。如对于药物、木果一类，并不是只简单罗列名称，而是对它们的品种、生长、栽培、用途都作了介绍，对皖南山区的名贵药材、优良果品和其他植物资源都作了介绍。至于珍禽异兽、水产资源，亦复如此。第三，分门别类比较合理，特别是所属各县俱自为门目，不与郡志相混，这就为后来编修府州志的规范树立了范例。正由于该志具有不少长处，故深得后世学者的好评。《四库全书总目》称其"叙述简括，引据亦极典核，于先达皆书其官。别于史传，较为有体"。此书还得到方志学家章学诚的好评。在章学诚看来，他所阅过的宋志十有余家，大多能摆脱图经类纂的习气，"史氏家法犹存"。而这些志中，"范氏之《吴郡志》，罗氏之《新安志》，其尤善也。罗《志》芜而不精，范《志》短而不详，其所蔽也。罗《志》意存著述，范《志》笔具翦裁，其所长也。后人得著述之意者鲜矣"①。这个评论是比较中肯的。关键在于他们都"得著述之意"，不是简单的材料汇编，能够做到这点，即使还存在这样那样的缺点或不足之处，人们也是可以理解的。

三、梁克家、陈傅良的《三山志》

梁克家（1127—1187），字叔子，泉州晋江人。绍兴三十年（1160）廷试第一，历官至参知政事，拜右丞相兼枢密使。淳熙六年（1179）以资政殿大学士知福州。

陈傅良（1137—1203），字君举，号止斋，温州瑞安人。乾道进士，授泰州教授。累迁至起居舍人，晚年进宝谟阁待制。他是宋代著名的学者，也是一位政治家，而在学术上贡献尤大。陈傅良一生中从未中断过讲学和著述之事，在服官期间也不忘讲学著述。因此成为永嘉事功学派中承前启后的一位重要人物。他曾参加梁克家主持的《三山志》编纂工作，但长期以来，此事一直不为人们所知。直到徐规教授撰《陈傅良的著作及其事功思想述略》②一文，才重新提出。宋末陈振孙在《直斋书录解题》卷八《地理类》中早就有这样的记载："《长乐志》四十卷，府帅（知福州事兼福建路安抚使——笔者注）清源梁克家叔子撰，淳熙九年序。时永嘉陈傅良君举通判州事，大略皆出其手。"又《直斋书录解题》卷五《典故类》"《长乐财赋志》"条载："往在鄞学，访同官薛师雍子然（陈傅良的女婿），几案间有书一编，大略述三山一郡财计，而累朝诏令申明沿革甚详。其书虽为一郡设，于天下实相通。问所从得，薛曰：'外舅陈止斋修《图经》（指《长乐志》），欲以为财赋

---

① 《文史通义新编新注》外篇六《为张吉甫司马撰大名县志序》，第1040页。
② 《杭州大学学报》1984年增刊《古籍研究所论文专辑》。收入徐规：《仰素集》，杭州大学出版社1999年版。

一门，后缘卷帙多，不果入．'因借录之，书无标目，以意命之曰《三山财计本末》。及来莆田，为郑寅子敬道之。郑曰：'家有何一之①《长乐财赋志》，岂此耶？'复借观之，良是，其间亦微有增损。"这两条材料说明，陈傅良参加《三山志》的编纂是确凿无疑的。《宋史·陈傅良传》还这样记载：傅良"出通判福州，丞相梁克家领帅事，委成于傅良，傅良平一府曲直，壹以义"。这就是说，梁克家知福州时，将一府大事皆委之于陈傅良办理，行政工作尚且如此，编纂志书更是理中之事。因为陈傅良是位学者，早年就颇有文名，一生中治学的宗旨便是致力于有关国计民生实用之学的探讨，编纂方志在当时来说也正符合这一思想。所以陈振孙说《三山志》"大略皆出其手"是很有道理的。他为了编好其中"财赋"一门，竟花了很大精力编出16卷之多的《长乐财赋志》，蔡幼学在《宋故宝谟阁待制致仕赠通议大夫陈公行状》中说："公在三山，阅故府所藏累朝诏条，凡财赋源流国史所不尽载者，考之悉得其要领。"②用这样的精神来编修方志，自非那些例行公事而编纂的方志所可比拟。所以《四库全书总目》不仅给予较高评价，而且指出此书具有自己的特点："朱彝尊《曝书亭集》有是书跋，议其附山川于寺观，未免失伦。今观其人物，惟收科第，土俗时出谣谶，亦皆于义未安。然其志主于纪录掌故，而不在夸耀乡贤，侈陈名胜，固亦核实之道，自成志乘之一体，未可以常例绳也。其所纪十国之事，多有史籍所遗者，亦足资考证，视后来何乔远《闽书》之类，门目猥杂，徒溷耳目者，其相去远矣。"原书共40卷，今传本42卷，已经过后人之增补，钱大昕在《潜研堂文集》卷二十九为该志所写的跋中已作了考证。由于该志内容确实具有很大的特殊性，现将卷目抄录于下，以便于比较：

卷一：地理类：叙州。

卷二至三：地理类：叙县。

卷四：地理类：子城、罗城、夹城、外城、城涂、子城坊巷、罗夹城坊巷、内外城壕（桥梁附）。

---

① 何万，字一之，长乐人。
② 周梦江点校：《陈傅良先生文集》附录二，浙江大学出版社1999年版，第697页。

第五章 方志发展的第三个阶段——体例趋于定型的宋元方志 251

卷五：地理类：驿铺、渡。

卷六：地理类：江湖、海道。

卷七：公廨类：府治、转运行司、提点刑狱司、提举行司、西外宗正司、帅属廨舍、通判厅、职官厅、曹官厅、教授厅、驻泊都监监押厅、将官厅、监务廨舍、监甲仗库廨舍、巡检厅、巡辖马铺、试院、都仓、盐仓、安抚司盐仓、军资库、公使库、安抚司公使库、安抚司抵当库、经总制库、作院、使院、衙院、都税务、临河务、楼店务、修造场、抽木场、窑务、船场、灰场、炭场。

卷八：公廨类：启运宫、社稷坛、庙学、祠庙。

卷九：公廨类：诸县官厅、诸县社坛、诸县庙、诸县仓库、诸县镇务、诸县祠庙。

卷十：版籍类：垦田、户口、僧道。

卷十一：版籍类：官庄田。

卷十二：版籍类：赡学田、职田、沙洲田、海田。

卷十三：版籍类：州县役人。

卷十四：版籍类：州县役人、海船户、炉户（坑冶）。

卷十五至十六：版籍类：水利。

卷十七：财赋类：岁收、他司应付钱物、岁贡。

卷十八：兵防类：诸禁军。

卷十九：兵防类：诸寨土军。

卷二十至二十二：秩官类：郡守（封君诸使附）。

卷二十三：秩官类：安抚司官、州司官、安抚司兵官、州司武官。

卷二十四：秩官类：县官、安抚司使臣、州司使臣、提刑司使臣、归朝等官。

卷二十五：秩官类：启运宫官、西外宗正司、提刑司官、转运使副、提举常平茶事、提举学事、走马承受。

卷二十六至三十：人物类：科名。

卷三十一至三十六：寺观类：僧寺（山附）、道观（山附）。

卷三十七：土俗类：土贡、戒谕、谣谶。

卷三十八：土俗类：岁时。

卷三十九：土俗类：物产：谷、货、丝麻、果实、菜蔬、药。

卷四十：土俗类：物产：木、竹、草、藤、畜扰、兽、禽族、水族、虫。

全书共分九大门目，每门之下所设子目多少不等，内容丰富，尤详于"掌故"，而公廨、版籍、兵防、秩官等四类所占比重特大。这与陈傅良的事功思想有很大关系。他曾著有《周汉以来兵制》（后改名为《历朝兵制》）、《皇朝百官公卿拜罢谱》、《皇朝财赋兵防秩官志稿》等书，正是针对宋朝当时兵冗、官冗因而财政开支浩繁的弊病而作，主张处置冗兵、慎择官员、整顿财税，以解决国家财政开支的困难。因此，这部方志的编修体现了这一指导思想。所以《四库全书总目》说它"主于纪录掌故，而不在夸耀乡贤，侈陈名胜"，确实是指出了此志的主要特点。如此看来，它在当时是具有现实意义的，而到后来便具有重要的史料价值。

四、陈耆卿的《嘉定赤城志》

陈耆卿（1177—1234），字寿老，号筼窗，台州临海人。嘉定七年（1214）进士，官至国子司业。关于《赤城志》的编修，曾经过两个阶段始成书，先是嘉定三年（1210），黄䓖知台州，请耆卿主其事，刚成初稿，会黄离任，于是搁浅十年。嘉定十四年（1221），齐硕知台州，请耆卿续成之。序中说："凡意所未解者，恃故老；故老所不能言者，恃碑刻；碑刻所不能判者，恃载籍；载籍之内有漫漶不白者，则断之以理，而折之于人情，事立之凡，卷授之引，微以存教化，识典章，非直为纪事设也。"这段叙述一则反映出作者治学严谨的可贵精神，再则也体现出编纂这部志书的目的是要为树立好的社会风气制造舆论。

全书共40卷，据《直斋书录解题》云，卷首有图13幅，现已不全，尚存州境图及所属县境、县治图。内容共分地理门、公廨门、秩官门、版籍门、财赋门、吏役门、军防门、山水门、寺观门、祠庙门、人物门、风土门、冢墓门、纪遗门、辨误门，合计15门类。这部志书从大的门类区分，到各门类内容的轻重多寡，与《三山志》有较多的相似之处。这就说明，此志的编修也是从实用价值出发。作者陈耆卿乃是著名学者、永嘉学派集大成者叶适的弟子。永嘉学派的治学宗旨在于事功、致用，叶适在《温州新修学记》中曾说："永嘉之学，必弥纶以通世变者。"① 这就是后世所讲的"经世致用"。他们注重事功，研究历代制度以为当今服务。陈耆卿正是继承了这一学术宗旨，因此于公廨、秩官、版籍、财赋、吏役、军防诸门特详。可以这样说，陈傅良编纂《三山志》时指导思想和编纂方法无疑直接间接地都给陈耆卿以很大影响。所以《四库全书总目》指出："耆卿受学于叶适，文章法度，具有师承，故叙述咸中体裁。"此说确非虚语。此志内容丰富，编纂得体，因而历来受到学者的称道。当时人王象祖在为林表民所编纂的《赤城三志》作序时就有这样的评语："《赤城志》作于太史陈公耆卿，凡例严辨，去取精确，诸小序凛凛乎马班书志之遗笔，莫可尚矣。"② 今观此志，确实具有良史之风，不仅叙事笔法精严，而且做到据事直书，对于权贵当道者不作奉谀之词。如编修此志，陈耆卿本受黄𰍁之请，但在《秩官门》记黄𰍁事迹时，仅记曰："嘉定三年十一月一日，以朝请郎知，豫章人。兴利起废最众，五年五月十一日改袁州。"如此而已，并无更多颂词。对黄氏尚且如此，其他就可想而知了。这与《开庆四明续志》是鲜明的对照。梅应发在《四明续志序》中就曾直言不讳地说：续志之作，"所以志大使丞相履斋先生吴公（吴潜）三年治鄞，民政边防，士习军食，兴革补废，大纲小纪也，其已作而述者不复志"。故其志内容多围绕着吴潜在官事实而写。故《四库全书总目》批评说："因一人而别修一郡之志，名为舆图，实则家传，于著作之体殊乖。"《乾隆鄞县志》卷三十亦云："此书乃吴履斋幕下士所作，名为续志，实皆贡谀之词。"修志者应引以为戒，要学陈耆卿之直笔，不效梅应发之媚上奉承。

《赤城志》实即台州府志，《四库全书总目》中已作说明："此为所撰台州总志……梁始置赤城郡，盖因山为名。耆卿此志，即用梁郡名耳。"

---

① 《水心文集》卷之十，刘公纯等点校：《叶适集》，中华书局 2010 年版，第 178 页。
② 项士元：《台州经籍志》卷十三，浙江图书馆 1915 年铅印本。

五、周应合的《景定建康志》

周应合（1213—1280），号淳叟，又号溪园先生，豫章武宁（今江西武宁）人。淳祐间举进士，官至实录院撰修，以疏劾贾似道谪饶州通判。此志乃是其以承直郎差充江南东路安抚司干办公事时所修，当时还兼任明道书院山长。钱大昕对其人其书评价很高，他在为《景定建康志》所写的跋中说："建康思陵驻跸之所，守臣例兼行宫留守，故首列《留都录》四卷，又六朝南唐都会之地，兴废攸系，宋世列为大藩，南渡尤称重镇，故特为年表十卷，经纬其事，此义例之善者。古今人表传，意在扶正学、奖忠勋，不专为一郡而作，故与它志之例略殊。淳叟……官至朝议大夫、知瑞州而卒，盖宋季豪杰之士，而《宋史》不为立传，此书又不入艺文志，文献无征，史臣不得辞其责也。"[①]

这部方志的最大特点，是采用纪传体的体裁编纂，图、表、志、传，一应俱全。全书分为十五大类，排列顺序是：《留都录》四卷，《地理图》与《地名辨》合为一卷，《年表》十卷，《疆域志》三卷，《山川志》三卷，《城阙志》三卷，《官守志》四卷，《儒学志》五卷，《文籍志》五卷，《武卫志》二卷，《田赋志》二卷，《风土志》二卷，《祠祀志》三卷，《古今人表》、《古今人物传》三卷，《拾遗》一卷，总共五十一卷。而在每一大类之前，都冠有序一篇，说明每一类编写的宗旨。虽然从名称上看是十五类，但作者本意是图、表、志、传并列。周应合在《修志本末》中说："今欲先修《留都宫城录》，冠于书首，而建康地图、年表次之。十志又次之，一曰疆域、二曰山川、三曰城阙、四曰官守、五曰儒学、六曰文籍、七曰武卫、八曰田赋、九曰风土、十曰祠祀。十传又次之，一曰正学、二曰孝悌、三曰节义、四曰忠勋、五曰直臣、六曰治行、七曰耆旧、八曰隐德、九曰儒雅、十曰贞女。传后之为拾遗，图之后为地名辨。表之纬为四：曰时，年世甲子；曰地，疆土分合，都邑更改；曰人，牧守更代，官制因革；曰事，著成败得失之迹，以寓劝戒。志之中各著事迹，各为考证。"这样组织，实际上就是仿

[①] 《潜研堂文集》卷二十九《跋景定建康志》，陈文和主编：《嘉定钱大昕全集》第九册，江苏古籍出版社1997年版，第496页。

照《史记》、《汉书》的列传与八书、十志并列。至于表的作用，在他这部志书中发挥得就更加明显，他不单是表人物、表年代，还要表疆域分合、官制因革和成败得失之迹，这就真正学到了司马迁在《史记》中作十表的精神实质。正因如此，所以此书能够得到后世学者的好评。清代学者孙星衍在嘉庆三年（1798）《重刊景定建康志后序》中亦曾作了很高的评价，认为"《建康志》体例最佳，各表纪年隶事，备一方掌故；山川古迹，加之考证，俱载出处；所列诸碑，或依石刻书写，间有古字。马光祖、周应合俱与权贵不合，气节迈流俗者，其于地方诸大政，兴利革弊，尤有深意存焉"。这里不仅称赞了该志"体例最佳"，更指出了作者编修此志是寓有深意的，目的不在夸耀山水名胜，而要有益于兴利除弊，有补于治理政事，这与那些三岁一上图经的例行公事的做法显然不可相提并论。此志之所以能够编纂得较为出色，一则与学识有关，二则是事前作了十分周密的规划，尤其是资料的搜集做得非常细致。周应合认为："纂修既欲其备，搜访不厌其详，自幕府以至县镇等官，自寓公以至诸乡士友，自戎帅以至将校，欲从阃府转牒取会，凡自古及今，有一事一物，一诗一文，得于记闻，当入图经者，不以早晚，不以多寡，各随所得，批报本局，以凭类聚，考订增修。"[1] 看来对于材料的搜集，他走了群众路线，上下一齐动手。而对于"闻见最博，考证最精者，当议优崇"，这自然可以调动大家的积极性。这些经验至今仍有参考实用价值。当然，还有一个最重要的因素，那就是当权者马光祖能够与他通力合作，既从各方面大力支持，又从不作丝毫牵制，因而周应合就可以毫无顾忌地放手编纂。最后还要说明的是，周应合在此之前，已经编纂过一部《江陵志》。《修志本末》中说："应合昨修《江陵志》，为图二十，附之以辨，其次为表、为志、为传、为拾遗。"可见他在编纂《景定建康志》时，能够拿出比较周密的计划，并非出于偶然。

六、高似孙的《剡录》

高似孙（1158—1231），字续古，号疏寮，浙江嵊县人，祖籍余姚。淳

---

[1]《景定修志本末》，《宋元方志丛刊》第二册，第1330页。

熙十一年（1184）进士，历官校书郎，出为徽州（今安徽黄山）副职，迁守处州（今浙江丽水），晚年归故里余姚。著作颇多，有《史略》、《纬略》、《子略》、《骚略》、《蟹略》、《砚笺》、《选诗句图》和《疏寮小集》等。晚年为嵊县令史之安作《剡录》十卷。其人学问渊博，但其品德很不足道。陈振孙在《直斋书录解题》卷二十《诗集》下"《疏寮集》"条云：高似孙"少有俊声，登甲辰科，不自爱重，为馆职，上韩侂胄生日诗九首，皆暗用锡字（寓九锡之意），为时清议所不齿。晚知处州，贪酷尤甚。其读书以隐僻为博，其作文以怪涩为奇，至有甚可笑者。就中诗犹可观也"。《四库全书总目》在引了上述文字后，接着说："周密《癸辛杂识》亦记其守处州日私挟官妓洪渠事，其人品盖无足道。"可见其人品不佳。当然对于他的著作价值，还是应作实事求是的评论，决不能因人废言。《四库全书总目》的作者做到了这一点。在评价《剡录》时说："征引极为该洽，唐以前佚事遗文颇赖以存。其先贤传每事必注其所据之书，可以为地志纪人物之法。其山水记仿郦道元《水经注》例，脉络井然，而风景如睹，亦可为地志纪山水之法。统核全书，皆序述有法，简洁古雅，迥在后来《武功》诸志之上。"总的来说，这样的评价虽不免过于偏高，但具体所指还是符合实际。唯"统核全书，皆序述有法"，看来并不尽然，其体例颇有杂乱无章之感。为了便于说明问题，现将目录抄列于下：

卷一：县纪年、城境图、官治志（古今长、令丞簿尉题名）、社志、学志、版图、兵籍。

卷二：山水志。

卷三：先贤传（人士、列女、仙道、高僧）。

卷四：古奇迹、古阡。

卷五：书、文。

卷六：诗。

卷七：画、纸、古物。

卷八：物外记（道馆、僧庐、祠附）。

卷九至十：草木禽鱼诂上、下。

就其篇目来看，从大的方面来说，把书、文、诗、画、古阡等与县纪年、山水志、先贤传等并列显然很不得体，因为书、文、诗、画都是属于艺文或经籍一类。同样，将书、文、诗、画又与纸、古物放在一道也有失分类。再从细目来看，将仙道、高僧归入先贤，也是前所未有的做法。《版图》内容讲的是田亩、赋税、户口，若是只看目录而不看内容，谁也不会想到会记载这几个项目，且内容也特别简单。整个分类使人看不到有什么规律可循。《学志》之后，又列廪、驿、舣雪楼、戴溪亭等项目。整个体例显得杂乱无章，它虽像是用纪、志、传三体，但实际上既不符合分纲列目，又不像是细目并列。上述情况可以表明，《四库全书总目》认为该志"皆序述有法"的结论是不符合事实的。不妨再看《先贤传》，高似孙在此传之前曾有这样的说明："谢承作《会稽先贤传》，钟离岫作《会稽后贤传》，今仿此作传；唐修《晋史》，凡晋人士奇辞逸语往往刊落，知者惜之，今取诸晋杂史，庶于晋人风度有所载焉。"既然是仿谢、钟《先贤传》和《后贤传》而作，那么所写人物自然皆应为嵊县所出，但事实并不尽然。故钱大昕在为该志所作的跋中曾提出批评，指出："此录述《先贤传》而不及宋代人物，其所录王谢诸公游迹，虽尝至剡，亦非剡产，金庭丹水间，人物可传者盖寥寥矣。疏寮未通前代官制，援引史传，偶有刊落，便成疣痫，如谢幼度初为征西将军桓豁司马，以叔父安举徽还拜建武将军、兖州刺史、领广陵相、监江北诸军事，此《晋书》所载也。幼度本为征西府司马，其时任征西将军者为桓豁，幼度特豁之幕僚尔。今删去'桓豁司马'四字，则似幼度先已为征西将军矣，岂非大误乎！幼度以太傅特荐，始得专阃，所加建武军号，班次尚在征西之下，岂容初年便承重任，此事之显然者。若依史家省文，但可云征西司马而已。"①这里一则说明高似孙在《剡录·先贤传》中，不当写的写了，而应当写的却又不写，这显然不符合方志编纂的法度、原则；再则也说明高似孙由于不熟悉前代官制，而又随意截取史传文字，铸成大错。后之作史修志者都应引以为戒，万万不能强不知以为知。当然这也说明，高似孙的学问博则博矣，但于真正有用的学问又不精通了，这也证实了陈振孙说他"读书以隐僻为博"，并非虚语。

---

① 《潜研堂文集》卷二十九《跋剡录》，《嘉定钱大昕全集》第九册，第494—495页。

总之,《剡录》作为一部方志来说,体例既不完善,内容详略又不适当,因此与宋代其他方志相比,评价不宜太高。

七、周淙的《乾道临安志》

周淙(？—1175),字彦广,湖州长兴人。宣和间以父任为郎,历官至通判建康府。绍兴三十年(1160)受命守楚州(今江苏淮安)。曾立誓曰"头可断,身不可去",以表示防御金兵南下的决心。后除两浙转运副使。乾道三年(1167)知临安府。五年除右文殿修撰,再知临安府。所到之处多有善政,守楚州时,因"两淮经践蹂,民多流亡,淙极力招辑,按堵如故。劝民植桑柘,开屯田","临安驻跸岁久,居民日增,河流湫隘,舟楫病之,淙请疏浚"。[①]陈振孙在《直斋书录解题》卷八亦曰:"淙有才具,其尹京开湖潴河,皆有成绪,今城中河道通利,民户为脚船以济行旅者,盖自此始。"可见他确实做过不少有益的事。而这部《临安志》,正是他再知临安府时所修。由于它修于乾道年间,故后人称之曰《乾道临安志》。原书15卷,至明代万历年间已不见全本,今仅残存三卷。第一卷:行在所:宫阙、皇子府、宗庙、郊社、三省、台阁、学校、经筵、宫观、庙宇、苑囿、院、所、三衙、寺监、司、内诸司、仓、场、库、局、府第、馆驿、军营。第二卷:历代沿革、星度分野、风俗、州境、四至八到、去两京地里、陆路、水路、县、镇、在城八厢、城南北两厢、城东西都巡检使、城舍、户口、廨舍、学校、科举、军营、坊市、界分、桥梁、物产、今产、土贡、今贡、税赋、仓场库务、馆驿。第三卷:牧守,记述了自吴至乾道初年历任临安的牧守姓氏籍贯,以及简要的生平、宦迹等。虽然此书已经残缺,但对于研究临安建置的沿革、城社规模和布局、物产的富饶、赋税的负担等情况都有重要价值。而《咸淳临安志》的编修正是以它为蓝本,其开创之功应当肯定。何况它又是现存最早的一部南宋所修的方志。所以清代以来,深受学者们的重视,"珍为球璧"。《四库全书总目》也给予它很高的评价,认为"淙尹京时,撩湖浚渠,颇留心于地利,故所著述亦具有条理。今其书虽残缺不完,而于南

[①] 《宋史·周淙传》。

宋地志中为最古之本，考武林掌故者，要必以是书称首焉"。

八、陈仁玉的《淳祐临安志》

《淳祐临安志》由于早佚，因而明代以前的书目中均未著录，直到明代万历年间所修的《杭州府志》卷五十三《艺文》方著录有此书，编纂者作"施愕"。到了清代，《雍正浙江通志》以及杭世骏、厉鹗所作《咸淳临安志跋》同作"施愕"，陈鳣、阮元、黄丕烈、缪荃孙等人题识或跋文作"施谔"，《四库全书总目》及孙星衍等人题跋又作"施锷"。总之，这部志书残本的发现引起当时学术界，特别是藏书家们的高度重视，甚至纷纷题诗相庆贺。[①] 近年据《永乐大典》所收《淳祐临安志序》佚文，方才确定该志作者乃是天台陈仁玉。陈仁玉序文曰：

《三辅黄图》之书，所以左右汉史也。近世程公大昌辑《雍录》以广之，而其书始备。是固不无待于后之人也。自古都邑，代各有纪。今通郡国下，至千室之聚，必有图谍。杭为今行都，物聚地大，而登载弗称，非阙欤？窃考国朝宋公敏求尝作《东京记》，今披而观之者，如身游其间，可谓盛矣。至若古杭有志，自宋刘道真作《钱塘县记》，而祥符旧经，未详何人所作，班班尚可考见，而成书亡矣。乾道初，府尹周公淙因祥符之旧，始为之志，而疏略特甚。八九十年间，无复誊省，乃皇上御极之二十六载，资政殿大学士赵公与𥲅尹厘京国，亦既十年，百度鼎饰，政通教行。顾念图谍散落，心焉陋之，惧非所以尊崇宸居，宣示周极，惕不自宁，首命通判府事吴君革、府之贤僚若士，荟蕞其事。间一岁，吴君适迁官，未克就，乃命通判府事王君亚夫典领之。即仙居山中，俾仁玉与纂辑焉。谀闻陋识，弗获控避。于是昼访夜思，参以书传所省忆，耳目所睹记，得古今事迹千数百条，厘为门者十有二，为类者九十有九，为卷者五十有二，总之数十万言，亦略备。微文碎义，弗可殚举。而疑可稽，阙可补之，大者辄哀著之。又因记赵公述作之本

[①] 参见《南宋临安两志》附录，浙江人民出版社 1983 年版。

旨，以竢后之君子。淳（熙）[祐]十年，龙集庚戌，十二月壬辰朔，天台陈仁玉谨叙次颠末附于诸序之后。

陈杏珍根据这篇序文，写了《〈淳祐临安志〉的卷数和纂修人》[①]一文，考订了该志的纂修者确是陈仁玉。从序文还可知道，这部《临安志》共52卷，数十万言，分为12大门，99子目。可见其体例是分纲列目。

此志今虽仅存残本六卷，但其价值仍不可忽视。有清以来许多学者已将残卷与乾道、咸淳二志作了比较，许多记载可补二志之缺遗。阮元在《四库未收书目提要》卷四说："两浙古志，北宋图经久已无考。至南宋建为行都，其志乘传于今者，则有周淙《乾道志》、潜说友《咸淳志》二种，已经《四库全书》著录，此志从宋刻残本影写，仅存五卷至十卷，无序目可稽。观书中叙录，皆至淳祐间府尹赵与𥲅而止，其为施谔所撰《淳祐志》无疑。所存惟城府、山川二门。前有总论一篇，异于他志。其叙城府一：首城社，次官宇，次旧治古迹，次今治续建，为第五卷。城府二：首学校，次楼观，次园馆，次厢隅，次军营，为第六卷。城府三：首坊巷，次界分，次桥梁，次仓场库务，次馆驿，为第七卷。叙山川一：首城内诸山，次城南诸山，次城西诸山，次亭馆，次古迹，为第八卷。山川二：首城东诸山，次城内外诸岭，次诸洞，次诸石，次诸坞，次峪衢关，为第九卷。山川三：首江，次湖，次河渠，次水闸，为第十卷。诸门皆为《咸淳志》所本，而各条下引载前贤题咏诗文，则互有详略。此与乾道、咸淳二志，备载南宋数朝掌故，藉补史传之遗，皆未可以残缺废也。"

张金吾在《爱日精庐藏书志》卷十六云："是书所载事迹，至淳祐止，称理宗为皇上，其为施《志》无疑。叙述简雅，征引该洽。所引《祥符图经》，宋代已佚，藉此得稍存崖略。遗文逸诗，多有《咸淳志》所未载者。"

朱绪曾在《开有益斋读书志》卷三"《淳祐临安志》"条中说："《淳祐志》今存者惟寺院最详，非特多吴之鲸等撰《武林梵刹志》所未引，亦多《咸淳志》所未及，昭贶庙载宋张夏治海塘事极备。"

综上所引，可见清代学者对仅残存几卷的《淳祐临安志》非常重视，因

---

① 参见《文献》1981年第9辑。

为它的确保存了其他两志所未载的不少重要材料。清代学者胡敬从《永乐大典》中辑录了有关此志的内容，编为《淳祐临安志辑逸》，传至光绪年间已不全，后由罗榘臣补配校订，分为八卷，编入《武林掌故丛书》。其中记载宋代杭州的寺院宫观达三四百处，皆叙其沿革与发展，这对研究唐宋时期宗教的盛衰颇有价值。又如关于治理海塘的记载、钱江潮的形成以及"潮候"的记载，在今天来说，都具有重要史料价值。阮元说"前有总论一篇，异于他志"，它提纲挈领地把杭州城的变迁历史作了交代，使人们开卷了然。特别是只简单数语，就把杭州城市位置的变迁勾画了出来，这不仅是研究宋以前杭州城市变迁的重要史料，对于今天杭州城市发展规划亦具有现实意义。而对其他两部志书来说，它实起了承前启后的作用。对《乾道志》不足之处，它作了补充和发展，这只要将我们今天所能见到的两志所载楼观、园馆作一比较便可得知，不仅续前志所未尽，而且补前志所无且有长足发挥。对于《咸淳志》而言，它所开的新门目，为后人编修新志创造了有利条件，并成为潜说友编修新志的蓝本。前文所引阮元之言"诸门皆为《咸淳志》所本"，确实并非虚语。所以可以这样说，由于有《淳祐志》的借鉴，才使《咸淳志》体例完善，内容丰富。因此，它承前启后、奠定基础之功绝不可忽视。

此志作者陈仁玉长期湮没无闻，关于他的事迹，正史无传，其他著作亦很少记载。陈仁玉字德公，号碧栖，台州仙居（今浙江台州仙居）人，开庆元年（1259）赐同进士出身。九月以军器监丞兼国史实录院校勘，除兼国史院编修官、实录院检讨官、崇政院说书。十月兼权礼部郎官，十一月授直秘阁、浙东提刑，兼知衢州。翌年，擢直华文阁、直敷文阁，官至兵部侍郎。德祐元年（1275），参与抗元，兵败隐居黄岩。赵与𥲅字德渊，宋太祖十世孙，居湖州，嘉定十三年（1220）进士。淳祐元年（1241），"授中书门下省检正诸房公事，拜司农卿兼知临安府"，至十二年正月，"以观文殿学士知绍兴府"。① 陈仁玉正是在赵氏任临安知府期间，受其委托而编纂了这部方志。

---

① 《宋史·赵与𥲅传》。

九、潜说友的《咸淳临安志》

潜说友，字君高，处州缙云（今浙江丽水缙云）人。淳祐四年（1244）进士，以朝散郎直文华阁，两浙转运副使，司农少卿。咸淳六年（1270）以中奉大夫权户部尚书，知临安军府事，封缙云县开国男。为人好趋炎附势，宋亡后在福州降元。《四库全书总目》指出："咸淳庚午，以中奉大夫权户部尚书，知临安军府事，封缙云县开国男。时贾似道势方炽，说友曲意附和，故得进。越四年，以误捕似道私秋罢。明年起守平江，元兵至，弃城先遁。及宋亡，在福州降元，受其宣抚使之命。后以官军支米不得，王积翁以言激众，遂为李雄剖腹死。其人殊不足道。"道光汪氏刊本中汪远孙所写的跋亦云："（说友）知临安时，贾似道方枋国，志中遇似道衔名，皆提行或空格，未免滋后人之议。"只要看一下他所写的序末所署官衔之多，就能明白当时他得势的情况："中奉大夫权户部尚书、兼详定敕令官、兼知临安军府事、兼管内劝农使、两浙西路安抚使、马步军都总管、兼点检行在赡军激赏酒库所、缙云县开国男，食邑三百户。"但《缙云县志》中却说他"才器宏大，善治繁剧。时建都临安，凡宫壶财用、庙堂意向、民讼之曲直、物价之低昂，皆囿于审度之内。先任是官者多以旷职去，说友处之裕如"。可见旧方志对于本地人物大多是任情美化，故引用时必须审慎。

《咸淳临安志》是潜说友知临安军府事时所修，全书原有100卷，今存95卷。它是"临安三志"中流传最完整的一部，也是现存宋代方志中内容最详的一部。为了便于了解其全貌，现将目录抄列于下：

《行在所录》15卷：序录，凡例，图，宫阙，郊庙，朝省，御史台，谏院，六部，诸寺，秘书省，国史院，敕令所，诸监，大宗正司，省所，院辖，监当诸局，三衙，阁职，内诸司，邸第，官宇，学校，贡院，太史局，太医局，堂后官院，宫观，祠庙，苑囿，禁卫兵，省院兵，欑宫，馆驿，赋咏。

《疆域志》5卷：府县图，序，吴越考，古今郡县表，郡县境，星野，城郭，社稷，厢界，坊巷，市，镇，乡，里，桥道。

《山川志》18卷：序，三江考，山，岩，岭，洞，石，峪，衖，坞，塍，田埂，关，江，海，湖，河，溪，潭，涧，洲，浦，井，泉，池，塘，堰，水闸，渡。

《诏令》3卷：序，汉，晋，国朝。

《御制文》1卷：序，铭，训，记，序，诗，赞，颂，翰。

《秩官志》9卷：序，封爵考，内史考，都尉考，吴、吴兴二郡考，古今郡守表，两浙转运，倅贰，县令。

《官寺志》4卷：序，府治，漕治，幕属官厅，诸县官厅，仓，场，库，务，局，院，馆驿，邮置。

《文事志》1卷：序，府学，诸县学，贡院。

《武备志》1卷：序，禁军，厢军，土军，弓兵，教场，防虞。

《风土志》1卷：序，风俗，户口，物产。

《贡赋志》1卷：序，土贡，田赋，商税。

《人物志》11卷：序，古今人表，国朝进士表，中兴右科进士表，历代列传，后妃，列女，方外（方士、僧），孝感拾遗。

《祠祀志》4卷：序，土神，山川诸祠，节义，士贤，寓贤，古神祠，土俗诸祠，东京旧祠，外郡行祠，诸县神祀。

《寺观志》11卷：序，宫，观，女冠，云水堂，寺院，尼院，庵，塔。

《园亭志》1卷：序，园，亭；古迹：序，木石，器物。

《冢墓志》1卷：序，先贤墓，客墓，古墓，僧塔。

《恤民志》1卷：序，慈幼局，施药局，养济院，漏泽园；祥异：序，祥瑞，神怪。

《纪遗志》12卷：序，纪事，纪文，历代碑刻目。

在宋代所修的方志之中，能够流传至今日者，无论体例之完善，史料价值之珍贵，皆以此志为佳。它不仅为研究南宋时期杭州的政治、经济、文化和社会风俗提供了大量的资料，而且对于研究宋代的历史亦具有很高的史料价值。特别是宋代方志的编修已达到成熟阶段，在这部方志中也可得到具体的体现。因为它吸收了乾道、淳祐两志的长处和经验，它的体例大多皆本于前面两志，这一点前人也已论及。《四库全书总目》中虽然指出"其人殊不足道"，但肯定"其书则颇有条理"，"区画明晰，体例井然"，确无夸大之词。尤其是此书又以记载详细而更具有其特殊价值。清人朱彝尊对宋代方志多所研究,他认为宋人地志幸存者,"惟潜氏此志独详"。汪远孙在其跋中也肯定"征材宏富,辨论精核"。因其所引材料比较可靠,明清时代所作之关于西湖的书志,取材于此书者甚多。以下略举几例,即可看出它的史料价值之所在。

首先,《行在所录》15卷虽是记载宫禁曹司等事,但它实际上详细记录了南宋王朝各种机构的设置及其作用,有很多地方可补正史记载之不足。

其次,通过这部方志,我们可以了解到南宋时期杭州人口的发展与经济的繁荣。宋代的杭州究竟有多少人口,目前学术界说法很不一致,因为依据史料不同,故结论多的达150万,少的则70万。这是由于宋元以来许多著作中对杭州人口的记载存在着差异。北宋时期著名的词人柳永在他咏杭州的《望海潮》一词中就曾这样写道:"东南形胜,三吴都会。钱塘自古繁华。烟柳画桥,风帘翠幕,参差十万人家。"这里第一次提出,北宋时代的杭州就已经"参差十万人家"了。《西湖老人繁胜录》中"端午节"条云"钱塘有百万人家"。吴自牧在《梦粱录》卷十六"米铺"条说有"数十万户,百十万口"。《都城纪胜·坊院》中说有"百余万家"。《马可·波罗游记》卷二更是说"杭州有一百六十万户"。应当注意的是,这些说法都在用户口数来形容杭州城市的繁华,因此不可能确切可靠。林正秋曾根据《咸淳临安志》对户口的记载,参以《乾道临安志》所记户口数,推算了南宋乾道年间(1165—1173)、淳祐年间(1241—1252)和咸淳年间(1265—1274)三个时期杭州的人口数。因为"临安三志"的作者都是当时临安的重要官员,志中所记下的户口数字,应当是比较可信的。北宋时期杭州的人口,据乐史的《太平寰宇记》记载,太平兴国年间(976—984)仅8万多户。因此时隔20年,柳永在咸平六年(1003)前后写《望海潮》时说"参差十万人家"还是较为接近的。据王存《元丰九域志》记载,杭州人口在元丰年间(1078—1085)便达到20余万户。据《宋史·地理志》记载,到了徽宗崇宁年间(1102—1106),人口增至233574户。南宋建都于此,人口猛增。据《乾道临安志》记载,乾道年间已达261692户、552607口。淳祐年间,达到381337户、767739口。到了南宋末年的咸淳年间,已达391259户、1240760口。以上数字均为临安府所属九县户口的概况,临安城区的人口，因史书无确切记载，只能按《临安志》中所列钱塘、仁和两县户口数来推断。《咸淳临安志》对各县户口数均有记载。乾道时，两县共有104069户、145808口。淳祐时，增至111736户、320489口。咸淳时，又达186330户、432046口。从上列数字看来，钱塘、仁和两县人口约占临安府九县三分之一强，而城区人口当然不会超过两县人口总和。这个统计数字就是按《咸淳临安志》所载推算而得的。尽管南宋时临安官府的户口统计数不可能十分准确，但毕竟比推测或估计更接近于实际。

南宋的杭州，手工业非常发达，有丝织、印刷、瓷器、造船、军火等，种类繁多，而这些内容在《咸淳临安志》中都有不同程度的反映。尤其当时临安丝织业的发展更为显著，成为全国丝织业重要产地之一，花色品种也丰富多彩，在该志卷五十八"物产"门之下，所列丝织品品种就在十种以上，而记载时还将每个品种的特点作简要说明，这就更加可贵了：

> 绫：白文公诗"红袖织绫夸柿蒂"，注云："杭州出柿蒂，花者为佳。"内司有狗蹄绫，尤光严可爱。①
>
> 罗：有花、素二种结罗，染丝织者名熟线罗，尤贵。
>
> 锦：内司街坊所织，以绒背为贵。
>
> 刻丝：有花、素二种，择丝织者，故名。
>
> 杜绛：又名起线。
>
> 鹿胎：次者为透背，皆花纹突起，色样不一。
>
> 纾丝：染丝所织，有织金、闪褐、间道等类。
>
> 纱：机坊所织，有素纱、天净、三法新翻、粟地纱。
>
> 绢：机坊多织唐绢，幅狭而机密，画家多用之。
>
> 绵：土产以临安、於潜白而丽密者为贵。
>
> 紬：有绩绵绩线为之者谓之绵线紬，土人贵此。

从上述品种的记载来看，有的还是传统的丝织品，在唐代已经享有盛

---

① 有人在引用时将"狗蹄"改为"柿蒂"，这是大错特错的，狗蹄者是指狗脚爪的花纹，而柿蒂者是指柿子盖子花纹，两者全然不同。

名。作者引了白居易《杭州春望》诗中的句子，还有白居易的自注，正说明了这点。

手工业的发展，人口的增多，促使杭州商业也达到空前的繁荣。杭城内外不仅店铺林立，而且城内和城郊相继出现了许多定期的集市。这在《咸淳临安志》卷十九"市行团"栏目里，为我们留下了丰富而具体的材料。如炭桥的药市（义和坊内芳润桥），寿安坊内的花市（俗呼冠巷或官巷），融和坊北至市南坊或冠巷的珠子市，余杭门（俗称武林门）外黑桥头的米市，大瓦（坝北修义坊内）的肉市，崇新门外南北土门及东青门外坝子桥等处的菜市，候潮门外的鲜鱼行和南猪行，余杭门外水冰桥头的鱼行，便门外横河头的布行，崇新门外南土门的蟹行，冠巷口和钱塘门里的花团，候潮门里泥路上的青果团，后市街的柑子（橘子）团，便门外浑水闸头的鲞团、桥园亭的书房等，共17处之多，还特地注曰："以上团市，皆四方物货所聚。"非常有趣的是，当时的集市，竟然都是今日人们所称的"专业化"。像这样的内容，不单对研究杭州城市的发展很有价值，就是对研究宋代的社会经济亦有重要价值。

总之，从记载同一内容来看，若与乾道、淳祐两志残留部分相比，《咸淳志》确实更为详尽。就以物产而言，《乾道志》虽也列谷、衣、货、药、果、花、木、竹八类，但每类之下仅列名称而已。如"衣"之下仅列绫、绢、布、绵、罗、绸、纱品名，其他皆无记载，这与上面所举《咸淳志》的记载就无法相比。《咸淳志》在"物产"门之下，又分谷之品、丝之品、货之品、菜之品、果之品、竹之品、木之品、花之品、药之品、禽之品、兽之品、虫鱼之品12大类。不仅类别增多，而且分类也比较合理，而在每类之下，不单列举品名，往往还注明特点及其产地。如有前人诗文涉及，也都摘引记于其下。如"花之品"中的芍药，其下注曰："今艮山门外，范蒲镇多植此花，冠于诸邑。有早绯、玉白、缀露，又有千叶白者，土人尤贵之。""虫鱼之品"中，鲫下注曰："西湖产者骨软肉松。"鲥下注曰："六和塔江边生者极鲜腴，江北者味差减。"又"金鱼"条下曰："东坡诗云：'我识南屏金鲫鱼。'又曰：'金鲫池边不见君。'则是鱼固旧所有，亦有银白、玳瑁色者。今钱塘门外多蓄养，入城货卖，名鱼儿活。"这些记载，对于自然科学的研究，特别是对生物学研究具有重要意义。为什么西湖产的鲫鱼"骨软肉松"？为什么六和塔江边所产鲥鱼味极鲜美，而"江北者味差减"？

原因何在？从所记品种来看，也可为研究动植物的生态发展演变和更替提供丰富资料。而"金鱼"条的记载告诉人们，还在唐代，南屏山一带便有专供游人观赏的金鱼池，而且宋代杭州已有专门靠养金鱼贩卖为生的人。

《咸淳临安志》内容丰富，具有很高的史料价值。从三部《临安志》来看，它的确做到了后来居上。

第五节 稳步发展的元代方志

一、元代创修《一统志》

方志的编修，经过宋代学者的苦心经营，不仅使得这种著作趋于定型，而且逐渐形成了一个传统，即地方官吏上任之初，首先要查阅本地的志书，若发现残缺，便及时组织人员编修。由于这种地方志书对于及时了解各地情况确实有很大帮助，故在元朝统一以后，这个传统不仅没有中断，而且得到继续发展。

元朝建立起空前统一的大帝国以后，"薄海内外，人迹所及，皆置驿传，使驿往来，如行国中"①。在这样的前提下，为了更好地掌握全国的形势，显示国威，元世祖采纳了扎玛里鼎的建议，编纂《大一统志》。许有壬在《大一统志序》中说："至元二十三年（1286）岁丙戌，江南平而四海一者十年矣。集贤大学士中奉大夫行秘书监事扎玛里鼎上言，今尺地一民，尽入版籍，宜为书以明一统。世皇嘉纳。命扎玛里鼎泪奉直大夫秘书少监虞应龙等，蒐集为志。二十八年辛卯，书成，凡七百五十五卷，名曰《大一统志》。"这里对于编纂目的、纂修人员、成书卷数和名称都讲得很清楚。对于这部《一统志》编修所寄托的希望，序中还说："是书之行，非以资口耳博洽也，垂之万世，知祖宗创业之艰难，播之臣庶，知生长一统之世，邦有道谷，各尽其职，于变时雍，各尽其力，上下相维，以持一统，我国家无疆之休，岂特万世而已哉，统天而与天悠久矣。"可见编修《一统志》，目的在于

---

① 《元史·地理志六·河源附录》。

"垂之万世"，显示国威，以巩固其统治。所以在此时编修这样规模巨大的著作，关键在于有政治上的统一和经济发展为基础。事后又陆续得到《云南图志》、《甘肃图志》、《辽阳图志》等，鉴于原修之书缺漏甚多，于是元成宗时决定重修，并于大德七年（1303）成书1300卷[①]。原书早已散佚，今仅有残辑本四卷。据清人吴骞《元大一统志残本跋》云："其书于古今建置沿革，及山川、古迹、形势、人物、风俗、土产之类，网罗极为详备。诚可云宇宙之巨观，堪舆之宏制矣。""即如各府州县废置沿革一门，《元一统志》正文既详，复取古今地理各书，参互考证，而细注其下。"[②]据此介绍，可知当日编修时体例实仿《太平寰宇记》之成例。由于它内容丰富，史料价值较高，因此历来受到学者们的重视。《四库全书总目》中说："考舆志之书出自官撰者，自唐《元和郡县志》，宋《元丰九域志》外，惟元岳璘等所修《大元一统志》最称繁博。"元修《大一统志》，开创了明清两代编修《一统志》的先例。然而明清所修之《一统志》虽居其后，但规模却无一部可与《元大一统志》相比拟。应当注意的是，此书原名为《元大一统志》，而不称《大元一统志》，编纂时的出发点是"大一统"，后人多误作《大元一统志》。

二、元代方志编修概况

元代为了编修《大一统志》，势必促使各地方志编修的普遍开展。第一次修成之《大一统志》，之所以会缺漏甚多，其中一个重要因素便是有些地方的图志尚未送到，这才会有第二次重修之举。可见《大一统志》的编修，与地方志的发展有着十分密切的关系。加之宋代以来各地编修方志的工作业已形成传统，在社会上已造成极深远的影响，新上任的官吏为了开展工作，了解民情，首先要查阅本地的图经或方志，而有作为的官吏也都将编修新志作为自己义不容辞的职责，这已成为不可更动的不成文法规。所有这些，对于继宋而起的元代社会不可能不产生影响。关于这点，从元代所修方志的序跋中可以得到证实。郭晦在《至元嘉禾志序》中说："嘉禾为志何昉乎？犹

[①] 钱大昕《元史艺文志》、倪灿《补辽金元艺文志》等均作 1000 卷。
[②] 吴骞：《愚谷文存》卷四，拜经楼丛书本。

记袁似衢为郡治中,其家富有古书,江、浙图史,无不备,独禾兴缺。然非缺也,禾兴经邑为州才三百载,五代至宋初,皆佟偬不暇,真宗景德四年,尝召诸道修图经,仅得海盐一志而已。淳熙甲午,郡守张元成始延闻人伯纪为郡志,此作古也。前乎伯纪,所谓旧经,虽博览之士无所见,其简略可知。后乎伯纪,郡守岳珂尝命乡先辈关表卿重修,且遍檄诸邑,搜访古迹,可谓劳于用力,书未成而倦翁改调。上而无纪录之册可参,次而无老成之士可质,又次而无贤子弟可询其家世。其欲正讹补阙,岂不难哉?……往者郡经历单君庆因请重修,郡博士徐君硕承命属笔,蒐罗散亡,其纲正,其篇目加多。既完矣,而毋邱之板则未也。莱山刘公杰来殿是邦,路推翟公汝弼启其议,诸路官又相其成,可谓是书之幸。"序文中历叙宋代该地修志之始末,说明此志之修乃是继前人未成之事业。而唐天麟在为该志所写的序中说得就更清楚:"皇帝抚有江南,寸天尺地,无一不入版图内。乃至元甲申(1284),克斋单公庆来佐郡幕。公余过从,辄清谈竟日。每喟然叹曰:图志三岁一上,法也。此邦自总府开藩,亦既数年,而郡志未备,非缺典欤?遂创议檄委郡博士徐君硕重加修纂。""图志三岁一上",此乃唐、五代、宋所立之法,元代开国之后,尚未见有此法颁布。可见宋人修志之成法在元初还是有效之条例。此志之创修是在至元二十一年(1284),而《元大一统志》之修还在两年以后。此事乃出于自发,是受宋人编修方志风气的影响无疑。元代方志编修能够得到持续的发展,原因是多方面的,而社会上传统习惯势力所起的作用是不可忽视的。

不过,从现有材料来看,元代的方志,无论其形式、体例还是内容,可以说基本上还是继承、沿袭宋代的成规,并无明显特殊变化和发展,只是使趋于定型的体例更进一步稳定成熟。尽管如此,元代在短短的九十余年中,仍编修出数量十分可观的各类志书。据粗略统计,现在尚能知其名者有170种之多,其中称志的有137种,图经有6种,用记、乘等其他名称的有27种。这个数字若与南宋的相比,可看出此时修志发展之快远在南宋之上。因为南宋享国一百五十余年(1127—1279),共撰包括各种名称在内的方志仅304种。尤其值得注意的是,元代所修方志几乎遍布全国各地。东北有《辽阳图志》、《开元志》等,河北有《保定路志》、《清州志》、《献州记》、《莫州图经》等,山西有《泽州图记》等,陕西有《长安志图》、《类编长安志》、

《云阳志》等，甘肃有《甘肃图志》、《德顺州志》、《山丹州志》等，山东有《齐乘》、《濮州志》、《邹平县志》等，河南有《河南志》、《郾城县志》、《汲郡志》、《白马县志》等，广东有《南海志》、《肇庆路志》、《惠州路志》、《新兴县志》等，广西有《桂林志》、《东兰州志》、《横州路郡志》等，贵州有《顺元路安抚司志》、《镇阳风土记》等，云南有《云南志略》、《云南风土记》、《丽江路图志》等。这就改变了南宋时方志编修集中于江苏、浙江、湖南、湖北、四川、江西、福建等地的局面。还应当看到的是，元代统治时间虽然并不太长，却也留下了一批深受后世学者好评的名志，如《至元嘉禾志》、《齐乘》、《大德昌国州图志》、《延祐四明志》、《至顺镇江志》、《至正金陵新志》等。元代方志流传至今的尚有11种之多，恰为今存宋代方志的三分之一。现列表于下：

名称	卷数	编纂者	成书年代
长安图志	3卷	李好文	至正二年（1342）
类编长安志	10卷，存卷三至卷十	骆天骧	元贞二年（1296）
齐乘	6卷	于钦	至元五年（1339）
金陵新志	15卷	张铉	至正四年（1344）刻
昆山郡志	6卷	杨谭	至正元年（1341）
镇江志	21卷，首1卷	俞希鲁	至顺三年（1332）
嘉禾志	32卷	徐硕	至元二十五年（1288）
四明志	20卷	袁桷	延祐七年（1320）
四明续志	12卷	王厚孙、徐亮	至正二年（1342）
昌国州图志	7卷，首1卷末1卷	冯福京	大德二年（1298）
南海志	20卷，存卷六至卷十	吕桂孙	大德八年（1304）

三、元代方志述评

1. 徐硕的《至元嘉禾志》

徐硕生平、籍贯均不详，《至元嘉禾志》乃是其官居嘉兴路教授时，受嘉兴路经历单庆之委托而编修。全书共32卷，细目并列，分43门。由于该书修于开国之初，因此沿用旧志内容较多。钱大昕在为它写跋时已指出：

"《嘉禾志》修于前至元甲申，至戊子岁刊行。其时江南初入版图，惟沿革、城社、户口、赋税、学校、廨舍、邮置数门，稍有增改，其余大率沿宋志之旧文耳。卷凡三十有二，碑志、题咏居其大半，而守令题名缺焉。"[1]该志的最大特点，就是所收历代碑碣特多，有许多是欧阳修的《稽古录》、赵明诚的《金石录》均未著录的。所以《四库全书总目》对此十分称颂，认为"其书叙次甚详，每条下间系以考证，尤为典核。而碑碣一门多至十一卷。自三国、六朝以迄南宋，凡石刻之文，悉全载无遗。如《吴征北将军陆祎碑》、《梁秦驻山碑》、唐黄山司马陆元感《陈府君环墓铭》、《宗城令顾谦墓志》，皆欧、赵所未著录。《吴越静海镇遏使朱行先碑》，吴任臣《十国春秋》实据以立行先传。其他零篇断什，为耳目所未睹者尚多，殊足为考献征文之助"。这就是说，这部方志单就这一项内容来说，就有重要的保存价值，因为它可以补史书记载之不足。

2. 于钦的《齐乘》

于钦，字思容，山东益都人。《益都县图志》称其"以文雅擅名当时"，历官兵部侍郎、益都路总管。苏天爵曾为此书写过序，指出"于公生于齐，官于齐，考订古今，质以见闻，岁久始克成编，辞约而事核。公在中朝，为御史宪台都事左司员外郎，终益都田赋总管，以文雅擅名当时"。看来《益都县图志》所写的传，材料就是来源于此和于潜所写的跋。从跋文来看，于钦早就立下志愿，要为家乡写一部方志，他曾一再对其子说："吾生长于齐，齐之山川、分野、城邑、地土之宜、人物之秀、此疆彼界，不可不纂而纪之也。"他晚年任职山东，便乘此机会，"周览原隰，询诸乡老，考之《水经》、地记，历代沿革，门分类别，为书凡六卷，名之曰《齐乘》，藏于家"。可见这是一部用一人之力、出一人之手所修的方志，既未奉官府之命，也未受别人委托，而是出于对家乡山水的感情，并受到社会上长期以来所形成的修志风气所影响。正因如此，记载内容虽然过于简略，却是完全可以理解的。《四库全书总目》说是书"凡分八类：曰沿革，曰分野，曰山川，曰郡邑，曰古迹，曰亭馆，曰风土，曰人物"。其实按原书本意只是七类，因为"亭

---

[1] 《潜研堂文集》卷二十九《跋至元嘉禾志》，《嘉定钱大昕全集》第九册，第497页。

馆"乃是古迹门类之下的细目，古迹之下含有城郭、亭馆、丘垅三项。此志内容大体与六朝之地记相同，只载地理、人物，而于经济、典章、文化诸方面皆付之阙如，这在宋元时期所修方志之中应当说是最大的缺陷。一部方志竟连户口、赋役、学校等均不记载，这就大大影响了它的实用价值。《四库全书总目》说它"叙述简核而淹贯，在元代地志之中，最有古法"。我看这个"古法"并不可取，因此也不能作为它的长处来看待。因为这种"古法"是详于地理而略于人文，无论从发展眼光还是实用价值看，都已大大落后了。评价一部方志好坏的标准，除了体例、书法外，很重要的一点便是内容是否丰富、记载是否可靠。当然，就其现有内容的记载来看，《四库全书总目》的评价还是中肯的，本地人写本地事自然比较熟悉，又"援据经史，考证见闻，较诸他地志之但悉舆图，凭空言以论断者，所得究多，故向来推为善本。卷首有至元五年苏天爵序，亦推挹备至，盖非溢美矣"。有人撰文时竟断章取义，说"纪晓岚也不得不承认，历代对《齐乘》的'推挹备至，盖非溢美矣'"。"推挹备至"者乃苏天爵也，《四库全书总目》的作者讲得十分清楚。评论任何著作和人物，都不能用曲解前人之意来说明自己的观点。事实上前人的评论，在今天看来也未必尽是。

3. 袁桷的《延祐四明志》

袁桷（1255—1327），字伯长，号清容居士，庆元（今宁波）人。因家学渊源，自幼读书非常刻苦，史称"为童子时，已著声。部使者举茂才异等，起为丽泽书院山长"①。他既少负异才，又早从诸遗老游，故学有渊源，加之博览典籍，广于见闻，尤精史学，因而还在青年时就能出任书院山长。"大德初，阎复、程文海、王构荐为翰林国史院检阅官。"延祐间迁待制，拜集贤直学士。后"改翰林直学士、知制诰同修国史。至治元年，迁侍讲学士"。泰定初辞归家居，修辟故园结亭读书于其中。《元史》本传称："桷在词林，朝廷制册、勋臣碑铭，多出其手。所著有《易说》、《春秋说》、《清容居士集》。"卒后"赠中奉大夫、江浙等处行中书省参知政事、护军，追封陈留郡公，谥文清"。

《延祐四明志》成于延祐七年（1320），乃庆元路总管马泽嘱袁桷编修。

---

① 《元史·袁桷传》。

原书20卷，今传本仅存17卷。

全书共十二考，对该地的山川、人物、风土、城邑、学校、宗教等方面都作了较为详细的记载。它与宋人所修之《宝庆四明志》和《开庆四明续志》相比，无论是内容还是体例，都做到了详尽而完备。尤其突出的是，它大大充实了人文方面的内容，更多地体现其史的性质与价值。作者袁桷毕竟精于史学，他用史学所特有的才和识来驾驭、编纂这部方志，所以能做到体例完备，次序井然。其篇目于下：

卷一：沿革考（辨证、境土），土风考

卷二：职官考上（唐至元之府州官员）

卷三：职官考下（各县职官）

卷四：人物考上（先贤）

卷五：人物考中（先贤、节妇、孝行等）

卷六：人物考下（人物赞、衣冠盛事等）

卷七：山川考（山、陵墓、海、江、溪等）

卷八：城邑考上（城、公宇、堂宇、亭等）

卷九：城邑考下（镇、市、坊巷、桥道）

卷十：河渠考上（河、湖、池、井、塘）

卷十一：河渠考下（碶、堰、坝、闸等）

卷十二：赋役考（田土、粮钞、盐课等）

卷十三：学校考上（蒙古学、本路儒学等）

卷十四：学校考下（慈溪县儒学、医学、书院、乡学等）

卷十五：祠祀考（社稷坛、城隍、神庙等）

卷十六：释道考上（释、昌国州寺院等）

卷十七：释道考中（鄞县禅寺、奉化州寺等）

卷十八：释道考下（慈溪县寺庵、象山县寺、定海县寺、道、道观）

卷十九：集古考上（文）

卷二十：集古考下（诗）

这部志书与前人所修最大的不同之处是通篇称"考"。这样做的原因，尽管作者并未说明，但懂得史学的人还是可以理解，因为书名已经称志，篇名为了避开书名，故称"考"，其实是受班固《汉书》中的十志不称书的启发。这一举措，明人所修方志，许多都在效仿，如《隆庆仪真县志》，通体称考；《隆庆岳州府志》，志皆称考；《嘉靖德清县志》，志亦大多称考。到了清代，章学诚还从理论上加以概括："考之为体，乃仿书志而作，子长八书，孟坚十志，综核典章，包函甚广。"① 可见袁桷的创新之举，对后世影响是深远的。学术界有的人不了解此情况，竟否定王世贞《弇山堂别集》中的"考"是书志性质。

在门类安排上，除了传统的门类外，新增了学校、释道、集古三目。自唐以来，州县均设置学校，故唐人所修图经，有的已有此内容，立有州学、县学篇目。宋人所修方志有些也注意了学校的记载，但正史还未反映。马端临在《文献通考》中特立《学校考》，说明史学家也开始注意对学校的记载。四明人向来有重视教育的传统，袁桷为其专立一考，自然在于弘扬这一优良传统。而佛、道二教的盛行，同样反映了民间风俗，况且袁桷认为"天台之学，独盛于四明"，说明了佛教天台宗在四明一带最为盛行，这当然有其内外因素，这里就无须再去论述。但此考之立，为后人研究四明的佛道流传及其影响，无疑创造了条件。至于《集古考》，所记实际上是金石文字，其名称实仿欧阳修的《集古录》。这些内容的记载增强了志书的学术内涵，体现了志书的文化品位。

该志还有一个明显特点，即在每考之前都冠以小序一篇，简述该考所记内容之概况。这一形式虽然不是其首创，但也使用得非常得体，因而起到了画龙点睛之功效。

总之，这部志书不仅内容翔实，而且文字流畅，长期以来一直受到学者们的好评。《四库全书总目》称此志"条例简明，最有体要"，同时还指出："桷先世在宋，多以文学知名，称东南故家遗献。没后，会朝廷修史，遣使求郡国轶文故事，惟袁氏所传为多，故其于乡邦旧典，尤多贯串。志中考核精审，不支不滥，颇有良史之风，视《至元嘉禾》、《至正无锡》诸志更为赅洽。"加之"桷文章博赡，为一时台阁之冠"，也是这部方志修得比较成功

---

① 《文史通义新编新注》外篇四《答甄秀才论修志第二书》，第845页。

的重要原因。周中孚在为该志所写的跋中也说："每考各系小序，义理谨严，考证精审，而辞尚体要，绰有良史风裁。盖清容早从王厚斋、舒舜侯、岳祥载诸遗老游，学有渊源，又博览典籍，练习词章，尤熟于乡邦掌故，宜其从事于地志，自非余子可及也。"① 他们分别从内容的丰富、考订的精审、编写的得体、文字的简明诸方面给予肯定，并且从不同角度说明袁桷之所以能编好这部方志的独特条件，"宜其从事于地志，自非余子可及也"。

当然，也有学者从直笔方面批评其不足之处。全祖望在《延祐四明志跋》中就曾说："清容文章大家，而志颇有是非失实之憾，如谢昌元、赵孟传皆立佳传，而袁镛之忠反见遗，盖清容之父，亦降臣也；又累于吴丞相履斋有贬词，殆以其大父越公之怨，非直笔也。"② 全祖望提出的这个问题十分重要，既称其"有良史之风"，那就应当按良史的条件来衡量，能否做到直笔乃是良史的核心问题。一部史书、地志，尽管文笔技巧很好，但若是由于主观方面原因使记载"是非失实"，那就无法称为良史了。关于这点，在评论方志得失的时候，必须引起足够的重视。至于袁桷在这部志书中"是非失实"到何等程度以及造成失实的具体原因也都值得研究，不能单凭全氏的批评就轻下结论。因为袁桷在这个问题上毕竟只是在取舍失当问题上表现出来，不该取的立了"佳传"，该取的反而"见遗"，这是他的不当之处。应当注意的是，袁桷既然身任元朝官员，要他在志书中表彰一个忠于宋室的大臣，在当时的处境下也确实有所不便，何况他也没有故意歪曲事实加以记载。所有这些，在评论时也必须实事求是地加以分析。不能用前人的评论作为今天评论一部方志得失好坏的标准，这是显而易见的。这里不妨仍以全祖望评论《开庆四明续志》为例，他在《再跋四明宝庆开庆二志》中说："吴丞相《开庆志》，皆记其莅明善政。其自九卷而下，则其吟稿也。吾友杭君堇浦颇疑其非志体。予谓丞相莅吾乡，最有惠政。即此志可备见其实心实政之及民者。而以其余闲，春容诗酒，又想见当日刑清政简之风，原不必以志乘之体例求之也。况丞相遗集不传，则是志之存可不谓有功欤？"③ 这里全祖望的着眼点仅在于保存史料，

---

① 《郑堂读书记补逸》卷十二"《延祐四明志》"条，上海书店出版社 2009 年版，第 1458—1459 页。
② 《鲒埼亭集外编》卷三十五，《全祖望集汇校集注》，第 1480 页。
③ 《鲒埼亭集外编》卷三十五，《全祖望集汇校集注》，第 1479 页。

认为吴潜官鄞时"最有惠政",因而"不必以志乘之体例求之"。评论一部方志,首先要以志乘之体例求之,若不符合志乘之体例,那它作为地方文献是可以的,若作为地方志则不可以,否则地方志就失去了它独自固有的特性了。至于吴潜其人,据《宋史》本传所载,为官期间确有善政,特别为官鄞以后,宦绩颇有可观。然作为一部方志,总不能只记他一人事迹,尤其是卷九以后,竟将吴潜诗词稿全部收入,这确实已变成了个人的家传或文集。所以《四库全书总目》的批评还是正确的:"因一人而别修一郡之志,名为舆图,实则家传,于著作之体殊乖。"我们不能因全祖望对它作如此之肯定,就把它视作"佳志"。有史料价值是一回事,而是否符合方志之体例则是另外一回事,并不是凡有史料价值的都可称佳志,这是评论任何一部方志时都必须明确的。可见不能用全氏的标准来评论方志得失。

4.《重修琴川志》

《重修琴川志》15卷,今传本究竟为何人所修,至今尚无定论。张国淦在《中国古方志考》中明确标注为元卢镇所修。《中国地方志联合目录》著录《宝祐重修琴川志》15卷、图1卷,而将该书原修、增补、续修者全部列上:"(宋)孙应时原纂,鲍廉增补,(元)卢镇续修。"这样究竟是宋本还是元本仍不得而知,对此前人说法也并不一致。我觉得钱大昕的说法似乎更为可信。他说:"《琴川志》自宋庆元初,县令孙应时创始编葺,其书久失传。淳祐十二年,龙泉鲍廉知县事,属邑士钟秀实、胡淳讨论裒辑,列为十门:曰叙县、叙官、叙山、叙水、叙赋、叙兵、叙人、叙产、叙祠、叙文,每门又有子目。题云《重修琴川志》,有宝祐甲寅中元日朐山邱岳序。元至正末,知州卢镇购得旧本刊行之,题其后云:'其成书后,凡所未载,各附卷末。'今世所传者,仅汲古毛氏重刊本,考各卷末,别无附见之文,则亦非镇之旧矣。镇又有《续志》,纪元时事,今并湮没无存,独鲍氏书尚完好可读。予所见宋县志,若高似孙之《剡录》,杨潜之《云间志》,凌万顷、边实之《玉峰志》,并此而四,然叙述有法,繁简适中,当以此志为最善也。"[①] 这就说明清代钱大昕所看到的已经无卢镇续修之内容,既无附见之文,《续志》也已

---

① 钱大昕:《十驾斋养新录》卷十四"《琴川志》"条,《嘉定钱大昕全集》第七册,第370页。

湮没无存，所存者独鲍氏之本。这部方志确实像钱大昕所说，纲目清晰，条例井然，繁简适中，内容齐全，高似孙的《剡录》等当然无法与之相比。应当说它是宋元时期流传下来的一部较为典型的县志。

5. 张铉的《金陵新志》

元人所修方志流传至今日者，还有张铉的《金陵新志》，在此作一简略介绍。张铉，字用鼎，陕西浮光人，曾任奉元路学古书院山长，至正初应聘主修此志。此志不仅具有较高的史料价值，而且体裁如同《景定建康志》，全拟纪传正史之体而作，分图、通纪、世表年表、志、谱、列传诸大类，篇目排列不仅清晰，而且做到详尽合理。故《四库全书总目》中说："（作者）学问博雅，故荟粹损益，本末灿然，无后来地志家附会丛杂之病。"张铉虽是陕西人，但因在此任教时间较久，还是比较熟悉当地文献。他在《修志本末》中云："铉也曩因授徒，来往是邦，十五余年，虽尝从诸缙绅先生游览商略，得其大概，而忧患之余，学荒辞陋，误应郡聘，无能为役。"对于此志在体例编纂上存在的问题，陆心源在《元椠至正金陵志跋》中曾提出过批评："体例多本《景定志》而删"留都"、"文籍"两门，改"儒学"为"学校"，"武卫"为"兵防"，"风土"为"风俗"，"城阙"为"古迹"，尚无关于出入，惟书既不名续志，官守志，宋以前职官题名，不应改为"游宦"，别为"世谱"。卷二所载数条，《疆域志》历代沿革足以该之，不应别为通纪。卷十三"世谱"一门，分"郡姓"、"封爵"、"游宦"三类，有乖纪述之体；"耆旧"增入秦桧，尤失是非之公。是皆体例之可议者。铉本北人，素无文名，不及《景定志》远矣。惟考元代金陵事迹者，舍是无所资耳。"[1]这个批评有的是击中要害，但也并不皆然，如是否要撰《通纪》，看来就不一定是其弊病。而于有些门类的改变，实际是使之更加名实相符。如《古迹志》，下属子目有城阙官署、第宅、陵墓、碑碣，则称古迹也未尝不可。删去了《文籍志》倒是它最大的缺点，因为这样一来，一代地方艺文便无从查考。

---

[1] 陆心源：《仪顾堂续跋》卷八，冯惠民整理：《仪顾堂书目题跋汇编》，中华书局2009年版，第360页。

第六章
迅速发展的明代方志

经过宋元两代，作为地方性综合著作的方志，从内容到体例均已大体定型。方志到了明代有了迅速的发展，并逐渐形成了一种制度，保证修志工作连续不断地进行。

第一节　明代方志发展概况

明太祖朱元璋在统一全国建立起大明王朝以后，为了显示统一之功，了解各地民情，于洪武三年（1370）命儒臣魏俊民等人编修一统志，"类编天下州郡地理形势，降附始末"[①]。据《明太祖实录》卷五十九载，洪武三年十二月"辛酉，《大明志书》成。先是命儒士魏俊民、黄篪、刘俨、丁凤、郑思先、郑权六人，类编天下州郡地理形势、降附始末为书"，事后又令天下各都司报送城池、山川、关津、亭堠、水陆道路、仓库等图志。这就说明，明代还在建国初期，各地便应命编修地方志书。明成祖在夺取皇位、巩固了自己统治以后，亦诏令全国各地郡、县、卫、所皆必修志。《明太宗实录》卷二〇一载："永乐十六年六月……乙酉，诏纂修天下郡县志书，命行在户部尚书夏原吉、翰林院学士兼右春坊右庶子杨荣、翰林院学士兼右春坊右谕德金幼孜总之。仍命礼部遣官，遍诣郡县，博采事迹及旧志书。"委派如此之多的大吏总其事，可见其重视程度之高、决心之大。不仅要编修新志，也要搜集郡县旧的志书，这就自然要把各地修志工作全部推动起来。同年还颁布《纂修志书条例》二十一条。从后来明英宗所撰的《大明一统志

[①]《明史·艺文志》。

序》中可以看出，明成祖此举，亦旨在编纂一部全备的一统志。这是因为明太祖时所修之《大明志书》过于简略，既不足以反映本朝大一统之盛况，又不足以供后世了解海内古今之实迹，因而成祖决定重新编纂。为了编好这部一统志，明成祖曾诏令各地先编纂郡县志书。由于工程大，书未成而人先故，从而中断。景泰六年（1455），代宗下令继续编纂此书，次年五月乙亥，成书119卷，名曰《寰宇通志》，由大学士陈循等进呈。景泰帝为作序文一篇，文中亦云："太宗文皇帝尝思广如神之智贻谋子孙以及天下后世，遣使分行四方，旁求故实之凡有关于舆地者采录以进，付诸编辑。事方伊始，而龙驭上宾，因循至今而先志未毕，则所以成夫继述之美者，朕焉得而缓乎？"[①] 这就是说，他之所以要编纂《寰宇通志》，是为了完成明成祖未完之事业。故书成后，不仅藏之于秘府，而且颁行于天下，"盖不独以广朕一己之知，而使偏方下邑、荒服远夷、素无闻见之人，咸得悉睹而遍知焉"[②]。可是，英宗复位后，嫌其书去取失当、繁简失宜，遂命儒臣李贤等重修，并于天顺五年（1461）四月成书90卷，命名为《大明一统志》。英宗在其序文中亦认为自己是书之修，乃继祖宗之业，"祖宗之志有未成者，谨当继述，乃命文学之臣重加编辑，俾繁简适宜，去取惟当，务臻精要，用底全书，庶可继成文祖之志，用昭我朝一统之盛，而泛求约取，参极群书，三阅寒暑，乃克成编，名曰《大明一统志》，著其实也……是书之传也，不独使我子孙世世相承者知祖宗开创之功广大如是，思所以保守之惟谨，而凡天下之士亦因得以考求古今故实，增其闻见，广其知识，有所感发兴起，出为世用"[③]。上述情况表明，明代统治者对于一统志的编纂是非常重视的，他们的目的在于宣扬大一统之盛，教育其子孙记住祖宗开创之功来之不易，要世世代代谨慎地保住大明江山。

由于封建中央政府的三令五申，各地编修方志工作得到迅速的发展。还在万历年间，张邦政在《满城县志序》中就说："今天下自国史外，郡邑莫不有志。"因为功令所逼，岂有不修之理。并且许多地方一再编修，如《山

---

① 《明英宗实录》卷二六六，台北"中央研究院"历史语言研究所，1962年。
② 《明英宗实录》卷二六六，台北"中央研究院"历史语言研究所，1962年。
③ 《明英宗实录》卷三二七，台北"中央研究院"历史语言研究所，1962年。

西通志》，于成化、嘉靖、万历朝三次编修；《广西通志》，亦于弘治、正德、嘉靖朝修了三次，若将黄佐所撰《广西图经》计算在内，便有四次；边远地区的《宁夏志》，亦于弘治、嘉靖、万历年间三次编修；《江西通志》在明朝也修了三次，其中嘉靖年间两次编修，万历年间进行一次增补。在当时来说，一个省若不修通志，似乎便成为不可想象的事。陈洪谟在《嘉靖江西通志序》中说："省之中缺一省天下无完文矣。通志之不可无也如此，况流光易迈，恒性健忘，倏忽之间，遂成陈迹，通都大众之中，求之数年之前，十已遗其四五。穷乡下邑学士大夫之所罕及，而欲取证于数年之前，其所遗亦多矣。志之修之不可后也。"至于府州县志的编修，次数就更多了。在有明一代270余年中，许多县竟修五六次之多。如广东的《潮阳县志》，便先后在永乐十七年（1419）、景泰六年（1455）、天顺五年（1461）、成化十四年（1478）、弘治二年（1489）和隆庆六年（1572）六次编修。江苏的《六合县志》，有明一代也编了六次。而浙江《萧山县志》竟于永乐、宣德、弘治、正德、嘉靖、万历、天启朝七次编修，平均不到30年便编修一次。府志的编修也相当频繁，如《杭州府志》，便于洪武、永乐、正统、景泰、成化、万历朝六次编修，至于修四五次的就更加多了。

鉴于明代边患连年，出于边防的需要，边防上的重镇、关口、卫所以及沿海要地亦多修有图志。这就进一步说明，地方志的编修和发展，完全是为了适应当时政治、军事、经济的发展之需要。嘉靖初年，新选进士郑晓"授职方主事，日披故牍，尽知天下厄塞，士马虚实强弱之数"，同时他又"谙悉掌故，博洽多闻，兼资文武"，故当时便编纂了《九边图志》一书，"人争传写之"。[①] 万历初年，刘效祖编纂了《四镇三关志》，叙述了蓟州、真保、辽东、昌平四镇和居庸、紫荆、山海三关的建置、形势、军旅、精饷、骑乘、职官、地图、兵器等。嘉靖年间，御史王士翘出视居庸三关，编纂《西关志》一书。上述三志的编修都是出于军事需要。而地居险要的山海关，其志先后五次编纂。嘉靖中叶以来，倭寇常犯两浙，沿海郡县受害最深，于是出现了不少有关这方面内容的专志。如嘉靖年间刘畿督抚两浙，编纂《海防考》一书；万历年间，范涞官海道副使，编《两浙海防类考续编》一书，凡

---

① 《明史·郑晓传》。

4图、41目,于兵卫、巡防、饷额各事宜颇为详备。又有采士英的《海宁卫乘》、王文禄的《海宁卫志》,则又专为海宁卫所作。此外还有张训等编的《临山卫志》、周粟等编的《观海卫志》。这些专志,纯粹出于军事上的需要。不仅如此,许多边疆省份的通志和府州县志,凡是编于此时者,对于这类内容亦多详加叙述。如《嘉靖山西通志》全书32卷,"武备"一项便有3卷,"言武者十有三"。自洪武年间创立的卫所军事机构,到了嘉靖年间更加完善。由于该地在边防上位置重要,该志在编纂上就充分体现山西作为战略要地的重要性。设在大同的山西行都指挥使司,下辖14卫、70所、3守御千户所;设于太原的山西都指挥司,下辖8卫、41所、9守御千户所。志书对于驻军总数、分布情况、武器配备等情况均有记载。这一内容的记载,与内地其他通志相比,就明显地突出了地区性。若与《成化山西通志》相比,那时边患问题还未出现,则又体现出时代性。

由于明代已经进入封建社会后期,随着社会经济的发展,特别是地方经济的发展,逐渐产生了资本主义的萌芽,因而许多乡镇发展很快。为了适应这种地方经济的发展,许多乡镇也编修了志书,这是明代方志编修中一个新的动向,并且进而向专志的方向发展,诸如山水、书院、寺庙、古迹等也都编修了专志。于是方志的编修随着社会的向前发展、内容的不断增多,又逐步由合而分地向专志编纂发展。以乡镇志而言,明代就出现了张桃溪的《鄞西桃源志》、李乐等编纂的《乌青镇志》、庞太元的《菱湖(镇)志》等。山水志有释镇澄的《清凉山志》、黄宗昌的《崂山志》、释无尽的《天台山志》、王一槐的《九华山志》等;仇俊卿的《海塘录》、张国维的《吴中水利全书》、吴韶的《全吴水略》、王圻的《东吴水利考》等,都是明代编修的山水专志。书院志如胡僖的《崇正书院志》、方应时的《瀛山书院志》等。至于寺庙、名胜古迹的专志就更多了,这里不再列举。

总之,明代方志编修产生的数量是相当可观的,但流传至今的则不太多。据《中国地方志联合目录》粗略统计,今存明代方志尚有992种,其中不包括山、水、寺庙、名胜等志。若将这些统计在内,将大大超过千种以上。从统计来看,在这近千种的明代方志中,嘉靖所修有340种,万历所修有358种。为什么会出现这样比较集中的现象,看来与这两代政治上比较稳定、经济上比较发达有很大关系。明代中期阶级矛盾比较突出,发生过农民起义，但总的来说经济发展还是比较显著的，特别是各种手工业的发展，直接影响农村经济的发展，而商品经济的活跃促使许多经济比较发达地区出现了资本主义的萌芽，这在许多历史论著中均有详细论述。当然，这两代皇帝在位时间也特别长久，嘉靖帝在位45年（1522—1566），万历帝在位48年（1573—1620），两人在位时间合计将近百年，占整个明王朝统治时间三分之一强，这对政治局面的稳定与经济的繁荣有着重要影响。有明一代方志的编纂确实非常普遍，发展相当迅速，从而使方志发展出现新的高潮。无论从种类上还是数量上来看，都是前所未有的。但留传下来不多的原因，一则是明代所修之方志，称得上佳品者不多，大多迫于功令所修，既无独创，内容又多空洞无物，自然无保留价值，言而无文，行之不远，这是很自然的规律；再则是在清政府修《四库全书》时又被禁毁一批。乾隆四十四年（1779），安徽巡抚闵鄂元上奏："各省郡邑志书内，如有登载应销各书名目，及悖妄著书人诗文者，请一概俱行铲削。"[1] 乾隆帝看了这个奏章，传谕各省巡抚悉心查核，凡各省府州县志书有涉上述内容者，一律加以禁毁。这自然是方志的一大灾难。

第二节　明代方志编修的特点

一、编修方志更喜贯通古今、空发议论

宋、元两代方志编修，为后人留下了好多有价值的志书，无论是内容还是体例上都对后人的利用或借鉴起到了很大作用。因为每部志书大多能充分利用前人修志的成果，在前人基础上开展编修，补前人所缺，续前人未作，这样既肯定前人的成果，又修出一部完善的志书，首尾完整，内容齐全。只要看过宋元志书的人，都会有此感觉。可是明人编修方志尽管更加喜欢修一部贯通古今的志书，但是既不很好地利用前人所修书，又不肯花力气搜集地方文献，只是一味地节录旧史的传文或节录前人所修志书内容而任意加以

---

[1] 参见《光绪安徽通志》卷七所载乾隆四十四年上谕，《中国省志汇编》，台北京华书局1967年版。

篡改，所以修成的志书很少有价值。康海的《武功志》可算是典型的代表。该志于人物首列后稷以至文王，节录《史记·周本纪》，次列唐高祖、唐太宗，又节录《唐书》本纪，似此之类，既无价值可言，当然就直接影响志书的质量。对这种做法，清代学者阮元在《道光重修仪征志序》中就曾提出批评，指出："史家之志地理，昉于《汉书》，其志首列《禹贡》全篇，次列《周礼》职方氏，然后述汉时疆域。盖旧典与新编前后相联，而彼此各不相混，乃古人修志之良法。"他认为班固在撰写《汉书·地理志》时，能将《禹贡》和《周礼·职方》放在前面，然后再叙述秦汉时代的疆域，这样人们可以看到在秦汉以前全国地理的形势。所以他认为此"乃古人修志之良法"，并希望后人在修志时采用此法，还举例："《襄沔记》及《剑南须知》，均系裒集以成，此合为一书而明注出处者也。上溯汉晋，下迄宋元，旧式具存，昭然可考。明代事不师古，修志者多炫异居功，或蹈袭前人而攘善掠美，或弁髦载籍而轻改妄删。由是新志甫成，旧志遂废，而古法不复讲矣。"这就明确批评了当时修志中的不良风气，为了"炫异居功"，对前人成果毫不尊重，对前人著作大肆剽掠，并且对典籍进行随心所欲的"轻改妄删"，把东拼西凑的内容统统塞进所编志书之中，而不是悉心于乡邦文献的搜集与整理，结果是旧的既废，新的也得不到流传。阮元并以仪征为例，"修于明中叶以前者有永乐、正德、嘉靖三志"，其结果都是"湮没无传"。"所幸新修之志包括旧志于其间，学者读此一编，即可见诸志之崖略，其有裨于掌故，岂不伟哉？后此修志者，能奉此志为典型，但续新增而无改旧贯，匪特易于集事，不至费大难筹，抑且新旧相承，并垂不朽，此则余所厚望也夫。"阮氏之说可谓至理名言。他在这篇序中还将修志分为断代型和通史型，并举例加以说明。从其论述来看，显然更喜欢通史型，因为在他看来，这一类型优越性更大，学者只要得此一部，新旧内容便都在其中，"新旧相承，并垂不朽"，所以他希望今后修志都能照此办理。由于明人修志有上述不良风气，因而许多志书因价值不大而得不到流传。如《潮阳县志》虽然修过六次，而传至今日者仅隆庆本而已，足见流弊之深远。

明代修志，著名学者参与其事不多，而政府又三令五申，地方官吏为了应付，不得不雇佣一些乡曲之士从事编纂，有的仅是三家村塾师，他们既不善文笔，又不通史法，自然就不能编出可以传之后世的佳志来。关于这点，顾千里在《广陵通典序》中亦已提出批评，指出："郡邑志乘……降及明叶，末流滋弊。事既归官，成由借手。府县等诸具文，撰修类皆不学，虽云但縻餐钱，虚陪礼帕，犹复俗语丹青，后生疑误。"[1] 这就说明，修志之事既由地方政府经办，而官吏们又大多不善此事，为了例行公事，只好借助他人之手；所请之人又大多不具备真才实学，尽管花了大笔钱财，而编出的仍是"四不像"，这样怎么能不贻误后人？既然修志人员如此，他们只好抄录公牍，加以割裂统部之书，辗转相抄，拼凑成章。于是不少志书既无具体内容，书中又充满空洞议论。最为典型者莫如《嘉靖开城志》，既列九志，又作四礼、三政，以为杂志。这些全属论体，与志书本身并无关系。《万历真定县志》后面亦附有长篇空洞无物的议论。而许多方志序言更是泛泛而论，言之无物。章学诚曾十分尖锐而又中肯地指出："后代文无体要，职非校勘，皆能率尔操觚；凡有简编，辄题弁语，言出公家，理皆泛指。掩其部次，骤读序言，不知所指何人，所称何事。而文人积习相沿，莫能自反，抑亦惑矣。州县修志，尤以多序为荣；隶草夸书，风云竞体。棠阴花满，先为循吏颂辞；水激山峨，又作人文通赞。千书一律，观者索然。移之甲乙可也，畀之丙丁可也。"[2] 这种空发议论的作风，实际上与明代社会的整个学术风气有关，"束书不观"，空谈心性，不肯做切实的学问，专门空谈理论，虽不读书，却又好著书。对于这种情况，明末清初的大学者顾炎武和黄宗羲都曾作过批评。因此，要研究明代修志中的上述弊病，必须与当时的社会风气挂起钩来，否则是无从得到正确答案的。

二、订立凡例以明著书之宗旨和原则

与宋元两代相比，明代修志的一个突出变化便是许多方志开始订立凡例，以明著书的宗旨和编纂原则。这一做法虽未为所有方志采用，但它的出现不能不引起应有的重视。因为它毕竟是方志编修体例上一个新的贡献。宋元所修方志今天所能看到的很少设有凡例，唯《淳祐玉峰志》有凡例五则，

---

[1] 顾千里：《思适斋序跋》序五，《思适斋书跋》，上海古籍出版社2007年版，第159—160页。
[2] 《文史通义新编新注》外篇四《和州志前志列传序例下》，第938—939页。

并且很简单，仅在所写范围上立了几项原则，至于著书之宗旨则丝毫没有涉及，与明代各书凡例有很大区别。为了便于比较，现将其凡例抄列于下：

> 凡事旧在昆山，而今在嘉定者，以今不隶本邑，今皆不载。
> 凡碑记现存者，书其名，不载其文，不存者载其文。
> 凡事有《吴郡志》所载与今所修不同者，以今所闻见无异者修。
> 凡叙人物，有本邑人而今居他所，本非邑人而今寓居者今皆载。
> 凡事有重见者，止载一处，余书见某门，更不重载。

通过凡例，可以使读者了解到一书编写的指导思想、著书宗旨以及编写原则，诸如材料来源、材料取舍、内容安排等。因此，凡例的订立，在一定程度上可以反映出一部书的质量和编纂者的水平。时至今日，凡例在许多著作之中已经十分流行，习以为常。可是，对于地方性综合著作的方志来说，明代开始有许多著作采用凡例，确实还是新鲜事，这一做法值得注意和肯定。因为这样做毕竟是想编纂好方志，况且这种形式在宋元时代所修方志中虽然已有但并不普遍，而有的只是在《修志始末》中将自己编纂该书的原则和编纂过程一道记了下来。而且，这些凡例已经涉及如何编好方志的理论问题。粗略查阅一下，明代设有凡例的府州县志计有：《成化新昌县志》、《弘治抚州府志》、《正德大名府志》、《嘉靖六合县志》、《嘉靖沛县志》、《嘉靖宝应县志》、《嘉靖重修如皋县志》、《嘉靖安庆府志》、《嘉靖铜陵县志》、《嘉靖泾县志》、《嘉靖宁国府志》、《嘉靖漳平县志》、《嘉靖宁德县志》、《嘉靖濮州志》、《嘉靖罗田县志》、《嘉靖昆山县志》、《万历江浦县志》等。有许多不称凡例，而是称叙例、义例、法例或志引。如《嘉靖临江府志》称叙例，《嘉靖浦江志略》称义例，《嘉靖光山县志》称法例，而《嘉靖宿州志》则又称志引，其义都是一样。至于凡例条数多少，各书并不相等，《光山县志》法例多达23条。而称凡例者，据所见到的以《新昌县志》最长，有19条之多，而《大名府志》和《许州志》都只有8条。现长短各录一例以示说明：

《新昌县志·凡例》

一、旧志纂于成化年间，今所书事实，自成化以前者多采用之，若事在志后及旧有缺略者，则蒐集传记、谱、铭、碑刻之类补而辑之，盖其文则省于旧，其事则增于前也。

一、凡旧志所书的有考据者，俱照旧直书，间有可疑者，则用俗传、未详、姑存等字样以别之，盖不枉其实，亦阙疑之意也。

一、凡本等名目俱大书之，余有演解、题记，俱用注脚，盖别正旁，以便观览之意也。

一、凡建置、区域、山川、风俗、物产、民赋、祠庙之类，皆据事直书，欲其明核，不敢避俚俗之讥也。

一、旧志杂载诗文，今唯择名人题咏或有关于兴废、有切于景物者录之，亦删繁就简之意也。

一、凡书山川，有一处而兼数景者，则连络书之，余皆特书，且摘其名之类者附于本条，如某山有某岩、某洞，既连书矣，复于岩、洞之条另书之，亦繁而不杀之意也。

一、氏族、宅、墓，志多不载，即有之，亦唯为名人设耳。今旧志既混载，且于各条内杂称科目官资，势不可去，今存坟墓、第宅，而冠姓氏于其首，亦因文互见之意也。

一、凡志官师、选举，类编年横书之，今纵书之者，因旧志漫无年表，且多缺遗，今所采亦尚失实，不敢去亦不敢诬也。故有据则书年，未的则姑阙，且于各条之后空白以俟继书，亦存忠厚、留有余不尽之意也。

一、书官师于元时，有蒙古、色目人来宦者俱削而不录，若有功德于民者则存之，盖虽内夏外夷，而亦不没其善之意也。

一、凡名宦政绩显著者立大传矣，其或有某善可称者，则于官师名下小注之，亦举大不遗细之意也。

一、官师之贤身殁者乃为立传，去任者为注事迹，否则不敢概施，盖避嫌疑，亦欲俟论定之意也。

一、传留绩寓贤，其人虽德业宏博，不敢详述，惟择其有切于本邑者书之，盖随在致重之意也。

一、凡乡贤德业表表者为立大传，次之者为立短传，若有一言一行可称者，惟于科目恩封名下小注之，如无本等名色，则又立耆德遗英以收之，亦取善贵周之意也。（成化后多小注者，以论未定也，后人当更正之。）

一、本邑乡贤，色色皆备，故分类传之。其人兼有众善者，则详见于传文，特举其大者以分类耳，盖欲揄扬盛美而亦统同辨异之意也。

一、乡贤女德，惟身殁论定者录之，若见在有德行可述、节孝可称者，俱不敢书，其或有功绩在邑，则惟于各事上散述之，使后人有所考也。

一、凡先达皆直书其姓名，窃取于临文不讳之义也。

一、凡志人物，必分别朝代，若数人同是一朝，则惟冠某朝于一人之上，其余则否。若别是一朝，则又另揭某朝书之如前。

一、凡所书事迹，古有而今无者，仍旧存其名，使后人有所考见也。

一、凡记载事实，品题人物，俱据旧志及博采舆论，或得或失，自有任其责者，若夫文义则间亦僭窃之矣。

这19条凡例，在今天看来虽失之于烦琐，但它确实将这部方志的编写原则讲得清清楚楚，从体例到取材，从书法称谓到文字表达，都作了较为详尽的规定。许多内容虽说已经过时，但可借鉴之处仍旧不少。如立传之大小，不是以官位高低而定，而是以政绩、德行为准，官吏政绩显著，"乡贤德业表表"，方可为之立大传。假如某人做的好事不多，只在官师名下作一小注即可。在封建社会能够订出这样的立传标准，实在是难能可贵。又如生人是否立传的问题，今天还在争论不休。在这个凡例中说得非常明白，生人虽不立传，但对其功绩或节孝之表现仍可在有关事件中加以记载，"使后人有所考"。再如规定所写人物皆"直书其名"，这在今天修志中尤具有现实意义。凡例还规定，对于许多事迹古有而今无者，仍不能从志书上抹掉，应当对其保留，使后人可以得知历史上还曾有过此事。这一见解，似乎比我们今天有些人来得高明，今天在修志过程中就曾有人提出要将带有迷信色彩的名称改掉，这自然是不对的。因为这样做，势必将使子孙后代无从知道历史上统治阶级还曾利用迷信作为奴役统治人民的手段。所以，这部方志的凡例仍有不少可借鉴之处。至于当时所编方志中，凡例条文比较少的仅有七八条，

如《大名府志》是八条,《许州志》也是八条,而《浦江志略》的义例只有七条。现列举一部志书的凡例于下:

《大名府志·凡例》

一、志目颇多,使不以类相从,未免淆杂无伦。故各以总志统之,庶几纲举而目张之义也。

一、诗文有系于纪述题咏者,各附本题之下,以便考究,其无所附丽者,则入文章志中。若涉于释老、仙幻,虽工不录。

一、墓铭不附于陵墓之下者,以立言之意在人不在墓也。

一、宦迹惟详于去任,而见任者虽有善政,不敢登载,盖要终以定论,史家之例然也。

一、进士之名复见于乡榜,登用之士有忠孝大节者,再书于人物,不以重复为嫌者,高其行、侈其遇也。

一、志,首疆域,次山川,次田赋,次祠祀,次公宇,次官守,次人物,次登用,次古迹,次文章,盖酌其事而为之序也。

一、学校为系固重,然亦公署类也,别为一志,似失之琐,列诸公宇之首,当亦不失其重矣。

一、寺观乃老释之徒祀其师之所,固不当尘诸汗简,然诚有之,岂得曲讳,故附诸祠祀之末,尚冀来者按籍而渐毁之,亦卫道之一端也。

在这个凡例中值得注意的是,第一条就提出了编纂方志的体例问题,因为宋元以来所修方志,已经存在着分纲列目与细目并列两种形式,而以后者占优势。可是随着社会的向前发展,方志的记载内容也不断增加,因此到了明代,许多修志工作者已经感到,若再用细目并列,名目繁多,会使人感到杂乱无章。所以这部志书的编纂者便提出"以类相从"、"以总志统之"的办法,这样做可收到"纲举目张"之效。将全书内容分成十个总志,每个总志之下再列细目,如《田赋志》下分列贡赋、盐课、地亩、户口、物产、马政、屯田、兵备诸目。至于分类方法是否恰当合理,当然还有可讨论的余地,但提出今后修志必须走"以类相从"的分纲列目的道路,无疑是正确的。关于这点,《许州志·凡例》第二条也是提出这个主张:"旧志条目无统，今列为八卷，纲分目析，隶以总传，以便观览。而属县事迹，各以类附。"全书分为地理、建置、田赋、学校、官纪、人物、典礼、杂述8个大类，其下共有43个子目。这种体例确实便于观览。这些事实都说明，从明代许多方志的凡例中已经反映出当时的修志人员开始注意从理论上讨论如何编好方志，并且已经提出了许多宝贵的见解。如《许州志·凡例》中还有这样一条："郡邑有志，志郡邑也，非为有家私也。诰、敕、赠、答之纪则家乘，今皆弗庸。"这就指出方志乃郡县之书，不能变成世家大族的宗谱家乘。关于这点，《光山县志·凡例》中亦有同样规定："旧志载士大夫家封赠、制词、诗文，滥及赠答，则家乘矣，今并黜削。"这个凡例中，还两条也很有价值："宦迹必于谢职，人物必于阖棺，盖要其终以定论也。""官师贤否，必参众论，其一人之见，或形似不真者，举不敢载，盖惧夫九原茹冤，何以为训！"尤其是后者更为可贵，虽不能说作者已经具有群众观点，但对官吏的好坏，不能以一个人所说便作定论，这个主张就是在今天也仍旧具有重要价值，必须大大加以发扬。此外，对于方志所收诗文的标准，许多凡例中也都作了具体规定，如《昆山县志·凡例》最后一条："诗文必关风教、系政体、切民事者则录之，余不尽录。"诸如此类足以说明，明代所修的许多方志，通过凡例的制定，对于修志的体例、志书记载的内容范围、材料的搜集去取等重大问题，都进行了广泛的议论，虽然还未形成系统的、高深的理论，但毕竟反映出当时在修志领域里出现了新的气象，值得专门进行研究。

三、注意研究方志的性质，强调方志的作用

在明代方志编修过程中，已开始注意研究方志的性质，强调方志的作用，这是当时修志领域里所出现的另一个比较明显的特点。关于方志的性质的论述，只要打开当时所修方志的序和跋来看，几乎无不是一言以蔽之地说郡县之志就是郡县之史。《嘉靖昆山县志·凡例》第一条首句就是："志，固一邑之史。"《嘉靖耀州志序》说："夫志，郡史也。"《嘉靖重修许州志序》说："志者，纪载之具，史之属也。古者列国类各有史，以纪时事，如晋之《乘》，楚之《梼杌》，鲁之《春秋》是也。惟郡邑藩省则有志焉。所贵能真，则亦史也。"《万历猗氏县志序》说："邑之有志，即国之有史。"而成化九

年（1473）何乔新在为《肇庆府志》所写的序中讲得就更具体了："夫郡之有志，犹国之有史也。史载天下之事，其所书者简而严；志纪一郡之事，其所书者详以尽。然而史之所书多本于志之所录，则其所系亦重矣。"不仅如此，有的更提出："治天下以史为鉴，治郡国者以志为鉴。"[①]这就提出了方志不仅性质与国史相同，而且作用也是一样，所不同者只在范围大小有别，一个是治天下之鉴，一个只不过是治郡国之鉴。这就把自宋元以来对方志作用的看法，上升到理论的高度。需要说明的是，宋人修志虽然已经明确它的作用，但还很少有把它提到国史高度来看待的。因而到了明代，许多方志的作者便反复强调修志的目的性，即要为巩固封建统治服务。《弘治句容县志后序》说："志之为书，有关治体，有补风化，其为益也大矣。"这就是说，地方志书可以进行封建道德教育，对于培养良好的社会风气作用很大。魏津序《弘治偃师县志》时说："或谓志仅足以记事迹，无益于治也，予独不然。昔李吉甫作《元和郡志》，谓为政执此可以治天下，则志之所系亦重矣。夫古人且重夫志，而况今人乎？执志可以治天下，况郡邑乎？斯志之修，固欲知古人之所重，则夫为政之道，亦未必无小补也。"所以《万历彰德府志序》中说：方志的编修，目的在于"彰往而训来，弗训弗彰，奚以为志"，如果一部方志既无彰往，又不训来，那何必花费钱财，兴师动众来编修呢？正因如此，许多方志对所写内容都逐一叙述它的作用。杨宗气在《嘉靖山西通志序》中说："览斯志者，企先贤而思齐，观名宦而思政，审物力而思阜，启察利病而思兴革，慨风俗而思移易，阅军实而思训练"，"以图维长治之道"。而更为有意义的是，《万历新昌县志》的作者在《新昌县志略述》中还将所分十三大类排列顺序的内在联系详加说明，如说："山川既判，习尚攸分，故次之以风俗；风土不同，食货亦异，故次之以物产；土饶风嫩，物生繁滋，然后惟正有供，而民赋作焉；赋役既均，家国殷富，然后教化可施，而学校建焉；学校者礼义之所由兴也，而祀事、典籍、书院、社学，皆其具也。"可见这一类志书的编纂者，与一般例行公事的作者则大有区别。

明代方志的编修中之所以会产生上述这个新的特点，是与我国封建社会后期社会发展与学术思想的变化有着密切关系的。这就是说，中国封建社会

---

① 《嘉靖山西通志》杨宗气序，明嘉靖四十三年（1564）刻本。

发展到明代已进入了封建社会晚期阶段，这时资本主义因素已在许多地区开始萌芽，于是思想界也发生了很大变化。人们对于作为封建社会思想统治基础的"六经"开始产生了怀疑，不仅出现了"六经皆史"说，而且逐渐形成了一种社会思潮。这一思潮的出现就使得"六经"的神圣地位开始动摇。在长期的封建社会里用来奴役人民的精神枷锁失灵了，它从一个侧面标志着封建社会已经走向衰落，反映了封建社会的统治思想日益发生动摇。① 就在这种情况下，许多学者纷纷强调史的作用，并想以之取代经的地位。明代的学者王世贞和李贽可以说是典型的代表。特别是王世贞，他就提出史书的作用比经书更为重要。他对那些不读史书空谈道义的人予以严厉的抨击。他提出，无论什么时候，各种不同的道理都必须通过史书才能得到传播；无论什么政治主张，都必须通过史书记载才得以体现。即使是《诗》、《书》、《易》、《礼》，亦"赖史而义彰"。因此他特别强调史的功能。他在《纲鉴会纂序》②中说："万世之人，读其遗编，俯仰讨论于其际，为之怒，则植发冲冠；为之忧，则达旦不瞑；为之喜，则昕然而笑，狂呼以鸣得意；为之哀，则痛哭流涕。""成败之数明，而邪正之辨得。"由于他把史的作用看得远远超过于经，因而寄希望于史也就大大超越于经。他说："读史者所以晰天理，著人心也。读史者失所宗，则天理弃而人心淆，是教天下以奸者，史启之也。"所以他再三强调："史学之在今日倍急于经，而不可以一日而去者也，故曰君子贵读史。"（《纲鉴会纂序》）他这种强调史的作用大于经的思想，正反映了中国封建社会晚期趋于衰落的特点。因此，从明代开始，在修志当中大大强调地方志书为史的支流，如《万历彰德府志序》曰："夫志，史之流也。"《嘉靖宿州志引》曰："志，史类也。"并且提出应当像史一样发挥作用。应当看到，这些都与上述情况有密切关系。

既然修志的目的性很明确，为了"彰往训来"、"有补风化"，为树立良好的社会风气作贡献，那么所记之事必须真实、正确，否则就不能取信于

---

① 关于这点，笔者撰有《明清时期"六经皆史"说的社会意义》，《历史研究》1983年第6期。收入《史家·史籍·史学》。

② 有人认为《纲鉴会纂》是后人伪托，并非王世贞所作，但其书万历年间已出现，其思想同样反映了当时的社会思潮。

人，当然也就无法实现上述目的。故当时有些修志人员便在序文和凡例中公开倡导方志纂修必须做到如实记载，不得弄虚作假。《嘉靖太原县志·凡例》中就曾明确规定："据事直书，而意自见，不著论断。"《万历彰德府志序》中提出："记载欲实，实则信；去取欲直，直则公；闻见欲博，博则赅；文词欲工，工则传。"这实际上是对修志人员提出了全面要求。王崇庆在《嘉靖新刻内黄县志序》中更提出修志应当做到"崇三善"、"去四病"。"今之志，古之史也。凡郡县所宜慎而修也。""崇三善，去四病，可以言志矣。何以辩物曰明，何以取舍曰公，何以独断曰勇。故物辩而后是非昭焉；取舍定而后君子小人别焉；勇断而后谗者莫之间、力者莫之夺焉。是良史所以跨百代而先王之所必与也。若夫华以眩实，伪以乱真，疑以侵信，辩以轧讷，斯则古今所谓大患，不独病史之细而已矣。"这就是说，方志之修必须做到明辨是非、取舍公正，力戒浮夸、务求真实，方能取信于后人。由于当时比较多的方志编修，多出于例行公事，因此东拼西凑，草率从事者比比皆是，所以冯伯达在《弘治偃师县志后序》中就曾提出批评，许多志书"考核类不精审，臧否多非事实，取前人故本纂拟之而不究其异同，不足以取信于将来，乌在其为志也！"为了纠正上述不良倾向，当时便有许多人提出建议，要求修志人员必须具备一定条件。《嘉靖寿州志序》提出："夫志，史也，以昭远贻鉴，非才、识、学兼备者未可轻议。"《弘治句容县志序》则曰："国之志（指一统志）犹国之史，郡邑之志，亦郡邑之史，史昭鉴戒，而志与之等，是故修志之笔，当不下之修史。"这个要求自然是比较高的，但是修志人员应当具有史家的品德与才能，运用史家的笔法，这样方能修出符合要求的郡邑之志。

四、关于方志编纂体裁的争论

宋元方志的编修逐步趋于定型，而方志的体裁仍是多样并行，有细目并列，也有分纲列目。而后者中又区分有多种类型，有的通体称志，下分细目；有的大类全都称考，下列细目；也有的采用纪传体，纪、表、图、传、志，下面再分细目。总之，各行其是，没有说明采用某种体裁的理由。而到了明代，在方志编修领域中，所采用的体裁可以说更是百花齐放，细目并列与分纲列目两大类自不必多说，而在分纲列目这一大类中，又可区分为纪传体形式与总志再分细目两种。当然，采用纪传体的，也不见得纪、志、图、表、传五者齐全，有的仅用考、表、传、志四体，有的则用图、纪、考、传四体，体例品式既不一致，所用名称也不划一。至于同样总志再分细目，称呼也不相同。究竟应当采用哪种体裁、使用哪种名称比较恰当，当时也有人开始提出问题或发表看法。《正德大名府志序》中说："作志有体，不知其体而徒事乎枝叶蔓衍之文，犹不作也。况或以恩怨为取舍，掇诡怪为博洽，至有得之传闻而辄意揣心构以附会损益之，不失之谀，则失之诬。求其系政体、关名教者，顾乃邈乎无所述焉，若是者果何取于志也哉？所以世之庸史，往往不能取信于人，而其褒贬之词只为后来者笑资耳。"从行文来看，所讲的作志有体而不是指所用体裁何如，重点是指内容必须做到传信存疑、记载真实，以取信后人，并且所记之人或事，又必须是"系政体、关名教者"。可见所言"作志有体"，还是讲应当像史书那样真实可信，有益于政事。至于取哪种体裁，全篇序言中只字未提。前面已经讲到，此书共分十大类，每类皆总称志，下列细目，而卷首有图20幅，目录中竟不标出。也许这就是作者所讲的方志之体。后来王樵在为《万历镇江府志》作序时就明确提出："记、传、表、志，乃国史之体，然既以志名，则纪、表、列传，皆非所宜施于郡国也，今悉从志体。"这就是说，在他认为，纪、传、表、志乃国史之体裁，郡国修志不应采用，应当名实相符。所以该志共有图三、志八，即使人物，也同样称志。上述《昆山县志》亦是如此。虽然理论不多，毕竟已开始引起人们的注意。

综上所述，明代方志的编修尽管比较粗糙芜杂，但与前代相比，毕竟出现了一些新的内容，诸如利用凡例阐述自己编撰的原则，强调方志性质与史同流，提倡据事直书，讨论志书应采用何种体裁，等等，虽然很少有系统深刻的论述，但却是一种可喜的萌芽。这就说明，随着时代的发展，方志编修数量的增多，人们已经开始关注如何编好方志，并且通过序言、凡例提出了要求与看法，有的还在修志凡例或义例中作出具体规定。《嘉靖宝应县志略》的编写义例可以视为典型。其文曰："志，史也，事必核，文必当，义必精，夫是之谓史。今撰《宝应志略》……共凡六篇，而邑之故实略具焉。盖有志于史，而不敢苟焉作也。六篇之中，义以立事，例以义裁，凡事实讹冗及好事近诬者不书；食货常有者不书；官属卑冗无闻者不书；人物存者不书；一切私家诗序碑志不书。"这个义例正是针对当时方志编修中所产生的流弊而提出的，既肯定方志的性质是史，又规定所记之事必须核实，特别是"五不书"的规定，应当说还是颇具见地的。所有这些情况对于以后方志理论的发展和方志学的建立，自然都有一定的影响，特别是对方志理论的奠基做出了一定的贡献。

第三节 明代方志述评

一、康海的《武功县志》

康海（1475—1540），字德涵，号对山，陕西武功县人，明代著名的文学家。孝宗弘治十五年（1502）中进士，授翰林院修撰，曾参与纂修宪宗、孝宗两朝实录，但很早罢官归里，居家30年从事著述。著作除《武功县志》外，尚有《历史》、《张氏族谱》、《沜东乐府》、《中山狼》和诗文集。尤以杂剧《中山狼》和《武功县志》著称于世。

《武功县志》共三卷，分为地理、建置、祠祀、田赋、官师、人物、选举七目，约两万字。这部志书长期以来一直备受推崇，唯独章学诚与梁启超对此不以为然。人们只要打开此志首卷各家之序与诸家评语，便可见满纸颂词。大家比较熟悉的是王士禛与石邦教两人的评语，因为《四库全书总目》不仅作了征引，而且肯定他们的评价"非溢美也"。王士禛说："予所闻见前明郡邑之志，不啻充栋，而文简事核，训词尔雅，无如康对山之志武功。"[①] 石邦教曰："（《武功志》）七篇，文简而明，事赅而要，且其义昭劝鉴，尤严而公。乡国之史，莫良于此志矣。"许颂鼎说："《史记》，史学之始也；对山先生《武功志》，州县志之始也。"有的干脆把它与司马迁《史记》并论，认为不仅是"郡邑志之最"，就是称之"古之良史不为过也"。如此等等，不一而足，似乎真的就成为"志乘之极则"了。而章学诚在《书武功志后》一

---

① 《带经堂集》卷六十五《新城县新志序》，清康熙五十年略书堂刻本。

文中则说："今观其书，芜秽特甚。盖缘不知史家法度，文章体裁，而惟以约省卷篇，谓之高简，则谁不能为高简邪？"① 是否仅章学诚一人这样批评呢？近代学者梁启超在《中国近三百年学术史·清代学者整理旧学之总成绩（三）》一书中曾这样批评："方志之通患在芜杂，明中叶以后有起而矫之者，则如康海之《武功县志》仅三卷，二万余言；韩邦靖之《朝邑县志》仅二卷，五千七百余言，自诧为简古。而不学之文士如王渔洋、宋牧仲辈震而异之，比诸马班，耳食之徒，相率奉为修志模楷，即《四库提要》亦极称之。"② 可见章学诚的批评是有根据的，而前此那些称颂实在过高。章学诚是一位史学评论家，对方志又深有研究，他的评价基本上还是符合事实的。评论一部方志，首先要看它的体例是否完善，其次则要看它的内容是否丰富，至于训词尔雅、行文生动等虽然也要讲究，但那是更其次了。如果前两者不符合要求，或者很不理想，那训词尔雅、行文生动也自然都落空了。如果真的像王士禛所说"文简事核"，或石邦教所说"事赅而要"，那当然首先应当肯定，可是事实并非如此。上述梁启超那段批评，实际上其意正在于此。至于章学诚批评的几点，今天看来是否正确呢？自然也可以讨论。例如章氏认为："志乃史裁，苟于地理无关，例不滥收诗赋，康氏于名胜古迹，猥登无用诗文。"这个批评在今天看来，也还是正确的。又如章氏批评人物志中的问题，人物志本该写武功本地人物，而许多不是武功籍人也写入其中，这已不符合方志体例。方志记载本当详近略远，而人物志中记载古代的 80 余人，元代 1 人，当代只 2 人；而古代人物中，又从正史中摘取了一大串帝王后妃，这也不符合应详载当代人物和文献的要求。官师志本来只能收录在武功做过官的人物传记，可是《武功志》却出现了该入的未入，不该入的反而入了的情况，这不能不说又是自乱体例。选举志的编写，使人看了也有杂乱之感。总之，官师、人物、选举三志实存在着牵扯不清的情况，全书一共七个门类，其中四个都是这个状况。再从内容来看，全书总共两万余字，除田赋志一项记载当代外，其余都是详古而略今。可以设想，若是满篇无用之辞，文字再简洁、行文再生动也无补于事，最多只能算是好的文学作品，而绝对

---

① 《文史通义新编新注》外篇六，第 1066 页。
② 《梁启超论清学史二种》，第 445 页。

称不上是好的方志。当然笔者也无意于要否定这部方志的价值，而旨在说明评论一部方志的标准应当有主次之别。事实上章学诚也未对它作全盘否定，还是肯定其"官师志褒贬并施，尚为直道不泯，稍出于流俗耳"。章学诚批评康海以文人修志，不懂史法，是有一定道理的。现在有人为了强调康海在方志学上的贡献，竟在文章中说："以史笔入志，并在理论上确认地方志为'史之余'著者，还是从明代中叶康海肇始的。"① 这一说法是不符合历史事实的。远的不说，就以明代而言，弘治九年（1496）周琦在《句容县志序》中已经提出："国之志犹国之史，郡邑之志，亦郡邑之史，史昭鉴戒，而志与之等，是故修志之笔，当不下之修史。"更有成化九年（1473）何乔新在《肇庆府志》序中亦已提出，而康海的《武功县志》是正德十四年（1519）所修，只要从时间上作一考察，也就无须多说了，何况何乔新、周琦的序文又说得那么明确。

二、韩邦靖的《朝邑县志》

韩邦靖（1488—1523），字汝度，号五泉，陕西朝邑县人。年十四举于乡，正德三年（1508）与其兄邦奇同登进士，授工部主事，后进员外郎。据《明史·韩邦奇传》附传所载，他为官正直清廉，但不得志，年仅35岁便病逝。

《朝邑县志》作于正德十四年（1519），全书二卷，共5600字，分总志、风俗、物产、田赋、名宦、人物、杂志七类。康海为之作序，并称颂之。《四库全书总目》亦对它评价很高，认为"古今志乘之简，无有过于是书者。而宏纲细目，包括略备。盖他志多夸饰风土，而此志能提其要，故文省而事不漏也。然叙次点缀，若有余闲，宽然无局促束缚之迹。自明以来，关中舆记，惟康海《武功县志》与此志最为有名。论者谓《武功志》体例谨严，源出《汉书》，此志笔墨疏宕，源出《史记》"。可是章学诚和梁启超则持相反之论。梁氏之说前文已述，章学诚的评价是否合理，今将其要点抄录下来共同讨论。章学诚说："今观文笔，较康实觉简净；惟总志于古迹中，入唐诗数首，为芜杂耳。康氏、韩氏皆能文之士，而不解史学，又欲求异于人，故

---

① 张世民等：《康海的方志学思想简述》，《陕西地方志通讯》1983年第4期。

其为书，不情至此，作者所不屑道也。然康氏犹存时人修志规模，故以志法绳之，疵谬百出。韩氏则更不可以为志，直是一篇无韵之《朝邑赋》，又是一篇强分门类之《朝邑考》；入于六朝小书短记之中，如《陈留风俗》、《洛阳伽蓝》诸传记，不以史家正例求之，未始不可通也。故余于《武功》、《朝邑》二家之志，以《朝邑》为稍优。然《朝邑志》之疵病虽少，而程济从建文事，滥采野史，不考事实，一谬也。并选举于人物，而举人、进士不载科年，二谬也。书其父事，称韩家君名，至今人不知其父何名。列女首韩太宜人张氏，自系邦靖尊属；但使人至今不知为何人之妻，何人之母。古人临文不讳……就使讳之，而自叙家世，必实著其父名，所以使后人有所考也。今邦靖讳其父，而使人不知为谁；称其尊属为太宜人，而使人不知为谁之妻母。则是没其先人行事，欲求加人而反损矣，三谬也。"①对此评价，无论用史法、志法，古代或今天的要求衡之，都是可以成立的。就以志书内容价值为标准而言，章氏评论也是据理而言，以5600字的篇幅，要写一县包罗万象之事，究竟能够说明什么问题？而有的评论竟说它"宏纲细目，包括略备"！再从章学诚所提的三大谬误来看，既涉及方志体例问题，又关系到方志内容的真实性问题。当时许多方志的作者已经再三强调，志者郡邑之史，因此编写中必须据事直书，对传闻或野史记载应慎重考订。韩邦靖修志既要矫时人修志中之流弊，何以对野史记载不加考订而滥加采摘？这样志书的内容何以取信于人！当时许多方志凡例中已经明确规定，如上引《新昌县志·凡例》中就称："凡先达皆直书其姓名，窃取于临文不讳之义也。"又《嘉靖浦江志略·义例》第六条亦规定："人必书名，盖以尚质且传久也。"对于韩邦靖来说，怎么竟一点也不顾及？至于选举并于人物亦未尝不可，问题在于如何处置，连登科年代也不记载，这样的"简"有何可称颂之处。《朝邑志·人物第六》载："李济、樊冕、萧斌、刘让、上志、韩家君名、马骥、王瑬、房瑄、韩邦奇、韩邦靖、牛斗、王朝鎏俱登进士。韩家君名至福建按察司副使。"这样排列，最多只能使人知道朝邑县曾经出过多少名进士。就以韩邦靖兄弟而言，若不是有《明史》记载，单看此志也不知其登进士年代。至于"韩家君名"，指的是谁尚不得而知，登第、任官就更不知是何年

---

① 《文史通义新编新注》外篇六《书朝邑志后》，第1070页。

何代了。总之,对于前人评价,我们必须进行分析,合理的加以肯定,不合理的则要据理予以否定。

三、王鏊的《姑苏志》

王鏊(1450—1524),字济之,吴县(今江苏苏州)人。《明史》本传云:"成化十年乡试,明年会试,俱第一。廷试第三,授编修。弘治初,迁侍讲学士,充讲官。"正德元年(1506),"进户部尚书,文渊阁大学士。明年,加少傅兼太子太傅"。时中官刘瑾擅权,大学士焦芳趋附,"鏊不能救,力求去,疏三上,许之。家居十四年,廷臣交荐,不起"。为人博学有才识,著作繁富,除《姑苏志》外,尚有《史余》、《震泽集》、《震泽长语》、《震泽纪闻》等。

《姑苏志》共60卷。对其编纂过程,《四库全书总目》中曾作过介绍:"苏州自宋范成大、明卢熊二志后,纂辑久缺。弘治中,吴宽尝与张习都穆续修,未竟,惟遗稿仅存。后广东林世远为苏州守,以其事属鏊。鏊乃与郡人杜启、祝允明、蔡羽、文璧等共相讨论,发凡举例,咸本于宽,而芟繁订讹,多所更益。凡八月而书成。首列沿革、守令、科第三表。自沿革、分野以下,分为三十一门,而人物门中又分子目十三,繁简得中,考核精当,在明人地志之中,犹为近古。"这个介绍说明,该志并非出于王鏊一人之手,先已有续修未竟之遗稿,而参与其事者尚有杜启诸人共相讨论,很可能还分工撰写,最后由王氏总其成。总的来说,还算是成功的,所以得到了"繁简得中,考核精当"的评语。就连章学诚对于这部方志从总体上也是肯定的。他在《书姑苏志后》一文中说:"苏志名义不正,即范氏成大以苏州为《吴郡志》,已失其理,而前人惟讥王氏不当以《苏州府志》为《姑苏志》,所谓贵耳而贱目也。然郡县志乘,古今卒鲜善本。如范氏、王氏之书,虽非史家所取,究于流俗恶烂之中犹为矫出。今本《苏州府志》之可取者多,亦缘所因之故籍足采摭也。"①作为一部府志,在编排上有不妥之处,这一方面章学诚亦已作了十分严肃而客观的批评,指出有些编目之所以出现违反志体的

---

① 《文史通义新编新注》外篇六,第1058页。

现象，一则有些"未必出其所撰"，二则"大抵暗于史裁，又浸渍于文人习气……听一时无识之流，妄为编辑"。因为王氏也是以文章著称于世。根据大量的事实，章学诚得出了"文人不能修志"的结论。但是从这部府志所记载的内容来看，还是相当丰富的，这在章学诚上述评论中亦已包含此意，这是一部志书能否立于著作之林的最基本因素。至于名称问题，章学诚实际也已替他作了辩解。钱大昕在《十驾斋养新录》卷二十中也说："王文恪撰《姑苏志》成，杨南峰（循吉）诋为不通，谓当称《苏州府志》，不可用古地名，又不可以一地该一郡。此语流传到今，余以为不可易矣。予谓南峰知其一，未知其二。昔梁克家撰《三山志》矣，不云《福州志》也；陈耆卿撰《赤城志》矣，不云《台州志》也。文恪亦行古之道耳，志苏州而名以姑苏，岂遂为大失哉？"不过在今天而言，也绝不提倡这种做法，因为一部地方志，在某一时代所修，本应标以某一时代地名（府、州、县名），这样从名称上也可以体现出时代的标志。

四、董斯张的《吴兴备志》

董斯张（1587—1628），原名嗣暲，一名广曙，字然朋，号遐周，又号借庵，浙江乌程人。所纂《吴兴备志》，成于天启中，全书共32卷，分26目：

> 卷首无图。卷一：帝胄、宫闱、封爵。卷二至卷七：官师。卷八至卷十二：人物。卷十三：笋袝、寓公、艺术。卷十四：象纬、建置。卷十五：岩泽。卷十六：田赋。卷十七：水利。卷十八：选举。卷十九：战守。卷二十：赈恤。卷二十一：祥孽。卷二十二：经籍。卷二十三：遗书。卷二十四：金石。卷二十五：书画、清闶。卷二十六：方物。卷二十七至卷二十九：璪。卷三十至卷三十一：诡。卷三十二：匡籍謏。

全面记载了湖州地区的人文掌故、历史地理、风俗物产等方面内容。由于董氏长期留心于吴兴掌故，又博览群书，因此，该书中保留了许多有价值的地方文献。

该志最大的特点，正如《四库全书总目》中所说："采摭极富，于吴兴一郡遗闻琐事，征引略备。每门皆全录古书，载其原文。有所考正，则附著于下。"这就是说，该志所记载之内容，几乎全引自前人著作，而每条所记，下面都用双行小字注出来源出处，粗略统计，全书共征引各类书籍400多种，而参阅之数则更多，除正史、前志之外，还有大量野史、杂记、文集、笔记家谱等，许多引书已散佚，因而自然就保存了许多今天难以见到的地方文献。该志对于所引之资料还往往加以考证或校订，如"官师"门："韩世忠字良臣，延安人，历检校少保、武宁昭庆军节度使（《宋史》参《新安文献志》）。张（子殷）按：'宋之世忠，安化、武宁二镇节度，非昭庆军也。'录以存疑。"又如卷十四"市桥"："乌程县之东数十里有泊宅村，时人不晓泊宅之义。予寓居之明年，买田适在村下。因阅金石遗文：昔颜鲁公守湖州，张志和浮家泛宅，往来苕霅间。此乃志和泊舟之所也。"为了对史籍所引进行订误，还专列"匡籍譌"一门，在该门小序中曰："群书互阅，颇有鄦书，张辄为是正之，不敢依违，薲兹来学，获罪先达，无让焉。"在此门中，共订正前书之误138条，且所订正多有依据，足见董氏作此志时之严谨态度。这与明代中叶以来，束书不观、空谈性命、学无根柢而又最好著书的现象形成鲜明的对比。所以《四库全书总目》给予它很高的评价："虽意主博奥，不无以泛滥为嫌。然当时著书家影响附会之谈，剽窃掊撦之习，实能一举而空之。故所摘录，类皆典雅确核，足资考据。明季诸书，此犹为差有实际。黄茅白苇之中，可以谓之翘楚矣。"正因如此，其编纂方法为后世不少修志者所效法，特别是在台湾地区，有清一代修志当中影响很大、康熙年间陈梦林与周钟瑄所修之《诸罗县志》，被公认为台湾地区方志中最好的一部，而它的编纂体例与方法正是效法董斯张的《吴兴备志》，这也是台湾地区方志界所公认的。

其次，书中保存了丰富的社会经济史料。湖州素以"鱼米之乡"著称，自古以来，就有"苏湖熟，天下足"的谚语。明、清两代，江南经济发展更居全国之首。"方物"一门比较详细地反映了这里农业生产的情况和特点，如记录了湖州水稻丰富的品种，对每个品种的特点、播种和收割时间以及生长期都有记载。单以糯稻而言，"其在湖州，一穗而三百余粒者谓之千穗糯；其粒长而酿酒倍多者，谓之金钗糯；其粒大色白、芒长而熟最晚、其色易变，其酿酒最佳，谓之糯卢黄，湖州谓之泥里变，言其不待日之晒也；其在湖州色乌而香者,谓之乌香糯;其杆挺而不仆者,谓之铁梗糯;芒如马鬃而色赤者,谓之马鬃糯"。如此详细的记述,对于研究当时的农业生产技术和水稻品种的流传、选育都具有重要价值。又如湖州蚕丝和湖笔,是湖州地区重要的经济作物和手工产品,为了说明其历史悠久,该志引用了许多古书加以说明,诸如《尔雅》、《齐民要术》、《本草》,乃至颜真卿的《西亭记》等著作,真可谓广征博引。再如,湖州历史上很早就是重赋地区,该志在"田赋"一门中也作了详细记载。其中保存了明代许多相关资料,特别是当时有些大臣关于江南赋税的相关奏章,对于研究这一地区农民负担更具有直接意义。

最后,该志在保存地方文献、历史文化、民间风俗等方面均起到了重要作用。该志专门设置"经籍"、"金石"两门目,足见其对地方文献搜集的重视,当然也就自然地提高了这部志书的学术价值和文化品位。这里需要说明的是,该志卷一设"帝胄"、"宫闱"门目。由于南朝陈的开国君主陈霸先是吴兴人,而其皇后章氏亦是吴兴乌程人,而世祖沈皇后亦是吴兴武康人,高宗钱贵妃亦是吴兴人,加之唐代宗的皇后沈氏也是吴兴人,因此,志书中立这两个门目是完全可以理解的。因为这里不仅产生过封建帝王,而且出过几位皇后,如实记载,自然也是名正言顺。况且全志的编写是按照贯通古今之原则,这与《武功志》胡拼乱凑的记载全然不同。

当然,此志最大的缺陷在于搜集和记载当代的内容比较单薄,其内容明显是详古而略今,这可以说是明人修志的一大通病。另外,在门目的排列顺序上也不规范,使人有杂乱之感。

总之,在当时那种社会风气之下,这种内容比较充实的著作确实并不多见,在明代所修方志之中,自然已属上乘。邢舒绪写有《董斯张的〈吴兴备志〉》一文,载《浙江方志》2000年第4、5合期,可参考。

五、冯梦龙的《寿宁待志》

冯梦龙(1574—1646),字犹龙,又字公鱼,直隶长洲(今江苏苏州)人,明代著名的通俗文学家、戏曲家。也许因为他编纂了通俗小说"三言"(《喻世明言》、《警世通言》、《醒世恒言》)而出了名。其实他还编著和改编了大量的传奇戏曲，因此，在明代文学史上有着重要的影响，当今许多文学史论著中自然也就少不了对他的评介。在这众多的评价中，都没有提到他还编纂过一部《寿宁待志》。尽管他从小就有才华，但在科场上却是一位失意者，为了名登仕籍，他进了国子监，成了一名贡生。不久被破例除授丹徒训导。崇祯六年（1633）结识了巡抚苏松的山阴祁彪佳，也许因此于次年升任福建寿宁知县。清代修的《寿宁县志》，将他列入《循吏传》，称其在任期间，"政简刑清，首尚文学，遇民以恩，待士有礼"，是一位正直的文人和清官。

崇祯十年（1637），即冯梦龙离任前一年，他修成了《寿宁待志》两卷，分疆域、城隘、县治、学宫、香火、土田、户口、升科、赋税、恩典、积贮、兵壮、铺递、狱讼、盐法、物产、风俗、岁时、里役、都图、官司、贡举、劝诫、佛宇、祥瑞、灾异、虎暴、考误，共28目。至于这部志书为什么要称"待志"，他在该志的小引中作了回答："曷言乎待志？犹云未成乎志也。曷为未成乎志？曰：前乎志者有讹焉，后乎志者有缺焉，与其贸焉而成之，宁逊焉而待之。何待乎？曰：一日有一日之闻见，吾以待其时；一人有一人之才识，吾以待其人。然则何亟亟乎待志之刻也？曰：天运如轮，昼夜不停；人事如局，胜负日新。三载一小庚，十载一大庚，经屡庚之故，实质诸了不关心之人，忽忽犹计梦然。往不识无以信今，今不识何以喻后？略旧所存，详旧所缺，四十五季间时事之纤促，风俗之淳浇，民生之肥瘠，吏治之难易，一览三叹，司牧者可以不兢兢乎哉？不敢志，不敢不志，待之为言，欲成之而未能也。然则旧志可谓成乎？曰否。言待不言续，总之未成乎志云尔。旧以待余，余以待后之人，有其待之，其于志也，功过半矣。"在他看来，一部志书要写好是不容易的，前人所写有误，后人所写又有缺漏，既要纠正错误，又要补充缺漏，何必急于求成？况且见闻总是不断增加，各个人才识又各不相同，应当集思广益，使志书内容更加丰富，不断充实。在这短短300多字的小引中，包含了很有意义的人生哲理，还有那欲言又止的深层内容。尤其那"一览三叹"，令人深思，表现了一位清官忧国忧民的忧患意识。总之，他认为一部志书应当是完善而真实的，一个人的精力见识有限，很难做到这点，因此，必须有待后人的纠误、补遗和增加新的内容，只有这样，志书的内容才能得到不断充实和完善。该志《旧志考误》中有这样一条：".志书即一邑之史，旧志成于邑人叶朝奏之手，未免贡谀戴令。叙事中多称功诵德之语，殊乖志体。宜直载其事，稍删赞美。"这就代表了他的修志指导思想。他在小引中所体现出的修志理论和思想，很值得今天的新志编修工作者借鉴，特别是对那些主张断代续修的人来说，尤其是一篇很好的教材。《寿宁待志》虽然仅两卷，约四万字，但篇目设置和所记内容却相当完备，这与一直为前人所吹捧的康海《武功县志》和韩邦靖的《朝邑县志》相比，简直不可同日而语。他们都是以文学家角色参与修志，其结果却大不相同，看来只能归结于冯梦龙所说，与"一人有一人之才识"有关。此志在崇祯十年（1637）刊刻以后，不再有过刻本，因此国内早就不见此书，唯在日本国会图书馆藏有原刻本，中国科学院图书馆仅有复制的胶卷。1983年福建人民出版社根据日本所藏刻本的照片整理出版了《寿宁待志》校点本。2003年，北京图书馆《日本藏中国罕见地方志丛刊续编》将此志原刻本影印出版。此外，辽海出版社2002年版《冯梦龙文学全集》以及远方出版社2005年版《冯梦龙全集》均收录该志。海峡文艺出版社2009年版《寿宁待志注译》和厦门大学出版社2012年版《寿宁待志校辑》均为该书最新的整理研究成果。笔者有幸翻阅过全志内容，故特在此向广大读者作如上评介。

总之，明代所编之方志流传至今虽近千种，但称得上佳志者确实不多，上面仅就争议比较大的几种谈点看法。当然，称不上佳志者，并不是说就没有价值，相反，有价值者也并非都是佳志。可惜的是，从一些文献可以知道，明代也曾编出过内容丰富、"体例绝佳"的志书，却未能传下来，如全祖望所极力称道的纪宗德、李孝谦所纂修的《永乐宁波府志》，"其书体例绝佳"，至于绝佳到何种程度，却永远也无法知道了。

第七章
进入全盛时期的清代方志

我国封建社会的方志编修，到了清代已进入全盛时期，无论是数量之巨、种类之多、体例之完备、内容之广泛，都出现了前所未有的新局面。特别值得注意的是，对于方志的性质、内容、体例以及如何编纂等问题，许多学者还从理论上进行了论争和阐述。经过大家的共同努力，关于方志这种地方性综合著作的编纂和研究发展成为一门新的学问——方志学。在这方面贡献最大的当然首推章学诚。

第一节　清代方志编修概况

清朝的统一局面出现以后，政治上的稳定，经济上的发展，同样也带来了文化繁荣的局面，这就为方志的大量编修创造了条件。加之清朝统治者对方志的编修特别重视，为了编修一统志，有清一代曾五次三番下令各地要按时纂修各类方志进呈，不得有误。清朝曾于康熙、乾隆、嘉庆三次编纂《大清一统志》，而每次纂修之前，先令各地纂修各类方志，这种行政命令，地方官吏要奉命照办。还在清朝建立初年，有些地方官吏出于长期形成的传统习惯，已先自发编修本地方志。如顺治十八年（1661），河南巡抚贾汉复便下令编纂《河南通志》，为此，并令各府州县相继纂修志书。据此次所修《河南通志》沈荃的序文说："八郡十二州九十五县之志，渐次报竣。"可见河南各地当时确实是普遍修了志书。《河南通志》成书后，呈报清廷，颇受好评。贾汉复后来在《陕西通志序》中也说："乙戊寅岁，余奉命抚豫州，修豫志，上呈御览，一时名公巨卿咸美之。"所以他调任陕西后，又用同样办法，花了五年时间，纂成《陕西通志》。郭充在该志跋中说："贾公抚豫也，为修豫志，呈御览，称善焉。今兹志可与并垂不朽矣！"

康熙十一年（1672）七月，保和殿大学士卫周祚进奏："各省通志宜修，如天下山川、形势、户口、丁徭、地亩、钱粮、风俗、人物、疆围、险要，宜汇集成帙，名曰通志"，以供纂修《大清一统志》之用。诏允其请，令"直省各督抚聘集夙儒名贤，接古续今，纂辑成书"，并以贾汉复所修之《河南通志》"颁诸天下以为式"。《雍正陕西通志·凡例》中也说："贾尝抚豫，再抚秦，其所撰两省通志，朝政取为他省程式。"

康熙二十二年（1683），礼部奉旨檄催天下各省设局纂修通志，并限期完成，仍遵照《河南通志》程式。康熙二十九年，河南巡抚通令所属府、州、县编纂志书，并颁发了修志牌照，订出凡例23条，对修志中内容的详略取舍、实地调查、探本索源等都作了详细规定。如关于山川，必须考查清楚，"果系封内者方载入，不可遗漏。河道要将近日所开濬淤塞变迁等造明，其间事实，备细详查注明，不可以小说搀入"。关于人物，要做到"圣贤忠贞并入，其科贡等必载其家世、时代、年月、字某号某，分别某科某项。若系乡贤，为立一小传于后"①。在各地普遍修志的情况下，订了这样详细的条件，对那些例行公事的地方官，可以起到一定的约束作用，使其不可过于草率从事。

据《清世宗实录》雍正六年（1728）十一月载：

> 一统志总裁官大学士蒋廷锡等奏称：本朝名宦人物，各省志书既多缺略，即有采录，又不无冒滥，必得详查确核，采其行义事迹卓然可传者，方足以励俗维风，信今传后。请勅谕各该督抚，将本省名宦、乡贤、孝子、节妇一应事实，详细查核，无阙无滥，于一年内保送到馆，以便细加核实，详慎增载。得旨：朕惟志书与史传相表里，其登载一代名宦人物，较之山川风土尤为紧要，必详细确查，慎重采录，至公至当，使伟绩懿行，逾久弥光，乃称不朽盛事。今若以一年为期，恐时日太促，或不免草率从事。著各省督抚，将本省通志重加修辑，务期考据详明，搜采精当，既无阙略，亦无冒滥，以成完善之书。如一年未能竣

---

① 瞿宣颖：《方志考稿》（甲集）第四编，《民国丛书》第二编，上海书店出版社1990年版。

事，或宽至二三年内纂成具奏。如所纂之书，果能精详公当，而又速成，著将督抚等官，俱交部议叙。倘时日既延，而所纂之书，又草率滥略，亦即从重处分。至于书中各项分类条目，仍照例排纂，其本朝人物一项，著照所请，将各省所有名宦、乡贤、孝子、节妇一应事实，即详查确核，先行汇送一统志馆，以便增辑成书。钦此。

明清两代帝王对编修方志非常重视，所下的有关命令都见之于历朝实录，但如此详细而具体的还不多见。对于这段史料，目前出版的有些书籍征引都有错误。由于它对研究清代方志发展史确实重要，故从《清实录》中全文引录。雍正这道"上谕"可以说明这样几个问题：其一，清朝每次大规模修志都是为编修一统志服务。鉴于一统志迟迟未能修成，雍正乃于次年将此旨晓谕全国，要求各地重修通志，严谕促修，限期完成，上诸一统志馆，以备采择。今《四库全书》著录的《畿辅通志》、《浙江通志》、《贵州通志》、《江南通志》、《云南通志》、《广东通志》等16种，皆此次下诏催修的结果。其二，志书编修内容是有统一要求的，即"各项分类条目"显然是早有规定。其三，特重"名宦人物"，因为它足以"励俗维风"，故雍正说"较之山川风土尤为紧要"。其四，对志书编修好坏，还有必要的奖惩措施，故封疆大吏们都热衷于修志，这自然是重要因素之一。

不久朝廷又颁布一道各省府州县志十年一修之令。

乾嘉时期，为重修一统志，亦通令全国各地编纂志书。由于最高统治者的大力提倡，因此编修方志在全国蔚然成风。特别是乾嘉时期，甚至形成了举国上下编修方志的高潮。

清朝方志编修发达的另一个重要原因，则是在清朝文化专制主义政策之下，学者们既不能私家修史，又不能记述现实，于是许多人就把自己的聪明才智运用于编修方志方面，况且这又是当局所提倡，不会产生大的风险。章学诚就是典型的代表。他考取进士，因观点与世不合，竟不敢入仕，虽有丰富的史学理论，也很想改编《宋史》，最终却未能实践。于是他就用自己的史学理论来指导方志的编修。从清代所修方志来说，前期大多由地方官吏开局借众手而成，因此总的来说，一般比较粗糙简陋，更谈不上什么发凡起例与史家法度。而乾嘉时期的情况则大不相同，许多著名学者不仅参与编纂或主编，而且对于编纂体例、内容详略、材料取舍和编修方法也开始讲究起来，并且相互展开了讨论。如周永年、李文藻合撰《乾隆历城县志》，万经、全祖望参与编修《乾隆宁波府志》，邵晋涵等纂修《乾隆杭州府志》，钱大昕等纂修《乾隆鄞县志》，戴震编纂《乾隆汾州府志》，孙星衍主修《乾隆松江府志》、《三水县志》等，杭世骏编纂《乾隆西宁府志》、《乌程县志》、《昌化县志》等，谢启昆为广西巡抚时主持编纂《嘉庆广西通志》，章学诚编纂《永清县志》、《湖北通志》等。这些由著名学者编纂的志书，与一般例行公事所编者自不可同日而语。他们不仅在体例上和书法上有所讲求，而且在记载内容上也颇注意实用价值。

　　总之，由于清朝统治者的重视和提倡，学者们的大力推动，方志的编修在清朝形成了全盛的繁荣时期。据《中国地方志联合目录》所载，现存清代方志有5701种，约占现存全国地方志总数8200余种的70%。其中康熙、乾隆时期就分别编纂过1397种和1154种志书，成为清王朝修志最旺盛的时期。众所周知，康熙、乾隆和嘉庆向被视为清朝历史上的"盛世"，有的称"康乾盛世"，有的称"乾嘉盛世"，都说明当时确实有可能为大规模广泛编修方志提供条件。清代行政区划主要分省、府、县三级，现存清代22个省的通志有86种，府州志有901种，县志4714种，仅县志一项，就占清代地方志总数的82.69%。全国除新疆及西南个别省份外，几乎所有县一级基层行政单位都修了志书。这里需要指出的是，康、雍、乾三个时期所修的《盛京通志》记载的范围包括辽宁、吉林、黑龙江三省。当时除省、府、县志外，还有州志、厅志、道志、关志、卫志、所志、乡镇志和乡土志等。特别是南方数省，由于经济的发展，资本主义生产关系的萌芽，许多乡镇发展很快，因而这些乡镇亦往往修有志书。据统计，仅江苏一省今存清修乡镇志77种，明代修的5种。浙江省今存之清修乡镇志也有40多种，明代的6种。两者相比，增加速度之快可以想见。著名的有：江苏的《甘棠小志》、《震泽镇志》、《周庄镇志》、《开化乡志》、《瓜洲志》、《沙头里志》等；浙江的《唐栖志》、《梅里志》、《双林镇志》、《南浔镇志》、《菱湖镇志》、《桃源乡志》、《剡源乡志》等。此外，还有安徽池州的《杏花村志》，广东佛山的《忠义乡志》，天津的《杨柳青小志》，山东博山的《颜神镇志》、阳谷县的《张秋志》，上海的《真如里志》、《南翔镇志》等。特别是明清时期江浙一带的乡镇志，在研究明清时期社会经济发展方面，已成为必不可少的重要资料。

从地域上看，清代方志编修有一个显著的特点，这就是北方许多省份，如河北、山东、山西、河南等省，方志的编修远比以往发达。从编纂数量来说，流传至今的都在300种以上，远远超过以往修志发达的江苏、浙江等省，从而打破了自宋以来，方志编修独以江、浙等省为盛的局面。以现今尚存统计，山东有388种，河北373种，河南370种，山西332种，江苏337种，浙江373种，安徽259种。之所以会出现这样的现象，看来尽管固有的经济、文化发达的基础十分重要，而政治因素则更不可忽视，因为元、明、清三代皆建都于北京，政治中心的北移，经济、文化也必将相应地随之变化。为了便于比较说明，现将上述各省宋、元、明、清各朝所修方志流传至今的种数列表于下：

《中国地方志联合目录》地方志种数统计表（宋、元、明、清部分）

地区	宋	元	明				清			
			嘉靖	万历	其他年号	小计	康熙	乾隆	其他年号	小计
山东	/	1	19	36	13	68	120	62	206	388
河南	1	/	49	30	19	98	108	103	159	370
河北	/	/	28	35	25	88	131	72	170	373
山西	/	/	12	27	13	52	83	78	171	332
江苏	7	3	23	34	44	101	62	56	219	337
浙江	18	4	32	37	46	115	111	62	200	373
安徽	1	/	26	29	19	74	69	48	142	259
其他地区	6	3	151	130	115	396	713	673	1883	3269
小计			340	358	294	992	1397	1154	3150	5701
总计	33	11	992				5701			

制表、统计：阙维民
1985年12月22日

当然也必须指出，清朝统治者积极提倡修志，一则是用来作为粉饰所谓"盛世"的点缀品、歌颂"升平气象"的工具；再则也要利用它来为巩固封建统治服务，所以对修志工作从不放任自流、听之任之，而是严加控制，层层把关。因此清代志书大多出于官修，私人编修极少。即使是上述那些著名学者，也都是应各地官吏之聘而从事编纂工作，这与宋代有很大区别。统观清代方志，通志总是以总督、巡抚领衔，府、州、县志则由知府、知州、知县领衔。对此情况，《四库全书总目》曾直言不讳地指出："通志皆以总督、巡抚董其事。然非所纂录，与总裁官之领修者有别。故今不题某撰，而题某监修，从其实也。监修每阅数官，唯题经进一人，唐宋以来之旧例也。"[1] 实际上就是把总督、巡抚监修各省通志，视作历朝宰相监修国史。这就表明各省志是不可能有个人私修的。至于府、州、县志，同样是由各级地方官吏所控制，修成后要呈报上一级审查。基本上即由巡抚和布政使司所主管。至于有的文章说清代方志编修是"皇帝把关"，说各省通志均由皇帝亲自审查，其根据是"经皇帝'钦定'后方能刻印问世"[2]。这个说法的可信程度不大。不能因为某个皇帝阅某部通志后曾提出过批评，于是便下此结论，并将明清编修方志的特点之一说成是"皇帝把关"。这既无史实根据，又无实际可能。在封建社会里，对于历代所修之正史，皇帝尚且不可能全部审查，何况如此众多的通志呢？事实上，各部通志也并非皇帝"钦定"后才能刊刻问世。章学诚替毕沅所修之《湖北通志》无法刊行，是因为有人从中作梗，毕沅调离湖北后，湖北巡抚惠龄不喜章氏之文，于是逸毁者乘机而来。显然，当时这部通志能否刊刻，全在于巡抚一人身上。当然，每部通志修成后必须进呈，这是明文规定，目的在于"上诸史馆，以备一统志之采撰"，而不是进呈给皇帝审查。如田文镜的《河南通志总序》曰："皇上御极之（雍正）六年冬，特命天下督抚诸臣修直省通志，送上一统志馆。"至于地方上既要例行公事，又无那么多学者可请，因而当时各地修志之中便出现了许多奇怪现象。对此章学诚已经提出批评，指出："今之所谓修志，令长徒务空名，作者又鲜学识；上不过图注勤事考诚，下不过苟资馆谷禄利。甚而邑绅因之以启奔竞，文士得之以舞曲笔；主宾各挟成见，同局或起抵牾。则其于修志事，虽不为亦可也。"[3] 当时各下级官吏主持修志的现状就是如此，所修方志也就可想而知了。

---

[1] 《史部·地理类一》"《畿辅通志》"条。
[2] 王志毅：《试论明清地方志的特点》，《中国地方志通讯》1983 年第 2 期。
[3] 《文史通义新编新注》外篇四《答甄秀才论修志第一书》，第 842 页。

第二节　清代方志编修的体例

宋元以来方志的编修，其体例大体分为两大类，一是分纲列目，再是细目并列，沿至清代，仍是两者并行。分纲列目者优越性较大，纲举目张，眉目清楚。前举罗愿的《新安志》便是如此，大的门类之下，再细分子目。如卷一"州郡"门下设：沿革、分野、风俗、封建、境土、治所、城社、道路、户口、姓氏、坊市、官府、庙学、贡院、放生池、馆驿、仓库、刑狱、营寨、邮传、祠庙；卷二"物产"门下设：谷粟、蔬茹、药物、木果、水族、羽族、兽类、畜扰、货贿。至于所属各县，亦分县再列细目。这样分类比较醒目，易于查阅。明代嘉靖年间所修志书，很多采用此种体例，如《鄢陵志》分地理志、建置志、田赋志、官师志、人物志、人品志、杂志、文章志八大门类，下列59个细目。《固始县志》分图像志、舆地志、建置志、民物志、官师志、选举志、人物志、典礼志、杂述志、艺文志十大门类，下列80个细目。《河间府志》亦与上述两部相同，共分16个门类，下设子目61个。它们共同的特点是，大的门类一律称志，每志之下再分列子目。这可以看作比较典型的分纲列目体。

在分纲列目体之中，又有被称为纪传体者，仿照纪传体正史的体裁编修方志，前举《景定建康志》就是分图、表、志、传四大类；每类之下再分细目，可视为较早用纪传体撰写方志的典型。明代雷礼所修之《嘉靖真定府志》即采用此种体裁，分图、表、纪、志、传五类。清代修志，特别是乾嘉时代，由于学者参加较多，对于所编志书体裁大多持慎重态度，分纲列目较为流行。其中章学诚则积极主张采取纪传体体裁，他自己所修志书，大多分为纪、表、图、考、传等类。后来谢启昆所修的《广西通志》，其体裁实际上直接受到章学诚的影响，分典、表、略、录、传五类。阮元《广东通志》又取法谢志，名目虽变，总属置纲列目一类。

但宋元时期的方志，更多的是采用细目并列，不分大的门类。这在初期内容不多的情况下，还显露不出其局限性来。随着方志的向前发展，由于记载内容不断增多，再细目并列，就明显地显现出头绪纷繁、杂乱无章。清初贾汉复的《河南通志》即是采用这种体裁，五十卷之书，分列出30个目：

图考、建置沿革、星野、疆域、山川、风俗、城池、河防、封建、户口、田赋、物产、职官、公署、学校、选举、祠祀、陵墓、古迹、帝王、名宦、人物、孝义、列女、流寓、隐逸、仙释、方伎、艺文、杂辨。由于"康熙中尝颁诸天下以为式",所以影响极大。正如《沧州志例》说:"康熙间,圣祖命儒臣开馆纂修《明史》,特命督抚,各省修志,其成式一以贾中丞秦、豫二志为准。雍正间,世宗因《一统志》历久未成,复诏各省纂修通志,仍如前式。"因此这一时期所纂修之通志,大多采用此式。如雍正九年(1731)由总督李卫开局编纂,至十三年告竣的《浙江通志》亦用此式,并列细目多至54门。当时著名学者厉鹗、杭世骏、沈德潜等都参加了编修工作,尽管体例无特殊贡献,但其内容的详赡仍得到后人的好评。《四库全书总目》就曾这样说:"总为五十四门,视旧志增目一十有七。所引诸书,皆具列原文,标列出典。其近事未有记载者,亦具列其案牍,视他志体例特善。其有见闻异辞者,则附加考证于下方。虽过求赅备,或不无繁复丛冗,然信而有征之目,差为不愧矣。"周中孚亦云:"(该志)兼综博搜,考证得失,参互同异。其征引原文,悉标列书目。至记载时事,仅依《大清会典》采录科条章奏,以存实据。其或见闻异词,则加案语以申明之。首列诏谕、圣制为首卷三卷,余自图说以下,分五十二门。其人物一门,又分十子目。盖变文以起例,依类以定名,其详赡胜旧志十倍,而体例亦较他志为善焉。"[1]可见只要用得其人,尽管所采用之体例一样,所编之书的价值却大不相同。当时除通志外,所修的府州县志,很多亦采用此种体式,河南尤甚。因为河南不仅有前撰通志为式,而且康熙二十九年(1690)河南巡抚又颁发了修志牌照,既规定了23条凡例,又具列了30余个门目。所以雍正九年(1731)在总督田文镜主持下编纂的《河南通志》亦采此式,全书80卷,分列43目:圣制、舆图、沿革、星野、疆域、山川、城池、礼乐、兵制、河防、水利、封建、田赋、户口、漕运、盐课、邮传、风俗、物产、职官、公署、仓廪、学校、选举、祠祀、陵墓、寺观、古迹、帝王、名宦、人物、理学、儒林、忠烈、孝义、文苑、隐逸、烈女、流寓、仙释、方技、艺文、辨疑。田文镜在该志序中说:此志的编纂,"务使四千年来之土俗民风,二千里地之山川事

---

[1] 周中孚:《郑堂读书记补逸》卷十二,上海书店出版社2009年版,第1441页。

迹，如振裘而得领，亦抚掌而指螺"。

编修方志既有一定公式，各地所修志书就免不了千篇一律，面目如一。这使得许多修志人员不是从本地实际情况出发拟定篇目，不在本地区应写内容上下功夫，而是在名目上做文章。对此流弊，章学诚在早年写的《修志十议》中就曾提出尖锐批评，他指出："近行志乘，去取失伦，芜陋不足观采者，不特文无体要，即其标题，先已不得史法也。如采典故而作考，则天文、地理、礼仪、食货数大端，本足以该一切细目，而今人每好分析，于是天文则分星野、占候两志，于地理又分疆域、山川为数篇。连篇累牍，动分几十门类。"这一批评确实是击中要害。关于这点，他在《答甄秀才论修志第二书》中还说："今之州县志书，多分题目，浩无统摄也。如星野、疆域、沿革、山川、物产，俱地理志中事也；户口、赋役、征榷、市籴，俱食货考中事也；朝贺、坛庙、祀典、乡饮、宾兴，俱礼仪志中事也。凡百大小，均可类推。篇首冠以总名，下乃缕分件悉，汇列成编，非惟总萃易观，亦且谨严得体。此等款目，直在一更置耳。而今志猥琐繁碎，不啻市井泉货注簿，米盐凌杂，又何观焉。"①上述批评是很有道理的。题目分列太多，又无统摄，阅读起来十分不便。所以这种体裁的长处实在太少。

方志编修的体例，除上述两大类以外，也有少数著作直以通篇编年，即按年排列，不分门类。最典型者莫过于汪中的《广陵通典》。顾千里在为该书所作的序中说："(《广陵通典》)用编年之体，作释地之篇，会萃条流，差次月日，吴濞开国，孙韶领镇，据割重形胜，治平饶转输。上下各代，排比列城，沿革道理，户口贡赋，巨靡不包，细亦无漏，故谓之通；进节义，退草窃，贵贤能，贱奢逾，刊弃神怪，摈落嘲咏，唯录有用之事，弗为无益之谈，字求其实，言归于正，故谓之典。"②这实际是用汪中自己的话，来说明此书何为称为《广陵通典》。其实这只能算是一部编年体的扬州地方史而算不上是地方志。可是顾千里在所写序文中，不仅将它视作一部方志，而且评价甚高，认为："其规榘严整，气局开张，人物于焉如生，江山为之增壮。天下后世，有善读者，庶几开拓心胸，奚止所练故实，以视其他图经、地

---

① 《文史通义新编新注》外篇四，第 845 页。
② 《思适斋序跋》序五《广陵通典序》，《思适斋书跋》，第 160 页。

记，纵使淳熙吴陵，绍熙广陵，故书具存，皆将避席，起成化之废疾，箴嘉靖之膏肓，所勿论也。"如果仅读此序，不看其书，无疑要将它当作一部好的方志。另外，明末仁和人沈谦所作的《临平记》（亦作《临平镇志》）和清末仁和张大昌的《临平记补遗》亦采这种体裁。可是时至今日，仍有学者将此类著作列入地方志类列。如洪焕椿就将《临平记》、《临平记补遗》皆列入乡镇志中，说《临平记》"分年纪事，系乡镇志中之创例"，"大昌仿照沈谦《临平记》体例，编辑东晋至明末有关临平镇文献资料"。① 但是《中国地方志联合目录》没有收录《广陵通典》，不承认它是地方志，而对《临平记》、《临平记补遗》则又收录，两相比照，显然自坏体例。

明代以来，还有的方志分天、地、人等总纲，然后再列细目。最典型的莫过于唐枢的《万历湖州府志》，《四库全书总目·史部·地理类存目三》曰："是书分土地、人民、政事三门，每门各缀以子目，与他志小异。然如沿革之中参述祥异，体例亦未能精当。"清代赵弘化的《康熙密云县志》则分天文、地理、人事三纲。名目虽然较为特殊，其实仍属分纲列目之体的一种，所不同者只不过将总的门目按天、地、人来划分而已。有人将此种方法称为"三宝体"，因为它是源自《孟子·尽心》篇中"诸侯有三宝，土地、人民、政事"的说法，而明代王世贞则又称之为"三才体"。需要指出的是，清代所修的《续修台湾县志》就是采用了这种体裁。

方志体例的发展，随着社会的向前发展，一直在发生变化，先是由分到合，由专记一方之地理、人物、风土等各种专一内容的著作，进而汇合成一种具有综合体裁、材料非常丰富的地方性的文献著作；记事的内容扩大到这一地区的政治、地理、风土、人情、物产、人物、艺文等自然现象和社会现象，宋代史学家司马光已将其称为"博物之书"。然而，随着社会的不断发展、学术的繁荣，学科分工日益趋细，于是方志编修的发展，又由合而分，日益趋向专门化发展。这一现象从明代开始出现，而到清代则更为盛行，诸如山水志、人物志、风土志、艺文志等。如专记人物的有姚堂《润州先贤录》、徐象梅《两浙名贤录》、潘力田《松陵文献》、董钦德《会稽人物志》、刘伯山《彭城献征录》、马通伯《桐城耆旧传》、徐世昌《大清畿辅先哲传》

---

① 洪焕椿：《浙江方志考》卷十三《浙江乡镇志》，第458—459页。

以及各地登科录等；专记一方文献书目的有何绍基《山阳艺文志》、王琛《淮安艺文志》、吴庆坻《杭州艺文志》、管庭芬《海昌艺文志》、孙诒让《温州经籍志》、徐世昌《大清畿辅书征》等。至于山水、寺观、书院等志就更多了，就以山志而言，浙江明代修山志49种，其中普陀山、天台山各2种；到了清代，山志编修便增至70余种，其中普陀山5种，天台山4种。浙江明代修寺庙志近20种，而到了清代便修了40余种。此外，各种古迹亦多修志，如清人朱彭撰有《南宋古迹考》，柯汝霖撰有《武林第宅考》，朱彭撰有《吴越古迹考》，胡次瑶、丁丙等分别编辑有《武林坊巷志》，孙树礼等编有《文澜阁志》，等等。总之，山水名胜，各种古迹，几乎无不有志。这说明，清代方志的编修不仅十分普及，而且种类也确实繁多。值得注意的是，这些专志的价值，往往超过那些府州县的综合性志书。

第三节　清代修志中的流派

对于方志的性质、作用以及如何编修等问题，在明代修志过程中已有不少人提出了意见和看法，这些意见和主张保留在所编修方志的序跋、凡例中。到了清代，由于许多著名学者参加了编纂工作，于是对方志的性质、作用、体例以及编纂方法等问题，展开了研究和争论，从历史到现状，都从理论上提出探讨，最后逐渐形成意见不同的两个派别，即考据派与文献派，亦称厚古派和详今派。

一、考据派

考据派亦称厚古派、地理派或旧派。由于这派主张修志重在考证地理沿革，故称地理派。既以考证过去为主，所以又称厚古派。这一派主要代表人物为戴震、洪亮吉、孙星衍等。

戴震（1723—1777），字东原，安徽休宁人。出身贫苦，当过商贩，后又以教书谋生。乾隆二十七年（1762）已近40岁方才中举，后多次赴京会试不第。乾隆三十八年（1773），清政府下令设置四库全书馆，受荐被召入馆，充纂修官，负责经部，凡经部之书，多由他最后校定。其著作内容十分广泛，包括算学、天文、地理、声韵、训诂和哲学等各方面。他是乾嘉时期一流学者，是考据之风盛行时出现的一位杰出的唯物主义思想家，而他的唯物主义思想又多是通过对古书的疏证反映出来，如《孟子字义疏证》。正因如此，他所做的学问无一不从考据入手。他认为，只有考据才是做学问的正道，故当时的人们把他视作考据大师来推崇。他曾编修过《汾州府志》和《汾阳县志》。在修志过程中，他把当时考据学家那种专务考索、轻视文献、埋头书本、不重当代的学风带进了修志领域。材料既是来自古籍，编出的内容自然是"厚古薄今"，脱离当代社会现实情况。他曾以教训的口吻对章学诚说："余撰汾州诸志，皆从世俗，绝不异人，亦无一定义例，惟所便尔。夫志以考地理，但悉心于地理沿革，则志事已竟。侈言文献，岂所谓急务哉？"并说："沿革苟误，是通部之书皆误矣。名为此府若州之志，实非此府若州也，而可乎？"[①]他有理论、有实践，可谓此派的首脑人物，又是学术界的权威，他的言行影响很大。

洪亮吉（1746—1809），字稚存，一字君直，号北江；初名莲，字华峰，号藕庄，江苏阳湖（今江苏常州武进）人。乾隆五十五年（1790）进士，授翰林院编修，充史馆纂修官，旋督贵州学政。嘉庆二年（1797）入直上书房，后于御试《征邪教疏》内陈述中外弊政，为大臣所忌，适因其弟丧而辞官归。嘉庆四年（1799）复起，授教习庶吉士，以上封事言词直切，谪戍伊犁。次年赦还原籍，自号更生居士。从此寄情山水，专意著述，家居十余年卒。其学深于史地，亦留意声韵故训，尤于疆域沿革最为专长，故其论学之著，亦以涉及舆地及文字者为较精。所著有《比雅》、《春秋左传诂》、《公羊谷梁古义》、《乾隆府厅州县图志》、《三国志疆域志》、《东晋疆域志》、《十六国疆域志》等。又编纂了《固始县志》、《长武县志》、《怀庆县志》、《宁国府志》、《延安府志》等十多种府县志。他的治学方法和学术思想可见于他所编修方志的内容和体例中。他是方志编修中的地理派或考据派代表。他认为："一方之志，沿革最要。"[②]在他看来，编修方志的重点就在于地理，"地志者，志九州

[①] 《文史通义新编新注》外篇四《记与戴东原论修志》，第884页。
[②] 《更生斋文甲集》卷三《跋新修庐州府志后一寄张太守祥云》，刘德权点校：《洪亮吉集》，中华书局2001年版，第1019页。

之土也"①。他所纂修的《固始县志》和《泾县志》的《沿革篇》都特别详尽，每条记载都注明出处。卷首并都绘有十分精致的各式各样的图。就以《泾县志》而言，卷首绘图共计14幅：《县境全图》、《域治全图》、《县署全图》、《学宫全图》、《泾太分防图》、《山境全图》、《水境全图》、《黄崆山图》、《台泉山图》、《水西山图》、《大蓝山图》、《桃花潭图》、《琴溪山图》、《马头矶图》。这些富有艺术性的绘图，为该志增加了不少光彩。

从上述指导思想出发，洪亮吉还提出了编修方志应遵守的原则和方法。他说："盖撰方志之法，贵因而不贵创，信载籍而不信传闻。博考旁稽，义归一是，庶乎可继踵前修，不诬来者矣。"②他说，凡是修得比较好的方志，就是因为能够利用前人的著作来为自己服务，因此必须大量搜集前人各种舆地著作。"凡一方志乘，有唐宋以来舆地、图经可依据者，类皆登采严而叙致核。夫宋敏求《长安志》、《洛阳志》何以善？以《三辅黄图》、《三辅旧事》、《洛阳宫殿簿》、《西京记》、《洛阳记》，以迄唐韦述《两京记》、《两京道里记》等导其先也。范成大《吴郡志》何以亦善？以《吴越春秋》、《吴会记》、张勃《吴地志》导其先也。然则前志之善者，非后志之所当奉行不失乎？"③对于前人所修之志，好的地方必须继承，重要的材料必须采录，任何时候都必须如此。但是若以此为理由，就只重载籍，轻视当代文献，只谈继承而反对创新，这种思想是不可取的。至于编修方志宜详宜简，他也提出了自己的看法："一方之志，苟简不可，滥收亦不可。苟简，则舆图疆域容有不详，如明康海《武功志》、韩邦靖《朝邑志》等是也。滥收，则或采传闻不搜载籍，借人材于异地，侈景物于一方，以致讹以传讹，误中复误，如明以后迄于今所修府州县志是也。"④这个看法比较中肯，他反对在修志中浮夸猎奇的不良风气，既不能失之于简，又不能失之于滥，要从本地实际出发。关于详略问题，他与文献派的主张是一致的。

总之，由于洪亮吉抱着"贵因而不贵创"的思想，因而对方志体例、篇目、名称，皆要以汉唐古式为准。如他所编纂之《登封志》，篇目定名皆取

---

① 《卷施阁文甲集》卷第八《与章进士学诚书》，《洪亮吉集》，第187页。
② 《更生斋文续集》卷二《泾县志序》，《洪亮吉集》，第1164—1165页。
③ 《更生斋文续集》卷二《泾县志序》，《洪亮吉集》，第1164—1165页。
④ 《更生斋文续集》卷二《泾县志序》，《洪亮吉集》，第1164—1165页。

于秦汉以来至唐宋而止的许多书名，引证古籍亦不厌其详。所以瞿宣颖曾批评说："洪氏以硕学宏才为名邦秉笔，宜大有以异乎凡流也。然观其全帙，盖惟以考稽故籍衷于雅训见长，其于综核传信之功，亦未能备。""其叙录每门系以韵语，且必云仿某代某书而定名。曰《皇德记》，则仿侯瑾《汉皇德记》也。曰《舆图》，则仿《隋志·周舆图记》也。曰《土地记》，则仿晋朱育《会稽土地记》也。曰《山川记》，则仿齐刘澄《宋初山川古今记》也。曰《大事记》，则仿汉司马迁等大事记也。曰《道里记》，则仿《隋西域道里记》也。曰《风土记》，则仿晋周处《风土记》也。曰《坛庙记》，则仿《齐坛庙记》也。曰《伽蓝记》，则仿晋杨衒之《洛阳伽蓝记》也。"[①] 由于这派重地理而详古制，因而在修志之中，官名、地名亦主张沿用古说，以致造成今古不分，时代不明，这就失去了方志所最富有的时代精神。因为官名、地名皆随时代变化而变化。洪亮吉在这方面表现得尤为典型，为此章学诚曾对他提出过批评。洪亮吉不仅没有接受这合理的批评，反而写了《与章进士学诚书》进行反驳。故章学诚特撰《地志统部》[②] 一文，再次进行辩驳。以上事实说明，洪亮吉因参与编纂过十多部方志，不仅有实践经验，而且在修志理论上也提出了一系列主张和看法。他实际上是清代方志学界考据派的中坚人物，是乾嘉时代颇有影响的一位方志学家。

孙星衍（1753—1818），字渊如，又字季仇，江苏阳湖（今江苏常州武进）人。乾隆五十二年（1787）进士。授编修，散馆，改刑部主事。历官至山东督粮道。旋引疾归，主讲钟山书院十余年。少擅词章，与同里洪亮吉、黄景仁等齐名。袁枚目为奇才，与订忘年交。深究经史、文字、音训之学，旁及诸子百家、金石碑版。虽擅词章，但不欲以诗文名世。尤精校勘，经其所刊之丛书，世称善本。著有《古文尚书马郑注》、《尚书今古文注疏》、《周易集解》、《寰宇访碑录》等。编纂方志有《长安县志》、《咸宁县志》、《醴泉县志》、《邠州志》、《三水县志》等。到了晚年，编纂了《庐州志》、《松江府志》。在方志编纂方面，他也是考据派的重要人物，详古而略今，重地理考订而轻当代文献。其所纂修之《直隶邠州志》，详于考订古代而略于近代十

---

① 《方志考稿》（甲集）第四编。
② 《文史通义新编新注》外篇四，第 865—868 页。

分典型，其大事记竟断于明嘉靖元年（1522），丧失了方志编纂详今略古的重要原则。再如所纂修之《偃师县志》，因意在仿古，竟使全书志、纪、表、传错杂无序。其编排顺序是：《地理志》、《山川志》、《陵庙记》、《风土记》、《学校志》、《祀典志》、《赋役志》、《帝纪考》、《职官表》、《名宦传》、《选举表》、《名臣传》、《儒林传》、《忠节传》、《政绩传》、《文苑传》、《孝义传》、《隐逸传》、《流寓传》、《列女传》、《仙释传》、《方技传》、《艺文志》、《金石录》、《祥异志》、《大事纪》、《逸事纪》。名称、体例交互使用，使人感到无章法可寻。其长处也与洪氏相同，在于地理。故瞿宣颖说："孙氏志地里，详稽经典，纲举目张，首沿革，次建置，次疆域，次古迹，虽未明标子目，而次序井然，似较他志之琐缕划分者为尤善。《山川志》采摭《水经注》、《疆域志》、《太平寰宇记》等书而成。"[1] 据孙星衍自序称，修此志时，对全县山川地形也曾作过实地考察，故其所记翔实可信。地理沿革可凭故籍，但有些内容则不是故籍所能解决的。所以瞿宣颖又说："《风俗志》以下，盖非孙氏之稿，然其体例殆亦秉诸孙氏也。夫沿革可凭故籍，而风俗尤重现状，乃亦仅摭书册成语敷衍成篇，其亦昧乎志风俗之本意矣。此则不可为法者也。"[2] 人们的生活习惯、社会风俗，都是随着社会的发展而在发生变化，要想从唐宋元明人的著作中寻找清代的风俗习惯，自然是不可能的。单从这个问题，就足以看出考据派编纂方志的主张局限性很大。按照他们的观点去办，编出的方志必然会产生很多流弊。孙星衍在《邠州志》序中还提出"古方志以考据存文献"，这也可以代表他修志的指导思想。当然，如果说对于方志记载的内容材料必须经过考订，去伪存真，那当然是正确的。但从他纂修的方志内容来看，并非如此。实际上他这句话的意思与洪亮吉所说"信载籍而不信传闻"是一致的。当代之事自然大多来自传闻，而这些传闻未必皆不可信，但要从古籍中考订出这些传闻的真伪，那是办不到的。古籍既然无从考订出传闻的真伪，那么所有传闻即使是很有价值的内容，也无法载入方志了。

嘉道时期的学者李兆洛是当时著名的地理学家，朱士嘉先生把他也列在方志旧派人物之中，这似乎还值得商榷。据笔者之见，从其治学思想来看，

---

[1] 《方志考稿》（甲集）第四编。
[2] 《方志考稿》（甲集）第四编。

他与乾嘉考据学家有所不同。

李兆洛（1769—1841），字申耆，晚号养一老人，江苏阳湖（今江苏常州武进）人。嘉庆十年（1805）进士。由翰林散馆，改授安徽凤台知县，后主讲江阴暨阳书院近20年。张舜徽先生对于李兆洛的治学经历及学术旨趣的变化有一段论述，对研究其学术宗旨很有价值："兆洛少从卢文弨读书于龙城书院，颇究心于考据训诂。其后泛滥群籍，遂与当时标榜汉学者异趣。魏源尝论之曰：'自乾隆中叶后，海内士大夫兴汉学，而大江南北尤盛。苏州惠氏、江氏，常州臧氏、孙氏，嘉定钱氏，金坛段氏，高邮王氏，徽州戴氏、程氏，争治训诂声音，瓜剖铧析，视国初昆山、常熟二顾，及四明黄南雷、万季野、全谢山诸公，即皆摈为史学，非经学，或谓宋学，非汉学。锢天下聪明知慧，使尽出于无用之一途。武进李申耆先生，生于其乡，独治《通鉴》、《通典》、《通考》之学，疏通知远，不囿小近，不趋声气，年甫三十，而学大成，兼有同辈所长，而先生自视嗛然如弗及。'（见魏氏所撰传，载《古微堂外集》卷四）大抵兆洛论学，归于致用，故治舆地、天文，皆极其微。"① 其著作有《养一斋文集》、《皇朝文典》、《大清一统舆地全图》、《历代地理志韵篇今释》、《历代舆地沿革图》、《皇朝舆地韵编》、《纪元编》和《凤台县志》、《东流县志》、《怀远县志》等。从其治学的宗旨来看，他虽从事过考据训诂，又专心研究舆地之学，但与上述戴、洪、孙诸人毕竟有别。再从其所修之《凤台县志》本身来看，从目的要求到内容编排，亦与上述诸人大不相同。对于方志的作用，李兆洛说：通过一部方志的编修，"可以见时会之盛衰，地势之险易，陵谷之迁变，政治之得失，风俗之淳薄，以之斟酌条教，风示劝惩，览一隅知天下，其所裨甚巨"②。又说："凡居百里之地，其山川、形势、人民谣俗，苟有不晰，则不可以为治。""其古今之变，因革之宜，土俗之淳漓，民生之勤窳，庶几足以备考览焉。"③ 正因为他对修志本身具有如此明确的目的，所以才有可能修出一部体例完备、内容丰富的志书。朱士嘉先生对这部县志归纳出三大优点：（1）采访周详；（2）叙事赅

---

① 张舜徽：《清人文集别录》卷十二"《养一斋文集》"条，华中师范大学出版社2004年版，第315页。
② 《凤台县志·古迹志序》，清嘉庆十九年刻本。
③ 《凤台县志·序》。

备；(3) 体例精善。而"体例精善"之下又分四点：(1) 结构严整，脉络井然；(2) 取材宏富，考核精审；(3) 主次分明，重点突出；(4) 厚今薄古，由近及远。上述三大优点在旧派所修之志书中是不多见的，特别是"厚今薄古"，更是与旧派宗旨相对立。朱先生说："《舆地志》首记清雍正十一年（1733）凤台县设治始末，次上溯历代沿革，次叙疆域广袤，离城远近，坊、镇、山川的分布，最后把自然地理和耕垦、畜牧、交通、军事等问题结合起来进行说明——试图阐述地理环境和人文、历史的关系，体现了厚今薄古的思想。这种思想在《食货志》、《沟洫志》中表达得更明显，就是《选举志》、《古迹志》也不例外。《古迹志》小序说：'非徒网罗放失，凭吊俯仰，为风雅之助而已，亦欲使此邦人士，知往事留遗，即一树一石，皆当贵重保护，如子孙之宝其世守法物然者，庶几敬恭桑梓，慎守邱墓，革嚣凌之气臻于厚重。'在李氏看来，激发人民热爱乡土，是修志的目的之一，而编写《古迹志》也能起着这个作用。"[①] 我认为具有这样的思想、编纂出这样一部方志的作者，不是属于旧派中的人物。评论历史人物属于哪一派别，应当首先看其学术宗旨、学术观点，当然其中也涉及学风问题，不能仅以治何种专业来划分。尽管其专业在地理方面，而在修志方面不一定属于旧派或地理派。同时还要以发展眼光来评价或划分从属于何种派别，李兆洛早年虽然学习考据训诂，但后来思想起了变化，他所编纂的《凤台县志》正是这种思想变化结果的体现。又如他参与纂修的《道光江阴县志》，瞿宣颖评论说："明以前诸志虽已不存，而旧志辗转征引尚多，故展卷之余，犹恍然复见宋志风格，其驯雅鲜可几及也。就中《风俗》一篇所载农工商妇女二氏状况，多实事，绝非饾饤空言可比。而县署学署诸图精美详悉，亦其余事之胜人者。"[②] 所以，对一个方志学家下结论的时候，这些问题都必须作全面考虑。当然这其中也包含着编纂的方法、性质是著作还是纂辑。

总的来说，旧派势力大，这是因为考据已经成为当时的时代精神，它得到官府的支持和提倡。旧派修志所定的体例不仅能在全国范围得到广泛推行，

---

① 朱士嘉：《评李兆洛所纂〈凤台县志〉》，《安徽史志通讯》1983 年第 1 期。收入李泽主编：《朱士嘉方志文集》，北京燕山出版社 1991 年版。

② 《方志考稿》(甲集) 第六编。

而且其影响也十分深远，直到清朝末年，许多地方修志仍都采用这种体例。如《光绪吉林通志》序曰："方志之书，首重沿革。"并且反复说明"沿革之难志"。这是戴震修志的指导思想，似乎沿革考订好了，方志就编成功了。

综观此派修志的指导思想与作风，显然是受了乾嘉考据之风的影响。梁启超在《中国近三百年学术史·清代学术变迁与政治影响（中）》中指出："乾、嘉间之考证学，几乎独占学界势力，虽以素崇宋学之清室帝王，尚且从风而靡，其他更不必说了。所以稍为时髦一点的阔官乃至富商大贾，都要'附庸风雅'，跟着这些大学者学几句考证的内行话。这些学者得这种有力的外护，对于他们的工作进行，所得利便也不少。总而言之，乾、嘉间考证学，可以说是，清代三百年文化的结晶体。"① 这几句话非常形象而生动地刻画了当时学术界的整个精神面貌。而戴震在当时的学术界又是大家所推尊的考据大师，他们做学问所走的路子就是如此，所以，他们编修方志，也就把这种方法与学风引进了修志领域，这是很自然的。脱离当时社会学术思想来讲他们的思想渊源，既摸不着边际，也抓不住实质。这一派厚古薄今，"贵因而不贵创"，正是受当时社会风气所制约，既不重视当代文献，又不重视独创精神，一意抄摘旧的典籍，那么所编纂之方志，其内容究竟能有多少价值也就可想而知，充其量也不过是资料汇编而已。所以章学诚当时就曾批评说："近代渐务实学，凡修方志，往往侈为纂类家言，纂类之书，正著述之所取资，岂可有所疵议！而鄙心有不能慊者，则方志纂类诸家，多是不知著述之意，其所排次襞绩，仍是地理专门见解。如朱氏《日下旧闻》，书隶都邑之部，故称博赡，若使著述家出，取以为《顺天府志》，则方凿圆枘，格格不相入矣。故方志而为纂类，初非所忌；正忌纂类而以地理专门自画，不知方志之为史裁，又不知纂类所以备著述之资，而自以为极天下之能事。是以虽纂类而仍无可藉，宜长者之致疑于近时风尚也。"② 在这里，他概括地将旧派所修方志的特点摆了出来，一则是他们所编之方志只是"纂类之书"，而不是著作，当然也就谈不上有所谓创造性；再则是他们所编纂之方志只重地理沿革，正如戴震自己所讲，只要把地理沿革考证清楚，修志任务也就完

---

① 《梁启超论清学史二种》，第117页。
② 《文史通义新编新注》外篇三《报黄大俞先生》，第633—634页。

成了。至于地方上当代文献根本不予注意,其内容也就可想而知了。他们所采用的方法,就是从前人著作中摘录、排比和考订。

二、文献派

文献派亦称详今派、历史派或新派。由于这派主张方志如同古国史,故称历史派。既是一方之史,因而编写时必须搜集大量当代文献,认为方志的任务就是要保存一方之文献,故被称为历史派或文献派。这派主要以章学诚为代表,他与考据派展开了针锋相对的论战。他在《记与戴东原论修志》一文中首先肯定,方志如同古代诸侯国史,本非地理专门,而地理沿革仅是方志内容的一个部分,不能以此来概括全书。况且"考沿革者,取资载籍,载籍具在,人人得而考之。虽我今日有失,后人犹得而更正也"。方志既是一方之史,它就应当成为一种著作,不是简单的资料汇抄。既是地方性著作,就要靠搜罗大量地方文献加以编纂,"若夫一方文献,及时不与搜罗,编次不得其法,去取或失其宜,则他日将有放失难稽,湮没无闻者矣"。所以章学诚说:"如余所见,考古固宜详慎,不得已而势不两全,无宁重文献而轻沿革耳。"他还提出:"修志者,非示观美,将求其实用也。"这个指导思想是十分可贵的。编修一部方志,不是为做装饰品一定要求其美观,而是要讲求实用。因此,无论是材料的取舍、古今的详略、内容的比例等,都不能不引起足够的重视。内容不能专记古代,必须详近略远;材料不能专抄古籍,必须依靠当代文献。这样所编志书,才能具有实用价值。他说:"史部之书,详近略远,诸家类然,不独在方志也。《太史公书》,详于汉制,其述虞、夏、商、周,显与六艺背者,亦颇有之。然六艺具在,人可凭而正史迁之失,则迁书虽误,犹无伤也。秦楚之际,下逮天汉,百余年间,人将一惟迁书是凭。迁于此而不详,后世何由考其事耶?"[①]还有从实用出发,他认为"方志之修,远者不过百年,近者不过三数十年",可以充分利用前人的成果,如果前人已修,我则续之便可。这些观点显然都与考据派相对立。而他的这些主张无疑都具有实用价值,远比考据派的主张来得优越。由于他还主

---

① 以上引自《文史通义新编新注》外篇四,第884—885页。

张修志要有创新，反对因袭，故此派又被称为新派。这一派的势力虽然比不上考据派，但其影响却是深远的，即在当时，采用他的主张编修方志的也不乏其人。如张维祺修《乾隆大名县志》便是采用章氏之说。该志为乾隆五十年（1785）所修，时维祺任大名知县。他在序中说："往在肥乡官舍，同年友会稽章君学诚与余论修志事……章君之言，余未之能尽也。然于志事实不敢掉以轻心焉。二图包括地理，不敢流连名胜侈景物也。七志分别纲目，不敢附丽失伦致散涣也。二表辨析经纬，不敢以花名卯簿致芜秽也。五传详具事实，不敢节略文饰，失征信也……庶几一方之掌故不致如章君之所谓误于地理之偏焉耳。"瞿宣颖在引了这段话后，接着便说："是其承章氏之绪论，卓然具深识也。"① 此外，用章氏之学来编修方志者如蒋湘南的《同州府志》、董祐诚的《咸宁县志》、姚文田的《扬州府志》、赵希璜的《安阳县志》、汪士铎的《江宁府志》等，都是编修比较成功的府县志。尤其要指出的是，谢启昆、阮元和缪荃孙等人在推行新派修志主张、发展新派修志理论上都作出了一定的贡献。

谢启昆（1737—1802），字蕴山，号苏潭，江西南康人。乾隆二十五年（1760）进士，官至广西巡抚。少本以文学名，博学强识，尤善为诗。后乃从事经史朴学。因认为魏收《魏书》失当，乃作《西魏书》24 卷。又作《小学考》，以广朱彝尊《经义考》之所未及，故初名《广经义考》。尚著有《树经堂文集》、《树经堂文遗》。任广西巡抚期间主修《广西通志》，发凡起例，多所创新，在旧志中称为佳志。

《广西通志》共 280 卷，分表、略、录、传四大类。所谓略，实即是志，郑樵修《通志》，改志曰略，即用其意。在卷首撰《广西通志叙例》一篇，对古往今来所撰方志作了一次总括性的评论，肯定其长处，批评其缺点，起到了总结经验、吸取教训的成效。作者认为"志乘本于图经"，虽不一定确切，却没有作海阔天空的空谈。在古代方志之中，以为"宋周应合《景定建康志》分图、表、志、传四篇，体例最善"。这就是新派观点。《叙例》还指出："九州广轮，山川林麓，笔于书者得其名数，著于图者识其形象，收万里于尺幅，运天下若指掌。图之为用，视书尤切。"方志中用大事记，作者

---

① 《方志考稿》（甲集）第一编。

认为必不可少,"后世舆地之记,虽名为志,然于一方古今大事,反缺略不载,盖犹囿于图经之旧,不能充例以尽义。宋施宿《会稽志》,有《讨贼》、《平乱》二篇。元张用鼎《金陵新志》创"通纪"一门,以具历代因革、古今大要,其于郡邑旧事,若网在纲,其体最善。撰志乘者,所当沿其例而扩之,勒为记事专篇,以上继外史之职者矣"。而对于方志中艺文志的编写,亦提出了严肃的批评,指出:"刘《略》、班《志》,艺文著录之祖,宋孝王《关中风俗》,具载艺文,又地志著录之祖。明人撰志乘者,不知艺文体裁,猥以诗文充之,卷帙繁芜,殊乖雅正。范成大《吴郡志》,以诗文分注各条之下,其例最善,今遵用之。"诸如此类,颇有见地。这些论述,对于当时和后世方志编修,都有很大的影响。阮元的《广东通志》便是取法于此志,而陶澍的《安徽通志》、陈寿祺的《福建通志》,其体例又以阮志为准,其影响之大,于此可见。阮元对《广西通志》的评价是"载录详明,体例雅饬"。所以他修《广东通志》,"大略以《广西通志》体例为本而有所增损"①。

这里需要说明的是,谢启昆修志的观点实际上直接受到章学诚的影响。嘉庆二年(1797),章学诚偕胡虔同往杭州,借浙江巡抚谢启昆、学政阮元之力,续修《史籍考》。既在其幕府之下,必然议及著述之事。况且《史籍考》原是在湖北期间为毕沅所编纂。而在湖北之时,又主要是为毕沅纂修《湖北通志》,对于这部《通志》的体例,毕沅也是十分欣赏的,章学诚在题为《为毕制府拟进湖北三书序》的自跋中曰:"此序虽为拟笔,实皆当日幕中讨论之辞。制府欣然首肯,且矜言于众,谓于斯事得未曾有也。呜呼,知己之感,九原不可作矣。"②既要借助他们之力续修《史籍考》,必然交谈此等之事。这样他编修方志的理论,就很自然地影响谢启昆和阮元。在古代,学者之间的交往,无不在进行学术思想的交流。

阮元(1764—1849),字伯元,号芸台,江苏仪征人。乾隆五十四年(1789)进士。次年擢少詹事。乾隆五十八年任山东学政,任满调浙江学政。嘉庆四年(1799)继谢启昆而任浙江巡抚。后历任湖广、两广、云贵总督,体仁阁大学士。曾创立杭州诂经精舍、广州学海堂,提倡朴学,并延揽学者

---

① 阮元:《广东通志》卷首序,清道光二年刻本。
② 《文史通义补编》,灵鹣阁丛书本。

从事编书刊印工作。校刻《十三经注疏》，编辑《经籍籑诂》，汇编《皇清经解》。还编辑《山左金石志》、《两浙金石志》等书。在两广总督任上，主修《广东通志》。全书共324卷，亦分表、略、录、传四类。该志与《广西通志》并称于世。

阮元在方志理论方面虽无专门论述，但所主修的这部《广东通志》，就足以体现出他对方志这种著作的卓然见识。道光二十九年（1849）为《重修仪征志》撰序一篇，也是很有价值的方志论文。文中比较集中地论述了当时方志编修中所存在的问题，即如何对待旧志的态度与修志的断限。因为自明代以来，方志学界流传着一种风气，即谈到修志，必定要贯通古今，另起炉灶，从头修起。这本是无可非议之事，只是修志人员既无识力，又无才能，只有抄袭旧志，东拼西凑，于是新志成书，旧志便告湮灭。唯其如此，他在序文中极力称颂了古代撰史修志，大多能做到"旧典与新编前后相联，而彼此各不相混"，他认为这是"古人修志之良法"。他认为各地修志人员应当本着"但续新志，而旧志不必更张"的精神，因为历史事实证明，"欲得新志之善，必须存留旧志"，一则为后人借鉴，再则亦看出前后相承。他批评了明代修志中事不师古、"新志甫成，旧志遂废"、不尊重前人劳动的作风，认为这对修志事业造成了很大的损失。序文最后提出，今后修志要做到"但续新增而无改旧贯，匪特易于集事，不至费大难筹，抑且新旧相承，并垂不朽，此则余所厚望也夫"。修志既然"但续新增"，那么重点必然要写当代，自然也就以取材于当代文献为主，这样就可以免去将更多的精力用于专寻旧典、多作考证上了。这一主张无疑是与旧派观点相对立。从其修志思想来看，他与谢启昆一样，都把修志作为著述事业，认为对此必须持慎重态度。

缪荃孙（1844—1919），字炎之，一字筱珊，晚号艺风，江苏江阴人。光绪二年（1876）进士。他是清朝末年著名的学者，也是清末著名的方志学家。历任翰林院撰文，教习庶吉士、国史馆籑修、总籑、提调。后主讲南菁、泺源、钟山等书院。创办过江楚编译书局、江南图书馆和京师图书馆。交游广阔，著述繁富，尤专攻考证金石碑帖、版本目录之学，旁罗山经地志。娴熟文史掌故，在世之日，虽老宿耆硕，亦必问难请益，在学术界负有盛望。其著作有《艺风堂文集》、《续集》、《外集》、《辛壬稿》、《藏书记》、《续记》、《金石目》、《日记》、《读书记》。编辑有《常州词录》、《辽文存》、

《续碑传集》。所总纂之地志有《顺天府志》、《湖北通志》、《江苏通志》、《江阴县志》等。而所纂之志，多得后世学者之好评。即以《光绪顺天府志》而言，虽该志修书凡例27条为张之洞手订，但负责全书总纂的是缪荃孙。瞿宣颖对该志有这样一段评论："是其立例之初，已有刊除俗体、悉归雅正之意。加以故事属之洪良品，坊巷属之朱一新，经政属之傅云龙，晷度属之汪凤藻，以暨其他载笔之士，皆一时豪俊，学有专长。而缪荃孙擅目录之学，既自纂金石、艺文二志，兼为覆辑全书。故能卓然成不磨之业，为近时诸志称首也。"[1]可见缪荃孙于修志之业，确实卓有建树。他不仅有丰富的修志实践经验，而且也有修志的理论。他认为一部好的方志，不仅要内容丰富，而且要翔实可信、文字朴实，"志也者，志地、志人、志事、志物，上之自古迄今，下之由近及远，无饰辞，无私造，则谓之良志"[2]。他认为，方志的编修，"至宋而体格大备"[3]。他提出，郡县志的编修详略应当各有不同，"郡志宜简，邑志宜详，至于镇志，地方不过十余里，学人名士朝夕相聚，治事之疏密，植品之媺恶，闻见皆真，网罗益富"[4]，自然更有可能详于邑志。缪荃孙确实是一位名副其实的著名方志学家。

在清代，属于新派的方志学家人数还很多，限于篇幅，就不多作评介了。尽管从乾嘉时代看，旧派占绝对优势，但从发展眼光看，新派无疑是源远而流长的。

除上述新、旧两大修志派之外，还有很大一部分志书是地方官吏应命而修的。他们旨在完成任务，临时召集一批地方士绅，草率从事，既无文笔，又无史法，更不知方志是何种著作，故而谈不上发凡起例，一般都是依样画葫芦，有的则将旧志重抄上报。有的甚至在凡例中公开规定："乃依旧志"，"凡旧志所载诸事，不敢妄减一字，惟补其阙"[5]。现在有些论著将他们称为官绅派，或"功令派"，其实他们既无共同的学术宗旨，又无共同的修志主张，派从何来？不能为了凑数硬将他们也说成是什么派，否则就是毫无意义的。

---

[1] 《方志考稿》（甲集）第一编。
[2] 缪荃孙：《艺风堂文漫存》卷二《重修信义志序》。
[3] 缪荃孙：《艺风堂文漫存》卷二《重修信义志序》。
[4] 缪荃孙：《艺风堂文漫存》卷二《重修信义志序》。
[5] 《康熙蓟州志》，清康熙四十三年刻本。

第八章
民国时期的方志编修与方志学研究

第一节 民国时期的方志编修概况

辛亥革命推翻了清朝封建王朝的统治，建立了中华民国。但为时不久，政权便落入军阀手中，形成了各地军阀割据的局面。在北洋政府统治时期，为了利用方志的编修为其统治服务，曾下令各地编修方志。民国六年（1917），内务部会同教育部通知各地纂修方志。由于军阀割据，各自为政，各行其是，各个派系也都编修方志为各自统治服务。只要查看一下民国时期各省修志的数字表，就足以说明问题。民国十八年（1929）12月，国民政府内政部颁布了《修志事例概要》22条，第一条："各省应于各省会所在地，设立省通志馆，由省政府聘请馆长一人、编纂若干人组织之。"第二十一条规定："各县及各普通市兴修志书，应行规定事项，由各省通志馆参照本概要定之。"对于材料选用、文字书法、内容记载等均有规定。如第八条规定："编制分省、分县市舆图时，对于国界、省界、县市界，变更沿革，均应特加注意，清晰划分，并加附说明，以正疆界而资稽考。"第九条规定："各省志书，除每县市应有一行政区域分图外，并须将山脉、水道、交通、地质、物产分配、雨计分配、雨量变差、气候变差，以及繁盛街市、港湾形势、名胜地方，分别制绘专图，编入汇订。"第十条："地方名胜古迹、金石拓片，以及公私家所藏各种古物，在历史上有重要的价值者，均应摄制影片编入，以存真迹。"第十二条："志书中应多列统计表，如土地、户口、物产、实业、地质、气候、交通、赋税、教育、卫生以及人民生活、社会经济各种状况，均应分年精确调查，制成统计比较表编入。"诸如此类的规定，都分别体现了近代社会一些特点，也就是说，按照近代社会的精神面貌，规定了修志中应当增加的许多新内容和应采用的许多新手段与新方法。尽管这些条文实际所发挥的作用并不大，但它毕竟表明，编修方志必须采用新的科学方法，增加反映近代社会新的内容，不仅是理论上的探讨，而且官府正式颁发文件，作出具体规定，这也反映了方志发展的必然趋势。

民国十八年，国立浙江大学校长蒋梦麟向浙江省政府提出《方志新体例及进行办法案》。认为旧省志稿出于前清遗老之手，内容和精神不合现代要求，主张解散方志旧体，编辑年鉴、专门调查及省史三书。他说："省志问题，在现代之立场，以切用为目的，其材料应（一）侧重现状；（二）切于实用；（三）注重物质方面。非此，下者则同仿造之古物；上者，亦类改造之旧志。"其所拟订之年鉴门目是：（1）地理（省市县图、疆域沿革、面积、行政区域、山脉、河流、气候）；（2）地质、矿物及动植物概论；（3）户口；（4）民族（方言、风俗附）；（5）党部组织；（6）行政组织；（7）治安（军备、警察）；（8）教育；（9）宗教；（10）农业；（11）工业；（12）商业及金融；（13）交通；（14）财政；（15）建设；（16）民生（生活程度、职业分配、物价、工资、财产之调查或估计及其与人口之比例、救济）。专门调查是：全省地图、地质、气象、民族、经济、教育等。省史（即省志）分为九门：建置沿革、大事记、度支志（历代民户丁漕、各项课税、省费支出）、工程志（塘工、疏浚、兴修等事）、民生志（物价及生活状况）、教育志、人物志（治绩、懿行、学术、技术）、民俗志（附宗教、语言、民族）、志余（古迹、名胜）。①对于这个主张，黎锦熙在《方志今议》中说："其三书除'省史'外，'年鉴'及'专门调查'二书，实与章氏三书于'志'外分辑'掌故'、'文征'二书，用意相仿，特其目标一重在存史，一重在致用耳。"②其实章学诚分立三书既要存史，又要致用，两者并举，黎氏之说于两人之区分并不确当。

民国三十三年（1944）5月，国民政府内政部颁布了《地方志书纂修办法》，共分九条，规定分省志、市志、县志三种，省志三十年纂修一次，市县志十五年纂修一次。两年后，内政部重新公布了《地方志编纂办法》，其内容与前次所不同者，关于修志机构的设置问题，要求各省、市、县未成立通志馆者，设立文献委员会，负责收集地方文献，以备将来编修方志。同年

---

① 详见傅振伦：《中国方志学通论》，商务印书馆1935年版。
② 黎锦熙：《方志今议》三《次立两标》，中国展望出版社1982年版，第3页。

5月，内政部公布了《市县文献委员会组织规程》，共12条，其中第八条规定："文献委员会征集保存之各种材料，于本市县着手兴修志书时，应全部移送修志机关甄采。"

民国时期编纂通志最早的大约应推浙江省，民国四年（1915）春，浙江即设立通志局续修通志，聘沈曾植（1850—1922）为总编纂。参与纂修者有不少著名学者，如吴庆坻、张尔田、王国维、刘承幹等。据《浙江方志考》记载，其凡例规定，自乾隆元年（1736）起，续修至宣统三年（1911），"全书体例，除雍正《通志》原有门目外，增大事记（编年体）、大事纂（纪事本末体）及遗民传"。仅成志稿两百余册而编修中辍。稿本散落在杭州、嘉兴、上海等地。民国三十二年（1943）又成立浙江省通志馆，由余绍宋任馆长。"重修通志分五纲：一曰纪，记浙江自古以来大事，拟正史本纪例；二曰考，分八类，叙述自然现象与历史遗迹；三曰略，凡十二类，记载有关社会政治事项；四曰传，分三类，拟正史列传之例；五曰谱，凡二类，拟正史表之例。此外复有杂记一类。又仿章学诚《湖北通志》之例，别辑《两浙文征》。"[①]至民国三十八年（1949）3月停办。

民国时期编纂的方志，据《中国地方志联合目录》著录者统计，总数达1187种，但大多为县志，至于省志，编纂完稿者很少，大多是留下了残缺不全的志稿。从后表（附表：民国时期各省所修通志表）中就可以看到梗概，了解民国时期各省所修通志的状况。需要说明的是，《湖北通志》修于清宣统三年（1911），民国十年（1921）刊刻。《江西通志》虽正式称志，至今仍是稿本。至于《新纂云南通志》成书卷数，在全国各省中居于首位，民国三十三年（1944）修成，民国三十八年（1949）方才刊印，主修是卢汉。民国各省所修通志状况即如此，因成书者很少，也就无从评论其优劣得失。留下的县志数量虽然很大，但质量大多不高，因限于篇幅，这里只对《川沙县志》、《龙游县志》、《泗阳县志》谈点看法。

为了便于大家了解宋元以来我国方志发展的趋势以及各省修志的情况，现根据《中国地方志联合目录》统计制表于后（附表：《中国地方志联合目录》地方志分类统计表和附表：《中国地方志联合目录》地方志种数分朝代

---

① 洪焕椿：《浙江方志考》，第33、36页。

统计表），以供参考。由于有的方志在归类标准上，各人认识不一，因此，此表统计数字与庄威凤发表在《中国地方志通讯》1984年第2期上的《〈中国方志联合目录〉的特点及存在问题》一文中两幅附表的数字自然就有出入，同时，"分类统计表"与"分朝代统计表"，在各地区的合计数上也有一定的差异，对此，希望能引起读者注意。

附表：民国时期各省所修通志表

名称	卷数	编纂者	版本
河北通志稿	47卷	王树枏等	铅印本
奉天通志	260卷，首1卷	王树枏等	铅印本
黑龙江志稿	62卷，首1卷 附大事纪卷	张伯英等	铅印本
绥远通志稿	116卷	李泰棻、荣祥	稿本
续修陕西通志稿	224卷	宋伯鲁、吴廷锡	铅印本
甘肃通志稿	130卷	杨思、张维等	铅印本
朔方道志（宁夏）	31卷，首1卷	王之臣	铅印本
青海省通志	存34册	通志编纂委员会	稿本
江苏省通志稿	352卷	缪荃孙、冯煦	影印本
重修浙江通志初稿	存125册	余绍宋、孙延钊	铅印本
安徽省通志稿	157卷	安徽通志馆	铅印本
江西通志	10编	辛际周、周性初	稿本
福建通志	51总卷、610分卷	沈瑜庆、陈衍等	刻本
台湾新志	11章	郑伯彬	铅印本
河南通志		河南通志馆	铅印本
湖北通志	172卷，首、尾各1卷	张仲炘、杨承禧	刻本
湖南省志稿		省文献委员会	稿本
广东通志稿	120册	广东通志馆	稿本
广西通志稿	6编	蒙起鹏、黄诚元	油印本
四川通志稿	120册	四川通志局	稿本
贵州通志	19编，首1卷	何可澄、杨恩元	铅印本
新纂云南通志	266卷	周钟岳	铅印本
西藏通志		陈观涛	稿本

附表：《中国地方志联合目录》地方志种数分类统计表

地区	通志	府志	县志	志略	志科	乡土志	里镇志	其他	共计
北京		6	37	2	4	1	2	3	55
上海		6	58	5		8	59	3	139
天津		2	18	2		1	1	2	26
河北	6	49	440	8	20	30	1	13	567
山西	6	37	365	3	2	8		10	431
内蒙古	1	3	13	18	7	2		4	48
辽宁	8	3	67	17		32		3	130
吉林	1	1	41	9	4	37			93
黑龙江	1	1	38	16	2	6		1	65
陕西	5	25	300	6	3	50	2	10	401
甘肃	3	20	138	9	11	8	1	8	198
宁夏		6	17	4	3			2	32
青海		4	6	5	20	2		2	39
新疆	2	5	4	22	8	36		4	81
山东	6	34	411	9	3	71	2	5	541
江苏	4	56	304	13	11	18	108	26	540
浙江	5	79	363	15	14	12	77	25	590
安徽	3	62	260	17	7	11	10	9	379
江西	6	62	389	6	1	8	1	4	477
福建	8	44	227	4		13	16	3	315
台湾		8	19	10	6		4	2	49
河南	8	52	443	4	1	13	3	4	528
湖北	6	41	250	8	1	12	2	12	332
湖南	4	61	290	3	1	33	1	8	401
广东	8	51	332	5		28	18	3	445
广西	6	31	165	9		6		4	221
四川	8	56	454	52	19	62	16	4	671
贵州	6	24	83	7	8	5	1	5	139
云南	10	44	195	13	8	15		2	287
西藏		2	1	33	4	1	1	2	44
合计	122	875	5728	333	168	529	326	183	8264

附表：《中国地方志联合目录》地方志种数分朝代统计表

地区	唐以前		小计	唐				小计	北宋			小计
				开元	乾元	乾符	（不明）		景德	熙宁	元丰	（不明）	
北京													
上海													
天津													
河北													
山西													
内蒙古*													
辽宁													
吉林													
黑龙江													
陕西										2		2
甘肃				1				1					
宁夏													
青海													
新疆					1			1					
山东													
江苏							1	1		1			1
浙江	刘宋孝建 1	刘宋（不明）1	2						1				1
安徽													
江西													
福建													
台湾													
河南												1	1
湖北													
湖南													
广东													
广西													
四川													
贵州													
云南													
西藏													
合计	1	1	2	1	1		1	3	1	2	1	1	5
	2			3					5				

续表

地区	南宋 乾道	淳熙	绍熙	嘉泰	嘉定	宝庆	绍定	淳祐	宝祐	开庆	景定	咸淳	(不明)	小计	元 至元	元贞	大德	延祐	至顺	至元	至正	(不明)	小计
北京																						1	1
上海			1											1									
天津																							
河北																							
山西																							
内蒙古*																							
辽宁																							
吉林																							
黑龙江																							
陕西																1							1
甘肃																							
宁夏																							
青海																							
新疆																							
山东																		1					1
江苏				1		1	1	1			1	1		6			1			2			3
浙江	2	2		2	2	3	1	2			1	1	1	17	1		1	1			1		4
安徽		1												1									
江西																							
福建		1						1						2									
台湾																							
河南																							
湖北								1						1									
湖南																							
广东																		1					1
广西																							
四川																							
贵州																							
云南																							
西藏																							
合计	2	4	1	2	3	3	2	3	3	1	2	2		28	1	1	2	1	1	3	1	1	11
					28													11					

续表

地区	明														小计	南明			小计
	洪武	永乐	宣德	正统	景泰	天顺	成化	弘治	正德	嘉靖	隆庆	万历	泰昌	天启	崇祯	(不明)		弘光	隆武	永历	
北京		1								2	1	3					7				
上海								1	5	2		4			3		15				
天津										1							1				
河北				1			4	5	28	4		35		2	9		88				
山西						1	2	4	12	2		27		3	1		52				
内蒙古 *																					
辽宁										2		1					3				
吉林																					
黑龙江																					
陕西						1		1	8	17	4	16		1	3		51				
甘肃										6		8					14				
宁夏								1		2		3					6				
青海																					
新疆																					
山东							1	2	19	1		36	1	2	6		68				
江苏	2			1			1	9	7	23	8	34		1	14		100	1			1
浙江		1		1		1	5	8	5	32	3	37		6	16		115				
安徽		1		1		1	5	4	26	1		29	1	3	1		74				
江西							1	6	27	2		11		1	2		50				
福建		1		1	1		8	4	27			32			7		81		1		1
台湾																					
河南			1	1			2	4	6	49	1	30		2	2		98				
湖北				1		1	1	2	4	18		10					37				
湖南	2							3		10	3	11			1		30				
广东							1	1	2	20	1	16		1	8		50				
广西			1							4		3			2		10				
四川	1						1		3	8		8		1		1	23				
贵州		1						1		3		2					7				
云南				1				1	2	2	2			1			9	1			1
西藏																					
合计	5	6	1	7	2	4	14	51	66	340	33	358	2	24	75	1	989	1	1	1	3
	989																	3			

续表

| 地区 | 清 ||||||||| 小计 | 民国 | 历代合计 |
	顺治	康熙	雍正	乾隆	嘉庆	道光	咸丰	同治	光绪	宣统			
北京		15	3	5		1	1		8		33	14	55
上海		9	3	17	16	2	3	4	29	6	89	32	137
天津		6		5		1		2	4	1	19	6	26
河北	13	131	16	72	10	14	9	27	76	5	373	106	567
山西	18	83	25	78	7	14	4	9	91	3	332	45	429
内蒙古*				1			2	2	11		16	39	55
辽宁		12	1	4			3	1	30	18	69	58	130
吉林						1			24	8	33	59	92
黑龙江		3			1				5	2	11	51	62
陕西	21	50	18	67	20	25	6	2	70	10	289	68	411
甘肃	6	30	1	38	6	13	1	1	27	7	130	52	197
宁夏		2		4	2	4			6	1	19	7	32
青海	1	1		2					3	1	8	30	38
新疆				27	6	5	2		42	12	94	16	111
山东	14	120	6	62	15	36	7	7	100	21	388	82	539
江苏	13	62	11	56	32	47	12	16	65	23	337	108	557
浙江	11	111	14	62	31	34	8	22	68	12	373	90	602
安徽	24	69	11	48	24	30		16	34	3	259	45	379
江西	7	107	5	86	12	75	5	86	21		404	25	479
福建	3	56	3	50	9	21	2	6	18	1	169	62	315
台湾		7		8	3	7	1	1	15		42	6	48
河南	60	108	7	103	20	19	3	13	32	5	370	82	551
湖北	7	73	3	44	14	14	7	55	49	5	271	27	336
湖南	3	87	9	59	49	17		51	49	4	328	44	402
广东	3	117	14	57	24	37	5	13	53	10	333	63	447
广西		23	8	30	11	24		4	32	2	134	76	220
四川		47	8	107	71	52	13	47	108	28	481	169	673
贵州		11	1	17	4	17	5	2	19	1	77	57	141
云南		57	14	39	11	27	4		41	10	203	80	293
西藏				1	6	1		4	3	2	17	30	47
合计	204	1397	182	1154	399	541	103	387	1133	201	5701	1629	8371
	5701											1629	

*呼伦贝尔市今属内蒙古自治区管辖，故在内蒙古自治区内统计，不在黑龙江省统计。

统计说明：（1）书名有年号的，按年号统计；（2）书名无年号但有编修年号说明的，按编修年号统计；（3）书名无年号，也无编修年号说明，但有最早刻印本年号的，按最早刻印本的年号统计；（4）书名无年号，无编修年号说明，也无最早刻印本年号，但有"注：记事至 X 年号 XX 年"的，按"记事至 X 年号"的年号统计；（5）有一书前后续纂的，按第一次修纂的年号统计；（6）凡为某本书的节略本、辑本，原则上按原书的年号统计；（7）无任何年号表示，但注有"X 朝初"修纂的，按该朝代的第一年号统计。注有"X 朝末"修纂的，按该朝代的最后一个年号统计；（8）有朝代名括注，但没有任何年号表示，又无法考证的，清代以前归入历代"（不明）"一栏，清代按"宣统"年号统计；（9）没有任何朝代、年号表示的，按"民国"统计；（10）以上九条统计规则，原则上后者服从前者。

制表、统计：阙维民
1985 年 12 月 22 日

第二节　民国时期方志评述

民国三十多年中，在新的情况下，也编出一些得到人们称许的佳志，如黄炎培的《川沙县志》、张相文的《泗阳县志》、缪荃孙的《江阴县志》等。

一、黄炎培的《川沙县志》

黄炎培（1878—1965），字任之，川沙（今上海川沙）人。清末举人。同盟会会员，辛亥革命后，任江苏省教育司司长、江苏省议会议员。新中国成立后先后任过政务院副总理、全国人民代表大会常务委员会副委员长、政协全国委员会副主席等职。据《川沙县志·导言》记载，民国四年（1915）黄炎培"游美初归，被聘主纂"，"至二十四年十二月，甫告脱稿"。全书共 24 卷：

卷首：目次、序文、职名、例言、导言、图。卷一：大事年表。卷二：舆地志。卷三：户口志。卷四：物产志。卷五：实业志。卷六：工程志。卷七：交通志。卷八：财赋志。卷九：教育志。卷十：卫生志。卷十一：慈善志。卷十二：祠祀志。卷十三：宗教志。卷十四：方俗志。卷十五：艺文志。卷十六：人物志。卷十七：职官志。卷十八：

选举志。卷十九：议会志。卷二十：司法志。卷二十一：警务志。卷二十二：兵防志。卷二十三：故实志。卷二十四：叙录。

若只从目录上看，仅能看出此志的记载已经充分反映了新时代的内容，体现了近代社会的某些特点，但关于它的体例结构，还未能展现出来。如他提倡方志要大量用表，但在目录中并未得到反映，而仅在卷一有《大事年表》，实际上差不多每卷志都用表。此志未用凡例，而写了一篇《导言》，将修志的始末、修志的宗旨和该县简况作一概述。在《导言》标题下，作者小注曰："述本志纂修经过与微旨，本县大势与略史。"

黄炎培主张修志必须用大事表，并且这个大事表要与全国重大事件挂起钩来。因为在交通条件发达的情况下，全国发生的重大事情，对各地一般都会产生不同程度的影响。此说确有一定道理，但必须注意掌握分寸，否则一县之大事记则记不胜记了。

这部方志具有这样几个特点：

第一，所记内容，在一定程度上反映了近代社会的时代精神，摆脱了封建时代一些陈旧的门类，增加了如《实业志》、《工程志》、《卫生志》、《慈善志》、《议会志》、《警务志》等新的名称或新的门类。这样一来，就具有了近代社会的时代气息，当然记载的内容也有了变化，更多地注意到人民的生活方面的东西。如《实业志》中就分农业、商业、工业、电气事业、渔业、林业、盐务等子目。在农业子目里，又分农场、农具表、肥料表、种植管理收获方法、预防病虫害法表、省令预防蝗螟、耕获状况等类。这与旧志相比，显然是有很大变化。因为我国自古以农立国，所以《实业志》中将农业放于首位也是可以理解的。

第二，重视表的作用。黄炎培在《导言》中就批评了当时修志不重视用表的弊病，并且强调每部方志必须立大事表，与国内外有关大事互相联系起来，以便了解一县、一省发生某件大事时与国内外之形势有否影响，这都是从现代社会角度出发的。在《川沙县志》中，凡是能够以表来表达者一律都用了表，如《舆地志》中，就有《政区名沿革表》、《行政区划表》、《各乡区镇集表》、《诸水表》四种；《户口志》则有《清宣统二年川沙户口统计表》、《民国十五年川沙户口统计表》、《民国十七年川沙户口统计表》、《民国二十四年川沙户口统计表》。特别是后两表中，所分类别十分详细，有户、口、现住、他住、壮丁、废残、本籍、客籍、识字、不识字、有职业、无职业。每类又分列男、女。再如《实业志》中，有《农会联名表》、《川沙农场历年收支盈亏表》、《川沙县立农场历年经常费收支对照表》、《农具一览表》、《肥料一览表》、《农家种植管理收获方法一览表》、《农家预防病虫害方法一览表》、《川沙农民耕获状况一览表》、《商会职名表》、《典业一览表》、《出品得奖一览表》、《布业一览表》、《毛巾厂调查表》、《花边业调查表》、《渔具一览表》、《民国十五年后逐年官盐销额表》，共计16种。一个专业门类中就用了这么多表，在当时各地所修县志中是不多见的，特别是有许多表格，要经过实地调查方能制作出。如《川沙农民耕获状况一览表》，分乡别、户名、总亩数、己田、分种田、租田、副业、一年净得数八项，这些内容自然都要经过实地调查。又如《毛巾厂调查表》，分厂名、地址、经理人姓名、商标、开办年月、注册年月、织机数、织工数、种类、每年产额十项；《花边业调查表》分地名、厂名、组织及开始期、经理人姓名、女工人数、出品、全年出品价额、工资额、备注九项。这些内容不仅对研究历史有重要价值，而且也可以为社会学的研究提供非常丰富的资料和数据。

第三，每志之前，均冠以"概述"一篇。这一做法虽不是其所独创，民国方志却很少这样做。《导言》中说："本书各志，皆先以概述。有类实斋所为序例，而实则不同。盖重在简略说明本志内容之大要，而不尽阐明义例也。将使手此书者，读概述后，进而浏览全文，其繁者可以用志不纷，其简者亦将推阐焉而有得，或竟不及读全文而大致了了，此亦余所期期以为不可无者。"这种"概述"，实际上就是宋代以来有些方志各志所作的小序，当然，这种序的用途并不相同，有的是用来"说明本志内容之大要"，有的则在于"阐明义例"。我以为这种概述或小序很有必要，即使在今天编修新志中，仍可普遍采用。

第四，在编写中采用互见法。这是司马迁《史记》中常用的一种方法。采用这种方法既可以节省篇幅，又可使全书保持完整性。它可以用于书写人物，也可以用于记事。该志在《舆地志》中，记载"川沙农田面积，分列总额如下"（详见《财赋志》），这里只将"漕田"、"盐田"、"沙田"三项总额列出，若要再知道具体分布，则可查阅《财赋志》。到了近代，许多志的交又情况很多，已在这个志中写了，而在其他志中又要涉及，在这种情况下，就只有用互见法，才能避免重复，做到简而有要。

至于反映地方性的特色也极为鲜明，这里就不再论述了。总之，这部县志确实具有不少特点，所以一直被视为民国时期所修方志中之佳志。

二、余绍宋的《龙游县志》

余绍宋（1883—1949），字越园，浙江龙游县人。光绪三十三年（1907），与马叙伦同赴日本留学，宣统元年（1909）回国。曾任北京法政大学教授、北京美术学校校长。民国十年（1921）以后，便从事于《龙游县志》的编纂。梁启超序中说："虽任国立法政大学教授，校课繁忙，犹矻矻述作，以四年之功，成其县志四十二卷。"民国三十一年（1942），又任浙江省史料征集委员会主任委员。次年，史料征集委员会改组为通志馆，余氏又任馆长，直至民国三十八年（1949）3月停办。可见其一生中，修过县志，也修过省志，积累了一定的经验，也提出了自己对修志的理论主张。

《龙游县志》共42卷，分正志23卷，附志17卷，卷首、卷末各1卷。为了便于和《川沙县志》作比较，现将目录附载于下：

　　前录
　　　叙例
　　正志
　　　通纪
　　　地理考：沿革、疆里、山川、风俗。
　　　氏族考
　　　建置考：城池、廨舍、学校、邮传、津梁、祠祀。
　　　食货考：户口、田赋、水利、仓储、物产。
　　　艺文考
　　　都图表
　　　职官表：宦绩略。
　　　选举表

　　　　人物传：阙访、别录。
　　　　列女传：节妇略、烈女略、别录。
　　附志
　　　　丛载：古迹、寺观、轶闻、志异。
　　　　掌故
　　　　文征
　　后录
　　　　前志源流及修志始末

　　对于这部县志，梁启超推崇备至，几乎达到无以复加的地步。在所撰之序言中，将余氏与实斋相提并论。在梁启超看来，越园学实斋，已经远远超过实斋。当今治方志者，唯独余氏越园足以称道，而其所撰之《龙游县志》，亦是古今无与比美的佳志。洪焕椿在《浙江方志考》中亦说："辛亥革命以后，浙江新纂地方志中，本志为不可多得之佳构。"

　　可是，傅振伦先生对该志的评价完全相反。傅先生在《中国方志学通论》中说："今观《龙游志》全书，知梁氏之言，实属妄誉溢美之词，不仅不能贯彻自定体例"，而且具有无法辩驳的六大缺点，根本谈不上是佳志。"此志仅可说是一邑文献的私家杂记，既未实地调查，不合现实，谈不上有裨实用的地方志书，虽经梁启超荒谬宣传，并不能抬高其学术价值。"

　　对这两种相反的意见，究竟应当如何看？梁启超对此志确实吹捧太高。首先，从体例上来看，他基本采用了章学诚方志分立三书的做法，至于分正志、附志，只不过形式而已，并无实质上的区别。而梁启超说章学诚将掌故、文征与"正志并列为三书，未免跻附庸于宗国"的说法，实在是对章氏学说最大的曲解。关于章氏三书之说，笔者在有关章学诚的方志学论著中已作了明确的论述，上一章中也已有论及。在这个问题上，余氏仅袭章氏旧说，并无任何独创。其次，只要看了该志的目录便可清楚，从体例到内容，丝毫没有新时代气息，这是最为重要的。在推翻封建帝制、建立民国以后，余氏仍旧用封建时代的名教思想为指导，采用了封建时代的一套修志方法，因而将"节妇"、"烈女"等目原封不动地列上，并且在《叙例》中还振振有词地说："贞烈一事，今世颇多非议，然二千年来律令所重,公论所崇。其苦行绝诣,亦多出于自然,非尽由于强致,洵足以发挥性情,维持世教,不可诬也。兹编凡有事实可稽者,必为立传。"这与封建时代所修方志并无两样。方志是最富有时代性的一种著作,每个时代所修之方志,必然要反映那个时代的社会精神面貌。它与《川沙县志》相比大为逊色。这是该志的最大弱点。再如傅先生所指出的,《叙例》中公然声称:"畲民本属异族,不必入志。"更与时代格格不入。两千多年前的司马迁写《史记》时尚且不单写了汉族历史,也写了少数民族的历史,特地列了《匈奴列传》、《南越列传》、《西南夷列传》等。余氏生当民国时期,竟不如封建时代的历史学家。再者,余氏身居京师,编纂《龙游县志》,不搞实地调查,该写的不写,该绘的不绘,仅在《叙例》中写上"宁从盖缺"、"只得缺如"。作为一部县志,竟连一幅疆域形势图也不绘制,如何能称得上是佳志?《川沙县志》卷首绘有各类图19幅之多,还"另有摄影,分列入卷",这是近代人编纂方志,利用最新的近代技术来反映近代的社会面貌。这种方法才是值得借鉴的。

三、张相文的《泗阳县志》

张相文(1867—1933),字蔚西,江苏泗阳人。光绪二十五年(1899)应聘上海南洋公学任教,两年后,编著出版了《初等地理教科书》和《中等本国地理教科书》,这是当时我国第一批地理教科书。在此期间结识了章太炎、蔡元培等人。光绪三十二年(1906),在淮阴创办江北师范学堂,次年至天津任北洋女子高等学堂教务长。光绪三十四年(1908),编著的《地理学》出版,这是我国第一部自然地理专著。宣统元年(1909),与白雅雨、陶懋立、韩怀礼等人发起组织了我国第一个地理学学术团体——中国地理学会,并被推选为会长,编辑出版了《地学杂志》。学会还曾吸收了著名学者章太炎、陈垣、蔡元培、章鸿钊、姚明辉、翁文灏等人为会员。民国元年(1912),他当选为国会议员。此后曾去西北进行地理考察,写出多篇有很高学术价值的论文。民国十五年(1926),由他总纂的《泗阳县志》出版。后又应聘撰写《江苏通志》的水利、宗教二门。他是我国著名的地理学家。

《泗阳县志》在民国时期所修志书中较为出色,具体表现在以下几个方面。首先，志书内容丰富、资料翔实、体例完备、门类齐全，这在当时众多志书中确实是不多见的。资料搜集非常细致广泛，上至省里有关内容，下至家谱、私人著述、笔记，无不广搜博采。体例方面，虽然自云"图、表、志、传四纲"，实际上该志还有"大事表"，也就是我们今天的"大事记"，只不过将其放入表一类而已。因此是五体俱全。所谓门类齐全，从当时社会来说，应当记载的全都记了。

其次，这部志书的编写能够体现出民国时期的社会特点，反映出民国时期的精神面貌和社会风气，这是很重要的。如果一部志书不能反映当时社会精神面貌，起码说明它对这个社会新产生的事物与现象都没有很好地记载，像这样的志书就很难说是写得成功的，更不要说是"名志"、"佳志"了。而民国《泗阳县志》的编写，则能根据社会发展的变化，在篇目设置中增加了许多新的内容。如经政、教育、实业、交通等志，正如该志《叙例》所言："经政、教育、实业、交通，旧志所无。民国宪法，以县为地方自治之初地……与前代政体不同。昔之政令，萃于县官一人，其事简；今则立法、司法、行政各有职守，其事繁。"因而在《经政志》下，分设县行政、市乡行政、县议会参事会、市乡议会、户籍、选举、地方款产处、司法、警察、警备（附保卫团）等节目，这些都是民国时期所产生的新事物，编修方志，理所当然应及时反映。又如《实业志》，下设物产、实业局、县农会、农场、商业、商会等节目，除"物产"以外，其余都是民国时期出现的。这就是说，新的时代必然产生许多新的事物，因而编修方志就必须增加许多新的内容。民国《泗阳县志》正是这样做的，所以这部志书就会使人感到民国时期的时代气息。

第三，该志作者很重视国计民生之大事，关心民众之疾苦，因而《田赋志》分上、中、下三篇，而《河渠志》亦分为上、中、下三篇，都成为该志重点篇目。对于民国时期苛捐杂税之重，作者们在书中表示了极大的愤慨，在《叙例》中就这样说："民国以来，征法易'两'为'元'，益以省附税、地方附税，其数将五倍于前，而以银合钱，且至七八倍。地不加辟，民不加众，何以堪此殊求！至于杂税，旧志缺载，以意逆之，必无今日之烦苛。"为此，他们在《田赋总叙》中告诫当权者剥削要有限度，要让老百姓能够生存下去，"田赋为国家之命脉，人民之脂膏。脂膏必留其有余，命脉乃延于无尽。以轻徭薄赋而致物阜民康，国运无不绵长；以苛敛横征而致民穷财尽，国祚无不颠覆"。这是数千年来历史发展规律的总结，也是千真万确的真理，所以作者所作的结论是："盖取民之有无限制，统关乎治乱兴亡，千古固如出一辙也。"

《河渠志》是这部志书的重中之重，不仅因为它在这部志书中篇幅最大，而且它的学术价值也是全志之冠。因为它所记载的几大河流湖泊，不单是泗阳境内的重要水系，而且在全国影响更大，特别是黄河、运河、洪泽湖和泗水。前三者的影响如今是尽人皆知，唯独泗水，因为黄河夺道而使其名实皆亡。尽管泗阳是因此水而得名，但知道的人已经不多了。历史告诉我们，在宋代，泗水还是人们游览的胜地，大思想家朱熹的《春日》一诗就是很好的见证："胜日寻芳泗水滨，无边光景一时新。等闲识得东风面，万紫千红总是春。"可见每当春暖花开的时节，泗水之滨总是万紫千红。这些名湖、名河由于都与泗阳有关，因此志书中都作了详尽的记载，诸如黄河的历次决口、泛滥、改道等都作了记载，特别是夺泗水之道而进入泗阳境内。泗水尽管在泗阳境内早已消失，仍是作为首条河流加以记载。对于洪泽湖之形成及名称之由来也作了记述，所以作者在记述这些河流湖泊时，都并不限于泗阳境内，它的学术价值远远超出县境之外，在研究中国水利发展史时，都具有不可忽视的重要价值。为了让人们更好地了解全县水网分布情况，还特地绘制了《洪泽湖全图》、《淮北水道图》、《运北水道图》、《运南水道图》，以弥补文字难以表述的诸多缺陷。

第四，这部志书所设之《乡镇志》、《氏族志》，都具有独创精神，可谓前无古人。特别是《乡镇志》之设，"事无先例，然近代重视工商，地方物产，增、耗、集、散，皆于乡镇觇之。古略今详，固其宜也"[①]。这可以视作该志设立的指导思想。的确如此，一个县的经济发展，首先要看这些乡镇。地方土特产的集中收购，自然要靠这些乡镇；而外地进入之商品，同样又得靠这些乡镇销往农村。因此，要了解一个县的经济繁荣与否，视野确实首先要投向这些乡镇，我们可以这样说，这些乡镇可以看作是一个县的经济

---

① 《泗阳县志·叙例》，《中国地方志集成》，凤凰出版社2008年版。

发展晴雨表。可见设立该志是很有见地的。《氏族志》也是独创，因为中华民族向来有同族聚居的风俗习惯，这一社会现象可以说自西汉以来一直延续至今，从《乡镇志》所列集市之名称大多以姓立名，就足以说明这点。既然有此情况，方志编修就应当加以反映。此志的编修，对于研究人口学、社会学、民俗学、教育学等都有着重要的价值。

第五，这部志书的编写，采用了互见法。这种方法既可以节省篇幅，又可使全部志书保持完整，限于篇幅，这里就不作具体论述。

当然，我谈了五点特色，并不是说它的价值就在这五个方面。总之，这部志书内容之丰富、学术品位之高，在民国时期所修县志之中，可谓是佼佼者。但不知为何，许多方志论者在论述民国时期方志编修时，对此竟是只字不提。

我们也认为这部志书并不是十全十美的，中间还存在许多错误和缺陷。特别是不设《艺文志》，虽然《叙例》中作了说明，但其理由却很难成立，说明作者似乎尚不解方志设立艺文志的意图。方志艺文志的设立，在于保存一方之文献，更显示这个地方人民对祖国文化发展所作的贡献。此志不设，这一地方人物著述便湮没无闻，查找就很不方便，这当然是个大的缺陷。至于其他问题，我在《重印民国〈泗阳县志〉序》[①]中都已作了论述。总之，评论一部方志，不能离开时代的特点，既要看它体例是否完善，又要看它内容是否翔实，能否反映时代精神。《川沙县志》、《泗阳县志》都在因袭之中又有创新，从篇目到内容，在一定程度上反映了中国近代社会的某些特点，体现出中国近代社会的时代精神。《龙游县志》最缺少的正是这点。

第三节　民国时期的方志学研究概述

方志编纂的发展，到了清代已经形成了一门学问——方志学。到了民国时期，有许多学者专门从事方志学的研究，从起源、性质到体例和编纂方法，各方面都展开了研究和讨论，并且写出了许多专门著作，梁启超在《中

[①] 参见《江苏地方志》2000年第3期。收入《仓修良探方志》。

国近三百年学术史》中专列《方志学》一节,对清代方志学进行了论述。此外,有李泰棻的《方志学》、黎锦熙的《方志今议》、甘鹏云的《方志商》、王葆心的《方志学发微》、瞿宣颖的《志例丛话》和傅振伦的《中国方志学通论》等著作,对于方志的源流探索和方志的编纂等理论方面,都从不同角度作出了不同程度的贡献。

一、梁启超的方志理论

梁启超(1873—1929),字卓如,号任公,又号饮冰室主人,广东新会人。清光绪二十一年(1895)五月一日,协助康有为联合在京参加会试的举人发动了"公车上书",创办《中外纪闻》,组织强学会。在《中外纪闻》被迫停刊后,又任《时务报》主笔,鼓吹维新变法。在此期间,还曾任时务学堂总教习。变法失败后流亡日本,创办《清议报》。后又创办《新民丛报》。辛亥革命后,先后出任过袁世凯政府的司法总长和段祺瑞政府的财政总长。民国七年(1918)12月到民国九年(1920)初,赴欧洲进行了一次考察。回国以后,他做了清华研究院的教授,又兼南开等大学的教授,还曾兼任过北京图书馆的馆长,以学者的生涯度完了自己最后的十年。他的著作十分繁富,关于历史方面的就有《中国史叙论》、《新史学》、《中国历史研究法》、《清代学术概论》、《中国近三百年学术史》等,大多收入《饮冰室合集》。

梁启超是中国近现代史上一位极为重要的学者,在中国资产阶级史学界具有"万流归宗"的崇高地位,是中国资产阶级史学理论的奠基人。他的许多著作,直至今日,人们读了仍有启发性。他也是资产阶级方志理论的开创人,对于方志的性质、方志的编纂都有系统的阐述,对于前人编纂的方志也有不少评论。关于方志的性质,他认为方志即地方史,在民国十四年(1925)11月18日为余绍宋编撰的《龙游县志》所作的序中就详细表达了这一观点。他认为,"有良方志,然后有良史"。而对方志的作用评价如此高,也是前无古人。他在民国十六年(1927)编写的《中国历史研究法补编》第三章中又进一步发挥了这一观点。他说:"地方的专史,就是方志的变相。最古的方志,要算《华阳国志》了。以后方志愈演愈多,省有省志,县有县志。近代大史学家章实斋把方志看得极重,他的著作,研究正史的与研究方志的各得其半。方志，从前人不认为史，自经章氏提倡后，地位才逐渐增高。"而在《中国近三百年学术史》中说得就更加明确了，他说："最古之史，实为方志，如孟子所称'晋《乘》、楚《梼杌》、鲁《春秋》'。墨子所称'周之《春秋》、宋之《春秋》、燕之《春秋》'。庄子所称'百二十国宝书'，比附今著，则一府州县志而已。"①可以说，对于方志的性质，他已全盘接受章学诚的观点了。当然，他又从现代观点出发，对其作用作了进一步的发挥。

如何撰好方志，他认为必须公私结合，由政府出钱，聘请专家编纂，并且要让他们真正做到有职有权，才能充分发挥其聪明才智。梁氏从清代修志中总结出三条经验，十分重要，即使在今天，仍有重要的参考价值，特别是身居修志领导地位的人，对于所请专家既要"隆其以礼"，又要"专其委任"。修志是一项十分艰巨的工作，所以梁启超感叹地说："夫方志之著述，非如哲学家、文学家可以闭户瞑目其理想而遂有创获也，其最主要之工作在调查事实，搜集资料，斯固非一手一足之烈，而且非借助于有司或其他团体，则往往不能如意，故学者欲独立任之，其事甚难。而一谋于众，则情实纠纷，牵制百出，此则所以虽区区一隅之志乘，而踌躇满志者且不一二睹也。"梁氏所说，确是实情。至于用何种体例编纂方志，他认为章学诚提出方志分立三书最为可行。

对于清代撰修之方志，梁启超在《中国近三百年学术史·清代学者整理旧学之总成绩（三）》中既有总的评价，又有分别论述。尽管他认为旧的方志十之八九"不足以语于著作之林"，但是它们的史料价值仍不可忽视。"以吾侪今日治史者之所需要言之，则此二三千种十余万卷之方志，其间可宝之资料乃无尽藏，良著固可宝，即极恶俗者亦未宜厌弃。何则？以我国幅员之广，各地方之社会组织、礼俗习惯、生民利病，樊然淆杂，各不相侔者甚夥，而畴昔史家所记述，专注重一姓兴亡及所谓中央政府之囫囵画一的施设，其不足以传过去现在社会之真相，明矣。又正以史文简略之故，而吾侪所渴需之资料乃摧剥而无复遗，犹幸有芜杂不整之方志，保存所谓'良史'者所吐弃之原料于粪秽中，供吾侪披沙拣金之凭借，而各地方分化发展之迹

---

① 《梁启超论清学史二种》，第439—440页。

及其比较，明眼人遂可以从此中窥见消息，斯则方志之所以可贵也。"① 从上面所述可以看出，梁启超对方志理论方面的论述是相当全面的。可以这样讲，梁启超不仅是中国资产阶级史学理论的奠基人，而且也是资产阶级方志理论的开创者。

二、李泰棻的《方志学》

李泰棻的《方志学》一书，是民国时期所出版的这类著作中篇幅最大、论述最系统的一部方志学专著。从作者自序来看，该书之作，颇有与刘知幾因"美志不遂"，"故退而私撰《史通》，以见其志"的情形相似。李泰棻尽管遭受了种种挫折，但是在《方志学》成书的次年，即民国二十四年（1935）仍编纂一部18卷的《阳原县志》，可见有志者事竟成也。

李氏的《方志学》一书，按照他自己话来讲，全书"十四章，前论方志之性质，次论旧志之偏枯，中述余之方志主张，末陈余之编志方法"②。

关于方志的性质，他说志即史，"在中央者，谓之史，在地方者谓之志，故志即史，如某省志，即某省史，而某县志，亦即某县史也。欲知方志之定义，须先知史之定义"③。根据这样的指导思想，他在第六章里提出方志的编修应当增加三大内容："应增记录以前之史实"，"应增社会经济之资料"，"应增贪劣官绅之事实"。尤其是后两点，在当时来说，还是很有见识的。他说："往者省县各志，内容所收者，人事方面，大约不外官吏政绩，绅士行为，寡妇贞操，以及地方学者之著述，或吟咏。读之仅知极少一部史实，社会经济若何，毫不顾及。若在现代修志，仍如已往故调，则以不修为愈……社会经济，在今日应为全志骨干……至少亦须将现代社会经济，全部编入。"又说："方志者，一方之史。"自《春秋》以来，二十四史，名臣、恶臣各皆有传。可是自有方志以来，对曾官其土者，仅记善政，而贪官污吏则不问；对本地人物，亦皆表"贤良学艺贞烈之辈"，而劣绅土豪亦不载。"一方

---

① 《梁启超论清学史二种》，第441页。
② 李泰棻：《方志学·自序》，商务印书馆1935年版。
③ 李泰棻：《方志学》第一章第一节《方志之定义》。

之志，既为一方之史，而乃人事偏狭，有善无恶，云乎可尽厥职？故今后作志，无论其为官为绅，凡与兹土民生民智，有关之善恶事实，一律同载，方合史例。"我们姑且不论其出发点是否妥当，但作为一部方志，增加上述两方面内容，即在今天来看，也是非常需要的。

他在书中还提出，由于社会的发展，科学的发达，人类社会生活更为丰富，因此，若要修好当代的方志，还必须具备一定的辅助学科知识，诸如地理学、人类学、社会学、年代学、考古学、古文学、古泉学、言语学、系谱学、心理学、经济学、法政学等。此外，还有商学、农学、动物学、植物学、矿物学等。对于这些学科，"必须完备，始能以科学名辞，解释产物，更以科学方法，分析载明"[①]。这就说明，他不仅要求方志的编修应当增加内容，而且应当采用科学方法来编修方志，不能再按从前老一套做法。诸如此类看法，在方志理论上无疑是具有进步意义的。

总之，李泰棻在方志理论上提出了不少可贵的意见，但由于他把方志与史等同起来，因此，他实际上完全是用写史的要求和方法来编写方志，就难免会出现概念混乱、界限不清的情况。因为他毕竟是位历史学家，还曾撰著了《中国史纲》一书。

三、王葆心的《方志学发微》

王葆心（1868—1944），字季芗，别字晦堂，晚号青垞，湖北罗田县人。肄业于两湖书院。曾任罗田义川书院、郢中博通书院、汉阳晴川书院院长，两湖优级师范学堂教习。清光绪二十九年（1903）乡试举人。受荐入京，任礼部图书馆总纂、学部主事等职。民国期间，历任湖北革命实录馆总纂、湖北国学图书馆馆长、湖北通志馆筹备处主任、湖北通志馆总纂和武汉大学教授等职。抗日战争期间回乡后，又任罗田县志馆馆长。一生从事于经史文学和地方文献的整理工作，著作繁富，约有170种，如《古文辞通义》、《经学变迁史》、《宋季淮西六寨纪事》、《明季江淮七十二年寨纪事》、《天完志略》、《续汉口丛谈》、《再续汉口丛谈》和《方志学发微》等。而《方志学

---

① 李泰棻：《方志学》第五章《修志之辅助学识》。

发微》乃是其一生中研究方志学的结晶，据湖北省地方志编纂委员会办公室刊印该书的《出版说明》，此书的编撰，"着手于一九二二年间，定稿成书于一九三六年冬"。"全书约近五十万言，二十四卷，共分七篇。一为取材篇，二为纂校篇，前主后附，合为卷一，选取清代名家修志的章程和议论，也即是关于取材与编纂两者的设计方案、具体方法和步骤，并按其主次和相互的关系分为专论、兼论，逐一附说于后……三、导源篇：分从地理专门、史学、经学、文字、杂家各方面考察方志的远近渊源、流变系统，说明在体例上经过长期积累、逐步演变、汇百川以成方志巨观的由来。四、派别篇：根据宋、元、明、清修志的历史变迁，以次说明明、清以来旧派修志的体例，雍乾以来新派修志体例，新旧两派以外各就所长而自成一家的派别的修志体例……五、反变篇：列举修志主改变的前说、前例，并对新旧两派改变前志的作法，作了具体的比较。六、赓续篇：列举修志主赓续不主更张的前说和陈规，对旧派续旧派、新派赓新派在续修方法的种种不同，分别举例说明。七、义例篇：主要选取时代较近的新派中有所创新的义例和有关议论，兼采旧派和别派中部分可取的体式，加以系统的评述。对例以义起，方志义例与史法、史识的关系，既有所阐明，对方志义例怎样随时代以俱进、精益求精的途径和归趋，也有所提示。在部分篇章中，还随文列表用以说明流变。"

笔者将《出版说明》的有关部分摘引于此，以便读者了解全书之梗概。仅据《取材篇》、《纂校篇》和《导源篇》来看，确实做到了议论中肯、言而有据、不尚空论，可以给人以很大启发作用。如《取材篇》，他是先引他人之序论，进行分析，后将自己观点摆出。关于方志的取材，范围应广，古今兼收，而尤重当代，他先引管世铭、卢文弨两人之言，然后自己再予以发挥："管氏谓'人情贵古而贱今，独于撰郡邑志则相反'，其说与卢抱经（文弨）之言合。卢氏谓：'近代所修志，皆详于今而略于古，欲知古者，于旧志曷可少哉？'吾谓卢氏此言，更可补管说所未备。管氏言考古，但言取材于方志以外之群籍，卢氏则主专搜求本地之古志。"又说："管氏之言取材，专于方志外开凿鸿蒙。虽于方志取材之道，只言其一端，然亦见自乾嘉以来，方志之新机日辟，渐化方隅之陋，而趋于博赡之观，其旨无非以详备一方之文献而已。于是取材之事，自管氏所主求诸志外一说外，百余年来，诸家弁方志之文字，犹可推寻此类之绪言。"在《导源篇》中，对方志源流的论述，我觉得比以往盛行的几种说法更近情理，更切合于方志这种著作产生的实际，尽管有一些提法尚待商榷，但总体符合方志产生和发展的实际。因此，在当时来说，与诸家相比，这个观点应当说是有创见的。遗憾的是，这未能引起人们应有的重视。

四、黎锦熙的《方志今议》

黎锦熙（1889—1978），字劭西，湖南湘潭人。一生主要致力于语言学的研究和教育事业，主要著作有《新著国语文法》、《比较文法》、《国语运动史纲》、《国语新文字论》，并主编过《汉语辞典》等辞书。《方志今议》乃是他在西北联合大学任教期间为倡修《城固县志》所拟定的《城固县志续修工作方案》。他既不像李泰棻那样系统地进行著述，又不像王葆心那样深入地研究与探索，除了简单的几条原则外，便是为县志拟目。当然，他自己在序中讲："因为内容实是泛陈现代新修方志之要旨及其方法，但就城固一带举出实例，其用不限于一邑，故标题曰《方志今议》。"正因如此，所以他又说："盖本书乃史家所谓'论史法'之书，而非'史'也。"也就是说，他虽以城固一县为例，这个原则普遍都适用，只要因地制宜，适当变化。"今者全国一千九百余县，山川风土，文物经济，譬诸人面，各有特征，正宜量体裁衣，岂容削足适履？故预拟篇目，皆属假定，纂著之际，删并增析，一随当地材料多寡轻重之宜。"[1]

章学诚早年在《修志十议》中提出，修志要"乘二便，尽三长，去五难，除八忌，而立四体，以归四要"。黎氏则认为："今者时势不同，学术大进，其说虽可节取，宜先知所兴革，故敢增拟四端，树为原则：'明三术，立两标，广四用，破四障。'本此原则，再为拟目。"[2] 也就是说，他从当时兴革角度出发，提出了四条原则，第一条"明三术"，即"续"、"补"、"创"，续与补容易理解，创者即指事类新增或更易。第二条"立两标"，即指方志这种著作，"史地两性，兼而有之"，也就是所谓"地志之历史化"，"历史之

---

[1] 黎锦熙：《方志今议》十《总结全文》，第104页。
[2] 黎锦熙：《方志今议》六《结前原则》，第11页。

地志化"。第三条,"广四用",即"创四用":"科学资源"、"地方年鉴"、"教学材料"、"旅行指导"。这就是要充分发挥方志的作用。对于最后一点,可能会有疑义,故他特地申述:"在昔韩愈过岭,先借《韶州图经》,朱熹下车,便问《南康军志》。近世秉笔者多胶执章氏方志为史之说,过重文献,而忽视现情;迄于今日,交通频繁,客居欲悉其风土,方志竟毫无用处。或曰:方志而备斯用,不等于坊肆之旅行指南乎?曰:坊肆导游之书,品格甚卑,为其有营业气耳;资料难据,为其是急就章耳。方志而能导游,则《水经》郦注、《东京梦华》之流也,又何害焉?为此言者,狃于方志为书,乃一邑之高文典册,其实何至如此隆重?盖为体裁所拘,遂致功用不广矣。"第四条,"破四障",即"类不关文"、"文不拘体"、"叙事不立断限"、"出版不必全书"。总之,这四条原则,有的确实合乎情理,有的则未必切合实际,尤其是对章学诚的某些批驳,有待商榷。尽管如此,他毕竟用自己的修志理论,编纂了《同官县志》、《宜川县志》、《洛川县志》和《黄陵县志》。

五、甘鹏云的《方志商》

甘鹏云(1862—1941),字药樵,号冀父,晚号耐翁,又号潜庐老人,湖北潜江人。清光绪二十九年(1903)进士,后留学日本,毕业于日本政法大学。历任度支部主事,黑龙江、吉林财政监理官,杀虎关监督,吉林国税厅筹备处长,归绥垦务总办等职。一生博学敏思,工于书法,悉心文献整理。著有《崇雅堂书录》、《国学笔谈》、《湖北金石略》、《湖北先贤传》等 20 余种,并主编《湖北文征》250 卷。《方志商》一书乃是其多年参与和指导修志过程中所写的关于修志答问、义例商榷和书信等汇编。如在民国二十一年(1932),任湖北省通志馆筹备处副主任,时王葆心为主任,这年撰有《修志答问》一文,亦称《修志刍言》;民国二十三年(1934)10 月,湖北省通志馆正式成立,甘氏仍参与指导修志工作,这年撰有《湖北通志义例商榷书》。又三年,对《河北通志》编修提出意见,写了《河北通志义例书》。次年,便将上述三文与复其甥李晓垣关于修志问题的一封信,合编为《方志商》一书,自己写了序言,成为《甘氏家藏丛稿》之一。这虽不是系统的方志理论著作,但对修志问题中的一些重要之点,多有看法和主张。他在《自叙》中说:"专详文献,旧志所长也。""至于民事,更无一措意者,此旧志所短也。民国修方志,民事乌得不详?政事关系民生利病甚巨,又焉可略而不备?故予之所主张,一言以蔽之曰:'合文献、政治、社会为一书而已。'"这一点十分重要。他认为"民为邦本",因此,修志理应"专详民事",这在几篇文章中反复进行了论述。"修民国方志,即不能不注重民事。注重民事,则吾民之生计为最大问题,不能不详考也。例如农、工商业之状况,户口之息耗,四民失业之原因,工价、物价、田价之比较,生产之衰旺,人民之担负,土货输出与外货输入之确数,近数十年所受之兵祸、匪祸、水旱偏灾,均在所必详,此等材料,皆无书籍可考,无档案可查,此吾所谓尤难者也。欲储备此种材料,非采访员得人不可矣!"这里不仅叙述了方志在今日应详载之内容,而且明确指出,此等材料只有靠社会调查,因此采访人员必须选得其人。这个主张,显然就反映出民国时期修志理论的时代精神。他的方志理论,总的还是导源于章学诚之方志学说。如关于方志的性质,他说:"一省通志,即一省之历史也。一县志乘,即一县之历史也。历史因端而竟委,笔削变通而随时。治法虽有更张,记载必求详实,因革损益,据事直书,则若网在纲,有条不紊矣。"①性质既是历史,故所记内容、所用文字都要随时而有变通,并且必须做到据事直书。至于修志之分类,"大要可分四类,一曰图,二曰表,三曰考,四曰传。四类之中,再分细目"②。如何修好一部通志,他认为首要任务是先制订义例,"纂修通志,以规定义例为最要。义例不定,如裘无领,如网无纲,非法也"③。定了义例,如同有了法律,众人编修便有章可循、有法可依,可以做到步调一致、有条不紊。

综上所述,民国时期,许多学者对方志理论从不同角度进行了研究,写出了许多著作,作出了不同的贡献,使方志学的研究工作向前推进了一步。其中傅振伦先生的《中国方志学通论》更具有一定的特色,该书不仅论述了方志的源流和历史,评论了旧志的价值和具体志书的优劣高下,而且对新志

---

① 《方志商·修志答问》,《方志学两种》,岳麓书社1984年版。
② 参见《方志商·复李甥晓垣书》。
③ 参见《方志商·〈湖北通志〉义例商榷书》。

的编修也提出了自己的主张。因为傅先生是从事史学的研究工作，所以对许多方志理论的论述，联系了有关史学的发展；同时自己又参加过县志的编修工作，又有自己的经验体会，这都使他有可能在这部著作中系统而完整地论述方志学。由于此书各地多有翻印，加之近年来又不断有新的论著发表，故这里就不作专门评介了。

第九章
新中国的修志事业概述

由于国家领导人对修志工作都很重视,所以在新中国成立不久,全国编修新方志的工作就已经在各省得以普遍展开。当时将修志工作列入国家社会科学规划,还成立了全国地方志小组主持其事。可是正当各地纷纷开始编修志稿、渐入佳境的时候,"文革"开始了,正在蓬勃发展的修志工作被迫中断。直到20世纪70年代末、80年代初,全国才掀起波澜壮阔的修志高潮,除台湾地区以外,所有省、自治区、直辖市和地、市、县都先后建立了修志机构,这就有力地保证了修志工作的正常进行,使得第一轮修志能够顺利完成。

第一节 马鞍形的新中国修志事业的发展

一、20世纪五六十年代的方志编修

新中国成立之初的那次方志编修,是在毛泽东主席亲自关怀和倡导下开展起来的。国务院总理周恩来、国家副主席董必武等国家领导人也都对修志工作非常重视,他们的有关讲话就是很好的见证。1954年9月,第一届全国人民代表大会第一次会议期间,郭沫若、马寅初等著名学者和山东省代表建议"早早编修地方志"。1956年,国务院科学规划委员会在《十二年哲学社会科学规划方案》中提出编写地方志的任务,并将之列为该方案20个重点项目之一。计划在10年内,全国大部分市、县编出地方志。规划委员会下成立地方志小组,以加强对各地修志工作的指导。

1958年3月,中共中央工作会议在四川成都举行。3月14日,毛泽东

主席刚到成都，立即调《四川通志》、《华阳国志》、《蜀本纪》、《灌县志》等一批地方志书来阅读。会议期间，还选辑了其中部分内容印发给与会领导，提倡利用地方志，提高领导水平，并提出全国各地要编修地方志。4月29日，国务院总理周恩来在其邀集60岁以上全国政协委员举行的茶话会上讲道："现在当然首先要研究现实问题，反映新的情况，但对过去的东西也要研究，新的东西总是从旧的基础上发展起来的，过去编的府志、县志保留了许多有用的史料。"同年10月，国务院科学规划委员会地方志小组制定并向全国发出《关于新编地方志的几点意见》（以下简称《意见》）。《意见》指出："方志是我国一项独有的文化遗产，记载的范围很广，历代续有编修。"同时还指出志书记载内容的范围和断限，以及志书的种类分省、市、县、社四种。这是新中国成立以来关于地方志编修原则的第一个带纲领性的文件。值得注意的是，《意见》明确地提出"方志是我国一项独有的文化遗产"，是很有道理的，这一文化遗产已经具有两千年的悠久历史。令人不解的是，现在竟然有人毫无根据地说方志不是我国所独有的，对此笔者已在《前言》中详加论述。12月，中共北京市委决定编纂《北京志》，成立由邓拓、蒋南翔、胡锡奎、陈克寒、杨述、廖沫沙组成的领导小组，邓拓为组长。同年，周恩来总理向北京市委万里指示，要修好《北京志》。

　　1959年初夏，国家副主席董必武在湖北视察时，曾对接待人员说："各县要修县志。就现代史，尤其是近代史而论，旧的黄州府，今之黄冈地区，有许多活动是有地区特点的，很需要有全区性的记载……封建官僚集团中（以）相当的人力、物力，修了黄州府志，虽有许多时代局限性，但也保存了许多值得保存的东西。我考虑要修地方志，应增加以下内容：一是要写政治、经济、军事的统一行动，着重写人民群众是历史的主人这一点；一是要写方言志、风俗志和食品志，如红安的绿豆丸子，黄州的豆腐，麻城的肉糕，蕲春的油姜，浠水的鱼片，广济的酥糖，黄梅的蓑衣丸子、乌鱼片，罗田的板栗等；一是要写人物志、艺文志、科技志等。总之，地方志要写成这个地区的'百科全书'，成为中国历史的有机的组成部分，成为中华民族文化的一个'切片'、一个因子或元素。这样的地方志，历时愈久，则愈有价值。"他还指出，要修好一个地方志，先修简志，重点放在经济方面；要舍得工夫，舍得本钱（人力、财力）；要有专人负责，一抓到底；要调动各个部门、各种人才的积极性。

董老关于地方志的讲话，内容相当广泛，既讲了地方志的重要性，又讲了地方志编写的内容范围，同时还讲了要有专人负责，一抓到底，并且要调动各个部门、各种人才的积极性。这实际上是要求各级领导重视这项工作，因为修志涉及的面相当广，没有各级领导的重视和决心是办不到的。需要指出的是，董老在讲话中将地方志比作一个地区的百科全书，其意是要说明方志的内容非常丰富、非常广泛，不能因此就得出结论说董老认为地方志就是地方百科全书，这是很不慎重的。作为国家领导人，不可能对每一种科学都有深入研究，所有讲话未必都十分贴切，只能领会其精神实质。因此，不少地方领导在讲话中也常将地方志说成是地方百科全书，这是完全可以理解的。但是，方志学界不少同仁也喜欢把地方志说成是地方百科全书，我则认为不太妥当。因为地方志绝不是地方百科全书，两者无论从性质上、形式上还是编纂体例上都不相同，它们各自都有自己的特点。就性质而言，百科全书是包括一切学科领域和实际工作部门基本知识的工具书，类似辞书，供检索之用；而地方志则是记载某一地区历史、地理、社会风俗、经济、文化等方面的综合性、资料性的著作，关于它的作用，历史上早就形成了"存史、资治、教化"三大功能的说法，两者显然不同。从形式上看，百科全书按不同类别条文式撰写；地方志则分篇、章、节、目进行书写。再就体例来看，百科全书实际上就是辞书体，基本上以条目为主，辅以概述和大事记；而地方志则有自己的体裁——志书体，纪、志、传、表、图、录一应俱全，而以专业志为主体，前面还冠以序和概述。当然，两者编排顺序亦不尽相同，百科全书一般按音序或笔画编排，地方志则要"以类相从，以类编修"。可见两者在性质、功能、形式、体裁、编排顺序等诸方面都有自己的特点和要求，我们绝不能将两者等同看待。

1959年6月30日，毛泽东主席在庐山主持中共中央政治局会议和八届八中全会期间，专门借阅了吴宗慈编修的民国《庐山志》和续志稿。他对身边的工作人员说："庐山的山名由来，说法不一。有人说周文王时有匡俗兄弟，在山中结庐而居。周文王去访，只见空空草庐一座。又有人说是周威烈王去访，人去庐存。这两种传说相隔数百年，后人以讹传讹，我们就不能这样办。对历史的态度要严肃，不能含糊嘛！"又对周小舟等说："你们是秀才,请你们查一查,研究一下。"还说:"这部续志很好,对现代历史有参考价值。蒋介石的庐山谈话都记录下来了。当时梁实秋有意迟到,名单最后是梁实秋。此人在开会后两天迟迟登山,他虽然是资产阶级学者,也有爱国的一面,在学术上有才华。对人要一分为二嘛!我们欢迎他进步的一面。此人现在哪里?"接着还讲了南宋朱熹到南康郡(应为南康军)上任,当地官员们轿前迎接,朱熹下轿就问,《南康志》带来没有?弄得官员们措手不及。这就是有名的"下轿伊始问志书"的来历。朱熹这个典故流传后,"治天下者以史为鉴,治郡国者以志为鉴"就成了后人"以志呈阅"的惯例。"今天你们也应该懂得以史为鉴,才能办好事嘛!"

这个记载说明,毛泽东主席不仅自己经常查阅方志,每到一处往往要查阅该地的方志(其实这也是一种调查研究),而且还教育身边的工作人员也要养成这个习惯;只有懂得以史为鉴,才能办好事情,这实际上为后人重视使用地方志树立了榜样。我们也要看到,他对方志的质量要求也是高的,特别是史事的记载必须真实,认为"对历史的态度要严肃,不能含糊"。这里要附带说明一下,北宋以来,地方官上任时,前去迎接的官吏必呈上当地图经,似乎已成惯例。北宋名相寇准晚年被贬雷州,据释文莹《湘山野录》载:"至境首,雷吏呈《图经》,迎拜于道。"因为刚上任的官吏,要从图经中了解本地的物产赋税,特别是风俗民情,实际上是上任伊始就作调查研究,以做到心中有数。就以上文提到的朱熹而言,到了南康军以后,立即"询访民俗,考按《图经》",了解到"本军民俗,号称淳厚,廷少诤讼,狱少系囚";又从《图经》得知,因前代几任官吏,"劝谕士民务修孝弟忠信之行",自己又"皆以孝行显名",言传身教,故使"其风俗之美,非他郡之所及"。[①]可见朱熹在翻阅图经时,还要从中了解从前官吏在此做官时的政绩,以吸取经验教训,这就是借图经以"资治"。

1961年2月27日,徐特立、谢觉哉在福建视察期间,听取了福建省档案局局长刘田、副局长吴清传关于各地编修新县志的情况汇报,并发表了他们对新编县志的看法。徐特立认为,编史修志工作是件大事,我国历代统治阶级对这件事都很重视。"现在许多地方还能找到旧的县志或者省志。这种旧的

---

① 参见《朱文公文集》卷九十九《公移》,四部丛刊初编本。

县志，不管它的写法怎样，但一般也都反映了那个旧时代的特点——比如封建社会的特点。我们今天也要编写县志，当然和旧县志不一样了，因为今天的社会制度和过去的社会制度完全不同了，县志是有时代性的。县志的内容必然也应当反映出时代的特点……搞县志，也要搞省志，不要怕搞不好，搞出来后再广泛征求意见，逐渐修正。好的东西常常不是一下子就能搞出来的。"

谢觉哉说："你们省现在30多个县已经开始写县志，看来这件事不仅仅是领导上的布置，一定是各个地方也有这个要求。只要大家都感到这件事情应该搞，就能搞起来，搞好。县志搞起来了，还有省志，一个国家的史也要写。"对于志书的具体写法，谢老还从体裁和形式、字数写多少、编县志的目的、阶级观点、记载内容、活着的人写不写、公不公开发行、大事记怎么写等方面进行论述。对于记载内容，指出那些成功的经验必须详细记载下来，以便在此基础上更求进步；就是一些失败了的教训，也要扼要地指出，使以后不敢再犯。在当时的情况下，提出经验和教训都要记载，应当说是了不起的。然而从当时修的县志内容来看，显然是没有达到这个要求。

同年3月，中国科学院地方志小组和国家档案局发布《新修地方志提纲》（草案），提出新修方志除前言、概况外，其主要部分应当包括政治斗争、经济建设、文化教育、政治工作、民情风俗习惯、宗教、名胜古迹、人物等八个门类。

1961年夏，在庐山举行中共中央工作会议期间，国务院总理周恩来在览读过吴宗慈主编的《庐山志》后，曾对当时在身边的庐山党委宣传部部长厚万仁说："你们这些庐山的父母官，就是要多看看历史书籍。这部《庐山志》就是一部好书。只有了解当地的历史，指导、借鉴当今的工作，才能为人民办好事啊！"又说："修地方志这个工作很重要，这不是可有可无的工作，观今鉴古嘛！我们一定要以马列主义唯物辩证法的观点修好社会主义新的地方志。"周总理一贯重视地方志的编修工作，尽管此时国家正值经济困难时期，他还是强调编修方志的重要性，认为"不是可有可无的工作"。

1962年9月至10月间，经过反复研究，地方志小组仍由中国科学院哲学社会科学部领导，小组具体工作则由国家档案局实际负责，其办公室设在国家档案局。由曾三任地方志小组组长，成员为：曾三、姜君辰、吴晗、齐燕铭、王冶秋、侯仁之、李秉枢、严中平、刘大年、林涧青、郝化村、裴桐、施宣岑、程桂芬等。

1963年7月23日,中国科学院哲学社会科学部和国家档案局向中共中央宣传部提出题为《关于修改地方志工作的几点意见》的请示报告,针对新编地方志工作中存在的问题,提出三条意见:(1)建立审阅制度,控制出版发行;(2)有计划有步骤地做好编修地方志工作;(3)加强组织领导,发挥档案馆的作用。同年8月16日,中共中央宣传部将《关于编写地方志工作的几点意见》转发给中央局宣传部和各省、市、自治区党委宣传部,要求各地"参照办理"。

以上事实说明,在20世纪五六十年代,国家领导人一直很重视方志的编修,国家还建立了地方志小组。全国各地许多市县也确实都在进行新县志的编修,如福建就有30多个县开展了修志工作,江苏则有将近20个县市进行了修志工作;安徽有29个县编修县志,修了县志18部;广东省68个县(市),先后有48个县(市)成立了修志机构,组织编修新方志。据国家档案局1960年的统计,当时就有20多个省、市、自治区的530多个县开展了新编地方志工作,其中约有250个县写出了县志初稿,正式出版的有近30部,还有一大批专业志。这些事实都说明,当时的修志工作取得了相当大的成绩。当然,我们不能单用出版数字来衡量,许多地方不仅完成了初稿,而且已经有了油印本和铅印本。如广东省37个县(市)完成了志书的初稿编修工作,其中有17部内部刊印;江西省的《峡江县志》内部印行2册,《资溪县志》有铅印本,《南丰县志》铅印本2卷,《南城县志》有铅印本,《奉新县志》铅印本7编,《崇仁县志》铅印本8卷,《乐安县志》铅印本6卷,《安福县志》有铅印本等;安徽省所完成的18部志稿中,《六安县志》等亦都有油印本。由于他们修志工作比较突出,还曾受到国家档案局的表扬。我之所以如此不厌其烦地列举,目的在于告诉世人,当时许多县市的志书确实已经修好,只不过没有正式出版而已。这与封建时代尚无出版机构,志书修好后即自行雕版付印能有什么实质区别呢?因此,我认为当时凡是成稿的,无论出版与否都应当视作此次修志的成果,而不能只看到出版的部数多少。因为当时许多志书之所以未能出版,还有经济因素应当考虑在内,经济之困难使许多志书无法出版。

众所周知,新中国是在战争的废墟之上建立起来的。新中国成立之初真是满目疮痍，处处都是百废待兴的局面。经济恢复工作的艰巨性是尽人皆知的，各方面的恢复和建设都需要大量资金的投入。在当时曾流行过这样的说法，一个钱最好分成三个钱来用。正当经济恢复，建设工作逐渐进入佳境的时候，又由于人为的折腾，出现了三年困难时期。在这三年中，真是所有的物资都很奇缺，纸张更不例外。在那段时间出版的许多学术著作基本上是采用颜色很黄的再生纸，许多报纸都被迫停办。在这种情况下，对于本来就是软任务的地方志，尽管国家领导人一直强调它很重要，但在饭都吃不饱的情况下，还有几个地方能够坚持修志呢？所以我认为那些已经写了初稿的地方志，之所以未能出版，主要还是因为经济因素的限制。许多地方修志半途而废，大多数也是出于这个原因。经济是基础绝不是一句空话，20世纪五六十年代修志为什么进展不快，取得的成果为什么不大，关键就在这里。有些文章在谈到这个问题时，总是喜欢简单地将其归咎于"左"倾思想，这显然是不妥当的。"左"倾思想对当时修志固然有影响，但不是决定因素，其编写规模和进展主要还是受到经济的制约。当然，从1964年全国开展"四清"运动，特别是1966年"文革"开始后，各地修志工作被迫中断，这自然又另作别论。研究社会科学的同仁都知道，研究社会的发展，首先要研究经济的发展。无论在什么时候，只有经济发展了，才会出现文化的发展和繁荣，这绝不是空话，更不是教条。可是方志学界的同仁为什么就想不到这些呢？其实那个年代又何止方志编修进展不快，其他学术领域也是如此。学术刊物全国也就那么几家，出版社每个省就只有一家。现在每个省的刊物就有很多，出版社更是遍地开花，而且全国许多大学都有自己的出版社。这个局面的形成不正是以全国经济发展为前提的吗？所以我认为，新中国成立之初的20世纪五六十年代，方志编修工作未能得到很快的发展，取得的成果也不太显著，应当从当时的全国经济状况着眼去找原因，单纯地以"左"倾思想来说明，无法讲清问题。当时的国家主要领导人都已经多次讲了，必须重视地方志编修，"左"倾思想能够阻止这一点吗？更重要的是这种说法也不符合当时的历史事实。我是过来人，是从那个社会阶段走过来的，许多事情我都还记忆犹新，并且有许多事情还是亲身经历过的。因此我真诚地希望大家在研究这些问题时，要尊重当时的历史事实。

至于对这一个时期所编修的志书，更应当以平常心态来加以评论，任何偏激情绪都不应当存在，否则就必然失之于公正。章学诚在《文史通义·史德》篇中早就提出，作为一个历史学家或评论家，在对待历史记载和评论时，都应当"慎辨于天人之际，尽其天而不益于人也"。意思是说作为历史学家，在记载或评论历史时，首先应当辨别清楚自己的主观与史实客观之间的关系，并要划清哪些是自己的主观意图，哪些是客观事实。在分清了主观与客观关系之后，要尽量尊重客观事实，如实反映客观事实，千万不要把自己的主观意图掺杂到客观史实中去，这就叫作"尽其天而不益于人"。只要抱着这个心态去记载历史、评论历史，就不至于歪曲历史的真实面貌。章氏将此称为"著书者之心术"。我想我们编方志和评论方志，也都必须具有"著书者之心术"。无论是编修还是评论，都应当做到"慎辨于天人之际，尽其天而不益于人"的要求，而不要在未见到被评论的著作之前，就主观武断地作出评论。在章学诚看来，这就是没有"著书者之心术"，缺少"史德"的具体表现。所以他提出史家必须具备"史德"，文士必须具备"文德"。总之，对于这一时期修志工作的评论，必须实事求是，像评论历史上任何一个时期所修志书一样加以评论，不能带有成见来评论。我觉得首先应当看到的是，在新中国成立之初，在经济上处于极端困难的情况下，由于国家领导人的重视和许多专家学者的呼吁，在"左"倾思想泛滥的时候，全国各地新方志编修工作尚且能够比较普遍地开展起来，可见"左"倾思想也并不能阻止这项传统文化工程的开展，这首先就是一个可喜的成果。其次应当看到的是，在短短的时间里，全国还是编修出250部志稿，尽管因经济困难，大多数未能出版，但许多修志工作者还是用打印、铅印等手段将志稿印出来，这就足以说明各地修志工作者的积极性。第三，为新中国方志编修工作揭开了序幕。尽管这次修志工作因1964年的"四清"运动，特别是"文革"而中断，其持续的时间不长，正式出版的志书也不多，但是它毕竟在全国各地播下了修志的种子，使得新中国人民知道我们的祖先还留有这样一份文化传统、文化遗产，即使是很少一部分人知道，也是很重要的。之所以从20世纪80年代开始，全国性修志能够做到一呼百应，自然与此有着一定的关系。因为人们对于修志工作并不是完全陌生的，毕竟在当时已经做过一次宣传和练兵工作，其影响自然不能忽视。第四，对于当时所修的志书价值还不能采取全盘否定的态度，更不能把它们看成是"废品"，无论出版与否，都应当珍视它，更应当想尽一切办法保存它。因为这些志书代表了一个历史时代，反映了那个时代的内容和精神面貌，有了这些志书，要了解那个时代的精神面貌和人们的思想状态就容易得多。特别是要想知道"左"倾思想表现如何，查阅此时所修志书自然就方便得多了。而不能只贪图一时的痛快，宣布其为"废纸"而不加保存，若是真的如此，当人们再要研究这段方志发展史时，必然会发现这个举动实在太愚蠢了。因此，建议各地修志工作者，应当像珍视历史上其他旧志一样，对当时编修的许多志稿都妥善保存起来；如果只有孤本，即使不能整理出版，也应当加以复制，送到当地方志馆加以保存。毛泽东主席早就讲过，我们是历史唯物主义者，我们不能割断历史。我们的方志发展史当然也不应当割断，我想这是最起码的道理。

为了说明问题，这里不妨对当时所修的志书也作些简介。据国家档案局统计，当时正式出版的志书仅30部，而县志只有14部，其中还有2部是简志，详见下表：

20世纪五六十年代正式出版志书简目

地区	志书名称	出版年月	地区	志书名称	出版年月
北京	北京植物志	1960.7	湖南	湖南省志·地理志（上）	1961.3
北京	北京鸟类志		湖南	湖南省志·地理志（下）	1962.10
北京	北京气候志		福建	集美志	1963
湖北	咸宁县简志	1958.12	甘肃	甘肃气象志	1965.4
湖北	浠水县简志	1958.12	广东	惠阳县志	1961
湖北	应山县志	1959.3	江苏	泗阳县志	1963.8
湖北	应城县志	1959.3	西藏	西藏大事记（1949—1959）	1959.5
湖北	黄陂县志	1959.3	新疆	新疆维吾尔族简史简志合编	
湖北	石首县志	1959.3	新疆	新疆哈萨克族简史简志合编	
河北	怀来县志	1959.6	新疆	新疆柯尔克孜族简史简志合编	
河北	昌黎方言志	1960.7	新疆	新疆塔吉克族简史简志合编	
贵州	镇宁新志	1960.4	新疆	新疆锡伯族简史简志合编	
贵州	大方新志——高歌猛进的大方	1960.4	新疆	新疆乌孜别克族简史简志合编	
贵州	桐梓十年巨变	1960.10	新疆	新疆达斡尔族简史简志合编	
贵州	绿色的锦屏	1960.10			

注：此表据诸葛计先生提供资料稍作变动。

遗憾的是，这些志书今天能够见到的已经不多了。值得庆幸的是，笔者从泗阳县地方志办公室借得当年出版的《泗阳县志》一本，据志办人员说，该书是从县城路边书摊上购得的，否则他们也没有。该书是32开本，封面署"泗阳县志"，并在其下标明年限"1919—1959年"，落款是"泗阳县续编县志委员会"，主任委员是中共泗阳县委第一书记兼县长陈耀，虽有副主任委员和委员会名单，但具体编写人员则不知何许人也。全书共分六篇：

第一篇行政区划与政治组织，下设行政区划、人口与民族、政权演变与组织结构，共三章；第二篇革命斗争史，下设概述（分十年内战时期、抗日战争时期、解放战争时期、经济恢复时期、社会主义革命和社会主义建设时期）、大事分记（设十年内战时期、抗日战争时期、解放战争时期、建国十年）、大事年表（记1919—1959年大事），共三章；第三篇经济建设，下设自然地理、工业建设、农业、林业、畜牧业、渔业、蚕桑业、财政金融业、商业、交通运输业，共十章；第四篇文化教育，下设文化、教育、体育卫生、科学研究、文物、宗教、风俗，共七章；第五篇政法工作，下设民政工作、公安工作、人民检察工作、人民法院工作、民兵组织和兵役工作，共五章；第六篇人物，下设概述、革命烈士传略、英雄模范事迹，共三章。

该志前面有县委书记兼县长陈耀的一篇序言，最后有以"泗阳县续编县志办公室"名义写的一篇后记。我之所以要将篇、章的名目全部列出，目的是要让广大读者知道，这部志书除了第二篇的《革命斗争史》外，应当说篇目齐全，全志都用篇、章、节、目进行编写，而体例上也是图、纪、表、志、传一应俱全，除了个别条目不够规范外，总的来说是符合志书的体裁和要求的；尤其是内容方面相当全面，对抗日战争、解放战争时期和新中国成立后历次政治运动等都有专门记载，保存了许多宝贵资料。之所以能够如此，该志后记明确告诉我们："关于县志的体例，我们是根据中央科学院拟定的《新修地方志体例草案》，参照本县具体情况决定的。"泗阳县在编修方志时尚且已经按照中国科学院拟定的《草案》规定办事，全国各地市县当然也会收到这个《草案》。因此，我可以这样讲，全国各地修志如果都能参照这个《草案》办事，体例一般都不会太出格。至于这部志书中的"左"倾思想，主要表现在语言文字方面，政治性的大话、空话、套话较多。现将该志序言最后一段节录于下：

回顾四十年来，泗阳和全中国一样，经历了翻天覆地的变化。只要想想过去，比比现在，望望将来，大家就会对我们伟大的中国共产党产生无限的敬爱；对革命先烈激起无比的怀念；对光明的前途充满无限的信心；对可爱的家乡产生真挚的情感。毫无疑问，今后我们泗阳人民，只有坚定地依靠党的领导，紧密地团结在党的周围，继续高举总路线、"大跃进"、人民公社三面红旗，不断地和右的或"左"的思想倾向作斗争，一切从实际出发，正确执行党的政策，实行民主集中制……我们就一定会从胜利走向胜利；我们的历史就一定会变得更光辉，更灿烂！

战斗在泗阳土地上的革命先烈们永垂不朽！

历史的创造者——劳动人民万岁！

六亿五千万人民的伟大舵手——中国共产党万岁！

全国各族人民的伟大领袖——毛主席万岁！

看了这段序言以后，就可以知道当时"左"倾思想的影响，实际上就是表现在这些方面，至于具体内容的记载，除语言文字表述上有些流露外，并无多大影响，也并未见到有歪曲历史、篡改史事的情况。这样的一部志书，我们有什么理由说它是"废纸"呢？我倒认为这是一部基本上符合志书规范的成功的志书，尽管它还存在着不少问题，但不能否认它是一部名副其实的新时代编修的新的县志。限于篇幅，我在这里不对这部志书作全面的评价。

为了让读者更多地了解20世纪五六十年代修志的情况，我再作一些介绍。据诸葛计所撰书稿言，1960年7月26日，广西《临桂县志初稿》完成，并铅印成上、下两册，全志共分七篇：（1）临桂县概况；（2）阶级斗争史；（3）政法、民政、民族、兵役、土地改革；（4）工业、交通、邮电；（5）农业、林业、水利、畜牧业；（6）商业、财政、粮食、金融；（7）文教、卫生。全书没有人物篇。以现在的眼光来看，这部志稿中虽然充满"大跃进"等"左"的内容，但也保留了不少珍贵的资料。如对土地改革和复查的记述，就保存了许多鲜活难得的资料。这个部分比1996年出版的新编《临桂县志》还要充实。再看安徽省，由于修志工作做得比较好，曾经得到过表扬。当时该省哲学社会科学研究所历史研究室曾承担修志任务，研究室方志组王茂撰成《六安县修志提纲》，作为全省新志编修的范例。这本《六安县志》（油印本）共分六篇：地理、近百年革命史、经济、文化教育、风俗宗教、人物。共 14 章 30 节，附录大事记，全书共 20 万字。体例上，记、志、传、图、表、录均有运用。以近百年革命史实代替政治篇；人物坚持生不立传；基本体现了以经济篇为志书重点；记载了大量古今资料，尤其是新中国成立前的资料。

从当年所修的三部志书的简单介绍来看，无论从体例上还是内容上，各自都具有不同的长处，对以后的修志不乏参考价值。当然，也要指出，当时也确实编出一些似志非志的东西，如 1959 年由天津百花文艺出版社出版的《怀来县志》，通篇都是采用散文笔法编写，就其篇目来看，更像文艺作品。其篇目为：(1)在怀来盆地上；(2)塞上风云；(3)人民翻身做主人；(4)人民公社好；(5)工业的飞跃；(6)农业的飞跃；(7)怀来在前进。因为这部志书编写者的指导思想就认为，新县志"应该写成一本通俗读物，一本提供普通知识和进行共产主义教育的教科书"。很显然这就是"大跃进"的产物，书名虽曰"县志"，其实只是文艺作品。又如 1960 年由贵州人民出版社出版的《大方新志——高歌猛进的大方》，从书名已经看出这本书肯定是充满"大跃进"等"左"的思想内容。但是，从我们所了解的当年修志情况可知，类似这两部书者毕竟不是当时修志的主流，不能因为有此现象就全盘否定 20 世纪五六十年代的修志成绩。

综上所述，我们应当看到，当年的修志工作是在国家领导人的重视和关怀下，由党和政府直接组织开展的。全国同样组织了地方志小组，各地大多由县委、县政府组织编修，虽然未明确提出"党的领导，政府修志"，实际上各地已经这么做了。当时修志所以能够普遍开展，原因也就在这里。在短短的几年时间，能够修出那么多志稿，已经是非常不错，因为当时都是各自为政，全无 20 世纪 80 年代以后各种讲习班、修志篇目研讨等交流经验和取经的机会，因而修志中存在这样和那样的问题完全不足为奇。同样，20 世纪 80 年代以来所修志书，也是后者胜过前者，不正是因为有了前面的经验教训吗？要提醒大家的是，在第一轮修志中，最早出版的《呼玛县志》和第一次编修的《如东县志》是怎么样的志书，难道都忘记了吗？若能够用这种心态去看待 20 世纪五六十年代的修志工作，自然就会看到其成功的方面，而不至于认为一无是处，更不会再以"左"倾为原因而将其全盘否定。

二、20世纪80年代以来修志事业的蓬勃发展

20世纪80年代以来的第一轮修志，将我国方志事业的发展推到了高峰。还在1979年7月9日，中共中央总书记胡耀邦就在李百玉建议修志的信上批示："大力支持全国开展修志工作。"建议由人大常委会承担。后来中共中央书记处、中共中央宣传部将此事转到全国政协常委会。1982年又由胡启立交中国社会科学院办理。1983年，胡耀邦在四川视察时，指示重庆市委书记："搞重庆地方志的时候，要实事求是。这里是蒋介石的陪都，对国民党也好，对民主人士也好，哪怕是蒋介石，有些事情也要实事求是，他有办了好事的地方，蒋介石办的也不都是坏事。"1980年4月上旬，中国史学会代表大会在北京举行。会上，中共中央政治局委员、中国社会科学院院长胡乔木在讲话中指出："地方志的编纂，也是迫切需要的工作。现在这方面工作还处于停顿状态，我们要大声疾呼，予以提倡。要用新的观点、新的方法、新的材料和新体例，继续编写好地方志。不要让将来的历史学家责备我们这一代的历史学家，说我们把中国历史学这样一个好传统割断了。应当说，历史系大学生的出路是很多的。我们本来应当有很多工作需要大量的合格的大学生去做。例如，编写地方志就是其中很重要的一项。"他特别强调："我国向来就有编史修志的优良传统，必须把这个传统继承和发扬光大起来。否则我们就上对不起祖宗，下对不起子孙后代。"

1981年7月下旬，中国地方史志协会成立大会暨首届地方史志学术研讨会在山西太原召开。大会选举产生了第一届理事会，推选了梁寒冰为会长，董一博、朱士嘉等为副会长。会上草拟了《关于新县志编修方案的建议》和《关于旧志整理研究计划》等4个草案。1982年5月10日，中国地方史志协会委托江苏师范学院等单位在苏州举办华东地区方志研究班，是这届修志的第一期研究班，为期19天。此后，中南、西南、华北、东北等地陆续都举办了研究班或讲习班。许多省也单独举办培训班，为第一届修志人员进行培训。单就此而言，就明显优越于20世纪五六十年代的修志工作。同年5月13日至19日，中国地方史志协会在武汉东湖召开中国地方志整理、编纂工作座谈会，出席座谈会的专家学者共39人。1983年4月8日，中国地方志指导小组在北京正式宣布成立，组长曾三，副组长梁寒冰、韩毓虎，成员：

刘大年、严中平、牙含章、侯仁之、朱士嘉、陈元方、李志敏、章夷白，共11人。同年4月下旬，中国地方志指导小组在洛阳召开全国首次地方志规划会议。1985年4月19日，国务院办公厅以国办发〔1985〕33号文件转发《中国社会科学院关于加强全国地方志编纂工作领导的报告》。同年9月10日，北京师范大学举办的首届方志学干部专修科开学，首期招收学员84名，来自全国19个省、市、自治区，学制两年，考试合格者发给大专毕业证书，国家承认其大专学历。笔者受聘于次年9月赴京一个月，讲授"方志学通论"。1986年1月，《中国地方志通讯》更名为《中国地方志》，陈云为刊物亲笔题写刊名。1986年12月下旬，经国务院批准，全国地方志第一次工作会议在北京举行。国务院副总理万里接见了会议代表，并发表简短讲话，特别强调"地方志工作很重要，各级政府都要关心这个事情，要动员一些专家还有老同志来参加这个工作。这是一个文化建设，很重要的文化建设，这是一门专门的学问、一门知识"。在闭幕式上，胡乔木代表党中央和国务院向全体方志工作者表示敬意，并作了重要讲话。讲话共分五点，第二点是"关于新方志的体裁和科学性问题"，现摘录其要点于下：

> 地方志的编纂者要逐步地提高地方志的科学水平……我们要求科学化，在不能做到高度科学化的时候，我们也可以要求一种比较低水平的科学化，至少要求整部地方志从头到尾都力求严谨，要保持一种科学客观的态度……要力求在编辑工作中避免一种所谓"政治化"的倾向。所谓"政治化"，就是不适当地表现出一种政治的色彩，这就减弱了著作的严谨性、科学性，使地方志染上了一种宣传色彩……客观的历史就是客观的历史，不需要在地方志里画蛇添足地加评论。地方志不是评论的书，不是史论。多余的评论不但不为地方志增光，反而为地方志减色……现在有的地方志，还不必去看它的本文，就使人感到有一种强烈的宣传色彩。打开这本书后，首先出现的不是序言，也不是目录，首先是大批的题词，以及大批选得不适当的照片。我觉得像这样一种格式就不合乎地方志的规范……地方志不是发表题词的地方，它也不需要任何不必要的风景照片，因为不是导游手册……地方志的价值，在于它提供科学的资料。在这个范围内，应该要求地方志做到一句也不多，一句也

不少……（在）所编辑的地方志中，杜绝任何空话，摆脱任何宣传色彩，使我们编出来的书是一部朴实的、严谨的、科学的资料汇集，让它能够经受历史的考验。尽管它不是一部科学理论著作，但是它毕竟还是一部科学文献……（希望）在这方面能够多多地考虑，多多地尝试，使我们的地方志的内容更加丰富、更加符合科学的要求，使这部文献的科学价值更高。①

关于胡乔木同志讲话的第三点内容，我觉得对于修志工作者来说，也非常重要。他说："地方志应当做到详细，同时应当做到简略。所谓详细，指它所应讲到的方面都讲到了；所谓简略，就是指每个方面的说明要像打电报、编辞书那样的精炼，要惜墨如金。"对于他的讲话，我所以摘引了那么多，是因为这些内容不仅对于每个修志工作者都十分重要，而且对于方志理论工作者也非常重要。修志工作者应当按此要求编修新的地方志，方志理论工作者亦应当按此要求对新修方志作评论。讲话提出："地方志应是一部朴实的、严谨的、科学的资料汇集，让它能够经受历史的考验"，"该详的要详，该简的要简，要杜绝任何空话"。这些要求自然是比较高的，如果按照这个标准来衡量，恐怕在第一轮修志过程中所编修的志书，很可能有一批志书是不符合要求的。因此，在新一轮的修志过程中，希望大家都能按照讲话要求去做，使新修志书质量"更上一层楼"。胡乔木的讲话之所以很重要，并不是因为他是党和国家领导人，更重要的是他是以一位造诣很深的历史学家的心态讲话，因此讲话不仅能够击中当时修志中所出现的各种弊端要害，而且对方志编修的要求与性质都作了明确的说明，应当成为修志工作人人必读的纲领性文件。1987年5月26日，时任上海市委书记的江泽民在上海市地方志编纂委员会成立大会上发表重要讲话，指出："编纂社会主义新方志是两个文明建设的重要组成部分，是社会主义文化建设的系统工程，是承上启下，继往开来，服务当代，有益后世的千秋大业"；"编修地方志，不是一件可有可无的工作，而是一项认识过去，服务现在，开创未来，不仅有近期社会效益，而且可以产生久远社会效益的意义重大的事业"；"修志工作是一

---

① 《关于地方志工作的几个问题》，《胡乔木文集》第三卷，人民出版社1994年版，第232—235页。

项不容易引起重视的重要工作。各级领导要把修志工作当作一项重要事业来抓，并切实抓好"；"编修地方志是一项百年大计，是造福子孙后代的大业，要编纂一部上海新方志，绝非三年五载能够修成。地方志工作是一项长期任务，各部门、各单位要给地方志机构以必要的工作条件。要从实际出发，建立必要的修志班子，并使它具有相对的稳定性和一定的权威性"。

1993年1月上旬，中国地方志指导小组办公室在北京举行新编县（市）志评论会，以河北《武安县志》、四川《崇庆县志》、上海《松江县志》、江苏《江阴县志》和浙江《龙游县志》为例本进行评论。评论中发现经济部类篇幅过大，一般占三分之一，甚至更多，显然是不正常的。我在本书1990年初版中已经指出，过分强调经济内容的比重，势必削弱其他方面的内容，影响志书反映地方特色。因为我当时从一些新方志编修的篇目中已经发现了苗头，在有些志稿评议会上也曾讲过，遗憾的是并未引起修志界同仁的注意。同年3月3日至4日，中国地方志1993年度工作座谈会在北京举行，中国社会科学院院长胡绳在会上发表讲话，指出："现在的地方志与古人编的地方志所体现的精神也有所不同。如果说，古人编的地方志侧重继往，那么现在的地方志则重在开来。我们了解过去，是为了开展今天的事业。所谓开来，当然不是说，要写今后多少年的展望、规划。我们在地方志中所写的还是直到今日本地的情况和已发生的变化。写下这些正是为展望和规划将来提供可靠的基础。""地方志要满足各方面的需要，能够发挥积极作用，关键在于志书的质量，而质量问题的根本，又在于志书所记载的内容是否准确，是否真实可信，是否切实贯彻实事求是的原则。"同年3月上旬，中国地方志指导小组与中国革命博物馆在北京联合举办"全国新编地方志成果展览会"，展出除西藏自治区和台湾省外共29个省、自治区、直辖市的5000余种志书、年鉴、方志理论等著作。1994年11月，国家新闻出版署批准成立方志出版社，由中国地方志指导小组主办，首任社长郦家驹。1995年7月25日，公布经国务院领导同意进行调整后的中国地方志指导小组名单，组长李铁映，常务副组长郁文，副组长王忍之、王刚，成员24人。

1996年5月4日至7日，全国地方志第二次工作会议在北京举行，郁文在会上作了题为《加强领导，开拓进取，把地方志事业推向发展新阶段》的工作报告。李铁映作了题为《求真存实，修志资治，服务当代，垂鉴后世》

的重要报告。他重点讲了八个方面：

一、志书是有独特文化学术价值的国情书……

二、修志不是可有可无的事，而是各级政府的职责，主要是省、市、县三级政府主要领导同志的职责，是两个文明建设的重要组成部分。因此要坚持"一纳入"，即把修志工作纳入各地经济社会发展计划和各级政府的任务之中。要坚持"五到位"，即领导到位，机构到位，经费到位，队伍（特别是职称）到位，条件到位。要坚持党委领导，政府主持，专家修志，三审定稿制度……对各级政府领导者来说，修志可以说是"官职"、"官责"。各级领导在这方面不能疏职，更不能使这项事业废弛。

三、修志必须反映时代的特点……

四、质量是志书的价值所在。志书以真实、准确为本，这是志书的基本特征。唯存真求实、存史资治才可流传百世……

五、修志为用，用志方法要改革……

六、方志事业要连绵不断，代代相济……

七、修志的当务之急是培养人才……

八、面向21世纪，抓紧修志工作……

这次会议的主题是：总结15年来地方志工作的经验，研究和部署如何加强领导，高质量地完成社会主义时期第一届新方志的编纂任务，为迎接下一世纪地方志事业新发展作好准备。会议期间，国务院总理李鹏在中南海接见了全体会议代表，并与大家合影留念。同年5月9日，中国地方志协会第三届理事会在北京举行。会议选举了新一届理事会，李铁映被推举为名誉会长，王忍之为会长。

1996年11月9日，国务院办公厅以国办发〔1996〕47号文件发出《关于进一步加强地方志编纂工作的通知》。《通知》提出了五项要求：

一、编纂地方志必须以马列主义、毛泽东思想和邓小平同志建设有中国特色社会主义理论为指导，坚持实事求是的思想路线，运用现代科学理论和方法，全面真实地反映当地自然和社会的历史与现状，为改革开放和社会主义现代化建设服务。

二、地方志一般分为三级：省、自治区、直辖市编纂的地方志，设区的市、地区、自治州、盟编纂的地方志，县、自治县、旗、不设区的市、市辖区编纂的地方志；每20年左右续修一次。

三、为进一步提高志书的质量，必须建立一支德才兼备的修志工作队伍。当前要下大力气，不断提高修志工作者的政治素质和业务素质，在修志工作队伍中大力提倡"求实、创新、协作、奉献"的敬业精神……

四、地方各级人民政府要继续重视地方志编纂工作，切实加强领导。编纂地方志是社会主义文化建设事业的重要组成部分，是承上启下，继往开来，服务当代，有益后世的千秋大业。各地应把地方志编纂工作列入政府的议事日程，明确一位领导同志负责，及时协调解决工作中出现的问题。要为修志机构提供必要的工作条件和经费……

五、中国地方志指导小组要深入开展调查研究，加强对全国地方志编纂工作的指导，制定和完善有关规章制度，及时总结、推广各地好的经验，注意发现带有普遍性的问题并提出切实可行的意见和建议……

1997年7月28日至8月1日，中国地方志指导小组在北京举行全国首届新编地方志优秀成果评选终评会，共评出一等奖51部、二等奖127部，获奖志书占1993年7月1日至1996年底出版志书1718部的10%强。同年8月20日至22日，颁奖大会在浙江宁波举行，出席大会的有中共中央政治局委员、国务委员、中国地方志指导小组组长李铁映，国务院副秘书长刘奇葆，文化部副部长艾青春，新闻出版署副署长桂晓风，中央电视台副台长刘宝胜，中国地方志指导小组常务副组长郁文，中国社会科学院党组书记、副院长、中国地方志指导小组副组长王忍之，中共浙江省委副书记、省政协主席刘枫，宁波市市长张蔚文等和全国各省来的代表共80余人。会上，李铁映、王忍之分别作了重要讲话。1998年2月10日，中国地方志指导小组颁发了经国务院领导同志同意的《关于地方志编纂工作的规定》，《规定》总共4章23条。原《新编地方志工作暂行规定》即停止实行。1999年10月18日至23日，全国新编地方志成果展览在北京中国革命博物馆举行，中共中央政治局委员、中国社会科学院院长、中国地方志指导小组组长李铁映，全国人大常委会原副委员长雷洁琼，中共中央书记处原书记邓力群，中国人民解放军副总参谋长、全军军事志指导小组组长钱树根中将等有关领导及各界来宾共8000多人出席了开幕式。参加展出的三级志书4000余种，加上各部门志、行业志、方志理论著作及年鉴等，共上万种。这是近20年来修志成果的又一次大汇展。

2001年12月19日，第三届中国地方志指导小组经国务院批准成立，组长李铁映，副组长高强、朱佳木、徐根初、毛福民，成员共31人。同年12月20日至21日，全国地方志第三次工作会议在北京召开，会议开幕式在人民大会堂举行。会上，李铁映发表重要讲话，中国社会科学院副院长、中国地方志指导小组常务副组长朱佳木作了题为《总结经验，乘胜前进，开创新世纪方志工作的新局面》的工作报告。这次会议的任务是总结第二次工作会议以来地方志工作的经验，研究今后五年地方志工作，动员并部署新一轮修志工作，鼓励全国地方志工作者乘胜前进，努力开创新世纪地方志工作的新局面。

回顾20世纪80年代以来新中国方志事业发展的历程，人们可以发现，正是由于新中国三代领导人对修志工作都非常关心和支持，因此各级政府也都相当重视。20年间召开了三次全国方志工作会议，国务院则两次专门为修志工作发布文件，1985年的33号文件就已经提出各个地方修志都要"设置相应的常设机构"，既是"常设机构"，当然就不应当随意撤销，因为每二十年就要编修一次；1996年47号文件的规定就更加具体了，"各地应把地方志编纂工作列入政府议事日程"，"地方志编纂委员会办公室是地方政府直属的具有行政职能的一级单位"。所有这些都为方志编修工作创造了良好的社会环境，提供了必要的修志条件。还有众多的全国性的方志篇目设置研讨会、编修经验交流会等，在方志编修过程中都起到了不可忽视的重要作用。成书较晚的许多志书，所以能够后来居上，原因之一也是由于吸取了成书较早者的经验和教训。当然，归根到底还应当看到，20世纪80年代以来，方志事业所以能够蓬勃发展，这与改革开放以来社会经济得到突飞猛进的发展是分不开的。社会经济空前繁荣，国家物资空前充足，人民生活空前富裕，正因如此，人们才能安心去修志，也才有钱去出版动辄几十万、上百万字的众多的志书。

不妨设想，如果当前的社会经济还是与 20 世纪五六十年代相当，要想编修部头这么大、出版数量这么多的新志书可能吗？所以我认为，有了改革开放后的经济大发展，才有可能出现方志事业的大发展。我们常讲"经济是基础"、"盛世修志"等，都绝对不是空话、套话。只有国家富裕，才有文化的繁荣、方志的发展，20 世纪 80 年代以来方志事业的发展就证实了这一点。

第二节　20 世纪 80 年代第一届志书述评

我之所以要用这个标题，目的在于说明这个第一轮修志是指 20 世纪 80 年代以来的修志工作。而此前 20 世纪五六十年代全国也曾开展过修志工作，现在一般都是避而不谈，有的谈了也只是肯定它是一次"失败的尝试"而不屑一顾，似乎在新中国修志史上也无须记载或谈论了。我们认为这是很不妥当的，作为新中国的修志历史，它不仅应当记载，而且应当给予一定的地位和适当的评价。就那次修志工作本身并不能说它是失败的，修出了那么多的志稿，怎么能不承认它是修志的成果呢？工作之所以会中断，正是因为人所共知的两次大的政治运动所迫使，当时何止是修志工作中断，整个社会科学研究工作不是全都中断了吗？如果不顾当时的历史条件而片面指责当时的修志工作，自然不能令人信服。至于第一轮修志的成果，当然可以用"辉煌"二字加以形容。现选择其中具有代表性的志书略加评述。

一、王庸华主编的《东阳市志》

王庸华，男，副研究员。1934 年出生于浙江东阳，1960 年毕业于杭州大学中文系，留校在文艺理论教研室教学工作数年。曾编辑出版过《东阳古诗文选》、《东阳风俗志》等书，并参与《浙江省建筑业志》的编纂，任执行主编。《东阳市志》1986 年开始编纂，1993 年正式出版，历时 7 年。全书共 37 卷、120 万字。这部志书出版不久，就得到方志学界的好评。记得志书出版后，主编给我寄来一本，想请我写篇书评。书评没有写，却给他写了封长信，肯定了这部志书写得相当成功。它不仅把东阳的历史和现状反映了出来，而且有独创、有特色，体现了我国修志工作又上了一个新台阶。信的第一点是这样说的："篇目设置和编排比较合理，并具有自己的特色。如政区、自然环境、灾异之后，便是'居民'，有居民然后乃有方言、民俗。这种排列顺乎自然规律，富有逻辑性。这样排列是不多见的。"我之所以讲这样排列是"顺乎自然规律"，原因在于这个编排正体现了人类社会演变的过程。不是吗？政区、自然环境、灾异三篇首先展示了这里居民长期赖以生存的地理环境和自然条件，而居民们长期共同生活在这一环境之中，久而久之，自然就产生了共同的方言和习俗，这完全是顺理成章之事，因而我说这样编排是"顺乎自然"。讲穿了其实并无多大奥妙，难能可贵的是人家想到了、做到了，这能够说不是创新精神的表现吗？当然，他们的独创精神并未到此停止，在"民俗"之后，接着就是"人物"，这就打破了新志编修以来"人物"总是垫底的固定模式。从而也就突出了人为主体这一指导思想。因为有了人才有了一切，这是谁也不会否认的。东汉著名学者应劭在《风俗通义》中早已指出："万类之中，惟人为贵。"可见我们的先人早已知道，在世间万物之中，人是最可宝贵的。而人类一切的文明史又都是由人类自己所创造的，要记载这些文明篇章，理所当然应当以人为主体，这是十分简单的道理。可是就这个简单的道理，却往往被人们所忽略，许多新修志书所出现的"见物不见人"的现象，不正说明了这个问题吗？《东阳市志》的编纂者们确立了人为主体的指导思想，全部志书的编写，都以人和人的创造为主线展开，从而就充分体现了在东阳这块土地上所产生的一切物质文明和精神文明，都是由东阳人所创造。其实，政区、自然环境、灾异、居民、方言、人物，这七个篇目几乎所有新修志书都有，但为什么大都没有想到按如此顺序编排呢？我曾经讲过，每部志书篇目顺序的编排，内中还是有学问的。有些新志的编纂者们对此不大注意，其结果就大不一样。因此，每部志书都应根据本地不同特点，编排好篇章顺序，尽量做到不仅篇章整体结构合理，而且能够体现出本地的特色。当然，这中间既有编辑艺术，又反映修志者用功之深浅和学识水平之高低。每部志书间的差别谁也不能否认。自古以来，志书编修水平就是不平衡的，甚至好坏差距相差很大。宋人周煇在《清波杂志》中就曾说过："近时州郡皆修图志，志之详略，系夫编摩者用力之精粗。"在今天来说，如何尽可能缩小差距，以提高新修志书的整体水平，关键还是在于不断提高修志工作者的业务素质和文化知识水平。

东阳号称"教授之乡"、"百工之乡"。《东阳市志》为了突出人才之乡，反映地方特色，因而《人物》卷不仅放在《民俗》卷之前，而且作了精心设计和编排，采用了传记、简介、表录等多种形式编写，既反映了个人智慧，又突出了整体作用。尤其可贵的是，所有的内容均按历史发展顺序排列，如《进士题名》、《革命英烈》、《阵亡将士》、《全国和省劳动模范》、《高级知识分子》、《师（地）职以上干部》、《民国师（专）以上职官》、《旅台知名人士》，而没有像有些志书那样搞形而上学，硬是将进士之类拉到后面。其实这样才真正符合历史唯物主义观点。还要指出的是，在《人物》卷前面，还介绍了人才比较集中的姓氏和家族，如唐代冯氏，冯宿、冯定皆为进士，并且冯宿为吏部尚书，冯定为工部尚书，其子孙亦多为进士，人称"兄弟两尚书，祖孙九进士"；赵氏自南宋赵师尹金榜题名始，至清末29人登科；严济慈家，有"小科学院"美誉；诸葛棋家，一门八人七教授，被誉为"教授之家"；王惕吾家，本人为台湾报业巨子，子女皆从事报业，誉称"报业世家"；韦文贵家，数代名医，人称"医药世家"。如此介绍人才，在新修方志中还从未见过。也许有人对这样记载会不以为然，我却认为很有意义，值得推广。许多地方不也是有世代从教的教育世家吗？当然还有许多各式各样的世家，为什么不能用这种形式写一写呢？这对建设社会主义精神文明，形成好的社会风气是大有好处的。它可以告诉人们，家庭的环境对子女的教育有着很大关系。一个家庭，如果大人每天都忙于"方阵"，而想要子女长大后成为科学家，自然只能是天方夜谭。因此，家庭的熏陶，对子女的成长的作用是无可估量的。在许多著名学者的成长过程中，其家学渊源往往起着重要的作用。所以，集中介绍某些家族或家庭的做法，其意义绝不可低估。

东阳地处浙中丘陵，不仅山多地少，而且土地又很贫瘠，居民赖以生存的条件可想而知。《灾异》卷引民国年间的民谣，多少可以说明些问题："三年大旱，一场大雨变汪洋，南北两条烂肚肠，穷苦百姓叫爹娘。"这样一个生存环境，怎么还会成为"百工之乡"、"教授之乡"呢？看来东阳人不仅是靠勤劳和智慧，更重要的是，他们很早就已经形成了"尊师重教"的社会风气。这部志书告诉人们："宋元以来逐步形成和发展的尊师重教、兴学养贤、尊重知识、尊重人才的社会风尚是东阳教育久盛不衰的历史渊源和社会基础。百工工艺与兴学重教相辅相成，百工工艺给教育以心理和财力的投入，兴学重教给百工工艺以智力的支持。"东阳人评价一个人有无出息的"心理杠杆就是'肯读书'，就是'有手艺'"，有眼光的父母，即使典物卖田也要让子女读书"出山"，这就是东阳人的价值观。众所周知，经济上的贫穷与文化上的落后，往往是互为因果的共存体，经济贫穷要影响文化发展，文化落后又会制约经济发展，长期下去，必然形成恶性循环。目光短浅者只抓经济而不管文化。东阳人的高明，就在于还在经济贫困时期，就认识到"尊师重教"的重要性，经过世世代代的努力，使一个贫穷落后的东阳，逐渐形成"人才之乡"的局面。改革开放以后，一个70万人的县级市，仅从1977年至1988年便向全国大专院校输送新生10754人，几乎每年千人。而目前在国内外的东阳籍高级知识分子已达1300人之多，这是两个很能说明问题的数字。"人才之乡"并不是吹出来的，而是东阳人用劳动和智慧创造出来的。勤劳的东阳人在贫瘠的土地上创造出"人才之乡"，自然就否定了长期以来流传的"人杰地灵"的说法，贫瘠的土地上照样培育出杰出人才。这里顺便告诉大家，"人杰地灵"的思想，最初出于以夸耀本乡本土为著述宗旨的方志早期形式——地记，是为世家大族服务的，当其定型以后，许多志书作者仍沿袭而不改，直至今日。新志编修过程中就不必用它来作为表述本地人才是否出众的标志了。某地是否产生名人，绝不单纯取决于地理条件是否优越。因此，对旧方志中某些术语或用词，必须本着取其精华、弃其糟粕的精神，切勿全盘照搬。我们还是提一方水土养育一方人士为好。

二、任桂全主编的《绍兴市志》

任桂全，男，研究员。1945年出生于浙江省绍兴市，1970年毕业于杭州大学中文系。曾编写出版《古城绍兴》、《中国历史文化名城——绍兴》、《绍兴风俗简志》等书。1989年开始编修《绍兴市志》，1996年出版。全书45卷，共543.5万字，分6册。此志在1997年全国首届新编地方志优秀成果评选中深得评奖学者们的一致好评，并获全票通过（这次评奖仅此一部志书获得全票）。之所以能够如此，就是因为作者选准了在书中应该突出的重点。关于绍兴的特色，他们归纳为五个方面：一是地域历史悠久，二是人才辈出，三是文化积淀深厚，四是水乡风光秀丽，五是经济优势明显。在这五个特色中，总要选出一个重点，他们认识到"准确、系统、实事求是地反映这些特色，是衡量志书质量高低的一个重要反映"。对于绍兴来说，经济优势在全国确实占有重要地位，列举几个数字就足以说明：还在1966年，绍兴已成为全国第一个粮食亩产超千斤的地区；1984年实现全市粮食亩产超"双纲"（1600市斤）；至20世纪80年代末，全市又有25%的农田亩产达到1吨。而在工业方面，1987年已跻身于全国工业产值超百亿的25个城市之列。而所属绍兴县，则被列为全国十大"财神县"之一，绍兴、诸暨、上虞三县都进入中国农村综合实力百强县行列，分别名列第8位、第64位、第85位。单就这些而言，完全有理由将其作为特色重点而大书特书。可是，该志的编修者们没有这样做，而是采用了"详特略同"的编写原则。因此，在详略安排上，突出志书的历史文化比重。因为在他们看来，作为历史文化名城，绍兴的最大特点是历史悠久和文化积累的深厚。加强对历史文化名城的记载，既是绍兴历代志书的一个优良传统，也是绍兴实现两个文明建设的迫切需要，市志完全有理由详加记述。因为在他们看来，"历史文化名城"是"绍兴最根本、最重要也是最本质的地情特征"，有必要加以突出。全志书共设45卷，属于文化类的就有15卷，占卷目总数的三分之一；正文字数为472万字，而文化类为220万字，占全志的46.61%，这个比例在全国新修方志中是不多见的。在整个篇目设置上，他们从绍兴地情出发，也颇多独创动作。一般志书大多要设置文化篇或文化卷，他们取消了这个设置，而分别设置了《科学技术》卷、《名家学术思想》卷、《文学·艺术·图书》卷、《文物古迹》卷、《戏曲曲艺》卷、《艺文》卷、《报刊·广播·电视》卷。他们认为这样做，"使有关文化内容，能够在较为广阔的范围之内和较为深入的层次上进行详细记述"。实际上正是在实施他们"详特略同"的编辑原则，因为在这些卷中，许多内容都是绍兴所特有的，这也就可以使人感受到这部志书的文化氛围是很浓的。要特别指出的是，《艺文》不仅单独列卷，而且分量相当的大，因为他们知道这是具体反映绍兴人对祖国文化事业所作的贡献。然而许多新志编修者却认识不到这点。

绍兴自古以来出了许多杰出的文化名人，可谓人才辈出，是人文荟萃之邦。要反映这一特有的文化现象，单靠人物传记是远远无法满足的。因为人物传的撰写总是相对独立的，既看不到相互的关联与影响，更看不到整体发展与趋势。学术文化在发展过程中，总是存在着相互渗透、相互影响的关系，尤其是在同一个地区，前辈的学术思想对后辈的启发和影响往往是很大的，耳濡目染，不学已能。绍兴之所以人才辈出，这自然也是一个重要的因素，正像许多学者的成长得益于家庭的影响，道理是一样的。何况许多杰出的名家，他们的学术思想和学术观点都遗泽千秋。基于这一目的，《绍兴市志》的编纂者们特在新修志书中设立了《名家学术思想》卷，这无疑是一种前无古人的创举，也是他们为刻意表现绍兴人所采用的一种反映人才群体的方法。该卷按哲学、政治、经济、教育、历史、文学艺术、语言文字学等学科，分门别类，从古至今，对主要人物的学术观点、学术著作及对后世的影响，如实进行记述。

《戏曲曲艺》卷是《绍兴市志》反映人才群体的又一措施。戏曲在新修志书中单独成卷成篇者不多见，此卷设置也是从绍兴本地实际出发。在绍兴，不仅剧种、曲种多，而且历史悠久，声腔、唱调丰富而优美，剧作家、艺人更是人才辈出，在中国戏曲史上具有重要的地位。就以越剧而言，它是居全国第二的大剧种，全国各地都有许多越剧迷。20世纪60年代，全国有260多个专业越剧团，其中浙江省占70多个，绍兴地区有5个。90年代，绍兴尚有绍兴、诸暨、嵊县、上虞四个县级专业越剧团。大家最早知道的剧目自然首推《梁山伯与祝英台》、《碧玉簪》等，后来的《红楼梦》更是唱遍全国。对于这样一个剧种，了解它历史的人尚不多，志书对此作了详细介绍。绍剧即绍兴乱弹，俗称绍兴大班，兴起于清康熙、乾隆年间，20世纪30年代称"越剧"，1950年定名"绍剧"。就因为《孙悟空三打白骨精》在全国一炮打响，于是该剧的知名度大为提高。此外还有"新昌调腔"、"诸暨乱弹"、"绍兴滩簧"等。在曲艺方面，"绍兴莲花落"影响最大，还有"绍兴平湖调"、"绍兴词调"等。足见绍兴在戏曲、曲艺方面确实是异彩纷呈，对其产生、发展及影响作较为全面的记载，显然非常必要，可以为戏剧史的研究创造十分有利的条件。特别是"新昌调腔"已有四百余年的悠久历史，被称为戏剧史上的"活化石"。

令人高兴的是，《绍兴市志》最后还专设《丛谈》一卷，记载"绍兴师爷"和"堕民"两个内容。看得出他们为了全面反映绍兴的历史和现实，考虑是相当全面的。绍兴师爷流传很广，影响很大，但是真正深知其意者并不多见。如大学者胡适在《章实斋先生年谱》中批评实斋错误观点是绍兴师爷之伦理见解，其实是对绍兴师爷的一种误解，似乎绍兴师爷在处理、议论问题时总是带有偏见，这显然与事实不合。绍兴师爷作为一个特殊的社会群体，曾影响了明清数百年地方政府的行政运作，对于这种社会现象，却很少有人作专门研究和评述。前些年看到某刊物上一篇关于"幕客"的文章，全文竟只字未提到作为幕客主体的绍兴师爷。虽不能说该文研究尚未入门，但起码是存在严重缺陷的。该志《绍兴师爷》一章，章首引言先简要介绍在绍兴产生的这一特殊社会群体："绍兴师爷是明清时期封建官制与绍兴人文背景相结合的产物。这个地域性、专业性极强的幕僚群体，肇始于明，盛行于清，没落于辛亥革命前后。自始至终，在我国封建机构中活跃了三四百年，声名扬及国内外，成为封建官衙幕僚阶层的重要组成部分。"接着就分六节对其产生、发展和影响作了详细的记述，特别对绍兴之所以会产生这种人才群体的社会基础作了分析和论述，具有很高的学术价值。

当然，我们必须说明，绍兴的经济在全国占优势地位，作者也并未忽略，共设11卷、120万字，并且将《乡镇企业》单独成卷，既不放在工业，也不放在农业，可见他们是有见地的。

长期以来，绍兴人在人们的印象中乡情表现得特别浓，无论是戴着乌毡帽的忠厚农民，还是历代"名士"学者；无论是绍兴师爷，还是那些深受人们欢迎的戏曲演员，无不反映出绍兴人所特有的气息。故乡情虽然各地人都有，但似乎都没有绍兴人那么浓郁。从上述介绍可以看到，《绍兴市志》实际上着意在突出绍兴人，他们从人口总体、人才群体、人物个体三个方面进行记述。特别是"人才群体"，可以说是这部志书的重要特色。我特意介绍的三个方面，都是集中地体现人才群体，这在其他志书中并不多见，在以后新修志书时很有推广的价值。

综上所述，《绍兴市志》具有极为丰富的文化内涵，充分反映了历史文化名城的历史与现状，许多内容都具有很高的学术价值，自然也就体现了这部志书的学术品位。可见，提高新修志书的学术品位、文化品位，不能仅停留在理论上、口头上，必须贯彻到修志过程中去，《绍兴市志》就是明证。

三、吴孝桐主编的《萧县志》

吴孝桐，男，副编审。1932年出生于安徽萧县，1951年毕业于宿县师范，历任小学校长、县教研室主任、县委办公室副主任、县委政研室主任等职。1986年任《萧县志》主编，1989年志书出版。全志共24篇，104万字。我被聘为这部志书的顾问，在此结合对志书的介绍，谈谈我认为顾问应做的事情。

在第一轮修志中，我一共只担任过三部志书的顾问，因为我不愿挂虚名。《萧县志》是我接受的第一部。在应聘之后，我便下决心，必须既顾又问，要真的给人家以指导和帮助。经过阅读志稿，又听了主编的介绍，感到萧县在抗日战争期间，三方面政权很典型，既有抗日民主政府，又有国民党县政府，还有日伪建立的县政府。它们各行其政，在军队上各有数千人武装；在政治上各有建制，各派官员，甚至还各有政党，连汪伪也设立国民党县党部筹备委员会；在经济上各有封锁政策，也各有补给政策；在文化上各办各的学校，各出各的报刊；全县十个区，竟有三十多个区公所。这些现象在全国确实少见。为此，我在志稿评议会上建议将三方面政权集中来写，不仅写出同时存在，更要写出三方面政权的对立与斗争，因为这一内容很重要，对今后编写当代历史都有价值。同时我还指出，不论是哪一部新修方志，对于日伪政权、日伪军队、日伪货币等，都应作为正式内容修入志中，让我们子孙后代知道日本侵略者所犯下的各种罪行。这一建议在评稿会上引起了激烈的争论，不少人认为，这样去写，"势必违反'横排竖写'的修志规定"。在我看来，这根本不是问题，因为"横排竖写"从来就没有作为修志规定，更不是方志的特点。反对把三方面政权集中编写，除了这个理由外，还有些是模糊看法，认为新修的方志，怎么能把国民党县政府、日伪政权与共产党并列呢？特别是日本侵略者，犯下了滔天罪行，怎么能与人民政府写在一道呢？甚至有人提出，我们共产党修志，为什么要为国民党歌功颂德？我们修社会主义县志，为什么要为国民党树碑立传？看来，这似乎已经不是单纯的学术问题了。

评稿会上，我发言的第二个内容，便是同意并积极支持萧县志办同志欲将书画艺术部分从《文化》篇中分出来独立成篇的要求。这本是正常的做法，可是评稿会上却又引起了"爆炸性"的争论。归纳起来有三点：一是当时所写语言不合志体；二是内容较单薄，同时又削弱了《文化》篇的分量。这两种意见我觉得都有其合理性，修改中应当努力避免。还有一种认为根本不能成篇，因为萧县的国画乃是无源之水，找不到源流，并且也无派可言，它与"新安画派"无法比拟。虽有当代著名国画大师李苦禅题写过"国画之乡"，那只是当代的，不能说明它有什么渊源，也未说明它已成派。此意见一出，影响较大，给志办同志带来较大压力。我之所以会积极支持，自然是受到志稿内容的感染和影响，觉得如此丰富的内容应当独立成篇。萧县有5位全国一流的画家作支柱，有全县1800名可施丹青之技的群众基础，有散布在全国各地的数十名颇有成就的中青年画家。书画艺术已成为萧县人民文化生活中不可缺少的组成部分，萧县是一个名副其实的"国画之乡"，这在全国是不多见的。故而1981年《中国青年报》以"之乡集锦"为题，将它列为全国"十大之乡"之一，因为萧县"无处无书画"。对于萧县人民这一丰富的文化生活，这一突出的社会现象，我认为是可以单独成篇的。之所以会产生反对独立成篇的意见，看来有两个问题应当搞清楚：一是志书中凡是独立成篇者是否皆得有渊源可溯才行？我看没有任何理由可以提出此要求，否则好多新生事物、新发生的重大事件或社会现象就无法成篇入志了。二是应当看到历史上许多学术流派，形成于当时，但其名称大多为后人所加，"金华学派"、"浙东学派"、"乾嘉学派"等无不如此。因此，萧县的"龙城画派"形成虽晚，但它毕竟是作为一个艺术流派存在，况且也已经有200年的发展历史了，为什么不能成派？"常州学派"至今不过近百年历史，又有何妨？可见考虑问题必须胸怀五千年历史，面向全国学术界，而不能仅守着一个"新安画派"。

志稿评议会不可能解决所有问题，争论的一些重大问题，是一时无法得到统一的。此时，作为顾问就应当为志办同志分忧解难，当好参谋。因此，回到杭州的第二天，我便给萧县志办同志写了一封信，再次谈了我的看法和修改意见。看来他们对这封信相当重视，收到后打印给办公室全体人员并送给县里领导，也给我寄回一份。现将其中两段抄录于下：

您们所确定的重点，我基本同意。这里我还想提醒一下，在我看来，您们应将军事、政权、书画艺术作为重点的重点来抓。军事虽然每部志书都有，但绝对没有您们这里丰富而多样；三方面政权写好，不单对这部县志有特色，而且对将来历史的编写都有重大价值；书画艺术既要反映名家，更应有群众性，这在全国是不多见的，只要写好，就是特色。如果将这三篇写好，我们可以肯定，就此三篇内容，就会使这部县志永远立于方志著作之林！

林果虽说是重点，但其他地方也有此内容，当然各地特色不同，自然也应写好。望在修改中好好领会乔木同志的讲话精神，在"朴实"、"严谨"、"科学"方面狠下功夫。我多次讲了，材料真实与否是一部志书的生命线。

我认为，作为一名顾问，在关键时刻，就应当观点鲜明地站出来"顾问"，当好参谋、做好后盾，既不能闭口不言，更不能模棱两可。当然，我非常感谢萧县志办同志对我的信任。经过他们认真修改后出版的《萧县志》，时代精神与地方特色体现得都比较鲜明，得到方志学界的好评。仅一年多时间，5000部志书便一售而光，这在当时图书市场不景气的情况下，从一个侧面也可以说明问题。现在看来，当时争论的两大问题，已成为这部志书的两大特色。在《政权》篇中，将"抗日战争时期三方面政权"列为一节，将三方面政权集中编写，使人可以看到，抗日民主政府是在条件非常困难的情况下建立起来的，在共产党领导下最终取得了伟大胜利。使子孙后代知道，今天的胜利来之不易，无须讲什么大道理，共产党的光荣、正确、伟大的结论自然会在读者心目中形成。在三方面政权复杂斗争对比之下，更衬托出共产党人的英雄本色。这样编写有谁能说它是触犯什么"条规"呢？可惜的是，当时志办同志为议论所逼，人言可畏，未能将它独立成篇。同样，书画艺术部分独立成篇后，凡是看过该书的人都感到"令人耳目一新"。可见修志者必须要有自己的主见，只要看准了，就要一往无前地坚定做下去，否则就会失去独创的机会。任何一种创造性事业乃至科学研究，多少都要带些风险，除非不要创新。只要是为了方志事业，为了繁荣祖国的学术文化事业，就应当提倡大胆地创新。当然，这部志书也还有不尽如人意之处，如《文化科技》篇设"创作"一节，所记内容又不伦不类，而把传统的艺文志只编制了《萧籍人主要著述简表》，并且作为附表，而所列又全是当代人著作，古代则一部没有，这明显是个大问题。出现这样的问题而未能发现，作为顾问的我自然也负有责任。同时由于该志出版较早，出版时觉得很不错，但是通过比较，差距就出来了，不论你承认与否，这总归是事实。作为该志顾问，自然也希望萧县志办的同志们能够通过新一轮志书的编修，使志书更上一层楼，特别是要提高志书的学术文化品位，把萧县的历史和现状全面反映出来。

四、杨杏芝主编的《广陵区志》

杨杏芝，男，研究员。1937年出生于江苏宝应县，1960年扬州师范学校毕业。编著有《城市区志编纂概论》、《广陵区志评介》、《广陵区志丛论》等书。《广陵区志》的编修始于1988年，1994年出版。全书24篇，人物单列，共120万字。此志出版后，主编曾给我寄来一本，并且请我写篇书评。我回信表示，书评不能写。信中有这样几句话："非常抱歉，评论文章我就不写了，因为我早就决定，不为新志书写书评。还在修志早期，第一部新修县志出版后，许多评论文章作了无原则的吹捧，此例一开，每当新志出版，大多照此办理，无论好坏，都是'佳志'，这还评什么呢？真正的评论是要肯定长处、优点，也要真正评论其不足之处。既然成了风气，一个人也无法扭转，而我这个人是做学问的，向来养成了喜欢说老实话，在此风头上说老实话行吗？最起码要得罪人……尽管您们这部志书我看了很满意，书评则更不能写了，否则不是得罪人，而是要挨骂了，因为这里是江总书记的家乡，他又为此志题了书名。"由于主编很恳切，希望能听到客观的、实事求是的看法，于是我给他写了一封长信，首先指出，这部志书突出反映了古城的新貌。古城与新貌是统一的，首先要有古城的特色，然后才有发展的新貌。有些历史文化名城的志书，只注意抓发展新貌而忽略了如何反映历史文化名城的特色，自然也就失去了地方特色。《广陵区志》做得比较成功。我肯定其四点长处是：

一是真正按照方志体裁的要求编写。

要做到这点很不容易，《广陵区志》做到了，所以我说它是真正符合方志的体裁。当然，从形式上看，所有新修方志，无一部不是按纪、志、传、图、表等所谓志书体编写，但在编写过程中，往往出现"貌同而心异"的情况。而这种现象的出现，又大多为方志学界一些人大谈"宏观"所影响，因而空话、理论连篇累牍，自然就不符合方志乃是资料性著作的特点。更有甚者，篇章节还要讲平衡，少了就不能成章成节，明明三五句话可以讲清的一件事，硬是写上洋洋数百言、上千言。难怪学术界许多人士有个共同感觉，新方志水分太多，找一条材料，如同大海捞针。《广陵区志》则不然，它是由材料实体所构成，章节篇幅长短，全是根据所记内容多少而定，不作任何的人为平衡，如《人民防空》章第一节"人防机构"用字不到两行，《城池变迁》章第一节"邗城"用字三行半，《兵役》章第一节"志愿兵役制"两行半不到，都足以讲清事情的内容了。类此情况，也许会被某些方志学家批评为有失平衡。其实这样写法，正符合自古以来方志记事的特点，即有话则长，无话则短，三言两语，照样立卷设节，没有那么多清规戒律，也正是方志生命力强的主要因素之一。没有空话废话，后人查检材料也就方便。因此，《广陵区志》记事首先是符合方志是资料性著述的要求，每件事记完了事，这正是方志记事的要求。

　　二是篇目设置合理，完全从本地实际出发，没有受到"突出经济"、"突出工业"风气的冲击和影响。

　　20世纪80年代以来，修志工作在全国开展以后，就有不少人提出，经济要成为一部志书的重点。加重志书中经济内容是对的，但若是每部志书都以经济为重点，这个要求明显是不妥当的。1985年我在撰写本书初版时就已指出其不妥，但并未引起人们重视，因而新修志书曾一度出现了经济类大膨胀的弊病，许多学术界人士已经纷纷指出。而《广陵区志》在25篇中，经济部类仅占5篇，为总数的五分之一。尤其作为城市志，工业比重适当大些是可以理解的，而此志也仅设《工业》篇，但并没有削弱工业生产应当记载的内容。相反，根据城市特点，不仅设有《城市建设》篇，而且设置了《街道》篇，这显然是城市志编修中一种独创，而所记内容有古有今，同样在反映古城新貌。

　　三是集中反映古城新貌的地方特色。

　　这一点固然与扬州的历史和风景名胜有关，但重要的还在于如何体现，这就要靠编纂者的主观能动性了。全书既有园林名胜、文物古迹、扬州画派与扬州学派、民情风俗四篇集中反映，又有《街道》篇中的名街、名巷、会馆、名宅，《城市建设》篇中的城池变迁，《商业》篇中的三把刀、名店、名点，《文化》篇中的曲艺、古籍、工艺美术等从各方面衬托，使人感到全书都充满着地方的色彩。条件虽好而不会发挥同样无法反映地方特色，这样的城市我可以举出好多。各地的风俗民情、风味特产，是最容易反映地方风貌的。而这些内容历来因其不登大雅之堂，历史著作很少记载，只有各地方志才将其视为必不可少的内容。我早就指出，对这个传统的记载今天同样不应当削弱。这部志书在《民情习俗》篇中，不仅介绍了本地五大风俗，而且记载具体、细致、生动。扬州的饮食文化长期以来就以"淮扬菜系"而闻名。在《商业》篇中，专门介绍了这个菜系的形成和特点，特别是对名菜、名点的介绍，从选料、配料到制作方法，都有详细记载。这些内容不仅反映了扬州人的生活特色，同样体现出"古城新貌"，并且对于传播祖国的饮食文化有重要作用。

四是为旧社会下层人民树碑立传。

旧方志记载下层劳动人民的自然不会很多，新修方志中如何多为劳动人民的奉献精神、英雄事迹作必要反映，还是值得修志工作者很好研究的一个问题。《广陵区志》在这一方面作出了可喜的贡献。该志不仅在人物传、人物简介中为著名厨师、评书艺人、剪纸艺人等专门列传，而且通过"扬州三把刀"（指厨刀、剃头刀、修脚刀）和其他有关章节介绍了这三个行业的师傅们的高超技艺，每个行业并配有代表人物的照片，说明他们的劳动不仅得到社会的充分肯定，而且普遍受到人们的尊敬，他们的事迹得以名扬千古。而在每一项工艺美术中，也都将代表人物一一列出，充分发挥了志书"以事系人"的作用。上述这些人物在旧社会是毫无地位可言的，即使著名评话艺人，也只能在茶楼饭馆演出。新社会中他们不仅地位提高，而且事迹得以入志，享受了一般人享受不到的殊荣。

除了上述四点外，此志在编纂过程中，还利用了古代文人留下的大量诗篇，引用了其中的名篇佳句和楹联，使不少篇章的叙述富有诗情画意。这既增加了志书的可读性，又为古城新貌增添了浓郁气息。

对于这部志书存在的问题，我在信中也提出了严肃的批评，指出这部志书的不足之处，"最突出的便是序文太多太滥，五篇序已经太多，后面还要有一篇跋,更加多余,因为跋实质上与序一样,故也称'后序'。要如此多的序,究竟要达到什么目的呢?实际上是典型的形式主义";"另外,艺文志省略也很不确当。扬州自古以来,文人学者留下许许多多著作,而当前(新中国成立以后)各种扬州著作更应搜集,此志不载,扬州地方文献向何处寻找?这个内容绝不是可有可无,我已发了专文论述"。我想这两个问题都很重要,不得不谈,指出的目的是希望今后修志者引起重视。

五、俞福海主编的《宁波市志》和《宁波市志外编》

俞福海,男,副编审。1931年出生于浙江鄞县,1949年毕业于鄞县商业学校,同年参加革命工作。1983年任宁波市人民政府办公室主任,1985年任宁波市政协秘书长,1986年起任宁波市地方志编纂委员会副主任,兼办公室主任,负责主编市志。曾编著出版过《浙东名城宁波》、《宁波》等书,正在编写200万字的《新编地方志要目》一书。《宁波市志》的编纂,于1986年起步,历时八年,1993年完稿,1995年出版。全书分49卷,共430万字,分上、中、下三册。其后又出版《宁波市志外编》,全一册,150万字。

众所周知,宁波这个沿海城市与众不同,很早就成为我国对外贸易的重要港口,由于地位的重要,历经宋、元、明、清,直至民国而不衰。早在唐代,日本遣唐使船舶就由此出入境。北宋淳化三年(992),明州开始设置市舶司,至今已逾千年。元至元十四年(1277),当时的庆元设置市舶提举司,是全国四个提举司之一。其后,温州市舶司、上海和澉浦的市舶司,先后都并入庆元,可见当时庆元地位之重要。入清以后,成为全国四个海关之一。鸦片战争后,宁波被迫辟为"五口通商"之一,清道光二十四年(1844)正式开埠,延续到民国。由于这些原因,因此商业贸易很早就十分发达,造就了一大批"宁波商人",并形成了享誉全世界的"宁波帮",宁波商人一度不仅遍布全国各大商埠,而且势力曾影响到全球。还要指出的是,宁波同时还是"历史文化名城",不仅古迹遍布、文物众多,而且自古以来就是人文荟萃、文风鼎盛,历史上曾产生过许多著名学者和学派。自宋以后,就产生过四明学派、姚江学派(亦称阳明学派),直到后来的浙东学派。这些学派的学术思想和学术观点,直接影响着我国封建社会后期的学术文化发展。这就是宁波这座城市的两大特点。《宁波市志》为了反映其特点，将海港口岸、文物古迹、学派与著述都单独列卷，突出反映了港口城市和历史文化名城的性质与地位。可见该志编纂者在篇目设置方面是经过精心策划和研究的。就以学派和著述放在同一卷之中，当然不是简单的凑合，而是有意识的安排，可以起到相辅相成的作用，更足以反映人文荟萃的历史。有学者然后才有学派，而学者、学派的主张、观点、学说又要通过其著作才能得以反映和流传。因此，各种学术著作实际上就成为反映某个地方文化是否发达的重要标志，历代许多著名学者都强调必须修好艺文志，这自然是个重要的原因。许多新修方志将此重要内容删掉，只能说明编纂者们见识的短浅。值得注意的是，该志《著述》章对于所著录之书，不仅注明作者、卷数，而且注明稿本、抄本、刻本等不同版本，稀有版本还尽可能指出藏于何处，为读者提供了很大的方便。

　　古代许多重要的学术著作，往往分内篇和外篇，如刘知幾的《史通》、章学诚的《文史通义》这两部重要的史学评论著作就是如此。一般说来，内篇多为学者学术宗旨之所在，外篇则是余论性质，旨在补内篇论述之不足。但作为地方志这种著作，设内外篇者却不多见。《宁波市志外编》自然很新鲜，主编俞福海此举，应当说是受到章学诚的方志理论所启发。章学诚当年为了修好方志，倡导方志分立三书，即在主体方志之外，为了保存相关材料，建议另立"掌故"、"文征"。所以，我在给宁波大学方志专业讲课时曾指出，《宁波市志外编》的编纂说明俞福海对章学诚的方志理论真正学到手了。《宁波市志外编》所收内容，皆为宁波旧时地方文献，这些文献都相当重要，但作为新修方志又无法容纳。《编辑说明》曾言其目的是"使更多的读者能较为方便地阅读并使用这些地方文献"。全书共分古志选辑、碑记选、文选、诗·竹枝词·校歌选、姓氏·现存宗谱目录五大部类，而以前两类内容为主（约占全书的四分之三）。宁波历来有修志的优良传统，自宋至清共编纂过28部志书，其中不少还是出自名家之手，是其他地方无法比拟的。对这众多的志书，选择其中影响大、价值高的加以选辑汇编，既可以起到保存古籍的作用，更为广大读者查阅和研究创造了有利条件，因为许多志书散处各地，一般读者得之不易。况且许多内容不仅对研究宁波地方历史文献很重要，而且对研究方志发展和我国古代有关方面历史有重要价值。宋元时代在方志发展史上具有承前启后、继往开来的作用，此时志书内容日益充实，体例不断完善，从各方面看，方志到了宋元已趋于定型，名称亦基本确定。这种易名的交替过程，在宋代所修的几部宁波方志中同样得到了反映。北宋所修大多称图经，其实当时所记内容已经相当丰富，与后来方志并无实质区别，这从黄鼎所作的《乾道四明图经序》中足以得到说明："自大观元年，朝廷创置九域图志局，命所在州县编纂图经，于是明委郡从事李茂诚等撰述，考地里之远近，户口之主客，与夫物产之异宜，贡赋之所出，上而至于人物、古迹、释氏、道流，下而至于山林、江湖、桥梁、坊陌，微而至于羽毛、鳞介、花木、果蔬、药茗、器用之类，莫不毕备。"这个序告诉人们，北宋时期中央政府不仅要各地州郡普遍修图经，而且所载内容似乎亦有规定要求，从所列内容来看，与后来方志并无不同，只不过名称还叫图经。再看《宝庆四明志序》，作者在其中提出了易名的原因，"四明旧有《图经》成于乾道五年"，开宗明义，说明四明早已有图经，还在大观初已修过，不过未能流传下来，而这次所修则以乾道所修为底本，"成二十一卷，图少而志繁，故独揭志名，而以图冠其首"。可见编修之初还称图经，成书后为了使名实相符，"故独揭志名"，改称志。因而就有了《四明志》而不再是《四明图经》。又如研究唐宋以来对外贸易及设置市舶司等问题，除了《乾道临安志》外，要推《宝庆四明志》最重要了。对此，前面已经作了论述，这里就从略了。

再看《碑记选》，下分学校碑类、水利碑类、桥梁和建筑器物碑类、城垣和建筑物碑类、军事碑类、寺观碑类、祠庙碑类、官府行业民间规约和会馆碑类、墓志铭碑类、善举和其他碑类，共十类。这些碑记大多具有存史和教育的价值，一般只需看了标题，即可知其大概。海塘建筑是我们祖先在与海患斗争中智慧的结晶。我国是世界上修筑海塘最早、规模最大的国家，作为海港城市的宁波，其地位自然可想而知。我们看到，"水利碑类"中很大一部分是关于修海塘、海堤等的碑记，这些碑文不仅记载了每次海塘修造经过、所费银两等，而且还记录了许多经验教训，这是一笔宝贵的财富。"军事碑类"所选大多为记载我军民抗击外来侵略的英勇事迹，如《平倭碑记》、《镇海防夷图记》等。而"官府行业民间规约和会馆碑类"涉及社会的方方面面，特别是对社会许多不良行为都立碑永禁，如《禁赌碑》、《严禁溺女恶俗告示碑》等；还有许多碑文是从正面提倡的，即使今天仍有现实意义。

《文选》的选文确实做到了少而精，总共 51 篇，且多为名家手笔，如王安石、王应麟、方孝孺、王守仁、徐霞客、黄宗羲、全祖望、俞樾等。这些选文大多具有很高的学术价值。两篇《天一阁藏书记》，一为黄宗羲所作，一为全祖望所作，文章不单记载天一阁藏书概况，还叙述了江南一些藏书家的聚散兴衰情况，同时还反映了作者的读书习惯和求学精神。全祖望的《甬上证人书院记》主要讲述黄宗羲在此讲学，不仅使学风为之大变，而且为本地造就许多人才。这些文章一般还不易得到，可谓选得其所。

《姓氏·现存宗谱目录》于每一姓大多注出祖籍或从何处迁入，为研究历史上人口流动情况创造了良好条件。宗谱目录则为研究谱牒学提供了条件，因为家谱、宗谱都是重要的地方文献，其中许多内容是其他史料所无法替代的。况且中国的宗谱一直受到国外学者的重视。

综上所述，足以说明《宁波市志外编》所选之内容，对于保存地方文献、提供学术研究均有着重要的作用。所以我说它对《宁波市志》来说，实际上是起到了"锦上添花"的作用。这个经验还是值得推广的。

六、王孝俭主编的《上海县志》

王孝俭，男，副研究员。1948 年出生于上海，1982 年毕业于上海师范大学中文系。主编出版过《黄道婆研究》一书，还参与《闵行区志》编修，任副主编。《上海县志》于 1982 年启动，1992 年定稿，次年正式出版，全书分 35 篇，共 191 万字。这部志书是我所见到的新修县志中资料最丰富、内容最完善的志书之一，它基本上反映了上海的百年沧桑。看了这部志书，人们既了解到上海人民在旧社会所遭受的苦难血泪史，又看到如今人们已过着幸福美好的生活。此志的编修，一般都始记于清朝末年或民国初年。为了能让人们集中地了解旧上海的概况，还专门设置《特记》篇，对清道光二十三年（1843）以前的上海县和 1843 年至 1928 年的上海县作了集中的记述，所记的内容也都是具体的、丰富的，而不是空洞的、抽象的。这可以说是这部新志书的最大特点。正如主编在后记中所说："反映任何一个典型的县，不能靠描述，而要让资料来说话。"从这句话就可以看出作者是有见地的，他懂得"地方志的功能决定了地方志首先是资料性的"，因此，为了修好志书，必须狠抓资料搜集。这也就是这部志书资料丰富的关键所在。

农业是各地都有的，也是市县志必不可少的篇目，因此，我们首先以此为例。该志在《农村生产关系 农业经营体制》篇中的第一章是"土地改革"，而在此章之下列了"上海县土地改革前各阶层土地占有"和"新泾区、龙华区土地改革前各阶层土地占有"两目，将当地自耕农、佃农、雇农、富农、地主占有土地数和占有比例都作了详细记载，最早从民国十七年（1928）算起。由于上海县与上海市相接，因此，近市郊区的土地占有情况又有所不同，因为这里的田主多为工商业资本家，所以他们又做了单独统计。更为特殊的是，这里还有大片土地被外国人占有，可见这里的土地占有情况相当复杂，这也从一个侧面反映了旧中国半殖民地半封建社会的特点。为了能够说明这种复杂的土地占有关系，编纂者特地编制了六种土地占有情况表。至于地租，这里有实物租、货币租、劳役租等形式，而以实物租居多，货币租在20世纪40年代多折算成米等实物缴纳。租额向无统一标准，民国二十年（1931），国民政府虽通令全国按全年每亩收成的37.5%征收，但因各地区经济情况不同，年岁丰歉不一，租额也各不相同。志书以新中国成立前夕为例，列了定租、分租、预期、押租四种情况。定租：一般亩收白米7—8斗，约占亩产之半，个别远郊农村高至1石以上；分租：以收获分成，有四六分、对半分和倒四六分等；预租：一般预付1—3年，近郊有预付5年以上者；押租：又称顶首、订手、召价、垫价，订立租约，由佃农向田主预付押金，金额相当于一年地租。押金不付息，退租时收回，欠田主米，则于押金中扣除。此外还有所谓劳役租、礼租等名目。而在收租时，田主一般采用大斗小秤，大斗进、小斗出，大秤进、小秤出。可见在旧社会农民租种土地是多么困难。志书中还编制了《1931—1948年召楼奚姓地主收租租额表》，逐年记载每亩租价、交租日期、逾期涨价等项目。像这样连续18年不间断的收租记录实属罕见。另外，还有《顾聚德堂、顾怀德堂若干土地出租租额、召价情况表》，最早记载光绪十二年（1886）至民国三十年（1941）间断的共16年情况，记载佃户、租田数、租额、召价等项目，除一年外，其他年份租额均在每亩1石以上。其剥削程度之重可以想见。志书中还有清朝末年、民国初年土地买卖价格表，当然也是很有价值的。特别要指出的是，志书还刊入乾隆十九年（1754）和咸丰五年（1855）"田单"照各一张,同治八年(1869)和民国十一年(1922)、民国二十五年(1936)土地绝卖照各一张,其文献价值都是显而易见的。以上这些宝贵资料,均非举手可得之物,自然都是志书编修者们花了大量的精力和时间寻求而得,你不去找,自然不会有人送上门来。有一分耕耘,必然就有丰硕成果,这就是事在人为。

旧上海是外国侵略者的乐园,当然上海人民同时还受到外国侵略者的压迫和剥削,外国侵略者在我国领土上为所欲为。为了反映这一段历史,志书在《特记》篇专门设立了"上海开埠、租界设立"一目,记述了上海被迫开埠和租界设立始末。美、英、法侵略者利用《南京条约》、《虎门条约》、《望厦条约》等不平等条约的签订,纷纷到上海居住、贸易并设立租界,上海成为中国沦为半殖民地社会的象征。首先进入上海者乃是老牌侵略者英国。清道光二十三年(1843),英国首任驻上海领事巴富尔抵上海,并很快与上海道台宫慕久商定,同年11月17日,上海正式开埠。两年后,宫慕久公布巴富尔与其"商定"的《上海土地章程》,章程凡23款,划上海城外洋泾浜(今延安东路)以北、李家庄(又称李家场,在今北京东路)以南、黄浦江以西约830亩地为英租界。道光二十六年(1846),美国首任驻沪代理领事华尔考脱以《望厦条约》为据,迫使上海道同意淞江北岸虹口一带为美侨居留区。此后他们一再寻找借口,不断扩大租界面积,到光绪二十五年(1899),英美租界面积已扩大到33503亩,并定名为上海国际公共租界。法租界始设于道光二十九年(1849),到民国三年(1914),面积已扩大到15100多亩。到了19世纪60年代,英法租界内居然设立了侵犯中国司法主权的司法审判机关,至此中国主权已丧失殆尽!这些历史记载,就是要让中国人民毋忘国耻!对于公检法,一般新修志书大多自1949年写起,《上海县志》则是从清末写起,内容尽管不太详细,但对这些机构的设置、演变、性质、功能还是讲得一清二楚。特别是"监所"一目,记载了该县始设监狱的情况。共两处,一为江苏第二监狱,一为国民政府司法行政部直辖第二监狱。监狱主要关押、杀害共产党人和仁人志士。特别是"淞沪警备司令部"在龙华设立后,杀害与囚禁了无数共产党人和革命烈士,中共早期领导人宣中华、汪寿华等人和"左联"五作家等都在此遭杀害。这都明确告诉子孙后代,民国时期的警察局和法院是用来管制老百姓的,监狱则是关押和杀害共产党人、革命志士的。既然如此，为什么许多志书不写呢？

对于政权、政党的撰写，编写者完全本着历史唯物主义观点，按照历史发展如实记载。在《政府》章之下，列有"元、明、清代上海县署"、"上海县政府"、"日伪政府"、"上海县人民政府"、"县人民政府机构"等目。在《政党团体》篇下，设"中国共产党"、"中国国民党"、"民主党派"、"群众团体"四章，其中在《中国国民党》章之下，除列"中国国民党县党部"之外，还列有"汪伪国民党上海县党部"，因为这些都是历史的事实，不应被任意抹掉。以上这样排列，丝毫没有贬损共产党和人民政府的地位，倒是真实地反映了历史的事实。那种认为将民国县政府、日伪政权与人民政府并列，就抬高了国民党政权和日本侵略者，只能说是对历史的无知。写史和修志都不能对这种思想迁就，更不能凭感情用事。

《上海县志》写了700年的上海历史，重点则写近百年的历史，写近百年上海的伟大变革，写了旧上海的方方面面，让人们看到了上海的昨天。但是，他们这么写了，并没有削弱和减少对新上海当前状况的记述，其重点照样还是写新中国成立后上海县在各方面所取得的伟大成就。志书记载的事实和列举的数据都足以说明这个问题。新旧对比，简直是翻天覆地的变化。面对着伟大的变革所带来的巨大变化，有谁能不从内心发出社会主义好、共产党英明伟大的称赞呢？可以这样讲，百年沧桑上海县可以视作新旧中国百年变化的缩影。可见记述旧时代的苦难，可以更加显示出新社会的幸福和美好。我可以毫不夸张地说，新修《上海县志》正是这样做的。

七、陈晖主编的《苏州市志》

陈晖，男，1923年出生于江苏省大丰市，1940年参加革命工作。这部志书1981年启动，1990年完稿，历时十年，1994年正式出版。全书分54卷，483.5万字，分装上、中、下三册。苏州是著名的历史文化名城，又是著名的风景名胜城市，它与杭州一道，早就享有"上有天堂，下有苏杭"的美誉。但是，这两个城市虽然都有"天堂"的美称，但在历史文化、风景名胜等诸多方面则又各不相同。单以风景而言，杭州多为天然景色，苏州则多出自人工，以园林而著称于世，并成为江南园林的典型代表，因而素有"江南园林甲天下，苏州园林甲江南"之说。可见同为"人间天堂"，各自特色大不一样。

为了充分反映出苏州这一城市性质的地方特色，《苏州市志》的编纂者们不仅自己深入研究讨论，而且鼓励参加评审人员献计献策。在采纳多方面意见后，他们从三个方面作了处理："一是发挥地方优势，从文化中分出文物卷、刻书藏书著述卷；从城市建设中分出城巷河桥卷，保留了地方特色的饮食服务卷；二是注意从全方位反映各自的特色，或加大章节的处理，工艺卷中生产与特色并重，物资卷中计划内物资与计划外协作并举，商业卷中着力记述苏州的传统商业街区；三是将经济综述、城巷河桥、丝绸工业、工艺美术、园林名胜、文化艺术、文物、商业等八卷列为重点志稿，求深求特。"[1] 应当说，《苏州市志》的编纂者们对自己所写的对象认识比较准确，并不是随意拼凑的。因此，他们所确定的重点确确实实反映了苏州城市的性质和特点，甚至连苏州人的性格也反映了出来。

江南水乡的城市内外大多是水网纵横交错、桥梁星罗棋布，苏州更是典型代表。在这里，"街道依河而建，民居临水而筑"，"河街相邻，前街后河"。对此特有的水乡城市景色，唐宋以来早有诗人作诗称颂："处处楼台飘管吹，家家门前泊舟航"；"绿浪东西南北水，红栏三百九十桥"。用星罗棋布来形容苏州河桥之多，一点也不过分。据记载，最盛时平均每平方公里就有桥25座，故有"一步两座桥"之说。直到1985年，市区尚有桥361座，其数量之多，可以想见。为了反映这一特色，故单设《城巷河桥》卷，下设"城垣"、"街巷"、"河道"、"桥梁"四章。在新修市县志中，单就这个内容而设篇卷者尚不多见。这样就可以反映出苏州城市建筑自古以来的一个特点："河巷相依"、"河街相邻"。

众所周知，苏州园林建筑不仅历史悠久，而且居全国之冠。据旧志记载，在明清鼎盛时期，在原吴县、长洲、元和境内，各式园林和精致庭院多达三百余处。为了向世人展示这一精美内容，编纂者们除了单独设置《园林名胜》卷外，又在《建筑》卷中设立《园林建筑》章，以相互呼应，足见他们对此之重视。什么是园林？其实就是古代富豪人家的私家庭园（院），功

---

[1] 陈维新：《〈苏州市志〉评审的有益尝试》，《中国地方志》1994年第1期。

能是住宅的延伸，是园主游憩、观赏、斗奇、比富之所，因此它的建筑具有实用和观赏双重功能，大多是"移山水之胜于咫尺，融诗、画、景于一体的杰出构筑"。苏州园林为什么会如此之盛？编纂者在《园林》章中作了令人信服的回答："明清两朝宅第园林兴建最多，尤以明正德至清乾隆、嘉庆共300年间为苏州古典园林造园艺术的顶峰时期。除短暂战乱外，此时经济发展，物资充盈，尧峰西山盛产佳石，吴门画派大师辈出。省会所在，名流云集；科第之盛，甲于全国。富豪以丽园奇石相炫，士宦以逍遥林泉为乐，造园之风遍于吴中。园主与宾客多谙诗文，能书画，模山范水，栽花植木，或仿自然，或采画意……加以手工业技艺居全国前列，建筑、家具、装裱、叠石等巧匠迭出……由此种种，苏州古典园林以文人写意山水园为主流。"看来苏州园林建筑所以发达，原因是多方面的，其中最重要的一个因素乃是附近盛产"太湖石"，这是园林中叠造假山的天然材料。因此，苏州建造园林自然是近水楼台，再加上其他因素，遂使苏州园林居全国之冠。志书引用著名古典建筑学家陈从周先生在评述苏州园林艺术风格时所说："首重境界，就是要有诗情画意，无形之诗，无声之画，而以立体的园林来代替，达到叠石流泉，虽由人作，宛自天开。因此是综合的科学，也是综合的艺术，包含了高深的哲理，在世界文化中独树一帜。"[①]该志还设"古典园林"一节，对著名的园林沧浪亭、狮子林、拙政园等27座名园分别作了介绍。只要看了此章，苏州园林建筑可尽收眼底。河桥、园林本是江南水乡城市普遍存在的现象，这种江南水乡特具的景色，将随着时间的推移而逐渐从人们的记忆中消失，新修方志不作及时记载，实在太可惜了。《苏州市志》的这一记载将会越来越显现其可贵的价值。

苏州的工艺品无论是品种之多，还是美观精良程度之高，都称得上是盖世无双。为了向世人推荐家乡高超的手工艺品，该志特设《工艺美术》卷，将苏绣、缂丝、宋锦、剧装戏具、织毯、红木家具、漆器、玉雕、雕刻、扇子、桃花坞木刻年画、民间工艺、苏裱、姜思序堂国画颜料、笔墨纸砚、金银器、仿古铜器、乐器等都分列专章加以介绍。这些手工艺品大多需要精工

[①] 陈从周：《苏州园林·序》，《苏州市志》第十一卷《园林名胜》第一章《园林》引，江苏人民出版社1995年版，第一册，第651—652页。

细雕,看来这与苏州人的性格有着很大关系。苏州人讲起话来也总是细声细语,民间曾有"宁愿与苏州人吵架,不愿和宁波人讲话"一说。可以说,是苏州人的性格造就了苏州这些精美的手工艺品,有许多品种直至今日仍为他们独家经营。从志书中,人们还可以知道,这些手工艺品都是长期历史过程中磨炼而成,就以漆器而言,已有四五千年历史。正如《工艺美术》卷概述所言:"自古以来,地处江南的苏州工艺美术,在其特定的历史条件和人文风物的影响下,始终表现出自己的特征和特性。"这不仅使它有别于其他地方的工艺美术品,而且更优越于其他地方的工艺美术品。苏州自古以来就是人文荟萃之地,著书、刻书、藏书在我国学术文化发展史上也一直占有重要的地位。《苏州市志》特设《图书》卷,将这些内容合在一道编写,可谓合得其所,因为许多藏书家本身就是刻书家,他们都具有渊博的学问,对祖国的学术文化发展作出了重大贡献。值得注意的是,历史上刻书业非常发达并非苏州一地,号称全国刻书中心者还有许多地方,但修志中却很少引起注意和重视,有的仅在文化卷中放上一章一节,单独设置篇卷者尚不多见。这自然与编纂者们的价值观和文化水平有着密切的关系,此卷设置明显地提高了志书的学术文化品位。

《苏州市志》还有两卷值得向大家推荐,一则是《政事纪略》,再则是《杂记》,这两卷可以起到"拾遗补阙"的作用,对于无类可归的内容,特别是"街谈巷语"、"奇闻轶事",都加以保存,这对将来研究这个地方有关的历史和事件,将会起重要的作用。对这些内容的记载,直至现在还未引起修志界同仁广泛注意。因此,希望广大修志界同仁在修志过程中,多为后人保留一些诸如此类的内容,其价值绝不会低于有些正式篇卷中的内容。限于篇幅,就不再列举说明。

八、张尚质主编的《通渭县志》

张尚质,男,1935年出生于甘肃通渭县,1955年毕业于陇西师范学校。20世纪五六十年代一直任《甘肃日报》记者,80年代初参与修志工作,由于修志工作表现突出,曾被评为甘肃省修志先进个人而在全省进行表扬。《通渭县志》的编写,1982年已经启动,1984年底已经编写初稿,1988年初稿完成，经修订后出版。全书共分22篇，95万字。这部县志最大的特点就是敢讲真话。而促使我查阅这部县志的起因是人民出版社出版的《告别饥饿》一书，因为该书对甘肃省通渭县记载比较突出，称通渭县是他们调查的四省区、39个县中"第一号困难户"，"刚解放的1949年，全县粮食总产是一亿六千四百二十万斤，三十年来，有二十二年总产低于1949年"；"1959年后期开始的三年困难时期，这个县的人口减少三分之一之多。全县人口占总数和群众生活现在还没有恢复到五十年代中期水平"。看了这触目惊心的记载以后，我产生了查阅新编《通渭县志》的想法。《通渭县志》是怎么样记载这些内容的呢？当我看了这部县志以后，发现许多相关内容，竟与《告别饥饿》一书所写基本一致。面对事实，我对这部志书的编纂者们的敬意油然而生。他们的责任感、使命感、认真负责的敬业精神，使他们能够如实地记载了在通渭这片土地上所发生的各种变化和重要事件。之所以能够如此，看来也并非偶然，因为他们的目的性很明确，正如志书的《后记》所说："有些重大历史事件，特别是新中国成立后的历次政治运动和1960年通渭饥荒问题，除在《政党·社团》编中集中记述外，其他各编有关章节也有记述。其目的是从'值得注意'的历史教训中鉴古知今，把未来的事业办得更好。"道理很简单，就是要总结历史经验教训，避免以后再犯，以便把未来的事业办得更好，语言非常朴实。看来他们对方志的"存史、资治、教化"六字功能理解得是很深刻的。我们认为，经验是宝贵的财富，教训同样也是宝贵的财富。很多人只重视前者而忽略了后者，他们是两者并重，这就是难能可贵之处，也是高明之处。

党中央、国务院作出西部大开发的英明决策，本身就说明我国西部地区由于种种原因经济一直比较落后，这是客观事实。而通渭又是西部地区最为落后的穷县之一，只有了解这个情况，对于该县志的记载才不会大惊小怪。正因为穷，所以才需要去扶贫；因为落后，所以才需要去大开发。通渭是完全以农业生产为主的一个县，而农业生产中又以粮食为主，"因受旱农耕作条件和生产关系变革的制约，长期呈起伏状况，从1945年到1985年的40年间，有7次大的起伏"。1945年，全县粮食亩产仅45市斤，人均244市斤。新中国成立后，1952年全县粮食亩产100市斤，人均738市斤；至1956年，全县亩产115市斤，人均802市斤。"1957年后，由于频繁的政治运动，加之自然灾害较多，严重破坏了农业生产，粮食产量逐年下降，到 1960 年，全县亩产仅 21 市斤……人均 173 市斤，还低于 1945 年的 53.3%。1961 年至 1974 年的 14 年内，全县粮食亩产未突破百市斤，总产在 1 亿市斤上下徘徊，人均产粮 400 市斤左右"。直到 1985 年，全县平均亩产 153 市斤，人均产粮 528 市斤。从这些数字自然就可以知道这个地方的生产水平。也许有人会问，新中国成立以后的产量低于新中国成立前的产量，这怎么可能呢？我们只能回答，这确实是事实。因为这也难怪，对于类似情况，新修方志一直很少有人记载，免得引起不必要的麻烦。而这部志书的编纂者们确实与众不同，他们所想到的就是要把真实的历史记载下来，给后人"以史为鉴"。如此低产是如何造成的呢？志书在《农村生产关系》章"生产关系变革"节的"人民公社化"一目中和《中国共产党》章"历次政治运动"节的"大跃进"一目中作了具体的回答。在"人民公社化"中这样记载：

> 这时，以高举"总路线"、"大跃进"、"人民公社"三面红旗，迅速实现共产主义为口号，全县高指标、瞎指挥、浮夸风、"共产风"和强迫命令为主要标志的"左"倾错误严重泛滥开来。农村管理实行组织军事化、行动战斗化、生活集体化。全县组建为一个民兵师，各公社为战斗团，大队为战斗营，生产队为战斗连，连下设排，排下设班，行动听号令，"出工一条龙，干活一窝蜂"……一个月之内，全县办起集体食堂 2759 个。

男女老少都进食堂吃饭，同时又抽调近 20% 的劳动力去大炼钢铁，采矿炼铁，这是秋收大忙季节，再加上 50% 劳动力被抽去搞所谓"园林化"建设，于是庄稼被毁，土地荒芜。1959 年底，全县耕地荒芜 11 万多亩，加之自然灾害，粮食总产比 1956 年下降 61.3%。"人民公社化"中记载说：

> 人民生活十分困难，出现人口大量外流、浮肿和非正常死亡现象。但县委继续"反右倾，鼓干劲"，挖"反党反社会主义分子"，坚持大计划、高指标、高估产、高征购，上面逼，下面吹，将是年全县粮食产量虚报为 1.8 亿市斤，超报 1.17 倍。据此，定西专署下达征购粮任

务 5400 万市斤，县上实际入库 3958 万市斤，占任务的 73.3%，占实产的 47.2%。这时县委又错误地提出"动员群众卖陈粮、吃陈粮"，有些公社也提出"一个会场，十个战场"，"宁欠血债，不欠粮账"，"决心要大，刀子要快，哪里挡住，哪里开刀"等口号。各公社召开"万人斗争大会"，大队召开"千人斗争大会"，采取各种残酷刑罚，惩治干部和群众，并挨门逐户，翻箱倒柜，掘地三尺，大搜大查所谓"陈粮"。虽然全县共搜出粮食 1100 多万市斤，但大多数被"大兵团战斗队"挥霍吃尽。11 月，农村集体食堂陆续停伙关门，有些地方农民缺粮断炊达 40 余天，强壮者外逃，妇老少幼则以树皮、蓑壳等充饥，人口持续大量外流和死亡，有些地方出现了绝户，尸体也无人掩埋。但县委主要领导人却认为下面反映实际情况是"攻击县委"，"右倾机会主义分子""放炸弹"，"动摇人心"……提出"要来个双倍打击"。于是在 1960 年元月初，全县组织 200 名干部，在农村开展"全民整社"工作，违法乱纪现象严重，使农业生产处于停顿状态，酿成悲惨的"通渭问题"（即指大量饿死人的问题——引者注）。至 1961 年底，全县农业人口比 1958 年底减少 7.8 万多人，先后死亡耕畜 3.2 万多头，杀吃羊只 4 万余只，猪、鸡、猫、狗等畜禽几乎绝了种，拆烧民房 5 万余间，伐烧树木 27 万余棵，劳动力减少 31%，耕地荒芜 36 万余亩，严重破坏了生产关系，阻碍了生产力的发展。

以上这些记载说明，正是由于人民公社、"大跃进"、大炼钢铁等政治运动，加上一些干部的违法乱纪，给通渭人民带来了可怕的灾难，大量地逃荒、死亡，甚至"出现人相食"的现象，至 1961 年底，全县人口比 1958 年减少 78432 人，绝户 2168 户。在这种情况下，要想发展生产、增加粮食产量，可能吗？

我之所以要大段地摘引这些内容，目的是要说明志书作者们的认真负责精神，他们确实是在实事求是地记载通渭土地上所发生的事情。需要说明的是，《告别饥饿》一书是新华社四位记者 1980 年受命去西北进行实地调查后所写，由于反映的内容当时还是"禁区"，故 18 年后才出版。而《通渭县志》的编修，差不多就在此时已经开始，许多内容自然也还是"禁区"。就连新华社记者都还"要冒极大的政治风险",修志人员却敢于"实话实说",这当然既要有胆,又要有识,他们这种敢讲真话的精神,自然值得人们尊敬!他们要把通渭的历史和现状如实地书写出来,要留得真情在人间!我们也要感谢为这部志书评审的各级领导和专家,由于他们的开明,没有用"左"的眼光将这部志稿扼杀在摇篮之中,他们的放行之功自然也不可抹杀。

九、章志诚主编的《温州市志》

章志诚,男,1928年出生于浙江平阳县,1956年毕业于浙江师范学院历史系。曾任温州市人大常委会办公室主任、温州市历史学会会长、温州市师范学院客座研究员。曾主编出版《温州华侨史》,又主编《温州市人民代表大会志》。《温州市志》1998年出版,全书分94卷,另有《丛录》、《索引》不入卷数,总共443.4万字,分上、中、下三册。

精明的温州人以敢想、敢说、敢干、敢闯而著称于世,样样事情都"敢为天下先",这一精神在新修的《温州市志》中得到充分的反映。这许多"敢"字又都是建立在勤劳勇敢和吃苦耐劳之上,并且这一精神自古及今可以说是一以贯之。如今谈到改革开放以后的经济发展,大家都知道在这中间有个"温州模式"。这个模式正是温州人乘改革开放之东风,闯出一条自身发展的独特道路,这种特有的经济发展过程,被世人称为"温州模式"。温州人自己在谈论"温州模式"产生的思想渊源时,总是念念不忘"永嘉学派"的重要影响。当时任温州市委书记的张友余在为《温州市志》所写的序中就说:"温州人民勤劳勇敢和吃苦耐劳的优良传统,特别是永嘉学派'经世致用、义利双行'的积极主张,在新的历史时期被赋予了改革开放和市场经济的新内涵,得到了继承、发扬和升华。温州人秉承传统而又超越了传统,重视传统而不被传统所束缚,创造了一个又一个辉煌。"正因如此,志书设置了《永嘉学派》卷。又如在农村实行包产到户的联产承包责任制,最早也是发生在温州的永嘉县,这里在1956年春已经搞起来了,只不过永嘉农民的创造被压下去了。1957年10月13日《人民日报》批判包产到户的文章就是铁证,限于篇幅,这里就不多讲了。

改革开放以后,温州人在发展经济过程中,从现实出发走出一条道路,创立了著名的"温州模式"。为了反映温州人的创业精神，介绍他们在发展经济过程中所走的特殊道路和创立的"温州模式"，《温州市志》特地设立了"区域特色经济"栏目，下设"温州模式"、"市场"、"乡镇企业"、"鹿城区街工业"和"经济技术开发区"五卷来加以叙述。因为温州经济发展的特殊形式——以生产小商品为主的家庭工业曾引起国内外人士的关注。特别是1985年5月12日，上海《解放日报》刊登了题为《温州三十万人从事家庭工业》的报道，针对温州农村家庭工业蓬勃兴起和发展，并在短短几年间就创造出了令人瞩目的经济效益现象，首次提出了"温州模式"的新概念。这就更使人们对其发展过程及其性质产生了浓厚兴趣，很想探寻其兴起的原因和发展的奥妙。当然也就引起了一场不小的争议，这里全是农村家庭工业，并且一下子冒出了许多小老板，能说它是社会主义性质吗？于是这个模式究竟姓"资"还是姓"社"，便成了争论的大问题。不仅是经济学家，几乎社会的方方面面都在关注这场争论。之所以会有很多人投去怀疑的目光，是因为这种农村家庭工业很明显是以私有经济为基础，能够是社会主义性质吗？曾几何时，自留地、家庭养鸡生蛋都是"资本主义尾巴"，当时人们怀疑，自然也就不足为怪。直到1992年初，邓小平同志南方谈话发表后，争论才告一段落。从此，"温州模式"也就正式成为改革开放以后温州经济发展的代名词了。许多经济学家都为"温州模式"发表了文章，并指出"温州模式"有别于以发展乡镇企业为主要特征的"苏南模式"，也不同于以发展中外合资企业为主要特征的"珠江三角洲模式"。由于争论，这个模式竟很快蜚声海内外。记得1998年浙江大学召开东南区域文化研讨会，美国一位学者提交的论文题目就是《论温州模式》。当时我真想看看这位美国学者是如何看待"温州模式"，特别是如何评价这一经济发展模式的，可惜这位学者因故未能到会。

"温州模式"究竟是一种什么样的经济发展模式或样式？从《温州市志》中就可以知道，其实就是家庭工业、专业市场和小城镇的形式及发展。对于这种经济发展模式，他们还概括出"小商品，大市场"两句话，意思是千家万户办家庭工业，生产各类小商品，打进全国各地的大城市。据《温州市志》记载，正是党的十一届三中全会所制定的方针、政策，给温州的国民经济发展注入了强大的生机和动力。"温州人民从实际出发，在国家投资少、集体经济又极其薄弱的条件下，发扬自主改革、自担风险、自强不息、自求发展的精神，走出了一条以民营经济为基础，以市场机制为动力，以小城镇建设为支撑的，具有温州区域特色的经济发展路子。"①这就告诉我们，温州经济发展完全是建立在自力更生、艰苦奋斗之上，同时这种思想正反映了温州人"敢为天下先"的大无畏精神。1956年农业合作化以后，家庭工业就一直受到限制；"人民公社化"以后，就已经被看作是"资本主义的尾巴"，必须割除，况且1956年在农村兴起的联产承包的包产到户又被压了下去。尽管有这么多的"前车之鉴"，但并没有影响温州人的敢闯精神。在党的十一届三中全会以后，人们立即预感到春天已经到来，在没有任何上级指示精神的情况下，竟又将已被批判过并且被强制性割除的"资本主义尾巴"——家庭工业轰轰烈烈地搞了起来。正如该志《总述》所说："在农业上推行家庭联产承包责任制，温州广大农民率先从旧体制束缚中解脱出来，一往无前地闯进商品经济的汪洋大海。他们自筹资金，自找门路，自主经营，自负盈亏，创办家庭工业，大力发展工业小商品生产，很快形成'一村一品'、'一乡一品'的特色经济。1985年全市从事家庭工业的13万多家、30多万人。"这种气势很少见，就是1958年号召全国各地要"大办工业"、"大办农业"、"大炼钢铁"等各种全民性的"大办"也无法与之相比。因为他们都是出自内心的愿望，而各种"大办"全是迫于号召，后来事实证明，全是貌合神离。值得指出的是，当他们这种做法名声在外，引起社会各种议论，甚至被指责为走资本主义道路以后，他们也丝毫没有动摇创业的信心，仍旧是勇往直前地走自己的路。如果没有勇气、信心和胆量，能够做得到吗？直到1992年邓小平南方谈话的发表，他们所走的创业之路才得到正名和肯定。可见他们的整个创业过程，都贯穿着极大的冒险精神。总之，《温州市志》对此模式的产生和发展的全过程不仅作了较为详细的记述，而且对其特点还作了简明的概括，人们只需要用较少的时间就可以窥探到该模式发展的奥妙。

在我国方志发展过程中，有一个优良传统，即它和史书一样，能够及时反映社会上所产生的新事物和新的社会现象。"温州模式"刚产生不久，新修《温州市志》就能马上在志书中加以记载和反映，其动作之快，自然值得

---

① 《温州市志·总述》，中华书局1998年版。

称道，也为新志编修及时反映社会现象树起了榜样。

最后，我想附带说明一个问题。当年我应邀参加了《温州市志》评稿会，会上我提出"永嘉学派"在我国学术发展史上有着重要影响，温州市修志，应当将它作为重点内容之一来记载，这样既反映了温州的地方特点，又可提高志书的学术文化品位。到会专家学者都很赞同，会后也正是照此在修改志书。但不知为什么，有的副主编因与主编发生矛盾，竟拉了一些人坚决反对"永嘉学派"入志，甚至形成"决议"。由于这个建议由我提出，因而连我的名字也不允许写入《后记》之中。所幸当时任浙江省地方志办公室主任的魏桥同志抵制了错误的"决议"，保留了"永嘉学派"的内容。同时他还是该志的顾问，在所写序中同样赞扬了"永嘉学派"。身为志书副主编，对"永嘉学派"持如此态度简直不可思议。更有意思的是，2001年温州市政府举办了"叶适和永嘉学派"大型学术研讨会，我又作为贵宾被邀请参加，并在会上发了言。温州市政府尚且如此重视"永嘉学派"，而有些温州人为什么竟如此无知呢？已经做到市志副主编，不至于连"永嘉学派"也不知道吧？我将此事写在这里，旨在说明，任何地方请我参加会议，我都要发表自己的意见，这既是我的责任，也是我的义务，更是我的权利，否则我何必参加呢？同时也寄语修志界同仁，为了修好志书，大家都要同心同德、齐心协力、相互尊重、互相帮助，不要相互扯皮、搞内耗，可以有意见，但不可以有意气，否则既伤和气，又影响修志工作。

第十章
章学诚和方志学

第一节 坎坷的一生

章学诚（1738—1801），字实斋，号少岩，浙江会稽（今浙江绍兴）人。他是我国封建社会晚期一位杰出的史学评论家，也是封建时代一位杰出的方志学大师。他的代表作《文史通义》是可与唐代刘知幾《史通》比美的，而这两部著作，一向被视为中国封建社会中史学理论的"双璧"。他生活的时代，正是所谓"乾嘉盛世"，也是考据之风盛极一时的时代。由于他生不逢时，一生中坎坷潦倒，因而聪明才智并未能得以充分施展，就是其代表作《文史通义》，亦自云多成于"车尘马足之间"。

青年时代的章学诚，不仅对史学有特殊的兴趣，而且立下了很大的抱负，要对二十一家正史义例进行评论。他在《与族孙汝楠论学书》中回忆说："闲思读书札记，贵在积久贯通，近复时作时辍。自少性与史近。史部书帙浩繁，典衣质被，才购班马而下，欧宋以前十六七种，目力既短，心绪忽忽多忘，丹铅往复，约四五通，始有端绪，然犹不能举其词，悉其名数。尝以二十一家义例不纯，体要多舛，故欲遍察其中得失利病，约为科律，作书数篇，讨论笔削大旨。"[①] 由于无钱买书，甚至"典衣质被"，购买"二十一史"，以便争取实现宏伟的志向。他对于通过科举进入仕途丝毫不感兴趣。他喜欢发表个人见解，这与那"法律若牛毛"的"举业文艺"是格格不入的。正因如此，他在科举考试上一再吃败仗。乾隆二十五年（1760），22岁的章学诚第一次去北京应顺天乡试，未举。故二十七年，又北上应顺天乡试，还是落选。这年冬便入国子监读书。次年夏天，给假出都，省亲湖北。

---

① 《文史通义新编新注》外篇三，第801页。

其父章镳，乾隆七年（1742）已成进士，十年间一直居乡以教授为生，直到乾隆十六年（1751）方得湖北应城知县一个七品小官，仅仅五年，连这个小官也丢了，贫不能归，先后主讲天门、应城等书院，最后病死于应城。章学诚此次省亲湖北，其父正主天门县讲席。冬末，天门知县议修志，章学诚为其作《修志十议》[①]，对编修方志提出了十点系统看法。在此之前，他还有《答甄秀才论修志》两书。在这几篇文章中，对于方志编修中的一些重要问题，诸如"志乃史体"、另立"文选"与志相辅而行、建立志科等，是时均已提出，实际上已为后来方志理论的建立开了先河。而《天门县志》是他父亲所编纂，因此他还代撰诸序。年仅二十六七岁的章学诚，当时已能写出这样重要的具有现实意义的文章。这种文章之价值，自非一般"科举文艺"所能比拟。尽管如此，却得不到当局者任何重视。

乾隆三十年（1765），章学诚三上京师，仍居国子监中。应顺天乡试，沈既堂荐其文于主司，不录。于是馆于沈家，并通过沈氏介绍，于是年学文于大兴朱筠。朱筠"一见许以千古"。生活的磨炼，使章学诚感到要养家糊口，非走科举这条路不行，他在与朱筠见面时便说："家贫亲老，不能不望科举。"[②] 这就是说，生活迫使他不得不去做自己不愿意做的事。他在《与族孙汝楠论学书》里一再谈及此事，"家贫亲老，勉为浮薄时文，妄想干禄，所谓行人甚鄙，求人甚利也"。表达了无可奈何的不得已心情。随着岁月的流逝，生活的折磨，早年那种"意气落落，不可一世"的锐气，早已消磨得精光。他在当时写的《与家守一书》中说："仆南北奔走，忽忽十年，浮气嚣情，消磨殆尽……日月不居，坐成老大，去秋即拟屏摄一切，发愤为决科计，而太学志局初开，二三当事，猥以执笔见推，仆缘积困日久，聊利餐钱，枉道从事，非所好也。又筠河（朱筠字）师被诏撰《顺天志》，亦属仆辈经纪其事，此非馆局之书，既不限年，又无牵掣。"[③] 此信说明，苦饥谋食、碌碌依人的生活使他得到了一定的锻炼，抛掉了以前那些不切实际的想法，为了生活，只好去做那些自己并不爱好的工作，如修《国子监志》、学写时

---

① 《文史通义新编新注》外篇四，第856—861页。
② 《文史通义新编新注》外篇三《与汪龙庄简》，第695页。
③ 章学诚：《章学诚遗书》卷二十九，文物出版社1985年版，第338页。

文等。此信还使我们知道，他还参与了朱筠的《顺天志》的编修工作。

乾隆三十三年（1768），对章学诚来说是一生中影响较大的一年。这年，老师朱筠和朱棻元（春浦）皆充任顺天乡试同考官，他前往应试，仅中副榜。朱棻元于邻座见他对策言《国子监志》得失，惊叹不已，怪六馆师儒安得遽失此人。可是已无法挽回定局。这再次说明，章学诚的乡试不中，并非出于学识不具，而是他的学识不符合考官之所好。正当他在学业上尽力向上的时候，这年冬天，其父卒于应城，当时他竟因贫困而不能奔丧。从此以后，全家生活只得靠他一人以文墨相谋。这个难以想象的压力，对他此后学术成就，无疑产生了重大的影响。次年，全家到达北京，他给朱筠写信，请求老师相助。因为全家一到，"便添十七八口，米珠薪桂，岁月甚长，而昨日均弼先生房金又见告矣，腐儒索米长安，计非官书三四门不能自活，吾师许之有日矣，而到手者乃无一处，此直生死之关，夫子大人，当有以援之"①。为生活计，这年他曾为座师秦芝轩校编《续通典》之《乐典》，这完全是"征实"的工作，难度很大。因为既是《续通典》，就不能照抄《通典》，而史志又多不详，这就必须从宋元其他有关著作中进行研究和考订。除校编《乐典》外，这两年仍以国子生参与《国子监志》的编修工作。编纂中间，意见多与诸学官不合，因而很不得意，以致最后不得不辞去此职。他在给朱春浦写的一封信中表达了他离开国子监的义愤心情。信中他列举了刘知幾当时在史馆的遭遇，揭露唐代史馆的黑幕，其实在于说明国子监里的人事关系，在这里面，类似萧至忠、宗楚客一类行尸走肉者大有人在。他们操持大权，托监领之名，颠倒黑白，排挤打击具有真才实学之士。尽管他自己已"贬抑文字，稍从时尚"，仍不能取得他们的通融。既然如此，监志的编修也就无法按自己意图和见解去做，讥刺嘲讽迎面而来。心情本不愉快，加之"朝夕薪水之资"，又不足以养家糊口，于是一气之下，便离开了国子监。这也可以看出，章学诚乃是一位很有志气、富于正义感的年轻学者，在国子监既不能行其志，宁可砸了饭碗，也不甘心屈从于当时的权贵。

乾隆三十六年（1771）秋天，朱筠奉命提督安徽学政，十月间，章学诚与邵晋涵等人跟随朱筠一道，驱车前往太平使院。第二年初，经朱筠介绍，

---

① 《章氏遗书补遗·上朱先生》，《章学诚遗书》，第608页。

应和州知州刘长城之聘编修《和州志》。这是他生平第一次独自用自己提出的方志理论进行实践，纪、表、图、书、传一应俱全。书成后，还另编辑《和州文征》八卷。可惜的是，书稿刚成，朱筠便失官左迁四库全书处行走。新上任的安徽学政秦潮，不满于章学诚的编纂形式，两人意见多不一致。这样一来，往复驳诘，志事遂中废。章学诚只好将此志稿删存为 20 篇，名曰《志隅》，今存于《章氏遗书》外编。

　　章学诚长期没有可以养家糊口的固定职业，使他无法安心于自己的文史校雠之业。他跟随朱筠在使院校文，终非长远之计。因此，在太平使院时就已到处拜托友人为之谋职。后几经介绍，才于乾隆四十二年（1777）春由周震荣介绍，主讲定州之武定书院。不久，周震荣又延请其主修《永清县志》。这年秋天入京应顺天乡试中式，次年方中进士，这时已经 40 岁了，又"自以迂疎，不敢入仕"①。于是仍返永清，续修《永清县志》，至四十四年七月书成，凡六体，共 25 篇。另有《文征》五卷。此志修成后，周震荣在一次酒会上"出示坐客"，于是出现了"争延实斋"修志的场面。其中如张维祺，虽未请得实斋，其《大名县志》仍按章氏学说所修，故实斋还特地写了《为张吉甫司马撰大名县志序》。乾隆四十六年（1781）三月，章学诚去游河南，不得志而归，中途遇盗，40 岁以前的著作文章，全部被抢一空。这在精神上所受之打击，自非言语所能表达。失窃后，乃投奔张维祺于肥乡县衙。于是张维祺便聘其主讲清漳书院，生活仍极困难，曾多方致书师友求救。其中给座师梁国治的一封信最为悲愤，完全可以反映出此时此刻的生活处境和内心状况。在河南遇盗后的五年中，生活和职业都极不稳定。由于人事的变动，在这短短的五年中，曾先后主讲过清漳书院、敬胜书院和莲池书院，几乎一年左右就得更换一个地方。特别是乾隆四十七年（1782）去永平敬胜书院时，因生活所迫，不得不自京师移家相随。自是以后，每当工作变更，家口也跟着迁徙。自从他父亲去世，20 年来，基本上就是靠替人家修志和主讲书院来维持度日，生活一直动荡不安，"江湖疲于奔走"。尽管如此，却始终不渝地坚持文史校雠的研究和著述工作。

　　乾隆五十二年（1787），对于章学诚来说，又是一个具有重要意义的转

---

① 《章学诚遗书》卷十七《柯先生传》，第 168 页。

折年份。他这年已经 49 岁了,从学业上来说,亦进入了成熟的阶段,应该有较好的条件和较充分的时间从事著作活动,以便把一生中治学经验和成果总结出来,这是他当时最大的愿望与要求。可是在当时的社会,这样的要求无法实现。不幸的事情接连不断向他袭来。由于前一年十二月座师梁国治去世,又失去了一个依靠,不得不辞去莲池书院的讲席,侨寓保定,寄居旅店。在走投无路的情况下,听说戊戌进士开选,出于无奈,往北京吏部投牒,"遇宵小剽窃",生计索然。困京师几一年,转食友家。冬间,已垂得知县,忽决计舍去,可见当时内心是多么矛盾。若为生活计,一个知县养活家口自不成问题。可是,一旦做了知县,自己所好之文史校雠之业将如何处置?况且他的学问又全然不合于时好。因此,最后还是舍弃了县官的职务,以继续自己所爱好的文史之业。回到保定,在周震荣谋划之下,介绍前往河南见毕沅,欲借其力编纂《史籍考》。从章学诚后来追述此事中,可知这次河南之行,毕沅待之颇厚。因此,事情都很顺利,第二年二月便前往归德,主讲归德府之文正书院。经毕沅同意,遂开局于开封编纂《史籍考》,并由他主持其事。当时洪亮吉、凌廷堪、武亿等人均参与其事。可是,编纂工作未及半年,秋天荆州大水,毕沅升任湖广总督。靠山一走,章学诚的文正书院讲席遂失,《史籍考》的编纂也不得不随之中断。冬末,只得移家亳州,依知州裴振。次年春,辗转于太平、安庆之间,穷愁无计,后方谋馆于安徽学使署中。学使徐立纲方辑宗谱,乃请章学诚经纪其事。课诵之余,便自作文字。六月间自太平返亳,道经扬州,再赴湖北。十月回到亳州,秋冬便为知州裴振编纂州志,全书约于翌年二月告成,为时不到半年。对于此志,章学诚本人甚为得意。

《史籍考》编纂的中断,对于章学诚来说是十分不安的事情,因此还在编纂《亳州志》的时候,他便急急忙忙于乾隆五十四年(1789)十二月给毕沅写了一封信,名义上是祝寿,实际上是希望能得到继续支持,把《史籍考》编纂完成。看来这封信起了作用,毕沅给了回复。因此,乾隆五十五年(1790)章学诚便又在武昌开馆继续工作。章学诚到了武昌,一住就是五年,在这期间,除了专心于《史籍考》的编纂外,还替毕沅主编《湖北通志》,并参与了毕沅主编的《续资治通鉴》工作。此外还替毕沅写了很多应酬文章和序文等。特别要提出的是,在武昌的几年中,章学诚很大一部分的精力是用在编纂《湖北通志》上面。他除主编这部《通志》外，尚修了湖北几部府县志，如《荆州府志》等。而《湖北通志》则是他刻意编纂的一部方志。此志编于"方志立三书议"提出以后，它全面体现了"方志立三书议"的精神。而"方志立三书议"的提出，标志着他的方志理论的成熟和方志学的建立。因此，《湖北通志》可视为他方志理论成熟阶段的代表作。

《湖北通志》成书于乾隆五十九年（1794）初。是年三月间，乾隆巡幸天津，毕沅入觐，行前将章学诚托于湖北巡抚惠龄。但惠龄不喜章氏之文，于是谗毁者遂乘机而来。时有进士嘉兴人陈熷曾求章学诚推荐他为校刊之事，章学诚出于同情之心，婉转荐于当道。不意陈熷受委后，忘恩负义，乃大驳《湖北通志》编纂之不当，把它说得一无是处，认为必须重修。当事者赞赏其议，批云"所论具见本源"。章学诚非常气愤，因为他万万想不到这个无耻文人竟恩将仇报。这里需要指出的是，有人在评论章学诚方志理论的文章中，把陈熷说成是《湖北通志》的编纂人员，曾参与《湖北通志》的编纂工作，这是没有根据的。毕沅回省后，得知此事，便要章学诚答复陈熷的"驳议"。章学诚怀着愤怒的心情，写出《驳议》一卷，对陈熷的指责逐条加以驳斥，现附《湖北通志检存稿》之后，名曰《湖北通志辨例》。① 章学诚在《方志辨体》中说："余撰《湖北通志》，初恃督府一人之知，竟用别裁独断，后为小人谗毁，乘督府入觐之隙，诸当道凭先入之言，委人磨勘。而向依督府为生计者，只窥数十金之利，一时腾跃而起，无不关蒙弓而反射，名士习气然也。如斯学识，岂直置议？然所指摘，督府需余登复，今存《驳议》一卷，见者皆胡卢绝倒也。"② 这说明，毕沅在的时候，因同意章学诚一人"别裁独断"，按照自己创立的方志理论予以实践，并无一人敢有异议。人走茶凉，毕沅走了，自然又得凭当道者说了算。实际上那些反对的人，全是出于个人之好恶，并不是真的想对《湖北通志》的编纂作出什么贡献。总之，因人事的变迁，《湖北通志》始终未能得以刊行，章学诚多年心血还是免不了付诸东流。后来他将自己保存的志稿，汇订为《湖北通志检存稿》24卷，又得《湖北通志未成稿》一卷。我们今天就是根据其留存下来的残卷，得以窥

---

① 《章学诚遗书》卷二十七，第300—305页。
② 《文史通义新编新注》外篇四，第870—871页。

见其当日之全貌。

在武昌几年中，章学诚既要参与《续通鉴》的编修工作，又编纂了几部方志，精力分散，致使《史籍考》一书仅成十之八九，竟不得卒业。后来毕沅因忙于军务，已无暇顾及修书之事。嘉庆元年（1796）夏，朱筠之弟朱珪（字石君）实授为两广总督，六月内调，七月授川陕总督，未到任，旋补安徽巡抚。章学诚的《史籍考》虽然仅留下一篑之功，自己仍无力来完成。于是又把希望寄托在朱珪身上，九月十二日有《上朱中堂世叔》，书中语言，读了催人泪下。书中云："弇山制府（指毕沅）武备不遑文事。小子《史考》之局，既坐困于一手之难成；若顾而之他，亦深惜此九仞之中辍。迁延观望，日复一日。今则借贷俱竭，典质皆空，万难再支。只得沿途托钵，往来青徐梁宋之间，惘惘待傥来之馆谷，可谓惫矣。但春风拂面，朋友虽多，知己何人？"①他请求朱珪推荐至河南大梁书院或直隶莲池书院，以便"以流离奔走之身，急得藉资馆谷，课诵之余，得以心力补苴《史考》"。这些语言反映出一个正直纯良的学者的愿望，更体现了他对于发展文史校雠之业的责任心。如此语言，竟不能打动朱珪的铁石心肠，信中所寄希望，最后均成泡影。故第二年正月，又上书朱珪，请代托浙江巡抚谢启昆、学使阮元，想借助他们之力来完成《史籍考》的编纂。尽管这个愿望得以实现，嘉庆三年（1798）便在杭州续补遗编，可是，此时他已年过花甲，为了完成自己刻意经营的《史籍考》，仍不得不过着寄人篱下的生活。

总之，这样一位杰出的历史学家，在封建社会竟是如此"颠倒狼狈，竟至不可复支"②。章学诚晚年无可奈何地悲叹说："三十年来，苦饥谋食，辄藉笔墨营生，往往为人撰述传志谱牒，辄叹寒女代人作嫁衣裳，而己身不获一试时服。尝欲自辑墟里遗闻逸献，勒为一书，以备遗忘，窃与守一尚木言之，而皆困于势不遑，且力不逮也。"③此话说得是何等的悲惨！他在史学理论上虽有不少创见，但迫于生活，无法用自己的主张写出一部完整的史著，想改编《宋史》，美志不遂，花了许多心血经营的《史籍考》也未能留传于

---

① 《文史通义新编新注》外篇三，第759页。
② 《文史通义新编新注》外篇三《与邵与桐书》，第680页。
③ 《章学诚遗书》卷二十九《与宗族论撰节愍公家传书》，第337页。

世。为了文史校雠之业,整整挣扎了一生。而平生精力,除了论史、讲学外,多用于方志的编修和方志理论的讨论上。他把自己在史学方面的理论,在编修方志中加以实践,正如他自己所说:"丈夫生不为史臣,亦当从名公巨卿,执笔充书记,而因得论列当世,以文章见用于时。如纂修志乘,亦其中之一事也。"① 由于他把方志看作是史,因此,他在评论旧志、编修新志上面,都用史家法度来绳之。他在总结前人修志经验的基础上加以自己实践所得,参之以丰富的史学理论,予以条理化,从而提出了一套修志理论,创立了新的修志体例,建立起比较完整的"方志学"。

第二节 章学诚的方志理论

章学诚的方志理论非常丰富、系统和完整,从方志的起源到性质,从记载范围到编修体例,乃至资料的搜集、修志人员的修养素质等,都有所论述。所以从他开始,方志始形成一门新的学问。

一、确立方志的性质和作用

关于方志的起源,向来就存在着几种不同的看法,这在明代所修的方志序跋、凡例中都有所反映。章学诚从志为史体的角度出发,认为春秋战国时期那些记载各地方诸侯国的史书,如晋之《乘》、楚之《梼杌》、鲁之《春秋》等,应是最早的方志。所以在他看来,方志就是一个地方的历史。

长期以来,学者们在著作分类上,一直把方志归入地理类,它在史学上的地位并不重要,影响也不是很大,更不为史家所重视。尽管宋人郑兴裔在《广陵志序》中已经提出"郡国有志,犹国之有史",但似乎并未引起人们的重视和注意。到了明代,这个说法便普遍流行起来,许多方志的序跋、凡例中都从不同角度说明了这个观点,这在前面已经讲了。不过说法虽然比较普遍,但毕竟是片断的、零碎的,并无系统的理论进行论述。直到清代,章学

---

① 《文史通义新编新注》外篇四《答甄秀才论修志第一书》,第842页。

诚才根据史学理论和方志的实际情况，提出了"志属信史"的主张，认为方志乃"封建时列国史官之遗"，"志乘为一县之书，即古者一国之史也"。[①]因此，它既不属于地理类，又有别于唐宋以来的图经，而是"国史羽翼"，故其价值亦应与国史相同。对这一问题，他曾反复进行论述，说明方志与国史性质相同。他在《为张吉甫司马撰大名县志序》里说："夫家有谱，州县有志，国有史，其义一也。"[②]又在《州县请立志科议》中说："有天下之史，有一国之史，有一家之史，有一人之史。传状志述，一人之史也；家乘谱牒，一家之史也；部府县志，一国之史也；综纪一朝，天下之史也。"[③]可见在他看来，府州县志也都是史，与国史相较，"其义一也"，所不同者不过一记全国之事，一述地方之言，只有范围广狭之殊，绝无内容本质之异。既然如此，则内容的记载、体裁的形式，都必须绳之以史法，而不能当作单纯地理著作，仅限于地理沿革的考证。为此，他同戴震曾进行过反复论辩，《记与戴东原论修志》[④]一文则生动地叙述了他们一次论争的情况。戴氏仍将方志看作地理书类，因此认为："志以考地理，但悉心于地理沿革，则志事已竟。侈言文献，其所谓急务哉？"对此说法，章学诚针锋相对进行了反驳，指出："方志如古国史，本非地理专门。如云'但重沿革，而文献非其所急'，则但作沿革考一篇足矣，何为集众启馆，敛费以数千金，卑辞厚币，邀君远赴，旷日持久，成书且累函哉？"况且，"考沿革者，取资载籍；载籍具在，人人得而考之"。显而易见，两人在方志的性质、内容和材料取舍上，看法和主张都不同。章学诚本着"经世致用"观点，认为一方之志，要"切于一方之实用"，则材料必须取自当时的一方文献。所以他说："考古固宜详慎，不得已而势不两全，无宁重文献而轻沿革耳。"他们争论的焦点，看来虽是方志的性质和内容、材料的取合，实际上更重要的是还反映了他们各自的学术主张和治学方法。若按照戴震的主张去做，其后果势必把当时考据学家那种专务考索、轻视现实资料，埋头书本、不问政治的乾嘉考据学风带到修志

---

① 《文史通义新编新注》外篇五《永清县志前志列传序例》，第986页。
② 《文史通义新编新注》外篇六，第1041页。
③ 《文史通义新编新注》外篇四，第836页。
④ 《文史通义新编新注》外篇四，第884页。

领域。材料既是来自书本古籍，内容自然就不能反映现实生活，这与修志必须反映时代的社会气息是相违背的。戴氏当时以考据大师而自居，有此主张，本不足怪。可是有人却硬是要为戴震辩解，认为戴、章二人的主张并无实质区别，其实此种做法可谓差矣。章学诚不仅在理论上有那样的主张，而且在修志过程中更是身体力行。至于方志所以被误作地理专书，他在《报黄大俞先生书》中亦作了简要叙述，指出："方志一家，宋元仅有存者，率皆误为地理专书，明代文人见解，又多误作应酬文墨；近代渐务实学，凡修方志，往往侈为纂类家言。纂类之书，正著述之所取资，岂可有所疵议！而鄙心有不能惬者，则方志纂类诸家，多是不知著述之意，其所排次襞绩，仍是地理专门见解。"戴震等人的主张正是如此。所以章学诚接着说："故方志而为纂类，初非所忌；正忌纂类而以地理专门自画；不知方志之为史裁，又不知纂类所以备著述之资，而自以为极天下之能事。"[1]

这里还要指出的是，章学诚认为方志是史，所以他把方志的论文作为自己论史的重要组成部分而放入《文史通义》之中。而《文史通义》是一部纵论文史、品评古今学术的著作。它是"文"、"史"通义，综合讨论文史理论问题，他把方志文章列入其中，意味着什么，自然无须多说。当然，有人不把方志论文作为《文史通义》的内容，这显然是违背了作者本意。关于这点，笔者在拙著《章学诚和〈文史通义〉》[2]中已作了考证。章学诚在《又与永清论文》中有这样一段话："近日撰《亳州志》，颇有新得……主人雅相信任，不以一语旁参，与足下同……此志拟之于史，当与陈（寿）范（晔）抗行。义例之精，则又《文史通义》中之最上乘也。世人忽近贵远，自不察耳。后世是非终有评定，如有良史才出，读《亳志》而心知其意，不特方志奉为开山之祖，即史家得其一二精义，亦当尊为不祧之宗。此中自信颇真，言大实非夸也。"[3] 可见他将自己的方志理论视作史论的重要组成部分。事实也确是如此，他为每部方志所作的各类序例，大多由史的角度入手，所以这些方志的序例，实际上已成为研究他的历史编纂学的重要源泉。这就从另一

---

[1] 《文史通义新编新注》外篇三，第 633 页。
[2] 中华书局 1984 年版。
[3] 《文史通义新编新注》外篇三，第 727 页。

方面说明，他把撰史和修志看作是一回事。总之，章学诚从多方面论述，反复说明"志乃史体"，"方志为国史要删"。①

方志的性质既属史体，那它的作用也就无异于"国史"，因此，它的首要任务就要具有"经世"的作用，能够为树立良好的社会风气作出贡献。他说："史志之书，有裨风教者，原因传述忠孝节义，凛凛烈烈，有声有色，使百世而下，怯者勇生，贪者廉立。《史记》好侠，多写刺客畸流，犹足令人轻生增气；况天地间大节大义，纲常赖以扶持，世教赖以撑柱者乎。"②简而言之，亦就是垂鉴、惩劝和教育。当然，章氏所谓教育，就是要利用方志来对广大人民灌输封建的忠孝节义思想，目的在于扶持封建纲常，撑柱封建世教，以建立起良好的封建统治秩序。其次，方志还负有为朝廷修国史提供资料的任务。他说："方州虽小，其所承奉而施布者，吏户礼兵刑工，无所不备，是则所谓具体而微矣。国史于是取裁，方将如《春秋》之藉资于百国宝书也。"③"比人而后有家，比家而后有国，比国而后有天下。惟分者极其详，然后合者能择善而无憾也。谱牒散而难稽，传志私而多谀，朝廷修史，必将于方志取其裁。而方志之中，则统部取于诸府，诸府取于州县，亦自下而上之道也。然则州县志书，下为谱牒传志持平，上为部府征信，实朝史之要删也。"④这两大作用，确实也都是从史的角度提出，既然如此，它就不是可有可无的东西，也不是地理专门所能代替。

然而，以前方志并没有起到上述作用。章学诚认为原因很多，但归纳起来有如下三个方面：其一，修志诸家未辨清方志的性质，误仿唐宋州郡图经，把方志当作地理之书。其二，方志变成了文人游戏、应酬文字或私家墓志寿文的汇集。他在《方志立三书议》中说："今之所谓方志，非方志也。其古雅者，文人游戏、小记短书、清言丛说而已耳；其鄙俚者，文移案牍、江湖游乞、随俗应酬而已耳。搢绅先生每难言之，国史不得已，而下取于家谱志状，文集记述，所谓礼失求诸野也。然而私门撰著，恐有失实，无方志

---

① 《文史通义新编新注》外篇四《复崔荆州书》，第882页。
② 《文史通义新编新注》外篇四《答甄秀才论修志第一书》，第841—842页。
③ 《文史通义新编新注》外篇四《方志立三书议》，第829页。
④ 《文史通义新编新注》外篇四《州县请立志科议》，第836页。

以为之持证，故不胜其考核之劳，且误信之弊，正恐不免也。盖方志亡而国史之受病也久矣。方志既不为国史所凭，则虚设而不得其用，所谓觚不觚也，方志乎哉！"其三，修志者并无真才实学，而且多旨在追名逐利，舞弊曲笔成为风气。"志乃史体，原属天下公物，非一家墓志寿文，可以漫为浮誉，悦人耳目者。闻近世纂修，往往贿赂公行，请托作传，全无征实"；"今之所谓修志，令长徒务空名，作者又鲜学识，上不过图注勤事考成，下不过苟资馆谷禄利，甚而邑绅因之以启奔竞，文士得之以舞曲笔，主宾各挟成见，同局或起抵牾，则其于修志事，虽不为亦可也"。① 这样一来，方志当然起不到"善恶惩创"的作用，也无从为编修国史提供资料。

　　关于修志的断限问题，也是长期争论不休而得不到解决的悬案。当时有人提出："方志统合古今，乃为完书。"也就是说，每部方志都必须从古修起。章学诚不同意这样的看法，认为"修志者，非示观美，将求其实用"。每部志书如何编修，要从实际出发，"如前志无憾，则但当续其所有；前志有阙，但当补其所无"②。关于这点，他十分强调必须保留前人之书不致毁灭。他主张："修志者，当续前人之记载，不当毁前人之成书。即前志义例不明，文辞乖舛，我别为创制，更改成书，亦当听其并行，新新相续，不得擅毁，彼此得失，观者自有公论。仍取前书卷帙目录、作者姓氏，录入新志艺文考中，以备遗亡，庶得大公无我之意，且吾亦不致见毁于后人矣。"可是当时的修志却完全相反，"近日之习套相沿，轻隽小生，史字未曾全识，皆可奋笔妄修，窃叨饩脯者。然其书百无一存。此皆后凌前替，修新志者，袭旧志之纪载，而灭作者之姓名。充其义类，将班《书》既出，《史记》即付祖龙；欧、宋成书，《旧唐》遂可覆瓿与？"③ 这里不仅揭露当时修志中的严重弊病，而且也揭示出历来方志之所以会很快散失乃至消亡的重要原因。章学诚还提出，修志是为了切合实用，也必须注意修当代之书，记当代之事，反映当代社会之现实。从这个精神出发，所以认为"方志之修，远者不过百年，近者不过三数十年"。他还举例说明："史部之书，详近略远，诸家类然，不独在

---

① 《文史通义新编新注》外篇四《答甄秀才论修志第一书》，第841—842页。
② 《文史通义新编新注》外篇四《记与戴东原论修志》，第885页。
③ 《文史通义新编新注》外篇四《答甄秀才论修志第一书》，第841页。

方志也。《太史公书》，详于汉制，其述虞、夏、商、周，显与六艺背者，亦颇有之。然六艺具在，人可凭而正史迁之失，则迁书虽误犹无伤也。秦楚之际，下逮天汉，百余年间，人将一惟迁书是凭；迁于此而不详，后世何由考其事邪？"[1]所以他在晚年修《湖北通志》时，还一再强调这个精神，说："方志诸家，例宜详近略远，古人见于史传，不藉方志表篇。假如《楚国世家》、《屈原列传》、陆贾儒术、季布高风，载之班马之书，今日岂能损益？摘撮则嫌如类纂，全篇有似于传抄，书欲成家，良难位置。今于古人昭史传者，列表以著其出处，去传以见其无疑。则志例既得，简明无所窒累。苟有欲览其全，则文征于焉备矣。"[2] 这种修志不求观美、但求实用以及详近略远的主张，正是他"经世致用"的史学思想在修志问题上的具体表现。这种思想能在乾嘉时代出现，确实是难能可贵的。而他的"当续前人之记载，不当毁前人之成书"的主张，深得阮元所支持，故他在《重修仪征志序》中曾反复说明。可见这个问题的提出，在当时是具有现实意义的。

关于方志的性质，我们前面已作专门论述。章学诚在当时强调"志属信史"，有它的积极意义。因为他所处的历史条件不同，而当时有许多人仍旧强调志乃属于地理专书，因而他的观点是有针对性的，不能认为是"迂阔之谈"。他的目的在于提高方志的地位。当然，他在当时的许多议论由于带有偏激情绪，因而也产生了片面性，如否定隋唐的图经是方志，就是明显的表现。但是，随着社会的向前发展，科学日益进步，各种学科也越分越细，原来的许多附属学科，后来也都纷纷独立了，这在今天尤为明显。方志发展到后来已独立成为一门学科——方志学，因此，我们同样不能用今天的认识去批评章学诚当时的论述。不过我们今天也不应当再用章学诚的地方志就是地方史来指导今天方志的编修。因为事实证明，地方志并不等于地方史，也不同于历史地理。它已经自成体系，形成了一门独立的学科，具有自己的特点，既不能用地方史的尺度来要求它，又不能用历史地理的标准来衡量它，否则编写出来的就不可能是地方志了。

---

[1] 《文史通义新编新注》外篇四《记与戴东原论修志》，第885页。
[2] 《文征甲集乙集丙集丁集论》，《章学诚遗书》卷二十七《湖北通志检存稿四》，第299页。

二、主张方志分立三书

章学诚在方志理论上的另一个杰出贡献，是创立了一套完整的修志义例，提出了方志分立三书的主张。"方志分立三书议"可以说是章学诚所创立的方志学的精义所在，它的提出，标志着章学诚方志理论的成熟、修志体例的完备和方志学的建立。章学诚的修志理论是在长期辩论和具体实践中得以不断充实、逐渐完备起来的。他早年在《答甄秀才论修志第二书》和《修志十议》一文中，对编修方志已提出了不少卓越的见解，为后来建立系统的方志理论做了准备，如"志乃史体"另立"文选与志书相辅而行"、州县应建立志科等重要创见。此后在方志的性质、内容、体例等方面，与戴震、洪亮吉等学者反复进行了讨论。尤其是屡次修志的实践经验，更不断丰富了他的方志理论。他在《州县请立志科议》一文的开头，曾作了很好的表白："鄙人少长贫困，笔墨干人，屡膺志乘之聘，阅历志事多矣。其间评骘古人是非，斟酌后志凡例，盖尝详哉其言之矣；要皆披文相质，因体立裁。"所以他的修志理论是经过不断的发展才完善起来的，绝不是成于一朝一夕。而反映在他所修的方志上，则一部比一部完善。晚年所修之《湖北通志》，可视为其方志理论已达成熟阶段的代表作，它是在"方志立三书议"提出后撰成的。

章学诚经过长期的研究和实践，总结出欲撰好方志，必须分立三书。他说："凡欲经纪一方之文献，必立三家之学，而始可以通古人之遗意也。仿纪传正史之体而作志，仿律令典例之体而作掌故，仿文选文苑之体而作文征。三书相辅而行，缺一不可；合而为一，尤不可也。"[①] 这种主张可谓前无古人。在《报黄大俞先生书》里，他批评了当时所编的许多方志只是纂类家言，是记注，而不是著述。更有甚者，则"猥琐庸陋，求于史家义例，似志非志，似掌故而又非掌故，盖无以讥为也"[②]。为什么会出现这些现象呢？他以为主要是"自唐宋以后，正史之外，皆有典故会要，以为之辅，故典籍至后世而益详也"。可是"方志诸家则犹合史氏文裁，与官司案牍，混而为一。

---

① 《文史通义新编新注》外篇四《方志立三书议》，第827页。
② 《文史通义新编新注》外篇五《亳州志掌故例议下》，第1005页。

文士欲掇菁华，嫌其芜累；有司欲求故事，又恐不详，陆机所谓'离之则双美，合之则两伤'也"。若要防止这些现象继续下去，就必须采用"离之则双美"的办法，于志书之外，另立掌故、文征，这样，"则义例清而体要得矣"①。所以，方志分立三书，正是为了解决"不失著述之体"与保存重要资料之间的矛盾。

三书当中，志是主体，"仿纪传正史之体而作志"，"是《春秋》之流别"。因此，它是"词尚体要"、成一家之言的著作。章学诚说："夫志者，志也，其事其文之外，盖有义焉。所谓操约之道者此也。"②又说：志者，"有典有法，可诵可识，乃能传世而行远。故曰：'志者，志也，欲其经久而可记也。'"③由此可见，"志"乃是具有经世目的、有裨社会风教的史著，它与撰史一样，不仅在体例上有所讲求，还必须注意语言文字上的"属辞比事"。故他在《为毕秋帆制府撰石首县志序》中说："夫为政必先纲纪，治书必明体要。近日为州县志者，或胥吏案牍，芜秽失裁；或景物题咏，浮华无实；而求其名义所归，政教所重，则茫然不知其所指焉。夫政者，事也，志者，言也。天下盖有言之斐然，而不得于其事者矣；未闻言之尚无条贯，而其事转能秩然得叙者也。"④唯其如此，他认为志书的编修工作，则非具有史才、深通史法的人是无法胜任的。上面所举，当时那些"轻隽小生，史字未曾全识，皆可奋笔妄修"，实际上即指此而言。意思是说，连史的意思是什么他们都不了解，自然就更谈不上什么史法了。他对这点是十分强调的，因为他深深感到，当时许多方志所以会出现"似志非志"，除了义例不清外，很重要一个问题就是编修人员素质很差，不仅全无史法，而且有的连什么是方志也搞不清楚。特别是许多文人编修得更是浮而不实，可是由于他们在文学上名气大，编得再差，照样有人为之鼓吹，甚而奉之为楷模。针对这些事实，他提出："志为史裁，全书自有体例。志中文字俱关史法，则全书中之命辞措字，亦必有规矩准绳，不可忽也。"⑤可是，"近行志乘，去取失伦，芜陋不

---

① 《文史通义新编新注》外篇六《湖北掌故序例》，第1032页。
② 《文史通义新编新注》外篇五《亳州志掌故例议下》，第1005页。
③ 《文史通义新编新注》外篇四《方志立三书议》，第829页。
④ 《文史通义新编新注》外篇六，第1051页。
⑤ 《文史通义新编新注》外篇四《与石首王明府论志例》，第875页。

足观采者，不特文无体要，即其标题，先已不得史法"①。他从对许多方志的研究评论中得出了"文人不可与修志"②的结论。因为史家与文人要求不同，他在《与陈观民工部论史学》一文中说："仆论史事详矣，大约古今学术源流，诸家体裁义例，多所发明。至于文辞不甚措议，盖论史而至于文辞，末也。然就文论文，则一切文士见解，不可与论史文。譬之品泉鉴石，非不精妙，然不可与测海岳也。即如文士撰文，惟恐不自己出；史家之文，惟恐出之于己，其大本先不同矣。史体述而不造，史文而出于己，是为言之无征。无征，且不信于后也。"③这就非常具体而形象地把文人不能修志的原因表达了出来。因为志乃史体，编修方志只要如实反映真实情况即可，不必夸饰文辞、妄加修饰，这是史家作史修志的共同要求。而"文士囿于习气，各矜所尚，争强于无形之平奇浓淡"，因此，"法度义例，不知斟酌，不惟辞不雅驯，难以行远，抑且害于事理，失其所以为言"，到头来必然造成"虚文害实事矣"。④"何为文人习气？盖仿韩退之《画记》而叙山川物产，不知八书、十志之体不可废也。仿柳子厚《先友记》而志人物，不知七十列传之例不可忘也。"然此犹文人徇名之弊，"等而下者，更无论矣"⑤。他还指出："每见文人修志，凡景物流连，可骋文笔，典故考订，可夸博雅之处，无不津津累牍。一至孝子忠臣，义夫节妇，则寥寥数笔，甚而空存姓氏，行述一字不详，使观者若阅县令署役卯簿，又何取焉？"⑥所以他再三强调，修志人员必须懂得史家法度，懂得"史家所谓规矩方圆之至"⑦。故而说文人不可与修志也。

"掌故"如同会要、会典，目的在于既使志书做到简洁明要，又使重要材料得以保存。故在志书之外，将当地机关的章程条例和重要文件，按类编选，勒成专书，与"志"相辅而行。这些内容实类似于国家的典章制度，所不同者，它是地方政府所颁布。章学诚认为："治方志者，转从掌故而正方

---

① 《文史通义新编新注》外篇四《修志十议》，第 860 页。
② 《文史通义新编新注》外篇六《书姑苏志后》，第 1059 页。
③ 《文史通义新编新注》外篇一，第 405 页。
④ 《文史通义新编新注》外篇四《与石首王明府论志例》，第 875 页。
⑤ 《文史通义新编新注》外篇六《为张吉甫司马撰大名县志序》，第 1040—1041 页。
⑥ 《文史通义新编新注》外篇四《答甄秀才论修志第一书》，第 842 页。
⑦ 《文史通义新编新注》外篇四《和州志志隅自叙》，第 887 页。

志；盖志义久亡，而掌故之守未坠；修其掌故，则志义转可明矣。"相反，若是"不整齐掌故，别为专书，则志亦不能自见其意矣"①。这种方法，他认为还应当普遍推广到写史当中，以收掌故与史相辅之功。他说："故为史学计其长策，纪、表、志、传，率由旧章，再推周典遗意，就其官司簿籍，删取名物器数，略有条贯，以存一时掌故，与史相辅而不相侵，虽为百世不易之规可也。"②

"文征"则类似文鉴、文类，其"大旨在于证史"。它是挑选那些足以反映本地生活民情、"合于证史"的诗文，以及那些即使"不合于证史"而实属"名笔佳章"、"人所同好"的诗文，汇编成书。③这一主张，他早年在《答甄秀才论修志第二书》里已经提出，即所谓"略仿《国风》遗意，取其有关民风流俗，参伍质证，可资考校，分列诗文记序诸体，勒成一邑之书，与志相辅"。后来他在《为毕制军与钱辛楣宫詹论续鉴书》中，还主张在编年史中普遍采用这种方法，文中云："因推孟子其事其文之义，且欲广吕伯恭氏撰辑，别为《宋元文鉴》，将与《事鉴》(引者注：《事鉴》即指《续资治通鉴》，邵与桐起初商定书名时，请姑标《宋元事鉴》)并立，以为后此一成之例。"④这里要说明的是，黄苇先生在《章学诚方志理论研究》⑤一文中把文征解释为"一方文献的专辑"，恐不甚确切，两者在概念上、范围上都并不相同。章学诚在《方志立三书议》中的第一句就说："凡欲经纪一方之文献，必立三家之学。"文献是总的而言，掌故所收的内容亦是属于地方文献之范围，而文征只不过是文献的一个部分。综上所述，可见"掌故"、"文征"之设立，目的在于证史，保存一套可靠而丰富的资料，为后人著述博览约取创造条件，就其性质而言，是资料汇编，与具有著述之体、"词尚体要"的"志"书自有区别。因此，它固然与一般资料有所不同，搜集排比虽然也需加以别裁，去取应有一定标准，但总的来说，只要先由专家做个样式，订出格式和取舍标准，就是不太通史法的人也可以胜任这项工作。

---

① 《文史通义新编新注》外篇五《亳州志掌故例议下》，第 1005—1006 页。
② 《文史通义新编新注》外篇五《亳州志掌故例议中》，第 1004 页。
③ 详见《方志立三书议》和《永清志文征序例》，《文史通义新编新注》，第 830、988—993 页。
④ 《文史通义新编新注》外篇三，第 653 页。
⑤ 参见《方志论集》。

三书的性质与任务之不同显而易见，然而有人却把章氏的方志三书解释为："'志'指地方行政制度；'掌故'指地方行政文件；'文征'指本地人和外地人描述该地生活的诗文。"① 这样解释势必把"志"的性质和作用同"掌故"、"文征"等同起来，而违背了章学诚的原意。何况，"志"指"地方行政制度"一语本身就不确切，哪有方志是单单记载地方行政制度的呢？方志分立三书，"志"与"掌故"、"文征"有别，乃是他论史时认为撰述（或著述）与比类（或记注）之不同在方志上的体现。由于两者性质与任务有殊，就决定了对其要求有所不同："撰述欲其圆而神，记注欲其方以智也。夫'智以藏往，神以知来'，记注欲往事之不忘，撰述欲来者之兴起，故记注藏往似智，而撰述知来拟神也。藏往欲其赅备无遗，故体有一定而其德为方，知来欲其决择去取，故例不拘常而其德为圆。"② 撰述较之记注显然是难而可贵，因为它必须具有独创精神。但两者所肩负的任务不同，又决定了不可偏废，"譬犹日昼而月夜，暑夏而寒冬，以之推代而成岁功，则有相需之益；以之自封而立畛域，则有两伤之弊"③。因此，他把"著述譬之韩信用兵，而比类譬之萧何转饷"④，两者缺一不可，更加显而易见了。只有明白了这一点，才有利于辨清方志三书所具的性质及其任务之不同。章学诚所以花这么多力气来论述这两者的区别，目的在于说明方志应当是属于著作，而不是一般的资料汇编。可是当时他所看到的方志并不如此，大多为"纂类之书"。他在《报黄大俞先生书》中讲："凡修方志，往往侈为纂类家言。纂类之书，正著述之所取资。"又在《报广济黄大尹论修志书》说："盖方志之弊久矣，流俗猥滥之书，固不可论，而雅意拂拭，取足成家，则往往有之。大抵有文人之书，学人之书，辞人之书，说家之书，史家之书。惟史家为得其正宗。而史家又有著作之史，与纂辑之史，途径不一。著作之史，宋人以还，绝不多见。而纂辑之史，则以博雅为事，以一字必有按据为归，错综排比，整炼而有剪裁，斯为美也。"⑤ 这都说明，纂类之书已成为当时方志编纂的主要形式。

---

① 王重民：《中国的地方志》，《冷庐文薮》。
② 《文史通义新编新注》内篇一《书教下》，第36页。
③ 《文史通义新编新注》内篇四《答客问中》，第256页。
④ 《文史通义新编新注》外篇四《报黄大俞先生书》，第633页。
⑤ 《文史通义新编新注》外篇四《广济黄大尹论修志书》，第879页。

他为了纠正此种趋势，提高方志的学术地位，故而提出分立三书的办法，以便使方志能编修成名副其实的著作。只要看了章氏所撰之《湖北通志》，对三者不同的性质与内容也可以完全得到回答。他在《湖北通志·凡例》中说："志者，识也，简明典雅，欲其可以诵而识也。删繁去猥，简帙不欲繁重。簿书案牍之详，自有掌故专书；各体诗文，自有文征专书。志则出古国史，决择去取，当师法史裁，不敢徇耳目玩好也。"① 又在《为毕制府撰湖北通志序》中进一步指出："今于《通志》之外，取官司见行章程，分吏户礼兵刑工，以为掌故六门，凡六十六篇，所以昭典例也。……取传记、论说、诗赋、箴铭之属，别次甲乙丙丁上下八集，以为文征，所以俟采风也。……臣愚以谓'方志'义本百国春秋，'掌故'义本三百官礼，'文征'义本十五国风。……唐宋以来，正史而外，有'会要'、'会典'，以法官礼；'文鉴'、'文类'，以仿风诗。盖不斯而合于古也。"② 非常清楚的是，《湖北通志》的内容绝不是什么地方行政制度。

据上所述，我们认为，章氏方志分立三书说，"志"是主体，是"词尚体要"的著作；"掌故"、"文征"是两翼，是保存原始材料的资料汇编，两者相辅而行，构成一部完整的新型方志。

除三书之外，修志过程中，因搜集了丰富资料，"采撷所余，虽无当于正裁，颇有资于旁证"，因此，这一部分资料"阑入则不伦，弃之则可惜"，于是，"据轶事，琐语异闻"，别为《丛谈》以附于后，这样处理，与编书义例无妨，"彼于书之例义，未见卓然成家，附于其后，故无伤也。既立三家之学，以著三部之书，则义无可借，不如别著一编为得所矣"。③

总之，方志分立三书确是一种创见，对于旧方志来说，无论在体例上或是内容上，无疑都起着巨大的革新作用。它的提出，为方志学的发展开辟了新的广阔天地。

---

① 《文史通义新编新注》外篇六，第 1012 页。
② 《文史通义新编新注》外篇六，第 1008—1009 页。
③ 《文史通义新编新注》外篇六《方志立三书议》，第 831 页；《文史通义新编新注》外篇六《为毕制府撰湖北通志序》，第 1009 页。

三、"志"书的体裁和内容

作为方志主体的"志"应当采用何种体裁？需要写哪些内容？这是章学诚一向极为重视的问题。他一再强调，"志"乃史体，体裁当规史法，内容要写这一地区的山川、物产、风俗、人文、"政教所施，经要所重"。他在《为张吉甫司马撰大名县志序》里还对内容的详略去取提出了意见："知方志非地理专书，则山川都里、坊表名胜，皆当汇入地理，而不可分占篇目，失宾主之义也；知方志为国史取裁，则人物当详于史传，而不可节录大略，艺文当详载书目，而不可类选诗文也；知方志为史部要删，则胥吏案牍，文士绮言，皆无所用，而体裁当规史法也。"① 既然是"仿纪传正史之体而作"，那么就必须做到"邑志虽小，体例无所不备"的要求，因为它与国史相较，只是"所谓具体而微也"。至于志书为什么要仿纪传正史之体，他在《永清县志舆地图序例》中曾有明确说明："史部要义，本纪为经，而诸体为纬。有文辞者曰书曰传，无文辞者曰表曰图，虚实相资，详略互见，庶几可以无遗憾矣。"② 其实这一主张他早年在《答甄秀才论修志第一书》中就已经提出，只不过文字说法不同而已，文中说："州郡均隶职方，自不得如封建之国别为史，然义例不可不明。如传之与志，本二体也。今之修志，既举人物典制而概称曰志，则名宦乡贤之属，不得别立传之色目。传既别分色目，则礼乐兵刑之属，不得仍从志之公称矣。窃思志为全书总名，则皇恩庆典，当录为外纪；官师铨除，当画为年谱；典籍法制，则为考以著之；人物名宦，则为传以列之。变易名色，既无僭史之嫌；纲举目张，又无遗漏之患。其他率以类附。""僭史之嫌"，故将有些名目加以改变，实际还是纪传之体。黄苇先生则根据这一篇论述就确定章氏志书"分列为外纪、年谱、考、传四体"③，并立标题曰"'三书'议和'四体'说"。这样看来很是醒目，其实完全是出于误解。上面已经指出，这篇文章乃是章氏早年之作，当时尚未经过实践，完全出于一种设想，当时又有避"僭史之嫌"的思想，故而更改名目，分列

---

① 《文史通义新编新注》外篇六，第1041页。
② 《文史通义新编新注》外篇五，第840页。
③ 黄苇：《章学诚方志理论研究》，《方志论集》。

四体。可是，章学诚的方志理论随着时间的流逝和他年龄的增长、阅历的丰富，避嫌思想不仅不复存在，而且再三强调要紧扣史法，并直接提出"仿纪传正史之体而作志"这个显著的变化。我们再统观章氏所撰诸志，确是纪、传、书（考）、表、图，诸体具备，一如正史之规，而并非所谓"四体"。尤其《湖北通志》更为完备。可是所谓"外纪"，在所撰诸志中并无一部以此标名；而书志之名，《和州》、《永清》诸志均是称"书"，毫无避嫌之意。尽管《湖北通志》改称"考"，却也不是出于避嫌，而是因为《通志》分立三书，仅是避此三书中之志名而已，凡例中已有说明。至于"年谱"，所撰方志中则更无一部采用此名。因此，"四体"说不能代表章学诚的方志理论和主张，因为他的思想和理论后来都有了很大的发展。今对其诸体略加述之。

纪：所谓纪者，是指按年编写的大事记，其要求是要把这个地区"古今理乱"之重大事件都"粗具于编年纪"中。① 因此，它与一般正史里的本纪不同。不过，在章学诚看来，即使正史中之本纪，起初也不是专为记载帝王事迹的尊称。他说："纪之与传，古人所以分别经纬，初非区辨崇卑。是以迁《史》中有无年之纪，刘子玄首以为讥，班《书》自叙，称十二纪为春秋考纪，意可知矣。自班、马而后，列史相仍，皆以纪为尊称，而传乃专属臣下。"② 如此，纪自然就失去了立志之本意。所以他说：方志撰纪，只是以为一书之"经"而已，而一部志书之首所以必冠以编年之纪，亦在于"存史法也"，因为"志者，史所取裁，史以记事，非编年弗为纲也"。③ 这就说明，他把编年之纪看作全书之纲。他在《湖北通志·凡例》中对这一观点作了进一步发挥："史以纪事为主，纪事以编年为主，方志于纪事之体，往往缺而不备，或主五行祥异，或专沿革建置，或称兵事，或称杂纪，又或编次夹杂，混入诸门之中，不为全书纲领。"④ 至于纪的写法，《凡例》中亦有说明："纪以编年为名，例仿纲目，大书分注，俾览者先知古今，了如指掌。"当然，应当说明的是，他最初所编的几部方志，均未能写出比较像样的编年纪

---

① 《文史通义新编新注》外篇六《湖北通志序传》，第1026—1027页。
② 《文史通义新编新注》外篇五《永清县志恩泽纪序例》，第948—949页。
③ 《文史通义新编新注》外篇六《为毕秋帆制府撰石首县志序》，第1051页。
④ 《文史通义新编新注》外篇六，第1012页。

来。这也足以说明,他的方志理论经过不断的实践,有了新的提高和发展。

传:"邑志列传,全用史例",它的设置在纬本纪未尽之宜。"史之有列传,犹《春秋》之有《左氏》也。《左氏》依经而次年月,列传分人而著标题,其体稍异,而其为用,则皆取足以备经(《春秋》)纪(本纪)之本末而已矣。"①"编年文字简严,传以申其未究,或则述事,或则书人,惟用所宜"②,而不应"执于一也"。这就是章学诚为列传所下的定义,它可以写人,亦可以书事,要从实际出发,"惟用所宜"。他认为,传分记人记事,乃是司马迁立传之本意,如《史记·货殖列传》就不是以人物为中心。然而后世史家往往有失此意,谈到列传,则仅拘于为个人具始末,无复言记事之传矣。他为了复司马迁立列传之旧观,故于《湖北通志》中身体力行,既有事类相从,亦有数人合传。记明末农民起义之事,曾立《明季寇难传》;述明末党争者,则有《复社名士传》。而《欧魏列传》名为欧阳东风、魏运昌二人合传,实则言"湖北水利之要害,与《水利考》相表里",他们"一为明代沔阳之人,一为国朝景陵之人,以论水利,合为一传,亦史家比事属辞之通义"。③

为了写好方志的列传,对于内容详略取舍诸问题,章学诚都提出了严格的要求。首先,内容上他认为应本着"详今而略古","详后而略前"的原则。尤其是以往人物,"史传昭著,无可参互详略施笔削者,则但揭姓名为人物表,其诸史本传,悉入文征以备案检"。"方志家言,搜罗文献,将备史氏之要删",如果"史之所具,已揭日星,复于方志表扬,岂朝典借重于外乘耶?"④其次,既然"方志为国史所取裁,则列人物而为传,宜较国史加详"。可是当时一般方志都没有做到这点,甚至仅仅"删略事实,总撷大意,约略方幅,区分门类"。这样的方志既不能达到国史所取裁的目的,亦不能收到"有裨风教"的效果(《答甄秀才论修志第一书》),"至于品皆曾(参)、史(鲻),治尽龚(遂)、黄(霸),学必汉儒,贞皆姜女,面目如一,情性

---

① 《文史通义新编新注》外篇五《亳州志人物表例议中》,第997页。
② 《章学诚遗书》卷二十五《湖北通志检存稿二·序传》,第251页。
③ 《章学诚遗书》卷二十六《湖北通志检存稿三·欧魏列传》,第281页。
④ 《湖北通志检存稿二·序传》;《文史通义新编新注》内篇五《传记》,第282页。

难求",更是一般方志的通病。关键在于作者未下功夫搜集到具体材料,只能泛泛而谈。他提出:"志者,志也。人物列传,必取别识心裁,法《春秋》之谨严,含诗人之比兴,离合取舍,将以成其家言。虽曰一方之志,亦国史之具体而微矣。"① 第三,所志人物应当有所选择,"列传亦以名宦乡贤、忠孝节义、儒林卓行为重,文苑方技,有长可见者次之","如职官而无可纪之迹,科目而无可著之业,于法均不得立传"。无可纪之迹的职官所以不得立传,一则因"志属信史,非如宪纲册籍,一以爵秩衣冠为序者也"②;再则是"方志为一方之政要,非徒以风流文采,为长吏饰儒雅之名也"③。这些主张正是针对当时修志领域中"贿赂公行,请托作传"、"漫为浮誉"的情况而提出的,这个观点不仅在当时来说是相当杰出的,就在今天我们修志中仍有现实的借鉴价值。为了做到这点,就得立下条例,严格把关,材料必须严加核实,"取舍贵辨真伪",立一名宦传,一定要说明此人"实兴何利,实除何弊,实于何事有益于国计民生,乃为合例"。④ 相反,对于那些"穷乡僻壤,畸行奇节,子孙困于无力,或有格于成例,不得邀旌奖者,踪迹既实,务为立传,以备采风者观览"。他还提出,要写好列传,必须下苦功调查取得第一手资料。他说:"窃谓邑志搜罗不过数十年,采访不过百十里,闻见自有真据,宜加意采辑,广为传述,使观者有所兴起,宿草秋原之下,必有拜彤管而泣秋雨者矣。"⑤ 意思是说,你能把应当入传之人的真实事迹,经过调查写入志书,他们在九泉之下也会感谢你的。当然,要写好列传是不容易的,正因如此,故章学诚认为,一个史家的才能可以在撰写列传中体现出来。他说:"列传包罗巨细,品藻人物,有类从如族,有分部如井;变化不拘,《易》之象也;敷道陈谟,《书》之质也;抑扬咏叹,《诗》之首也;繁曲委折,《礼》之伦也;比事属辞,《春秋》之本义也。具人伦之鉴,尽事物之理,怀千古之志,撷经传之腴,发为文章,不可方物。故马、班之才,不

---

① 《文史通义新编新注》外篇五《亳州志人物表例议下》,第999页。
② 《文史通义新编新注》外篇四《修志十议》,第858页。
③ 《文史通义新编新注》外篇六《为毕秋帆制府撰石首县志序》,第1052页。
④ 《文史通义新编新注》外篇四《修志十议》,第856页。
⑤ 《文史通义新编新注》外篇四《答甄秀才论修志第一书》,第842页。

尽于本纪表志，而尽于列传也。"① 他还论述了同是方志中的列传，难易又各有不同，如《循吏列传》其难度要比"志乡贤"大得多。他甚至提出写好"循吏之迹"，凡有七难："治有赏罚，赏罚出而恩怨生，人言之不齐，其难一也；事有废兴，废兴异而难易殊，今昔之互视，其难二也；官有去留，非若乡人之子姓具在，则迹远者易湮，其难三也；循吏悃愊无华，巧宦善于缘饰，去思之碑，半是愧辞，颂祝之言，难征实迹，其难四也；擢当要路，载笔不敢直道；移治邻封，瞻顾岂遂无情？其难五也；世法本多顾忌，人情成败论才，偶遭挂误弹章，便谓其人不善，其难六也；旧志纪载无法，风尘金石易湮，纵能粗举大凡，岁月首趾莫考，其难七也。"这七条虽不能说条条是真理，却可以讲条条是实情，只要稍作回味，便会感到确实言之成理。当然，章学诚列举了七难，目的在于执笔撰写时，要"益致其慎尔"②。

考："考之为体，乃仿书志而作，子长《八书》，孟坚《十志》，综核典章，包函甚广。"③ 这就把方志里面组成部分之一的考或书、志的来源讲了出来，既然如此，章学诚认为要撰好书考，必须懂得《史记》中的八书、《汉书》中的十志是怎么回事，尤应注意书法。他还在早年写《修志十议》时便已提出："典故作考，人物作传，二体去取，均须断制尽善，有体有要，乃属不刊之书，可为后人取法。"然而当时所撰之方志，都有失于体要，一则是题目分得过细，"失之繁碎"，以致"浩无统摄"，"如星野、疆域、沿革、山川、物产，俱'地理志'中事也；户口、赋役、征榷、市籴，俱'食货考'中事也；灾祥、歌谣、变异、水旱，俱'五行志'中事也；朝贺、坛庙、祀典、乡饮宾兴，俱'礼仪志'中事也。凡百大小，均可类推。篇首冠以总名，下乃缕分件悉，汇列成编，非惟总萃易观，亦且谨严得体，此等款目，直在一更置耳"。④ 再则变成选文类纂，非复志乘之体，"志艺文者，多取长吏及邑绅所为诗赋、记序、杂文，依类相附，甚而风云月露之无关惩创，生祠碑颂之全无实征，亦胥入焉"⑤。又在《永清县志文征序例》一文说："近人修

---

① 《文史通义新编新注》外篇五《永清县志政略序例》，第972—973页。
② 《文史通义新编新注》外篇五《永清县志政略序例》，第972—973页。
③ 《文史通义新编新注》外篇四《答甄秀才论修志第二书》，第845页。
④ 《文史通义新编新注》外篇四《答甄秀才论修志第二书》，第845页。
⑤ 《文史通义新编新注》外篇四《答甄秀才论修志第一书》，第840页。

志，艺文不载书目，滥入诗文杂体，其失固不待言"①。志田赋者，"旧志尽取各府州县赋役全书挨次排纂"，于是财赋大势、沿革利弊"茫然无可求"②。如此等等，杂乱无章，当然难为典据。欲改变此种现象，必须以史法绳之。首先，分题不宜过细，分纲列目，以收纲举目张之效。其次，内容必须澄清，千万不可包罗万象，将无关治体、无益风教者悉数删除。今后志书，"但重政教典礼，民风土俗"，凡是"浮夸形胜，附会景物者，在所当略"③。至如撰艺文者，应仿班固作《艺文》、刘歆著《七略》之意，要"详载书目"，而不是"类选诗文"。他在《修志十议》中说："今拟更定凡例，一仿班《志》、刘《略》，标分部汇，删芜撷秀，跋其端委，自勒一考，可为他日馆阁校雠取材，斯则有裨文献耳。"又在《答甄秀才论修志第一书》中说："夫既志艺文，当仿《三通》、《七略》之意，取是邦学士著撰书籍，分其部汇，首标目录，次序颠末，删芜撷秀，掇取大旨，论其得失，比类成编，乃使后人得所考据，或可为馆阁雠校取材，斯不失为志乘体尔。"当然，要做到这点是不太容易的，因为这不仅要懂得艺文志的来龙去脉，更要懂得作此志的宗旨，而对每部著作要"跋其端委"、"论其得失"，那就更不是件容易的事。所以章学诚对于修志人员的要求是，不仅要学识渊博，更要识得"史"字。另外，志赋役者，既要采撷州县赋役全书，又得吸取私门论撰，加以别裁，做到文简事明，只要这样，财赋沿革利病就可洞若观火了。对于通志里的《府县考》写法，他在《湖北通志·凡例》中说得就更加具体了："考乃书志之遗，府县一考，专论建置沿革，最为全书根柢，考订不厌精详，既著其说，又列其表，观者一望了然。至星土之说，存其大概，以天道远而人事迩也。"可见在编修方志中，他强调的是人事，应当把工夫花在这些方面。

图、表：刘知幾在评论史书时，对图表的作用还不太注意。宋代郑樵则主张编写史书，必须充分发挥图、表的作用，故对司马迁《史记》的十表非常称颂，认为："《史记》一书，功在十表，犹衣裳之有冠冕，木水之有本

---

① 《文史通义新编新注》外篇五，第988页。
② 《文史通义新编新注》外篇四《方志辨体》，第872页。
③ 《文史通义新编新注》外篇四《修志十议》，第858页。

源。"① 到了清代，许多著名学者强调史表的作用，朱彝尊在为万斯同《历代史表》所作的序中有两句话："揽万里于尺寸之内，罗百世于方册之间"，生动形象地概括了史表的作用。章学诚在评论史志时不仅力主此说，而且把它提高到撰史修志不可缺少的组成部分。同时表的作用很多，既可表人、表年，又可以列表事类，其中尤以人表更为重要。他说："史之大忌，文繁事晦；史家列传，自唐宋诸史，繁晦至于不可胜矣。使欲文省事明，非复人表不可；而人表实为治经业史之要册。"只要"人表入于史篇，则人分类例，而列传不必曲折求备；列传繁文既省，则事之端委易究，而马、班婉约成章之家学可牵而复也"。② 而在《亳州志人物表例议》三篇中，他更进一步论述表的作用，特别是方志与人表有何关系。他说："将以救方志之弊也，非谓必欲仿乎史也，而史载亦于是焉具而已。"因此，他认为方志立人物表，其善有三："前代帝王后妃，今存故里，志家收于人物，于义未安；削而不载，又似阙典。是以方志遇此，聚讼纷然，而私智穿凿之流，往往节录本纪，巧更名目，辗转位置，终无确当。今于传删人物，而于表列帝王，则去取皆宜，永为成法。其善一也。史传人物本详，志家反节其略，此本类书摘比，实非史氏通裁。然既举事文，归于其义，则简册具有名姓，亦必不能一概而收，如类纂也。兹于古人见史策者，传例苟无可登，列名人物之表，庶几密而不猥，疏而不漏。其善二也。史家事迹，目详于耳，宽今严古，势有使然。至于乡党自好，家庭小善，义行但存标题，节操止开年例；史法不收，志家宜具。传无可著之实，则文不繁猥；表有特著之名，则义无屈抑。其善三也。凡此三者，皆近志之通病，而作家之所难言。故曰：方志之表人物，将以救方志之弊也。"③ 史表既然如此重要，故他所撰诸志，部部有表，而《湖北通志》仅人物就立有五表。对于《食货考》中头绪纷繁的赋役一门，还作了赋役表以相统摄。经过他的苦心经营，史表的作用在方志中可以说得到了充分的发挥。

对于图的作用，从方志本身来说似乎并不存在问题，因为方志大多有

---

① 见《通志·总序》。
② 《文史通义新编新注》外篇二《史姓韵编序》，第511页。
③ 《文史通义新编新注》外篇五《亳州志人物表例议下》，第999—1000页。

图，况且在发展过程中，还曾经过图经阶段。可是长期以来从理论上来说明它的重要性，除郑樵而外，还不多见。在章学诚看来，图的作用有时更胜于表。他说："史不立表，而世次年月，犹可补缀于文辞；史不立图，而形状名象，必不可旁求于文字。此耳治目治之所以不同，而图之要义所以更甚于表也。古人口耳之学，有非文字所能著者，贵其心领而神会也。至于图象之学，又非口耳之所能授者，贵其目击而道存也。"因此，"虽有好学深思之士，读史而不见其图，未免冥行而擿埴矣"。① 他在《永清县志水道图序例》中还曾指出："地名之沿革，可以表治，而水利之沿革，则不可以表治也。盖表所以齐名目，而不可以齐形象也。图可得形象，而形象之有沿革，则非图之所得概焉。是以随其形象之沿革，而各为之图，所以使览之者可一望而周知也。"② 所以，他把图像称为"无言之史"。可是当时许多方志尽管在形式上也大多有图，实际上并未起到图的应有作用，原因是"其弊有二：一则逐于景物，而山水摩画，工其绘事，则无当于史裁也；一则厕于序目凡例，而视同弁髦，不为系说命名，厘定篇次，则不可以立体也。夫表有经纬而无辞说，图有形象而无经纬，皆为书志列传之要删，而流俗相沿，苟为悦人耳目之具矣"③。这就是说，当时方志所绘之图完全流于形式，变成了点缀时髦的装饰品。因此他在《湖北通志·凡例》中说："诸图开方计里，义取切实有用，不为华美之观。"这正是针对当时方志纯为追求形式美观而发。他还指出，图之作用应当取其有关经要而规方形势所必须者，详系之说，而次之诸纪表之后，这样才可以备用一家之学。

志的诸体既然一如正史之规，那么措辞命意，无疑当具撰史之笔法。章学诚在《与石首王明府论志例》一文中说："志为史裁，全书自有体例。志中文字，俱关史法，则全书中之命辞措字，亦必有规矩准绳，不可忽也。"为了撰好方志，他晚年在修《湖北通志》时，便提出作者秉笔应当做到"持论不可不恕，立例不可不严，采访不可不慎，商榷不可不公"④ 的四大要求。

---

① 《文史通义新编新注》外篇五《永清县志舆地图序例》，第 960—961 页。
② 《文史通义新编新注》外篇五，第 966 页。
③ 《文史通义新编新注》外篇五《永清县志舆地图序例》，第 961 页。
④ 《文史通义新编新注》外篇六《湖北通志序传》，第 1029 页。

他继承了古代史家据事直书的优良传统，反对"任情无例"，"私意褒贬"。有不少人讲章学诚主张方志有褒无贬，这完全是出于一种误解，章学诚在《答甄秀才论修志第一书》中有段论述："志乃史体，原属天下公物，非一家墓志寿文，可以漫为浮誉，悦人耳目者。闻近世纂修，往往贿赂公行，请托作传，全无征实。此虽不肖浮薄文人所为，然善恶惩创，自不可废。今之志书，从无录及不善者，一则善善欲长之习见，一则惧罹后患之虚心尔。仆谓讥贬原不可为志体，据事直书，善否自见，直宽隐彰之意同，不可专事浮文，以虚誉为事也。"这里说得十分清楚，一则编修方志的目的是"善恶惩创，自不可废"；再则是"据事直书，善否自见"。好事照写，坏事直录，让其事实本身来说明其好坏，这就是司马迁写《史记》所创立的书法，即寓褒贬于叙事之中。章学诚的意思也正是如此，如何能说他是主张方志只褒不贬呢？后来章学诚在写《永清县志列传序例》中讲得更加明确："至于史文有褒贬，《春秋》以来，未有易焉者也。"[①]"志乃史体"，岂能例外？章学诚是一位杰出的史学评论家，他绝不会主张写史只褒不贬。这是史论上的一般常识。唐代大文学家韩愈在《答刘秀才论史书》中就曾说："愚以为凡史氏褒贬大法，《春秋》已备之矣，后之作者，在据事迹实录，则善恶自见。"[②]这与章学诚所说的意思正同。所谓方志有褒无贬说，明代方志有些叙文中已经讲到，我们不能无根据地将此说强加于章学诚。章学诚反对的乃是任情褒贬，题外加论。至于公正的议论、持平的论赞，亦不妨附入，否则也就失去了作史修志的惩劝本意。另外，在志体既合史例、考信核实无虚的前提下，适当进行文辞的修饰，自然也是作者应当努力之事，因为"志体既取详赡，行文又贵简洁"，乃是撰好一部方志的起码要求。况且也只有做到"词尚体要"，方能成为"可诵可识"、"传世行远之具"。

章学诚在修志理论中还提出，各地修志应当注意对各地的方言进行广泛的采集，他认为这是一项十分有意义的工作。尽管明代以来有些方志在《风俗》篇中已记载了一些方言，如浙江的《乌青镇志》便是如此，但毕竟还是少数，并未引起大家足够的重视。因此他在《报谢文学》中说："前高阳县

[①]《文史通义新编新注》外篇五，第976页。
[②]《韩愈全集校注》，第1920页。

知县武进胡君文英，尝撰《吴下方言考》，虽于经训微觉附会，而于苏常之间土音，实有证明。鄙意四方文士，各以官韵正定一方土谚，修方志者，必采录之，汇集一统志馆，勒为成书，亦同文之要典也。国史采以附《地理志》，后人即为成规。则是每代必有一扬子云，何患训故之难通乎？"[①]这个见解十分可贵，因为我们的祖国幅员广大，各地方言又十分复杂，若是各地在修方志之时，能够注意采集，并且"以官韵正定"，那么不仅可以沟通全国各地之语言，而且在方言的研究上也可作出无可估量的贡献。单就这点而言，方志的学术地位也必定得到提高。可见作为方志理论家的章学诚，正因为博古通今、学识渊博，所以才有可能注意到此类内容。

值得提出的是，章学诚在早年总结前人修志经验的基础上，于《修志十议》一文中别具匠心地提出一个修志纲要。其中内容和提法后来虽然有了发展、变化，但从这个纲要我们仍可看出他想象力的丰富、才能的卓绝以及创造精神之可贵。他说，修志有二便："地近则易核，时近则迹真"；有三长："识足以断凡例，明足以决去取，公足以绝请托"；有五难："清晰天度难，考衷古界难，调剂众议难，广征藏书难，预杜是非难"；有八忌："忌条理混杂，忌详略失体，忌偏尚文辞，忌妆点名胜，忌擅翻旧案，忌浮记功绩，忌泥古不变，忌贪载传奇"；有四体："皇恩庆典宜作纪，官师科甲宜作谱，典籍法制宜作考，名宦人物宜作传"；有四要："要简，要严，要核，要雅。"他要求人们在修志当中，应当尽量做到"乘二便，尽三长，去五难，除八忌，而立四体，以归四要"。这个纲领尽管有些条文是勉强凑合，但大多数确是言之有理，如"八忌"之说可谓条条言之成理，特别是"忌泥古不变"更为可贵，反映了他变通发展的观点。他提倡独创，反对守旧，这在方志编修来说也十分重要，无论体例还是内容范围，都应当随着时代的发展变化而有所变革。当然，有些主张在今天编修新志的过程中，仍有重要参考价值。

综上所述，可以看出章学诚论述的方志，实际上是一部图文并茂、纲举目张、言简义明的地方史。旧的方志按照他的理论改造后，将变其仅具地理沿革之书，而成为一种具有史义、能够经世的史书。这些理论在当时对方志性质和体例认识混乱、众说纷纭的时候，自然具有重要的积极作用。但时至

[①]《文史通义新编新注》外篇三，第 637—638 页。

今日，当方志已经成为一门独立学问的时候，有些理论显然就不合时宜了，特别是方志就是地方史的说法，在今天看来就很不确切。尽管地方志仍具有地方史的性质，属于史的范畴，但绝不能说就是地方史，否则我们今天也就没有必要再普遍地编纂地方志了。

四、辨清各类方志记载范围和界限

宋元以来，方志编修基本上已经定型，但当时所修只限于府州县志而已，特别是县志为多。明清以来，修志之风盛行，于是省有通志，府、州、厅、县各皆有志，甚至一些重要乡镇、山水寺庙亦多修志。由于对各类志书要求没有明确概念，因而出现许多混乱现象，有的简单把诸州、县志内容合并便成府志，将诸府志加以合并又成通志；亦有采用相反的办法，将通志机械地一分便成所属府志，又将府志分而成诸县志，似乎十分简单方便。对此章学诚曾写了《方志辨体》一文，从理论上对此混乱不清现象加以澄清，提出各类方志有各自内容范围，也有各自撰写方法与要求，切不可简单地任意分合，否则将不成为书。他说："盖文墨之事，无论精粗大小，各有题目，古人所谓文质相宜，题目即质之谓也。如考试诗文，诗文命题稍不如题，即非佳文。修书亦如是也，如修统部通志，必集所部府州而成。然统部自有统部志例，非但集诸府州志可称通志，亦非分拆统部通志之文，即可散为府州志也；诸府之志，又有府志一定义例，既非可以上分通志而成，亦不可以下合州县属志而成。苟通志及府州县志，可以互相分合为书，则天下亦安用此重见叠出之缀旒为哉？……今之通志，与府州县志，皆可互相分合者也，既可互相分合，亦可互相有无。书苟可以互相有无，即不得为书矣。"[①] 这里不仅指出明清以来，各类方志编修中所出现的奇怪现象，而且指出这类现象必须终止，因为各类方志都有自己的特定内容与义例。这在方志发展史上又是一大贡献。后来他在《丙辰札记》中又对此作了十分形象而生动的叙述："余尝论各部通志，与府州县志各有详略义例，不知者相与骇怪。余取譬于诗文之有命题，各有赢阙至量，不容相假藉也。如皇甫士安为左氏作《三都

---

① 《文史通义新编新注》外篇四《方志辨体》，第870页。

赋序》，设吴、魏、蜀都三篇。当时又各有为之序者，义亦自可并存。若皇甫氏别无取义，但掇合三序而为一序，又或各为序者，分析皇甫之序以为三篇，其说尚可通乎？曹元首作《六代论》，其有分论虞、夏、商、周、秦、汉者，割裂曹氏之论，析而六之；或先有六家之论，曹氏合而一之，天下有是理耶？陈氏撰《三国志》，其后萧常、郝经、谢陛之伦，改造季汉、续汉诸书，意在尊正统耳。然世代相去久远，所征事实，无以出乎陈《志》及裴《注》之外也。而其发凡起例，分合详略之间，果否可以分为陈《志》，而合为萧、郝、谢氏诸书，则亦不待明者而决矣。李百药撰《高齐书》矣，其子延寿撰《南北史》，叙述高齐，岂能徒藉父书无变例欤？"①

以上事实说明，著书各有义例，绝不可随心所欲地、机械地进行分合，编撰方志，其道理自然也是一样。章学诚不仅从理论上辨明各类方志自有义例，而且从具体内容入手，举例说明哪一类方志应详于某一内容。他说："山川古迹陵墓，皆府县所领之地也，城池坛庙祠宇，皆其地所建也，此则例详府州县志，通志重复详之，失其体矣。兹举其大而略其琐细，各属专志。譬之垣墉自守，详于门内，而不知门外，通志譬之登高指挥，明于形势，而略于间架，理势然也。"② 又如"府州赋役全书，自当于府州志详之，州县赋役全书，自当于州县志详之，通志体裁，自不当代为屑屑繁录"。相反，一个省的"财赋大势，沿革病利，非府州县志所能具者"。所以他说："贵乎通志者，为能合府州县志所不能合，则全书义例，自当详府州县志所不能详。既已详人之所不详，势必略人之所不略，譬如揖左则必背右，挥东则必顾西，情理必然之事。"③ 总之，章学诚认为，撰写一省通志绝不可将所属府州县志加以拼凑抄录，也不可将通志分析而成所属府州县志，各有自己内容范围和义例要求。能按此要求去编纂各类方志，就可以做到各有侧重，各有特点，详略适宜，避免混杂。因此，这一理论的提出，对于澄清方志编修中越俎代庖的混乱现象，其功绩自不可抹杀。

---

① 《章氏遗书外编》卷三，《章学诚遗书》，第397页。又见点校本《乙卯札记》（外二种），《学术笔记丛刊》，中华书局2006年版，第248页。
② 《文史通义新编新注》外篇六《湖北通志·凡例》，第1014页。
③ 《文史通义新编新注》外篇四《方志辨体》，第871—872页。

五、建议州县设立志科

　　史家撰史与文士作文的要求是有所不同的，史家贵在征信，文学贵在独创。所以章学诚说："文人之文与著述之文，不可同日语也。著述必有立于文辞之先者，假文辞以达之而已。"① 又说："史笔与文士异趋，文士务去陈言，而史笔点窜涂改，全贵陶铸群言，不可私矜一家机巧也。"② 这就是说，史家编写历史必须有所凭借，所写之书才能取信于后世。唯其如此，史家只有具备了丰富的史料，始可记一事之始末，考一事之得失，加以陶铸，成为珍品。没有原料，也就无法陶铸成品。方志既然属于史的范畴，自然也不能例外。章学诚在修志的具体实践中，深感搜集材料的困难与及时搜集资料的重要性。他认为，要修好方志，萧何转饷这项工作是万万少不了的。其中，以往正史典籍固然"俱须加意采访"，但是，地方文献却更为重要，这是方志编修必不可少的材料。"若邑绅所撰野乘、私记、文编、稗史、家谱、图牒之类，凡可资搜讨者，亦须出示征收"，以便做到"博观约取"。③ 值得注意的是，方志内容既要详近略远，多写当时之事，那么材料就必须取之于当时现实生活之中。因此，他主张除了搜集现成的乡邦文献以外，还需要进行实地访问调查，掌握第一手资料。他十分赞扬司马迁修史之前的"东渐南浮"的实地考察精神。他自己在修《永清县志》时，也曾"周历县境，侵游以尽委备"，并亲访乡村妇女 50 余人，用所得口碑材料，替她们"详为之传，其文随人变异，不复为方志公家之言"，从而改变了一般方志撰写"贞节孝烈"、"文多雷同"的局面。④ 而对于所撰《亳州志》，由于"逼于楚行，四乡名迹，未尽游涉，而孀妇之现存者，不能与之面询委曲，差觉不如《永清》"，虽然从文献足征来说远胜于《永清县志》，但未尽观察访问之责，以致总有"负愧"之感。⑤ 尽管他所访问的对象多为乡村妇女，其目的又在于宣传封建道德，但就其重视实地调查的精神来说，还是值得肯定的。何

---

① 《文史通义新编新注》内篇六《答问》，第 324 页。
② 《文史通义新编新注》外篇六《跋湖北通志检存稿》，第 1034 页。
③ 《文史通义新编新注》外篇四《修志十议》，第 856 页。
④ 《章学诚遗书》卷十八《周筤谷别传》，第 179 页。
⑤ 《文史通义新编新注》外篇三《又与永清论文》，第 727 页。

况他所考察也不仅限于这一项内容。通过实践，他体会到史料搜集贵在及时，"一方文献，及时不与搜罗，编次不得其法，去取或失其宜，则他日将有放失难稽，湮没无闻者矣"①。为了解决修志过程中所遇到的材料来源之困难，他建议清朝政府在各州县建立"志科"，专门掌管搜集乡邦文献，为编好各类方志创造条件。他在《州县请立志科议》中说："州县之志，不可取办于一时，平日当于诸典吏中，特立志科，佥典吏之稍明于文法者，以充其选。而且立为成法，俾如法以纪载，略如案牍之有公式焉，则无妄作聪明之弊矣。积数十年之久，则访能文学而通史裁者，笔削以为成书，所谓待其人而后行也。如是又积而又修之，于事不劳，而功效已为文史之儒所不能及。"至于志科搜集储存范围，他指出："六科案牍，约取大略而录藏其副可也；官长师儒，去官之日，取其平日行事善恶有实据者，录其始末可也；所属之中，家修其谱，人撰其传志状述，必呈其副，学校师儒，采取公论，核正而藏于志科可也；所属人士，或有经史撰著，诗辞文笔，论定成编，必呈其副，藏于志科，兼录部目可也；衙廨城池，学庙祠宇，堤堰桥梁，有所修建，必告于科，而呈其端委可也；铭金刻石，纪事摛辞，必摩其本而藏之于科可也；宾兴乡饮，读法讲书，凡有举行，必书一时官秩及诸名姓，录其所闻所见可也。"可见搜罗范围相当广泛，不仅搜集办法十分具体，就连如何保管，文中亦有详细说明。其实这一建议早年在《答甄秀才论修志第一书》中就已经有所考虑，他在文中说："今之志乘所载，百不及一，此无他，搜罗采辑，一时之耳目难周，掌故备藏，平日之专司无主也。尝拟当事者，欲使志无遗漏，平日当立一志乘科房，佥掾吏之稍通文墨者为之，凡政教典故，堂行事实，六曹案牍，一切皆令关会，日录真迹，汇册存库，异日开局纂修，取裁甚富。"从这里也足以说明，他对于编修方志，考虑是相当周全的。在志科以外，四乡还各设采访一人，聘请"绅士之公正孚人望者为之"，平时负责采访搜集遗闻轶事，及时上呈志科。他还强调志科之重要性说："今天下大计，既始于州县，则史事责成，亦当始于州县之志。州县有荒陋无稽之志，而无荒陋无稽之令史案牍。志有因人臧否、因人工拙之义例文辞……盖以登载有一定之法，典守有一定之人，所谓师三代之遗意也。"

---

① 《文史通义新编新注》外篇四《记与戴东原论修志》，第884页。

可是，像这样富有独创精神的建议，却如泥牛入海，根本没有为清政府所注意。遗憾的是，有人竟说在我国历史上曾经设立过志科。章学诚的《州县请立志科议》，当时虽未得到采纳，在今天来说，不仅历史工作者和档案工作者仍可借鉴，就是对于从事社会调查工作的人来说，同样具有一定参考价值。当然，对于正在从事新方志编修工作的人来说，那就更有必要去读一读了。

六、章学诚方志理论的局限性

章学诚的一生从未参与政治活动。他长于史学，却未能取得史馆之职，因此虽有丰富的史学理论，却不能试之于史。因此他把修史的理论转向方志领域予以实践，用史学理论对以往的方志编纂，批判地进行总结，创立了一套修志的理论和义例。他首先确定"志属信史"，其作用应当和正史一样足以"经世"，因而它的编纂亦应规于史法。他批判了许多方志"求于史家义例，似志非志，似掌故而又非掌故"。这种情况的出现，说明了作者不懂得史籍区分两大部类——记注和撰述的意义，故出现了"于记注、撰述两无所似"的作品。为了扭转这一局面，他提出了方志分立三书的创议。这一创议的意义，正如他自己在《与陈观民工部论史学》一文中所说："用其别识心裁，勒成三家之书，各具渊源师法，以为撰方志者凿山浚源。"[①] 作为三书的志来说，是全部方志的主体，仿纪传正史之体而作。其内容是重视当今，强调实用，要能为政治服务。这与那些专考地理沿革、罗列职官爵秩、记载古迹名胜、选录风云月露文章的方志相比，无疑是一个很大的进步。显然，通过这一改革，方志的作用与地位被大大提高了，志为史体的概念也得以牢固地树立起来，从此方志便从地理类划出，而成为历史学的一个分支。而"方志辨体"，更进一步明确了各类方志编修应有各自的义例与要求。尤其可贵的是，他把自己创立的理论在修志中予以实践。可惜的是，他所编修的几部方志，由于种种原因，除《永清县志》外均未能完整地保存下来，特别是他用心经营的《湖北通志》，是全面贯彻其方志理论的代表作，却未得以流传。

---

① 《文史通义新编新注》外篇一，第406页。

因而，有人以为"学诚以方志名家，偏偏他自己所作的方志多不传，这与学诚重视方志编写的理论和体例研究，重点在各类大小序文的写作，于史料及事实注意不够有一定关系"①。这个评论不符合历史事实。事实上章学诚不但重视方志理论的探讨，而且十分注意文献资料的搜集和积累。

我们应当看到，章学诚在方志理论上所以能取得如此巨大成就，是与他有丰富的史学理论为指导分不开的。他不仅总结前人的经验，而且具有实践的知识，更重要的是能及时把它们上升为理论，进而使之具有普遍意义，转过来再指导方志的编修工作，这是一般方志学家无法办到的。理论指导实践，实践又丰富了理论，这是章学诚方志学发展的全过程，也是章学诚方志理论取得巨大成就的决定因素。章学诚在方志学方面的理论是相当全面的，从方志的性质到内容的范围，从义例创立到资料来源，乃至省志与府州县志的分合详略等问题，无所不论。他将不大被人重视的地方志，从理论到实践，建立起一整套体系，并使之发展成为专门学问——方志学。因此我们说章学诚在方志学上的贡献是巨大的。近世有人推许他为"方志之祖"、"方志之圣"，是有一定道理的。

章学诚在方志学上的杰出贡献应该得到充分肯定，但也必须指出，由于时代和阶级的局限，他所建立的方志理论也不可避免地存在着许多局限性，而他撰写的诸志内容亦包含着不少封建糟粕，应当予以批判扬弃。

首先，章学诚确定"志属信史"以后，在各方面都从史的角度来要求方志，未免失之偏颇。方志是史学的一个分支，但不能把它与国史等同起来。并且由于情绪偏激，章学诚的许多论述失之过头。在他的理论中，方志即是地方史，两者毫无区别，这就混淆了史、志的概念，对后来也有一定的影响。李泰棻的《方志学》一书可以说是这个观点的集中表现。正是从上述理论出发，他认定唐宋时代的图经不是方志。这种看法无疑割断了方志发展的历史。这在今天我们总结章学诚的方志理论时不能不予以指出。

其次，章学诚的修志理论由于过分强调"经世"，必须有裨风教，因此，过分重视人文方面的内容，而对于自然科学、经济生活方面重视不够。这也

---

① 柴德赓：《试论章学诚的学术思想》，《光明日报》1963年5月8日。收入柴德赓：《史学丛考》，中华书局1982年版。

是他强调按正史的规模来编修方志所造成的结果,从而把方志原来的某些优良传统丢弃了,因此他在这方面是创造有余而继承不足。我们今天修方志时应当从中吸取教训。

再次,章学诚的方志理论以及所修诸志内容,归根到底,是为封建地主阶级利益服务的。他再三强调"经世致用",足以鉴戒。他在《湖北通志检存稿二·复社名士传》后自注曰:"是篇叙论,其于鉴戒之义昭矣。《复社传》后,紧接《寇难》之篇,寓义甚深。"又《明季寇难传》论赞曰:"民穷财尽,而上不知恤,明之所以亡也。湖襄虽曰四战之地,然流贼一呼,从者数十百万,亦贪虐之吏,有以驱使然也……呜呼!民隐苟不上闻,虽无朋党,亦足以亡国矣。"[①]这里他把地方志看成是统治者用来"鉴戒"、"资治"的工具,要清政府吸收明王朝灭亡的教训。再如他以史志之书所以有裨风教者,原因就在于"传述忠孝节义",因此,他很重视列传及列女传的撰述,借以宣扬封建的伦理道德、纲常法纪。他为了撰好列女传,四处奔走,大力搜寻妇女"贞节"的材料。

最后,章学诚早期纂修的方志开端必冠以"皇言"、"恩泽"两纪,并且《修志十议》中还立上一条"皇恩庆典宜作纪"。他在方志理论上强调修志"非示观美",不必讲求死板形式。然而对此纯为形式的两个纪,却以为缺一不可。本来编年之纪是要记一方之"古今理乱",成为全书之"经",而此二纪并未起到用以编年、经理全书的作用,无非是为封建统治者歌功颂德而已。似此之类,显然又与他的方志理论相违背。

第三节 章学诚方志理论的三大来源

一、史学理论是章学诚建立方志学的重要源泉

章学诚是我国封建社会后期一位杰出的史学评论家,他对刘知幾的史学理论进行了批判性的总结继承和发展。他对各种史体的长短得失都进行了系

[①] 《章学诚遗书》卷二十五,第269、272页。

统的总结和评论。虽然他自己说，他与刘知幾评论的重点不同，"刘言史法，吾言史意；刘议馆局纂修，吾议一家著述"①。实际上他对史法所言还是相当多的，不过这些议论都是通过撰写各种方志序跋表达出来的。可是像他这样一位很有才华的历史学家，由于学术主张不合时好，所以从未得到应有的重视，以致他一生穷困潦倒，自己虽有丰富的史学理论，却无从付诸史书编撰。于是他就用自己的史学理论来指导方志的编修和方志理论的探讨，这是他在方志理论上之所以能取得巨大成就的重要因素。在某种意义上，也可以说是决定的因素。

首先，章学诚从史学的发展源流来论述志属史体，确定了方志性质是史而不是地理著作。然后又针对方志的特点及其发展过程中所形成的规模和体式，选择了要用纪传正史之体来编撰方志。史学编年体的产生，以时代而言远早于纪传，然而后来纪传体问世之后，很快跃居于正统地位，这并非出于偶然。章学诚说："纪传之初，盖分编年之事实而区之以类者也。类则事有适从而寻求便易，故相沿不废；而纪传一体，遂超编年而为史氏之大宗焉。"②这就是说，纪传体史书的长处是可以做到事类相从，容易寻检，故他对司马迁所创立这种史体极为称赞，"实为三代以后之良法"。唯其如此，他力主方志的主体志要仿纪传正史之体而作。我们统观他所写的《和州志》、《永清县志》、《亳州志》、《湖北通志》等的序例，无一篇不是从史学角度入手加以论述，最后才落实到方志的编修。下面试举数例略加说明。

先从章学诚方志分立三书的理论谈起。他认为要编好方志，使之成为能够立于著作之林的著作，必须分立三书。很明显，这个主张就是直接来源于刘知幾的史学理论。刘知幾在《史通·载言》篇中提出，今后编修纪传正史要立书部，这种书部类似文选。他感到从《史记》、《汉书》以后，史传往往载入大量长篇的"制册诰命"、"群臣奏章"等文章，这样势必有害于行文气势，使纪传文章变得臃肿而冗长，"唯上（尚）录言，罕逢载事"，当然就谈不上是好的文章。为了克服这一弊病，遵照古法，言事分载，"于志表之外，更立一书"，将"人主之制册诰命"、"群臣之章表移檄"，以及人所共推

---

① 《文史通义新编新注》外篇三《家书二》，第817页。
② 《文史通义新编新注》外篇一《史篇别录例议》，第428页。

的诗文佳章，分别选录，以类区分，各立为"制册书"、"章表书"等，"亦犹志之有《礼乐志》、《刑法志》者也"。这样一来，既可以保存大量宝贵的文献资料，又可使纪传文章写得简洁精炼、通顺流畅。对此主张，章学诚十分赞赏。他在《和州志文征序例》中说："唐刘知幾尝患史传载言繁富，欲取朝廷诏令、臣下章奏，仿表志专门之例，别为一体，类次纪传之中，其意可为善矣。"但后来经过实践，对刘氏之说又提出了修正意见，认为应当分别成书，故在《永清县志文征序例》中又说："唐刘知幾尝患史体载言繁琐，欲取诏诰章疏之属，以类相从，别为一体，入于纪传之史，是未察古人各有成书，相辅益章（彰）之义矣。"这就是说，他是受到刘知幾论述的启发后，又经过自己研究，觉得应当各有成书，而不能混杂一道，这就是他方志分立三书理论发展的由来。他先是赞扬刘知幾的主张"其意可为善矣"。若是死搬刘知幾的理论，三书分立之说也就无从提出。他又根据历史上历代都编有会要、会典、文选、文类之类著述的启示，从而确立了三书之学。不仅如此，他在许多序例中，还进一步论述了他所创立的三书之议。《永清县志文征序例》中说："古人有专守之官，即有专掌之故；有专门之学，即有专家之言；未有博采诸家，汇辑众体，如后世文选之所为也。官失学废，文采愈繁。以意所尚，采掇名隽，若萧氏《文选》，姚氏《文粹》是也。循流溯源，推而达于治道，宋文之《鉴》是也。相质披文，进而欲为史翼，元文之《类》是也。是数子之用心可谓至矣。然而古者十五《国风》、八国《国语》，以及晋《乘》、楚《梼杌》，与夫各国春秋之旨，绎之则列国史书，与其文诰声诗，相辅而行。在昔非无其例也。"这段议论是讲其立文征的历史依据。又在《亳州志掌故例议中》说："史学亡于唐，而史法亦莫具于唐。欧阳《唐志》未出，而唐人已窥于典章制度，不可求全于史志也。刘氏有《政典》，杜氏有《通典》，并仿《周官》六典，包罗典章，巨细兼收。书盈百帙，未尝不曰君臣事迹，纪传可详，制度名数，书志难于赅备，故修之至汲汲也。至于宋初，王氏有《唐会要》、《五代会要》，其后徐氏更为《两汉会要》，则补苴前古，括代为书。虽于刘、杜之典，同源异流，要皆综核典章，别于史志，义例昭然，不可易矣。夫唐宋所为典要，既已如彼，后人修唐宋书，即以其法，纪纲唐宋制度，使与纪传之史，相辅而行，则《春秋》、《周礼》，并接源流。奕世遵行，不亦善乎？"这就从历史的渊源找出了他另立掌故的历史依据。章学诚的方志分立三书的理论，是以其史学理论为依据而创立的。尤其值得注意的是，他开始是受到刘知幾理论的启发，经过自己实践和研究后，又觉得刘氏之说不甚妥当，原因在于"未察古人各有成书，相辅益章（彰）之义"。这就是说，他学于刘氏，但又不为刘氏之说束缚，所以才有可能提出方志分立三书的创见。同时也说明了他对前人的理论有继承、有批判也有发展。由于他视野开阔，思路宽广，知识丰富，可以做到触类旁通，而不就事论事。而与章学诚同时代的学者浦起龙，他曾替《史通》作注，对刘知幾上述主张亦持不同看法，他在《史通·载言》篇的按语中说："是篇盖就列传而言，方铨事状，忽夹长篇，未免文气隔越，故设此论。尝窃计之，就如贾生、董傅、方朔、马卿未作要官，无他政迹，其生平不朽，正在陈书、对策、诗颂、论著等文，设检去之，以何担重？且使此册果立，几与挚虞《流别》同科，即刘于《载文》篇，亦言非复史书，更成文集，不且自矛乎？况乎后世，著述如林，弥滋缪辀矣。此论不可行。"此论纯属就事论事，按照浦起龙之意，刘氏之说是毫无价值。但章氏得之，因势利导，而成三家之说。

再看章学诚对方志列女传的看法。长期以来，方志中的"列女传"大多变成了"烈女传"，这也是受正史的影响。对此章学诚提出了不同的看法。在《永清县列女传序例》一文中，他既评论了列传分合编次的意义，又追述了史书立列女传之渊源。论证说明，无论是正史还是方志，都应当立"列女传"而不是"烈女传"。在这篇序例中，他对刘知幾提出了十分中肯的批评。这个批评实际上是对封建社会"三纲"、"五常"道德观念的批判。范晔在《后汉书》中首先创立《列女传》，这在史学发展上是一大进步，是史学思想上一大创举。他对《列女传》的内容记载，提出了与众不同的标准，要"搜次才行尤高秀者，不必专在一操而已"。因为在范晔看来，许多有才华的女子，不仅为治国治家作出贡献，而且在各种艺术方面也具有超群的才能，可是她们这些事迹史书一般很少有记载。"若夫贤妃助国君之政，哲妇隆家人之道，高士弘清淳之风，贞女亮明白之节，则其徽美未殊也，而世典咸漏焉"[①]，这就是他首创《列女传》的指导思想。既然作传不能只限于贞

---

① 《后汉书·列女传》。

节,因此,他把"博学有才辩,又妙于音律"①、才华出众的蔡文姬收入了该传。不料这一杰出的举动,竟一直受到封建正统史家的批评和讥刺。身为史学评论家的刘知幾,竟然也对范晔此举进行讥刺。他在《史通·人物》篇中说:"观东汉一代,贤明妇人,如秦嘉妻徐氏,动合礼仪,言成规矩,毁形不嫁,哀恸伤生,此则才德兼美者也。董祀妻蔡氏,载诞胡子,受辱虏廷,文词有余,节概不足,此则言行相乖者也。至蔚宗《后汉》,传标《列女》,徐淑不齿,而蔡琰见书,欲使彤管所载,将安准的?"直到清人梁玉绳还指责说:"昔人讥范史《列女》不传秦嘉徐淑,而传蔡琰。余谓蔡邕有二女,其一适羊祜之父,贤而知义,不知蔚宗何以舍祜母而载祀妻,弃行取文,未免倒置。"②面对这一系列议论,章学诚在序例中据理予以驳斥。他说:"列女之名,昉于刘向,非烈女也。曹昭重其学,使为丈夫,则儒林之选也;蔡炎(琰)著其才,使为丈夫,则文苑之林也。刘知幾讥范史之传蔡琰,其说甚谬,而后史奉为科律,专书节烈一门。然则充其义例,史书男子,但具忠臣一传足矣。是之谓不知类也。"这一批驳可谓击中要害。既然男子在史书列传中可分儒林、文苑、忠臣等类,不同类型均可入传,为什么关于女子只能写节烈一项呢?在章学诚看来,列女传之立,本意并非烈女,因此,具有贞节事迹的妇女固然要写,而才华出众的蔡文姬也应入传。这样既澄清了正史中列女传的性质之误,也为方志列女传的编写指明了方向。其实关于这点,他早年在《答甄秀才论修志第二书》中已作了十分详尽的论述,提出"列女宜分传例也"。"列女名传,创于刘向,分汇七篇,义近乎子;缀颂述雅,学通乎诗,而比事属辞,实为史家之籍。班、马二史,均缺此传。自范蔚宗《东汉书》中,始载《列女》,后史因之,遂为定则。然后世史家所谓列女,则节烈之谓,而刘向所叙,乃罗列之谓也。节烈之烈为列女传,则贞节之与殉烈,已自有殊;若孝女义妇,更不相入,而闺秀才妇,道姑仙女,永无入传之例矣。夫妇道无成,节烈孝义之外,原可稍略;然班姬之盛德,曹昭之史才,蔡琰之文学,岂转不及方技伶官之伦,更无可传之道哉?刘向传中,节烈孝义之外,才如妾婧,奇如鲁女,无所不载,即下至施、旦,亦胥

---

① 《后汉书·列女传·董祀妻》。
② 梁玉绳:《瞥记》三,清嘉庆年间刻清白士集本。

附焉。列之为义，可为广矣。自东汉以后，诸史误以罗列之列为殉烈之烈，于是法律之外，可载者少，而蔡文姬之入史，人亦议之。"当然，他之所以能够这样侃侃而谈，首先必须具备两个条件，一则是对史学的发展要非常熟悉，否则既不知刘向的《列女传》内容，也不知范晔《后汉书》创立《列女传》之本义，那只能随声附和、人云亦云，而不知错误之所在；再则是必须有胆有识，若无超人的见识，尽管对史学源流和发展都很熟悉，但却看不出问题，反而会认为那种做法是理所当然。章学诚的评论既有着丰富的史实为依据，又进行理论上的层层分析。从史学角度而言，无疑是发展了史学理论；而对方志的编纂来说，也提供了可靠的理论依据，自然也为方志理论的建立和发展从各个方面作出了贡献。

又如对于章学诚"文人不能修志"的主张，有人似乎有些非议，我却认为他讲得很有道理。他这个结论一则是从大量的文人所修方志的实际情况总结出来，诸如范成大的《吴郡志》、王鏊的《姑苏志》、康海的《武功志》、韩邦靖的《朝邑县志》等，他们在文坛上虽然都颇有名气，"号为通人"，但所作方志却问题百出，因为这不是他们的长处。就像范成大的《吴郡志》，在章学诚看来，还是比较好的一部方志，但是由于受了文风影响，带有不应有的缺点："其五十卷中，官名地号之称谓非法，人氏名号之信笔乱填，盖宋人诗话家风，大变史文格律；其无当于方志专家，史官绳尺，不待言矣。其所以为世所称，则以石湖贤而有文，又显贵于当时，而翦裁笔削，虽不合于史法，亦视近日猥滥庸妄一流，固为矫出，得名亦不偶然也。"① 这就说明，他的批评全有事实根据。再则他这个主张亦有史学理论为依据，刘知幾在《史通》一书中就已指出文人修史的种种弊病，认为文人不能修史，这是章学诚在史学理论上的依据。众所周知，文史结合本是中国史学领域里一个优良的传统，古代许多大史学家本身就是著名的文学家；他们的著作既是历史名著，又是文学杰作。《左传》因作者尚有争议，姑且不谈。他如司马迁的《史记》、班固的《汉书》、陈寿的《三国志》、范晔的《后汉书》，无一不是如此。后来随着时代的变迁，学术的发展，文史也就逐渐分道扬镳。这就是刘知幾在《史通·覈才》篇中所说："昔尼父有言：'文胜质则史。'盖

---

① 《文史通义新编新注》外篇六《书吴郡志后》，第1055页。

史者当时之文也。然朴散淳销，时移世异，文之与史，较然异辙。"从此以后，两者走上了各自不同要求的发展道路，史家文士也就有了此疆彼界之分。史家写史必须言出有据，不可私意杜撰；而文士作文则着意于文学技巧，润色文字，雕饰辞藻，重在"逐文字而略于事实"，许多内容情节更可以虚构和夸张。由于许多人不懂得这个道理，当魏晋南北朝文风大变之时，许多文人参与写史，他们往往以文代史，华而不实，严重地冲击了史学的正常发展。刘知幾在《史通·载文》篇中说："夫观乎人文，以化成天下；观乎国风，以察兴亡。是知文之为用，远矣大矣。若乃宣、僖善政，其美载于周诗；怀、襄不道，其恶存夫楚赋。读者不以吉甫、奚斯为谄，屈平、宋玉为谤者，何也？盖不虚美，不隐恶故也。""爰泊中叶，文体大变，树理者多以诡妄为本，饰辞者务以淫丽为宗。譬如女工之有绮縠，音乐之有郑、卫。盖语曰：不作无益害有益。至如史氏所书，固当以正为主。是以虞帝思理，夏后失御，《尚书》载其元首、禽荒之歌；郑庄至孝，晋献不明，《春秋》录其大隧、狐裘之什。其理谠而切，其文简而要，足以惩恶劝善，观风察俗者矣。"可是后世情况则不同了，作文皆"喻过其体，词没其义，繁华而失实，流宕而忘返，无裨劝奖，有长奸诈"。作文尚且如此，写史更可想而知了。特别是政府设馆开局修史以后，大批文人占据史职，文人修史成为风气，真正才识兼备的史家反遭排挤，史学论坛遂成了文不文、史非史，文史混乱、是非莫主的局面。由于刘知幾曾"三为史臣，再入东观"，有亲身感受，故他在《史通·覈才》篇里愤愤地批评说："自世重文藻，词宗丽淫，于是沮诵失路①，灵均当轴②。每西省虚职，东观佇才，凡所拜授，必推文士。遂使握管怀铅，多无铨综之识；连章累牍，罕逢微婉之言。而举俗共以为能，当时莫之敢侮。假令其间有术同（班）彪、（华）峤，才若班（固）、荀（悦），怀独见之明，负不刊之业，而皆取窘于流俗，见嗤于朋党。遂乃哺糟歠醨，俯同妄作，披褐怀玉，无由自陈。此管仲所谓'用君子而以小人参之，害霸之道'者也。"因此，他主张史家之文与文士之文应该有所不同。虽然作为一个好的史家应该写得出一手好的文章，一部优秀的史学著作必须具有文质

---

① 借言古笔不行。沮诵，相传是与仓颉共造文字者。
② 借言以词人当史局。灵均，指屈原。

并茂的特色，但它与专讲技巧、立意修辞的文学作品毕竟有别，不能因为讲求文字的技巧而影响史书记事的真实。在唐初，设馆修史以后，虽有不少著名史家参与其事，但文人修史之风仍然继续盛行。"大唐修《晋书》，作者皆当代词人，远弃史、班，近宗徐、庾[①]。夫以饰彼轻薄之句，而编为史籍之文，无异加粉黛于壮夫，服绮纨于高士者矣。"[②]这个批评可以说十分形象而又辛辣。因为他对于史学界出现的这种局面，实在太反感了，所以他在《史通·杂说下》又说："喉舌翰墨，其辞本异。而近世作者，撰彼口语，同诸笔文。斯皆以元瑜（阮瑀字元瑜）、孔璋（陈琳字孔璋）之才，而处丘明、子长之任。文之与史，何相乱之甚乎？"总之，由于文人修史弊病很大，所以刘知幾在《史通》的许多篇章中作了反复的论述，认为此种现象必须终止，否则将严重影响史学的正常发展。章学诚"文人不能修志"的主张，与刘知幾所论是何等的相似！所以我们说，章学诚之所以能得出这样的结论，不仅有大量的事实为前提，而且有史学理论为依据。志乃史体，既然文人不能修好史书，又如何能修好方志？其道理自然是相同的。

此外，对于具体各项志书的撰写，章学诚无一不是从史学的角度着手论述。他在《为毕秋帆制府撰石首县志序》中说："盖人物为马《史》列传之遗，艺文为班、刘著录之例，事必师古，而后可以法当世也。"这就是我们今天所说的继承和发展之意。对于古人著述之意，你一窍不通，还谈得上什么发展呢？他在《与石首王明府论志例》一文中便说："记传叙述之人，皆出史学。史学不讲，而记传叙述之文，全无法度。以至方志家言，习而不察，不惟文不雅驯，抑亦有害事理。"这就明确指出，若不懂史家法度，不以史学理论来指导方志的编纂，必然编撰不出既符合史家法度又符合志体的人所共称的佳志来。

综上所述，我们可以清楚地看到，丰富的史学理论是章学诚建立系统的方志理论的重要源泉。

[①] 指徐摛、徐陵父子和庾信，都是宫体诗的重要作家，有"徐庾体"之称。
[②] 《史通·论赞》，《史通通释》，第 76 页。

二、修志的实践经验不断丰富着章学诚的方志理论

实践出真知,这在今天来说,是人所共知的真理,而对旧社会的知识分子特别是唯心主义者来说,他们未必承认这个观点。可是作为封建时代的史学评论家、方志学的创始人章学诚对此却有很深的体会。他在与其师弟朱少白论治学经验时语重心长地说:"人之真自知者寡矣。自己尚然不知,如何能知古今人之是非?良可慨也。人才如是之难,足下能不自勉,倘因弟之所论,而遂有轻视一切之心,则非弟勉效砥砺之意,而反进鸩毒于足下矣。大抵身履其境,心知其意,方有真见解,不用功于实际,则见解虽高,而难恃也。"① 这段文字在今天来说,仍不失为至理名言。在章学诚看来,只有脚踏实地地去从事实践,并且自己有了心得体会,这样才能产生出真的见解;如果不在实际中下功夫,见解立论再高,也是站不住脚的。章学诚在方志学这块园地里,确实是一步一步地在实践着,每修完一部方志,就向前迈进了一大步,方志理论也就有了新的发展。正是由于他能按照自己的认识去做,所以最后才有可能登上封建时代方志理论的高峰。

乾隆二十九年(1764)冬,章学诚之父应天门知县之聘,主持编纂《天门县志》,年方27岁的章学诚不仅参与了编修工作,而且特为其写了《修志十议》一文。该文《自跋》说:"甲申冬杪,天门胡明府议修县志,因作此篇,以附商榷。其论笔削义例,大意与旧《答甄秀才》前后两书相出入。而此议前五条,则先事之事宜,有彼书所不及者。若彼书所条,此议亦不尽入,则此乃就事论事,而余意推广于纂修之外者,所未遑也。"这几句话说明了两个问题,其一,他给甄松年所写的两封论修志的信,肯定是在作《十议》之前;其二,《十议》乃是为这次修志中所提出的问题而作,这就是他所说"此乃就事论事",此外都未能充分发挥,因此他希望读者阅此《十议》,最好能"取二书而互考焉"。《天门县志》今已不存,唯留三序而已,故无从考知其全貌。从有关记载看来,章学诚为其父代作当不止三序。他在《与族孙汝楠论学书》中说:"《天门志》呈览,中为俗人所改,所存才十之

---

① 《文史通义新编新注》外篇三《又答朱少白书》,第779页。

六七。著作之事，必自己出，即此亦见一端。"①可见此志修好不久，已为俗人所篡改，即使流传，也非原貌。但从所留三序仍能看出一些信息，这部方志很可能已经另立"文征"。他在《天门县志艺文考序》中曾说："近世多仿《国语》而修邑志，不闻仿《国风》而汇辑一邑诗文，以为专集；此其所以爱不忍删，牵率抵牾，一变艺文成法欤。夫史体尚谨严，选事贵博采。以此诗文拦入志乘，已觉繁多，而以选例推之，则又方嫌其少。然则二者自宜各为成书，交相裨佐明矣。"②这个观点他在《答甄秀才论修志第二书》中也已提出，可知这里所言不是单纯地空发议论。既然他批评了别人未仿《国风》而汇集一邑诗人以为专集，想必此志已经这样做了。

乾隆三十二年（1767），其师朱筠被诏撰《顺天府志》，亦嘱章学诚等人"经纪其事"。他以为这么一来，自己可以大显身手，其志得行，心中十分快慰。这种心情在次年所写《与家守一书》中得到充分体现。信中说道："筠河师被诏撰《顺天志》，亦属仆辈经纪其事，此非馆局之书，既不限年，又无牵掣。向与足下及让木辈，抵掌剧谈，穷日不休者，颇得行其六七，为差慰矣。"③可惜这部府志最后编纂的结局如何，已不得而知。

乾隆三十八年（1773），应知州刘长城之聘，编纂《和州志》。这是他第一次用自己的方志理论进行实践。全书纪、表、图、书、传一应俱全。④另编《和州文征》八卷，计奏议二卷、征述三卷、论著一卷、诗赋二卷。上面已经讲了，志稿刚成，知州易人，志事遂中废。他只好将志稿删存为20篇，名曰《志隅》，今存于《章氏遗书》外编。他在《和州志志隅自叙》中说："志者史之一隅，州志又志之一隅也。获麟而后，迁、固极著作之能，向、歆尽条别之理，史家所谓规矩方圆之至也。魏晋六朝，时得时失，至唐而史学绝矣。其后刘知幾、曾巩、郑樵皆良史才，生史学废绝之后，能推古人大体，非六朝唐宋诸儒所能测识。余子则有似于史而非史，有似于学而非学尔。然郑樵有史识而未有史学，曾巩具史学而不具史法，刘知幾得史法而

---

① 《文史通义新编新注》外篇三，第801页。
② 《文史通义新编新注》外篇六《天门县志艺文考序》，第1035—1036页。
③ 《章学诚遗书》卷二十九，第338页。
④ 政略亦属列传，有人将它作为一种体裁，实为误解，其性质就是"名宦传"。

不得史意,此予《文史通义》所为作也。《通义》示人,而人犹疑信参之。盖空言不及征诸实事也。《志隅》二十篇,略示推行之一端。能反其隅,《通义》非迂言可也。"① 这就是说,《和州志》的编纂完全是根据他自己的史学理论进行的。因此,《和州志》的体例、内容和编纂方法都体现了他的史学理论。事实正是这样,现今残留的《和州志》20篇,若是单从一部方志来说,它确实是无多大价值,若从理论上来研究它,则不仅体现了章学诚的方志理论,而且反映了他丰富的史学思想。如他在《和州志舆地图序例》中详细论述了图谱之学的发展演变及其在史书中和方志中的地位与价值。又如在《和州志艺文书序例》中,详细论述了艺文志的源流、发展及其作用。他认为此志之作,在于"辨章学术,考镜源流"。可是当时方志的艺文志一般仅选载诗文,故他说"州县志乘艺文之篇,不可不熟议也",不是随便搜集一些诗文,便可称为艺文志。"典籍文章,为学术源流之所自出,治功事绪之所流传,不于州县志书,为之部次条别,治其要删,其何以使一方文献无所缺失耶?"这就可以说明,他对方志的艺文志是抱有多么大的希望。对于这篇《序例》,当代著名学者王重民先生在《校雠通义通解》一书中给予很高的评价,认为是一篇用社会文化史的发展观点论目录学方法与理论的专著,也是一篇历代国史艺文志的序录。我们可以看到,这部方志更为可贵的是,他在每种体裁或每一组成部分都必冠以叙言或小序,历叙其历史演变及学术价值,这是以前方志所不多见的。特别是他又拟之于史,因此每一部分都从史学角度进行论述。如《文征》之前已有一篇叙言,论述志书之外另立《文征》的意义、依据和要求;而在每个组成部分之前又有小序。如《征述》一门小序曰:"征述者,记传序志状碑铭诸体也。其文与列传、图、书互为详略。盖史学散而书不专家,文人别集之中,应酬存录之作,亦往往有记传诸体,可裨史书者。萧统选文之时,尚未有此也。后代文集中,兼史体,修史传者,往往从而取之,则《征述》之文,要为不易者矣。"② 诸如此类,人们一看便可得知它的设置之目的和意义。

文征的设置,《和州志》是首创,这里就不再多述。还要指出的是,章学

---

① 《文史通义新编新注》外篇四《和州志志隅自叙》,第887页。
② 《文史通义新编新注》外篇四《和州文征序例》,第942页。

诚在《和州志》中，创立了《前志列传》，他说："州县志书，论次前人撰述，特编列传，盖创例也。"①在这个列传之前，他写了一篇长序，论述纪传体史书应当立《史官传》，而每部方志则应立《前志列传》。在我国封建社会，史著如林，但史书中却都没有史官专传。于是使得"史学渊源，作述家法"从而中断，这对史学的发展是莫大的损失。他向来主张，编写史书应当反映社会现实，各种学术的发展和文风的变化，都应随时在史书中得到反映。史书所以建立这些类传，就是为了达到这个目的。司马迁创作《史记》，班固编著《汉书》，都只有《儒林传》而无《文苑传》；南朝范晔应时代需求，在《后汉书》中创立了《文苑传》，于是"文士纪传，代有缀笔，而文苑入史，亦遂奉为成规"。元人修《宋史》，立了《道学传》。章学诚深感遗憾的就是史官无传，于是"史学流别，讨论无闻，而史官得失，亦遂置之度量之外"。至于《史官传》的内容，要能阐明师儒传授，祖述渊源，使史学的渊源流别、作史家法得以保存，并非出于仅为一二史官或史家叙始末。总之，他认为："欲成一家之作，而不于前人论著，条析分明，祖述渊源，折衷至当，虽欲有功前人，嘉惠来学，譬则却步求前，未有得其至焉者也。"②根据上述同样的道理，他又提出州县志书都应立《前志列传》。有了此传，人们便可以得知某一地方志编纂源流，以及每部志书的利弊得失，既可以吸取前人修志的经验教训，又可以做到对前人成果的尊重与肯定。不过，州县志书要作好此传，"有难叙者三，有不可不叙者三，载笔之士，不可不熟察此论也"。他这六点，谈得十分在理。"何谓难叙者三？一曰书无家法，文不足观，易于散落也。""外志规矩荡然，体裁无准，摘比似类书，注记如簿册，质言似胥吏，文语若尺牍，观者茫然，莫能知其宗旨。文学之士，鄙弃不观，新编告成，旧志遽没……欲求存录，不亦难乎？""二曰纂修诸家，行业不详，难于立传也。""州县志书，不过一时游宦之士，偶尔过从，启局杀青，不逾岁月，讨论商榷，不出州闾，其人或有潜德莫征，懿修未显，所游不知其常，所习不知其业，等于萍踪之聚，鸿爪之留，即欲效文苑之联编，仿儒林之列传，何可得耶？""三曰题序芜滥，体要久亡，难征录例也。""州县修志，尤以多序为荣，隶草夸

---

① 《文史通义新编新注》外篇四《和州志前志列传序例下》，第938页。
② 《文史通义新编新注》外篇四《和州志前志列传序例中》，第936页。

书，风云竞体，棠阴花满，先为循吏颂辞；水激山峨，又作人文通赞。千书一律，观者索然。移之甲乙可也，界之丙丁可也。尚得采其旧志序言，录其前书凡例，作列传之取材，为一书之条贯耶？""何谓不可不叙者三？一曰前志不当，后志改之，宜存互证也。天下耳目无穷，一人聪明有限。""穷经之业，后或胜前，岂作志之才，一成不易耶？然后人裁定新编，未必遽存故录，苟前志失叙，何由知更定之苦心，识辨裁之至当？是则论次前录，非特为旧志存其姓氏，亦可为新志明其别裁耳。""二曰前志有征，后志误改，当备采择也，人心不同，如其面也，为文亦复称是。史家积习，喜改旧文，取其易就凡例，本非有意苟求……不存当日原文，则三更其手，非特亥豕传讹，将恐虫鱼易体矣。""三曰志当递续，不当迭改，宜衷凡例也……区区州县志乘，既无别识心裁，便当述而不作。乃近人载笔，务欲炫长，未窥龙门之藩，先习狙公之术，移三易四，辗转相因，所谓自扰也。夫三十年为一世，可以补辑遗文，搜罗掌故。更三十年而往，遗待后贤，使甲编乙录，新新相承，略如班之续马，范之续班，不亦善乎？"总之，"历叙前志，存其规模，亦见创例新编，初非得已"。凡此六点，可以说皆出于经验之谈。编纂新志势必要参考旧志，视其体例之如何、内容之多寡，以便吸取其长处，弥补其不足，做到继承更新。可是放在面前的现实不能不令人失望，由于以前大多是"新编告成，旧志遽没"，因而只能看到较近的一两部而无由得以比较，难定前人所修之长短得失以及发凡定例。若能在新志中立一个《前志列传》，这些问题便可迎刃而解，既不埋没前人之功绩，又体现出新志的别裁。可见他这些理论，正是在修志过程中不断发现问题，研究解决办法，总结经验教训，然后再把它提炼为具有普遍意义的理论。

乾隆四十二年（1777）五月，章学诚应周震荣之聘，主持编纂《永清县志》。后来他在撰写《周筤谷别传》[①]时，曾追述这段经历说："丁酉戊戌之间，馆余撰《永清志》，以族志多所挂漏，官绅采访，非略则扰。因具车从，橐笔载酒，请余周历县境，侵游以尽委备。先是宪司檄征金石文字上续通志馆，永清牒报荒僻，无征久矣。至是得唐宋辽金刻画一十余通，咸著于录。又以妇人无阃外事，而贞节孝烈，录于方志，文多雷同，观者无所兴感，则

---

① 周震荣字筤谷。

访其见存者，安车迎至馆中，俾自述生平。其不愿至者，或走访其家，以礼相见，引端究绪，其间悲欢情乐，殆于人心如面之不同也。前后接见五十余人，余皆详为之传，其文随人变易，不复为方志公家之言。"[1] 这一自述表明，章学诚编修方志不仅很重视搜集现有的各种文献资料，而且非常重视实地调查，他不主张闭门造车，或单纯抄录古典文献。他强调方志的编修，必须有补于政事，有益于风教，"夫志不特表章文献，亦以辅政教也"[2]。正因如此，他所创立的方志理论更富有现实意义。乾隆四十七年（1782）七月，《永清县志》修成，凡五体，共25篇；另有《文征》五卷。除六书与《和州志》不同外，其他体例大体无异。这从下列对照表可以看出：

和州志	永清县志
皇言纪	皇言纪
×	恩泽纪
官师表	职官表
选举表	选举表
氏族表	士族表
舆地图	舆地图
建置图	建置图
营泛图	×
水利图	水道图
田赋书	吏书
（其中尚有四书，名佚）	户书
	礼书
	兵书
	刑书
艺文书	工书
政略	政略
列传	列传
阙访	阙访
前志	前志
文征	文征

---

[1] 《章学诚遗书》卷十八，第179页。
[2] 《文史通义新编新注》外篇六《为毕秋帆制府撰常德府志序》，第1045页。

从上表可以看出，《和州志》与《永清县志》在体例上虽大体无异，但在具体分类和称呼上却又不尽相同，说明章学诚修志不拘于名号，而重在求其实用。编修过程中又从实际出发，有内容则写，无内容则阙。因此《永清县志》未列《艺文书》，田赋归之于《户书》之内。《文征》五卷，包括奏议、征实、论说、诗赋、金石各一卷。这与《和州志》亦略有不同。他非常注意为旧志写传，两部方志及后来所撰之《湖北通志》，都有《前志列传》。他的出发点在于"史家著作成书，必取前人撰述汇而列之，所以辨家学之渊源，明折衷之有自也"①。为旧志作传，还可"使读者察其臧否，定其是非。庶几泾渭虽淆，淄渑可辨；末流之弊，犹恃堤防"②。所以他主张在新编修的方志中，必须为前志立传。在《永清县志前志列传序例》里，他说："史学之重，远绍《春秋》，而后史不立专篇，乃令专门著述之业，湮而莫考，岂非史家弗思之甚耶？夫列史具存，而不立专传，弊已如是，况州县之书，迹微易隐，而可无专录乎？"当时永清县所存的旧志仅康熙年间所修的一部，章学诚在传中对这部方志作了这样的介绍：

  万一肃，江南丹徒人，康熙十二年，以举人任永清知县。于十五年与训导乔寓定著《永清县志》，为十一篇，凡十五卷。一曰天文，二曰地理，三曰建置，四曰图考，五曰职官，六曰选举，七曰人物，八曰赋役，九曰祀典，十曰文籍，十一曰词赋。文词多不雅驯，难垂典则。然创始之难，自古已然，要其搜剔固已勤矣。③

在这简单的叙述之后，便将四篇序文也收录于后。这样，人们看了便可得知作者简况、志书体例、记载内容、价值地位等情况。后来所作的《湖北通志》中，《前志列传》所载旧志部数就多了。

在《永清县志》的编修过程中，章学诚还随时总结经验，加以改进。关于表的使用便是一例。他在《永清县志选举表序例》中说："表有有经纬者，

---

① 《文史通义新编新注》外篇五《永清县志前志列传序例》，第985页。
② 《文史通义新编新注》外篇四《和州志前志列传序例上》，第932页。
③ 《永清县志》第二十五，《中国地方志集成》，上海书店出版社2006年版。

亦有不可以经纬者。如永清岁贡，嘉靖以前，不可稽年甲者七十七人，载之无格可归，删之于理未惬，则列叙其名于嘉靖选举之前，殿于正德选举之末，是《春秋》归余于终，而《易》卦终于《未济》之义也。史迁《三代世表》，于夏泄而下，无可经纬，则列叙而不复纵横其体，是亦古法之可通者矣。"这就说明，他虽遇见了难题，但他以历史理论为依据，予以正确地解决，从而丰富了理论。

《永清县志》修成后，章学诚的方志理论很快在其朋友中流传开去，并出现了大家争聘的局面。周震荣在《书庚辛之间亡友传后》中说："辛丑[①]孟秋，余于役顺义，得与两君[②]相比，实斋自京来视余。余置酒邀与相见。时《永清志》新成，余出示坐客。两君色然，若不肯让余独步者，争延实斋。实斋已就相国梁师（国治）之约，未之诺也。两君遂各就其所治，采缀成书。云湄（张）大名，晴坡（周）获鹿，皆旧所官之地也。云湄之书，实斋已为订定。晴坡因移剧，旋被吏议，又丁内忧，书虽成，深藏箧中，未尝以示人。其除广东曲江知县，戊申七月也，将行，余询之，晴坡曰：'我闻之实斋矣。'余曰：'实斋云何？'晴坡曰：'实斋云，志者志也，其事其文之外有义焉，史家著作之微旨也，国史所取裁也，史部之要删也。序人物，当详于史传，不可节录大概，如官府之点卯簿；载书籍，当详其目录卷次凡例，不可采录华词绮言，如诗文之类选册本；官名、地名，必遵一朝制度，不可假借古称；甲子、干支，必冠年号，以日纪事，必志晦朔；词赋膏粉，勿入纪传，文乡里以桑梓，饰昆弟以埙篪，苟乖理而恣义，则触讳于转喉。'"[③]至于张维祺所撰的《大名县志》，从章学诚所撰的《为张吉甫司马撰大名县志序》可以看出，亦是按照章学诚方志理论而作。

乾隆五十四年（1789）秋冬，章学诚在亳州时，应知州裴振的邀请为其编纂《亳州志》，约于翌年二月全书告成，为时不到半年。章学诚对自己所修的《亳州志》是十分自信的，拟之于史，可于陈范抗行。可惜的是由于知州裴振是年去任，其书未及刊板，竟至散佚，今天自然也就无法评定其等

---

① "辛丑"系"己亥"之误。
② 指张维祺、周棨。
③ 《章学诚遗书》卷十九，第196页。

第之高低。不过从他当时给人所写的信中，仍可得知一些梗概。他在《又与史余村》中说："近撰《亳州志》，更有进境，《新唐书》以至宋元诸史，书、志之体不免繁芜，而汰之又似不可，则不解掌故别有专书，不当事事求备也。列传猥滥，固由文笔不任，然亦不解表例，不特如顾宁人所指班马诸年表已也。班氏《古今人表》，史家诟詈，几如众射之的；仆细审之，岂惟不可轻訾，乃大有关系之作，史家必当奉为不祧之宗。颇疑班氏未必出于创造，于古必有所受，或西京诸儒治《春秋》者所传，班氏删改入《汉书》耳。此例一复，则列传自可清其芜累。惜为丛毁所集，无人进而原其心尔。今州县创立其例，便觉旧撰诸志列传，不免玉石杂而不分，正坐不立人表故耳。"① 不难看出，这封信中他强调"掌故"和"人表"在史书和方志中的作用，显然这又是《亳州志》的一大特点。他认为只要"掌故"立为专书，则书志之体可免去繁芜，而不必事事求备；人表一入史志，则史书、州县之志列传自可清其芜累。这部方志如今所留下的只有《人物表例议》和《掌故例议》各三篇。从中可以看到他在史学理论、方志理论上某些精义之所在。他在《和州志》、《永清县志》编纂中，除志书之外，均另立"文征"。而在列传中，他又特创"阙访"、"前志"两个列传，此两传虽未为人们所重视，但其意义不应低估。在修《亳州志》时，又提出更立"掌故"，这就为后来作《方志立三书议》打下了基础。这里说明一下，有人认为章学诚的"文征"发端于旧方志的"艺文"一目，而"掌故"源于"考"体。这种说法是没有根据的。章学诚自己说得十分清楚，"文征"之立，远的是仿诗风，近的则效文选、文鉴等。至于"掌故"，他在《亳州志掌故例议下》中说："掌故之源，始于官礼"，近则仿会要、会典之体而成。此皆为资料汇编，也就是章学诚所讲的类纂。而考乃是志中一种体裁，而这种体裁，章氏再三说明是仿《史记》之八书、《汉书》之十志而作，两者功效与性质本不相同。上述错误的产生，正是由于对分立三书的性质本意不解所致。他在《方志立三书议》一文说得非常明白："别删掌故以辅志，犹《唐书》之有《唐会要》，《宋史》之有《宋会要》，《元史》之有《元典章》，《明史》之有《明会典》而已矣。"

乾隆五十七年（1792），章学诚方志理论的核心著作《方志立三书议》

---

① 《文史通义新编新注》外篇三《又与史余村》，第689页。

正式写出。这篇论文的产生，标志着章学诚方志理论已达到成熟阶段，这年他已55岁了。此文写于《亳州志》成书后的第三年。经过三部方志的编纂，章学诚深深感到，方志要想继续发展，必须进行改革，否则将无发展前途。同时因为三次具体实践，也证明改革完全是有可能的。章学诚以史学理论为依据，总结编纂方志的实践经验，经过系统化后，创立了自己的方志理论。

乾隆五十八年（1793），章学诚用自己新的方志理论，开始编纂一部大型的《湖北通志》，至五十九年全书脱稿。这是一部全面体现《方志立三书议》精神的著作。因此亦可视为章学诚方志理论成熟阶段的代表作。此志纪、图、表、考、传一应俱全，除主体志外，尚有《文征》、《掌故》和《丛谈》。现列其目录于下：

《湖北通志》74篇

二纪：皇言纪、皇朝编年纪（附前代）。

三图：方舆图、沿革图、水道图。

五表：职官表、封建表、选举表、族望表、人物表。

六考：府县考、舆地考、食货考、水利考、艺文考、金石考。

四政略：经济略、循绩略、捍御略、师儒略。

五十三传（目多，从略）

《湖北文征》8集

甲集（上下）：裒录正史列传论。

乙集（上下）：裒录经济策画论。

丙集（上下）：裒合辞章诗赋论。

丁集（上下）：裒录近人诗文论。

《湖北掌故》66篇

吏科：分四目：官司员额、官司职掌、员缺繁简、吏典事宜。

户科：分十九目：赋役（表）、仓庾、漕运、杂税、牙行、武昌厂及游湖关税额、州县落地税、解饷水脚、钱法、采运铜铅（表）、盐法、文武养廉公费、各营兵马粮饷表、科场供给、驿站钱粮、铺递工食表、采办颜料例案、育婴堂、普济堂。

礼科：分十三目：祀典、仪注、文闱事宜、科场条例、学校事宜、书院、颁发书籍、采访书籍、禁书目录、各省咨查应禁各书、阴阳医学僧道、外国贡使、义冢。

兵科：分十二目：将备员额、各营兵丁技艺额数表、武弁例马、汛弁兑旗会巡表、营汛图、武闱仪注、各标营军械额数表、各营战巡船只、驿站（图）、铺递、铺递图、五军道里表。

刑科：分六目：里甲、编甲图、囚粮衣食、秋审矜恤、冬春二季巡缉江面督捕事宜、三流道里表。

工科：分十二目：陵寝祠庙、修建衙署贡院、城工、塘汛、江防、各属救生义渡济渡等船、关榷、开采铜铁矿厂、采办硝磺、军械工料银两、工料价值表、刊刷条例。

《丛谈》四卷：考据、轶事、琐语、异闻。

关于为什么要做这样的编排，他在《湖北通志·凡例》和《为毕制府撰湖北通志序》中都有十分详细的论述。对于《湖北通志》所记载的内容，序中这样说："其山川物产，风俗人文，与夫政教所施，经要所重，具次于斯志者，披文可省。"至于所以分立三书，序中说："今参取古今史志例义，剪截浮辞，禀酌经要，分纪表图考略传，以为《通志》七十三篇，所以备史裁也；臣又惟簿书案牍，不入雅裁，而府史所职，周官不废。汉臣贾谊，尝谓'古人之治天下，至纤至悉'，先儒以谓深于官礼之言。今曹司吏典之程，钱谷甲兵之数，志家详之，则嫌芜秽，略之又惧缺遗。此则不知小行人之分别为书法也。今于《通志》之外，取官司见行章程，分吏户礼兵刑工，以为'掌故'六门，凡六十六篇，所以昭典例也。臣又惟两汉而后，学少专家，而文人有集，集者，非经而有义解，非史而有传记，非子而有论说，无专门之长，而有偶至之诣，是以尚选辑焉。志家往往选辑诗文为艺文志，不知艺文仿于汉臣班固，乃群籍之著录，而方志不知取法，猥选诗文，亦失古人分别之义。今取传记、论说、诗赋、箴铭之属，别次甲乙丙丁上下八集，以为'文征'，所以俟采风也。"这里把设立"掌故"、"文征"的来龙去脉，说得非常清楚，比之《方志立三书议》似更有新意。如云"两汉而后，学少专家，而文人有集，集者，非经而有义解，非史而有传记，非子而有论说，无专门之长，而有偶至之诣"。这就将唐宋以来文集的学术价值作了恰如其分的评价。许多文集的作者在学术上确实无专门之长,但在某一方面却往往有一得之见,能够把它及时选出,予以发扬,这就不会埋没他们各自在学术上的贡献。又在《湖北通志·凡例》的第一条中作了十分明确的规定:"一方纪载,统绪纷繁,文士英华,鲜裨实用,胥吏簿牍,不入雅裁,二者牵连纠葛,不免畸重畸轻,向来方志,往往受其累也。今仿史裁,而为《通志》,仿会典则例,而为《掌故》,仿《文选》、《文粹》,而为《文征》,截分三部之书,各立一家之学,庶体要既得,头绪易清。"

从上述事实我们可以看到,章学诚的方志理论确实是在修志的实践中不断得到丰富和逐步完善起来的。由于他有丰富的史学理论,便以此为指导,将修志的实践经验又及时理论化,使它们在修志中具有普遍的意义,反过来再指导方志的编修工作。这就是他的方志理论之所以能得到不断发展的关键。简而言之,理论指导实践,实践又丰富了理论,这便是章学诚方志理论发展的全过程。

三、总结吸取前人修志经验和教训

章学诚方志理论还有一个重要来源,那就是不断总结吸取前人的修志经验和教训,经过自己的努力,又使之上升为修志理论。所以我们读他的方志理论,总有着路路皆通、左右逢源之感。他不仅看了前人的方志,而且能论其长短得失。如对于宋代流传下来的十多部方志,从总的方面他都予以充分肯定。他说:"今可见者,宋志十有余家,虽不能无得失,而当时图经纂类名目未盛,则史氏家法犹存。未若今之直以纂类子目,取为全志,俨如天经地义之不可易也。"而在宋志之中,他又肯定范成大的《吴郡志》和罗愿的《新安志》为最好:"范氏之《吴郡志》,罗氏之《新安志》,其尤善也。罗志芜而不精,范志短而不详,其所蔽也。罗志意存著述,范志笔具翦裁,其所长也。后人得著述之意者鲜矣。"[1]可见他对这两家总的评价还是比较高的。又如他在《为毕秋帆制府撰荆州府志序》中说:"前明所修《荆州府志》,仅见著录而无其籍。康熙年间,胡在恪所修,号称佳本,而世亦鲜见。今存叶

---

[1] 《文史通义新编新注》外篇六《为张吉甫司马撰大名县志序》,第1040页。

仰高志，自云多仍胡氏旧文，体例谨严，纂辑必注所出，则其法之善也。"这里对于"号称佳本"的方志，同样给予高度的评价。这些事实说明，章学诚对于别人所修方志，无论是前人旧志还是今人新编，他都能实事求是地作出不同的评价，只不过评价之中要求较为严格，不能因此骂他具有"绍兴师爷"的作风。事实上他对别人修志中的长处和经验，不仅没有抹杀，而且吸收来丰富自己的方志理论。如他的方志分立三书的理论，也曾得益于当时人修志经验的启示。他在写《答甄秀才论修志第二书》时，自己还未具体参加过修志，但在这篇文章里，他根据历史理论和近人经验，已萌发了在志体之外另立文征的想法。文中说："文有关于土风人事者，其类颇伙，史固不得而尽收之。以故昭明以来，括代为选，唐有《文苑》，宋有《文鉴》，元有《文类》，明有《文选》，广为铨次，巨细毕收，其可证史事之不逮者，不一而足。故左氏论次《国语》，未尝不引谚证谣，而十五《国风》，亦未尝不别为一编，均隶太史。此文选志乘，交相裨益之明验也。近楚抚于《湖广通志》之外，又选《三楚文献录》；江苏宋抚军聘邵毗陵修《明文录》外，更撰《三吴文献录》等集，亦佐《江南通志》之不及。仆浅陋寡闻，未知他省皆如是否？然即此一端，亦可类及。何如略仿《国风》遗意，取其有关民风流俗，参伍质证，可资考校，分列诗文记序诸体，勒为一邑之书，与志相辅，当亦不为无补。"此种说法是否可行，由于自己未经过修志实践，还无把握，因此，议论间是带有几分商榷的口气。但当《和州志》、《永清县志》、《亳州志》三志修成以后，便知道自己的主张不仅可行，而且行之有效，因而议论的语气也就不大一样。经过实践，他认为这个办法不仅修志适用，而且撰史也同样可行。故在《亳州志掌故例议中》里说："为史学计其长策，纪、表、志、传，率由旧章；再推周典遗意，就其官司簿籍，删取名物器数，略有条贯，以存一时掌故，与史相辅而不相侵，虽为百世不易之规，可也。"这是何等自信的语言！当他的《湖北通志》撰成后，他对于方志分立三书的做法更是信心十足，说："夫世人之撰通志，率盈百帙。余撰《通志》，不过线装二十册。即与旧志相较，新志势必加增于旧，余反减旧志，仅存三分之一。"①这就是分立三书的显著功效！

————

① 《文史通义新编新注》外篇四《方志辨体》，第871页。

章学诚在总结前人修志的经验教训时,一般都用三条标准进行衡量,一曰史家法度,二曰方志体例,三曰内容价值。三者符合,自然是佳志。关于用史家法度绳之,在他所评论的方志里几乎每部都有涉及,因为他认为"志属信史",所以编纂中绝不应当违背史法。如批评范成大的《吴郡志》与王鏊的《姑苏志》,首先在书名上就违背史法:"按宋自政和五年以前,名为苏州,政和五年以后,名为平江路府,终宋之世,无吴郡名。范志标题既谬,则志文法度,等于自郐无讥。王氏不知改易,所谓谬也。"①范成大为什么会违反史家法度,这与宋代文人中流传的拟古之风有很大关系。"其五十卷中,官名地号之称谓非法,人氏名号之信笔乱填,盖宋人诗话家风,大变史文格律,其无当于方志专家,史官绳尺,不待言矣。"②这个批评是非常确当的。方志编修本应反映社会现实,官名地号皆应以修志时之名称为准,不能随意乱用古代官名地号,否则将会使人今古不分、是非莫辨。又如对陈士元《滦志》的评论,也是击中要害,在《书滦志后》中云:"其书分四篇,一曰世编,二曰疆里,三曰壤则,四曰建置。世编用编年体,仿《春秋》书法,实为妄诞不根。篇首大书云:'帝喾氏建九州,我冀分。'传云:'书者何?志始也。'云云。以考九州分域,又大书云:'黄帝逐荤粥。'传云:'书荤粥何?我边郡也。'又大书云:'周武王十有三祀,夷齐饿死于首阳,封召公奭于燕,我燕分。'此皆陈氏原编,怪妄不直一笑。《春秋》鲁国之书,臣子措辞,义有内外,故称鲁为我,非特别于他国之君,且鲁史既以国名,则书中自不便于书国为鲁,文法宜然,非有他也。郡县之世,天下统于一尊,珥笔为州县者,孰非朝廷臣子,何我之有?至于公谷传经,出于经师授受,隐微之旨,难以遽喻,则假问答而阐明之,非史例也。州县之志,出于一手撰述,非有前人隐义,待己阐明,而自书自解,自问自答,既非优伶演剧,何为作独对之酬酢乎?且刘氏《史通》,尝论《晋纪》及《汉晋春秋》,力诋前人摩拟,无端称我与假设问答,俱在所斥。陈氏号为通博,独未之窥乎?国史且然,况州县志乎?"章学诚的批评全是从事实出发,据理驳斥,毫无故意贬低之意。上举事实莫说章学诚批评他不合史家法度,就是对方志稍有了

---

① 《文史通义新编新注》外篇六《书姑苏志后》,第1060页。
② 《文史通义新编新注》外篇六《书吴郡志后》,第1055页。

解的人，也不会认为这种写法是符合方志的编纂原则。因此，我们认为，章学诚用史家法度对每部方志进行衡量，评论其利弊得失、长短优劣，是非常必要的，否则"史字未曾全识，皆可奋笔妄修"，那方志不仅不能提高学术地位，而所修的方志又有何用处？就如他对康海《武功志》的总评价是："芜秽特甚，盖缘不知史家法度、文章体裁。"① 对于这样的评价有人为之不平，我看大可不必，康海在文坛上声誉甚高，不知史家法度也未必就是丢脸之事。何况章氏所列举诸点，确实都不符合史家法度。正因如此，故章学诚提出，方志写人物应仿《史记》七十列传之书法，志艺文者当效《三通》、《七略》之意，诸如此类，皆属史家法度，难道能够不讲求吗？

一部方志编纂得好坏，重要的还要看它的体例如何。如果不合方志体例，内容虽好，也不能算是方志。关于这点，章学诚在《为毕秋帆制府撰石首县志序》中曾反复强调："夫为政必先纲纪，治书必明体要。近日为州县志者，或胥吏案牍，芜秽失裁；或景物题咏，浮华无实。而求其名义所归，政教所重，则茫然不知其所指焉。夫政者，事也；志者，言也。天下盖有言之斐然而不得其事者矣；未闻言之尚无条贯，而其事转能秩然得叙者也。"又说："抚驭必因形势，为政必恃纲纪，志书必贵体要……洵有得于体要，后人相仍如县治矣。"因为他认为方志是著作，而不是资料汇编，但当时流传者皆为纂类家言。就如他颇为肯定的《吴郡志》，"通体采撷史籍及诗文说部，编辑而成，仍注所出于本条下，是足为纂类之法，却非著作体也"；"人物不自撰著，裁节史传，亦纂类之例也"。至于分类不伦，排列顺序错置，都影响着体例的严谨。"今于人物之后，间以进士题名，土物、宫观、府廨寺、郊外寺、县记、冢墓，凡十二卷后，忽出仙事以下三门，遂使物典人事，淆杂不清，可谓扰而不精之甚者矣。"② 又如《姑苏志》，"叙自古兵革之事，列为平乱一门，亦不得其解也。山川田赋、坊巷风俗、户驿兵仓，皆数典之目；宦迹流寓、人物列女，皆传述之体。平乱名篇，既不类于书志数典，亦不等于列传标人，自当别议记载，务得伦序，否则全志皆当改

---

① 《文史通义新编新注》外篇六《书武功志后》，第1066页。
② 《文史通义新编新注》外篇六《书吴郡志后》，第1054页。

如记事本末，乃不致于不类之讥"①。此例虽属一小事，但处置不当，便直接导致全书体例的不纯。再如《滦志》，"自书自解，自问自答"，既违反史家法度，也不符合方志书法体裁。至于书名，更是不伦不类，所以章学诚说："至《滦志》标题，亦甚庸妄。滦乃水名，州亦以水得名耳。今去州字，而称《滦志》，则阅题签者，疑为滦水志矣。"为什么会产生这些奇怪的现象呢？章学诚认为，这正是明代社会风气病态的反映。"今观其书，矫诬迂怪，颇染明中叶人不读书而好奇习气。"②这确实指出了明代中叶以后许多方志一意标新立异毛病的根源之所在。对于这种情况，章学诚批评其"庸妄"，实在一点也不过分。因为方志的编纂，就是要实实在在，装点夸饰、故弄玄虚皆非方志之本色，所以章学诚一概加以反对。而他自己在修志过程中，对此也颇为注意，自云："余于志例，极具裁剪苦心，而于见行章程、案牍文册，入志不合于体裁者，别撰《湖北掌故》六十六篇。略仿《会典》则例，以备一方实用，具经世有用之书也。"③

至于方志的内容是否有益于社会风尚，有补于政事，则更是章学诚衡量评价前人所撰方志价值高下的重要条件之一。他在《为毕秋帆制府撰常德府志序》中便直接提出："夫志不特表章文献，亦以辅政教也。"他认为以前许多方志根本就谈不上这点。"虽然，方志遍寰宇矣，贤长吏知政贵有恒，而载笔之士，不知辞尚体要，猥芜杂滥，无讥焉耳。即有矫出流俗，自命成家，或文人矜于辞采，学士侈其搜罗，而于事之关于经济，文之出于史裁，则未之议也。"这就是他总结许多方志内容以后所得出的结论。"虽然，方志遍寰宇矣"，但是"于事之关于经济，文之出于史裁，则未之议也"，这种局面难道能再让其继续下去吗？

综上所述，章学诚的方志理论的产生、发展，乃至最后形成自己系统的方志理论体系，建立起较为完备的方志学，自非一朝一夕之事，实在是经过一生苦心实践的结果。通过上述事实，人们可以清楚看到，他的方志理论的形成有三条活水源头，源源不断汇集而来，最后经过他的综合提炼，而形

---

① 《文史通义新编新注》外篇六《书姑苏志后》，第1060页。
② 《文史通义新编新注》外篇六《书滦志后》，第1062页。
③ 《文史通义新编新注》外篇四《方志辨体》，第872页。

成了独具一格的方志理论。章学诚方志理论形成的过程给我们一个非常重要的启示，那就是在今天若想建立社会主义时代的新的方志理论，首先，必须学习马列主义的理论和重要的史学常识，否则马列主义基本理论概念也搞不清楚，史学基本常识一窍不通，要想创立新的方志理论是根本办不到的；其次，便是具体的修志实践，理论指导实践，实践经验又不断丰富着理论，这可以说是相互依存的重要作用。当然也必须像章学诚那样，注意处理好继承和发展的关系。若对旧方志的特点、内容、体例等茫然无所知，说要创立新的方志理论，那无异于痴人说梦。因此，笔者认为，章学诚方志理论的三个来源对于今天的修志者来说，很具有现实意义和借鉴价值。

第十一章
旧方志的价值和整理

第一节 旧方志的价值

　　流传至今的8000多种地方志，约占我国现存全部古籍总数的十分之一，是我们中华民族历史文化遗产中一个伟大的宝库，蕴藏着各个地区政治、经济、文化、社会、历史、地理、自然等各方面丰富的资料。其中有不少珍贵的资料不见于史书典籍，具有很重要的历史价值，是研究我国古代科学文化不可缺少的资料。许多学者已经从这个宝库中发掘出许多宝贵的资料来为社会主义事业服务。天文学家们普查了全国方志，参证了"二十五史"和其他典籍，编写了《中国古代天文史料汇编》；地震工作者根据方志的记载，编成了《中国地震资料汇编》；著名的物候学家竺可桢根据方志记载的植物分布及花开花落时间的变化，研究出历代气候变化的规律；地质学家章鸿钊从方志中辑出数十万字的《古矿录》。诸如此类，不胜枚举。现在学术界对这座宝库已经更加重视，将有计划地进行整理和开发，使之为建设具有中国特色的社会主义和发展祖国社会主义文化事业作出更大贡献。

一、研究民俗学的源泉

　　民俗学是一门社会科学，它是研究一个国家民间风俗习惯等现象的社会科学。凡能体现民族特点的物质生活（衣、食、住、行等）、社会组织、岁时风俗、习惯，以及技术、文艺等均属它的研究对象。而这些内容正是各种方志记载和反映的对象，诸如民歌、民谣、岁时风俗习惯、婚丧祭礼等，可为民俗学的研究提供十分丰富而珍贵的材料。实际上这些民歌民谣、岁时风俗，乃是广大人民共同生活和与自然界作斗争的经验的总结，虽然有的在形式上具有迷信的色彩，但就其实质来讲，还是具有丰富的科学价值的。如乾隆二十五年（1760）重修的《乌青镇志》卷七《风俗》篇中有关岁时风俗的记载就很具有代表性：

正月：元旦，昧爽起，肃衣冠，门首焚黄，曰迎喜神。诣中堂，拜天地（谓之接天），次拜灶（谓之接灶），祀土地神（自初一至初十喜晴，俗以十日落山主岁丰），次拜祠堂及先人像（先于除夕设香烛糕果茶酒等仪），次拜家长，长幼以次递拜，亲邻彼此投贺（谓之拜节）。多闭门辞不见。是日不炊（除夕预为饭以食，谓之隔年饭）。禁扫除、汲水。爆竹自子夜达曙，相传以驱疫疠。檐前插芝麻梗，谓之节节高。签大橘于柏枝上，著之谓百事大吉。昆弟交戚过从饮椒酒，子弟鸣钲击鼓以相娱乐，三日为小年朝。八日，道家礼玉帝，曰拜皇（俗传是日帝诞辰）。十三日，街市试灯，好事者为藏头诗句，任人商揣，曰灯谜。又扎造滚灯及龙象狮马等灯游戏街市村落间，束薪木末，飐以绯帛。夜则金鼓流星花爆，侑以赞词，群聚而焚之，曰烧田蚕，盖祈年也。

上元夜，妇女游桥，爇香烛，逢桥插之。十八日收灯，屑秫为丸，谓之灯圆。立春延客用春饼，古辛盘遗意，人家召芦姑厕姑以卜一岁家宅田园，儿童辈竞放纸鸢（谚云：杨柳青，放风筝）。

二月：朔日为中和节，二日为踏青节，士女皆戴蓬蒿（谚云：蓬开先日草，戴了春不老）。煮所藏年糕食之，云令人健。是日下瓜茄菜种。八日，俗传祠山大帝生日，前后必有风雨，谓之请客风、送客雨（东南风谓之上山风，西北风谓之下山风，逢壬上天）。十二日为花朝，晴则百果成实。十九日，俗传观音大士诞辰。

三月：三日为上巳节（沈约云：不拘于逢巳日也），男女各带荠花（谚云：三春戴荠花，桃李羞繁华）。是日听蛙声以卜水旱（谚云：田家无五行，水旱卜蛙声。上昼叫上乡熟，下昼叫下乡熟，终日叫上下皆熟）。晚撒螺蛳于屋上，谓之除瓦刺，又谓之赶白虎。清明前二日为寒食，檐前插杨柳，男女亦各戴之（谚云：清明不戴柳，红颜成皓首）。人家上坟祭扫，祀灶易燔，食角黍。是夜育蚕，家设祭禳白虎，门前画石灰，象弓矢，驱蚕祟也。食螺蛳，名挑青，盖蚕病谓之青娘，故深恶而痛绝之。翌日，谓二明日，村男女争赴普静寺祈蚕，及谷雨收蚕子乃罢（谚云：谷雨勿藏蚕）。二十八日为春社，竟传为东岳生日，或诵经上寿，或枷锁伏罪，甚至扎扮故事，迎演数日，所谓费财于无谓也。

这部镇志的《风俗》篇中所载的这个地区一年四季的岁时风俗，既反映了衣、食、住、行方面的生活面貌，也反映了春播夏耘、秋收冬藏的农事活动。特别是许多谚语，尽管有些带点迷信意味，但总的来说，反映了广大劳动人民长期与自然界作斗争的经验，特别是许多有关视物候以辨气象的经验，即在今天仍有参考价值。志中记载的虽然仅是一个镇的范围内的岁时风俗，实际上它可以反映出浙江湖州、嘉兴地区广大人民当时的生活习俗。在这个《风俗》篇中记载的这个地区端午节的风俗与有些地区不尽相同，它既不吃粽子，也不划龙船。相反，如杭州地区，春节期间却是家家都要吃粽子。类似这种情况，即使同样一个节日，各地反映在吃穿用各方面都不尽相同。春节这天，北方广大地区家家都要吃饺子，但在浙江并不如此。由于我们祖国幅员广大、人口众多，加之又是一个多民族的大家庭，所以各地区的衣、食、住、行等各方面生活习惯不可能相同。因此，民俗学这一门社会科学在我国就显得尤为重要。研究这门学问，大量的社会调查固然必不可少，而各种方志的记载也是一个十分丰富的资料源泉。

二、研究历史地理不可缺少的资料

每部地方志都有建置沿革或区域沿革、山川形胜，对每一个府州县的区域沿革、河流改道、地名更易等一般都有记载。有许多变化往往是正史地理志或全国地理总志里无法记载的，而在地方志中却可以寻得。因为它所记载的范围就是一州一县之事，范围小、地点近，也比较容易了解真实情况，因此一般也较为可信。所以历史地理学家们在研究历史地理时，都把方志视为不可缺少的重要资料。邹逸麟先生所撰《上海地区最早的对外贸易港——青龙镇》[①]一文共引前人著作18种，其中地方志有12种，占三分之二。其中许

[①] 《中华文史论丛》1980年第一辑。

多重要的结论，都是根据地方志记载的材料而得出的。如说："青龙镇具有良好的海上贸易的地理条件。《绍熙云间志》卷上：'青龙镇去县五十里，居松江之阴，海商辐辏之所。'引文中所说的县指华亭县，即今松江县，松江即今吴淞江。据当时文献记载，宋代的吴淞江自吴江县而下，过甫里（今角里），入华亭县境，经青龙镇北，东流入海。① 东晋末年著名的沪渎垒就在青龙镇旁。② 青龙镇北临吴淞江，东濒大海，地理条件是十分优越的。"仅此一小段叙述，便引用志书四种六次。又如文中说："'青龙'是古代对战舰的通称，相传三国时孙权曾造青龙战舰于此而得名。③ 这个传说虽不一定可信，但青龙镇在南宋时一度也确曾做过军港。"这样对青龙镇名称之来历，确切虽不可定，但方志总归还是提供了一个传说的来由。再如讲青龙镇在宋代贸易的情况，"青龙镇成为'海商辐辏之所'④。宋元丰年间，陈林《隆平寺藏经记》云：'青龙镇瞰松江上，据沪渎之口，岛夷闽粤交广之途所自出，风樯浪舶，朝夕上下，富商巨贾，豪宗右姓之所会。'⑤ 宋代中期青龙镇贸易之盛，可见一斑"。可以想见，像这样一篇重要的文章，如果离开了这些地方志，是很难写成的。

林正秋先生的《南宋杭州德寿宫地址及范围考索》⑥一文，主要就是根据《乾道临安志》、《淳祐临安志》和《咸淳临安志》三部方志的记载，再参考明人作的《西湖游览志》、《万历杭州府志》和清代的《雍正浙江通志》、丁丙的《武林坊巷志》等书撰写而成。正因为有了这些古代方志的存在，所以我们今天对于南宋时期杭州的德寿宫地址、范围，才能比较确切地了解其大概。特别是南宋所修的"临安三志"，在这一方面的价值更是不言而喻。

又如各地所设置的机构，正史等著作往往缺载，而在地方志中却往往都有记载，这就显然可以补正史之不足，当然也就更加显示出方志的可贵之处。谭其骧先生在《浅谈地方史和地方志》一文中就曾指出："方志中不少

---

① 《吴郡图经续记》卷中、范成大《吴郡志》卷十九引郑侨《水利书》、《绍熙云间志》卷上。
② 《吴郡图经续记》卷中："今青龙镇旁有沪渎村是也。"清康熙《清浦县志》作在青龙镇西。
③ 《吴郡图经续记》卷下。
④ 《绍熙云间志》卷上。
⑤ 《绍熙云间志》卷下。
⑥ 林正秋等：《古代杭州研究》，杭州师范学院学报编辑室、浙江地方史研究室1981年编印。

材料不见于正史及其他史籍，因此成了解决历史问题的唯一依据。例如宋代是否曾在上海设置市舶司的问题，离开了方志就解决不了。日本学者藤田丰八在《宋代之市舶司与市舶条例》一文中，因为《宋会要》、《宋史》未提及在上海设司，便认为明曹学佺《名胜志》中'宋即其地立市舶提举司'一语出于明人传说，不可置信。实际上《名胜志》之说当本于方志，而方志中此说，却有确凿的史料依据。弘治《上海县志》载有宋人董楷在咸淳五年所作两篇文章。其一是《古修堂记》，篇中有云：'前分司缪君相之。'其二是《受福亭记》，篇首即曰：'咸淳五年八月，楷忝市舶司，既逾二载。'据此，宋咸淳年间上海有市舶司无可置疑。《宋会要》止于宁宗朝，《宋史》修纂时以《实录》为依据，而《实录》也惟宁宗以前有定书，故于理宗、度宗二朝事多阙略。因此，《宋会要》、《宋史》不见上海设司，不能据此就断言上海在宋末没有设司。但是如果没有方志保存董楷这两篇文章，则此事就难以得出令人信服的结论，因为《名胜志》一语并非原始资料，仅凭这一点是不够作出定论的。"① 可见方志在研究地方性机构设置问题上，其作用是不可低估的。又如，凡是研究杭州、宁波等处唐宋以来对外贸易及设置市舶司等问题，都要引用《乾道临安志》和《宝庆四明志》等地方志书来说明。《乾道临安志》卷二《廨舍》"提举市舶衙"条："旧在城中，淳化三年四月庚午，移杭州市舶司于明州定海县，以监察御史张肃领之。"可见市舶司最早是设在杭州，而在宋太宗淳化三年（992）已由杭州迁往明州的定海县（今宁波镇海）。到了真宗咸平二年（999），市舶司乃迁移到明州子城东南，左倚罗城。诸如此类记载，研究我国古代对外贸易及中西交通的历史，自是不可缺少。故陈高华、吴泰所著的《宋元时期的海外贸易》一书，就曾引用了《乾道四明图经》、《宝庆四明志》、《开庆四明续志》、《澉水志》、《延祐四明志》、《至正四明续志》、《至正昆山郡志》、《大德昌国州图志》（佚文）、《弘治上海县志》、《弘治太仓州志》、《嘉靖江阴志》、《八闽通志》、《闽书》、《万历泉州府志》、《江苏通志》等近二十种地方志资料。台湾地区学者宋晞1965年1月在《大陆杂志》上发表了《南宋地方志中有关两浙路商税史料之分析研究》一文，则主要是采用"临安三志"、《嘉泰会稽志》、《宝庆会稽续

---

① 《江海学刊》1982年第1期。收入《长水集（续编）》。

志》、《剡录》、《嘉泰吴兴志》、《乾道四明图经》、《宝庆四明志》、《开庆四明续志》、《玉峰志》、《嘉定赤城志》、《严州图经》、《景定严州续志》等17种地方志材料撰写而成。至于各地地名的改变、河流的改道等内容的记载，在许多情况下也都详于正史的记载，可补正史之不足。

三、研究明清以来社会经济的重要史料宝库

中国封建社会发展到明代，已进入了封建社会后期，特别是从明代中叶开始，由于商品经济的发展，某些地区、某些部门已经开始出现了资本主义的萌芽，它反映在手工业、商业和农业各个生产领域。尤其是手工业，这时有了长足的发展。就全国而言，虽然占统治地位的手工业仍是依附于农业的家庭手工业，但在江南的许多城镇已突破了这种情况，纺织、采矿、冶炼、制瓷等独立手工业都十分发达。而能够反映出这一情况的，恰恰又正是当时各地所编纂的各种地方志。因此，凡是研究明清社会经济发展的论著，几乎无不引用方志材料作为论据。明代中叶以后，江南丝织业十分发达，如苏州府的吴江县，"绫绸之业，宋元以前，惟郡人为之。至明熙宣间，邑民始渐事机丝，犹往往雇郡人织挽。成弘而后，士人亦有精其业者，相沿成俗。于是震泽镇及近镇各村民乃尽逐绫绸之利，有力者雇人织挽，贫者皆自织，而令其童稚挽花。女红不事纺织，日夕治丝，故儿女自十岁以外，皆蚤暮拮据以糊其口"[①]。又万历时期的苏州府就有机房专雇技术工人，计日领取工资，并有许多临时工，每天清晨分别站在城里的各个小桥头或小巷口，等待雇用。据《苏州府志》记载："什百为群，延颈而望，粥后散归，若机房工作减，此辈衣食无所矣。每桥有行头分遣，今织造府禁革，以其左右为利也。"这两条材料不仅说明这个地区丝织业发展的普遍性，而且出现"有力者雇人挽织"，而许多技术工人则被人雇用，这正足以说明"机户出资"、"机工出力"的资本主义生产关系的萌芽。

由于生产的不断发展，明朝后期还出现了包买商人，这也是资本主义萌芽的一种表现。这种包买商专门从事贩卖产品与原料的商业活动。由于市场

---

① 《乾隆震泽县志》卷二十五《生业》，《中国地方志集成》，江苏古籍出版社1991年版。

扩大，商品往往运销国内外，而原料产地与商品制造地又大多是分离的。我们在第一章第二节下的"鲜明的时代性"一目中已经讲过，如南京、苏州、杭州乃至福建一带机房织造绸缎，大多要从潮州等地采进蚕丝，这都是各地方志所记载。《乾隆乌青镇志》卷七"土产"门记载最为典型："四乡所出，西路为上，北次之。蚕毕时，各处商客，投行收买。平时则有各处机户，零买经纬自织。又有贸丝诣各镇卖于机户，谓之贩子。本镇四乡产丝不少，缘无机户，故价每减于各镇。"这里所称的"贩子"，实际上就是包买商。这个镇的材料更为典型，因为这里的养蚕事业超过了农业。该志卷二"农桑"门小序中讲："农桑古无畸重，惟浙西蚕桑之息，较田功差胜。"从事蚕桑事业的人本来就多，而本地又无"机户"，只有靠"贩子"外运，因而价钱也比他处来得低。又如松江一带的棉织户，要从山东、河北、河南购进棉花，这就势必出现许多收购小生产者商品和供应原料的中间"贩子"。《雍正浙江通志》卷一〇二"物产"门引明万历年间朱国桢《涌幢小品》中的一段记载，就很生动地说明了这个问题：当时湖州"地产木棉花甚少，而纺之为纱，织之为布者，家户习为恒业，不止乡落，虽城中亦然。往往商贾从旁郡贩绵花，列肆吾土。小民以纺织所成，或纱或布，侵晨入市，易绵花以归，仍治而纺织之，明旦复持以易"。这种"贩子"已经由纯粹的买卖同一种商品发展到以原料收购小生产者的制成品，然后拿到较大的市场去出售。

商品经济的发展，促使农产品的商品化程度不断提高，许多农村的生产是为了满足城市居民的需要或手工业生产原料的需要，因而进一步出现了专营一种或数种经济作物的地区。这些情况在各地方志中同样也得到反映。如粮食生产的商品化，嘉定"其民独托命于木绵……邑中种稻之田，不能十一"，因此，"米谷之入，尚不足以自饱"，必须"仰食四方，夏麦方熟，秋禾既登，商人载米而来者，舳舻相衔也。中人之家，朝炊夕爨，负米而入者，项背相望也"。[①]太湖洞庭山成了柑桔生产区："（太）湖中诸山，大概以（种）橘柚等果品为生，多至千树，贫家亦无不种。"[②]有的一县之中，根据自己的

[①] 顾炎武：《天下郡国利病书》"苏松备录"引《嘉定县志·兵防考》，点校本《顾炎武全集》第十三册，上海古籍出版社2011年版，第589页。

[②] 《崇祯吴县志》卷十，《天一阁藏明代方志选刊续编》，上海书店出版社1990年版。

特点,生产不同的土特产。如"归安(属湖州府)诸乡统力农,修蚕绩。极东乡业织,南乡业桑、菱,西乡业薪、竹,北乡负郭东业蔬、靛,获港业藕,湖跌断头业苇,埭溪业苎,善琏业笔,菱湖业蚕,捻丝为绸尤工,但阴竞而骛延利"①。这样不仅促进了农产品与手工业品之间的交换,而且引起了各种不同的农产品相互之间的交换,因而进一步促进商品经济的发展。

随着商品经济的发展,城镇也比宋元时期有了进一步的发展和繁荣。全国有 30 多个大城市,南京为造船业中心。单是江宁县(南京城内外分属江宁、上元两县),据《正德江宁县志》卷上记载,就有 100 多种行业。景德镇是全国最大的制瓷业中心,镇上有居民 10 多万人,官窑有 58 座,民窑有数百座。这些内容在《光绪江西通志》及《浮梁县志》有关门类中均有详细记载。苏州、杭州是丝织业中心,松江是棉织业的中心,湖州是养蚕缫丝业的中心。杭州的情况,据《万历杭州府志》记载,当时"民半多商贾","车毂击,人肩摩",可见当日繁荣景象。到了明代后期,又出现了许多新的城镇,有的原来仅是一个村庄,一变而为十分繁荣的市场。如吴江县的震泽镇,"元时村市萧条,居民数十家。明成化中,至三四百家,嘉靖间倍之,而又过焉"。到明末清初,居民已达二三千家,雍正年间便由吴江分出,建制为震泽县。②又如吴江的盛泽镇,"明初以村名,居民止五六十家,嘉靖间倍之,以绫䌷为业,始称为市。迄今居民百倍于昔,绫䌷之聚,亦且十倍。四方大贾辇金至者无虚日,每日中为市,舟楫塞港,街道肩摩,盖其繁华喧盛,实为邑中诸镇之第一"③。以上这两个市镇,都是由手工业发达而繁荣起来的。至于浙江的双林、菱湖、乌青、南浔等镇,均为丝织业和养蚕缫丝业的中心,在当时也都十分繁荣,而每个镇也都各自编纂有镇志。它们有关这方面的记载,都是研究我国封建社会晚期经济发展,特别是研究资本主义萌芽的重要资料。

统观上面的论述,所有材料无一不是出自各地的方志。至于方志与研究中国近现代社会经济史的关系以及日本学者利用方志研究明清社会经济史的情况,已经有人论及,这里不再赘述。

---

① 《康熙归安县志》,上海图书馆藏清康熙十二年刻本。
② 《乾隆震泽县志》卷四《镇市村》,《中国地方志集成》,江苏古籍出版社 1991 年版。
③ 《乾隆吴江县志》卷四《镇市村》,《中国地方志集成》,江苏古籍出版社 1991 年版。

四、研究我国古代农业生产发展的重要资料

我国向来以农立国,并以农业生产发达而著称于世。在农业生产方面我们祖先创造了许多宝贵的生产经验和栽培技术,为我们留下了丰富的遗产。前面所举的《咸淳临安志》的"物产"门之下,又分 12 个大类,而每类之下备列了当时这一类所有的品种,有的还简略注其特点及性能,这对于研究生物品种的发展与演变、进化无疑是十分宝贵的资料。浙江农业大学教授游修龄先生根据宋代 12 种方志的记载,查得水稻品种共 301 个,除去 89 个重复外,实际有 212 个,时间是从淳熙元年(1174)至咸淳十年(1274)的 100 年间。在这 212 个品种中,籼、粳品种 155 个,糯稻品种 57 个,占总数的 26.76%,这说明我国古代种植糯稻的品种远比现在来得丰富,数量的比重也比现在来得高。这也从侧面反映了我们祖先的饮食习惯,对于研究古代人民的食品结构来说,自然是一个有力的数据。游修龄先生在研究中归纳了三点体会:第一是品种资源的继承性。他用《宝祐琴川志》、《淳祐玉峰志》所记 42 个品种与明代黄省曾所作《稻品》(该书是对《姑苏志》的补充)中所录的 35 个品种对比,有 27 个与宋志相同,占 77.14%。再查道光年间所修《苏州府志》所录 38 个品种中,仍有 26 个与宋志所记相同,占 68.42%。它说明这些品种自宋志出现以来,在苏州地区持续栽培达 600 年之久。再查 19 世纪末至 20 世纪初所修的《松江府志》、《上海县志》、《川沙厅志》、《震泽物产》四志,找到与《稻品》所载相同的品种有 24 个,占 68.57%。新中国成立后,20 世纪 50 年代初,有人去嘉兴、平湖一带访问当地老农,进行实地调查,发现《稻品》中所记的 11 个品种仍在这个地区种植,可见这些品种在太湖地区栽培已有 800 年历史了。第二,可以研究品种资源的变异性。作物品种在栽培过程中,由于年年的单独种植、单独留种而得以保持留传下来。另一方面又由于自然变异、人工选择、耕作制度发展更替、异地引种等因素,使得一个地区的地方品种组成处于缓慢的不断更换过程之中。继承和变异是矛盾统一的两个方面。从同一地区不同时期方志的记载,可以找到变异性很大的一些实例。第三是品种资源的多样性。除了通常的早熟、中熟、晚熟品种外,方志上还记有特别早熟、特别耐迟种的品种,有的具有抗旱性,有的具有耐盐碱性,有的可以避免雀害。据《万历绍兴府志》记载,这

一地区有"雀不知"、"叶下藏"等品种，就是因"穗低而叶仰"有利于躲避鸟雀为害而得名。这种品种资源的多样性，对于东南亚各国水稻培育也有很大影响。目前我国广为栽培的品种"珍珠矮"，其母本之一是"矮仔黏"。一般都说"矮仔黏"是从南洋引进的，而游修龄先生从《乾隆湖南通志》上查到"矮仔黏"这个名称，这说明它是我国原有的品种。

其次，方志记载了我们祖先所创造的优良耕作方法、耕作制度和栽培技术。有许多记载是史书和农书上都找不到的。浙江种植间作稻的情况，《乾隆平阳县志》就有详细记载，该书卷五"风土风俗"门记载："春分平田，浸种下秧，通田。春夏之交，先分早秧插田，疏其行列，俟数日后，乃插晚秧，曰补晚。浃旬而耘，至于再三。旱则水车引水灌之。及秋而获早稻。乃以竹畚取河泥壅之，践早稻根，以培晚稻，又时粪之。及冬而获，名曰双收。田远乡瘠地，止单插，土浅者宜早稻，土深者晚稻。收获俱毕，随犁而曝之，以受霜，则来年土膏而禾盛。然地多斥卤泥涂，故种麦者少。昔人所谓不粟麦而粳稻足是也……山乡陆路，则种麦、豆、麻苎、糖（即甘蔗）、靛、木棉等物……地少蚕桑，故不织帛而多织布。"这段记载既讲了间作稻培植方法，又介绍了耕作技术与土地的保养方法。尤其可贵的是，还记有什么样的土地适宜种植双季，什么样的土地只宜种植单季早稻或晚稻。后面还叙述了这个地区历史上的传统经济作物品种，为今天发展这个地区的多种经营提供了宝贵资料。《康熙东阳县志》记载了这个地区几种作物轮种的方法以及栽培技术、施肥技术等，都非常详细。至于水乡地区，《乾隆震泽县志》的"生业"门历述农桑渔业的生产情况。而浙江湖州府属许多镇志，反映这一地区农业生产深耕细作和蚕桑的培植，都非常具体。如《乾隆乌青镇志》卷二"农桑"一门，记载十分典型。关于水稻，从平整土地、播种、插秧、中耕、施肥、除草、田间管理，直至收获，每道工序都作详细介绍，"芒种后拔秧洗根，去泥，拣出稗草，趁天阴时，急忙莳插。约六茎为一丛，六稞为一行，稞行宜直，以便耘耥，浅插则易发"。这样的介绍，在许多方志当中可称上乘。尤其书中介绍了这个地区稻的品种竟达110种之多，"其粒细长而白者为箭子，其粒大而芒红皮赤，五月种、九月熟者为六十日稻，迟者为八十日稻……其粒小性柔，早熟，有红芒、白芒之别者，为香粳。其粒小，色斑，以一撮和米炊之，香美异常者为香子，又谓之香擂。其一穗三百余粒者,为三穗子。又有所谓红皮稻、青光头、花光头、靠山青、了田青、雀不知、断债根、乌须稻、麻子乌、光头白、鹅脚黄、马鬃乌、黄梗籼、吊杀鸡、鸭嘴稻、稻公拣晚、陈芒紫、染头野稻、靠篱望、救公饥、灰稻等七十余种"。以上所列皆为平常食用之稻。又关于糯稻,"其粒长而酿酒倍多者,为金钗糯。色白而性软者,为羊脂糯。芒长而谷多白斑者为胭脂糯。厚稃红黑斑者,为虎皮糯。粒最长、白稃有芒早熟者,为赶陈糯。粒大而色白者为矮儿糯……瓜熟糯、冷糯、晚糯等四十余种"。在乾隆年间,这里尚有这样多的水稻品种在流传,这对于研究水稻品种的继承性、变异性和选择优良的水稻品种,无疑都有重要的参考价值。至于书中对于蚕桑部分,先是介绍这里桑树的品种及其栽培方法,接着又详细叙述了养蚕的程序及有关注意事项。实际上是将种桑养蚕的经验都记载了下来。

总之,从上述这些内容可以看出,方志中关于农业生产经验、技术的记载很值得认真总结和研究。而这一方面的记载有时还可纠正古书记载之误。如南宋吴自牧的《梦粱录》,物产部分记载当时杭州的九个水稻品种,其中一个品种于现在所流传的各种版本《梦粱录》中都作"杜糯",似乎已无可疑之处。但《咸淳临安志》的"物产"门介绍水稻品种时,"杜糯"作"社糯","杜"字显然是"社"字之误。因此,在研究我国农业史的时候,千万不要忽略方志这个宝库。

五、为研究各个地区自然灾害提供丰富的资料

方志这种地方著作,一般都有灾祥这一门类,对于各地所发生的各种自然灾害一般都有所记载。因此研究各地各类自然灾害发生的情况,从中可以查到丰富的资料。中国科学院地震工作委员会历史组于 1956 年根据 5600 多种地方志辑录出数以万计的地震史资料,编成《中国地震资料年表》,1980 年又重新补订为《中国地震资料汇编》。安徽省文史研究馆根据该省通志和府、州、县志记载,将安徽省历史上近千年来自然灾害资料作了系统整理,并分别编成《安徽地区地震历史记载初步整理》、《安徽地区历代旱灾情况》、《安徽地区蝗灾历史记载初步整理》和《安徽地区风雹雪霜灾害记载初步整理》四种资料,为当前工农业生产特别是农业生产发展提供了可靠的参

考资料。杭州大学历史系中国古代史教研室于 1961 年根据浙江十一府的府志、《雍正浙江通志》以及部分县志，参以有关史书，撰写了《明清时期浙江的自然灾害》一文，对明清时期浙江地区发生的自然灾害情况作了初步探讨，并摸索出了一些规律。据当时统计，明清时期 544 年中（1368—1911），浙江遭受水、旱、蝗、疫等较大灾害共计 554 年次。其中水灾 272 年次，占总灾年的 49.2%；旱灾 166 年次，占 29.9%；蝗灾 33 年次，占 5.9%；瘟疫 29 年次，占 5.2%；其他灾害 54 年次，占 9.8%。其中特大灾害 150 年次，平均 3—4 年就有一次。从方志查阅情况看，浙江的自然灾害以旱涝为主，尤以水涝最为严重。明清时期特大灾害 150 年次中，特大水灾就有 81 年次，占总数的 54%。水灾主要是由台风①、淫雨和暴雨所引起。台风登陆时间一般都在夏、秋两季，集中在农历六、七、八三个月，尤其是七月最多。台风引起的水灾，不但次数最多，而且破坏性也最大。明清时期，绍兴地区 20 年次大水灾中，由于台风引起的就达 13—14 年次。台风引起的水灾所以破坏性大，是由于其风力大，挟来暴雨，容易造成海水倒灌（方志上称"海溢"）。《绍兴府志》载："崇祯元年七月，大风拔木发屋，海大溢……山（阴）、会（稽）、萧（山）民溺死各数万。上虞、余姚各以万计。二年八月，海复溢。"

暴雨引起的水灾，多出现在夏、秋两季，这种灾害在山区和近山区危害特大。如《萧山县志》载："道光二十九年（1849），闰四月十九日，大雨如注，夹以山水，数日间，平地水涨数尺。"《嵊县志》载："道光三十年（1850）八月十四日，大雨，次日，平地水数丈，舟行城堞上。庐舍人畜，漂没无算。"《诸暨县志》载："道光三十年五月大水；八月十二日复大雨，十三日晨蛟水大发，湖埂尽决……水退，濒湖居民数百家无以存活，多挈少长流徙远方，弃子女婴孩于陂塘，水咽不流。"这次大水遍及绍兴府属各县，据《余姚六仓志》卷十九载："至今妇姒犹有大水没屋檐之话。"

淫雨所引起的水灾多发生于春夏之际和秋天。《浙江通志》卷一〇九引《明实录》载："天顺四年（1460），杭州、嘉兴、湖州、宁波、绍兴、金华、处州，四五月阴雨连绵，江河泛滥，麦禾俱伤，秀水、嘉善二县，籽粒

---

① 地方志里称为"飓风"、"海风"、"大风"。

无收。"

仅次于水灾的是旱灾，明清时期，浙江发生的特大旱灾有 39 次，占特大灾害总数的 26%。旱灾多发生于夏、秋两季，夏天尤多。如明清时期，宁、绍、台、温沿海地区有月份记录的 22 年次大旱灾来看，夏季发生的有 14 年次，占 63.6%；秋季有 5 年次，占 22.7%。

从方志记载所查来看，各种自然灾害往往互相联系。首先是旱灾后往往就有水灾。民间流传说，久晴之中必久阴，这是多年积累的经验。如《绍兴府志》载："康熙二十九年（1690）秋七月二十二日，大雨。知府李铎念时序入秋，亢阳之后，必有淫涝，遂不按水则（测量水位的石刻），令所司开三江闸，预放水三尺。二十四日，果淫雨连朝，至八月初三日止。"再从宁、绍、台、温地区 16 次同年发生的水旱灾害来看，先旱后涝的有 12 次，占 75%。其次，虫灾多与水旱灾害相连。从宁、绍、台、温地区发生的 23 次蝗灾来看，在发生蝗灾之先，出现水旱灾害的有 22 年次，单有蝗灾的仅一年。久旱之后发生虫灾的次数更多。如崇祯十三年到十五年（1640—1642），浙江各府连续发生特大旱灾，同时蝗灾也十分严重。《浙江通志》卷一〇九载："崇祯十四年六月……杭州大旱，飞蝗蔽天，食草根几尽，人饥且疫。次年复旱蝗。"又如《新昌县志》卷十八载：康熙十年（1671），绍兴府发生特大旱灾，同时青虫灾也很严重。《萧山县志稿》卷五载："嘉庆三年（1798），八月朔至七日，热过中伏，初八日微雨，次日复炎曦如暑，直至二十三日后始渐凉，木棉花及田禾，皆生蟊贼（虫），秋成多歉。"另外，久旱之后，每每出现瘟疫。《浙江通志》卷一〇九载："正统十年（1445），三月，宁波、台州久旱，民遭疾疫。"这次大瘟疫，连绍兴府在内，"死者三万余人"。嘉靖二十四年（1545），浙江旱，"杭州大饥，通浙连岁荒歉，百物腾涌……贫人有食草者，时疫大行，饿殍满道路云"。可见在旧社会，若是发生了一种灾害，其他灾害会连锁反应地不断发生。可以看出，当时的社会因素对自然灾害有着相当大的影响，这从有些方志记载中也可以直接得到说明。

地震是对人们生命财产有着严重威胁的一种自然灾害，方志对于各地发生之地震，一般都有记载。华东师范大学地理系张天麟利用上海市所属各县方志资料，研究上海地区历史上地震的规律，写了《运用方志史料探讨地震活动规律——以上海地区为例》[1]一文。他从各种文献中搜集上海地区地震史料800多条，其中94%是从地方志中搜集的。在这些方志地震史料中，明、清两代方志的记录又占98%。根据这些史料，他对明清时期上海地震情况进行研究，确定这一时期上海地区共发生过地震142次，平均3.8年震一次，说明地震频率是比较低的；摸清了地震位置，明、清两代上海地区的地震，其震中在上海境内的仅有天启四年（1624）七月发生的一次，其余均在外省及黄海海底，只是其震波波及上海地区而已。文章借此摸清了明、清两代上海地震的规律，这对于今天社会主义建设具有极为重要的现实意义。文章指出：上海方志还记载了大量地震前自然现象异常的资料，这些异常自然现象多属地震的前兆。地震前，大气往往发生异常现象。如康熙十七年七月十九日（1678年9月4日）崇明地震，震前自五月十九日不雨至七月十九日方雨。[2]又如康熙四十七年五月十七日（1708年7月4日）嘉定地震，震前自四月十日至五月十七日霪雨。[3]可见久旱不雨或霪雨连绵，往往是地震的前兆。在日本，震前旱涝与地震相关系数可达0.52—0.78。此相关系数与上海方志中所载震前大气异常现象所反映的情况基本一致。地震前，陆地水文往往会发生异常现象。如咸丰四年十一月初七日（1854年12月26日），上海大地震，震前数日，上海左近水文发生显著异常。初四日，宝山罗店"水涌，河渠井泉沟洫皆震荡"[4]；初五日，"黄浦水沸"[5]。地震前，生物也往往会发生异常现象。如咸丰五年十二月十二日（1856年1月19日），嘉定地震，震前数日"城河水涨，群鱼结队西行三日方尽"[6]。这种地震前兆的一些历史经验，对今后临震预报，也具有很大意义。在此基础上，张先生又进一步查阅方志记载和有关历史文献，撰写了《长江三角洲两千年来地震活动规律初探》[7]，进一步发挥了方志的古为今用的作用。

---

[1]《中国地方史志》1982年第1期。

[2]《乾隆崇明县志》，《上海府县旧志丛书·崇明县卷》，上海古籍出版社2011年版。

[3]《乾隆嘉定县志》，清乾隆七年刻本。

[4]《光绪罗溪镇志》（即《罗店镇志》），《上海乡镇旧志丛书》标点本，上海社会科学院出版社2006年版。

[5]《民国上海县志》，《中国地方志集成》，上海书店出版社1991年版。

[6]《光绪嘉定县志》，《中国地方志集成》，上海书店出版社1991年版。

[7]《华东师范大学学报》（自然科学版）1984年第2期。

著名地理学家陈正祥先生查阅了三千余种地方志，根据其中所载八蜡庙、虫王庙和刘猛将军庙的记录，探明了我国蝗灾分布的范围，绘制了《蝗神庙之分布图》、《明代北方蝗灾之频率图》、《河北省大名县蝗灾记录表》和《华北平原明代蝗灾发生之频率表》，基本上弄清了我国历史上蝗灾分布的范围和发生规律。根据其研究，得出这样几项结论：（1）中国蝗灾的分布，以黄河下游为最多，尤其是河北、山东、河南三省。（2）华中以南，蝗灾渐少；到了东南沿海，几乎完全没有。故福建、台湾、广东、广西四省，找不到一个八蜡庙或刘猛将军庙。（3）这些蝗神庙分布的南限，大致同春季及年平均80%的相对湿度等值线符合；而且同年雨量1200毫米的等雨线也很接近。（4）云南省虽在南方，但因为是一个高原，该高原中部的湿度和雨量，和东南各省不同，而和太湖流域相似，所以蝗灾的发生也较普遍。

"不见八蜡庙或刘猛将军庙的地方，尤其是接近蝗患区的，并非完全没有蝗灾。只是因为发生的频率较低，不必破费设庙供奉而已。例如杭州，在方志中找不出八蜡庙或刘猛将军庙；但根据《钱塘县志》的纪事，也曾经发生过两次蝗灾。一次在南宋初年，另一次在明嘉靖二十五年（1546）。后者如此记载：'（嘉靖）二十五年夏六月大蝗，自西北来，凡二日，所过田禾草木俱尽。'同样的根据《宁波府志》，可知在宋淳化元年（990）到清雍正八年（1730）之间，宁波府五县也曾有过两次蝗灾：'开禧三年（1207）慈溪大蝗，飞蔽天日，集地厚四五寸，禾稼一空。继食草木亦尽。至冬犹未衰，邑遣人捕之，且焚且瘗，经春乃灭。'"[①]

以上事实说明，方志可以为研究历史上各地区的自然灾害提供非常丰富的资料。

六、研究各地教育史的重要园地

方志记载学校由来已久，从敦煌发现的唐代《沙州都督府图经》残卷里，便有"州学"、"县学"的记载。到了宋代，州县学校兴起，书院林立，

[①] 陈正祥：《方志的地理学价值》，《中国文化地理》第二篇，生活·读书·新知三联书店1983年版，第52页。

不仅促进了学术思想的发展,更重要的是使得教育事业得到了相对的普及。对于这个社会现实,宋代开始所修的方志大多能及时予以反映。现存最早的宋代方志《吴郡图经续记》和《严州图经》都有"学校"一门,《严州图经》卷一"学校"门并附科举,对于学校的位置以及历次修建的情况均有记载。学校的经费乃靠"学田"的收入开支,有时不足,知州便另拨以赡之。

《淳祐临安志》卷六"学校"门所载就更为详尽了。通过该志的记载,我们不仅可以了解当时府学兴废和发展过程,而且可以知道当时学校的规模,尤其是所附郡守陈襄的《劝学文》,更是研究当时教育思想很好的资料。文中提出,郡守的任务"固当以教育为先务",而教育的目的"非以教人为辞章取利禄而已",而是要"必将风之以德行道艺之术,使人陶成君子之器,而以兴治美俗也"。这就是说,通过教育,既要培养治理国家的人才,又要培养良好的社会风气。而所培养的人,不单纯是为了掌握知识,更重要的是以学得的知识从事实际工作,即"形之于业"。这种教育思想在今天还是值得很好总结的。从其记载中,我们还可以看到另一件值得注意的事,那就是郡守为了办好教育,还要负责物色推荐府学教授。而这种教授不仅要有一定的学历,更重要的是"履行淳正,器识高远",并且在社会上有一定的声望,否则就不可能胜任教授这个职务。

到了明清时代,方志中的学校志记载内容就更加详细了,除了府州县学以外,社学、书院、义学、义塾、书堂等都有记载,并附有建学记之类文字,以明建置始末及规模,有的还将书院所立的训约、条规附上,以明办学的方法和宗旨。更有的将学校所设之课程都列入志中。如《正德莘县志》卷三就记载了"国朝颁降官书":《性理大全》三十本、《四书大全》二十本、《易经大全》十二本、《书经大全》八本、《诗经大全》十二本、《春秋大全》十八本、《礼记大全》十八本、《为善阴骘》二本、《孝顺事实》二本、《五伦书》六十二本、《大诰》一本、《佛曲》一本、《劝善书》十九本、《抄誊五伦书》十二本,共计十四种;《嘉靖武城县志》卷五《学校志》也记有:《四书大全》、《易经大全》、《书经大全》、《诗经大全》、《春秋大全》、《性理大全》、《五伦书》、《仪礼注疏》、《射礼集》、《大礼集议》,共计十种。两相比较,基本内容是一致的。从中可以看出,《性理大全》、《四书大全》、《易经大全》、《诗经大全》、《书经大全》、《春秋大全》、《五伦书》七种乃是明代所有学校必读之书。明朝开国皇帝朱元璋说："仲尼之道，广大悠久，与天地相并"，所以他做了皇帝，便大力提倡"行先圣之道"。① 明成祖朱棣当政后，下令撰修《五经大全》、《四书大全》和《性理大全》等书籍，在全国广为传播。至于近代著名学者俞樾（1821—1907）所修之《镇海县志》，"学校"一门所载就更加详细了，不仅对于学宫历次兴废重建的过程都有详尽的记载，各个书院、社学、义学建立原委、规模都作记述，对学宫的"祭器"、"乐器"、"舞器"、"斋戒"、"执事"等，以及祭仪、行礼、奏乐、唱舞的各个节奏动作都详细罗列。这在其他方志著作中是很少见到的。这些事实都说明，各种方志的学校门类是研究我国教育史的很好园地。

还应当指出，方志记载学校，甚至还影响史学的发展。众所周知，正史中从未立过学校志，唐代杜佑所作《通典》虽然是专讲典章制度，但也仅在《选举典》中讲到学校。到了宋末元初，马端临作《文献通考》，在方志记载学校的启示下，搜集了大量资料，专立了《学校考》这个新的门类。这再一次证明学科之间相互渗透，互相影响的作用。从此，学校这个内容便在史书中有了独立的席位，推其本源，当属方志无疑。可惜的是，现在许多教育史著作都还没有注意到这个宝库，而大多集中在正史有关记载方面。这对教育史的研究来说，无疑是一个重大的损失。

我从以上六个方面列举了旧方志的价值，当然并不是说旧方志就只有这几个方面的价值，事实上在研究物产方面，它也有很大的作用。近代地质学家章鸿钊从20世纪30年代起就开始从方志中辑录有关矿藏的资料，编成数十万字的《古矿录》；中国农业遗产研究室从8000多部方志中摘抄了数千万字资料，辑成《方志物产》400多册、《方志综合资料》120多册；上海市文物管理委员会编辑了《上海地方志物产资料汇辑》一书，都受到各方面重视。并且这些资料都已经在社会主义建设中为工农业生产发挥了作用。再如，对于研究历史人物，特别是许多名不见经传的人物，在方志中也有较为详细的记载。笔者在参与编纂《中国历史大辞典》时，有许多人物的材料，都是借助于方志而得到较为满意的解决。诸如此类，限于篇幅，不可能一一加以列举。为了进一步说明旧方志中保存了极为丰富的社会史料，最后不

---

① 《明太祖实录》卷二十六，洪武元年二月。

妨借当代著名文献学家张舜徽先生对地方志书价值的论述，作为本节的结束语：

> 至于方志，便以社会为中心，举凡风俗习惯，民生利病，一切不详载于正史的，都藉方志保存下来了。那里面对于赋役、户口、物产、物价等方面的记载，最为可贵。特别是赋役一项，无论在哪一部志书，都纪录得很详悉。例如清初陆陇其所修《灵寿志》，本以简洁著称，但记载赋役，却特别详尽。其他方志更可想见。在今天而欲研究过去劳动人民受压迫剥削的严重情况，方志实是唯一无二的资料宝库。其中如方言、风谣、金石、艺文诸门类所包含的内容，在在可为史部考证之用，更显示出了方志的重大价值。
>
> 方志是保存社会史料的渊薮，那里面的丰富记载，是在其他史籍中不能看到的十分珍贵的文献资料。就拿清代所修州县志来说吧：嘉庆《增城县志》，叙述了"客民"的来历；道光《兴国县志》，叙述了"山民"的情况；光绪《潮阳县志》，记载了"畲民"的习俗；道光《香山县志》，记载了蓄盅之事；同治《弋阳县志》，反映了卖妻之俗；乾隆《丰润县志》，杂记特产工业；乾隆《景州志》，附载镌刻工价；康熙《宣化县志》，记宣府左卫军官里宅之事；光绪《曲阳县志》，记石工杨、王二氏同业世婚之事；光绪《宁河县志》，记禁建回民礼拜寺之事；康熙《新城县志》，记明中叶风俗及物价之事；嘉庆《禹城县志》，记漯川韩氏村人民世奉西洋教之事；同治《宁海州志》，记金元间传道传说之事；光绪《益都县图志》，记明清两代风气大概；乾隆《新安县志》，记及工匠日价；康熙《内乡县志》，记吁请豁免额解黑铅事；乾隆《榆林县志》，记及匠价沿革；光绪《五台县志》，记农工商贾的生活状况；同治《苏州府志》，记太湖渔船及孙春阳南货铺的沿革；乾隆《震泽县志》，历叙农蚕渔业的概况。这一类的材料，保存在方志中的，至为繁伙，在此不过略举一二以示例。凡属于这样的记载，都不是《二十四史》、《九通》、正续《资治通鉴》中所能找到的，诚然是研究社会史的重要依据。①

---

① 张舜徽：《中国文献学》第十一编第三章《整理地方志书》，华中师范大学出版社2004年版。

第二节　旧方志的整理

一、利用方志资源著作成书

　　古籍整理的形式是多种多样的，校点只是其中一个形式而已。张舜徽先生在《关于整理古籍的问题》[①]一文中就曾指出，古籍整理有两种方式：一是"机械地从每部书下手，加以校勘、注译和翻译，成为人人易懂的读物"；二是"灵活地综合古代文献资料，加以剪裁、熔铸，用当代语言文字编出人人能看的新书"。后者"是两千年前伟大学者司马迁所走过的路。他凭借了丰富的古代文献资料，认真地进行了去粗取精、去伪存真的工作，加以融会贯通、剪裁熔铸的工夫，将有用的古籍，用汉代语言文字写出来，收入他的巨著——《史记》中。夏、商、周《本纪》成，而《尚书》在其中；春秋列国《世家》成，而《春秋左传》在其中；《孔子世家》、《仲尼弟子列传》成，而《论语》在其中。都用当时通行的字义，换代了古代的难字、奥义，使读者易于索解。读了他这部书，无异于读了若干部古籍。这种整理古籍的方式，替人们节省了精力，带来了方便，使来自不同时间和不同地区的古文献，熔化为一体，编成百科全书式的知识宝库"。这一理论用于方志的整理，自然也是完全适用。而在这一方面，明末清初大学者顾炎武（1613—1682）首先树立了榜样。他为了研究明代社会积弊，从27岁开始，便着手编写与当时现实有密切关系的两部著作，即《天下郡国利病书》和《肇域志》。他在《天下郡国利病书序》里说："崇祯己卯（1639），秋闱被摈，退而读书，感四国之多虞，耻经生之寡术，于是历览二十一史以及天下郡县志书，一代名公文集及章奏文册之类，有得即录，共成四十余帙。一为舆地之记，一为利病之书。"[②]《天下郡国利病书》主要记录全国各地的赋役、屯垦、水利、漕运、兵防、马政、盐政、少数民族、土地积中、农民起义，及风俗、山川、疆域沿革等。其重点是放在"郡国利病"，如赋役则为是书的重要内容，对各省府

[①] 《古籍论丛》第二辑，福建人民出版社1985年版。收入《讱庵学术讲论集》。
[②] 《亭林文集》卷之六，《顾亭林诗文集》，中华书局1983年版，第131页。

（州）县徭役负担、前后改革情况都有所反映；对全国范围的屯田设置、土地分配、管理和征取制度及其瓦解情况等，均有具体记载。特别对土地兼并、赋役不均等社会弊病进行了严厉的抨击。他把学术研究与对古今历史的探讨结合起来，密切注意了解当前社会状况与国计民生，企图从这些方面了解明末所以致衰的原因，以便针对"时弊"进行改革。值得注意的是，他的材料来源除了正史、文集、章奏文册外，历览"天下郡县志书"，这就是说，与全国的郡县志书有关的他都看了，究竟有多少呢？他自己说"凡阅志书一千余部"[①]。只要翻开《天下郡国利病书》便可发现，有许多资料都是照录府州县志原文。根据需要，有的是序，有的是跋，有的则是有关考、志。单以《北直隶备录》粗略统计，便有《许州志》、《孟津志》、《耀州志》、《顺天府志》、《顺义志》、《通州志》、《昌平州志》、《涿州志》、《文安县志》、《保定县志》、《蓟州志》、《玉田县志》、《密云志》、《遵化县志》、《平谷县志》、《四镇三关志》、《邢台县志》、《广平府志》、《广平县志》、《清河志》、《大名府志》、《大名县志》、《内黄县志》、《滑县志》、《永平府志》、《滦志》、《宣府镇志》等28部之多。当然，每部所引内容多少不等。如《大名府志》，除了引建置、山川外，还引了《方物志》、《田赋志》、《徭役志》、《兵防志》、《马政志》这些与国计民生有密切关系的门类和内容，并将兵备副使侯一元撰的《大名府志后序》全文收录。因为《后序》中对当时的弊政多所不满，从一个角度可以反映当时的社会现实。所以我说，顾炎武正是利用全国各地的府州县志所记的丰富材料，在《天下郡国利病书》中分类排比，对明代社会的各种积弊，特别是土地兼并、赋役不均、守令贪残害民等加以无情的鞭挞。他所以能对明代社会弊政洞察得如此深刻，我们可以毫不夸张地说，很大程度是借助于地方志书。大家都承认，顾炎武的《日知录》是一部学术价值很高的著作，有人称之"洵为名山纪业之作"，他自己也认为"平生之志与业皆在其中"[②]。书中许多具有现实意义的重要条目和精辟的结论，其论据亦大多来自郡县志书。如卷八的《州县赋税》，指出各地赋税之不均："如真定之辖五州二十七县，苏州之辖一州七县，无论所辖即其广轮之数，真定

---

① 《肇域志序》，《顾亭林诗文集》，第131页。
② 《亭林文集》卷之三《与友人论门人书》，《顾亭林诗文集》，第47页。

已当苏之五。而苏州粮二百三万八千石，真定止一十万六千石。然犹南北异也。若同一北方也，河间之繁富，二州十六县，登州之贫寡，一州七县，相去殆若莛楹，而河间粮止六万一千，登州乃二十三万六千。然犹直隶山东异也。若在同省，汉中二州十四县之殷庶，视临洮二州三县之冲疲易知也。而汉中粮止三万，临洮乃四万四千，然犹各道异也。若在同道，顺庆不大于保宁，其辖二州八县均也。而顺庆粮七万五千，保宁止二万……官赋无定数，私价亦无定估，何其悬绝也？"具体例子一列，无须多作议论，全国赋税不均的状况便一望而知。而这些具体的数字，正都是来自各地的府州县志。又如卷十《苏松二府田赋之重》，是大家公认并且经常引用的一篇优秀的史论作品，实际上又是一篇杰出的社会调查报告。文章开头便说："韩愈谓赋出天下，而江南居十九。以今观之，浙东西又居江南十九，而苏、松、常、嘉、湖五府，又居两浙十九也。"这里只用三个比例数字，便将苏、松一带田赋之重揭示了出来。在大量的事实分析后，文章末尾又得出了一个十分重要的结论，这也是大家经常引用的："吴中之民，有田者什一，为人佃作者十九。其亩甚窄，而凡沟渠道路，皆并其税于田之中。岁仅秋禾一熟，一亩之收不能至三石，少者不过一石有余。而私租之重者至一石二三斗，少亦八九斗。佃人竭一岁之力，粪壅工作，一亩之费可一缗，而收成之日所得不过数斗，至有今日完租而明日乞贷者。"所以他在文中愤愤地说："愚历观往古，自有田税以来，未有若是之重者也。以农夫蚕妇，冻而织，馁而耕，供税不足，则卖儿鬻女，又不足，然后不得已而逃，以至田地荒芜，钱粮年年拖欠。"像这样的政府，若不灭亡，真是天理难容。顾炎武正是通过社会调查和查阅大量的明代方志，逐步深化对明代社会政治现实的认识，社会的积弊、官吏的贪残使他从内心喊出："今之牧守，其能不徇于私而计民之便者，吾未见其人矣！"[①]只要将《日知录》中关于明代社会现实的论述，与《天下郡国利病书》中有关内容对照研究，便可发现，顾炎武这部晚年的著作，其中许多重要的结论都是从《天下郡国利病书》中有关论点进一步深化发展而来。因而它的许多论据亦是来自地方志书。如《苏松二府田赋之重》一文中

[①] 《日知录集释》卷八《州县赋税》，上海古籍出版社2006年版，第463页。

明确提到的便有《松江府志》和《武进县志》等。

综上所述，我们说顾炎武是利用地方志书进行社会历史研究进而著书立说的代表人物，他的《天下郡国利病书》中包含了许许多多郡县志的材料，许多明修失传的方志，不少内容在该书中得以保存下来。此外，朱彝尊著《日下旧闻》时也曾利用许多方志，这是可以想见的。北京图书馆在辑佚整理《析津志》时，该书是重要的文献来源之一。而钱大昕的《辽史拾遗》、陆心源的《宋史翼》，其内容亦多得于方志。可见利用方志资料著书立说是大有可为的，前人已经做出了榜样。

二、辑佚已经失传的旧志

历代所修的方志，散佚现象十分严重。汉魏六朝的地记与隋唐的图经，完好留传下来的已无一部，即使宋代所修之图经、方志，残缺不全在内，留传至今的，也仅有二十余部。往往前代《艺文志》或《经籍志》已经著录的，过了一个时期便找不到。孙处玄的《润州图经》20卷，宋人修新、旧《唐书》的《经籍志》和《艺文志》均有著录，就连郑樵《通志·艺文略》仍见著录，可是竟很快散佚；习凿齿的《襄阳耆旧记》，明代中叶民间尚在流传，到了清代便只剩人物部分。于是有些好学之士出于求知的欲望，便通过古人书籍中征引过的材料，重新搜辑、整理出来，企图恢复原书的面貌，或者恢复它的一部分。这种对于古籍的辑佚工作，宋代学者们已经开始。到了清代，便有许多学者致力于古地志的辑佚工作。著名的如王谟曾花了毕生精力，辑录了汉唐地志388种，原拟分类刊刻，可惜限于个人的精力和财力，只刻了50种，其余手稿大多丢失，仅存20种。1961年，中华书局将这70种汉唐地志影印为《汉唐地理书钞》。陈运溶辑了宋以前古地志66种，收入《麓山精舍丛书》，中华书局在影印《汉唐地理书钞》时，将此内容也附录于后。马国翰《玉函山房辑佚书》和王仁俊《玉函山房辑佚补编》，辑唐以前地志约60种。张澍辑录了秦陇地志19种。孙诒让辑了《永嘉郡记》。鲁迅在《会稽郡故书杂集》中，辑有唐以前会稽地志8种。此外，如《东阳记》、《吴兴记》等地记，亦都有人作过辑佚。以上这些辑佚的古地志，虽然都是些零星的断简残篇，但对于研究古代方志的内容和性质，仍有很重要的参考价值。

20世纪80年代以来，随着古籍整理工作在全国各地普遍展开，辑佚旧方志的工作也日渐增多，这是一个非常可喜的现象，有的已经取得很大的成功。这里首先要介绍的是，原山西大学历史系教授李裕民先生（现为陕西师范大学历史文化学院教授）所辑的《山西古方志辑佚》一书已由山西省地方志编纂委员会办公室于1985年作为"山西地方史志资料丛书之五"出版了。承裕民先生和山西省地方志办公室的美意，使我能较早地读到此书。据该书《前言》云："山西历代方志大约有八百多种，其中现存四百多种，散佚的三百四十五种。佚志中《冀州图经》、《并州记》两书，王谟曾作过辑佚，但很不全。此外王谟还辑录了《并州图经》（见《汉唐地理书钞》）注明辑自《太平御览》，经查对，《御览》没有引此书，王谟的辑文实际上是《太平寰宇记》中引到的《隋图经》。多年来，我颇注意收集山西古方志佚文，目前已辑得二百三十六种，约三十万字有余，整理成《山西古方志辑佚》一书，共九卷，基本上按地区排列，同地之书，按时间早晚排列。卷一，山西省。其中跨省的三种列在前面。"该书所辑虽仅限于山西一省，但从其规模来看，无论是种类还是字数，都是迄今卷帙最大的古方志辑佚之书，对于古方志的辑佚来说，具有重大的意义。清代王谟以八十高龄，辑佚了汉唐地理书和古地志388种，虽然计划分类刊刻，终因个人经济力量的限制而未能如愿，甚至连手稿也都丢失，仅留下70种。因此，《山西古方志辑佚》一书的出版，从一个侧面体现了我们社会主义制度的优越性。

《山西古方志辑佚》在每部方志之前，均作有叙录，不仅对作者作简要的介绍，而且还略考其书的编纂情况。而所辑佚文则尽量按原书体例编排，尽可能使读者了解其原貌。因此，它的价值不仅在于为今天编修新方志提供资料，而且对于研究方志发展史有重要价值。因为它的辑录并不限于每部方志的内容，对于序、跋也都全部辑录，即使是"有些方志仅存原序，也予收入，可据以考见其书编纂的宗旨和内容概况"[1]。可见辑佚者的指导思想非常明确。今略举几例以说明：

万历四十八年（1620），杨廷谟在《重修平遥县志序》中说："夫邑志

---

[1] 李裕民：《山西古方志辑佚·前言》。

者，即古列国史，所以著风俗、寓劝惩、存往迹、诏来世，甚巨典也。"又说该志"凡十二卷，分类析目，阐幽搜邃，述古摭新，纪事纂言，皆核其实而会其精。以至沿革之始末，户口之登耗，田赋之增减，风俗之淳浇，与夫政治之得失，人物之臧否，又各附以论断，词旨简严，幽微焕耀，真一邑之信史也"。该志已佚，仅存此序一篇。我们看了这个序，便可知道此志的编纂目的明确，要通过这部志书"著风俗，寓劝惩，存往迹，诏来世"；具体内容、编写态度，甚至编纂的形式也都可略知一二。对于政治得失、人物臧否还"各附以论断"，这就与一般方志有所不同。

万历四十三年（1615）所修的《高平县志》，志已佚，今存李维贞、冯养志二序。李维贞在序中说："今之邑志，古之国史也，彰往察来，观民体物，是非褒贬，法戒取舍，咸是焉资……志所定为允，则不易。天文、分野，地方千里，不专一邑，则不载。疆域、形胜、山川、古迹、丘墓，故志所遗，抑昔存而今废，则必书。赋有上供，有军兴，户口、庸调、榷税，有登耗，有盈缩，有利弊，有因革，国计民生，务之重者也，则必详。名宦、乡贤，故所失收；抑在后进者，非舆论佥谐，则不登。艺文非雅驯及有稗风教，则不录。生有封章，殁有谕祭，王言君命，非可他比，则特识之。美哉志也，具三善焉：无所矜以炫长，故辞赡而约；无所隐以逃名，故事备而核；无所诎以行媚，故义正而严。"这里就提出了修志内容的详略以及材料取舍的标准。特别是编修地方志能够做到"具三善"，那还是很不容易的。该志是否真的做到，已经无法得知。即使是作为修志理论而提出这样的要求，仍是难能可贵的。

万历四十五年（1617）所修的《隰州志》，志已佚，今存一序一跋。宋志祁所写的跋说："今海内志，无虑数千，惟《武功志》庶为一时宗匠。"这就告诉我们，明代至万历晚年，全国所修方志已有数千种，而《武功志》已经受到好评。

顺治十七年（1660）所修的《朔州志》，志已佚，今存二序一跋。伊辟的序中说："已后之郡国州邑，规其义类而成志，尸厥任者，或临届之游宦，或土著之达人，锐然以兴起斯文为责，耳而目者咸笔于书，凡其地之名宦、乡贤、忠贞、孝烈、城郭、宫室、田赋、均徭、文艺、灾祥，靡不采揖而表章。猗欤，校仇一成，其裨益岂渺浅哉？救时之材，知所矫革，考古之彦，迪其见闻，高曾遗之子孙，不生耳食之叹，篇帙播之遐迩，可当卧游之观，胥于是志焉赖之。然文不务其华，惟其雅；体不务其奇，惟其当；事不务其诞，惟其真；目不务其疏，惟其备。倘不出乎此，而一切图为炫观美骇听，睹者以是号于人曰史才；史才，则未也。"这里把修志的宗旨、原则都讲得十分清楚，提出编修方志反对故意追求文字的华丽、体例的奇特、内容的荒诞不经，那种"一切图为炫观美骇听"者并非真正史才。

康熙四年（1665）所修之《隰州志》，志已佚，存一序两跋。任文所作的跋中，讲了史志内容记载详略的区别，"夫史之法，纪政治为多，而下之风俗人情、山川草木以及物类舆图之属，多存而不论焉。嗣是而稗官野史家有乘，国有书，郡有志，为说愈详，为文孔赘。然能使忠孝节烈之奇，俗习贞淫之辨，不没于一方，可传于后世者，则郡之志，实继国史而有功者也"。

诸如此类的序跋，不仅对了解该志的概况能够提供线索，就是对于研究方志编纂理论的发展亦有很大价值。由于书中所辑明代方志比重较大，这对于对照研究明代方志的特点有很大好处。明代修志有一个弊病，即新志刚修成，旧志随之消亡。事实上有许多新修方志，未必都完全可以代替旧志，通过辑文与留存之方志对照研究，便可发现新旧之优劣得失。特别像《洪武太原志》与《洪武平阳府志》，辑文分量都相当大，尤其前者，竟有232页，完全可以独立成书。若与万历所修的《太原府志》对照研究，定有可喜的收获。从书中得知，李裕民先生已经撰写了《洪武太原志研究》[①]一文，可惜笔者尚未见到。

在旧志辑佚方面的另一可喜成果，便是北京图书馆善本组整理的《析津志辑佚》已由北京古籍出版社出版。"《析津志》，是最早记述北京及北京地区历史的一部专门志书。对北京的沿革、至到、属县，以及城垣街市、朝堂公宇、河闸桥梁、名胜古迹、人物名宦、山川风物、物产矿藏、岁时风尚、百官学校等，都有翔实的记载，是研究北京及北京地区地理、历史的宝贵资料。"这部志书的作者为元朝江西丰城人熊梦祥，字自得，曾任白鹿书院山长，授大都路儒学提举、崇文监丞。

在方志辑佚方面还值得注意的便是东北师范大学历史系陈连庆先生的

---

① 参见《城市改革理论研究》1985年第1期。

《大德南海志研究——元代初年广州港的进口商品》[1]一文。陈先生"翻检《永乐大典》,发现了《南海志》的一些佚文,残存的分量比较多,记述的内容比较详尽。所有记事大致到元初为止。在古代广东地志中显然是一部重要著作。特别是有关当时的市舶记录,详记从海外进口的商品,又详记当时和中国进行贸易的国家,十分具体。不少国家往往是第一次见于记录,特别值得注意。它的根据应该是广州市舶司一类机关的原始档案,因之它的史料价值远在一般著作之上"。根据研究,确定是元人陈大震所修之《大德南海志》。为什么它长久以来未被人们发现呢?"《大典》残本虽已印行多年,而流传不广,能够寓目者毕竟不多"。实际上这是研究元代海外贸易十分重要的资料。陈先生经过对《大德南海志》佚文的研究,得出以下四个结论:

(1)元代初年广东港的商品贸易,已经具有世界性的规模。从事贸易的商人来自四面八方,他们所经营的商品,大多数是印支半岛和东南亚各地的产物,但也不乏印度、中东乃至非洲的特产。有的直接贩运,有的几经转手。这种广泛的物质交流,应该说是人类历史上的空前壮举……

(2)进口商品种类繁多,既有高档商品,也有低档商品,打破了从前进口以犀象、珠玑、香药为主的片面倾向,出现了生动活泼的局面。进口商品的七大项,有粗色、细色之分,或是面向宫廷、贵戚、达官、显宦,或是面向社会各阶层。和宋朝初年相较,已经有了很大的变化。从市舶收入来说,南宋初期每年已达二百万缗,到了这时显然更有很大的增长。国际间的贸易往来已经不是可有可无的了。

(3)从进口商品的加工情况,可以看出东南亚某些国家经济、文化的逐渐发展。尽管进口商品绝大多数属于原料性质的东西,但有一些加工品。各种布匹的存在,说明南洋各地棉纺手工业的发展。花白纸的存在,说明南洋造纸手工业的萌芽;硫磺的存在,既说明南洋方面矿业有了一定的基础,也说明在火药已经发明之后,我们国内对于火药原料的迫切需要。特别值得注意的是,近代工业重要原料的橡胶,也以打拍香的名义进口,这是非常重要的。

---

[1] 《古籍论丛》第二辑。收入《中国古代史研究:陈连庆教授学术论文集》,吉林文史出版社1991年版。

（4）宋元时期奖励海外贸易，与明清的闭关锁国有很大的不同。元初对宋战争尚未完全结束的时候，即招降泉州大商人蒲寿庚，着手恢复一时中断的海外贸易……本文所记的进口商品，即所博之物；所记的国名，即所至之地。道路的远近，来往的程期，大家都十分清楚……这些记录都反映当时海上交通的兴盛。看了这些材料，谁能说中华民族不是善于航海的民族？明朝郑和的航海，轰动一时，长期为人们所艳称。但元朝的航海实为郑和航海的先声，如果弄不清元代的航海事业，对于郑和航海也是讲不清的。

我们所以要摘引陈先生的研究结论，旨在说明旧方志的辑佚工作十分重要。若能以《山西古方志辑佚》为榜样，各省都这样做，就会像李裕民先生在《前言》中所说，将来"编成《中国古方志辑佚全书》，那将是功德无量的事"。看来这个建议将来是完全有可能办到的。而对于数量多的，也可仿《析津志辑佚》出单行本。即使像《大德南海志》这样数量不多的，辑佚以后加以研究，仍有重要的价值。可见对旧方志的辑佚工作，其意义绝不可低估，它可为历史研究起到填补重要空白的作用。1997年北京图书馆出版社出版的刘纬毅《汉唐方志辑佚》，以及2011年上海古籍出版社出版的刘纬毅等《宋辽金元方志辑佚》都是最新的辑佚成果。

三、考录与索引

随着方志学的发展，方志的著录和研究工作也逐渐提到议事日程上面。目录乃是整理古籍的基础。章学诚在《校雠通义》一书中就曾提出，校雠之学，编纂目录，不单纯是为了寻求、整理、保管书籍，更主要的是在于"辨章学术，考镜源流"。按这样的要求，就非得对这些著作进行深入研究不可，否则是无法达到这个要求的。因为"目录"的最早含义，与我们今天已大不相同。张舜徽先生在《中国文献学》第五编第一章《何谓目录》开头便提出："'目录'二字连称，始于汉代。《汉书·叙传》云：'刘向司籍，九流以别；爰著目录，略序洪烈。'这个名词，一开始便和刘向校书的工作联系在一起。《汉书·艺文志》叙述刘向校书的情况，有云：'每一书已，向辄条其篇目，撮其指意，录而奏之。'可知刘向当日每校一书完毕后，写成一篇介绍本书内容的总结性文章，一方面'条其篇目'，一方面'撮其指意'，这便是'目录'，也简称'录'。"实际上就如清代所作《四库全书总目》。而今天所称的"目录"，其实只是"目"而无"录"了。按这个道理而言，方志目录的编纂应当起到研究方志发展、考镜方志源流的作用。

由于明代方志的编修，曾形成了方志发展史上的一次高潮，全国各地曾修有数千种各类方志，许多藏书家也开始注意收藏，昆山徐氏的传是楼便收藏大量方志。徐氏传是楼之所以能收有众多方志，是因为徐乾学曾奉诏修《大清一统志》，并且后来曾开局于洞庭东山，因而全国方志都集中于此，故有抄录之机会。清初传是楼也就有可能有明抄本《天下志书目录》。后来乾隆年间海宁人周广业编有《两浙地方志录》。不过这两种目录仅见于前人著录。而如今流传最早的乃是缪荃孙于民国初年所编《清学部图书馆方志目》，共著录全国各种方志1676种。到了民国时期，方志目录的编纂便比较普遍，逐渐建立起方志目录学，这为进一步研究、整理和利用方志都创造了很好的条件。现按时间先后列表于下：

书名	编者	出版处	时间
本校所藏中国地方志简目	李一非	中山大学图书馆周刊	1928年7—10月
闽南地方志经眼录	薛澄清	中山大学图书馆周刊	1928年7—10月
馆藏东北地志录	卞鸿儒	辽宁图书馆刊	1930年9月
方志考稿（甲集）	瞿宣颖	大公报社	1930年
故宫方志目录	故宫博物院		1931年
故宫方志目录续编	故宫博物院		1932年
中国地方志综录初稿	朱士嘉	地学杂志	1932年3月、6月（第20卷第1、2期）
中国地方志统计表	朱士嘉	史学年报	1932年6月（第1卷第4期）
国立北平图书馆方志目录	谭其骧		1933年
国立北京大学图书馆方志目录	北京大学图书馆		1933年
方志艺文志汇目	李濂镗	图书馆学季刊	1933年（第7卷第2期）
广东三大图书馆所藏全省方志目录	郭慧英	广州大学图书馆季刊	1933年9月（第1卷第2期）

续表

书名	编者	出版处	时间
续补馆藏方志目录		北平图书馆馆刊	1934年4月（第8卷第2期）
民国二十年以来所修刻方志简目	徐家楣	禹贡	1934年4月（第1卷第3期）
中国地方志例目	朱士嘉	禹贡	1934年5月（第1卷第5期）
九峰旧庐方志目		浙江图书馆馆刊	1934年12月（第3卷第6期）
广东潮州旧志考	饶宗颐	禹贡	1934年11月（第2卷第5期）
金陵大学图书馆所藏两广方志录	王齐宣	广州大学图书馆季刊	1935年6月（第2卷第1期）
中国地方志综录	朱士嘉	商务印书馆	1935年
广西县志调查表		北平世界日报图书馆周刊	1935年7月10日
广东方志要录	瞿兑之	新民月刊	1936年5月（第2卷第3期）
泉州方志考	庄为玑	厦门大学学报	1936年7月（卷七）
国立武汉大学方志目录	武汉大学图书馆		1936年
天一阁志目	冯贞群	燕京大学图书馆报	1937年4月（第103期）
补朱氏中国地方志综录（浙江之部）	许振东	大公报图书副刊	1937年3月25日（第174期）
方志珍本所见录	潘承弼	考文学会杂报	1937年5月（第1期）
明修云南方志书目	方国瑜	教育与科学	1938年10月（第1卷第4期）
北京大学图书馆善本方志题记	朱士嘉	史学年报	1938年12月（第2卷第5期）
甘宁青方志考（陇右方志录）	张鸿汀	新西北月刊	1940年9月10日（第3卷第3、4期）
国立北平图书馆西南各省方志目录	万斯年	图书季刊	1941年12月（新3卷第3、4期）
国立北平图书馆馆藏西南各省方志目录	万斯年	图书季刊	1943年9月、12月（新4卷第3、4期）
东南方志经眼录	职方氏	东南	1943年1月（第1卷第1期）
浙江方志综录	洪焕椿	浙江省通志馆馆刊	1945年2—11月（卷一第1—4期）
国立北平图书馆近年入藏方志简目		图书季刊	1945年6月（新卷六第1、2期）
馆藏乡土志辑目	赵燕声	中法汉学研究所图书馆馆刊	1946年10月（第2卷）
四库全书中之方志与本院图书馆所藏方志考略	周之风	国立沈阳博物院筹委会汇刊	1947年10月
东北方志提要未定稿		国立沈阳博物院筹委会汇刊	1947年10月
浙江地方志考录	洪焕椿	科学出版社	1957年

续表

书名	编者	出版处	时间
中国地方志综录（增订本）	朱士嘉	商务印书馆	1958 年
中国古方志考	张国淦	中华书局	1962 年
天一阁藏明代地方志考录	骆兆平	书目文献出版社	1982 年
浙江方志考	洪焕椿	浙江人民出版社	1984 年
中国地方志联合目录	北京天文台	中华书局	1985 年

从这个表中我们可以看出，方志目录的编辑也是有一个发展过程，先是局部的、地区性的，然后再慢慢深入发展。1935年，朱士嘉先生终于在商务印书馆出版了总结全国性地方志目录《中国地方志综录》。在今天看来，虽然很不全面，但对全国所藏方志，总算作了一次初步的清理工作。当时该书著录5832种。到了1958年商务印书馆出增订本时，全书已经收录了7413种，对于方志目录学的发展打下了良好的基础，为整个方志学的研究和发展创造了十分有利的条件，为整理和利用方志摸清了情况、铺平了道路。1985年中华书局出版的北京天文台主编的《中国地方志联合目录》，是目前最完备的一部地方志目录著作。它著录了全国30个省、市、自治区的190个公共图书馆、科研机构图书馆、大专院校图书馆、博物馆、文史馆、档案馆等所收藏的地方志，共收录我国历代地方志8200余种。关于这部《联合目录》的特点，北京天文台庄威凤先生在《中国地方志联合目录的特点及存在问题》一文中归纳出三大特点："1. 完整性：《联合目录》的收录范围相当宽，不仅收录了我国现存各种省志、府志、州志、厅志、县志和志略近七千种，还收录了各类志料、概况、乡土志、里镇志、司志、关镇志、岛屿志等一千多种。""2. 系统性：我国幅员广阔，修志历史长达千年以上，藏书单位数以百计，要查清各地修志的历史，确是件不容易的事情。在各地的修志史上，六修、七修省（府、州、县）志的情况屡见不鲜，八修、九修的情况也不少。但是，系统地收藏某一地区不同时代修的各种版本的地方志的图书馆为数却很少。《联合目录》就像一根纽带一样，把全国各图书馆藏的历代修的不同版本的地方志连结在一起……使人一目了然。""3. 普遍性和实用性：在参加《联合目录》的一百九十二个单位中，只有二十一个单位在北京，全国各省、市、自治区和设在各地的大学、研究单位图书馆多达一百七十一个，

除宁夏、青海、台湾和西藏外，大部分省、市、自治区少则四五个单位，多则十多个单位参加……参加单位这样多和普遍，大大方便了全国各地广大读者，对大多数省、市、自治区来说，不出省就能查到70%—90%的本省地方志，这无疑是《联合目录》的一大特点。"这三个特点若归纳起来，可以用"方便"二字来概括。若要查某部方志，只要打开《联合目录》，便可得知哪些图书馆有收藏。

总之，方志目录学的发展，也是有一个摸索过程的。如果说朱士嘉先生所编的《中国地方志综录》在研究方志目录学方面曾起过一次集大成的作用，那么《中国地方志联合目录》的出版，则是对方志目录学研究的一次全面性的大总结。通过《联合目录》的编纂，可以说摸清了我国各地所收藏地方志的"家底"。它无论对各地编纂新志、整理旧志，还是对方志学的研究，都将起到很大的作用。当然，近几年来，在各地编修新志的推动下，大多数省份也都编印了本省地方志联合目录或本馆收藏地方志目录，从不同角度为查阅和利用方志创造了方便条件。

这里有必要对三部特殊的方志目录著作略加介绍，这就是张国淦的《中国古方志考》、瞿宣颖的《方志考稿》（甲集）和洪焕椿的《浙江方志考》。因为这三部著作不同于一般目录之书，实际上它们都已经具有近世所谓"提要"之性质，若按古代目录学著作要求来衡量，要能起到"辨章学术，考镜源流"，这才是符合实际的方志目录著作。尤其是《中国古方志考》，更不能视作一般方志目录之书，因为它还具有许多特殊的内容。正如作者在《叙例》中所说，它"为古代方志书之综合书录，其体例略仿朱彝尊《经义考》，凡属方志之书，不论存佚，概行收录。因系资料性质，故只辑录旧文，有删无改，分析论断，多出前人，编者间抒己见，则附著案语之中"。其编纂方法，"凡属不传之书，于标目下注一佚字。如系现存，则注明版本，只就编者所见言之。标目之后，列举作者时代、姓名、简历。无撰人者，则藉所标地名，或佚文所记事实，或来源书之年代，于成书时期作大略之推定。原书序跋及目录，于佚书，则有可考者皆录之，于现存之书，则择其有关内容及修志故实者节录之，而于著名方志则加详焉"。材料来源的范围，"历代各种书目，为本编来源所自，凡元以前者，悉行甄录。首列正史艺文志，次补正史艺文志，又次历代公私书目。首条备录书名篇卷，余录相同者从略，而有互异者则仍存之。于注文考证，省去重复，择要节录。其有不能删节者，亦不嫌于并存。明以后书目，或为本条来源所自出，或有资考证，亦酌量著之。清代书目，如《四库总目》、《郑堂读书记》等论及方志内容者，尽量采录。至诸家收藏书目，只选其有关考证故实者录之"。从作者自述中，也可以看出这部著作绝非一般方志目录著作所可比拟。它实际上是具有介绍、评论、辑佚等多方面的内容。作者经过40多年的努力，几经修订，最后完成了这部近76万字的巨著。可以这样说，《中国古方志考》一书就如同一部中国古代方志编纂的简史，它把元代以前全国各地修志的历史轮廓都展现在读者面前。古文献学家、科技史学家胡道静先生曾这样评论说："由于《中国古方志考》是在辑佚工作基础上所编成的书目，因此它在目录学范围中具有的特性也必须拈出来一提。""（它）与士嘉先生的《综录》珠联璧合，乃可窥我国历来方志的全貌。"① 总之，张国淦的《中国古方志考》一书在中国方志学史上有不可估量的价值和影响。

瞿宣颖的《方志考稿》（甲集），1930年铅印本由天春书社出版，后收入上海书店出版的《民国丛书》第二编。这是我国方志著作的第一部提要，它也是方志学发展的必然产物。虽然全书仅著录直隶、奉天、吉林、黑龙江、山东、河南、山西、江苏八省方志600余种，但它是在方志学领域作提要的开创之作。况且从作者意图来看，是"先检"此八省，"署曰甲集，凡为六编"。这就说明还有"乙集"、"丙集"有待于续作。此书之作，乃是以天津任振采天春园所藏志书为取材，时任氏已"聚方志千五百种"。至于瞿氏之作此书，由于自幼爱好方志，后来所见方志益富，"辄思每种撰一提要，以备遗忘"，同时又受到《四库全书总目》的影响。他在序中曾说："提要之作，古今无以逾四库矣。其文字之流畅，评判之精充，足为永式。余之始辑是书，盖颇思步其绳尺而稍稍随宜通变于其间。大抵每书必首严其名称，次述其纂修之年月与纂修者之姓名，次述其旧志之沿革，次述其类目，次辨其体例，最后评其得失。尤注意于其所苞之特殊史料。将使读者开卷而了然于其源流所自与其内容所涵。方志不可得尽观，观此一编则亦庶乎可以按图

---

① 胡道静：《方志遗产的目录学总结——谈〈中国地方志综录〉、〈中国古方志考〉及其他》，《图书馆》1963年第1期。收入虞信棠、金良年编：《胡道静文集·古籍整理研究》，上海人民出版社2011年版。

索骥而无望洋向若之叹。"值得注意的是，任氏天春园藏书"往往有瑰异之本，为北平图书馆所未有者，且侧重近著而不虚慕好古之称，切于实用，尤非寻常藏书家所及"。这一特点自然也就反映到《方志考稿》（甲集）一书之中。今观其书，所云确非虚言。如第一编"《光绪顺天府志》"条有这样一段评论："昔时京府之志有南宋乾、咸二《临安志》之前例在，然宋时行都草创，制度阔疏，非若燕京为五朝首善之地，建置宏赜，遗闻丰衍。且燕京掌故之书，层见迭出。秀水朱氏《日下旧闻》尤集大成。及乾隆中，更因朱氏遗规扩增为《日下旧闻考》一书。网罗富备，几于难以爝火助大明之光。是本书京师一志尤为不易著笔。乃今观全书，惟《京师志》最为精华所萃。不独与《日下旧闻考》无重规叠矩之嫌。且体制弥为今胜于昔。盖《日下旧闻考》为朱氏旧例所拘。朱书本为剖记之体，增益既广，则头绪颇棼。即以坊巷一端而言，本书以现在街名为纲，而后溯其沿革。地望远近，瞭如指掌，不似《日下旧闻考》之多录诗文，阅之终卷尚不知其今在何处也。《坊巷志》本为朱一新的精心之作。其别行之本，为近代言燕京故实者最佳之书，有以也。惟是光绪以来，迭经天灾人事之毁灭，时逾四纪，又将尽成陈迹，不知何日复续兹编矣。"像这样评论，做到入情入理，先述京府之志难作，而燕京尤为难作，不仅"遗闻丰衍"，而且记述它的掌故之书又多，进而指出京师更不易著笔。而令人欣幸的是，正是这难度大的《京师志》，却成为该书的"精华所萃"。其体制远远胜过往昔之著作，富有很大的优越性。这与那些泛泛而论，自不可同日而语。又如第三编"《嘉庆禹城县志》"条评其长处曰："中如《食货》一篇，以地、银、米、麦四项分列旧额、新额为表，高下厘然；《人物》一篇，断自旧志所载明代人物，不滥引史乘以为光宠，皆颇得法。《艺文篇》中有张象津撰《漯川义学记》，称漯川有韩氏村一村老老幼幼不世其先人学而奉西洋教者十八九矣。西洋教者世所称耶苏之天主教也。此《记》嘉庆中作，此大有关于宗教史之故实也。"这个评论不仅将这部方志的长处揭示出来，而且将其所载之特殊史料也作了介绍，能够作出这样提要，是一定要通阅全部方志然后才能办到。对于这部方志提要，我觉得有如下特点：第一，就是该书凡例中已经讲过，"人所习见姑从阙焉"，前人已有定评，"发挥无剩，亦不重赘"。人们习闻常见者容易了解，故暂不作提要；有些方志，前人已经评论很多，自己又无疑义，也不再作，这就是要做到略人之所详，详人之所略。第二，所作提要，长短不拘，重要者可作长篇大论，多方论述；不重要者则三言两语。如《光绪顺天府志》，不仅评其长短得失，而且把张之洞所订《修书略》"录其尤要者"11条，作者认为，这些条例"颇有足矫近代方志弊习者"。这可视为长的典型。短的只有四五十个字，如《光绪保安州志》仅55字。第三，提要中一般能用简短的文字，指出一部方志的特点和所载特殊之史料。第四，评论中重视发展，强调应多载当今之事。第一编"《民国安次县志》"条评曰："本书体裁类皆撷取旧志精华，诚可谓榛楛必蕺者。然于现代状况，殊少述及。以云保存旧志则或有之，信今传后则未逮也。"第三编"《民国无棣县志》"条评曰："其体例无一不仍旧贯，使非阅其首卷，决不知为民国所修之书，不知何取乎此叠床架屋之作也。"这就是说，民国时代所修之方志，既无民国时期的内容，也无民国时期的时代气息与时代精神，这样的方志，自然还是不修的为好。诸如此类的评论，都足以反映出作者评论方志的优劣，也是很注意"切于实用"。总之，《方志考稿》（甲集）虽是一部未完成的书稿，所收志书仅600余种，但它毕竟开了专写方志提要之先河。

洪焕椿先生的《浙江方志考》，1958年科学出版社初版时称《浙江地方志考录》，经过订正、增补和重写，重版时改称今名。关于此书的编写体例和内容，作者在《卷首题记》中说，该书"介绍了一部分纂修人的生平事迹，包括字号、里贯、生卒、仕履和著作，作为背景资料。特别是有些主纂者本身就是有成就的学者，更有必要略叙其行实"；"对一部分价值较高的地方志，尤其是国内藏本不是很多的珍贵本、旧钞本、批校本、手稿本，约略介绍其内容，摘录其序跋和后人的评论；并就知见所及，记载各书的版刻源流、款式行格、版本优劣、藏家和藏印……想使这部书兼有目录、版本、典藏和提要的作用。但不是每一部方志都有提要，事实上也没有这个必要"。这就是说，这部书是兼有目录、版本、典藏和提要四方面内容，对于研究浙江方志的源流和发展有很大作用。

值得向大家介绍的是，1982年书目文献出版社出版的骆兆平先生的《天一阁藏明代地方志考录》一书，把天一阁这个明代方志宝库所藏的435种方志的情况公之于众。对于每部方志的编纂者、成书年代、卷数、刻本都作了必要的著录，对于序跋和凡例之涉及修志过程或体例者一般也作了摘引。尤其是对每部志书的篇目详加罗列,即使看不到原书,亦可大致了解其体例和所载内容。

至于编制方志索引,1963年中华书局出版了朱士嘉先生所编的《宋元方志传记索引》(上海古籍出版社1986年重版),其中引用了33种宋元方志,共收录3949人。除此以外,尚有《天一阁明代方志选刊人物资料人名索引》、《中国地方志宋代人物资料索引》并《续编》、《地方志人物传记资料丛刊·东北卷人名索引》以及《华北卷人名索引》等较为常用。20世纪80年代至今,各地陆续编撰了各种地方志的传记人名索引。其具体情况,可以参见周保明《20世纪以来旧方志索引编制述略》(《图书馆学刊》2010年第10期)以及《旧方志索引概论》(《中国索引》2010年第2期)。若能对各类方志都分门别类地做出索引,对于充分利用和研究地方志这个宝库,将会起着更大的作用。

四、分类资料的汇编

由于方志的性质决定了它的内容十分广泛,对地方志加以分类汇编的工作,从20世纪30年代已经开始。地质学家章鸿钊从方志中辑录有关矿藏资料,编成数十万字的《古矿录》,在地质勘探方面发挥了重要的作用。新中国成立以后,分类汇编方志资料的工作取得了巨大的成绩。中国科学院地震工作委员会历史组于1956年根据5600多种地方志,辑录出数以万计的地震史资料,编成《中国地震资料年表》,成为国际上研究地震科学唯一有可靠年代的历史资料,1980年又重新补订为《中国地震资料汇编》;中国农业遗产研究室从8000多种地方志中,辑录出数千万字的资料,编成《方志物产》和《方志综合资料》;北京图书馆和有关部门合作,利用馆藏方志编出《祖国两千年铁矿开采和锻冶》和《中国古今铜矿录》;北京天文台普查了全国地方志,参之以有关史书记载,编写出《中国古代天象记录总集》和《中国天文史料汇编》;中央气象台则辑录了《五百年来我国旱水涝史料》;等等。至于地区性的资料汇编,那就更加多了。安徽省文史馆根据本省各类方志记载,将安徽近千年来自然灾害资料作了整理,编成地震、旱灾、蝗灾、风雹雪霜灾四种资料。辽宁图书馆根据方志材料,编辑了《辽宁矿藏录》、《辽河、大小凌河水系水灾历史资料辑要》、《辽宁农业史资料辑要》等资料。上海市文物保管委员会辑录了《上海地方志物产资料汇辑》，1961年由中华书局出版。广西地震局利用方志资料，又参考有关史书记载，编成《广西地震志》。安徽地方志办公室利用方志记载，编辑了《安徽土特产资料类编》。

　　以上事实说明，旧志资料的类编工作，已经取得了很大成绩。但这种类编工作如何做得更好，也很值得研究。现以《上海地方志物产资料汇辑》与《安徽土特产资料类编》作一比较，似乎后者的实用价值更大些。前者仅是原始资料的辑录，并且是以县为单位，挑选该县较为典型的方志加以辑录，部数各县不等，上海、松江、宝山三县各选三部，青浦、南汇、川沙、嘉定四县均为二部，金山、奉贤、崇明三县皆各一部。在汇辑时，他们做了三方面的删节："一、观点显然反动和荒谬无稽的记载；二、与物产志本身无多大关系的诗文；三、同出一源而前后辗转传抄的资料。这样做的目的是为了使本书更能切合实用。"① 这样汇辑的长处，能够把这个县历史上所有物产都反映出来，但究竟有多少，那只有一县一县看过去方能知道。尤其是有哪些特产，更反映不出来；某一特产是仅某一县所产，还是几个县皆有，也必须每县皆行检阅方能确定。并且仅仅是原始资料的汇辑。而《安徽土特产资料类编》则是按类整理编辑，全书共分八大类：（1）茶类；（2）果类；（3）中药材类；（4）水产类；（5）蔬类；（6）酒类；（7）副食品类（附地方风味）；（8）工艺品类（附器皿）。编辑程序是，在各类品种资料前面均有一段简要说明，这个简要说明是把历史和现状糅合在一起，其内容包括：产地、形状、特点、功能、社会效益、产量估计等。对于旧志资料取舍的原则，他们在《代前言》中说："旧志是旧时代的产物，难免精华与糟粕并存，为保存资料的完整性，可不必删节，对于一般性的迷信色彩记述也不必加注批判，可让读者自鉴。但不可把有关土特产的神话传说当成迷信冷眼相看，不可把赞赏评价某种土特产的诗词当成浮文弃之不录。这些资料都具有知识性、趣味性，选入后可增加本书的可读性。"我认为这样处理是比较妥当的，因为神话传说与迷信色彩之间有时往往很难区分，如果分寸掌握不好，有可能将很重要的材料也删掉了。此书编纂的特点，是突出土特产，从土特产的名称

---

① 见该书《编辑说明》。

便可查出其产地。往往数地皆以某一品种为特产，如板栗、鲥鱼就是如此，书中便以最出名的产地列居首位，其他产地则依次排列，这样人们看了便可以知道主要产区和一般产区。笔者认为这样编纂，对读者来说既方便而又实用，既了解历史发展，又知道现实状况，这样进行旧志整理应当说是富有创造性的。他们还有一套整理旧志的经验值得介绍，一则是发动各级修志机构共同努力；再则是将旧志整理和新志编修结合起来。这部《类编》的《代前言》中说："旧志是新志资料来源之一，特别像土特产之类，是新方志不可缺少的类目，其历史资料有许多可取之处。收集历史上的土特产资料，是撰写新志土特产类目的前提，因此把整理旧志中土特产资料和撰写新志中的土特产类目结合起来进行，不仅是可能的而且是必要的。从提供资料本身来看，有历史资料而无今天的信息，不能不是一种缺陷。从各级方志办的工作来看，如果对本地土特产资料都没有掌握或对旧志资料无法标点，新的土特产条目撰写不出来，而要完成新志编纂任务，是有一定困难的。要把旧志整理和新志编纂结合起来，这就不仅要抄录旧志，而且要作现行专题调查。实践证明，把旧志整理和新志编纂、选辑旧志和调查研究相结合，是一举两得的事。"不少同志反映，整理旧志是一次"编志练兵"，是一次"小小测验"。整理旧志和编纂新志目前都正在全国各地展开，这一经验很值得推广。2001年至2012年间，北京图书馆出版社（后改为国家图书馆出版社）陆续编辑出版了《地方志人物传记资料丛刊》，分西北、东北、华北、华东等卷，将全国旧方志中所有人物传记资料按地区汇编起来，采用6000多种方志，涉及人物近千万，是迄今为止搜集资料最全面、最丰富的历史人物资料汇编。每卷均有总目，每一册编有细目，同时每卷还编有《人物姓名拼音索引》和《人物姓名笔画索引》，与每册细目相互补充，检索很方便，是迄今为止方志分类资料汇编中最全的一种，为学术研究创造了非常方便的条件。

五、影印点校出版旧志

我国旧方志的数量十分丰富，但因以前刊印数量较少，流传分布不广，因此使用很不方便。新中国成立前虽也印过一些旧志，如《丛书集成初编》中曾收有《严州图经》、《景定严州续志》等，但为数亦不多。新中国成立以后，随着社会主义建设的全面开展，整理和使用方志这个宝库也逐步引起各方面的重视。20世纪60年代上海书店影印出版了《天一阁藏明代方志选刊》，共107种；又于1981年出版了重印精装本。1990年，上海书店又影印出版了《天一阁藏明代方志选刊续编》，收入珍稀方志109种。这样一来，这些珍贵的方志得以较为广泛地流传，发挥它的应有作用。此外，如明刻本《万历顺天府志》的影印，《祝枝山手写正德兴宁志稿本》的出版，使得一些善本孤本得以流传。尤为可喜的是，20世纪80年代以来，许多地方出版社为了配合新方志的编修，结合古籍整理，陆续出版了一批旧的方志，如浙江人民出版社校点出版了《南宋临安两志》，将人们不易看到的《乾道临安志》和《淳祐临安志》两个残本加以整理，合在一道出版；巴蜀书社出版了《四川通志》；广西人民出版社出版了校注本《桂海虞衡志》；齐鲁书社影印出版了《兖州府志》、《曹州府志》，并出版了陈光贻编著《稀见地方志提要》等。中华书局影印出版了《台湾府志三种》，包括蒋毓英和高拱乾两人在康熙年间先后修的两部《台湾府志》和乾隆十年（1745）范咸等修的《重修台湾府志》。尤其"蒋志"是清代台湾最早的一部府志，又是海内外存世的孤本。全书10卷25目，记载了台湾早期的物产、沿革、风土、户口、官制等情况，其中有关台湾回归时的总人口数、少数民族人数、男女人数等，是研究台湾移民史的重要参考资料。此志的影印出版，引起了海内外学者的欢迎和注目。这都说明，旧志的整理出版工作正在全国各地蓬勃展开，不久将有大批旧方志陆续出版。这里还要说明一点，台湾出版了一套《中国地方志丛书》，可见台湾学者对方志这个宝库的研究亦相当重视。在其影响下，江苏古籍出版社等出版社也先后将旧志分省成套影印出版。尤其要指出的是，北京图书馆出版社先后搜集影印出版了《日本藏中国罕见地方志丛刊》和《日本藏中国罕见地方志丛刊续编》，共搜集流散于日本的方志100余种，均为国内所稀见，其中有些连《中国地方志联合目录》也未著录，其价值可想而知。20世纪90年代以来，国内陆续编辑影印了《稀见中国地方志汇刊》、《中国地方志集成》、《国家图书馆藏明代孤本方志选》以及《清代孤本方志选》（全二辑）等大型丛书，为我们研究利用志书提供了便利。特别是国家图书馆出版社（原北京图书馆出版社）自2005年起陆续出版了《著名图书馆藏稀见方志丛刊》，至2012年共计推出十四种，将各地稀见旧方志影印出版，扩大了流通及影响面，对于方志学术研究工作提供了深厚的资料支持。至于各地编辑出版的旧志丛书就更不胜举了，例如《福建旧方志丛书》、《宋元浙江方志集成》、《安徽历代方志丛书》、《广东历代方志集成》以及《上海府县旧志丛书》、《上海乡镇旧志丛书》等。以上这些旧志的影印出版，对于方志学科的发展以及相关学术研究的深入，具有重要的推动作用。

第十二章
新方志的编纂

第一节　建立修志机构

一、要有一个精干的领导班子

现在修志有一个有利的条件，就是从中央到地方各级领导都对此很重视。有党的领导，是修好方志的先决条件。由于党和政府的重视，又重新建立了中国地方志指导小组，负责指导全国地方志的编纂工作。目前各地修志过程中一条重要的经验，就是各级修志机构必须在各级党政部门的领导下开展工作。在建立修志领导机构时，必须将此机构置于各级人民政府或人大常委会领导之下，以便更好地开展工作。各级编纂委员会主任一般由省长、市长、县长或省、市、县人大常委会主任兼任，副主任若干人，委员人数的多少视各地具体情况而定，人员最好由各有关部门的负责人、有关研究单位、高等院校、社科院、档案馆、图书馆以及著名专家学者组成。各级编纂委员会之下设立编纂办公室，作为日常办事机构，不仅处理日常事务工作，而且要具体组织整个省、县志的编纂工作。因此，办公室主任和副主任都要由懂得业务而又热心献身于方志编修工作的人来担任。

二、组织、培训一批强有力的专业人员

要编修好一部省志或县志，并不是少数人能完成的，必须要组织、培训一支强有力的专业修志队伍。修志人员必须具备一定的素质，不能滥竽充数。第一，修志人员必须由具有大学毕业或相当于大学毕业水平的人来担任。没有一定的文化水平，是很难胜任这项工作的。第二，修志人员必须具

备一定的马列主义基本理论的素养。我们编修新方志要以马列主义、毛泽东思想为指导，不懂得马列主义，就无法编纂好新的方志。第三，必须具有历史和地理知识，并应有一定的写作水平。历史知识包括史学常识，如什么叫纪传体，什么叫编年体，什么叫纪事本末体，什么叫政书体。至于历史上的职官制度、地理沿革、政区名称的变化，以及近百年来的历史概况，如不具备这些基本的常识，就无法从事这一工作。写作能力则是这个工作的先决条件，这自然无须多说。第四，必须懂得方志的业务知识。如果说连方志是一种什么著作也不知道，那么纂修的方志很可能就是四不像的东西。现在有些大学历史系已经开设了方志学课程或讲座，但毕竟还是少数，何况这些学校毕业的学生分配到修志单位的也不可能很多。因此，全国各地大多采用办短期培训班来培训修志人员，这是行之有效的办法。这种培训班不仅可以在较短的时间内集中讲述方志学的基本知识、史学基本常识、历史地理的基本知识和文化史常识，而且可以有的放矢，着重讲述本地的历史、地理和现状；加之学员都来自修志岗位，还可以交流各地的情况和经验。总之，各地方志编纂委员会应当有计划地办这类短训班，以不断提高修志人员的业务知识和理论水平，从而使得修志质量可以得到保证。这种短训班还可以直接委托有条件的大学历史系代办，这样各方面的师资条件都可以得到解决。

第二节 资料的搜集、整理和鉴别

一、广泛搜集资料

搜集资料是编修地方志的第一步工作，只有做好这一步工作，搜集到丰富的资料，方能据此列纲分目，进而编修成书。因此，资料的搜集可视为编修方志的基础工作。资料的搜集大体可分为三大方面：

1. 前人的著作

前人的著作包括内容十分广泛，旧的史籍、本地各类旧的方志、能够反映时代特点的笔记小说、旧的报刊、近人出版的著作和论文等，都要充分加以搜集和利用。不要忽视私人的笔记和小说这两个重要的资料源泉。有的笔记小说反映的情况、提供的材料，往往比许多史书记载要来得具体而丰富。司马光在编修《资治通鉴》时，就很重视这一类资料。他要求助手们在搜集资料时，除正史记载外，"诸家传记小说，以至诸人文集稍干时事者"皆需采集。他还指出："实录、正史未必皆可据，杂史、小说未必皆无凭，在高鉴择之。"①据史料记载，司马光编修的《资治通鉴》，除正史外，所用杂史诸书有320种之多。其中小说一项有15种。当代研究历史的学者都很注意宋元以后的私家笔记，因为里面确实有许多其他书籍所不载的史料，所以中华书局和上海古籍出版社陆续出版了《唐宋史料笔记丛刊》、《元明史料笔记丛刊》、《清代史料笔记丛刊》、《近代史料笔记丛刊》以及《明清笔记丛书》、《历代笔记小说大观》等。据笔者所见，这类著作的内容对于编修方志是有价值的，关键在于依据笔记作者何时何地而作此书来进行选择。至于旧的当地报刊，更是不可遗漏。当然，全国性的报刊也是有参考价值的。

　　总之，在搜集、查阅这部分资料时，除请教有关专家外，更重要的是尽量利用工具书来帮助解决查找线索。历代正史一般都有艺文志或经籍志。另外，历代还有官私所著之专门书目，如宋代官修的《崇文总目》，私家所著则有陈振孙的《直斋书录解题》、晁公武的《郡斋读书志》、马端临的《文献通考·经籍考》等。明代官修书目以《文渊阁书目》和《新定内阁藏书目录》比较著名。至于私家目录也有很多，因为藏书家大多撰有目录。目前比较权威的首推《四库全书总目》。此书长处在于它对所收之书著述体例、内容得失、作者生平等都有简要介绍。全书共收书3000余种，叫作"著录书"；另有6000多种未收进，仅列书目，叫"存书目"。两类合计1万余种。由于每部书都写有一篇提要，所以亦称《四库全书总目提要》。中华书局1965年新印本《四库全书总目》（精装一册），补录了《四库撤毁书提要》，又将阮元等《四库未收书目提要》作为附录收入。1982年再版时，分成精装两册。清朝统治者曾利用纂修《四库全书》之便，下令查禁和销毁过一大批书籍。据统计，当时列于销毁之例者，竟达3000多种，几与收入者相当。清人姚觐元编、邓实补遗的《清代禁毁书目（补遗）》，包括有全毁书目、抽毁书目、禁

---

① 《传家集》卷六十三《答范梦得》，《钦定四库全书荟要》本，第613页。

书总目与补遗。近人孙殿起又辑有《清代禁书知见录》。另外，张之洞的《书目答问》、范希曾的《书目答问补正》均可参考。这里介绍一本非常特殊的书目——《贩书偶记》，这是一部清代以来的著述总目，其作用相当于《四库全书总目》的续编。作者孙殿起在北京设通学斋书店，经营古籍贩书事业达数十年之久，他将目睹经手的书册逐一做了详细的记录，一般包括书名、卷数、作者姓名、籍贯、刻版的年代等，此外又有《贩书偶记续编》。近年又陆续出版了《四库系列丛书目录·索引》以及《中国古籍总目》（经部、史部、子部、集部、丛书部共五种），这都是我们查找书籍的好工具。

编修方志，查找地方文献更为直接。旧的各省通志和府州县志，比较好的一般都有《艺文志》或《经籍志》，可以提供各地有关著作的线索。近人李濂堂纂辑了《方志艺文志汇目》一书，检寻更为方便。至于清代以来，私家撰著地方文献目录也很多，并且多出于当地著名学者之手。如清人孙诒让撰《温州经籍志》36卷，并仿马端临《文献通考》之例，收录了各书之序跋；又仿朱竹垞《经义考》，注其存、佚、未见三项；作者于各书又举其得失。清人吴庆坻作《杭州艺文志》10卷，乃《光绪杭州府志》分修稿。清人胡宗楙作《金华经籍志》27卷。近人项士元作《台州经籍志》40卷，收录隋至近代台州人士著作4000余种，详录叙跋及提要。近人陆维鎏作《平湖经籍志》16卷，陈准作《山左先哲遗书提要》，李祥作《钟祥艺文志》，金武祥作《江阴艺文志》，张维骧作《清代毗陵书目》，丁祖荫作《常熟艺文志》，孙祖基作《无锡先哲遗书书目》，徐世昌作《大清畿辅书征》，张宗泰作《中州集略》、《中州艺文录》，金毓黻作《辽海书征》，蒙起鹏作《广西近代经籍志》，方树梅作《明清滇人著述书目》等，对于了解各个地方的文献均有参考价值。至于近代以来全国性书目，新中国成立前出版过《全国总书目》、《全国出版物总目录》；新中国成立以后，则出版了《全国新书目》、《全国总书目》，1960年还出版了《1911—1949年全国总书目》，后又出版了《抗战时期出版图书书目》，所有这些书目，可以帮助我们查找到各个历史阶段的各类书籍文献出版物。

通过工具书来查找书籍，既节省时间，又容易搜集周全。

2. 各类档案资料

档案资料是编修地方志最重要的资料源泉，这是各种事件的原始记录，内容丰富，一般也比较可靠。因此必须予以高度重视。早在汉代，司马迁写《史记》时，就曾大量利用国家档案。如《三王世家》曾全录了封策原文，保存了"汉廷奏复颁下施行之式"[1]。特别是对汉初大批功臣传的撰写，若无档案材料参考、采摘，绝不可能写得如此具体精确。如《曹相国世家》记载曹参之功"凡下二国，县一百二十二，得王二人，相三人，将军六人，大莫敖、郡守、司马、侯、御史各一人"；《樊哙列传》记载樊哙战功，罗列了各种数字，很具体，如初"与司马夷战砀东，却敌，斩首十五级，赐爵国大夫。常从，沛公击章邯军濮阳，攻城先登，斩首二十三级，赐爵列大夫。复常从，从攻城阳，先登。下户牖，破李由军，斩首十六级，赐上闲爵。从攻围东郡守尉于成武，却敌，斩首十四级，捕虏十一人，赐爵五大夫。……击破赵贲军开封北，以却敌先登，斩侯一人，首六十八级，捕虏二十七人，赐爵卿。从攻破杨熊军于曲遇。攻宛陵，先登，斩首八级，捕虏四十四人，赐爵封号贤成君。……东攻宛城，先登。西至郦，以却敌，斩首二十四级，捕虏四十人，赐重封。攻武关，至霸上，斩都尉一人，首十级，捕虏百四十六人，降卒二千九百人。"这一系列数字，若无档案记载，自然是无法办到的。至于萧何定律令，韩信申军法，张苍定章程，乃至叔孙通制订朝仪，所有这些，只有档案才有保存。所以清代历史学家赵翼曾说："《史记·曹参世家》叙功处，绝似有司所造册籍。自后《樊哙》、《郦商》、《夏侯婴》、《灌婴》、《傅宽》、《靳歙》、《周緤》等传，记功俱用此法，并细叙斩级若干，生擒若干，降若干人，又分书身自擒斩若干，所将卒擒斩若干，又总叙攻得郡若干，县若干，擒斩大将若干，裨将若干，二千石以下若干，纤悉不遗，另成一格。盖本分封时所据功册，而迁料简存之者也。（自注：《张良传》以诸将未定封，上急趣丞相、御史定功行封，是必先有功册。）然亦可见汉初起兵，即令诸将各立简牍，以纪劳绩，无枉无滥，所以能得人死力，以定大业也。"[2] 这就充分说明，古代史家编著史书尚且要利用档案材料，对方志的

---

[1] 杨慎：《史记题评》卷六十，明嘉靖十六年刻本。
[2] 《廿二史劄记校证》卷一《史记变体》，中华书局1984年版，第11页。

编修而言，档案材料当然就更是必不可少了。正因如此，章学诚鉴于修志时资料难以搜集周全，因而建议州县普遍设立志科，而志科的职能便是平时搜集、储备资料。他在《州县请立志科议》中所提出的资料收储的范围极为广泛，其中绝大部分都属于今天档案馆、局收藏的内容。因此，今天编修方志有一个非常有利的条件，即各地各单位均有档案室或档案馆，新中国成立前后的许多资料一般都有收藏，并且都是分类保管。问题就在于我们修志人员如何去发挥它的应有作用。

3. 实地考察，搜集第一手资料

这种实地采访所得的亲自见闻的材料，其价值往往胜过于现成的文字记载。它不但可以补充书面史料不足，订正旧日载籍之谬误，并且考察过程中由于获得丰富的感性知识，从而加深了对所要记载的真实历史的理解程度。《史记》之所以能够取得这样伟大的成就，特别富有生动性和真实性，与司马迁掌握并运用这类丰富的材料是分不开的。他在著作《史记》之前，曾多次漫游。在游历过程中，他不但观赏了祖国雄奇壮丽的山河，考察了各地历史遗迹，搜集了许多古代的文物史料和历史故事，掌握了许多古代、近代重要历史人物的遗闻逸事，了解了各地的风土民情、经济生活和地理形势；而且也有更多的机会接触下层人民群众的实际生活，因而取得了许多书本上难以得到的、生动活泼的民间谚语和丰富的民间语言。所有这些，不仅使他开阔了眼界、扩大了胸襟、丰富了生活、增长了阅历，甚至对他的政治见解和历史观的形成发展也起着一定的作用。为什么《史记》能够写得那么生动逼真而富有活力，这是其中一个很重要的原因。特别是对秦以来至汉初这近百年历史的撰写，主要就是依据这部分活的材料。如彭城、沛、丰一带的漫游，对他描写秦楚、楚汉战争的形势，重要人物的活动和汉朝初年的统治集团面貌都有着很大的影响。正如著名学者顾炎武所说："秦汉之际，兵所出入之途，曲折变化，唯太史公序之如指掌。以山川郡国不易明，故曰东、曰西、曰南、曰北，一言之下而形势了然……盖自古史书兵事地形之详，未有过此者。太史公胸中固有一天下大势，非后代书生之所能及也。"[①] 汉初统

---

① 《日知录集释》卷二十六《史记通鉴兵事》，第 1428 页。

治集团中的那些主要成员,原来都出身于贫贱之家,萧何原是沛县的刀笔小吏;曹参乃是沛县的狱吏;樊哙是宰狗的屠夫;周勃靠"织薄曲"兼给人家做吹鼓手为生;夏侯婴是马夫;灌婴是贩缯的小商贩。汉初尽管建立了简册档案以记功,但这些内容在当时的档案中不会有记载,因为那时的档案不可能有家庭出身、个人成分等履历表。而这些人大多生长在彭城、沛、丰一带,或在这里有过活动,民间流传着许多有关他们早年的故事。司马迁到这些地方以后,从当地老人处打听到了他们平日的生活行为,搜集了流传的故事,并且还逐个看了他们的故居或墓地。在写这些人物传记时,自然就可以做到真实地反映出每个人的历史面貌。尤其是因为采用了大量的民间口语,因而使得历史人物的音容笑貌活龙活现地呈现在读者的眼前。正如司马迁自己所说:"吾适丰、沛,问其遗老,观故萧、曹、樊哙、滕公之家,及其素,异哉所闻!方其鼓刀屠狗卖缯之时,岂自知附骥之尾,垂名汉廷,德流子孙哉?余与他广通,为言高祖功臣之兴时若此云。"① 这就说明,他不仅访问了当地一般遗老,而且访问了当事人的后代。他广乃樊哙之孙,司马迁从他这里得知了许多情况。又如《淮阴侯列传》,也是《史记》中写得十分生动而细致的一篇人物传记,就是因为他到淮阴以后,访问了故老,得到了韩信青年时代的生活情况资料,才有可能在列传前半部分写得那么具体而生动,而这是在官方簿书中无法见到的非常珍贵的资料。司马迁自己也讲了:"吾如淮阴,淮阴人为余言,韩信虽为布衣时,其志与众异。其母死,贫无以葬,然乃行营高敞地,令其旁可置万家。余视其母冢,良然。"② 再如,他在游历中普遍地视察了全国的水道与水利,因而在《史记》中为我们留下了《河渠书》这样重要的文献,它对全国水道和水利工程第一次作了系统的综合叙述。若是没有亲身考察的丰富知识,自然是无法办到的。经过实地调查与考察,也订正了不少旧日载籍说法之误。如《史记·魏世家赞》曰:"吾适故大梁之墟,墟中人曰:'秦之破梁,引河沟而灌大梁,三月城坏,王请降,遂灭魏。'说者皆曰魏以不用信陵君故,国削弱至于亡,余以为不然。"司马迁用实际行动告诉了大家,编写史书,亲历其境采访史事是非常重要的。他

---

① 《史记·樊郦滕灌列传赞》。
② 《史记·淮阴侯列传赞》。

从复杂的社会中，创造性地积累了丰富的现实资料，为后世史书的编写提供了宝贵的经验，树立了楷模。

编修方志，更需要进行实地考察，以掌握书本上得不到的第一手资料。关于这点，章学诚是十分强调的，他在修《永清县志》时就曾游历了县境，进行实地的调查。修一县的志书，只有对全县进行实地考察，才能了解到全县山脉河流的走向、地势的起伏、自然条件的优劣、物产种植的分布、各地区的风俗习惯等，使胸中有个全局观念。至于各类事件的传说、各种人物的遗闻逸事，自然就更需要从人民群众中加以搜集。何况我们今天编修的方志，其内容一般都以近现代为主，因此有许多内容前人著作中没有记载，档案材料中也不会收录，这就只有到民间进行调查采访，搜集资料。其中歌谣谚语、遗闻逸事、风俗民情以及私人笔记、日记、重要信件、传抄家谱等，均应注意搜集，以弥补馆藏资料之不足。

二、精心整理

资料搜集阶段要做到广征博采、有闻必录、巨细毕收。当搜集资料工作完成以后，首要的任务便是将所搜集到的材料精心加以整理，分类归档，防止散失，并要有专人保管，订立借阅制度。宋代著名历史学家李焘为了编纂好《续资治通鉴长编》，打了十个大橱，将所搜集到的史料分类加以保存，使用很方便。据周密记载："（李焘）作木厨十枚，每厨作抽替匣二十枚，每替以甲子志之。凡本年之事，有所闻必归此匣，分月日先后次第之，井然有条，真可为法也。"[①] 这一方法在今天修志中尤其可以效法，因为搜集到的材料不仅数量大，而且门类多，若是管理不得其法，则往往容易散失，且头绪纷乱而不利于使用。

在整理过程中必须注意，若是关于人物或事件者，每种材料一定要具备人地时事这四个因素，即何时、何地、发生什么事件、有哪些人参加，如果缺少一项，都将影响其使用价值。当然这是基本的条件。至于事件发生的前因后果以及发展过程，能够详细当然更好。这就是说，如果到外地抄摘资

---

① 《癸辛杂识》后集"修史法"条，中华书局1988年版，第81页。

料，首先必须明确上述要求，并且抄摘时要注意尽可能做到首尾完整。对于前人著作中的材料，可以将有关部分全部抄录，如果可能最好复印，也可做索引。材料的出处、来源必须记载明确，并且要注明此书何时出版、出版单位以及版次。若是调查访问所得材料，必须注明调查人的姓名和被调查人（或提供材料者）的姓名及住址，以便今后编写中发现问题时可以再次前往查对。将全部材料分类以后，每类再按时间顺序加以排列，最后编好目录，以便于查阅使用。若能将重要材料做成卡片，则使用起来就更加方便。做卡片时，不仅要抓住其中心内容标出题目，而且卡片后面应当注明材料出处，以便定稿时查对原书或原文。卡片做好后，也要分类编号，做到多而不乱。

三、慎重考订真伪，鉴别正误

古书有真伪，史料也有真伪，并且还有正误，因此鉴别史料包括辨伪、正误两个方面。梁启超在《中国历史研究法》第五章第二节开头便说："史料以求真为尚，真之反面有二：一曰误，二曰伪，正误辨伪，是谓鉴别。"史料搜集到以后，并非条条皆可用，因为有许多记载并非条条皆可信，即使社会调查访问所得资料，有的出自传说，有的来自回忆，其中不可能无误。所以在对材料作了整理以后，要对材料逐条加以核对和考证，以辨别其真伪、考订其正误，要做到去粗取精、去伪存真。从某种意义上来说，这一步工作更为重要。材料不真实，写出的方志和史书就不能取信于人。大史学家司马光在这一方面早已为人们树立了榜样。他对历史的编写非常认真负责、一丝不苟，处理每条重要史料都十分审慎，通过反复考订，力求做到近情可信。他在完成《资治通鉴》这一编年史巨著编修的同时，还特地撰写了30卷《通鉴考异》，表明他所编写的历史是有根有据的，所用材料一般都作了考证，若不相信，可以查看《考异》。这也表明他作史光明磊落，不怕别人挑剔。当然，我这样讲，也并不否认《通鉴》和《考异》中也还有错误和不妥之处。可见史料的辨伪和正误工作是非常细致的，必须认真加以对待。

1. 辨伪

我国古代、近代的文献中都曾出现过一些伪史伪书，当然出现这种情况的原因是多方面的，这里我们就不多讲了。因为有伪书的存在，所以古代、近代、当代学者在辨别书籍史料的真伪上做了大量的工作，取得了很大的成绩，也总结了许多宝贵的经验，我们今天在辨别史料的真伪时，这些经验仍值得我们借鉴。明代学者胡应麟通过对古籍的研究和考辨，写出了我国第一部辨伪专著《四部正讹》。书中提出考辨伪书有八种方法，即："凡核伪书之道，核之《七略》，以观其源；核之群志，以观其绪；核之并世之言，以观其称；核之异世之言，以观其述；核之文，以观其体；核之事，以观其时；核之撰者，以观其托；核之传者，以观其人。核兹八者，而古今赝籍亡隐情矣。"对于这八种方法，张舜徽先生在《中国古代史籍校读法》一书中作了十分通俗的翻译，对于理解胡氏所提出的方法有着很大的帮助。张先生是这样说的："这八条方法，已经对辨伪工作启示了途径。意思是说：遇着一部可疑的古书，首先，检查一下最早的目录书，看著录了没有。（刘歆《七略》虽佚，绝大部分保存在《汉书·艺文志》中。）其次，翻阅历代史中的《经籍志》或《艺文志》，研究这部古书什么时代见于著录，以考其流传的线索。第三，从作者同时人的写作中，检查有无谈到或称引这部书的地方。第四，从后世的书中，检查有无发挥或引申这部书的言论。第五，从文体上，检查是否和作者所处时代的笔调相合。第六，从内容上，检查是否与作者所处时代的事实相符。第七，检查所标作者姓名，是否出于托古。第八，检查首先传播这部古书的是什么人。这八条方法的提出，自然是从前人辨伪成果和有效经验中总结出来的。"

近代学者梁启超在总结前人辨伪经验的基础上，概括了"鉴别伪书之公例"十二条，所说比胡氏更加详细，在每条之后并有举例说明：

（一）其书前代从未著录或绝无人征引而忽然出现者，什有九皆伪。例如《三坟》、《五典》、《八索》、《九丘》之名虽见《左传》；晋《乘》、楚《梼杌》之名，虽见《孟子》；然汉、隋、唐《艺文》、《经籍》诸志从未著录，司马迁以下未尝有一人征引。可想见古代或并未尝有此书，即有之，亦必秦火前后早已亡佚。而明人所刻《古逸史》，忽有所谓《三坟记》、《晋史乘》、《楚史梼杌》等书。凡此类书，殆可以不必调查内容，但问名即可知其伪。

（二）其书虽前代有著录，然久经散佚，乃忽有一异本突出，篇数及内容等与旧本完全不同者，什有九皆伪。例如最近忽发现明抄本《慎子》一种，与今行之《四库》本、守山阁本全异，与隋唐《志》、《崇文总目》、《直斋书录解题》等所记篇数，无一相符，其流传之绪又绝无可考。吾侪乍睹此类书目，便应怀疑。再一检阅内容，则可定为明人伪作也。

（三）其书不问有无旧本，但今本来历不明者，即不可轻信。例如汉河内女子所得《泰誓》，晋梅赜所上《古文尚书》及孔安国《传》，皆因来历暧昧，故后人得怀疑而考定其伪。又如今本《列子》八篇，据张湛序言由数本拼成，而数本皆出湛戚属之家，可证当时社会，绝无此书，则吾辈不能不致疑。

（四）其书流传之绪，从他方面可以考见，而因以证明今本题某人旧撰为不确者。例如今所称《神农本草》，《汉书·艺文志》无其目，知刘向时决未有此书。再检《隋书·经籍志》以后诸书目，及其他史传，则知此书殆与蔡邕、吴普、陶弘景诸人有甚深之关系，直至宋代，然后规模大具。质言之，则此书殆经千年间许多人心力所集成。但其书不惟非出神农，即西汉以前人，参预者尚极少，殆可断言也。

（五）真书原本，经前人称引，确有左证，而今本与之歧异者，则今本必伪。例如古本《竹书纪年》有夏启杀伯益、商太甲杀伊尹等事，又其书不及夏禹以前事。此皆原书初出土时诸人所亲见，信而有征者。而今本记伯益、伊尹等文，全与彼相反，其年代又托始于黄帝。故知决非汲冢之旧也。

（六）其书题某人撰，而书中所载事迹在本人后者，则其书或全伪或一部分伪。例如《越绝书》，《隋志》始著录，题子贡撰。然其书既未见《汉志》，且书中叙及汉以后建置沿革。故知其书不惟非子贡撰，且并非汉时所有也。又如《管子》、《商君书》，《汉志》皆著录，题管仲、商鞅撰，然两书各皆记管、商死后之人名与事迹，故知两书决非管、商自撰，即非全伪，最少亦有一部分羼乱也。

（七）其书虽真，然一部分经后人窜乱之迹既确凿有据，则对于其书之全体须慎加鉴别。例如《史记》为司马迁撰，固毫无疑义，然迁自序明言"讫于麟止"，今本不惟有太初、天汉以后事，且有宣、元、成以后事，其必非尽为迁原文甚明。此部分既有窜乱，则他部分又安敢保必无窜乱耶？

（八）书中所言确与事实相反者，则其书必伪。例如今《道藏》中有刘向撰《列仙传》，其书《隋志》已著录。书中言诸仙之荒诞，固不俟辩。其自序云："七十四人已见佛经"，佛经至后汉桓、灵时始有译本，上距刘向之没，将二百年，向何从知有佛经耶？即据此一语，而全书之伪，已无遁形。

（九）两书同载一事绝对矛盾者，则必有一伪或两俱伪。例如《涅槃经》佛说云："从今日始，不听弟子食肉。"《入楞伽经》佛说云："我于《象腋》、《央掘魔》、《涅槃》、《大云》等一切《修多罗》中，不听食肉。"《涅槃经》共认为佛临灭度前数小时间所说，既《象腋》等经有此义，何得云"从今日始"？且《涅槃》既佛最后所说经，《入楞伽》何得引之？是《涅槃》、《楞伽》最少必有一伪，或两俱伪也。

（十）各时代之文体，盖有天然界画，多读书者自能知之。故后人伪作之书，有不必从字句求枝叶之反证，但一望文体即能断其伪者。例如东晋晚出《古文尚书》，比诸今文之《周诰》、《殷盘》，截然殊体。故知其决非三代以上之文。又如今本《关尹子》中有"譬犀望月，月影入角，特因识生，故有月形，而彼真月，初不在角"等语，此种纯是晋、唐翻译佛经文体，决非秦汉以前所有，一望即知。

（十一）各时代之社会状态，吾侪据各方面之资料，总可以推见崖略。若某书中所言其时代之状态，与情理相去悬绝者，即可断为伪。例如《汉书·艺文志》农家有《神农》二十篇，自注云："六国时诸子托诸神农。"此书今虽不传，然《汉书·食货志》称晁错引神农之教云："有石城十仞，汤池百步，带甲百万而亡粟，弗能守也。"此殆晁错所见《神农书》之原文。然石城、汤池、带甲百万等等情状，决非神农时代所能有。故刘向、班固指为六国人伪托，非武断也。

（十二）各时代之思想，其进化阶段，自有一定。若某书中所表现之思想，与其时代不相衔接者，即可断为伪。例如今本《管子》，有"寝兵之说胜则险阻不守，兼爱之说胜则士卒不战"等语。此明是墨翟、宋钘以后之思想。当管仲时，并寝兵、兼爱等学说尚未有，何所用其批评反对者？《素问》、《灵枢》中言阴阳五行，明是邹衍以后之思想，黄帝时安得有此耶？①

上引梁启超所归纳的辨别伪书的十二条"公例"，所列举的例子虽然多为古书，但其鉴别标准与精神对于鉴别近现代之伪书同样具有参考价值。不要以为只有古书才有伪作，而近现代的文献并不存在这个问题，否则那就大错特错了。如关于太平天国革命的史料中，曾经有人伪造史事、伪造史书、伪造假诗。著名的太平天国史研究专家罗尔纲先生，为此专门作了《太平天国史辨伪集》，其中有《太平天国战记》一书，便是近代史上典型的伪书。此书民国二年（1913）出版，流传很广，影响很大，若不考订清楚，势必以假乱真。可见史书、史料的鉴别辨伪工作不可忽略。

2. 正误

至于史料的正误，一般都采用理证、书证、物证三大方法，同时还使用本证、旁证、反证来加以论述。这也是古代学者在长期校勘古书、辨别正误中所总结出来的经验。

（1）理证法。

理证法是古代学者考订史料真伪正误时采用较多的一种方法，它就是用逻辑推理的方法来论证其史料正确与否，古代学者在校勘考证中多用此法。如司马光作《通鉴考异》时，除书证法外，便是大量采用了理证法，并且运用得十分成功。他采用这个方法，解决了史书记载上许多难以解决的悬案。如对于唐末黄巢领导的农民大起义的队伍之所以能够突破长江天险自采石渡江一事，史书记载众说纷纭，但大多为唐朝守将高骈涂脂抹粉。对这样一件重大的历史事件，司马光在《通鉴考异》中作了详细的论证。他在《考异》中先将记载此事有代表性的几家说法一一列出：

《旧（唐书）骈传》：骈怨朝议有不附己者，欲贼纵横河、洛，令朝廷耸振，则从而诛之，大将毕师铎说骈云云。骈骇然曰："君言是也。"

---

① 参见《中国历史研究法》第五章，中华书局2009年版。

即令出军。有爱将吕用之者，以左道媚骈，骈颇用其言，用之惧师铎等立功，即夺己权，从容谓骈曰："相公勋业高矣，妖贼未殄，朝廷已有间言。贼若荡平，则威望震主，功居不赏，公安税驾邪！为公良画，莫若观衅，自求多福。"骈深然之，乃止诸将，但握兵保境而已。

《惊听录》：朝廷议骈以文以武，国之名将，今此黄巢，必丧于淮海也，寻淮南表至云："今大寇忽至，入臣封巡，未肯绵伏狼狐，必能晦沈大众。但以山东兵士屯驻扬州，各思故乡，臣遂放去，亦具闻奏，非臣自专。今奉诏书责臣无备，不合放回武勇，又告城危，致劳征兵劳于往返。臣今以寡击众，然曰武经，与贼交锋，已当数阵，粗成胜捷，不落奸谋，固护一方，臣必能了。但虑寇设深计，支梧官军，迤逦过淮，彼岸无敌，即东道将士以至藩臣，系朝廷速下明诏，上委中书门下，速与商量。"表至，中书咸有异议，遂京国士庶浮谤日兴，云淮南与巢衷私通连，自固城池，放贼过淮也。

《妖乱志》曰：广明元年七月，黄巢自采石北渡，直抵天长。时城内土客诸军尚十余万，皆良将劲兵，议者虑狂寇有奔犯关防之患，悉愿尽力死战。用之等虑其立功之后，侵夺己权，谓勃海曰："黄巢起于群盗，遂至横行，所在雄藩，望风瓦解，天时人事，断然可知。令公既统强兵，又居重地，只得坐观成败，不可更与争锋。若稍损威名，则大事去矣。"勃海深以为然，竟不议出军。巢遂至北焉。初，巢寇广陵也，江东诸侯以勃海屯数道劲卒，居将相重任，巢江海一逋逃耳，固可掉折箠而擒之，及闻安然渡淮，由是方镇莫不解体。

根据上述记载，司马光在《通鉴考异》中进行了辩驳，指出："骈，宿将，岂不知贼过淮之后不可复制！若怨朝议不附己者，则尤欲破贼立功，以间执逸豫之口。若纵贼过淮，乃适足实议者之言，非所以消谤也。借使骈实有意使贼震惊朝廷，从而诛之，则贼入汝、洛之后，当晨夜追击以争功名，岂得返坐守淮南数年，逗留不出兵乎？又《旧传》吕用之云'恐成功不赏'，《妖乱志》云'恐败衄稍损威名'，夫大功既成，则有不赏之惧；岂有未战不知胜负，豫忧威望震主乎？骈为都统，控扼江、淮，而拥兵纵贼，使安然北渡，其于威名独无损乎？虽用之浅谋无所不至，骈自无参酌，一至此邪？盖骈好骄矜大言，自恃累有战功，谓巢乌合疲弊之众，可以节钺诱致淮南，坐而取之。不意巢初无降心，反为所欺，张璘骁将，一战败死，巢奄济采石，诸军北去，见兵不多，狼狈惴恐，自保不暇，故敛兵退缩，任贼过淮，非故欲纵之，实不能制也。"

司马光对于上述三种史料记载，采用了推理的方法，对其所持之论点层层进行细致的分析和批驳，说得入情入理，令人看了为之信服。黄巢起义大军从采石渡江，主要是来势凶猛，锐不可当，高骈当时"自保不暇，故敛兵退缩，任贼过淮，非故欲纵之，实不能制也"。这个结论符合当时的真实历史情况。根据他的考证结果，于是他在《资治通鉴》卷二五三僖宗广明元年（880）这样写道："秋，七月，黄巢自采石渡江，围天长、六合，兵势甚盛。淮南将毕师铎言于高骈曰：'朝廷倚公为安危，今贼数十万众乘胜长驱，若涉无人之境，不据险要之地以击之，使逾长淮，不可复制，必为中原大患。'骈以诸道兵已散，张璘复死，自度力不能制，畏怯不敢出兵，但命诸将严备，自保而已，且上表告急，称：'贼六十余万屯天长，去臣城无五十里。'先是卢携谓：'骈有文武长才，若悉委以兵柄，黄巢不足平。'朝野虽有谓骈不足恃者，然犹庶几望之。及骈表至，上下失望，人情大骇。诏书责骈散遣诸道兵，致贼乘无备渡江。骈上表言：'臣奏闻遣归，亦非自专。今臣竭力保卫一方，必能济办，但恐贼迤逦过淮，宜急敕东道将士善为御备。'遂称风痹，不复出战。"由于司马光经过细致的考证，搞清了事实的真相，因此才有可能将当时的历史事件如实地在《资治通鉴》中加以记载，使我们今天能够知道，当时黄巢起义大军浩浩荡荡，声势浩大，长驱直入，"若涉无人之境"，而号称"文武长才"的高骈闻风丧胆、龟缩城中，"畏怯不敢出兵"，唐王朝的情况更是乱作一团，"上下失望，人情大骇"。这就是当时的历史真相。当时被许多史书吹捧为盖世英雄的高骈，原来只不过是一个非常怕死的胆小鬼，在声势浩大的起义军面前固守城池、"自保而已"，所以起义军轻而易举地就越过了长江天险，这绝不是出于某些人所说的"故欲纵之"。

从这条史料的考证，一方面可以看出司马光在头绪纷繁、众说纷纭的史料面前不是盲目从事，而是认真负责地细心考订，充分反映了他在治史上的求实精神。另一方面，这也说明史料考证的重要性。对于上面三种说法，若不进行考证，究竟谁是谁非，便无所适从。

尽管司马光如此认真地对待史料的考证，但同样有疏忽之处，因此《资治通鉴》所用的史料中，仍有错误和不妥之处。宋末元初著名历史学家胡三省在为《资治通鉴》作注时，便指出了其不少史料上的错误。如《资治通鉴》卷一〇四"晋孝武帝太元七年（382）"有这样一条记载："是岁，秦大熟，上田亩收七十石，下者三十石，蝗不出幽州之境，不食麻豆，上田亩收百石，下者五十石。"在这条记载下面，胡三省注曰："物反常为妖。蝗之为灾尚矣，蝗生而不食五谷，妖之大者也。农人服田力穑，至于有秋，自古以来，未有亩收百石、七十石之理，而亩收五十石、三十石，亦未之闻也。使其诚有之，又岂非反常之大者乎？使其无之，则州县相与诬饰以罔上，亦不祥之大者也。秦亡宜矣。"这里胡三省并未用多少大道理，而是采用一般常理来推断其妄诞，并且很具有说服力。这显然是司马光的助手编写《长编》时轻信了旧史的记载，而司马光删定时又有失于检点。

笔者之所以要举这个例子，是因为它与编修方志的关系特别大。文献资料中记载各种农作物产量的内容很多，征引材料时应当特别注意，尤其是1958年浮夸风盛行时，报刊报道失实之处很多。这里不妨举例说明。如1958年7月13日，《人民日报》发表河南省西平县和平农业社放"小麦高产卫星"的消息，报道该社小麦亩产达到7320斤；同年8月13日，《人民日报》报道湖北麻城县麻溪河乡放"早稻高产卫星"，亩产竟达36900多斤；同年9月18日，《人民日报》报道广西环江县红旗人民公社放了"中稻高产卫星"，亩产更高达13万多斤。

这些报道在当时来看，谁也没有讲过一个"不"字。实际上只要冷静地想一想，一亩田面积有多大，将几万斤、十几万斤的稻平铺在一亩田里，就是很厚的一层，亩产这么多显然是不可能的。更有甚者，当时有的报纸还刊登了小孩坐在稻穗上不掉下去的照片，这可能吗？水稻是草本作物，密度再大，也支撑不住一个小孩的重量，这就明显是做了手脚。

再如同年9月17日，《人民日报》发表了题为《祝河南大捷》的社论，宣传河南放"生铁卫星"的情况。据称在9月15日，河南省土高炉日产生铁18693.92吨，竟比老钢铁工业基地辽宁、吉林及黑龙江三省当时的生铁月产量还要高。这显然更是不可能的。

以上所列举的几条资料，只要用推理的方法就足以证明其不可信。这也告诉我们,并不是所有报道都可信,在当时的社会条件下,《人民日报》等新闻媒体有时报道也会失真。我们修志需要采用新闻报道时,同样必须抱审慎的态度。

全祖望考定《永乐宁波府志》成书的时间,亦是运用推理法的例子。许多记载都认为《永乐宁波府志》修于永乐十七年(1419),全氏在《永乐宁波府志题词》一文中说:"成祖诏天下府州县皆修志书,时方修《永乐大典》,天下之志皆入焉。诸书皆以为十七年所修,考《大典》成于永乐六年(1408),则志之修亦在六年以前也。书专为《大典》而作,既贡,书局未尝付梓,故今天下之传《永乐志》者最少。吾乡志书,其为吾家所藏者,自宋以下,无一不备,所少者《永乐志》耳,及抄《大典》始得之。"①

又如太平天国革命失败以后,社会上曾流传有石达开所作的诗25首。罗尔纲先生在《太平天国史辨伪集》中,专门作了《石达开假诗考》一文,对这些诗一一作了考辨,其中《我朝伤内祸》与《哭天王被难》两首也是用推理法证明其为假诗。《我朝伤内祸》有这样几句:

  一朝杯酒间,白刃集殿帏。
  老夫自何辜,谁料丁乱离!

罗先生在文中考订出石达开在死时年仅33岁,而杨秀清与韦昌辉发生内讧时,石达开年方26岁。那么《我朝伤内祸》诗中何得以"老夫"自称?"又天王洪秀全死于太平天国甲子十四年四月十九夜,那时候,石达开被杀已经将要一年了,而世传达开有《哭天王被难》的诗",这显然也是伪托的假诗。由此来看,只要细加推论,无须其他证据,就可判定这是不可信的。

(2)书证法。

书证法是古代学者用来校勘古籍中文字或事实错误的常用方法,又分内证法和外证法两种。

内证法就是以本书证本书。即从本书的文字、训诂、语法、前后文气、全书体例入手,来考订该书在文字、史实上有哪些错误。颜师古注《汉书》

---

① 参见《鲒埼亭集外编》卷二十四,《全祖望集汇校集注》,第1204页。

时，就曾利用这种方法，指出《汉书》中的错字、脱文和史实前后矛盾。例如卷九《元帝纪》载："孝元皇帝，宣帝太子也。母曰共哀许皇后，宣帝微时生民间。年二岁，宣帝即位，八岁立为太子。"颜师古在此条下注曰："宣帝即位之明年改元曰本始。本始凡四年而改元曰地节。地节三年立皇太子。若初即位年二岁，则立为太子时年九岁矣。又宣帝以元平元年七月即位，而《外戚传》云许后生元帝数月，宣帝立为帝。是则即位时太子未必二岁也。参校前后众文，此纪进退为错。"这就是利用本纪、列传前后记载的矛盾，参之以改元时间，指出这条史实的记载无论如何都是错误的。清代许多学者即用这种方法，校正了许多古籍记载上的错误。钱大昕、王鸣盛、赵翼三人都在正史的校勘方面作出了重大贡献。如《汉书·刘向传》载："父德，武帝时，治淮南狱。"钱大昕在《廿二史考异》卷八中指出："淮南王安以谋反诛，事在元狩元年。此传言昭帝即位，德待诏丞相府，年三十余。自元狩元年数至后元二年昭帝即位，实三十六年矣，当淮南狱起之时，恐德尚未生，安得预治狱之列？"淮南王安谋反被诛事，《汉书》有记载，这是从本书记载两事，从时间上论定其记载之错误。又如《汉书·枚乘传》云："凡可读者，不二十篇。"钱大昕考订曰："不当作百，《艺文志》：《枚皋赋》百二十篇。"这就是用《汉书·艺文志》所载书的篇数，来纠正本传记载的错误。

另外，还应当懂得一些避讳的常识，这对于考证史事有很大好处。因为古代的书籍在文字上对本朝皇帝要避讳，对自己的长辈亦要避讳。陈垣先生在所著《史讳举例序》中说："民国以前，凡文字上不得直书当代君主或所尊之名，必须用其他方法以避之，是之谓避讳。避讳为中国特有之风俗，其起于周，成于秦，盛于唐宋，其历史垂二千年。其流弊足以淆乱古文书，然反而利用之，则可以解释古文书之疑滞，辨别古文书之真伪及时代，识者便焉。"他又在《通鉴胡注表微》的《避讳篇》中说："避讳为民国以前吾国特有之体制，故史书上之记载，有待于以避讳解释者甚众，不讲避讳学，不足以读中国之史也。吾昔撰《史讳举例》问世，职为是焉。"可见，懂得避讳常识，对于学习研究中国历史、校勘史书真伪、考订史事正误都有很大的帮助。如三省六部制的民部尚书，因避唐太宗李世民讳，改称户部尚书；唐时设立弘文馆，宋时因避讳改称崇文馆；唐代大史学家刘知幾字子玄，清人为了避清圣祖玄烨之讳，都写为刘子元，玄武门改称神武门，等等。利用这种避讳的特点，可以用来作为考订某些史实的真伪正误的方法和依据。钱大昕校勘许多历史书籍，正是利用这一线索为依据。如南北朝时期的历史学家范晔，其父名泰，所以他在撰写《后汉书》时，在列传标题上，改"郭泰"为"郭太"，改"郑泰"为"郑太"，而在列传内容叙述中，对此两人都一律称字而不直书其名，于是在传文中则称郭泰为"郭林宗"，郑泰为"郑公业"。但《后汉书·郭太传》的末尾原有一段文字与此书法不同，其文曰："初，太始至南州，过袁奉高，不宿而去；从叔度，累日不去。或以问太，太曰：'奉高之器，譬之泛滥，虽清而易挹。叔度之器。汪汪若千顷之陂，澄之不清，挠之不浊，不可量也。'已而果然，太以是名闻天下。"根据其书法奇异的特点，钱大昕考订认为这不是范晔原文，他在《廿二史考异》卷十二中指出："予初读此传，至此数行，疑其词句不伦。蔚宗避其父名，篇中前后，皆称林宗，即它传亦然，此独书其名，一疑也；且其事已载《黄宪传》，不当重出，二疑也；叔度书字而不书姓，三疑也；前云'于是名震京师'，此又云'以是名闻天下'，词意重沓，四疑也。后得闽中旧本，乃知此七十四字本章怀注引谢承书之文；叔度不书姓者，蒙上'入汝南则交黄叔度'而言也。今本皆儳入正文，惟闽本犹不失其旧。闽本系明嘉靖己酉岁按察使周采等校刊，其源出于宋刻，较之它本为善。"这就说明，钱大昕对上段文字的怀疑首先是由范书避家讳这一事实引起的，再一考察就发现事实叙述上与他篇重复，仔细推敲就可看出那段文字在行文通例和前后语气上存在问题。而这些问题显然都是从本书内所提出的，还有待于旁证。当他看到"闽本"以后，于是便证实了自己的怀疑是正确的。这 74 个字原来是唐代章怀太子李贤所作《后汉书》注文，由于后世抄书人粗心而把它抄入正文，经过钱大昕这一考证，才把它订正过来。这种内证法，前人用它在校订古书错误方面曾取得很大成效。宋代学者吴缜曾用此法对《新唐书》作了全面的校勘，完成了《新唐书纠谬》一书。

外证法则是用本书以外的记载来订正本书的谬误，若从校书角度来说，则又称"他校法"。这种方法的使用更加普遍。如许多学者校勘《汉书》的错误，常常引用《史记》加以订正；引用《文献通考》的资料来校勘"十七史"；引用各种类书和宋元版本著作来校勘正史和其他史籍等。那么对于这许多著作，究竟以什么为准？总的来说，首要的是依据年代先后为准。例如我们今天研究我国古代历史，自然相信司马迁以《诗》、《书》、《国语》、《国策》、《左传》、《世本》、《楚汉春秋》等书为蓝本而撰写的《史记》，势必不能根据后出的谯周《古史考》、皇甫谧《帝王世纪》、罗泌《路史》等书说法为依据，因为无论如何，谯周等人当时所能掌握的材料不会超过司马迁；但遇到《竹书纪年》与《史记》相矛盾时，我们自然应当相信《竹书纪年》，因为魏国史官所见到的直接材料，司马迁未必就一定都能见到。因此，如果对于同一史迹，两种史料记载有矛盾，一般说来，当以最先、最近者为最可信。最先，即距离事件发生时间愈近，所作史著的史料愈可信；最近，以地域言，记载的人距事件发生愈近，对事件原委了解真切，所作史著可信程度自然就愈大。下面试举几例说明。

如诸葛亮见刘备一事，究竟谁主动，很早以来便有两种记载。鱼豢《魏略》云："诸葛亮先见刘备，备以其年少轻之。亮说以荆州人少，当令客户皆著籍以益众。备由此知亮。"这条材料记载，说明诸葛亮主动去见刘备。而陈寿《三国志》则云："徐庶见先主，先主器之，谓先主曰：'诸葛孔明者，卧龙也，将军岂愿见之乎？'先主曰：'君与俱来。'庶曰：'此人可就见，不可屈致也。将军宜枉驾顾之。'由是先主遂诣亮，凡三往，乃见。"这两位作者所处时代相当，而记载截然不同，孰为可信？自然陈寿之说可信，因为这个说法与诸葛亮《出师表》中所言"先帝不以臣卑鄙，三顾臣于草庐之中"的说法是相一致的。《出师表》乃是诸葛亮出师之前向后主所上的奏章，当然不可能无中生有。再则陈寿当时还曾奉命编《诸葛亮集》，所能见到的诸葛亮著作当全收在该集之内，他既将此表收入传中，自然是有根据的。这样既有本证，又有旁证，并且这两个证据都是强有力的。

学术界曾经争论过宋江是否投降。根据《宋史》记载，宋江是投降了的。如《宋史·徽宗本纪》载："（宣和三年二月）方腊陷处州。淮南盗宋江等犯淮阳军，遣将讨捕，又犯京东、河北，入楚、海州界，命知州张叔夜招降之。"又《宋史·张叔夜传》亦明确记载"江乃降"。1980年前后，有学者撰文提出宋江没有投降，于是引起一番争论。在争论相持不下时，《中华文史论丛》1981年第一辑发表了马泰来先生的《从李若水的〈捕盗偶成〉诗论历史上的宋江》一文，他证实宋江确实是受招安的。现将该文有关部分摘引于下：

> 最近翻阅北宋李若水（1092—1126）的《忠愍集》（影印文渊阁

《四库全书》钞本），发现了一首记载宋江受招安的诗，未曾为前人所引用。兹先抄录于下，再加说明：

> 去年宋江起山东，白昼横戈犯城郭。
> 杀人纷纷翦草如，九重闻之惨不乐。
> 大书黄纸飞敕来，三十六人同拜爵。
> 狞卒肥骖意气骄，士女骈观犹骇愕。
> 今年杨江起河北，战阵规绳视前作。
> 嗷嗷赤子阴有言，又愿官家早招却。
> 我闻官职要与贤，辄啖此曹无乃错。
> 招降况亦非上策，政诱潜凶嗣为虐。
> 不如下诏省科繇，彼自归来守条约。
> 小臣无路扪高天，安得狂词裨庙略。

（《忠愍集》卷二《捕盗偶成》）

李若水生平见《宋史》卷四四六（来源似为王偁［？—1200］《东都事略》卷一一一），记靖康前事甚为简略："上舍登第，调元城尉、平阳府司录。试学官第一，济南教授，除太学博士……靖康元年（1126），为太博士。"李若水作《捕盗偶成》时所任"小臣"为何官职，尚无法考知。唯一可肯定的是此诗作于宋江投降后一年。

《水浒传》第八十二回记宋江受招安后，"带领众多军马，大小约有五七百人，径投东京来……军士各悬刀剑弓矢，众人各各都穿本身披挂，戎装袍甲，摆成队伍，从东郭门而入。只见东京百姓军民，扶老絜幼，迎路观看，如睹天神"。虽为小说家言，仍可作本诗"狞卒肥骖意气骄，士女骈观犹骇愕"二句注脚。

根据李若水诗，宋江在山东起事，后来三十六人并受招安。李若水是反对招安政策的，可以推想，假如宋江旋降旋叛，李若水必然会在诗中提及。因此，在宋江投降后一年，李若水应没有听到宋江复叛的消息。

既有《宋史》的明确记载，又有当时反对招安政策的人所作诗文存在，这样完全可以证实历史上的宋江是投降了的。

再如对明末大旅行家徐霞客是否去过西藏一事，梁启超与丁文江两人曾发生过争论。梁启超认为徐霞客去过，其根据乃是徐霞客的挚友替徐霞客所作的墓志铭，梁氏以为自然可信无疑。而丁文江则持否定态度，其依据乃是徐霞客本人所作之《徐霞客游记》。最后梁启超承认失误，并深有体会地说："霞客虽有游藏之志，因病不果，从丽江折归，越年余而逝。吾固悔前此读《游记》之粗心，然为彼铭墓之挚友，粗心乃更过我。"① 两者相比，徐霞客自己所讲更为可信。

在考证过程中，考虑时近、地近的同时，还要考虑作史者的史德、史识以及所处时代，或注意提供材料者的人品、学识等问题。因为其人史德若不可取，往往就不能据事直书；若无史识，或史识不太高明，则对历史事件或历史人物无法作出合乎实际的正确结论。至于所处时代亦至关重要，有些情况尽管时代很近，而历史真相却不能暴露出来，或当时还很难一下作出正确结论；而在稍远时候，历史真相反而比较容易暴露出来，或较为容易作出正确的结论。如《三国志》成书在《后汉书》之前，更接近于三国时代，但有关汉魏易代之事的记载，还是《后汉书》更接近于历史真实。试以如下列表说明此处情况：

《三国志·武帝纪》	《后汉书·献帝纪》
天子以公领冀州牧	曹操自领冀州牧
汉罢三公官置丞相以公为丞相	曹操自为丞相
天子使郗虑策命公为魏公加九锡	曹操自立为魏公加九锡
汉帝以众望在魏乃召群公卿士使张音奉玺绶禅位	魏王丕称天子奉帝为山阳公

以上事实说明，陈寿当时所处的时代，使他还不能如实反映曹魏篡汉的这个历史事实，因为晋的帝位是从曹魏承袭而来，陈寿身为晋臣，在记载这些历史上不能不有所顾忌。而范晔生活在南朝，无此顾忌，所以就能把当时情况真实地反映出来。因此，也不能单纯从时代近这一角度出发。地近固然很重要，但当事人所言之事往往又不尽全部可信。正如梁启超所说："吾二十年前所著《戊戌政变记》，后之作清史者记戊戌事，谁不认为可贵之史

---

① 参见《中国历史研究法》第五章。

料？然谓所记悉为信史，吾已不敢自承。何则？感情作用所支配，不免将真迹放大也。治史者明乎此义，处处打几分折头，庶无大过矣。"①梁氏这一说法确实很有道理，因为"著书者无论若何纯洁，终不免有主观的感情夹杂其间"，尤其是参与其事者更加如此，要完全避免掉是很困难的。正因为如此，对于那些回忆录中的材料，在采用时必须持审慎的态度，不能单凭个人的回忆，还必须取得可靠的旁证方能采用。至于具体的时间，单靠回忆而没有确切的材料为证，则更容易搞错。史料的考证并不限于古代、近代，当代史中的许多问题同样需要考证。即使档案材料也未必都可靠，使用时同样需要推敲。例如关于包产到户究竟是什么地方最早实行，据我们所掌握的材料和实地调查，应当是在浙江省永嘉县，这里1956年6月已经开始实行。然而国内各大新闻媒体却报道安徽小岗村是最早实行包产到户。实际上小岗村是1978年11月才实行包产到户，两者相差22年多。我们同样可以找到新闻媒体对永嘉包产到户的报道，1957年10月13日《人民日报》批判包产到户的文章早就指出："永嘉是全国试行包产到户最早的一个县"，李云河（当时任永嘉县委副书记——引者注）是"包产到户错误做法的首创者"。而当事人李云河、戴洁天都因此被开除公职，一个被关进监狱，一个下放农村，直到党的十一届三中全会后才得到平反。这都是当代的事，照样有两种说法。

（3）物证法。

有些历史事件的记载是否真实，既无法用推理的方法加以论定，又无文献资料作为佐证，如果有实物来论证，那自然也是很理想的。因为用实物来考证文献资料，一般比较可靠。如孙武和孙膑同是我国古代著名的军事家，前者是春秋末期齐国人，后者是战国中期齐国人，两人都以兵书传世，司马迁在《史记》中讲得很清楚。《史记·孙子吴起列传》载："孙子武者，齐人也。以兵法见于吴王阖庐。阖庐曰：'子之十三篇，吾尽观之矣，可以小试勒兵乎？'"而在《太史公自序》中云："孙子膑脚，而论兵法。"后者是指孙膑，这在本传中已讲了："庞涓恐其贤于己，疾之，则以法刑断其两足而黥之。"上述引文说明孙武、孙膑各有自己的兵法著作。《汉书·艺文志》载《吴孙子兵法》82篇、图9卷，颜师古注曰："孙武也。臣于阖庐。"《齐孙

---

① 参见《中国历史研究法》第五章。

子》89篇、图4卷，颜师古注曰："孙膑。"可见在东汉时，两部兵法都流传于世。可是汉以后，《齐孙子》（即《孙膑兵法》）便失传，《隋书·经籍志》已不见著录。因此从宋代以来，直至明清，学者对孙武和孙膑是否都有兵法传世，众说纷纭。同时对于传世的《孙子兵法》究竟是孙武所作还是孙膑所作，也存在着不同的看法。1972年4月，在山东临沂银雀山汉墓出土一批竹简，其中就有《孙子兵法》和《孙膑兵法》。这样一来，长期争论的这个悬案便得到解决了。1973年浙江余姚河姆渡文化遗址的发现，证明我们的祖先在7000多年前已经栽培水稻，饲养狗、猪和水牛，建筑木屋，过着定居的生活。它也说明文献记载的越文化落后于中原的说法并不可靠。湖北发现的大型曾侯编钟，一则可以说明当时楚国冶炼技术的高度发达，再则可以说明当时音乐的发展水平。同时再次证明文献记载的楚文化落后于中原文化的说法不一定可信。至于利用金石器物来论证史实的例子，那就更多了。关于这点，在宋代学者身上尤为突出。刘恕"在和川时，以公事适野，见刘聪太宰刘雄碑，嘉平五年始改建元，正旧史之失"①。欧阳修曾根据《唐汾阳王庙碑》校正了《旧唐书·郭子仪传》之误。②应当说明的是，利用古代器物作为考证文献的重要依据，实际上隋唐以前的学者已经开始重视。如颜之推在《颜氏家训·书证》篇中就曾利用出土的实物，订正了《史记·秦始皇本纪》里的文字错误。

以上事实说明，在考证史料时，利用实物来订正文献之误的做法由来已久。而在方志编修中，由于所用资料的时代一般较晚，因此这种方法的用处也就更多了。

四、如何选择和运用史料

鉴别史料是治史修志过程中十分艰巨而又不可缺少的工作程序，这个工作做好了，只不过是为运用史料创造了条件。如何正确选用史料，进行分析

---

① 《传家集》卷六十八《刘道原十国纪年序》，《钦定四库全书荟要》本，第661页。
② 《集古录跋尾》卷八"唐汾阳王庙碑"条，《欧阳修全集》第五册，中华书局2001年版，第2263—2264页。

排比，得出科学的结论，使之如实地再现历史的真貌，这就要有一定的识力和才能，正如司马光对其助手说："在高鉴择之。"因为有时候材料很多，如何选择其典型者，是很不容易的，我们往往会感到每条材料都很好、都能说明问题，但篇幅总是有限，不能容纳那么多材料，这时不仅要有善于抉择去取的能力，而且要有忍痛割爱的精神。实际上，去掉的并不说明它没有价值。值得注意的是，有许多史料尽管是真实的，但却没有使用价值。如长期以来，各种文集中保存了许多寿文，全篇都是颂词，它们并无多大史料价值。可见在史料真伪正误鉴别以后，还必须善于抉择去取，要用马克思主义的基本原理进行分析，以实事求是的态度进行排比衡量，尽可能使历史真相再现。在这一方面，我们不妨也借鉴古人。如关于对黄巢领导的农民大起义的记载，《新唐书》和《旧唐书》中都有《黄巢传》，但却都没有《资治通鉴》的记载那么简洁、完备和生动，因此，当代论述这次农民起义的许多论著，大多喜欢引用《资治通鉴》，这就应当引起我们的注意。《资治通鉴》在记述黄巢起义军攻下东都洛阳时，"留守刘允章帅百官迎谒，巢入城劳问而已，闾里晏然"；写黄巢从洛阳率领大军到达长安时，唐"金吾大将军张直方帅文武数十人迎于霸上"；述起义军行军阵容时，"甲骑如流，辎重塞途，千里络绎不绝。民夹道聚观。尚让历谕之曰：'黄王起兵，本为百姓，非如李氏不爱汝曹，汝曹但安居无恐。'"[1]这样的简单记述却为我们留下了黄巢起义军的许多真实情况，如起义军声势的浩大、军纪的严明，以及唐王朝许多文武官员闻风而降；同时还反映了起义军注意宣传工作以安定民心，从而受到广大人民群众的热烈欢迎。这样的记载言语不多、简洁明了。有些材料看起来似乎无关紧要，往往却很能说明问题的实质，小中见大，不可忽视。例如《资治通鉴》叙述黄巢起义失败后，黄巢家人姬妾被械至成都，僖宗亲自审问："'汝曹皆勋贵子女，世受国恩，何为从贼？'其居首者对曰：'狂贼凶逆，国家以百万之众，失守宗祧，播迁巴蜀；今陛下以不能拒贼责一女子，置公卿将帅于何地乎？'上不复问，皆戮之于市。人争与之酒，其余皆悲怖昏醉，居首者独不饮不泣，至于就刑，神色肃然。"[2]这个故事的记载虽

---

[1]《资治通鉴》卷二五四。

[2]《资治通鉴》卷二五六。

免不了经过司马光的文饰，然其义烈之气仍跃于纸上。黄巢一门群从皆牺牲于革命，更有此从容就义之女子，本当大书特书，可是其他史书皆略而不载。由于司马光录及于此，就可以反映出当时革命人民坚贞不屈的光辉形象。尽管未作任何理论上之渲染，所产生的效果却是显而易见的。而那些不能说明历史事件实质的史料，即使是用上一大堆，也是无济于事，可见选择典型史料是十分重要的。例如《后汉书·董卓传》中记载董卓被杀后举国上下相庆贺的热烈场面，也只是用了几句话就体现出来。传中记载，当董卓被杀的消息传开后，"士卒皆称万岁，百姓歌舞于道，长安中士女卖其珠玉衣装市酒肉相庆者，填满街肆"。因为董卓掌权期间，给人民群众带来了莫大的灾难，他的覆灭自然大快人心，"百姓歌舞于道"的欢乐心情是完全可以理解的。正像"四人帮"垮台的消息一传出，全国上下为之欢腾。据当时报载，北京市民饮酒相庆，商店瓶酒销售一空。这就进一步说明，叙述历史的真相，展现事件的实质，不取决于史料引用的多少与长短，而看所用之史料是否典型。恩格斯曾经这样说过："即使只是在一个单独的历史实例上发展唯物主义的观点，也是一项要求多年冷静钻研的科学工作，因为很明显，在这里只说空话是无济于事的，只有靠大量的、批判地审查过的、充分地掌握了的历史资料，才能解决这样的任务。"① 可见史料的鉴别、选择与去取，乃是从事社会科学研究的一项十分细致的工作，绝不可草率从事。

第三节 关于新志编修的几点意见

一、从实际出发，拟定好篇目与编写大纲

在搜集材料之前，就应当拟定一个搜集资料的提纲，便于在资料搜集过程中心中有数。凡是参加过社会调查的人都知道，进行调查之前，先得有个调查提纲，这个提纲是为搜集调查资料服务的。编修方志，这个提纲就更重要了。当资料搜集、整理、鉴别工作完成之后，则需根据所掌握的实际资料

---

① 《马克思恩格斯选集》第二卷，第118页。

拟定篇目，根据篇目再订出详细的编写大纲。篇目的拟定工作在整个方志编修过程中是十分关键的一个环节，因为它是全书的总体规划，将来这部方志修成什么形式、质量如何，都直接与篇目门类的设计联系在一起。前人早已提出，我们鉴别、评论一部方志的优劣，只要看其门目，便可定其作者识力之高下。当然，篇目门类的拟定，又与采用的体例有关系，它是体例的重要展现，体例的好坏，从篇目门类一望而知。长期以来，方志的体例不外区分为细目并列与分纲列目两大类，而分纲列目又可分为纯书志体与纪传体两种不同形式。在长期的发展过程中，记载的内容不断在增加，再采用细目并列则显得十分烦琐，章学诚对此早已提出批评，因而这种体例逐渐被淘汰。而纯书志体与纪传体又在发展过程中慢慢融合为一。不过要注意的是，纯书志体本来就是从纪传体史书中分离出来的，专记一方之事，并成为方志主要的一种体裁，这在前面已经作了详细论述。这个统一看起来似乎又恢复到纪传体，实际上两者有很大区别。众所周知，纪传体正史一般都详于纪传，并以记载人物为主体，而书志部分所占比例很少；最后融合为一的这种方志体裁，表面上看仍是纪传体，实际上书志（即今天所称的专志）内容乃是其主体，所以不能把它们等同视之。这就是今天所称的方志体、书志体，有时把它称为"史志体"也未尝不可。这种体裁经过长期以来许多方志学家不断探讨而形成。可以想见，在全国各地开展新方志编修过程中，广大修志工作者本着继承和发展的精神，不断充实和革新，将使方志体例更加完善，成为更加适合于记载社会主义新时代内容的地方性和综合文献著作。

在制订篇目之前，要先对自己所写的市、县作个定位。如北京是我国政治、文化中心，尽管工厂很多、商业繁荣，但还称不上经济中心；上海则为我国的经济中心；苏州、杭州均为历史文化名城和名胜旅游城市，常州则为新兴工业城市等。知道所写市县的性质以后，就可以确定哪些内容是重点，哪些内容应当突出。

关于新志篇目的拟定，必须坚持从实际出发的原则。所谓从实际出发，是指两个方面：一是从本地实际出发，一是从史料实际出发。中国地方志协会为了引导各地编好新的方志，曾拟定了一份《新编县志基本篇目》。这个《篇目》的拟定，是根据长期以来志书所形成的体例和形式，即纪、志、表、传而来的。现附录于下：

序言

第一编　历史大事记述

第二编　概述

一、地理位置

二、行政区划

三、建置沿革

四、人口

五、县城、乡镇

第三编　自然志

一、地貌、地质

二、山脉、水系

三、土壤

四、气候、物候

五、自然资源

六、自然灾害

第四编　经济志

一、农业、林业、牧业

二、水利

三、工业、手工业、乡镇企业

四、商业（包括粮食、外贸、工商管理等）

五、财政、金融

六、交通、邮电

七、城乡建设

八、物产

第五编　政治志

一、中国共产党

二、行政设置

三、政法

四、民政

五、党派、社团

第六编　军事志

一、机构

二、兵役

三、民兵

四、重大兵事记述

第七编　文化志

一、文化艺术

二、教育

三、科技

四、医药卫生

五、计划生育

六、新闻、广播、电视

七、体育

八、文物、胜迹

第八编　社会志

一、民族、华侨

二、社会福利

三、风俗习惯

四、宗教信仰

五、方言、谣谚、民间传说

六、衣、食、住、行

第九编　人物志

一、人物传

二、人物表

三、革命烈士英名录

第十编　附录

一、县志编修始末

二、重要文献辑存

三、地方文献要目

《新编县志基本篇目》在各地编修方志拟定篇目时可作为参考。但必须指出的是，这并不是指令性的文件，不要照搬照套。因为各地情况不可能完全一致，沿海与内地不同，边疆与沿海亦不同，同是沿海省份或边疆省份，各种情况也不相同。同是一个省的各个县，亦有山区、海岛、平原之分。海岛县志所列篇目与山区、平原各县篇目势必不可能相同。因此，县志篇目的拟定必须从本地实际出发，做到因地制宜。所列篇目既要能反映一县的全貌，又要能体现出本县的地方特点，要做到这些，自然就不能强求一律。另外，还必须从掌握的史料实际情况出发。如果关于某个篇目门类的史料一无所有，或者史料很少，这种篇目门类就不必保留，否则写出的内容只能是空洞无物，没有任何价值。因此，在拟定篇目时，应当防止贪多求全，既要突出重点、特点，就不能搞面面俱到、平均分配。篇目的拟定既不要太繁，也不能太简，要做到繁简适中。要防止千篇一律，必须充分发挥各地修志人员的积极性和创造性，发扬方志门类区分上"多样性"的优良传统。凡是查阅过旧方志的人都会深深感到，方志的体例上大致相同，内容记载上大体有个范围，但在篇目、门类的区分上却不尽相同，真可说是做到了百家争鸣。正因为如此，许多正史上找不到的材料，在方志里却得以保存下来。如果早就定下一个统一的格式、统一的篇目，说不定许多宝贵资料就无从保存下来。就以清代章学诚来说，他自己建立了一整套方志理论，但他所修的方志，其篇目、门类也并不划一。他编修过省、府、州、县志，篇目各不相同，即使同属州志的《和州志》与《亳州志》也不一样。如果都按照统一拟定的篇目、大纲去编写，其结果必然是千篇一律、面目雷同。应当避免走贾汉复的老路，要鼓励大家发挥独创精神。

　篇目总是比较简单的，要使它具体化，还应根据篇目订出详细的编写大纲，以便在编写中避免重复和遗漏，做到层次清楚、条理分明，并且使志书反映特点、突出重点得到真正落实。因为篇目也好，门类也好，毕竟还是个纲领性的要目，细目要在编写大纲中逐一列出。有人认为这种编写大纲应在搜集资料之前就要拟定好，笔者认为此说不妥。一则在尚未搜集资料之前，究竟能有多少资料，心中一无所知，如果这样就拟定编写大纲，盲目性很大。这就不是从实际情况出发，更不是从占有资料的情况出发，而是从自己的头脑想象出发。二则是在未占有资料之前便拟定好编写大纲，容易陷入主观片面，"先入为主"，这个道理大家都很清楚。事先凭想象而列的详细大纲，当搜集好资料后，如果掌握的资料与编写大纲的预设出入很大，要作比较大的变动往往是困难的，最后就有可能造成削足适履的现象。基于上述原因，编写大纲必须在资料搜集鉴别以后再拟定，并且要在体例、篇目拟定后方可进行，因为它是体例、篇目的具体化，通过编写大纲，可以将体例、篇目的精神充分发挥出来。在资料搜集前所订的乃是调查、搜集提纲，这要与编写大纲区分开来。

二、要处理好继承和创新的关系

每个修志人员必须懂得，你所编写的是地方志，而不是其他别的著作。既然如此，就必须保持地方志在长期发展中所形成的一系列优良传统和特点，这就是大家经常在文章中讲到的：记载的连续性、内容的广泛性、形式的多样性以及区域性、时代性等等。如果把这些特点都丢掉了，那也就不成其为地方志了。因此，要建立新的方志理论，就必须对旧方志理论进行研究，批判地予以继承。否则，离开了旧的方志理论，新的方志理论能够凭空产生吗？马克思主义经典作家对于如何继承旧的文化遗产、建立无产阶级新的文化，有过很多精辟的论述。马克思和恩格斯在《德意志意识形态》一书中说："历史不外是各个世代的依次交替。每一代都利用以前各代遗留下来的材料、资金和生产力；由于这个缘故，每一代一方面在完全改变了的条件下继续从事先辈的活动，另一方面又通过完全改变了的活动来改变旧的条件。"[①] 列宁对于批判地继承旧的文化遗产，并在此基础上创立无产阶级新文化，说得就更加明白而具体了。他在《青年团的任务》一书中说："当我们谈到无产阶级文化的时候，就必须注意这一点。应当明确地认识到，只有确切地了解人类全部发展过程所创造的文化，只有对这种文化加以改造，才能建设无产阶级的文化，没有这样的认识，我们就不能完成这项任务。无产阶级文化并不是从天上掉下来的，也不是那些自命为无产阶级文化专家的人杜撰出来的，如果认为是这样，那完全是胡说。无产阶级文化应当是人类在资

---

① 《马克思恩格斯选集》第一卷，第51页。

本主义社会、地主社会和官僚社会压迫下创造出来的全部知识合乎规律的发展。"① 这些论述是我们研究方志继承和创新的指南。所有这些都说明，任何一个时代的文化，总是在批判地继承前代的基础上发展起来的，地方志作为文化的组成部分，自然也不例外。继承并不是全部照搬，而是有批判地"取其民主性的精华"；创新则是相对继承而言，而不是无依据地凭空创作，是以继承为前提，在继承的基础上根据时代的需要加以发展。若是离开这个前提，把千百年来方志发展过程中所形成的一些优良传统、有别于其他著作的所独具的特色全部抛开，另起炉灶地独创，那只会失去编纂方志的宗旨。这种做法只能叫"新创"，而不是我们所讲的"创新"，两个字一换位置，意义就截然不同。因此，对于每个修志工作者来说，要做好继承和创新工作，不仅要懂得旧方志的编修理论，而且应当尽可能多看几部旧时代所修的方志，既要看些前人所称颂的"佳志"，也要看看那些评价不高或平平淡淡的志书，这样就可以有个比较，有利于开阔视野、打开思路，充分认识旧志的特点和弊病，这样才能够谈得上继承与批判。如方志在长期发展过程中所形成的体例，兼包了纪、志、传、图、谱（即表）等体裁，可以沿袭和使用。方志记载内容的广泛性，必须保持和发展，因为这是方志有别于其他著作的一个重要标志。宋代司马光把它称为"博物之书"，这在今天来说也还是比较恰当的，还没有其他别的称呼比它更为合适。欧阳发、丁剑在这个问题上似乎还持不同看法，说"宋代司马光曾把方志称之'博物之书'，其实方志并不局限于'物'，更重要的是'人'，是人类社会活动的各个方面"②。看来两位忘记了历史博物馆吧，博物馆中难道陈列的仅仅是"物"吗？自然不是。因为它还陈列着人类发展的历史，"人类社会活动的各个方面"。所以用"物"与"人"来否定司马光的说法恐怕未必妥当。何况司马光写此序时，是明知书中记载有人物，他说宋敏求所作"《河南（志）》、《长安志》，凡其废兴、迁涉其宫室、城郭、坊市、第舍、县镇、乡里、山川、津梁、亭泽、庙寺、陵墓之名数，与古先人遗迹，人物之俊秀，守令之良能，花卉之殊尤，无不备

---

① 《列宁选集》第四卷，人民出版社1972年版，第347—348页。
② 《新编方志十二讲》，黄山书社1986年版，第24页。

载。考诸韦记，其详不啻十余倍，开编粲然，如指诸掌，真博物之书也"[1]。可见他是把人物活动的记载备列以后，最后才下结论"真博物之书"。现在有许多人将方志说成是"百科全书"，笔者对此更不敢苟同。因为无论从体例还是内容记载来看，它都不可能像是"百科全书"。关于这个问题，前面已经作了论述。我认为，若是方志的编修按照"百科全书"的要求那样去做，只会失败而不可能成功。有些人一味强调地方志就是地方百科全书，这是有害而无益的，这种指导思想，很可能把方志的编修引入歧途。

继承不是最终目的，继承旧时代所留下的精华，是为创造社会主义新文化服务。继承旧的方志优良传统和方志理论，是为编修社会主义时代新方志、创立新的方志理论服务。当然，这种创新工作也不是闭门造车，而是要在修志的实践过程中来实现。章学诚之所以能创立一套完整的方志理论，其中一个重要的原因便是不断参加修志实践，总结经验教训，并不断充实和完善理论。时代不同了，政治经济文化等各方面都在发展变化，新方志的编修就要能体现这些变化，照抄旧方志的篇目门类势必不能完成这个任务。我们今天的社会生活内容，比封建社会不知要丰富多少倍，许多事物不单是量的增多，而且有了质的变化。我们今天编修新志，就是要把这丰富的社会内容反映出来，否则就失去了编修新志的意义。这就要求修志工作者必须考虑如何在内容记载上创新。

至于如何创新，在粉碎"四人帮"后的第一次全国史学会上，胡乔木同志在关于史学研究的发言中曾经指出：我们今天要"用新的观点，新的方法，新的材料和体例，继续编写地方志"，而"新的地方志要比旧志增加科学性和现代性"。这就是说，我们必须用马列主义的立场、观点和方法，编写出能够反映时代内容并具有科学性的新的地方志。胡乔木的讲话既告诉大家编修方志应当创新，又告诉大家如何创新。事实说明，各地在修志实践中，在继承和创新方面已经取得了可喜的成绩。在体例和篇目的设置上，对于千百年来经过反复锤炼而形成的以志为主，包括纪、传、图、表多种形式的体例，大多做到在继承中又有创新；在篇目设置或门类区分上，保持了具有方志特点的篇目，也去掉了那些不符合时代精神的篇章。诸如皇言纪、烈

---

[1] 司马光：《河南志序》。

女传之类都应该被扬弃,代之足以反映我们这个时代精神的新篇章。旧志在篇目门类设置上,一般只有两个层次。现在由于内容的丰富,层次也增多了,于是近代编书的章、节形式也进入了新的志体,有的新志书出现了篇、章、节、目等多种层次。这可以说就是篇目体例上的创新。不过在这里应当指出的是,层次不管区分多少,但以类相从的基本形式不能变更,否则就不成其为方志。这就是说,创新不能不顾及方志体例原有的特点。为了说明问题,现举专志篇目的拟定为例。现在有些专志的编写,形式上都是用章、节、目排列,但写法还是不同,有的是按历史的发展分成几个时期,然后再分问题按历史发展顺序进行编写,这种写法实际上是写历史而不是编方志。如以教育志而言,有的就是这样分法:第一节"清末至民国以前的教育",第二节"民国时期的教育",第三节"新中国成立后教育事业的发展"……这就是写的教育发展史;另一种写法则是:第一节"概述",第二节"书院",第三节"学堂和私塾",第四节"各级各类学校"。前者是按历史顺序进行分期,后者是以类相从进行分类。两者相比,自然是后者符合于志书的体裁,它既有继承,又有创新。

从新志内容的创新来看,最重要的无过于内容记载的科学性。在这一点上,旧方志是无法与之相比的。因为旧方志中不仅记载了许多封建迷信、荒诞不经的东西,而且所记事实往往为作者有意无意所歪曲;加之许多文人喜欢猎奇、街谈巷议、捕风捉影、牵强附会,如此等等,不一而足。尽管许多方志每条材料必注出处,但大多辗转相抄,即使声称言之有据,也未必可信。我们今天编修新志,情况则大不相同,一则是社会制度的优越,修志人员有较强的责任心;再则是科学的发达,对于自然界所发生的一些现象都可以用现代科学知识加以解释。加之参加修志人员的观点明确,新志的编修要为建设"两个文明"服务,用的是新观点、新方法、新材料,这是使之达到科学性的有力保证。所以我们说科学性乃是新修方志应具备的第一大特点,也是新志编修在内容上最大的创新。当然,内容方面的创新是表现在多方面的,也是最容易体现出来的。

总之,对待这个问题,我们既反对全部丢掉方志原有的特性而一味追求创新的做法,也反对原封不动全部照搬照抄旧方志的一切格式和门类。应当懂得,方志这种著作形式是在长期的历史发展过程中逐渐形成的,它从最初的地记，历经图经，到定型称志，内容和体例都一直在"变"。即使是定型称志以后，也还是在不断变化着。因此，我们不能用一成不变的观点来看待方志这种著作，尤其不能用这种观点来评论新编方志，更不能用旧方志的体例、格式、门类生搬硬套，使之"对号入座"，若稍加变化，增减门类，便议论纷纭，以为不可。这种"不得越雷池一步"的思想，无疑将阻碍和影响方志的发展。

三、要处理好共性与个性的关系

方志与其他著作相比，有它自己的个性，这种个性就是区别于其他著作的特殊性。这也就是大家在论著中常讲的方志的特性，有的讲四点，也有的讲五点，总归具备了这些特性才能算是方志。但方志中又分省志、府志、州志、县志、山水志等。在这个意义上来讲，上面所讲的方志"个性"，对各类方志来讲也成为它们的"共性"。而各类志书又有自己的个性，省志有省志的要求，县志有县志的要求，山水志又有山水志的要求。因为它们所要记载的对象、内容与任务不尽相同，关于这点，章学诚在《方志辨体》中早有论述。因此无论省志还是县志，在确立体例、拟定篇目时，首先要注意不能脱离方志这个共性，否则它就不是方志了。在此前提下，又必须具有自己的特点。也就是说应当能反映出某县、某省的特色。如浙江舟山的普陀区，地处海岛，以渔业生产为主，那么它的志书篇目和大纲中必须反映出这一特点。只要去过那里的人都知道，无论是工业生产、商业贸易，乃至人民的生活习惯，几乎都离不开"渔"字。就以商业而言，不仅要收购水产品，而且要供应渔民所特需的生产资料和生活资料。在修《普陀区志》时，这个主要特点自然要突出反映出来。说这个志书所拟定的篇目和编写大纲，拿到别的县去就不适用。相反，大山区所在的县，工业、商业又得围绕山区生产、经济等特点做文章；平原地区的县则以农业生产为主，各自都有特点。当然，在拟定修志篇目和编写大纲时，只能按照各自的特点出发，这就体现了各自的个性。可见方志这种著作，在保持其基本特性、基本格调的情况下，大多能根据各地特定情况，从体例安排到篇目确定，从内容多少到语言文字，都没有一个固定不变的模式，也不应当有固定不变的模式。在一般情况下，都是由编纂者根据本地特点自行安排，确定记载内容和范围以及采用何种体例。应当说这也是方志所以富有那么大的生命力的一个重要因素。凡是翻阅过旧志者都很清楚，同样是六卷的两部县志，一部分类可能达数十门之多，另一部则可能仅六七门而已。清初贾汉复在河南、陕西曾经颁布过统一的修志门目，这在方志编纂史上留下了很坏的影响。因为在此影响下，所修志书面目如一，使许多县志失去了应有的特点和个性。这是失败的教训，千万不能把它视作成功的经验。

目前在各地编修新志当中，还存在着硬性规定比例的做法，经济部分必须占全志百分之多少，而经济中工业又必须占百分之多少，工业中重工业又占百分之多少。众所周知，方志学是一门学问，方志是一种著作，修志工作意味着什么自然可想而知。按照胡乔木所说，修志就是做学问。既然这样，如何能用搞生产那样硬性规定的指标比例来指导修志呢？这显然是莫大的误解。有些县明明是以农业生产为主，修志中也要突出工业，尽管只有几个小工厂，也要列上重工业、轻工业、纺织工业等一系列名目，这样做符合突出特点、反映个性的要求吗？桂林是以"山水甲天下"，难道修《桂林市志》也非得突出经济？"上有天堂，下有苏杭"的苏、杭二州，一向被人们视为人间天堂，难道这两个市修志也非突出经济不可吗？回答是否定的。因为这样做不符合这些市的历史和现状，不符合这几个市的特性。我们评论一部方志修得是否成功，除了看它是否符合方志的共性外，首先就要看它是否具有自己的个性，它的内容记载是否反映了当地的实际情况，是否突出了这个地方的特殊性。如果反映不出本地的特殊性，那就只有共性而无个性。这样虽不能说是失败，但也绝不能说是修得成功的。尤其是举世瞩目的一些地方，这些地方的特点是人所共知的，所修的方志应当突出什么，必须慎重对待，不能凭主观随心所欲而定。举例而言，鞍山是我国的钢铁生产基地，抚顺是我国的煤炭生产基地，大庆是我国的石油生产基地，这三个市若是修志，自然分别要突出钢铁、煤炭、石油这三项；无锡向有"小上海"之称，常州是一个新兴的中小工业城市的典型，它们各自应当突出什么都很明显。对于苏州、杭州二市修志，就应当在"人间天堂"上大做文章。这个看法，也不是单凭主观上的想象，而是从这两市的历史和现状出发的。这两个城市都是我国著名的"历史文化名城"，其风景名胜早已誉满全球，因此外国朋友也都向往着这两个人间天堂。1982年国务院在公布这些名城名单时，都作了简要介绍。如杭州："我国古都之一，秦置钱塘县，隋为杭州治，五代时是吴越国都，南宋时以此为行都，是世界著名的游览城市。西湖风景秀丽，名胜古迹很多，如灵隐、岳庙、六和塔等。"在《国务院批转国家建委等部门关于保护我国历史文化名城的请示的通知》中指出："我国是一个历史悠久的文明古国。保护一批历史文化名城，对于继承悠久的文化遗产，发扬光荣的革命传统，进行爱国主义教育，建设社会主义精神文明，扩大我国的国际影响，都有着积极的意义。各级人民政府要切实加强领导，采取有效措施，并在财力、物力、人力等方面给予应有的支持，进一步做好这些城市的保护和管理工作。"这里对于保护历史文化名城的重要性和现实意义讲得十分清楚。国家基本建设委员会、国家文物事业管理局、国家城市建设总局三单位在呈报国务院的《关于保护我国历史文化名城的请示》中，第一条这样说："城市的性质和发展方向，要根据其历史特点和在国民经济中的地位与作用加以确定。今后的建设，既要考虑如何有利于逐步实现城市的现代化，又必须充分考虑如何保存和发扬其固有的历史文化特点，力求把两者有机结合起来。搞现代化，并不等于所有的城市都要建设很多工厂、大马路和高层建筑。特别是对集中反映历史文化的老城区、古城遗址、文物古迹、名人故居、古建筑、风景名胜、古树名木等，更要采取有效措施，严加保护，绝不能因进行新的建设使其受到损害或任意迁动位置。"正是根据上面两个文件的精神，1984年5月，国务院批准的《杭州建设总体规划》中，确定了杭州的城市性质和发展方向为"历史文化名城和重点风景旅游城市"。这一规划既反映了杭州的历史和现状，又指明了未来杭州的建设方向。基于上述理由，所以《杭州市志》的编修理应突出历史文化名城和风景名胜城市的性质与特点，而经济建设不是它的重点，这是顺理成章之事。照这样来编修《杭州市志》，既符合杭州的历史和现状，又有利于为杭州今后的建设服务，特别是对于开发杭州的旅游事业可以起到推波助澜的好效果。北京是我国的首都和政治文化中心，因此，我们修《北京市志》时，应以政治、文化为重点；上海乃是我国最大的经济城市，这些性质必须分清。就如南宋时的杭州，是当时的都城，故所修"临安三志"，对政治机构都记载特详，反映了它与一般府志的不同。单以《咸淳临安志》而言，在100卷之中，政治机构就占有14卷之多。可见它们都很注意突出自己的重点和特点。

总之，每个地方的特殊性是客观存在的，不是任何人所能改变的。因此各地在编修方志时，必须把各地的特色反映出来，这也是方志发展史上一个优良的传统。对这个优良传统必须无保留地加以发扬，以便很好地体现所修志书的个性。若是固执己见，势必为后人讥笑，这在方志发展史上已经有了不少"前车之鉴"。

四、充分发扬据事直书的优良传统

无论是撰史还是修志，都会碰上直书和曲笔的问题。据事直书（或称"秉笔直书"）是我国史学发展过程中形成的一个优良传统。方志是史学的支流，因此据事直书也是方志发展过程中一个优良的传统，它是许多优秀的历史学家和方志学家在坚持历史记载的真实性、与那些故意歪曲历史事实和任情褒贬的丑恶现象作斗争中发展起来的。这个优良的传统应当被继承和发扬。

直书与曲笔是相对的。若按字面解释，据事直书，就是如实地把历史事实记载下来。曲笔则是对历史事实加以歪曲、篡改和捏造，这自然是恶劣的行为。至于任情褒贬，与曲笔又有程度上的不同，它不是对历史事实本身进行歪曲、篡改和捏造，而是对历史事件、历史人物、历史事实凭自己主观好恶妄加评论和解释，所以历来为进步的历史学家所反对。在我国长期的封建社会中，凡是能坚持直书的史官和史家一直受到人们的尊重和赞扬，并被誉为"良史"而名留千古。

我国历史上第一位历史学家孔子，就提倡写历史要用"直笔"，行"直道"。在《左传》宣公二年的记载中，他赞扬了"书法不隐"的董狐是"古之良史"。孔子在评论历史人物时，也主张坚持正直，他说："直哉史鱼！邦有道如矢，邦无道如矢。"（《论语·卫灵公》）为什么说史鱼正直呢？就是因为在国家政治上轨道时，他的言行能像箭一样挺直；而在国家混乱之时，他的言行也像箭一样挺直。对于同样称霸过的齐桓公和晋文公，孔子的评价也是不同的，认为"晋文公谲而不正，齐桓公正而不谲"[①]。所以对于任何好人

---

① 《论语·宪问》，《论语注疏》，第190页。

或坏人的评价，都要经过自己的慎重考察，而不应随声附和，要做到"众恶之，必察焉；众好之，必察焉"①。不仅如此，他还提出："君子不以言举人，不以人废言。"②这就是说，不要因为有些人话说得很漂亮就重用他，也不要因为有些人犯过一些错误，就对他所提的好建议不予以采纳。这些言论都反映了孔子提倡据事直书、反对歪曲事实的思想。他在我国历史上既是私人修史的开创者，也是首先提倡直书者。

伟大的历史学家司马迁作《史记》，以实际行动树立了直书的榜样。由于他善恶必书，所以《史记》问世不久，就被刘向、扬雄等人公认为"实录"。班固在《汉书·司马迁传赞》中云："自刘向、扬雄博极群书，皆称迁有良史之材。服其善序事理，辨而不华，质而不俚。其文直，其事核，不虚美，不隐恶，故谓之实录。"班氏之赞绝非溢美之誉。何谓实录？刘知幾在《史通·惑经》篇里有过说明："苟爱而知其丑，憎而知其善，善恶必书，斯谓实录。"司马迁写《史记》正是这样做的。他在书中对于汉初近百年历史，首先记载了它的繁荣、强盛和前所未有的大一统局面。由于70多年的休养生息，汉武帝执政初期，农业和工商业都得到很大发展，社会比较安定。所以司马迁面对这一繁荣景象是歌颂的。他在《平准书》里说："至今上即位数岁，汉兴七十余年之间，国家无事，非遇水旱之灾，民则人给家足，都鄙廪庾皆满，而府库余货财。京师之钱累巨万，贯朽而不可校。太仓之粟陈陈相因，充溢露积于外，至腐败不可食。众庶街巷有马，阡陌之间成群，而乘字牝者傧而不得聚会，守闾阎者食粱肉，为吏者长子孙，居官者以为姓号。故人人自爱而重犯法，先行义而后绌耻辱焉。当此之时，网疏而民富。"类似的记载还散见于《史记》其他的篇章中，诸如此类的精彩描写，是研究汉代历史的人都很熟悉的。可是到了汉武帝晚年，由于夸张功德，发动了一系列对外战争，同时又耗费了大量金钱搞封禅、求仙和巡游，结果是"兵连而不解，天下苦其劳"，"国家用竭，海内萧然"，整个王朝统治出现了严重危机。从这些治乱盛衰截然相反的记载中，充分说明司马迁在撰写《史记》时，对具体历史事实的处理确实做到了"不虚美"、"不隐恶"。

---

① 《论语·卫灵公》，《论语注疏》，第214—215页。
② 《论语·卫灵公》，《论语注疏》，第214—215页。

唐代大史学家刘知幾认为，一个史家的职责就是要忠实地记载历史，不容许任意曲笔篡改，只有这样，才能真正发挥史书的教诫作用。为了强调这一观点，他在《史通》一书中不仅写了《直书》、《曲笔》两个专篇予以论述，而且还在许多篇章中一再加以说明。怎样才算"直书"？如何方称"实录"？刘知幾曾用类比的方法作过详细的论述。他说："盖明镜之照物也，妍媸必露，不以毛嫱之面或有疵瑕，而寝其鉴也；虚空之传响也，清浊必闻，不以緜驹①之歌时有误曲，而辍其应也。夫史官执简，宜类于斯。苟爱而知其丑，憎而知其善，善恶必书，斯为实录。"②这就是说，作为一个历史学家，撰写历史必须公正无私，不得歪曲与篡改；要敢于仗义直书，不应有主观偏见、任情褒贬。因为他深深认识到："盖史之为用也，记功司过，彰善瘅恶，得失一朝，荣辱千载。"③这个利害关系影响实在太大，所以他一再勉励史家："盖君子以博闻多识为工，良史以实录直书为贵。"④应当发扬"宁为兰摧玉折，不作瓦砾长存"⑤的精神，坚决反对那种为了讳饰权威人物而"以实为虚，以非为是"的恶劣作风。

南宋史学家郑樵亦反对"褒贬任情"的做法。他认为史家编写历史，必须做到如实反映历史事实，而不应当任意作主观褒贬，这是对以前史家，特别是刘知幾的据事直书思想的继承和发展。尤其是对任情褒贬的恶劣作风，他抨击得更为激烈，将这种学风称为"妄学"、"欺人之学"。他说："凡说《春秋》者，皆谓孔子寓褒贬于一字之间，以阴中时人，使人不可晓解。《三传》唱之于前，诸儒从之于后，尽推己意而诬以圣人之意。此之谓欺人之学。"⑥他强调指出："《春秋》主在法制，亦不在褒贬。"⑦这样，他就把长期以来一直被奉为《春秋》笔法的一字褒贬说推翻了，从而也就打掉了任情褒贬的理论依据。在郑樵看来，《春秋》本来就不存在什么高深莫测的微言大义，

---

① 春秋时齐国著名歌唱家。
② 《史通·惑经》，《史通通释》，第374页。
③ 《史通·曲笔》，《史通通释》，第185页。
④ 《史通·惑经》，《史通通释》，第381页。
⑤ 《史通·直书》，《史通通释》，第180页。
⑥ 郑樵：《通志·灾祥略序》，中华书局1987年版，第1905页。
⑦ 郑樵：《夹漈遗稿》卷二《寄方礼部书》，吴怀祺：《郑樵研究》，厦门大学出版社2010年版，第162页。

都是后来儒生的附会,使之玄而又玄。由于附会很容易使事物失去本来面目,所以他对此非常痛恨。他认为作为一个历史学家的责任就在于真实地记载历史,无须另外再加褒贬。如读了"萧(何)、曹(参)之行事,岂不知其忠良",看了"(王)莽、(董)卓之所为,岂不知其凶逆"。可是褒贬之风由来已久,于是史书上贤奸颠倒,曲笔屡见。对此,他在《通志·总序》里作了深刻的揭露,指出:"曹魏指吴、蜀为寇,北朝指东晋为僭。南谓北为索虏,北谓南为岛夷。《齐史》称梁军为义军,谋人之国可以为义乎?《隋书》称唐兵为义兵,伐人之君可以为义乎?……桀犬吠尧,吠非其主。《晋史》党晋而不有魏,凡忠于魏者目为叛臣……《齐史》党齐而不有宋,凡忠于宋者目为逆党……噫!天日在上,安可如斯!似此之类,历世有之,伤风败义,莫大乎此!"这种现象的出现,正是由于有些史家不能忠于史实,单凭个人好恶、自身利害而专事褒贬,这样一来,自然就达不到"信者传信,疑者阙疑"的信史要求了。

至于在方志发展史上,到了明代,许多方志的作者也纷纷提出,修志如同撰史,必须做到"据事直书"、"记载欲实"、去取公正、力戒浮夸等要求。如《崇祯肇庆府志·凡例》中有一条明确指出:"志乘宁信毋疑,宁核毋滥,宁缓以质舆评,毋逞笔于臆见,宁阙以俟后日,毋阿意于目前……使作者无腴词,受者无愧色。"这些要求至今仍有借鉴价值。清代杰出的史学评论家、方志学家章学诚继承了前人这一优良传统,并对史学界那种随意褒贬的行为作了辛辣的批评。他说:"鄙则以为,据事直书,善恶自见,史文评论,苟无卓见特识,发前人所未发,开后学所未闻,而漫为颂尧非桀,老生常谈,或有意骋奇,转入迂僻。前人谓如释氏说法,语尽而继之以偈,文士撰碑,事具而韵之以铭,斯为赘也。"[①] 这个批评形象生动,确实击中写史外加论赞的弊病。他认为在方志编修当中,同样应当坚持这一精神。早在《答甄秀才论修志第一书》里,他就提出了这一观点,而且批评了当时修志中的种种不正之风,提出:"仆谓讥贬原不可为志体,据事直书,善否自见,直宽隐彰之意同,不可专事浮文,以虚誉为事也。"[②] 章学诚认为,这个优良

---

① 《文史通义新编新注》外篇三《为毕制军与钱辛楣宫詹论续鉴书》,第654页。
② 《文史通义新编新注》外篇四《答甄秀才论修志第一书》,第841页。

传统固然很重要,但要真正做到却并不容易,因为它涉及每个人的品德问题。为此他提出,作为一个好的史家,必须具备"史德",才能正直无私地记载历史。他在《文史通义》中专门写了《史德》篇,对此加以论述。什么是"史德"?章学诚认为"史德"就是"著书者之心术",是史家作史时能否忠于客观史实,做到"善恶褒贬,务求公正"的一种品德。因为史家撰述历史时,一定会渗透进自己主观的爱憎情感,而每个人对于客观存在的历史事实,在取舍之间又往往会随其所好,所以,"盖欲为良史者,当慎辨于天人之际,尽其天而不益以人也。尽其天而不益以人,虽未能至,苟允知之,亦足以称著术者之心术矣"①。这就是要求史家能够客观地去观察事物,如实地反映历史的真相,不得以私意为褒贬。但是在现实生活中,却常常出现这种情况:有的史家以才而论,文笔流畅;以学而论,闻见渊博;以识而论,分析判断能力很强,可是心术不正,怀有私心、野心,在著述中往往对史实肆意篡改、任情褒贬。章学诚在这里看到了客观历史与史家主观意图常常产生矛盾这一现象,于是要求史家培养史德,端正心术。当然这种愿望是良好的,值得肯定。需要指出的是,在封建社会要真正做到这点是困难的。但在今天,对于撰史修志来说,它仍有借鉴的价值。正如马克思所说:"辩证法在黑格尔手中神秘化了,但这决不妨碍他第一个全面地有意识地叙述了辩证法的一般运动形式。在他那里,辩证法是倒立着的。必须把它倒过来,以便发现神秘外壳中的合理内核。"②

当然,我们还必须看到,封建时代史家们所提倡的"直书"是有时代和阶级局限性的。早在孔子作《春秋》时,就提出了要"为尊者讳"、"为亲者讳"的宗旨。《公羊传》闵公元年载:"《春秋》为尊者讳,为亲者讳,为贤者讳。"尽管史贵直笔,而于君、亲、贤大夫,例为之隐讳。刘勰在《文心雕龙·史传》篇中说:"若乃尊贤隐讳,固尼父之圣旨。"可见他认为孔子这一主张是天经地义的。刘知幾虽然对于写史曲笔深恶痛绝,但他同样认为,为了维持"名教",对君亲实行隐讳还是理所当然的。所以在《史通·曲笔》中开篇便说:"肇有人伦,是称国家。父父子子,君君臣臣,亲疏既辨,等

---

① 《文史通义新编新注》内篇五《史德》,第265页。
② 《〈资本论〉第一卷第二版跋》,《马克思恩格斯选集》第二卷,第218页。

差有别。盖子为父隐,直在其中,《论语》之顺也。略外别内,掩恶扬善,《春秋》之义也。自兹已降,率由旧章。史氏有事涉君亲,必言多隐讳,虽直道不足,而名教存焉。"这就是说,在刘知幾看来,当"直道"与"名教"相矛盾时,宁可让"直道不足",而要使"名教存焉"。又在《史通·惑经》篇中说:"夫臣子所书,君父是党,虽事乖正直,而理合名教,……讳之可也。"这里一再明确提出,做大臣或做晚辈的,都有责任为君主和长辈讳饰,否则就有失于君臣父子之道,违背名教。明末清初王夫之在《读通鉴论》里也说:"《春秋》之法,'为尊者讳,为亲者讳'。《春秋》以正乱臣贼子之罪,垂诸万世者也。桓、宣弑立而微其辞,尊则君,亲则祖,未有不自敬爱其尊亲而可以持天下之公论者也。"[1]王夫之也认为:"君臣、父子,人之大伦也。"[2]他把君臣父子关系看作世界上衡量一切事物好坏之最高准则,所以只有"敬爱其尊亲",才可以"持天下之公论"。众所周知,"名教"乃是封建社会里的等级名分和礼教。他们要维护名教,就是要维护封建社会的等级名分制度,因此,破坏了名教,无疑就是动摇了封建统治。当然,生活在封建时代的历史学家,既不愿做封建统治者的叛逆,理所当然就要维护封建社会的道德准则,这样他们在史学理论上提出要维护名教,并把它放在"直道"之上,自然也就可以理解了。

需要说明的是,隐讳与曲笔毕竟不同,前者只是对不好的人或事避而不谈,后者则是对事实加以歪曲或篡改。今天无论撰史还是修志,对于历史上据事直书的优良传统必须加以批判地继承和发扬,一定要坚持实事求是的科学态度,秉公记载,做到信者传信、疑者存疑,为建设社会主义物质文明和精神文明服务。这就是我们史学工作者和修志工作者应当遵守的准则和追求的目标。编纂社会主义时代的新方志,自然要为社会主义时代的政治、经济和文化建设服务,这是理所当然的事,否则我们兴师动众、花费大量人力财力有何意义?唯其如此,对于那些有损于我们中华民族尊严和荣誉、有损于我们社会主义祖国尊严和荣誉、有违于"四项基本原则"的言论和事件,必须坚决不予记载。我们不记载并不等于曲笔,因为有些言论和事件,对于繁

---

[1] 《读通鉴论》卷四《宣帝二》,中华书局1975年版,第78页。
[2] 《读通鉴论》卷二十八《五代上·二〇》,第889页。

荣社会主义祖国文化事业、建设社会主义物质文明和精神文明不仅无益，而且有害。略而不书，并不违背直笔精神，因为我们并没有歪曲篡改事实。何况有些涉及国家机密，古代史家方且提出"内外有别"，我们今天就更应当注意了。无论是写史还是修志，内容的记载都是有所选择的，自古以来就是如此，否则一个国家每天发生的事情很多，全要写进史书当中自然是不可能的。同样的道理，一部方志要将这个地区所有事情都写进去也是办不到的。孔子作《春秋》，就曾确定了常事不书、详内略外的记载原则，就是说所记之事必须是具有重大政治意义、足以稽考时事之变迁者。如果事情与大局无关，虽大不书；而重点所在，虽小必记。编纂方志也是如此，明代以来许多方志编修者在凡例中，也大多提出了关于内容记载的原则。例如《嘉靖宝应县志略》的编写义例中就明确规定："凡事实讹冗及好事近诬者不书，食货常有者不书，官属卑冗无闻者不书，人物存者不书，一切私家诗序碑志不书。"这里且不谈其原则是否妥当，但有一点可以明确，无论撰写历史还是编修方志，其所记载的内容向来都是有所选择的，绝不可能有闻必录。最后还必须说明一点，大家应当明白，史学是一门阶级性很强的科学，从它诞生之日起，就被统治阶级所利用，要为其阶级利益服务。在整个封建社会里，"维持名教"被视为撰史、修志的最高政治标准，凡是有伤名教者一律不书。作为人民民主专政下的社会主义国家，编写历史、纂修方志，就是要为社会主义建设服务，这是无须多言而大家都明白的道理。同样在社会主义社会里，写史修志提出自己的政治原则和道德标准，自然也是顺理成章之事。

总之，撰史修志应当坚持"四项基本原则"，这是从维护社会主义祖国的整体利益出发的。在明确这一精神的前提下，我想有必要再强调一下，撰史修志者要把那些热爱祖国、勇于献身的各种英雄人物一一载入史册志书，使他们名垂千古；对那些挖社会主义墙脚的丑类要毫不留情地加以笔伐，让他们遗臭万年。我们必须尽力完成自己所担负的神圣职责，决不辜负祖国人民的重托！

五、新编方志必须反映新时代的特点，体现新时代的社会面貌

一定的学术文化是一定的社会政治在观念形态上的反映，同时又反过来

作用并影响到政治和经济。因此，不同的时代总要产生为这一时代服务的学术文化思想体系。这是马列主义经典作家所早已指出的。斯大林在《论辩证唯物主义和历史唯物主义》中就曾指出："社会思想、理论和政治设施，在社会物质生活的发展即社会存在的发展所提出的已经成熟的任务的基础上一经产生，便反过来影响社会存在，影响社会物质生活，为彻底解决社会物质生活的已经成熟的任务，为社会物质生活能进一步发展，创造必要的条件。"[1] 可见学术文化的发展对于社会物质生活发展的影响是不可忽视的。我们只要稍作留心便可以清楚看到，任何一种学术文化思想，都在不同程度上具有时代的烙印，反映时代的精神。方志作为学术文化的组成部分，自然也不例外。任何一种方志都必然具有时代性，从某种意义上来说，它所具有的时代性比之于其他著作来得更加明显，特别是所记载的内容、所用的语言文字，大多能反映出这个时代的精神面貌。我们在前面所举的南宋和元初所修的两部《镇江府志》，虽然同样记载一地之事，但由于是两个时代所修，其内容重点详略全然不同，这正反映了两个时代的社会特点和时代精神。如果注意比较，还可以看到每个时代修志，一般都有自己的特定要求，这在那些旧志的序跋和凡例中都有不同程度的反映。我们今天修志，目的十分明确，就是要为无产阶级政治服务，为建设社会主义"两个文明"建设服务。我们现在编修新志，应当本着详今略古的原则，以当代内容作为修志的主体，当然也不强求一律。近百年的中国社会几经变化，特别是中国共产党领导中国人民推翻三座大山，又领导全国人民把一个穷困落后的旧中国改造建设成为一个欣欣向荣的新中国。这样丰富的内容在新方志中必须有相当分量的记载。每个时代社会的面貌与人们的精神状态都不一样：在抗日战争的年代里，为了挽救民族的危机，全国人民奋起抗战；解放战争时期，老解放区的人民积极生产支援前线、送子送郎参军的动人场面，反映了忘我无私的革命精神；新中国成立初期，为了迅速地恢复和发展生产，在全国掀起了生产建设高潮，"我们要和时间赛跑"的歌声响遍全国，如此等等，都说明在每个不同的历史阶段，社会的精神面貌亦各不相同。我们再看20世纪五六十年代之间的三年困难时期，当时物资供应紧张，消费标准很低，实行了"低标

---

[1] 斯大林：《列宁主义问题》，外文出版社1973年版，第642页。

准"、"瓜菜代"。尽管生活条件艰苦，全国人民在党的领导下，同心同德，增加生产，厉行节约，社会风气非常良好。特别是全国开展"向雷锋同志学习"以后，好人好事不断涌现。总之，我们这个国家近百年来发生过多次变化，特别是新中国成立以来，发生了翻天覆地的变化，我们能够如实地将这些丰富的内容写入史册、载入志书，这就从内容上反映出时代的精神。当然这里也要说明，方志记载古代的事情同样可以反映我们这个时代的精神。因为我们现在是用新的观点对古代所发生的历史事件予以解释和叙述，用新的观点对历史人物作出评价。尤其是对古代曾产生过的自然现象，在封建时代的古书中已经被蒙上了迷信的色彩，今天则可以用科学的原理作出令人信服的解释，既破除了迷信，又宣传了科学。这就说明记载古代的内容，同样可以反映我们这个时代的精神。

众所周知，各个时代的语言都具有一定的历史背景，反映一定的时代性，同样，各个时代又都有自己特定的语言。因此，无论撰史还是修志，要反映这个时代的社会特点和精神面貌，都必须采用这个时代的语言。早在唐代，刘知幾便从理论上提出要求，主张史家撰史必须采用当时的口语，如实地加以记载，才能反映时代特色。为此他特地写了《史通·言语》篇，反复进行论述。他明确指出：运用时代口语编写史书，本来就是古代史家撰史的优良传统之一，"时人出言，史官入记，虽有讨论润色，终不失其梗概者也。夫《三传》之说，既不习于《尚书》；两汉之词，又多违于《战策》。足以验氓俗之递改，知岁时之不同"。这就是说，古代史家撰写历史，大多能采用当时的语言，虽然在行文中也作过润色，但并没有失去它原来的精神实质，人们从其记载的语言中，便可以了解到历代风俗习惯是在不断发生变化的。他在文中批评了那些"怯书今语，勇效昔言"的做法，表扬了王劭写《齐志》、宋孝王作《关东风俗传》能够做到"抗词正笔，务存直道，方言世语，由此毕彰"。在采用时代语言方面，司马迁的《史记》做得非常成功，并成为《史记》语言艺术上的一大特点。这都告诉我们，时代的语言最能反映一个时代的精神和社会的面貌。有许多民歌、民谣和广为流传的歌曲，由于它们都是民间在实际生活中概括出来的，自然也从不同角度反映社会现实。如《中国人民志愿军战歌》，它唱出了中国人民抗美援朝、保家卫国的神圣意志；《我们要和时间赛跑》这首歌，它可以把你带回到新中国成立初期为了恢复经济在全国掀起的生产建设高潮中去。司马迁写《史记》，正因为他能够大量吸取生动的民间口语、歌谣、谚语等，并恰当地运用于著作中，这就使他在写人叙事上增强了形象的真实感和时代感。这个成功的经验应当要很好地吸取。当然，时代精神除了在内容和语言上反映外，在体例和篇目上都应当体现出来。

总之，一个时代的史书和方志，若不能反映出一个时代的精神和社会面貌，自然就将失去它存在的价值。因此我们写史修志，都必须用时代的内容和时代的语言来反映时代的精神面貌，否则就会失去其生命力和存在意义。

六、关于人物传撰写的几个问题

1. 入传的标准

人物传是一部方志的重要组成部分。各地在修志中，对于哪些人物该写传、哪些人物不该写传的问题看法不尽一致，似乎成了一个难以处理的大问题，实际上这就涉及入传的标准问题。要解决这个问题，不妨先明确一下，司马迁创造以人物为中心的纪传体史书的目的，是他重视人在历史上所起的作用。这种以人物为中心的纪传体史书，可以突出各种人物在历史进程中所起的作用，突出人物在物质文化创造上的功绩，特别是突出每个人的功过，从中总结出成败得失的经验和教训。这就是说，写人物传记是要总结这个人对人类社会、对国家民族作过哪些贡献，使人们可以知道他有哪些功过。既然如此，方志的人物列传自然也不例外。我认为，凡是写入列传者要以其对国家、对民族、对人民是否有贡献为标准，贡献大的立大传，贡献小的立小传，无贡献的一律不立传；不能以官职的高低大小为标准。明代许多志书的凡例中已明确指出这一点。章学诚在《修志十议》中对于人物入传也提出了明确标准，即事迹必须具体，贡献必须明显，方得立传。他说："邑志尤重人物，取舍贵辨真伪。凡旧志人物列传，例应有改无削。新志人物，一凭本家子孙列状投柜，核实无虚，送馆立传。此俱无可议者。但所送行状，务有可记之实，详悉开列，以备采择，方准收录。如开送名宦，必详曾任何职、实兴何利、实除何弊，实于何事有益国计民生，乃为合例。如但云清廉勤慎、慈惠严明，全无实征，但作计荐考语体者，概不收受。又如卓行，亦必开列行如何卓；文苑亦必开列著有何书，见推士林；儒林亦必核其有功何经，何等著作，有关名教；孝友亦必开明于何事见其能孝能友。品虽毋论庸奇偏全，要有真迹，便易采访。否则行皆曾、史，学皆程、朱，文皆马、班，品皆夷、惠，鱼鱼鹿鹿，何以辨真伪哉？"又说："其例得立传人物，投递行状，务取生平大节合史例者，详慎开载，纤琐钉饾，凡属浮文，俱宜刊去。""如职官而无可纪之迹，科目而无可著之业，于法均不得立传。盖志属信史，非如宪纲册籍，一以爵秩衣冠为序者也。其不应立传者，官师另立历任年谱，邑绅另有科甲年谱，年经月纬之下，但注姓名，不得更有浮辞填入。"[1] 在封建时代，对于"名宦"还要考察其"实兴何利、实除何弊"，"实于何事有益国计民生"，具备这些条件方才"合例"，予以立传，否则仅能列入表中。社会主义时代修的新方志就更加应当以对社会贡献的大小作为立传的衡量标准。事实上，在封建时代修正史时，对那些官位很高而无政绩表现者亦不予立传，仅列入史表。因此今天修志也必须坚持这一条。

另外，对于英雄人物、劳动模范以及有特殊贡献的能工巧匠，都应视具体情况而予以立传。因为他们当中有的是为了革命而献出了自己的生命，有的是为了保卫祖国而英勇献身，有的则是在生产上作出杰出的贡献，为他们立传，对于进行革命传统教育和爱国主义教育有着重要的意义。而为劳动模范立传，则更要注意立传的目的，即通过为他们立传，总结他们在劳动生产中所创造的宝贵经验。如江苏农民出身的水稻专家陈永康，他在培育水稻优良品种、创造水稻高产方面作出了重大贡献，在为他立传的过程中，很自然地也就总结了他创造水稻优良品种的经验。至于能工巧匠，如浙江东阳的木雕艺人、浙江青田的石雕艺人，以及其他各种艺人，只要有突出贡献，都应为之立传。

再者，立传人物应以近现代的为主，古代人物在原则上一律不必立传，因为许多古代人物在各种史书旧志中都已有传，只要在人物表中注明某书有传即可。当然，有些人物在史书、旧志中均未有传，但有人为其作过墓志铭或行状，这类文字实际上是变相的传记，大多保存在文集之中，这种情况亦只要在表中注明便可。

---

[1] 《文史通义新编新注》外篇四，第 856—858 页。

2. 生人不宜立传

有的明代志书在凡例中明确规定，生人概不立传。章学诚在《修志十议》中也说："史传之作，例取盖棺论定，不为生人立传。"因此，"邑志列传，全用史例，凡现存之人，例不入传"。这就说明他主张方志不为生人立传。但是他在文中又提出有两个例外情况可"破格录入"，一则是妇女守节，这是宣扬封建社会三从四德，可以姑且不论；再则是在此县做过官，为人民做过好事，若不立传，怕埋没了在此县之功绩。用他自己的话说："至去任之官，苟一时政绩，卓然可传，舆论交推，更无疑议者，虽未经没身论定，于法亦得立传。"其理由是："盖志为此县而作，为宰有功此县，则甘棠可留；虽或缘故被劾，及乡论未详，安得没其现施事迹？且其人已去，即无谀颂之嫌，而隔越方州，亦无遥访其人存否之例。惟其人现居本县，或现升本省上官及有统辖者，仍不立传；所以远迎合之嫌，杜是非之议耳。"这个例外实际上又给自己制造矛盾，离任的可以立，现任的或是提拔为上级首长了又不能立，原因是要避免"谀颂"、"迎合"之嫌。据此，我们可以提出这样的反问，现任之官或升迁本省之上官，他们都曾有功于此县，难道就为了避嫌而不为他们立传，这样就不怕"没其现施事迹"吗？这个矛盾现象的存在也进一步说明，章学诚早期的方志理论还不够成熟，他作此文时年仅27岁，自己尚未独立修过一部志书，尚未体会到实际修志中的甘苦，因此文中所讲还是纸上谈兵的空头理论。他这种破例入传的主张，就在当时也是不大行得通的，用今天话来说，这样做很显然"位子摆不平"。所以生人一概都不应入传，绝对无任何例外可破，一有破例，生不立传的原则也就不能存在了。修志立传，关系重大，正像刘知几所说："得失一朝，荣辱千载。"对此我们千万不能掉以轻心、等闲视之。

现在有不少人写文章提出"生不立传"这条原则应当推翻。有的还说生人立传也是创新，我们不必墨守旧的章法；有的则从反面提出盖棺也未必就能论定，还举出历史上秦始皇、曹操这类历史人物为例，死了那么多年，至今尚未论定；更多的则是认为如果生不立传，详今略古便体现不出来，何况有大批为革命作过贡献的老同志，现在都已退居二线，"基本上结束了自己的政治生涯"，若不为之立传，自然也就埋没了他们的贡献等。道理看来都相当充足，实际上却未必能够成立。

首先,"生不立传"这条原则确实是封建时代撰史修志过程中所创立的,但这是经过长期的经验积累,证明生人立传弊多利少,所以后来才慢慢确立的原则。我们对于前人的一些成功经验还是应当继承的,不管是封建社会的还是资本主义社会的,这就是"古为今用"的一种形式。而生人立传弊多利少这个情况在今天也并不可能有所改变,在这条原则上不应当"创新"。

其次,历史上不少人物"盖棺后并不能定论",这只是由于我们后人对某一历史人物的认识有深浅,这一点我们必须认清。因为一个人死了以后,他的一生所作所为便到此为止,这就是功过已定,不可能再有变化。例如某人一生中做过三件好事,也做过一件不太光彩的事,他死了以后不可能在三件好事之外又多做出两件。这就是客观历史事实已成定局,本身不可能有所改变。而历史上常有争议的一些人物,往往都是他们的功过悬殊不太明显,而后人占有材料多少、认识深浅不同,从而就产生了争论,我们不能以此为例说明"盖棺后并不能定论"。

再者,必须认清生人不入传并不是说生人概不入志,立传与上志是两个概念。如果搞清了这一点,担心对祖国对人民作过贡献而如今又健在的人物的功劳被埋没的想法自然也就是多余的了。如果你在某个县工作期间做过不少好事,那么修志中记载这些事情时,必然要提到你这个人,这就是我们常说的以事传人、以事系人。既然记载的事情以当代为主,所传之人自然也是以当代为主,何以会使详今略古的内容逊色呢?这里还是举河南省民权县那位李晓新县长为例,他为了使全县人民能够吃到本地特产麻花,曾"三顾茅庐",请出了祖传七代的麻花技师张俊江到县城摆麻花摊。他这样做一则丰富了副食品内容,再则使这一传统的当地特产的生产技术传了下来。毫无疑问,在修《民权县志》时,必然要写本地的风味食品和土特产,而这种麻花既是这里的特产,自然也必须记载,既要讲它的历史,又要讲它的现状,这么一来,那位李县长不就是为此"小事"也上了志吗?事情虽小,却可以小中见大,反映了这位李县长埋头做实事的优良作风。当然,他若为该县人民做好事越多,上志的次数也就越多,何愁为人民立了功而不能上志呢?而这种以事系人、以事传人的方法可以灵活机动,不必顾虑上志者的晚节问题。至于"一些退居二线的同志,有的基本上结束了自己的政治生涯,完全可以立传"的说法,更不能成立。因为广大的"退居二线的老同志",为革命出生入死，立下了汗马功劳；新中国成立以来，为祖国社会主义建设又作出很大贡献，虽然因年事已高，退居二线，但由于他们并没有在坐着"吃闲饭"，而是用各种不同形式"发挥自己的余热"，怎么能说他们"基本上结束了自己的政治生涯"呢？事实说明，许多老同志在"发挥自己的余热"中做得很出色，如果将来立传，还有必要对此大书一笔。我们也毋庸讳言，也有极少数退居二线的人，由于革命意志衰退，晚节不保，这样的例子我们可以举出很多。一个人的历史，毕竟要他自己用实际行动来写的，这是任何人都无法代替的。何况作传必须首尾完整，有始有终。

基于上述几方面理由，生人还是不立传为好。随着社会经济、文化的发展，修志这个优良传统必将制度化，只要对国家、对人民作过重大贡献者，人民绝不会忘记他们。

3. 人物传应突出人物贡献，写出人物个性

编纂新方志，若想取得突出的成就，除了在体例上进行合理的创新外，更重要的是争取在人物传的编写上能够有一个大的突破，在人物传上写出特色、写得成功。当然，旧方志人物传写得并不理想，我们不能够以此为式。而在方志产生的初期即地记阶段，其人物传一般都是写得比较好的，我们曾列举的习凿齿《襄阳耆旧记》中的《李衡传》就是明证。在封建时代修史，最难的是书志，南朝历史学家江淹就已有此看法，南宋大史学家郑樵亦同意这个看法，他在《通志·总序》里说："江淹有言，'修史之难，无出于志'。诚以志者，宪章之所系，非老于典故者不能为也。"因为在封建时代要熟悉典章制度是不容易的，故非"老于典故者不能为也"。现在情况不同了，各级各地都有档案机构，各种政策法令制度都有档案可查，这个条件大家都是一致的，只不过在篇目设置、材料取舍和文字组织上可以显示出不同的才能。若要修出特色，则应多在人物传上下些工夫。因为人物的材料单靠档案记载是远远不够的，必须深入调查访问，掌握大量第一手材料。有一些新志的人物传，大多是一般化、概念化。归纳起来有这样几种形式：履历表、记功簿、新闻特写、追悼会的悼词。而反面人物的传记则如大批判稿子。总之都是单调而无文采，最后自然就形成了千人一面的结局。

当然，写人物传首先要突出这个人物一生中所作的重大贡献，因为这是

写人物传的最终目的。但是，值得注意的是，突出贡献并不是简单地开列账单，例如某年某月立下什么功勋、某年某月建立过何种功业，而必须要有一定的历史背景和社会条件作衬托。因为任何一位英雄人物都是特定的历史条件下的产物，只有把这个人物置于那个特定的历史条件下和社会环境之中，才能体现出其伟大的英雄本色。例如司马迁在《史记》中倾注了饱满的热情和同情心，写下了农民起义领袖项羽的英雄事迹。在司马迁的笔下，人们清楚地看到项羽曾经成为全国的首脑——西楚霸王，成为发号施令于全国的政治中心人物，他的功绩自然非一般人所能比拟。司马迁说："初作难，发于陈涉；虐戾灭秦，自项氏；拨乱诛暴，平定海内，卒践帝祚，成于汉家。五年之间，号令三嬗，自生民以来，未始有受命若斯之亟（急）也。"① 后来项羽"位虽不终"，失败了，可是他灭秦的历史功绩，为"近古以来未尝有"。② 这几句话实际上是司马迁为项羽一生的功绩作了小结。这样一来，我们既知道了项羽的主要功绩在于"虐戾灭秦"、"拨乱诛暴，平定海内"，为建立统一的大汉帝国奠定了基础；又可看到在那全国各地都爆发起义、"竞相亡秦"的日子里，由于群龙无首，起义军很可能被秦军各个击破，在这种情况下，项羽能将各地的反秦势力置于自己指挥之下，集中力量反秦，这就是在关键时刻起到了推翻秦王朝的决定性作用。这就很自然地体现出项羽这个历史上的农民起义英雄是在天下竞相亡秦的历史条件下产生的，至于五年之间他能够成为发号施令于全国的政治首脑人物，那就在于他的个人主观能动作用了。总之，突出人物的贡献，并不是用记流水账的形式所能办到的，只有把他们放在特定的历史条件下、特定的社会环境中才能显示出他们建功立业的社会价值。

人物传的撰写，还必须力争做到能体现出人物的性格，反映出所写人物的形象，切忌写成千人一面。鲁迅曾高度赞美《史记》说："固不失为史家之绝唱，无韵之《离骚》。"③ 这部著作之所以伟大、之所以能使人百读而不厌，其中很重要的一个原因，便是作者善于用不同的文笔、不同的语言，去

---

① 《史记·秦楚之际月表》。
② 《史记·项羽本纪》。
③ 鲁迅：《汉文学史纲要·司马相如与司马迁》，二十一世纪出版社 2010 年版，第 353 页。

刻画各种人物的性格和形象，使他们个性分明、神态逼真。同为贵族出身的四大公子，各人有各人的性格特点；同样都是策士，每人有每人的脸谱特色。司马迁正是通过对各人不同形象的描绘，表现出他的爱和憎、表扬和批评，但他自己却从不给这些人下结论。他把项羽刻画成一个力拔山兮气盖世、专欲以力服人、终于为人所制的失败英雄，把大诗人屈原塑造成一个对祖国无限热爱和忠诚的爱国志士。又如刻画管仲和晏婴，对于前者，突出他和鲍叔之间高尚的知己情感；对于后者，则集中记叙了他和越石父以及御者的轶事来歌颂之，通过不同情节的概括，使这两个历史人物的形象深深地铭刻在人们的心目中，从而为人人所喜闻乐道。对于反面人物也是一样，像历事十主、以面谀得亲贵的叔孙通，出身微贱、骤致富贵的外戚田蚡，司马迁通过生动的描绘和精心的安排，使之一个个原形毕露，将他们的内心世界和精神面貌全部呈现在读者面前。抓住主要情节，具体细致地描写人物的活动，避免千人一面的概念化叙述，这是司马迁写作人物传记的最大特色。历史人物经过他精心而真实的记载和必要的加工，个个性格突出，人人形象逼真，达到了如闻其声、如见其人的效果。

值得注意的是，司马迁之所以能够做到这一点，除了他的才华出众以外，很重要的一点便是他深入各地调查，从民间获得了大量的活的感性材料。这从司马迁自己的叙述中可以得到证实：

《孟尝君列传赞》：吾尝过薛，其俗闾里率多暴桀子弟，与邹、鲁殊，问其故，曰："孟尝君招致天下任侠，奸人入薛中，盖六万余家矣。"世之传孟尝君好客自喜，名不虚矣。

《赵世家赞》：吾闻冯王孙曰："赵王迁，其母倡也，嬖于悼襄王。悼襄王废嫡子嘉而立迁。迁素无行，信谗，故诛其良将李牧，用郭开。"岂不谬哉？

《屈原贾生列传》：孝武皇帝立，举贾生之孙二人至郡守，而贾嘉最好学，世其家，与余通书。

《卫将军骠骑列传赞》：苏建语余曰："吾尝责大将军至尊重，而天下之贤大夫毋称焉，愿将军观古名将所招选择贤者，勉之哉。大将军谢曰：'自魏其、武安之厚宾客，天子常切齿。彼亲附士大夫，招贤绌肖者，人主之柄也。人臣奉法遵职而已，何与招士？'骠骑亦放此意，其为将如此。"

从以上所引便可看出，有的材料是来自地方父老的口中，有的是从人际交往中得知，还有许多材料是他从当事人的后代那里调查得来，可见他对这些活的材料异常重视。我们要写出人物的个性，光靠档案等死材料是远远不够的，非得对所写人物的生活习惯、举止言谈等能够了解到细枝末节，才有可能把人物的性格刻画出来。

新方志的编修，其内容是以近现代为主。中国人民为了推翻三座大山，涌现出了许许多多英雄豪杰，可传之事和可传之人难以数计。抗日战争中，千百万英雄儿女为了祖国的独立、民族的生存，抛头颅、洒热血，献出了自己宝贵的生命。在和敌人斗争中，英勇顽强、视死如归，留下了许多可歌可泣的英勇事迹。解放战争时期和抗美援朝战争时期，又有许多英雄儿女为革命、为祖国，献出了宝贵的青春！其中有许多次战役，从场面、规模到投入人数，都远远超过了推翻秦王朝的战争和楚汉之争，司马迁能够把当时的许多英雄人物栩栩如生、形象鲜明地写了下来、传之后世，难道我们就不能这样做，而使许多英雄人物的光辉形象被埋没掉吗？我们应当从《史记》的列传中挑选些比较典型的篇目仔细琢磨一下，力求把方志的人物传写得出色一些，不要使人看来觉得千人一面。

也有人问，方志算不算著作？算不算著作并不是谁说就能定下的，还是要看修得好不好。修得好，当然可以算著作，并且可以藏之名山、传之后世；若是修得不好，只是资料的堆砌，无论任何权威人物来捧它也无用，迟早还是要被淘汰的。章学诚早就讲了，方志只有做到"辞尚体要"[①]，"有典有法，可诵可识，乃能传世而行远"[②]。我们今天如果能够在人物传的撰写上来个大突破，真正做到创新，将所收人物写得形象鲜明、性格突出、栩栩如生，那么完全可以自立于著作之林。如果我们要写一位焦裕禄式的县委书记，就应当着力写他为改变本县的穷困落后面貌而做了哪些实事，而不要去

[①] 《文史通义新编新注》外篇六《为毕秋帆制府撰常德府志序》，第1044页。
[②] 《文史通义新编新注》外篇四《方志立三书议》，第829页。

样样处处都模仿焦裕禄,甚至待人接物、举止言谈也像焦裕禄,若是这样的话,那只能说是失败而不是成功。因为这位县委书记的性格绝不可能与焦裕禄一模一样,他们所做的事情也不可能全是一样。况且无论哪两个邻近的县,各方面条件也不可能相同。

要写出人物个性,难度是比较大的,因为它需要更多的第一手材料。但是只要肯下功夫,还是办得到的。

青年传记文学作家张俊彪为了表彰为革命而献身的革命英雄刘志丹,他排除万难,深入细致地进行了调查研究,写出了"既是真实的历史,又是引人入胜的文学作品"的传记文学《刘志丹的故事》。他能够做到,为什么修志工作者就不能做到?实际上"是不为也,非不能也"。如果大家决心去做,也一定可以办到。何况我们今天有更多优越的条件,这是无须多说的。

4. 撰写人物传不要轻易下结论

任情褒贬,这是古代进步历史学家向来所反对的。我们今天撰写人物传时,也要注意不要轻易下结论。乱下结论,实际上就是主观的任情褒贬。写传记文章不可能没有观点,但我们要把这种观点在叙事中间得以体现,这就是"寓论断于叙事之中"。这种写作方法也是由司马迁所创造的。顾炎武说:"古人作史,有不待论断而于序事之中即见其指者,惟太史公能之。"[1]司马迁叙述史事,可以不加一句议论,不置任何可否,但人们顺文一读,就会明白作者主观评价之所在,这是一种在史实的叙述中把自己的观点体现出来的写作方法。司马迁采用这种叙述史事的方法,其形式又是灵活多样的,常见的有下列三种:一种是借别人的评论或反映来表达自己的观点,《叔孙通列传》就是体现这种形式的典范。全篇多次对叔孙通进行了评论,可是作者本人却一次都未出面。先借秦诸生的话"先生何言之谀也",点出了叔孙通为了升官发财,违背事实,对秦二世奉承拍马。接着就借"鲁之两生"的话指出他在汉高祖时制定朝仪,不过是为了"面谀以得亲贵"。而这套朝仪确实使汉高祖心花怒放:"吾乃今日知为皇帝之贵也。"这是汉高祖第一次行朝仪后所说的一句得意忘形的话,自然也意味着对制定朝仪之人的赞赏。其实司马

---

[1] 《日知录集释》卷二十六《史记于序事中寓论断》,第1429页。

迁引这句话，还是在于针对叔孙通的"谀"进行批评。此外，传中还引用叔孙通一批弟子的埋怨和吹捧的话，来衬托叔孙通的虚伪与狡猾。总之，对于叔孙通的为人，司马迁个人没有发过一句议论，都是通过别人的评论，把这个历事十主、以面谀得亲贵的叔孙通的面目赤裸裸地揭露了出来。用今天的话来讲，是个十足典型的马屁精。当然，司马迁并不只是限于引用别人的议论来表达自己的观点，他往往还通过吸收当时民间流传的歌谣、谚语、俗语等，穿插在他的叙事和论赞里，来反映自己的评价。另一种形式则是在历史叙述的过程中，把自己对所叙人物、事件和现象的态度、论点表现出来，也就是说采用客观的内容来体现主观的评价。这是《史记》"寓论断于叙事之中"的最基本形式。如《廉颇蔺相如列传》就是通过完璧归赵、渑池之会、将相交欢等历史情景的描绘，突出了蔺相如勇敢机智的性格和"先国家之急而后私仇"的高尚品德。再如像《项羽本纪》、《陈涉世家》、《李斯列传》、《淮阴侯列传》、《李将军列传》等篇，采用这种表现形式更为突出。第三种，《史记》里经常采用对比衬托的形式来表达作者的意旨。在《项羽本纪》里，写鸿门宴中的项羽和刘邦，一方是轻敌、不忍和少谋略；一方是怯懦、沉着而有机智。在《刘敬叔孙通列传》里，一方面写刘敬见刘邦不肯着鲜衣，一切主张全由心发；另一方面写叔孙通投刘邦所好，改着楚制短衣，处处面谀，以求荣华富贵。另外，司马迁还通过《李将军列传》和《卫将军骠骑列传》这两篇传记的叙述比较，写出了李广跟卫青、霍去病的出身不同、治军不同、战争经历不同和所获名声与下场也各不相同的情况。通过这种对比，更加衬托出李广一生为保卫祖国奋身疆场和体恤士卒、热爱人民的品质，但是这样一位深得军心民心的爱国将领，却一直受到贵戚的排挤和压抑，最后落得个"引刀自刭"的悲惨结局，而卫青、霍去病却步步青云。司马迁在这两篇传记中，处处给予李广以深厚的同情，并对他的遭遇表露出愤愤不平。李广的功绩和声誉，通过司马迁的文笔深深地铭刻在人们的心上，千百年来一直为人们所景仰。每当国难当头、边患连年的时候，人们不由得便会想到这位飞将军。"但使龙城飞将在，不教胡马度阴山"，盛唐边塞诗人王昌龄的这两句诗，准确而真实地反映出了广大人民的心声。这就说明，司马迁通过人物的对比刻画，不但使自己的观点立刻在读者面前展现出来，而且由于他高超的语言感染力，使得许多历史人物的事迹经久不息地在人们中间得以流传。

综上所述，撰写方志人物传记要避免轻易下抽象的、概念化的结论，又要能体现出作者的观点或倾向性，就必须学习使用"寓论断于叙事之中"的写作方法。只有这样，才能在人物传中省掉"最伟大"、"最杰出"、"最勇敢"、"两面派"、"最顽固"、"最恶劣"、"反动透顶"、"十分狡猾"、"奉承拍马"等空洞的形容词，以及扔掉"汉奸"、"叛徒"、"特务"等政治帽子。新编《五台县志》有《阎锡山传》，写得基本是成功的，但还不够理想。说它基本成功的理由有三点：第一，传记并没有把青少年时期的阎锡山写成是个"坏人"，事实上许多历史人物并不是在娘肚子里就是反动的，可是有些传记写到这类人物，便是写"由小一直坏到老"。第二，这篇人物传把阎锡山的一生政治生涯大体上反映了出来。第三，阎锡山善于搞政治投机、两面三刀，这个特点在传中得以体现，但作者并没有用这种辞句。传记全由作者个人叙述，既未让传主讲话，也没有第三者发言，这对于突出阎锡山的性格和刻画他的形象就显得非常不足。据说阎锡山有句口头禅："军事上不要命，政治上不要脸。"这句话就很能说明问题。我们应当承认这个事实，在国民党的军队当中，阎锡山手下的军队还算是能够打仗的。之所以能够如此，自然与他那"军事上不要命"的训练精神是分不开的。至于"政治上不要脸"，就是"有奶便是娘"、两面三刀的集中体现，这句话是阎锡山一生政治生涯的真实写照，也是他的自画像。这类语言若能在传文中加以引用，显然有利于加强人们对阎锡山性格和形象的认识。可见写《阎锡山传》时让阎锡山自己讲话，作用是非常大的。阎锡山的部下、佣人有哪些议论？阎锡山统治下的广大山西人民大众又有哪些议论？若能让他们在传中有发言权，可以肯定，这对于写好《阎锡山传》不会是无益的，对突出其性格、展示其形象、暴露其罪行都会起到良好的效果。同样，为正面人物立传，也应当注意让传主自己讲话，让第三者发言，而不要作者一个人包办代替、叙述到底，只有这样，才能把人物写活。因为人们的语言可以透露出各自的生活经验和心理状态，是其全部生活的反映；而每个人都生活在特定的社会环境中，这样各种语言也就必然具有一定的历史背景，反映一定社会所具有的特点。否则还是跳不出流水账的形式，当然也就很难谈得上什么创新。

5. 吸取前人写好列传的良好方法

在我国古代史学领域里，为写好人物传记，学者们曾创造出许多良好的体裁和写作方法。这些体裁和方法在今天撰史和修志时，仍有借鉴和推广的价值。

为了节省篇幅，使更多的人物事迹得以流传后世，前人曾创立了合传、类传的体裁。如南朝时期范晔所撰的《后汉书》，在编纂上有一个明显的特点，就是叙事以类相从。在《史记》、《汉书》已有的类传之外，根据东汉一代的历史特点和社会风貌，创立了许多新的类传。如"党锢事件"，是东汉后期统治阶级内部的一场政治斗争，斗争前后延续了18年之久。在两次"党锢"事件中，因反对宦官专权而被杀、被禁锢、被迁徙的党人达数百人之多。这在东汉历史上称得上是一次重大政治事件。范晔在《后汉书》中围绕着这次事件，写了《党锢列传》。这篇列传写了21个"党人"的传记，传前有序言一篇，说明"党锢之祸"的起因和经过，而下列21人皆是此事件中之人物，这样就可以避免重复叙述每个人的时代背景。同时一件事涉及多人，在叙述中则可采用此详彼略、此略彼详的互见法，不必将事情原委在各人传中都一一叙述。宦官专权也是东汉政治舞台上非常突出的特点，为了反映这一政治现象，范晔在书中作了《宦者列传》。又如东汉时有那么一批人，为了达到某种目的，隐居不出来做官，可是东汉统治者却对他们非常重视，礼遇甚厚，以达到互相利用的目的。范晔特作《逸民列传》，揭露这是东汉君主们所玩弄的政治手段，是为了通过那些戏剧性的征、聘、召、赐，以达到"举逸民天下归心"[①]的目的。当然，作为类传，有时又可不拘时代先后，而各就其人之生平事迹以类相从。

这种类传法在今天撰方志中仍可大量使用。如对于在抗日战争期间为抗击日寇侵略、挽救民族危机而壮烈献身的狼牙山五壮士，我们便可作《狼牙山五壮士列传》；为"皖南事变"中牺牲的革命烈士可作《皖南事变英烈传》等等。总之，这种类传长处很多，这里就不多说了。

与此类传相关者，范晔还创立了一种"类叙法"。有些人单独立传，事迹太少；若不立传，他的事迹湮没，又太可惜。如某一事件的成功，其中必

[①] 《后汉书·逸民列传序》。

有很多人参加，则可选择一贡献大的主要人物立传，其他人物有事可记则尽附于此人传内。清代史学家赵翼对此方法非常赞赏，他说："此等既不能各立一传，而其事可传，又不忍没其姓氏，故立一人传，而同事者用类叙法，尽附见于此一人传内，亦见其简而该也。又有详简得宜，而无复出叠见之弊者。"① 萧子显撰《南齐书》，其列传也多用此法，亦深得赵翼的好评，并在《廿二史劄记》卷九中专门写了《齐书类叙法最善》一条加以评述，指出："《齐书》比《宋书》较为简净……《孝义传》用类叙法尤为得法。盖人各一传，则不胜传。而不立传，则竟遗之。故每一传，辄类叙数人。"

"带叙法"也是人物传记中的一种记叙方法，这种方法是不必立传，而将某人事迹附带在别人传中予以叙述。赵翼认为，这是"作史良法"。他说："《宋书》有带叙法，其人不必立传，而其事有附见于某人传内者，即于某人传内，叙其履历以毕之，而下文仍叙某人之事。如《刘道规传》，攻徐道覆时，使刘遵为将，攻破道覆，即带叙遵，淮西人，官至淮南太守，义熙十年卒。下文又重叙道规事，以完本传……盖人各一传，则不胜传。而不为立传，则其人又有事可传。有此带叙法，则既省多立传，又不没其人。此诚作史良法。但他史于附传者，多在本传后，方缀附传者之履历，此则正在叙事中，而忽以附传者履历入之，此例乃《宋书》所独创耳。"②

"互见法"也是古人写人物传时所创立的一种写作方法，最早使用于司马迁的《史记》。采用这种方法，最大的好处便是可以做到集中叙述史事，详此略彼，略此详彼，繁简适当，重点突出，记事简练，条理分明。对此，张舜徽先生在《中国古代史籍校读法》一书的第三编第三章第二节中有一段议论，这不但对阅读古代史书有指导作用，对于今天著书立说、组织安排材料亦有指导意义：

> 古代历史书籍，特别是由一手写成的作品，在组织材料时，有着预定的义例，对于材料如何安排得更合理，更重要，是费了多番考虑的。尽管是一部规格庞大的书，也必然体现出篇与篇之间，错综离合、彼此

---

① 《廿二史劄记校证》卷四《后汉书编次订正》，第81页。
② 《廿二史劄记校证》卷九《宋齐书带叙法》，第184—185页。

关联的精神。这一精神运用在写作上最早而最成功的,自然要推司马迁的《史记》。司马迁已将某段材料摆在甲篇,遇着乙篇有关联时,便清楚地作出交代说:"事见某篇","语在某篇"。例如《周本纪》说:"其事在周公之篇";《秦本纪》说:"其事在商君语中";又说:"其语在《始皇本纪》中";《秦始皇本纪》说:"其赐死语,具在《李斯传》中";《吕后本纪》说:"语在齐王语中";《孝文本纪》说:"事在吕后语中";《礼书》说:"事在袁盎语中";《赵世家》说:"语在晋事中";《萧相国世家》说:"语在淮阴侯事中";《留侯世家》说:"语在项羽事中","语在淮阴事中";《绛侯周勃世家》说:"其语在吕后孝文事中"。这一类的交代,在全书中不能尽举。都是唤起读者们不要把每篇记载孤立起来看,应该联系他篇来参考问题。所以我们今天应该运用联系的观点,来阅读古代历史书籍。

这里张先生列举了《史记》中互见的例子以示说明,而《史记》中没有说明互见而实为互见的例子就更多了。如在《项羽本纪》中,司马迁倾注了饱满的笔墨歌颂项羽的英雄事迹,突出他在历史上的功绩,因而对巨鹿之战、鸿门宴、垓下之战三个关键的历史场面集中加以叙述,以突出其英雄形象。对他的缺点,本纪中则一笔带过,或略而不载。但在其他许多篇中,又借他人之口将其缺点叙述出来。如在《高祖本纪》中,借刘邦之口,数项羽十罪;在《淮阴侯列传》中,借韩信之口,批评了项羽在政治上的重大缺点。韩信说:"请言项王之为人也。项王喑恶叱咤,千人皆废,然不能任属贤将,此特匹夫之勇耳。项王见人恭敬慈爱,言语呕呕,人有疾病,涕泣分食饮,至使人有功当封爵者,印刓敝,忍不能予,此所谓妇人之仁也。项王虽霸天下而臣诸侯,不居关中而都彭城。有背义帝之约,而以亲爱王,诸侯不平。诸侯之见项王迁逐义帝置江南,亦皆归逐其主而自王善地。项王所过无不残灭者,天下多怨,百姓不亲附,特劫于威强耳。名虽为霸,实失天下心。故曰其强易弱。"韩信所列举的项羽的这些缺点和错误,并不是无关紧要的小节,而是关系到胜败存亡的大端。对于这些缺点,司马迁并不因为同情、喜爱项羽而加以讳饰。但这些内容若是都放到《项羽本纪》之中,不仅影响了重点,而且无疑将使本纪篇幅变得过长。所以,互见法也是缩短篇幅的良法。今天写方志人物传时，可以充分利用这一优良的方法。

七、关于专业志撰写的几点意见

1. 坚持以类相从，按类撰写

专业志实际上是由正史中的书志发展而来的。章学诚在《答甄秀才论修志第二书》中就已指出："考之为体，乃仿书志而作，子长八书，孟坚十志，综核典章，包函甚广。"而在《湖北通志·凡例》中说："考乃书志之遗。"可见这个观点自始至终没有变化，因为这是方志发展的事实。书志是记载天文、地理以及各种典章制度专题的历史，因此它的编写，首先要区分门类，以类相从、依次编写。很显然这些书志之间是平行并列的，而每一类再顺序依次编写。后来在此基础上发展起来的政书体及其分支会要体，也都是采用这种编写方法。如现存最早记载历史典章制度沿革变迁的专门著作《通典》，就是分为食货、选举、职官、礼、乐、兵、刑、州郡、边防九门。这九个门类之间自然也是平行并列，每门之下再分子目。这就是今天方志学界喜欢讲的"横排门类"，或"横排竖写"。马端临的《文献通考》共分 124 门，同样是平行并列、"横排门类"。我之所以要列举这些事实，是因为方志学界认为方志编写有别于史书，在于它是"横排竖写，横竖结合"，还经常引用章学诚在《答甄秀才论修志第二书》中两句话："史体纵看，志体横看。"我认为这样笼统地讲并不妥当，因为我国古代史书的体裁，除编年体以外，纪传体、纪事本末传、政书体、学案体等，没有一种不是"横排门类"然后竖写，这个历史事实我们必须看到。而章学诚写上述那封信的时间，是在他二十五六岁时，当时他对我国主要的史书和史体尚未进行系统的研究和评论。他著作《文史通义》是从 35 岁那年开始的，可见他对我国主要史书和史体的研究与评论是比较晚的。而在与甄松年论修志时，阅历还浅，读书不多，因此他所提出的观点并不是定论性的，我们不必把它当作经典。事实上，他这两句话的精神在后来所写的方志论文中也就不曾再出现过，尤其是在"方志分立三书"这个观点形成以后，他所一再强调的是"仿纪传正史之体而作志"。何况"横排竖写，横竖结合"，许多古代史书的编写都是如此。我们应当看到这些历史事实，横排门类之后，自然是要竖写，难道还存在

"横排横写"的历史著作？当然，用它来区别近代以来出现的新史体的编纂形式和方法还是有一定作用的。总之，专业志的编写还是主张"以类相从、按类编写"比较合适。这就是说，应当把同一类的事物放在一个专业志中编写，可以集中反映这一类事物在这个地区存在的全貌，自然也包括它发展演变的情况。

2. 专业志要"专"

专业志实际上是一部志书的主体，它的形式和内容最能够反映方志这种著作的特色。因为大事记也好，人物传也好，新编史书中往往也有，有时也可独立存在，因此在反映方志特色方面没有专业志那么明显。既是专业志，就应在"专"字上做文章，它是同类事物或同一专业合在一道，并分门别类进行的编纂。一部志书总要设置许多专志，至于设置多少，就要看各地具体情况而定。而如何分类，又要看各地修志工作者综合归类的本领。这里既需要综合组织能力，又需要识别决断能力。既然是以类相从，就要看归类是否合理。一则要避免分得过细而头绪纷乱；二则要避免重复。要做到应有项目不能遗漏，重点特色又要突出。各地志书在分类上，大多能做到从本地实际情况出发，订出了自己的分类项目，称呼、层次都不尽相同，发扬百家争鸣的精神，这是可喜的现象。有的采用大篇章的形式，分地理、社会、经济、政治、军事、文化等几大部类，如山西《五台县志》、安徽《宿县志》。有的则采用小篇章的形式，单经济方面就列农业、工业、商业、金融等篇，浙江的《萧山县志》、安徽的《萧县志》就是如此。因为这样一来可以充分调动修志人员的积极性和创造性。例如关于"土特产品"，有的志书放在《概述编》中，有的放在《地理编》中，有的放在《商业编》中，也有的专门立了《物产志》。由于他们各自有着分类的标准和总揽全局的观点，因此，我们不应轻易评论谁是谁非，实际上是各具特色。

不管如何分类，专业志必须写得专业，这是坚定不移的方针，否则就会乱了体例。曾有个中等城市的《商业志》编纂办公室给我寄来一份编写大纲，要求提意见。在这个《商业志编写大纲》中，从市商业局到基层，层层机构设置，党、政、工、团、民兵组织一应俱全。若是全市各专业志都是如此写法，那么这一部城市志将会修成什么样子，真是不堪设想。《商业志》

就是专写商业,关于机构设置、各种组织以及历次政治运动都不必记载。也就是说,与商业活动、商品流通等无关者一律不载,一定做到《商业志》就是写商业,这就达到了专业志要"专"的目的。

3. 专业志要突出重点、反映特色

专业志是最容易反映方志特色的。能否做到这点,首先要看是突出了重点还是平均分配,而所突出的重点是否是该地的特色。什么是特色?《绍兴市志》主编任桂全同志概括得很好:"特色是比较而言的,人无我有、人有我优、人优我特,都属于地方性特色。"他们正是以此为出发点,采用了"详特略同"的编写原则。尽管绍兴在经济方面居全国领先地位,但是,他们觉得"绍兴最根本、最重要也是最本质的地情特征"乃是"历史文化名城"。所以他们在详略安排上,突出志书的历史文化比重,从而使得这部志书得到大家一致好评。若是每部方志的重点都是经济,而经济中的重点又都是工业,这就成了千志一面,无所谓重点与特色了。这个特点主要是指地方特点和专业特点,而时代特点贯穿在志书的每一个部分。这个特点应当由历史和现状两部分组成,它直接反映了这个地方的风貌和人民的生活习惯。例如地处山区的县,原则上总是以《林业志》为重点,但却不能一概而论。有的县矿产资源很丰富,就要看占本县经济产值的比重和对人民生活的影响大小而定。浙江的龙泉县地处山区,其森林资源确实很丰富,自然应当反映出来,但是龙泉生产的青瓷和龙泉剑都有着悠久的历史,并且誉满全球。龙泉之出名,自然与青瓷和剑的生产是分不开的。在某种意义上来说,青瓷和宝剑已成了龙泉的象征,在修《龙泉县志》时,难道能不考虑这个历史和现状吗?又如浙江的青田也是山区,但它所产的青田石成为青田石雕的主要原料,对这个县来说,青田石刻已经牵动着千家万户。这个现实在《青田县志》中如何反映,难道不值得慎重考虑?可见同样是山区,由于资源不同,人们的生活来源不同,所从事的工作也不尽相同,这就要修志工作者从本地实际情况出发,发现本地应当突出的重点和特点。有的论著中已经介绍,四川的《内江县志》从本地产糖的实际情况出发,把糖业从《工业志》中独立出来,单独设立《糖业志》;安徽的《萧县志》根据其"国画之乡"的特点,以及国画在该县人民文化生活中占有十分显著的地位,于是将国画从《文化》篇中独立出来，单独设立《书画艺术》篇；安徽的《马鞍山市志》根据自己的特点，把工业类的矿山、钢铁、地方工业三者分别设志，这就突出了这个钢铁城市的特点。那么杭州市修志的重点和特点是什么呢？实际上在国务院批准的《杭州城市总体规划》中已经明确指出。据1983年5月27日《杭州日报》首版报道："国务院在关于杭州市城市总体规划的批复中指出，杭州是省会所在地、国家公布的历史文化名城和全国重点风景旅游城市。杭州市的建设和改造要严格按照批准的总体规划进行。在实施规划中，要严格控制人口规模。今后在杭州市内，不再新建和扩建大、中型工业项目。"杭州市的特点就是"历史文化名城和全国重点风景旅游城市"，这也就是《杭州市志》应当突出的重点，一切经济生活、工农业生产都必须围绕着这个重点，衬托突出这个重点。像这样的城市在全国也为数不多，因为它既是"历史文化名城"，又是"全国重点风景城市"，也正因为它兼有这两大特点，所以才有"人间天堂"这个美称。无疑《名胜志》、《文物志》、《文化志》、《风俗志》就应成为该市专业志的重点，因为这些专业志的内容都是在反映上述两大特点。特别是《西湖志》更不应当被忽略，因为西湖乃是杭州的品牌，杭州之所以出名，也正是因为西湖，人家到杭州来，多半正是慕西湖之名而来。不是吗？早在唐朝，大诗人白居易在《春题湖上》这首诗中就已经讲了："未能抛得杭州去，一半勾留是此湖。"因此，修《杭州市志》时西湖自然就成为应当突出的重点，这是毫无疑问的。在工业类中又应突出丝绸工业，因为它对杭州来说，已有1000多年的生产历史，在唐代就已经出现了许多有名的产品，成为历史上著名的丝绸之府，一直以来为杭州赢来了很高的声誉，因此在志书中有必要予以突出。至于钢铁、机器等重工业，只能作一般性的记载。当然，具体到一个专业志中，同样有突出重点与特色问题，而不能搞平分秋色。如龙井茶叶、三家村藕粉之类，无论分在哪一个专业志中，都有必要为其多着些笔墨。特别是对于那些驰名中外、誉满天下的特产，尤其应当写出其特色。这样一方面可以起到总结经验、传给子孙后代的作用，另一方面也起到宣传、扩大影响的功能。我们必须清楚地意识到，各地风味特产、风俗民情是最容易反映出各地风貌的，而这些内容因其历来不登大雅之堂，历史著作中很少记载，只有各地编修的方志才把它们视为必不可少的内容。对这个传统，在今天修志当中只能加强，不能削弱。以前看到的《宿县志》初稿，在《土特产品》一章中，将"符离集烧鸡"放在首位。先是概括地介绍了它的独特风味，"具有营养丰富，色佳味美，熟而不破，肥而不腻，触肉脱骨，烂而丝连，不咸不淡，南北皆宜等特色"，因而深受国内外人们的欢迎；1956年在全国食品工业会上被评为"中国名菜"，1982年在全国食品评比会上又被评为"优质名特产品"。在不太长的篇幅里，还介绍了这种烧鸡是在德州"五香扒鸡"的基础上创新的，已有七十多年历史。对于制作形成这种具有地方特色风味的三个关键人物，志书肯定了他们各自在制作技术改造方面所作的贡献。最后还将制作方法和操作规程作了较为详细的介绍，这实际上就起到了总结和传播经验的作用。这种写法是值得肯定的。

最后还要指出的是，在所有专业志中，如何写好社会志，看来是难度比较大的一个硬任务。因为其他专业志大多有档案可查，而社会志中的许多内容，诸如社会风俗、民间生活习惯、方言、谚语等，都要通过实地社会调查，方能取得第一手材料。何况各地风俗、服装穿戴、社会风气又经常处在变化之中，这就非得花大力气、下苦功夫，深入社会各个阶层，掌握丰富的活资料，才能把这个专业志写得具有地方特色，否则就只能流于一般化而已。而对于其中的方言部分，应当邀请大学中文系的语言学专家来撰写。因为这是较为特殊的专门学问，写得不好要出笑话，这在各地修志中已得到证实。

八、关于山志编修的四点意见

1. 山志的篇目设置问题

山水志是方志发展的一个分支，它是属于方志家族的，因此它也具有方志的共性，但它又具有自己的个性。这就是说，县志有县志的要求，山水志有山水志的要求。章学诚在《修志十议》中就曾指出："夫志州县与志名山不同。彼以形胜景物为主，描摩宛肖为工，崖颠之碑，壁阴之记，以及雷电鬼怪之迹，洞天符验之文，与夫今古名流游览登眺之作，收无孑遗，即征奥博，盖原无所用史法也。若夫州县志乘，即当时一国之书，民人社稷，政教典故，所用甚广，岂可与彼一例？"可见章学诚已经明确指出州县志书与山志的重点不相同，这就是说它们都具有方志的共性，各自又有不同的个性。

只有明确了这点，才不至于用州县志应有的门类去衡量和要求山志。

　　山志究竟应设置哪些篇目，这要从各山的实际情况出发，不能一概而论。在新编《黄山志》志稿评议会上，有的学者曾就新编《黄山志》志稿中未设置沿革、人物传、大事记、风俗、节气等门目提出了意见，认为缺少了这些，似乎就不像是方志了。新编《黄山志》志稿不设"人物志"，而立"游山名人"目，这是从黄山的实际出发。这个实际就是长期以来无固定居住人物，流动性很大。若是凡到过黄山的名人都立传，那么许多名人游遍了全国名山大川，每个山都得给他立传，这样做不仅重复，而且将不可避免地出现相互矛盾的现象。而用"游山名人"这个形式，则仅记其在黄山活动的一些事迹就可以了，有事则多记，无事则少记，非常灵活。采用这种形式，还可以解决生不立传和"排位子"难这两大矛盾。也许有人要问，不立人物传是否符合志体？其实方志记载人物的形式也是多种多样，人物传记当然是一种主要形式，而明清时期盛行起来的山水志，已经开始发生变化。有许多并未采用这种主要形式，而是根据具体实际情况，进行了必要的变革。如黄宗羲（1610—1695）编纂的《四明山志》九卷，分名胜、伽蓝、灵迹、九题考、丹山图咏、石田山房诗、诗括、文括、撮残九目，并无人物传专目，而有关人物则分别在名胜、伽蓝、灵迹等目中出现，记载一处名胜，则将与此名胜有关人物同时加以记载。现列举数例以明其义：

　　万竹屿：宋高元之著书之所也。元之字端叔，读书靡不究极，佛氏藏经五千卷，亦为再过，他可知也。含英咀华，以昌其文。楼攻媿称其困陋多，故其思苦愤悱极，故其得真有刿目鉥心、穿天出月之工。陆放翁于文章少所许可，以诗人称端叔。尝结庐察廉罔，在大小万竹之间，著《万竹先生传》以见志焉。①

　　这一条仅用120余字，便将高元之其人及学术造诣、生活遭遇都作了明确的说明。其主题是介绍万竹屿，但全文并无一语涉及正题，但人们读了以后，同样可以了解万竹屿之来历。这就是借景以传人，而不是正式为他作传。

---

① 《四明山志》卷一《名胜》，《黄宗羲全集》第二册，浙江古籍出版社1985年版，第312页。

石门山：石壁对峙，若门束流，于下劣容一人矴而过也。门之外有崩湍数十道为水帘，门之内有龙潭，其潭天成，石釜广空万石，瀑布十余丈，注之噌吰若钟鼓，有雌雄石。唐大理丞孔殷避黄巢之乱于此，殁而人神之，以司水旱焉。有石门寺，元柳贯云：石门山者，宋之禅伯进虎子所栖隐是也。①

大小晦山：相传黄巢引乱兵过一峰下，天色将冥，谓之小晦；又过一峰下，天已深黑，谓之大晦，遂安营岭上，谓之住岭。按雪窦虽有巢迹，亦是其逃死之日，不应引兵而来，若在转寇浙东之时，又不应违城郭而向穷山也。《道书》云，宋应则入此山，睹其景色明丽，再来则冥晦莫辨，因以名之。岩下有覆盆山，《丹山图咏》所谓"中有一山如覆盆，林木交加华卉乱"者是也。大略诸峰高峻，路在谷底，早晚不见日色，故有此名耳。有金井洞，在住岭之麓，亦名茶坑，峭壁飞泉，与隐潭齐胜。洞外平石广可一亩。②

从以上所引可以看出，黄氏在《四明山志》中，将人物放在各名胜点中予以带叙，自然也有其长处。将人物与名胜、景物紧密结合，可以避免重复。因为人物到某山游览，必然与景物发生关系。并且做到事多则长，事少则短，无事无人可记则单独写景，灵活自如。这样的写法，也就真正体现出"地以人贵，人以地传"这两句话的精神。作者所用的却是史家之笔法，由于亲临其境，经过实地考察，对于各种名称的来历，大多做了正伪工作，即如上述第三例，所说入情入理，令人信服，从而也摒弃了那些荒唐不经的各种传说。这种精神，在今天修志中仍应当加以发扬。《四明山志》并不因为无人物专志而被认为不符志体，相反，自成书以后，一直受到学者的好评。新编《黄山志》志稿既不立人物传，却又将有关人物相对集中，单设"游山名人"一目，无疑是总结、吸收了前人的经验，从黄山实际出发，创立了这一新的形式，这就是既有继承又有创新的突出表现。当然，这种形式对有些山修志很适用，而对有些山则不一定适用。如五台山、普陀山等，其他人物

---

① 《四明山志》卷一《名胜》，《黄宗羲全集》第二册，第316页。
② 《四明山志》卷一《名胜》，《黄宗羲全集》第二册，第330页。

姑且不谈,对长期定居在那里的著名和尚总该立个"名僧传",而对那些为修建这些庙宇作过重大贡献的"施主"也总该为之立个传。《五台山志》编纂办公室拟订的《五台山志篇目》,其中就有《人物传》一章,下设"高僧传"、"名人传"、"游山名人录"三目。这个事实说明,编修山志(自然县志编修也如此),吸取前人经验固然重要,但是最重要的还是从本山实际出发。有些人提出,新编《黄山志》志稿没有风俗、节气、建置沿革等篇目,似乎总归是个缺陷,其实不然。此山长期以来既无固定居住之人,当然也就谈不上风俗、节气,更谈不上建置沿革。风俗乃是人们在长期生活中共同形成的风尚习俗,生活习惯、衣着穿戴、饮食爱好、婚丧礼节,各地都不尽相同。这里并无人们共同固定聚居,自然也就无风尚、习俗可言。那为什么又会有人提出这种问题呢?关键在于只注意方志的共性,而忽略了山志的个性。

　　新编的山志是否要"大事记",这也不能强求一律。因为山志毕竟与县志不同,若真的没有多少大事可记,采用新编《黄山志》志稿那种"概述"的形式也未尝不可。章学诚讲过,修志"非示观美,将求其实用"。形式总是要取决于内容,既然没有内容,何必要这种形式?决不能为了保持形式而硬性拼凑。实际上旧方志编写中有些东西很好,却很少引起人们的足够重视。如新编《黄山志》志稿在每篇的前面都冠以小序一篇,起到提纲挈领的作用。这种小序的设置虽不是他们所首创,但编纂者知道这很有用,因此继承采用并加以发扬。古代许多史籍诸如郑樵的《通志》、马端临的《文献通考》等都早已使用这个形式,许多方志亦已采用。著名的《咸淳临安志》,每门子目就都有序。《乾隆乌青镇志》的每一门类亦均有小序,以说明这一门类编纂的目的和意义。如《风俗志》小序曰:"两镇之声名文物骎骎乎邹鲁矣。迩来时风众势,一切冠昏(婚)丧祭,暨服适器用之细,未免有越礼而惊众者。然茅随风靡,政由俗革,是在君子矫其弊而力挽之,志风俗。"非常明显,在作者看来,乌、青两镇原来的社会风气、风俗习惯都很好,已有邹鲁之遗风,可是近来社会风气发生变化,从婚丧祭礼到服饰用品等,都起了"越礼而惊众"的巨大变化。因为不好的风俗习惯、不良的社会风气,对整个社会将起着很大的腐蚀作用,因此必须"矫其弊而力挽之"。这就是写《风俗志》之目的所在。可见古代对于方志每个门类的编修,都注意它在社会效益中应有的作用。这个例子也说明,方志每个门类写篇小序,并不是为了装饰，其作用是很大的，写得好可以收到画龙点睛之功效。这种小序对各类志书都很适用，故在此特附一笔。

2. 应对本山作实事求是的评价

修山志时，要防止产生偏爱情绪，要做到如实地反映本山本地的真实面貌，力求做到"识得庐山真面目"，千万要防止有意无意地夸大、抬高本山的地位与重要性。因为各山的风景名胜都是客观的存在，绝不是任何个人所能改变的，既不能抬高，也不能贬低。这里就有一个如何正确对待前人的评价问题。名山大川历来是文人墨客常去之处，尤其吸引着历代的诗人和画家纷纷前往。这些人所到之处又免不了要吟诗作画，因而每座名山都留下了大量的题咏和诗篇。诗文题咏尽管许多出于写真，但大部分免不了带有夸大或虚构的成分，因为作者们不可能等遍游全国名山大川以后再坐下来评定等第。因此每到一处，灵感一动，诗兴大发，便挥笔而作，哪里还顾得上与其他名山的平衡。况且艺术夸张又是文艺作品的本色，他们笔下的描绘，当然很难作为评定某座名山品第高下的依据。如同样是写庐山瀑布的诗，唐代两位诗人说法就不相同。诗人李白在《望庐山瀑布》诗中说："飞流直下三千尺，疑是银河落九天。"而诗人徐凝在《庐山瀑布》诗中却说："虚空落泉千仞直，雷奔入江不暂息。"一仞是 8 尺，千仞就是 8000 尺，两者相差 5000 尺。《太平御览》卷七十一引周景式《庐山记》曰："泉在黄龙南数里，即瀑布水也。土人谓之泉湖。其水出山腹，挂流三四百丈，飞溦于林峰表出，望之若悬索。"挂流三四百丈，也就是三四千尺，这与两首诗中所讲又不相同。可见诗人的诗句、文人的题词，用它们来形容某座名山胜景之美好、景色之宜人自然可以，若是用它们来评定山之地位高低，那就未必可行。这种情况普遍存在，应当引起编写名山志者们的注意。

另外，历代帝王对各地风景名胜、名山大川所定之等第也不可轻信。他们所说，大多未经过比较和推敲便信口而出，即使明知错误，"金口玉言"也绝不能更改。到过河南登封嵩阳书院的人都知道，这里两株将军柏的传说便是如此。据说汉武帝进了书院，看到一株柏树高大茂盛，遂封为"大将军"。再向里面走去，又看到一株更为高大茂盛的柏树，可是前面已经封了"大将军"，这一棵尽管超过前者，也只好封为"二将军"了。这个传说是否可信，且不去考究，但它说明了一个问题，即封建帝王给名山古寺所定等第，未必符合实际情况。镇江的北固山位于镇江市区的东北，如飞来奇峰，跃峙在波光万顷的长江南崖。南朝梁武帝曾在此题字："天下第一江山。"其形势确实险要而奇特，但是否天下第一就很难说了。清朝康熙皇帝到镇江金山寺后，非常欣赏这里的壮丽景色，认为"江山之奇，未有逾此者"。既然"未有逾此者"，那自然就是天下第一了。是否真的如此？恐怕也未必。他若到过桂林，又不知当作如何讲了。就如泉水而言，江苏省镇江市有个"天下第一泉"，也是清朝某皇帝到此游览后所封。这个"第一泉"我去过多次，无论从哪一方面来说，它在国内都称不上是"第一泉"。此泉在金山寺附近，今天若是新修《金山志》，将它作为名胜古迹，沿用"天下第一泉"这个名称自然可以，但若据此去力争它真的是"天下第一泉"就大可不必了。

再者，我们在引用历代名人学者的讲话或文章时，还应注意其讲话或文章所处的时代条件。孔子曾讲过"登泰山而小天下"，我们今天在修《泰山志》时当然不会用它来证明泰山是我国最高的山峰。总之，对于前人有关名山的各种评论都必须持审慎的态度，采用时也必须分别对待。编写一部名山志时，由于同此山朝夕相处，产生了深厚的感情，觉得这座山处处可爱，这是可以理解的，也是正常的。只有产生了这种充沛的感情，这部山志才有可能写出特色，因为这种感情是产生在了解、熟悉的基础之上。为了防止产生偏爱情绪，编修名山志的执笔者还应当到其他名山去走走看看，有比较才能发现自己的长处和短处，才有可能突显出自己所在的特色。我们应当本着刘知幾所讲的"爱而知其丑，憎而知其善"的精神来编写名山志，避免产生偏爱的情况。旧时代所编修的各种方志，多少都存在着夸大本乡本土本山的地位和作用的现象，这是旧方志共有的通病。有偏爱的情况存在，往往会影响到真实地反映名山的固有面貌，我们新修的各类方志都应尽量避免这个问题。

3. 应当突出名山的特点

能否突出重点，写出名山的特色，这是衡量一部山志编纂得成功与否的重要标志。同样是山志，还是有不同的侧重点，因为各自的类型不同。黄山、庐山等应以风景名胜为主；而五台山、普陀山、天台山应以佛教寺院的兴废为其重点，这些山的名胜，大多围绕着佛教在做文章；沂蒙山、井冈山、四明山等又应以革命根据地为其特点。总之，各山都有自己的特点，所修山志也就有各自不同的侧重点。黄山与庐山同以风景闻名于世，但在景致方面又有各自不同的特点。黄山是以险峰、怪石、奇松夺魁，它又有所谓"三奇"（奇松、怪石、云海）、"四绝"（奇松、怪石、云海、温泉）。新编《黄山志》志稿为了突出重点、反映特色，用比较大的篇幅写"胜景"，这样安排是很恰当的。因为"胜景"乃是黄山的特色，若是丢掉了这个特色，其他写得再好，也是舍本逐末。新编《黄山志》志稿紧紧围绕着"三奇"、"四绝"做文章，可以想见，正式出版时配上彩色照片，就是未到过黄山的人亦可以领略黄山的奇观，得到美的享受。这样的编纂方法，搬到别的山志，未必完全适用，不同山志的编写，由于各自的特点不同，因而志书的侧重点也不可能相同。《五台山志》的编写，显然是以佛教圣地为中心，既要搞清各大庙宇佛教宗派的来龙去脉，又要讲清与佛教相关的那些名胜古迹。在那里，从民间传说到文化艺术，从风景名胜到文物古迹，无一不与佛教有关。因此，《五台山志》就应围绕着"佛"字做文章。普陀山上有"海天佛国"四个大字，这就是普陀山的特点。它与五台山一样同为佛教圣地，五台山却没有"海天"，这就是同中有异。我们在写山志的时候，就应当在"异"字上下功夫，突出这个"异"字，因为它反映的是个性。有人讲，黄山有七十二峰，而他们那里也有七十二峰。数字不是关键问题，问题在于你那里的峰是否也具有黄山那样险的特点。据黄宗羲记载四明山有280座山峰，每个方向70座，有趣的是，其中也有一座叫"莲花山"。但可以肯定，它的形状和险势不可能与黄山的"莲花峰"相同。由于各种因素，每座山毕竟各有自己的特点，完全与黄山相同是不可能的。

突出重点、反映特色，这是编修新山志和一切方志的最基本原则。绝对不能搞平均分配，我反对将平均主义思想带到修志领域。新编《黄山志》志稿在总体安排上，做到了繁简适当、重点突出。但也有人提出，这样安排，比例似乎不大协调，意思是说"胜景"的分量太重。如何看待这个问题？我的回答还是前面讲过的老话，一切应当从实际情况出发，不能硬性规定比例。马列主义的研究方法就是要实事求是，一切从实际出发，不能从主观意图出发。新编《黄山志》志稿突出黄山的"胜景"，这就是黄山的实际。黄山既是以风景闻名中外，为它写志，不以风景为重点还能突出什么？如果按照所谓的比例要求，那以前许多旧的志书无疑都是不合格的；前面所举的《四明山志》，那就更不合格了。因为它全书总共九卷，而"名胜"一门则占全书近三分之一，在某些人看来这是严重的比例失调。可是长期以来，在这点上从没有人提出批评，提出批评的是另外内容。《四库全书总目》对该志作这样的评论："四明山旧称名胜，而岩壑幽邃，文士罕能周历，故记载多疏。宗羲家于北七十峰之下，尝扪萝越险，寻览匝月，得以考求古迹，订正讹传，乃博采诸书，辑为此志，凡九门。宗羲记诵淹通，序述亦特详赡。惟所收诗文过博，并以友朋唱和之作牵连附入，犹不出地志之习。又既列名胜，复以皮陆九题、丹山图咏、石田山房别出三门；其诸门之内，既附诗于各条之下，又别出诗括、文括二门，为例亦未免不纯也。"这个批评是比较中肯的，诗文不仅收得太多，而且重复出现，即在"名胜"或其他门类许多条目之下大多附有诗文，而这些诗文又全都收入"诗括"、"文括"之中，这样过多的不必要重复，确实是著书之大忌。对于这个问题，我们今天在修新山志时，尤其应当引以为戒。

4. 对历史上形成的名称不要轻易改动

"天下名山僧占多"。这句话充分反映了全国的名山与佛、道二教有着千丝万缕的关系，许多名山的开发，往往是由僧人和道士创始的。"南朝四百八十寺，多少楼台烟雨中。"这就说明，南北朝在佛教盛行的时候，许多寺庙都是建筑在香烟缭绕、云雾弥漫的山林之中。天长日久，他们根据自己的观点对周围的事物以及自然现象一一定了名称。千百年来，代代相传，时至今日，都已经成了特定的名称。对于这些名称，我们不要轻易加以改动，有的虽然带有迷信色彩，只要作必要的说明，还可以起到破除迷信的作用，用简单抹掉的办法是最不明智的。众所周知，云海、佛光是许多名山普遍存在的一种大自然现象，它们是大自然为人们提供的富有诱惑力的特殊美景。新编《黄山志》志稿中有"佛光"一目，原稿是这样写的：

人站在山巅上，在旭日东升或晚霞西照时，如前面是弥漫的密云或浓雾，背后是晴朗的天空，阳光又正好从后面照射过来，在密云浓雾的孔隙中，发生衍射分光作用，而在前面的云幕上，出现五颜六色的光环。当人的位置恰在光环与阳光之间的一条线上,则光环中即出现人的虚像,如似佛像上的光圈。且人动亦动,人静亦静,异常神奇。这种大气光学现象,俗称佛光,气象学上称峨眉宝光。

佛光是一种大自然现象,由于阳光从背后辐射而形成。在阳光强烈时,佛光的光圈呈现七色,内蓝外红,绚丽夺目。如阳光不强,则环形光彩,色彩排列不大清晰。佛光的维持时间,由日光照射时间决定,云雾遮掩,佛光自然消失。

佛光在全国很多名山都能看到,但由于黄山气候独特,植被率高,湿度大,云雾天多,因此出现佛光也较多。

在新编《黄山志》志稿评议会上,有人提出要把"佛光"这个名字改掉,"因为名称中保留了一个佛字"。对此不少人持有不同的意见。

"佛光"的形成,新编《黄山志》志稿用光学原理加以说明,既说明它产生的原因,又说明它产生的规律,指出这"是一种大自然现象",它的出现有特定的时间,并不是任何时候都能出现的。同时还指出:"佛光在全国名山都能看到,但由于黄山气候独特,植被率高,湿度大,云雾天多,因此出现佛光也多"。这样写不仅没有沿袭以前各种迷信说法,而且用科学论述起到了破除迷信的作用。当然,如果能在其中再适当加些旧社会统治阶级利用这一自然现象作为奴役、统治人民的精神枷锁,则会更好一些。当时有位省委副书记提出,"佛光"一词具有迷信色彩,因为它与"佛"字连在一起,因此应当改掉,重新命名。这个意见值得商榷。在历史过程中所形成的名词不宜更改,若是改了,将来我们的子孙后代也就不知道"佛光"这个词是怎么回事了,更不知道历史上统治者曾经还利用过这一大自然现象来欺骗广大人民群众。实际上,历史上留下来带有迷信色彩的名词很多,仅与"佛"字联系在一起的就不知多少。诸如"佛祖"、"佛爷"等,而且五台山、普陀山与"佛"字联系在一起的名称更多,难道我们能够把这些词语都消灭?若是这样,这些佛教圣地的山志真不知当如何写法。比这个词语迷信色彩更大的许多名词,历史书上照样沿用。如皇帝称"天子",也就是天之骄子。这个名词的本身就是肯定天是有意志的,皇帝既是有意志的天的儿子,那么他的政权也就是由天所授,这自然纯是骗人的鬼话。然而对于这样的名词,谁也没有把它从历史著作中抹掉。把它记载保留下来，正是揭露封建统治者欺骗人民的铁的罪证。类此情况，不胜枚举。因此，"佛光"一词不宜改掉，何况这种现象在今天气象学上仍称为"峨眉宝光"，同样又与"宝"字连在一起。即使我们新修的山志改了，大量的旧山志和其他著作中都已记载在那里，我们总不能将其尽行销毁，更不能对每部著作去做更改，这样反而搞得人们糊里糊涂。所以在编纂新山志时，对于在长期历史过程中所形成的并且影响很大的那些名词、称呼，都不宜轻易改动。

九、方志文体要做到叙而不论

文体就是指文章的体裁和风格。方志学虽然已独立成为一门学科，但它总还是属于史的范畴，具有史的性质。因此，它与写史一样，要用记叙文体，叙而不论。它既不同于小说散文、诗词歌赋，可以作抒情描绘、虚构夸张，又不像议论文章，可以大发议论。正如章学诚所说："志为史裁，全书自有体例。志中文字俱关史法，则全书中之命辞措字，亦必有规矩准绳，不可忽也。"① 所以他曾提出"文人不能修志"的主张，因为文人作文，可以凭自己想象加以创作，而史家写史则必有所本，绝不可以私意妄加增删。因此方志的编修，应当尽力做到从实而书、叙述事实，不作形式上的雕饰，不事空洞的议论，更要防止沾染宣传色彩，杜绝任何空话大话，要自始至终保持科学的、客观的态度，力争做到重要之事一件不漏、空洞语言一句不留，文字朴实、记载可靠，为后人留下朴实的、严谨的、科学的地方文献。

---

① 《文史通义新编新注》外篇四《与石首王明府论志例》，第 875 页。

第十三章
新一轮志书的编纂

2001年12月在北京召开的全国地方志第三次工作会议上，李铁映同志在讲话中指出：这次会议是在新中国第一轮修志任务基本完成和新一轮修志工作即将启动之际召开的。"这次会议将对新中国成立50年来第一轮修志工作的经验进行总结，并对第二轮修志工作作出部署"。因此，这次工作会议实际上是新一轮修志工作的部署动员大会。李铁映同志在讲话中着重强调了志书的质量，指出："新一轮修志就是要推出一批符合时代要求，具有很高科学水平和重要文化价值、社会价值的志书。""只有具有科学性、文化价值和社会价值的'名志'、'佳志'，才可能流芳百世，为后人所借鉴，为当代人资政。每一部志书都是一部学术著作，都是一部精品，这是对新世纪修志工作最基本的要求。"这个要求是相当高的，但这还是最基本的要求。至于具体如何编修，会议并未提出要求。

中国地方志指导小组原副组长王忍之同志2000年7月26日在全国续志篇目设置理论研讨会上的讲话中，提出新一轮修志的两大任务，"一个任务是续"，"第二个任务是修"，"这次修志应该做到既修又续，不能偏废"。对于第一个任务，修志界同仁很容易理解，也很容易接受；但是对于第二个任务，实际上是很不理解，因此也不太容易接受。当然，自实行改革开放以来，志书需要记载的内容的丰富程度超过以往任何一个时代，要写好自然也不是那么容易的，而是需要花大力气，付出巨大代价的。而"对上届志书进行修正"，也确实不能忽视。正如王忍之同志所说：

上一届所修志书，总的说来，质量是不错的。但也存在缺点和不足，甚至有错误。面对这种情况，怎么办？是视而不见、听之任之呢，还是重视它，尽可能地改正它？我想应该是后者。"修"也是新一轮修志重要的、不应该忽视的任务，不能只讲"续"，不讲"修"。"修"的工作量很大，开拓工作难度固然大，要在百尺竿头更进一步也不容易，也要付出大量劳动，要做很多考订、补充、修正等等的工作。好的保留，错的纠正，漏的补上，长的精简，如果这些工作做好了，再加上时间上把它延伸，新的续上，新一轮的修志工作就完成得更全面。摆在我们面前的，将是一部新的、更好的志书，既有最近一段历史的新的史料，又有对上一部志书的提高、修正。这次修志应做到既续又修，不能偏废。①

很显然，王忍之同志的讲话精神是希望"百尺竿头更进一步"，使新一轮修志中能够出现更多的高质量、高品位的优秀志书，而他的要求又是根据上一届修志实际情况所提出的。因此，我认为这个要求是切实可行的。

第一节　上一轮修志的巨大成就

一、出版了数量空前的新修志书

20世纪80年代以来，我们这饱受十年动乱之苦的祖国，在拨乱反正之后，很快出现了"政通人和，百废俱兴"的可喜局面。不久在中华大地上便掀起了声势浩大的修志热潮。其参加人数之多，修志品种之广，成书速度之快，志书质量之高，都是历史上仅见的。特别是成书数量之大，更是空前。据中国地方志指导小组办公室统计，截至2001年12月中旬，全国省、市、县三级志书计划编纂6319部（卷），已出版4789部（卷）。其中省级志书规划2510类，已出版1662部（卷）；市级志书规划1048部（卷），已出版745部（卷）；县级志书规划2761部，已出版2382部（详见后文全国三级志书出版情况统计表）。还有许多专业志、山水志、乡村镇志等还未作统计。就以乡镇志和村志而言，这个数字就相当可观。单就浙江省而言，到2002年底，已出版乡镇志200多部、村志200多种。所以无论是哪一类志书

---

① 参见《中国地方志》2000年第5期。

的数量都是空前的,是历史上任何一个时代都不曾有过的。其中还涌现出一批特色显著、质量上乘的志书。1993年对全国优秀方志进行过一次评奖,所评志书没有几部。1997年举行了全国性大规模评奖工作,评出全国新编地方志优秀成果一等奖51部、二等奖127部(详见后文1997年全国地方志获奖志书一览表)。在获得一等奖的志书当中,如《绍兴市志》、《苏州市志》、《宁波市志》、《江都县志》等,都受到人们的普遍好评,因为这些志书从内容的丰富、体例的完善、特色的表现等方面来看,都使人有完美的感觉。特别是在篇目设置上都尽量做到因地制宜,富有独创精神。需要指出的是,这次评奖的奖项是按比例分配名额,由于比例限制,因而有些志书尽管大家认为很好,也未能评上一等奖,《东阳市志》、《镇江市志》就是如此。特别是《东阳市志》出版以后,在方志学界曾被公认为新方志编修跨上新台阶的标志性著作,然而因名额所限,只能屈居为二等。事实上,无论从其内容、体例,还是特色来看,它都具有无可比拟的优势,特别是确立了以人为主体的指导思想,整部志书的编写都以人和人的活动为主线展开。这与许多方志见物不见人的写法全然不同,体现出极大的优越性。因此,无论从哪一方面来讲,它都够上一等奖的条件。相反,有些获得一等奖的志书,还未必能和它相比。因为全国各地经济、文化发展不平衡,志书的编修水平不一致,因而全国性的评奖不得不适当采取一些平衡措施。为了调动广大修志工作者的积极性,这个措施应当说还是必要的。这就是为什么有的二等奖志书其质量甚至还超过某些一等奖获得者的原因所在。这里有必要做点说明,否则不知情者,特别是后人将批评评委们的不公正做法。

全国三级志书出版情况统计表
(截至2001年12月中旬)

地区	省志			市志			县志		
	计划	已出	百分比	计划	已出	百分比	计划	已出	百分比
北京	107	25	23.4	—	—	—	18	5	27.8
天津	86	75	87.2				18	17	94.4
河北	93	72	77.4	11	8	72.7	164	164	100.0
山西	67	67	100.0	10	9	90.0	119	108	90.8
内蒙古	83	19	22.9	12	11	91.7	101	65	64.4

续表

地区	省志 计划	省志 已出	省志 百分比	市志 计划	市志 已出	市志 百分比	县志 计划	县志 已出	县志 百分比
辽宁	80	51	63.8	152	122	80.3	86	73	84.9
吉林	90	64	71.1	8	8	100.0	42	40	95.2
黑龙江	100	80	80.0	86	86	100.0	88	88	100.0
上海	111	85	76.6	—	—	—	22	22	100.0
江苏	107	71	66.4	11	11	100.0	109	92	84.4
浙江	78	22	28.2	11	11	100.0	69	67	97.1
安徽	67	67	100.0	17	17	100.0	81	81	100.0
福建	94	73	77.7	9	9	100.0	72	72	100.0
江西	92	55	59.8	11	6	54.5	85	84	98.8
山东	87	80	92.0	13	13	100.0	122	120	98.4
河南	65	65	100.0	16	16	100.0	157	157	100.0
湖北	32	32	100.0	37	37	100.0	69	69	100.0
湖南	86	75	87.2	13	12	92.3	137	128	93.4
广东	93	45	48.4	15	12	80.0	87	69	79.3
广西	88	65	73.9	5	5	100.0	87	81	93.1
海南	68	18	26.5	2	1	50.0	17	10	58.8
重庆	15	6	40.0	—	—	—	41	39	95.1
四川	80	80	100.0	76	76	100.0	170	170	100.0
贵州	75	46	61.3	368	175	47.6	86	73	84.9
云南	82	76	92.7	17	8	47.1	128	122	95.3
西藏	71	0	0	7	0	0	73	0	0
陕西	92	59	64.1	23	21	91.3	105	94	89.5
甘肃	86	49	57.0	80	47	58.8	84	67	79.8
青海	78	74	94.9	6	5	83.3	31	29	93.5
宁夏	70	18	25.7	4	3	75.0	24	17	70.8
新疆	86	47	54.7	14	6	42.9	94	53	56.4
新疆生产建设兵团	1	1	100.0	14	10	71.4	175	106	60.6
总计	2510	1662	66.2	1 048	745	71.1	2761	2 382	86.3

说明：此表据中国地方志指导小组办公室统计。

1997年全国地方志奖获奖志书一览表

地区	一等奖	二等奖	合计
北京			
天津	天津通志·城乡建设志 静海县志	天津通志·政权志（政府卷） 汉沽区志 东丽区志	5
河北	秦皇岛市志 晋县志	河北省志·哲学社会科学志 河北省志·出版志 河北省志·公安志 河北省志·工会志 辛集市志 丰宁满族自治县志 枣强县志 武强县志	10
山西	山西通志·民政志 榆次市志	黎城县志 万荣县志 盂县志	5
内蒙古	内蒙古自治区志·大事记	赤峰市志 乌海市志	3
辽宁	辽宁省志·地震志	辽宁省志·电力工业志 阜新市志（第一卷） 桓仁县志 辽阳县志	5
吉林	吉林省志·军事志 通化市志	怀德县志 通榆县志	4
黑龙江	黑龙江省志·共产党志 佳木斯市志 哈尔滨市志·自然地理志	黑龙江省志·报业志 黑龙江省志·农机志 黑河地区志 哈尔滨市志·金融志 哈尔滨市志·公安志	8
上海	上海县志	上海财政税务志 静安区志	3
江苏	江苏省志·财政志 苏州市志 江都县志	江苏省志·供销合作社志 无锡市志 宿迁市志 镇江市志 金湖县志 盐城县志 广陵区志	10
浙江	绍兴市志 宁波市志	浙江省科学技术志 东阳市志 桐乡县志	5

续表

地区	一等奖	二等奖	合计
安徽	安徽省志·邮电志 桐城县志	安徽省志·军事志 阜阳地区志 蚌埠市志 歙县志 泾县志	7
福建	福建省志·金融志 仙游县志	晋江市志 浦城县志 东山县志	5
江西	江西省志·交通志 峡江县志	江西省志·动植物志 贵溪县志 都昌县志 德兴县志	6
山东	山东省志·孔子故里志 淄博市志 文登市志	山东省志·计划志 山东省志·军事志 潍坊市志 青岛市志·海港志 蓬莱县志 薛城区志	9
河南	河南省志·民俗志 洛阳市志·文物志	河南省志·科学技术志 新乡市志 郑州市二七区志 宝丰县志	6
湖北	湖北省志·财政志	湖北省志·工业志 监利县志 阳新县志	4
湖南	湖南省志·军事志 湘潭县志	湖南省志·公路志 常德市志 常德地区志·环境保护志 郴州地区志 新化县志 望城县志 江永县志 城步县志 长沙县志	11
广东	广东省志·华侨志	广东省志·水利志 增城县志 信宜县志 饶平县志 顺德县志	6
广西	广西通志·侨务志	广西通志·人口志 广西通志·财政志 象州县志 北流县志 合浦县志	6

续表

地区	一等奖	二等奖	合计
海南	海南省志·农垦志		1
四川	四川省志·地理志 西昌市志 北川县志	四川省志·财政志 四川省志·交通志 四川省志·商检志 成都市志·公用事业志 成都西城区志 攀枝花市志 阿坝州志（藏文版） 自贡市盐业志 自贡市自流井区志 威远县志 蓬安县志 德格县志	15
重庆	大足县志	涪陵市志	2
贵州	贵州省志·检察志 瓮安县志	贵阳市志·宗教志 锦屏县志 玉屏侗族自治县志 水城县（特区）志 大方县志	7
云南	云南省志·广播电视志 鲁甸县志	云南省志·公安志 云南省志·邮电志 楚雄彝族自治州志（第五卷） 曲靖地区志（第二卷） 玉溪地区志（第三卷） 建水县志 耿马傣族佤族自治县志 碧江县志	10
陕西	陕西省志·农牧志 渭南地区志	陕西省志·科学技术志 西安市志（第一卷） 府谷县志 陇县志 合阳县志	7
甘肃	甘肃省志·农业志	甘肃省志·金融志 敦煌市志 庆阳县志 民勤县志	5
青海	青海省志·地质矿产志	青海省志·电力工业志 青海省志·彩陶志 天峻县志 平安县志	5
宁夏	中卫县志	宁夏邮电志	2

续表

地区	一等奖	二等奖	合计
新疆	新疆通志·畜牧志 库车县志	新疆通志·农业志 新疆通志·外事志 塔城市志 农八师垦区石河子市志	6
总计	51	127	178

为了庆祝中华人民共和国成立50周年,展示第一届修志20年来所取得的成果,1999年10月在中国革命博物馆举办了"全国新编地方志成果展览"。参展的除三级志书外,还有部门志、行业志、山水志及方志理论著作等,总计10000余部,约70亿字。这是我国方志发展史上规模最大、内容最详备的地情书大展示,仅仅20年时间便创造出如此巨大的成绩,在中外著作史上都不能不说是个奇迹。它凝聚着10万修志大军的劳动结晶,是方志发展史上树立起的一座丰碑。

总之,第一届新方志编修,出书数量之多,内容之丰富,体例之完善,特别是其鲜明的时代性和科学性,都是旧方志所无法比拟的。由于大多数志书都强调突出地方特色,所以就必然要充分反映本地的特色内容,提高地情价值,因此,我们可以肯定地说,新修方志除了传统所说的"存史、资治、教化"三大功能外,对于研究区域文化、区域历史、区域地理、区域经济等都有着无可替代的作用;更是建设社会主义精神文明必不可少的内容,是对青少年进行地情、国情教育的最好教材。

二、培养出数以万计的修志专业人才

由于国家领导的重视和支持,全国31个省、自治区、直辖市,除台湾省外,全部建立了修志机构,而各市县也普遍成立了修志机构。江泽民同志就曾讲过:"编纂社会主义新方志是两个文明建设的组成部分,是社会主义文化建设的系统工程,是承上启下,继往开来,服务当代,有益后世的千秋大业。""(这)是一项百年大计,是造福子孙后代的大事业。"可见全国上下都很重视,因此修志工作在全国各地都普遍发动起来,其速度之快,真如同一夜春风吹遍全国大地。各地参加修志的专职、兼职工作人员多达十余万，号称十万修志大军。经过培训，特别是通过多年的修志实践，许多人都熟练地掌握了修志业务，更有许多人成了修志的行家。据1996年统计，当时有专职修志人员22000余人，获得高级职称的已有2000余人，其中正高职称就有200余人，获得中级职称的有7000余人。如今十多年过去了，以上列举的数字肯定早就变了。可见第一轮修志不仅出版了数字空前的新方志著作，而且培养了一大批修志专业人才，产生了许多很有才华的修志专家，如《东阳市志》主编王庸华、《绍兴市志》主编任桂全、《广陵区志》主编杨杏芝、《宁波市志》主编俞福海、《北京市志》主编赵庚奇、《苏州市志》主编陈晖、《上海县志》主编王孝俭、《镇江市志》副总纂戴午林、《温州市志》主编章志诚、《萧县志》主编吴孝桐等，他们不仅熟练掌握修志业务，而且还拥有丰富的修志理论，成为方志事业发展过程中宝贵的财富。他们不怕艰苦、清苦，勤勤恳恳，埋头苦干，一心扑在修志事业上面，这种无私奉献的敬业精神，实在令人敬佩！还有不少人把毕生精力贡献给修志事业，出现了一批像山西交城的燕居谦、河南浚县的郑永立、江苏泗阳的郝耀、浙江临安的蔡涉和青海省的景生明等代表人物，他们的事迹都应当永载史册。

三、造就了一批方志理论工作者

在20世纪80年代以前，从事方志理论研究工作的学者，除朱士嘉、傅振伦、王重民等老先生外，可以说是不多的。第一届修志工作开始以后，不少学者转而从事方志理论工作的研究，以适应修志事业的需要。更有许多年轻同志通过自己的实践，总结自己的修志经验，写出了有关方志理论的论著。因此可以这样说，第一届修志还造就了一批方志理论工作者，产生了一批方志理论著作。如1983年，来新夏主编《方志学概论》，是这一时期出版最早、论述比较全面的一本方志学著作。1984年，薛虹著《中国方志学概论》出版；1986年，欧阳发、丁剑著《新编方志十二讲》出版；1988年，林衍经著《方志学综论》出版；1990年，仓修良著《方志学通论》出版；1991年，刘纬毅著《中国地方志》出版；1993年，欧阳发著《方志编纂概要》出版；1993年，黄苇等五人著《方志学》出版；1995年，李景煜著《志说》出版；1996年，毛东武著《方志编纂学》出版；1996年，俞红飞、程慧主编《中国当代方志编纂学研究》出版；1997年，梅森著《方志学》出版；1999年，张一雷、杨杏芝主编《城市区志编纂概论》出版；1999年，韩章训著《普通方志学》出版；2000年，鲁德政、许还平主编《新方志编纂概论》出版；2003年，仓修良著《方志学通论》修订本出版；2004年，巴兆祥著《方志学新论》出版；2005年，仓修良著《仓修良探方志》出版；2010年，刘纬毅、诸葛计等著《中国方志史》出版等。至于方志论文集和市县志评论集就更多了，特别是市县志评论集，粗略估计不下百种。在这些论文集和评论集中，确实有不少很有见地、很有水平、很有价值的理论文章，有利于方志理论的创新和发展。此外，全国还有几十种方志刊物，发表了上千篇各式论文，对于丰富和发展新的方志理论都有重要价值。在整个方志领域中，出现了万紫千红、异彩纷呈的局面，这也是第一轮修志成果的具体体现。所以我们说第一轮修志造就了一批方志理论工作者，为新方志的理论建设打下了基础。

第二节　上一轮修志中存在的问题

王忍之同志在中国地方志协会1997年学术年会开幕式上的讲话《开创方志理论建设的新局面》中提出："必须重视总结本届修志的实践经验"，"对本届修志中不论是成功的经验，还是失败的教训，都要十分重视，看成一笔宝贵的财富，加以总结，提高到规律性的认识，进而制定成理论形态的成果或相应的政策性建议。要做这一工作就要进行艰苦细致的调查研究，占有大量的材料，要进行冷静刻苦的钻研和思考。我们已经出了三千多部书，对这三千多部书，要分析哪些是成功的，哪些是不怎么成功的，哪些是败笔。这当然是一件艰苦的事，但如果不进行这项工作，总结本届修志经验就成了一句空话。不把这几千部志书成败得失的经验搞清楚，怎么能够使我们的方志理论建设有所发展呢？怎么能使下届志书有新起点，达到新的高水平？"[①] 可见王忍之同志认为，应当很好总结第一届修志的经验和教训，以

---

① 参见《中国地方志》1998年第1期。

作为新一轮修志的起点和依据，并且认为经验和教训都是宝贵的财富，这自然是很正确的。可是有的人并不这样看，一看到别人指出问题，总认为是在给新修志书抹黑，这就永远看不到修志过程中还存在的不少问题。事实上第一届所修方志中还存在不少问题，有的文章中也已指出，对此应当引起足够的重视。

一、民国时期的内容记载太少

对于新修志书中民国时期的内容太少的问题，我在1992年时已经发现，因此我在《对当前方志学界若干问题的看法》一文中，特地列了"对子孙后代负责，写好民国时期内容"一目，指出："我所见到过的新修志书，大多为洋洋百万言，论其字数不谓不多，但是关于民国时期的内容却少得可怜，这应当说是本届修志的一大失误，因为它直接影响着志书的质量。尽管有些同志已经写了文章进行呼吁，但并未引起有关方面足够重视，因而许多地方也未采取任何补救措施，似乎无关紧要。对已出版新编方志中民国时期的内容，有的文章把它概括为'一短二空三戴帽'，意思是说篇幅设置很小，一章之下连节目也不分，总共千八百字，有的字数更少，而内容则是空洞的、抽象的，毫无具体实质的记载。众所周知，日本侵略军所到之处，都实行惨无人道的'三光政策'，各地都有写不完的血泪史，可是许多县志仅写'日本侵占××县后，实行惨无人道的烧光、杀光、抢光的三光政策，广大劳苦大众受尽蹂躏'。至于有哪些烧、杀、抢的事实就无下文了。所有专业志，除政党、政权、人物诸篇外，上限似乎都定在1949年，在此之前的内容多数是只字不提，少数则是一笔带过，如'民国时期县内工业十分落后'、'民国时期商业非常萧条'，等等。至于司法、公安等篇也都是如此。这里人们不禁要问：民国时期不是也有法院、监狱、警察局吗？何况这些当时大多是用来对付劳动人民的，通过这些内容的记载不正是能揭露国民党政权的罪恶勾当吗？当时许多城市还有'宪兵司令部'，我们统统不予记载，将来还有谁能知道'宪兵'是怎样性质的武装，其作用是什么？还有，民国时期的行政基层组织保甲制度是国民党用来统治人民的一种手段，国民党抓壮丁、催逼赋税，都是通过各地乡、保、甲长进行的，许多善良的百姓被逼得家破人亡。这些事我们这一代人不作记载,子孙后代还能知道他们的祖先还曾有过这样一笔笔、一宗宗的血泪史吗?实际上当前的青少年们已经不知道保甲制度是怎么一回事了。"①

　　有人说对于民国时期的内容之所以不记载,主要是对"详今略古"理解片面。其实不然,"略古"不等于无古,况且民国时期还不是"古"。中国地方志指导小组在《新编地方志工作暂行规定》中就曾明确指出:新编地方志内容要"着重记述现代历史和当前现状"。对于这样的规定应当是贯彻执行问题,并不应存在理解问题。因为这个《暂行规定》是国务院办公厅以〔1985〕33号文件发至各省、自治区、直辖市人民政府及国务院有关部门的。这是中华人民共和国成立以来关于修志工作的第一个文件,它规定了编纂社会主义新方志的指导思想、方针、体例、原则和方法,这是全国修志工作的基本准则,当然必须贯彻执行。值得注意的是,"现代历史和当前现状"是并提的,都是要"着重记述"的。现代历史的范围是什么呢?学术界早有定论,那就是从五四运动到新中国成立(1919—1949),这正是民国时期的一段历史。我们再看李铁映同志在全国地方志第二次工作会议上的讲话《求真存实,修志资治,服务当代,垂鉴后世》,所讲的第三点是"修志必须反映时代的特点",指出:"今天的志书,要反映时代,要反映我们这个时代的伟大变革。二十世纪是中华民族摆脱历史羁绊,推翻三座大山,从封建制度下解放出来,实现民族的彻底解放和独立,走向中华民族的现代化,实现民族振兴的一百年。中国的这个百年奋斗史,是我国,也是人类历史上最伟大的史诗篇章,震古烁今,灿烂辉煌。""现在,我们正在邓小平建设有中国特色社会主义理论和党的路线、方针、政策的指引下,进行着经济体制改革和社会主义现代化建设,这是又一次伟大的革命,即中国真正实现现代化的一场深刻的革命,是一场声震环宇、光耀史册的伟大创举。编纂方志,应反映这个时代的特点。"②可见这个讲话与《暂行规定》的精神是完全一致的,都是要求第一轮修志应当反映"中国的百年奋斗史",反映社会的伟大变革和特点。然而许多新修方志的专业志,大多从新中国成立写起,这样一来,前半个世纪

---

① 参见《中国地方志》1994年第1期。收入《仓修良探方志》。
② 参见《中国地方志》1996年第3—4合期。

就成为空白。如果按照严格意义上的验收来看，将近一半内容未写，能够是合格的产品吗？也许有人会说，民国时期材料少，情况不了解。这当然也不是理由。不了解为什么不作调查？许多过来人、当事人还健在，旧报纸、旧档案都还保存在那里，为什么不进行采访和调查呢？作家姚辉云、林德元两人经过多方调查，不是写出了《南京大审判》吗？我认为主要原因还是主观上不重视，因为在许多主编看来，这些内容都是软任务，多写了无人表扬，少写了也不会有人批评，只有新中国成立后的内容才是硬任务。当然，也有的出于"左"倾思想，认为国民党与共产党不能平起平坐，写国民党时期的内容就是为国民党树碑立传。

国家领导人都一再强调，要加强对青少年进行国情教育，进行中国近现代史教育，实际上是要使广大青少年懂得，我们今天的胜利来之不易。按理讲，每部新修市县志都应当成为进行国情、地情教育的具体生动的教材。若把民国时期的主要内容都省略了，还能真实地反映国情与地情吗？我们今天所修的志书，既要为当前资政、教化（社会主义精神文明）服务，又要存史、传之后世，如果内容有违事实，或者缺而不写，那么子孙后代不仅得加以纠正或补写，而且要指责我们不负责任。因此，编写社会主义第一代新方志，必须抱着对子孙后代负责的态度，将民国时期的内容认真地写入志书，否则就没有完成第一代修志任务，既对不起先辈，更对不起子孙后代。

二、对"大跃进"、人民公社的副作用很少记载

1958年，在中国这块土地上，曾出现过轰轰烈烈的政治运动。"共产主义是天堂，人民公社架桥梁"，这一年的下半年，全国实现了人民公社化，并且公社中都出现了"放开肚皮吃饱饭"、"吃饭不要钱"等现象。由于当时"大跃进"，各条阵线都要大办，如大办工业、大办农业、大办民兵等。特别是大炼钢铁，各行各业都要支援"钢铁元帅升帐"，确实做到了工农商学兵都来炼钢铁，造成了山林的严重破坏，经过好多年都未能恢复。而大办农业的过程中，出现了各地竞放粮食高产"卫星"的局面。与此同时，全国各地普遍刮起浮夸风、共产风、命令风、瞎指挥风和干部特殊风这"五风"，严重挫伤了广大农民的生产积极性，严重破坏了农业生产。经过多次不断的折

腾，就形成了那个至今谈起来还令人害怕的"三年困难时期"，有人也称之为"三年自然灾害"。在那三年中，物资奇缺，许多无辜的百姓因饥饿而死亡，有的地方死亡人数达到惊人的程度。

又如河南省的重要粮棉产区信阳地区，在20世纪50年代末"大跃进"时期，曾因"浮夸风"、"共产风"等造成人口非正常死亡，发生了"信阳事件"。对于这个事件，在编修新方志时，理当加倍注意，必须严肃认真地如实记载。令人遗憾的是，新修《信阳地区志》、《遂平县志》、《西平县志》都很笼统，没有实际内容，更无具体数字。

我征引这一类事实，旨在说明这样一个问题，向来具有"存史"、"资治"功能的地方志面对这些事实该怎么办？当然是没有记载的都得义不容辞地加以记载，记载不足的都得补充，记载错了的都得更正。就像《信阳地区志》等志书这样，不很好地加以更正行吗？这自然都属于新一轮修志的范畴。尽管许多领导都讲了，成功的经验和失败的教训都是宝贵的财富，但是真正总结起来就不是等同看待了。这就要靠每位修志工作者的责任感和主观能动性的发挥了。

三、十年"文革"在许多新修志书中是个空白

十年"文革"在许多第一轮新修方志中没有得到应有的反映和记载，一般都是在大事记中轻描淡写地带上几句，这难道不又是一个大失误吗？十年在历史长河中是短暂的，但与新中国发展史相比，我们即使算到2009年，也已经是占到六分之一了。况且这个十年给我们党和国家造成的损失是不可估量的。事实上党中央在《关于建国以来党的若干历史问题的决议》中已经为其定性，称它为"给党、国家和各族人民带来严重灾难的内乱"。因为这个内乱不仅遍及全国各地，而且持续十年之久，造成的损失确实是巨大的。在此期间不仅生产遭到破坏，教育更是全面停顿，对于这些历史事实，无论是历史工作者还是方志工作者都必须正视，并要给予足够重视，千万不可忽视或回避这个现实。我们党承认了"文革"是一场灾难性的内乱，严肃地做出了决议，其威信不是降低了，而是提高了，这也正说明我们党的光明磊落、正确伟大。因此，我认为在第一轮所修的方志中，凡是这一内容没有记

载的，在续修志书中都应当认真加以记载，这个空白必须补上，否则就算不上内容完整的新方志。我想这个要求是相当必要的，绝不是可有可无的。作为当代历史，如果十年都可以不加记载，恐怕到任何地方都是说不过去的。

四、对改革开放后的新事物记载仍有疏漏

新修方志对改革开放后的内容记载一般都是比较重视的，这自然是应当的，也是很必要的。但是对经济领域出现的一些带有共性的问题，注意得却很不够，因而还有一些很重要的问题被忽略了。如在改革开放以后的经济发展中，曾先后出现了三大模式，最早出现的是"珠江三角洲模式"，其次则是"苏南地区模式"或称"苏南模式"，接着又有了"温州模式"。这些经济模式在拉动这个地区经济发展上起到了重大的作用，经济学界对这些经济模式加以总结和研究，已经发表了许多论著。新修的《温州市志》对"温州模式"亦及时加以总结和记载，不仅指出这个模式的形成过程，而且概括了这个模式的特点，特别是论述了它在温州地区经济发展中所起的作用。对此我在前面已作过评介，这里就不再重复。而产生较早的另两大模式，在相关地区的新修方志中都还没有得到及时的反映，似乎这些都是经济学界的事情，与方志编修无关，而方志学界也未见到有人提出呼吁。我在江苏全省方志培训班上的讲话中讲了此事，听者都有同感，认为新修方志应当要对此加以记载。事后，常州市志办公室主任跟我说，他们很愿意将此任务带回去，很好地总结"苏南模式"，争取把它在新一轮志书编写中写进去。众所周知，及时反映每个地区的新生事物，是我国方志编修的优良传统。明代中叶以后，我国社会经济发展中出现了资本主义萌芽，对此，当时江南地区的府县镇志都有不同形式的记载。因此，现在凡是研究明清时期社会经济发展的学者，特别是在研究我国封建社会资本主义萌芽这个问题时，必须要查阅这些地区的有关方志。这也充分体现出地方志在学术研究中的重要地位和价值，因为这些内容在其他任何一部史书中都无从找到。所以我们对改革开放以来经济领域中所出现的各种模式都应当很好地进行总结，并及时写入新方志中。当然，其他新事物也应当及时反映，即使内容不多，也要设法写入，不能以篇幅限制或无类可归等理由将其丢弃。

第三节　上一轮修志中出现诸多问题的原因

一、初次修志，没有经验

20世纪80年代初，各地新修方志的工作迅速展开，形势发展很快，真有遍地开花之势，又犹如雨后春笋，其发展之迅速、参加人数之多，恐怕都是大家始料不及的。当然，虽然参加者文化水平和素质高低不一，但其积极性都是非常高的。为了适应修志形势的发展和需要，中国地方志指导小组曾分别在各大行政区举办了方志培训班、讲习班，其后各省也纷纷举办了培训班。这些培训班、讲习班在传授方志入门知识方面虽然起过不少作用，但传授的知识毕竟有限，况且参加的人文化水平不一，而参加讲课的人掌握方志知识的多少、方志理论的水平也各不相同，因此，即使通过了培训，也不可能真正彻底解决问题。尽管胡乔木同志在1980年和1981年曾先后两次对修志工作作过具体指示，但各地基层修志工作者却很少知道。因而在各地修志的初期阶段，对于一部志书究竟应当包含哪些内容，各地的看法也不可能一致。所以当时较早完成的那些志书，存在缺这样少那样的情况也就在所难免。

二、思想尚未解放，"左"倾思想影响尚未肃清

20世纪80年代初修志工作刚开始时，由于经过"文革"，大家都还心有余悸，特别是知识分子更是如此。因为"左"倾思想在当时还有一定市场，对有些内容不敢写也是可以理解的。这种心理状态在当时是普遍存在的，这与当时的社会政治气候有密切的关系。记得当时萧县地方志办公室的同志来访问我时，曾问过我三年困难时期饿死人的情况是否要记载。我虽然回答说当然要记载，但对于如何记载，我只回答说用孔子作《春秋》的"微言大义"的书法来反映吧，即用非正常死亡人数来反映。可见当时我也没有要求他们直接把饿死人的数字明确记载下来，因为当时的条件确实还不宜于那样记载。

1985年在新编《黄山志》志稿评议会上，有位省委副书记提出要把"佛

光"这个词改掉,因为它与"佛"字连在一起,具有迷信色彩。当时我提出不同的看法,指出对于"佛光"的形成在新编《黄山志稿》志稿中已经用光学原理加以说明,既论述其产生的原因,又说明其产生的规律,并且讲了"这是一种自然现象",实际上已经用科学的论述起到了破除迷信的作用。同时我还指出,在长期历史过程中所形成的名词都不宜更改,若是改了,将来我们的后代就会不知道"佛光"到底是怎么回事。会后针对这一问题,我写了一篇关于山志编修的文章寄给《安徽省地方志通讯》。结果该刊编辑不仅没有支持我的观点,反而将我的相关意见全部删除。这种做法看来好像是在维护某些领导的威信,实际上是在袒护错误观点。这位编辑全然将"真理面前人人平等"、"科学面前人人平等"丢弃了,甚至连是非也不讲了。

1987年在新编《萧县志》志稿评议会上,鉴于萧县在抗日战争时期曾经存在过三方面的政权,即由共产党领导的抗日民主政府、国民党的县政府和日伪县政府,三者同时都挂县政府的牌子,都有自己的武装和地盘的情况,当时我建议对于三方面政权要单独成篇,因为这种情况在全国来看是很少见的。同时我还提出,不仅是国民党要作为正式内容写入,而且日本的侵略暴行也要作为正式内容记入。当时已是20世纪80年代末,竟然还有人会站出来反对。有人说共产党修志,为什么要为国民党树碑立传?参加评稿会的江苏沛县县志主编还给我送来一封信,要与我辩论。当时支持我意见的人几乎没有,可是当这部县志出版后,"三方面政权"虽然只立为一节,却被异口同声地称赞为很有特色。事实上1983年胡耀邦同志在四川视察时,曾对时任重庆市委书记作过指示:"搞重庆地方志的时候,要实事求是。这里是蒋介石的陪都,对国民党也好,对民主人士也好,哪怕是对蒋介石,有些事情也要实事求是,他有办了好事的地方,蒋介石办的也不都是坏的。"可见当时的党中央领导对如何处理这些历史问题讲得非常清楚。

1991年春,在浙江省《淳安县志》首发式座谈会上,有位外省地方志办公室主任对这部县志将民国时期的参议会作为附录处理的办法大为赞扬,认为此举很有创造性,并说这种做法解决了长期以来未能解决的政权篇编写的难题。还以某些老干部的话作为自己的理论依据,说有些老干部认为在志书里让国民党与共产党平起平坐,感情上是受不了的,这么一来问题就解决了。这位主任完全忘记了我们撰史修志都应当从历史事实出发,要根据历史事实来编写，而不能感情用事。国民党统治中国20多年，曾给人民造成许多灾难和痛苦，这个历史事实必须承认、必须记载。我们今天的政权是从哪里夺来的？如果把国民党政权的存在都否定了，那么我们数十年革命斗争的对象不就落空了吗？

以上事实还仅仅是我亲身经历，就已经足以看出当时的"左"倾思想之严重。特别是上面提到的两位领导，自己的思想状态就是那样，要他们领导全省的修志工作，其结果也就可想而知了。所以，对于"左"倾思想在第一轮修志中的影响是不容忽视的。

三、修志初期有些领导意图不太明确，各省修志领导水平不一，不同程度地影响了志书质量

在第一轮修志的初期阶段，对于新中国成立以后的历次政治运动如何记载，中国地方志指导小组并无明确意见，因而在编修过程中各地也就各自为政。由于这些都是敏感性的问题，为了避免不必要的麻烦，于是能够避开的就避开，能够不写的就不写，这样一来，有关内容的缺略就在所难免。而对于"文革"的记载，当时指导小组的主要负责人曾讲了记述"宜粗不宜细"。对此，当时大家有过议论，因为这句话实际上是含糊不清、模棱两可，什么样叫粗，什么样叫细，这个界限如何划分？正因为如此，当时大多数志书的编写者本着多一事不如少一事的想法，仅在大事记中作了些记载；设专篇记述的虽然也有，但毕竟是少数。又如当时以中国地方志协会的名义曾拟定过一个《新编县志基本篇目》，应当说这对各地修志曾起过积极的作用，因为它毕竟给大家划了个范围，让刚接触方志编修的人知道，在一部志书中应当记载哪些内容。但是由于篇目拟定得还不够完善，因而也起到了一些消极的约束作用，如对传统的艺文志编修不重视，就是直接受该篇目的影响。该篇目将其放在《附录》之中，名曰《地方文献要目》，这就没有引起广大初修志者的重视，因而较早完成的许多志书，都将这一传统而重要的篇目砍掉了。我于1992年对229部新修志书作了统计，发现保留这一内容的志书仅占32%，而独立成篇真正称艺文志的几乎没有，大多数为一节或一目，能够在《文化篇》中设立一章已经很不错了，多数还是将其放在《附录》之中。

该篇目在《文化志》中设有"科技"一目，而忘记了社会科学的应有地位，因而初期成书的方志几乎都没有"社会科学"这一内容。再如，编修初期，指导小组曾提出每部县志一般控制在50万字左右，对于这个规定，有的地方执行了，有的没有执行。现在看来，用数字来控制县志的编修并不是个好办法。要修一部内容丰富的好志书，没有一定字数的保证确实是困难的。因为现在志书要记载的内容确实很多，这是社会发展后整个社会生活内容丰富的实际所决定的。如今的社会内容比以往任何一个历史时期都要多上几倍几十倍，没有百万字数确实难以容纳。

由于上述种种原因，那些较早完成的志书存在一些令人不太满意的情况，诸如内容不够丰富，记载还有错误，有些该写的内容没有写进去等，这是完全可以理解的。通过新一轮志书的编修，这些问题是完全可以解决的。

第四节 新一轮修志的精品意识

一、历史上的志书精品都是锤炼出来的

众所周知，任何一部好的学术著作总是通过不断修改、反复琢磨而形成的，有些书甚至多次修订，第一版与最后一版会有很大的不同，有的甚至面目全非。凡是阅读过古文的人都深有体会，作为唐宋八大家之一的欧阳修文章写得非常好，读了他的一篇文章真如同饮了一杯好酒、品了一杯好茶，回味无穷。其实他的那些好文章也是经过多次修改锤炼而成的。据南宋前期人沈作喆记载，欧阳修晚年在寒冷的夜间修改所撰文稿，时过半夜，其妻薛夫人劝他道："何自苦如此？当畏先生嗔耶？"欧阳修笑着答道："不畏先生嗔，却怕后生笑！"[①] 可见他每篇文稿都是经过再三的修改。又据《朱子语类辑略》卷八《论文》记载："欧公文，亦多是修改到妙处。顷有人买得他《醉翁亭稿》，初说滁州四面有山，凡数十字，末后改定，只曰'环滁皆山也'五字而已。如寻常不经思虑，信意所作言语，亦有绝不成文理者。"这

---

① 参见《寓简》卷八，知不足斋丛书本。

些都说明，即使像欧阳修那样的大家，对于写作也是一再修改、一丝不苟、精益求精。可见精品是要锤炼出来的，方志的精品自然也不例外。我可以告诉大家这样一个事实，历史上许多方志的精品，无不是建立在前人成果基础之上的，著名的"临安三志"就是典型。100年间修了三部志书，都是自为起讫，谁也没有续谁，实际上后者总是得益于前者，尽管后者总是批评前者"疏陋特甚"、"病其漏且舛"，而对人家的长处总是避而不谈。《乾道志》与《淳祐志》间相距80多年，而《淳祐志》与《咸淳志》间相距还不到20年。尽管时间相距很近，《咸淳志》照样从头修起，并且成为宋代流传至今最为完善、内容最丰富、史料价值最高的一部地方志，不仅为研究地方志者不可缺少之书，而且是研究宋代历史的必读之书。之所以能够如此，正是由于前两部志书为其奠定基础，特别是《淳祐志》，成为《咸淳志》编修的蓝本。前面曾在评介《淳祐志》时引了阮元在《四库未收书目提要》中所说该志"诸门皆为《咸淳志》所本"，可见前人早有此说。所以我认为，由于有《淳祐志》的借鉴，才使《咸淳志》体例更完善、内容更丰富，《淳祐志》承前启后、奠定基础之功不可忽视。我们在总结他们修志的经验教训时，对于这一点千万不要忽视。在编修新志过程中，要尽量吸收前人的优秀成果和经验。

我们再看看《景定建康志》，这部志书在清代曾得到许多著名学者的高度评价，也不是偶然的。在此志编修之前，已有乾道五年（1169）修的《乾道建康志》和庆元六年（1200）修的《庆元建康志》。这两部志书虽然早已失传，但是景定年间马光祖、周应合两人携手共修《景定建康志》时，肯定都看到了这两部书。从马光祖的《景定建康志序》和周应合的《修志始末》中都可以得知，他们不仅看了，而且对其利弊得失还作了比较。马光祖说："乾道有旧志，庆元有续志，皆略而未备，观者病之。庆元迄今逾六十年，未有续此笔者。"周应合则说："旧志二百八十板，所记止于乾道；续志二百二十板，所记止于庆元。庆元至今所当续者六十余年之事不敢略，亦不敢废前志也。"这里讲得很具体，连每部志书的版数都讲了，同时又讲了指导思想，即既续写庆元以来六十年之事，又吸收前两志的成果而"不敢废"。至于如何补、如何续，马光祖讲得就更加明确："《乾道》、《庆元》二志，互有详略，而《六朝事迹》、《建康实录》，参之二志，又多不合，今当会而一之。前志之阙者补之,舛者正之,庆元以后未书者续之,方为全书。况前志散漫而无统,无地图以考疆域,无年表以考时世,古今人物不可泯者,行事之可为劝戒者,诗文之可以发扬者,求之皆阙如也。"这就告诉我们,前面两部志书有这么多内容缺载,问题确实不少,而所列之缺载内容又确实都很重要,并不是故意吹毛求疵。因此,这部志书的编修,是在吸收前两部志书成果的基础之上进行的,先将两志"会而一之",对其"阙者补之"、"舛者正之",然后再续之,这就是这部志书编修的全过程。当然,具体做起来就要相当仔细周到,"纂修既欲其备,搜访不厌其详,自幕府以至县镇等官,自寓公以至诸乡士友,自戎帅以至将校,欲从阃府转牒取会。凡自古及今,有一事一物,一诗一文,得于记闻,当入图经者,不以早晚,不以多寡,各随所得,批报本局,以凭类聚,考订增修"①。从这些叙述中可以看出,《景定建康志》之所以能够得到好评,并且被认为是一部不可多得的佳志,并非出于偶然,而是三部志书的编纂者们共同劳动的结果。正因为如此,所以清代学者孙星衍在嘉庆三年(1798)《重刊景定建康志后序》中给予了高度评价,认为"《建康志》体例最佳,各表纪年隶事,备一方掌故;山川古迹,加之考证,俱载出处;所列诸碑,或依石刻书写,间有古字。马光祖、周应合俱与权贵不合,气节迈流俗者,其于地方诸大政,兴利革弊,尤有深意存焉"。著名历史学家钱大昕在为该志所写跋中说:"建康,思陵驻跸之所,守臣例兼行宫留守,故首列《留都录》四卷。又六朝、南唐都会之地,兴废攸系,宋世列为大藩,南渡尤称重镇,故特为《年表》十卷,经纬其事,此义例之善者。《古今人表传》,意在扶正学、奖忠勋,不专为一郡而作,故与它志之例略殊。"②

从上述两部宋代名志来看,它们都是在前人基础之上编修起来的,这中间既有补充,又有修正,当然更有续编,这都是当事人明确讲的。因此,这两部志书实际上都包含了续修的内容,但是它们又都是从头做起的重修,就看你如何理解、如何解释了。其实这也正是我国古代方志编修所共同采用的方式。

---

① 《景定修志本末》,《宋元方志丛刊》第二册,第1330页。
② 《潜研堂文集》卷二十九《跋景定建康志》,《嘉定钱大昕全集》第九册,第496页。

综观宋元以来流传下来的8000多部旧方志，其中真正一刀切式的续志是很少的，尽管有的志书也曾冠以"续"字，但实际上并非如此。因此，不能只看名称上有个"续"字，就以为是今天有些人所认为的一刀切式的续志了。这里我们不妨还是举例说明。《吴郡图经续记》是北宋流传下来仍以图经命名的一部地方志，也是如今所能看到的较早的一部方志，因为宋代保存至今的方志大多成于南宋时期。这部书成于北宋元丰七年（1084），而《吴郡图经》的编修是在北宋真宗大中祥符年间（1008—1016），两者相距80年左右。按理讲既是续志，那只需续这80年的内容就可以了，作者朱长文在序中也说，"凡《图经》已备者不录，素所未知则阙如也"。事实上并非如此，其内容记载都是起自很早的。"封域"引《尚书》、《春秋传》、《禹贡》来说明，"《书》云：'三江既入，震泽底定。'即此地也。至周，为吴国"；"城邑"从吴国记起，"户口"则从西汉记起，"海道"亦从西汉记起；"牧守"第一个就是西汉朱买臣，"人物"开头便说："吴中人物尚矣。"接着便列举严助、朱买臣。再看林虙为该书所写的后序，讲得就更加清楚了：观《图经续记》，"千数百载之废兴，千数百里之风土，灿然如指诸掌。呜呼！何其备哉！先生之书三卷若干条，而所包括者，古今图籍不可胜数，虽浮图方士之书，小说俚谚之言，可以证古而传久者，亦毕取而并录。先生岂欲矜淹博而耀华藻哉？举昔时牧守之贤，冀来者之相承也；道前世人物之盛，冀后生之自力也；沟渎条浚水之方，仓庾记裕民之术，论风俗之习尚，夸户口之蕃息，遂及于教化礼乐之大务，于是见先生之志素在于天下也，岂可徒以方域舆地之书视之哉！"可见这部研究苏州历史的重要历史文献《吴郡图经续记》仍是一部贯通古今之地方志，不能因为它的名称上有个"续"字，就理解为我们今天所说的"接下去修"的意思。我们再看看清代浙江太平县（今浙江温岭），曾于康熙、嘉庆、同治、光绪年间四次修志，而同治那次未完成，志稿也未留存，实际上是修了三次。当然《嘉庆太平县志》是在《康熙志》的基础上编修的，按理讲也该加个"续"字了，但是编纂者们并没有这么做。编纂者戚学标在该志自序中说："书成为十八卷，较前增沿革表、营制、海防、庶政、书目、艺文各篇。人物纪传增多数十。"[1]此外，该志在

---

[1]《民国台州府志》卷六十九。

"杂志"门还记载了嘉靖四十年（1561）戚继光抗倭史事，并附林贵兆所撰《南塘戚公台南平贼记》，这些内容《康熙志》也是没有记载的，可见这部志书是有补有续。而《光绪太平续志》同样是在《嘉庆志》的基础上编修的，作者在《凡例》中说得很清楚："其凡例均依前志，略有变改，复增考异、补遗、附录诸目，或以正旧志之失，或以拾前志之遗。"还加强"艺文"、"金石"二门。志书虽以续命名，其内容照样是有补、有正、有续，也并不是我们今天有些人所理解的续的含义。这个事实还给我们一个启示，如果当年在编《嘉庆太平志》时便将该志称作"续志"，那么《光绪太平续志》又该如何称呼呢？这还仅仅修了三次，明清时期有些地方修过六七次、七八次的都是常事。如《杭州府志》在明代就于洪武、永乐、正统、景泰、成化、万历年间六次编修；《萧山县志》在明代就于永乐、宣德、弘治、正德、嘉靖、万历、天启年间七次编修；江苏《常熟县志》在清代曾十三次编修；山东《泰安县志》也曾八次编修。值得庆幸的是，我们的先人早就采用了以年号来标记每次所修的志书，否则要采用所谓"创修"、"续修"等字眼来标记，那么从第三部开始就无法处理了，更不要说七八次、十多次了。

在新一轮方志编修开始之际，我想奉劝各位修志工作者，现在没有必要在创修、重修、新修、续修等字眼上做文章，还是一切从实际出发为好。上列明代杭州修的六部府志、萧山修的七部县志，除第一部以外，后面的几部自然也都带有续志性质，并且内容也都包含有补、有正、有续，但并无一部标过"续"字，也从未有人提出过非议，因为这是封建时代修志所共有的普遍现象，这实际上是广义的续修，是传统方志编修的主要形式。这种广义的续修正是千百年来广大方志编修者们创造的行之有效的办法。所以魏桥同志也说："广义的续修是传统方志的主要形式。"当然，也有人并不同意这种办法，因而到历史上去寻找那种只按下限接着编修的所谓续修，为此，竟然把唐代所修的各类《十道图》、宋代的《皇祐方域图志》、《皇祐方域续图》、《元丰九域志》和清代三次编修的《大清统一志》也拉来凑数说明，这种眉毛胡子一把抓的研究方法，除了会起误导作用外，还有什么价值呢？早在1983年4月，著名历史地理学家谭其骧先生在洛阳召开的全国地方史志协会年会上所作的报告《地方志与总志及历代地方行政区划》中已经提出批评，我在本书的两篇前言中已经摘引了有关内容。他希望搞地方志工作的人,"有必要将这两个概念分清楚"。这么多年过去了,今天在谈论新方志编修时,还是总志、方志不分地来发表议论,这恐怕未必妥当吧?

二、创精品、出佳志

李铁映同志在全国地方志第二次工作会议上的讲话中早已提出:"修志者应有创名志、佳志、良志的意识和抱负,写出一批优质志书出来。现在志书多而不精,名志不多。"作为党和政府负责地方志工作的领导人来说,此话讲得非常实在,希望全国广大修志工作者树立创精品的意识和抱负,多出名志佳志,而不能停留在完成任务了事的任务观念上。"多而不精,名志不多",这就是对第一届修志成果的总结。我们认为新中国的修志事业,不仅要在数量上创造奇迹,更要在质量上多出精品。这不仅是可能的,而且是应当的,尤其是在新一轮修志中必须明确提出这个要求。因为第一轮修志是仓促上阵、白手起家,没有经验,因此大多是边干边学,能够做出如此成绩已经相当不错。而新一轮修志情况则大不一样。前面已经培养出一大批修志人才,出了那么多修志成果,特别是写出了那么多方志理论著作,为新一轮修志打下了坚实的基础,创造了良好的修志环境和气氛,这都是修好新一轮志书的重要保证。正因为有了这样良好的基础,有着这样良好的起跑点,王忍之同志提出"百尺竿头更进一步"的要求也就属于情理之中了。可见两位领导讲话中所提的要求是一致的,那就是要求在新一轮修志中能够出现更多的高质量、高品位的优秀志书。

我认为要实现这一目标,也并不是可望而不可即的,关键在于要破除广大修志工作者安于现状、只满足于完成任务、不求有功但求无过的思想,使之振作精神,树立精品意识和远大抱负。有些地方修志的速度确实很快,刚进入21世纪,续志便出版了,这样的续志质量如何,我不敢恭维。但我还是要告诉大家,隋唐五代是图经发展的鼎盛时期,中央政府明文规定,各地方政府必须按规定时间编修图经上报中央,因此这种图经在当时是非常普遍的。然而由于这些图经的编修都是出于国家功令,因而其学术价值就不是很高,时过境迁,如今不仅连一部完整的图经都未流传下来,就连目录著作也大都不作著录,只有《新唐书·艺文志》收了孙处玄所修的《润州图经》一部而已，而该书仍是没有流传下来。这是一个很好的教训，说明没有学术价值的著作，要想藏之名山、传之后世是不可能的。国家花这么多钱来修志，总不希望修的都是昙花一现的作品。

当然，要做好新一轮修志工作，对于王忍之同志的讲话精神很好地加以理解可以说是首要任务。他说："'修'也是新一轮修志重要的、不应该忽视的任务，不能只讲'续'，不讲'修'。'修'的工作量很大，开拓工作难度固然大，要再百尺竿头更进一步也不容易，也要付出大量劳动，要做很多考订、补充、修正等等的工作。好的保留，错的纠正，漏的补上，长的精简，如果这些工作做好了，再加上时间把它延伸，新的续上，新一轮的修志工作就完成得更全面。摆在我们面前的将是一部新的、更好的志书，既有最近一段历史的新的史料，又有对上一部志书的提高、修正。这次修志应该做到既续又修，不能偏废。"特别要注意的是，"好的保留，错的纠正，漏的补上，长的精简，新的续上"，这实际上是要大家以上一部志书为基础，接下去续修，而不是摆脱上一部志书。首先要做的是对上一部志书加以锤炼。既然要创造精品，自然纠正错误、补充遗漏就是首要的事，至于原来篇幅较大的文字，就要加以精简提炼，删除那些长而无当的内容，挤掉所有水分，保留其精华内容。李铁映同志在讲到志书质量时曾要求，志书"要做到'增一字则繁，少一字则残'"，这个标准当然是相当高的。因此，这样做绝不是简单的重复，而是精品的提炼，这些工作都是在上一部志书的基础上进行的，也就是对上一部志书的提升。这些做好以后，再将新的内容续上，这就是一部新的、更好的志书。有人说这实际上就是重修，我觉得说是重修也未尝不可。但是，这种重修是在上一部志书的基础上进行的，而不是脱离上一部志书另起炉灶，这种重修是为了锤炼精品，是为了编修出高品位、高质量的新地方志，既然如此，又何乐而不为呢？为了新中国的方志事业，为了多出名志佳志，又何必要在重修、续修等名词上兜圈子呢？应当说王忍之同志所提出新一轮修志的思路和方案是正确的，也是切实可行的。这个思路完全是从创精品、出佳志的角度出发的，并且可以提高方志编修的总体质量，特别是提高方志的学术品位。方志学界尤其是方志界各级领导对此必须引起重视，因为这是关系到方志事业发展的大问题，绝不可等闲视之。值得指出的是，王忍之同志毕竟是大学历史系科班出身，是位懂行的行家，讲话内容都很实在，而不是在做泛泛而谈的官样文章。令人感到遗憾的是，他的讲话发表以后，据说方志界的许多地方领导人觉得"很难理解，很难接受"。对于这种情况的产生，我倒是感到非常意外、很难理解。因为他当时是以中国地方志指导小组副组长的身份发表讲话，当然是代表中国地方志指导小组的意见，对上级意见尚且如此，这自然更令人困惑不解了。

对这个讲话，目前还有一个错误的理解，即认为重修是指对第一轮修志中修得很差的志书而言。其实不然。原来很差的老书自然要重新编修，这里无须进行讨论，然而这和我上面所说的重修在意义上又不能完全等同。它虽然也同样可以按照上述程序进行编修，但其工作量，特别是对原志内容的补充和修订的任务明显要大得多，而对于原志内容的精简和提炼也许就并不那么单纯。因为它原来的基础实在太差，许多内容或许都得白手起家，没有更多的内容可以提炼。因此，尽管两者均可称重修，其含义确实并不一样。也有人对于原来修得很好的志书要进行重修表示怀疑，感觉这样做是否值得。我认为要创精品、出佳志，编一部内容完整、门类齐全、学术品位很高的新志书，这样做自然很值得。正如有的人所讲，若是编写一刀切式的20年内容，不仅是"秃头秃尾"，形式不好看，而且许多内容都必然要重复，如建置、地理、军事、文化、方言、风俗、人物等主要篇目，20年来变化都不大，有的甚至没有变化，那就只有作简单的重复，真正变化大的只有经济部类；所有这些内容又都是地方志必须具备的，少了这些也就不成其为地方志了，这样的话，重复的现象比"重修"会有过之而无不及。对此，主张编修续志的人不知考虑过没有？况且这种续志的编修，势必将给用志的人增加麻烦，本来只需检阅一部志书就行了，分别编修后，就必须检阅两部。也许会有人说，我只管编修。试问编修方志的目的是什么？归根到底，不就是一个"用"字嘛！

据我所知，按照王忍之同志讲话精神进行重修的地方已经不少，江苏的常熟、浙江的义乌等地都早已启动。浙江的东阳、丽水、金华等县市也都将采用这一形式。《常熟市志》在第一轮修志中成书比较早，也是修得相当成功的一部志书，曾得到各方面的好评，而他们还是立志重修，显然是要百尺竿头更进一步。《东阳市志》更是众口称赞的一部优秀志书，是被视作新方志编修上台阶的代表作，是新修方志的示范作品，然而其主编王庸华并没有满足于现状,还曾经特地来拜访我,提出要重修《东阳市志》,问我是否支持他的主张。他说尽管《东阳市志》问世后得到大家一致的好评,但是由于当时条件的限制,虽然许多材料都已经掌握,然而许多内容应当写而未能写。因此单就内容来讲就还存在着不少缺陷,能够有机会重修,这自然是件大好事,自己总是希望能够修一部内容完整、体例完备、质量较高的志书留给后人。我听了他的讲述以后深受感动,对于他站得高、看得远、立志创精品的抱负大为赞赏,表示将全力支持。又如《建德县志》在1986年就已经出版,并得到大家的好评,《人民日报》、中央人民广播电台还先后作过报道,称它为新中国出版的第一部成功的新县志。然而由于出书太早,与后期出版的志书相比,内容显得过于单薄,就连主编周金奎也深感如此,并希望能够通过重新编修使之再放光彩。再如浙江《萧山县志》出版后,曾是在1988年提交全国评论的三部志书之一,可见其质量在当时是居于全国前列的,而他们也照样提出要重新编修。对这三部不同典型志书的简单介绍,是为了告诉大家这样一个事实:这三部志书修得都是成功的,并且都成为不同阶段的典型;但是主编都并不满足于现状,都树立起精品意识,希望再创辉煌。他们这种精益求精的精神,实在令人敬佩!这就进一步说明,重修是为了锤炼精品,而绝不是简单的重复;是为了编修出高品位的志书,而不是去做那种无效的劳动。他们都想为新中国方志事业的发展与繁荣再作贡献。

义乌市是第一个按这种思路进行新一轮志书编修的县级市,不仅市领导对于编修志书很重视,而且参与修志的人员一开始就有新的创意。为了做到集思广益,激发大家参与修志的意识,他们曾在《义乌日报》刊登征集《义乌市志》编修篇目方案的启事,并分设一、二、三等奖,最后共收到18个篇目设计方案。然后将这18个方案分别寄请有关专家评审,请每位专家都将这18个方案分出等次;最后并将有关专家请到义乌,集中讨论评定。最终评出二等奖两名,三等奖三名,一等奖空缺。参加评定的专家学者一致认为,一等奖的要求应当是很高的,即这个方案拿来后大体不必变动就可使用,有这样的水平才能获得一等奖。他们就以两个二等奖的方案为基础,吸收其他每个方案的优点长处,拟出一个方案,再寄请有关专家提出修改意见,在汇集各方面意见后,修订成较为完整的编写篇目方案。这是自20世纪80年代以来,我所见到的第一个真正走群众与专家相结合路线所制定的编写篇目方案。参加的人并不局限于义乌人，还有其他市县的人参与竞争，有位外市的参与者还获得了三等奖。由于这种做法很富有创新意识，比较新鲜，也可以说是在新方志编修过程中所产生的新事物，故在此作简单介绍，供广大修志同仁参考。

对于那些作一刀切式续修的市县，我在这里也想提几点建议：首先，为了能与前一部志书起到前后呼应的效果，做好衔接工作，在上一部志书的下限以前不妨向前适当延伸几年，对已经写过的内容作些适当的重述，这样读者看了就不至于感到很突然。也就是说，这样做是为了给前后两部志书的衔接搭架一座桥梁。其次，由于改革开放以后各方面的变化都很大，特别是为了适应经济的发展，许多行政部门都已经撤销，因此不必按照上部志书的篇目来设定续志的篇目。改革开放以来出现的新生事物实在太多，用层出不穷来形容绝不过分，当然就必须按照新的情况来确定续志的篇目。还是那句老话，篇目设置必须从实际出发，有哪些内容就设置哪些篇目。第三，续志编修建议增设两个篇目，一是《纠误篇》，将上部志书所有的错误都集中到这一篇来修正订误，这样既不影响其他篇章的正常编写，也为读者阅读提供了方便，若是分别放到有关篇章去修正订误，不仅使人有杂乱之感，而且要作修正订误的内容与续志所写已无多大关系；二是《补遗篇》，将前一部志书所遗漏的内容，不论大小都集中在这一篇之中补写。根据上面所述，遗漏的内容确实不少。当然也有人曾经在一次会上公开表示：遗漏得那么多，补不胜补！言下之意是那么多怎么补？意思是没有必要再补。我认为，既然是应当写的内容，那就要本着对子孙后代负责、对方志事业负责的精神，无论多少都应当设法补写。试问在我们今天知情的情况下尚且不去补写，难道要留给子孙后代再去茫无头绪地考证吗？你们的责任心到哪里去了？！

三、新修方志都应增加《前志传》和《杂述篇》

章学诚早就提出，修史者应立《史官传》，编修方志者亦应当为以前修志者立传，称之为《前志列传》。他在自己所编修的志书中确实都立有此传，今天能够知道的就有《和州志》、《永清县志》和《湖北通志》三部，因为至今还流传有《和州志前志列传序例》上、中、下三篇，《永清县志前志列传序例》一篇,《湖北通志前志传序》一篇。在这些序文中,他批评了历代正史未为史官立传是一大失策,讲述了历代史官整日修史,总是在为人作嫁衣。从《史记》、《汉书》开始,就有了《儒林传》;范晔作《后汉书》后,又建立了《文苑列传》;《宋史》编修中,又创立了《道学传》。令人遗憾的是,作为史学家,却忘记了为自己的前辈作传,因而历代史家事迹、史学流派则无人记载,史官的得失亦置之度外。他认为这种局面不应当再继续下去。他列举写后汉历史的除范晔以外,著名的还有十八家之多,由于无专篇论述,后人就无从知道诸家体裁,更不能论次其得失,这是无可弥补的重大损失。特别是从唐代开始,设立史馆,集体修书,并建立监修制度,于是每部史书修成,人们但知监修人员,而真正编修者却湮没无闻,这样一来,是非莫辨、真假难分,坚持直书者不得留名后世,肆意曲笔者则逃脱罪责于人间。这种现象的出现不仅不公平,而且使人们对一部史书编纂的全过程全然无知,遂使前人的经验教训也无从吸取。同样,对于方志编修,不为修志者立传也是一大失策。因为章学诚是将方志看作如同古代诸侯国史,"志乘为一县之书,即古者一国之史也。而世人忽之,则以家学不立,师法失传,文不雅驯,难垂典则故也。新编告成而旧书覆瓿,未必新书皆优,而旧志尽劣也。旧志所有,新志重复载之,其笔削之善否,初未暇辨;而旧志所未及载,新志必有增益,则旧志易为厌弃者一矣。纂述之家,喜炫己长,后起之书,易于攻摘,每见修志诸家,创定凡例,不曰旧书荒陋,则云前人无稽;后复攻前,效尤无已。"他在列举了旧志之所以会"易为人弃"的三条原因后,认为这都是不正常的现象,"是则一方之书,不能无藉于一方之纪载,而志家不列前人之传,岂非得鱼忘筌,习而不察,又何怪于方志之书,放失难考耶?"① 方志发展的历史正如章氏所说,由于长期以来编修方志从不为前志编修人员作传,因而不仅使失传的许多方志无从查考,即使流传下来的许多方志,其真正编修者也无从得知。因为自宋以来,许多方志总是以地方官署名,就像著名的《咸淳临安志》,难道真的是潜说友一人所修吗?恐怕未必。南宋时期的《三山志》,长期以来一直被认为是梁克家所修,直到 20 世纪 80 年代,宋史专家徐规教授考订出陈傅良曾参与此志的编修,但知

---

① 《文史通义新编新注》外篇五《永清县志前志列传序例》,第 986—987 页。

道此事的人毕竟还是不多，因此许多方志论著讲到《三山志》时，仍旧署梁克家编修。当然也有些地方官比较开明，自己聘请了专家学者修府州县志，还能让真正的编修人员署名。如赵不悔邀请罗愿编修的《新安志》，马光祖聘请周应合编修的《景定建康志》，由于主客之间配合得都非常协调，为编修工作创造了良好的环境和条件，所以这才为我们留下了各具特色的两部志书，正因为如此，其真正编修者罗愿与周应合两人修志书的事迹才得以流传下来。到了清代，从各省的通志到府、州、县志，都得由地方官领衔编修，对此，《四库全书总目》中的"《畿辅通志》"条曾直言不讳地指出："通志皆以总督、巡抚董其事。然非所纂录，与总裁官之领修者有别。故今不题某撰，而题某监修，从其实也。监修每阅数官，惟题经进一人，唐宋以来之旧例也。"这就把总督、巡抚监修各省通志，视作历朝宰相监修国史。这也表明各省通志不可能有私人编修，府、州、县志同样是由地方官吏所控制。只要翻阅《四库全书总目》所著录的各省通志提要就可以发现，每部通志都只介绍某总督、巡抚监修，而真正的编修者则很少见到。正因为如此，章学诚才提出今后修志必须要为前志编修者作传。他在《和州志前志列传序例下》里说："州县志书，论次前人撰述，特编列传，盖创例也。举此而推之四方，使《春秋》经世，史氏家法，灿然大明于天下，则外志既治，书有统会，而国史要删，可以抵掌言也。"他也知道，要编好前志列传有三大难题，但他又觉得有三大理由使他不得不作。如"前志不当，后志改之，宜存互证也"，"苟前志失叙，何由知更定之苦心，识辨裁之至当？是则论次前录，非特为旧志存其姓氏，亦可为新志明其别裁耳"。又如"前志有征，后志误改，当备采择也。人心不同，如其面也，为文亦复称是。史家积习，喜改旧文，取其易就凡例，本非有意苛求"，"不存当日原文，则三更其手，非特亥豕传讹，将恐鱼虫易体矣"，"历叙前志，存其规模，亦见创例新编，初非得已"。[①] 有了《前志列传》既可以使后人了解前志编修的过程、前志的规模及其精华所在，又可避免后人对以前所修志书随意贬斥，志书好坏，亦可泾渭分明。这一做法确实如章氏所说，是前无古人的，在方志发展史上实属首创。他不仅提出了这个建议，更重要的是自己在修志过程之中已经一再付诸

---

① 《文史通义新编新注》外篇四，第938—940页。

实践。乾隆三十八年（1773），章学诚应知州刘长城之聘编修《和州志》，开始设立《前志列传》，此后所修之方志都有此传，至今保存下来的尚有《永清县志·前志列传》和《湖北通志·前志传》。值得庆幸的是，《湖北通志》虽然未能流传下来，而其《前志传》却在《湖北通志检存稿》中得以保存下来，这就让后人知道《前志列传》是如何写法。《前志列传》的编写一般都在前面冠一篇序，讲述此传编写的缘由和编写要求，接着便对该地历史上编修的志书一部一部加以论述。每部志书先对编纂者生平作简要介绍，如果志书中或正史中有作者列传亦应指出，然后对内容进行介绍，最后将有关序言一并收录。就以《湖北通志·前志传》而言，在序言之后则曰："湖北分省，向无通志，其未分省而修《湖广通志》，则前明有成化、嘉靖、万历三家。我朝有康熙甲子与雍正癸丑二家。今明志三家，访之藏书之家，已鲜存者。"其后则对五部通志分别加以介绍。值得注意的是，在这个《前志传》中，除了对五部通志作介绍外，对湖北所属之州县志亦有介绍，计有《江夏县志》、《蒲圻县志》、《汉阳府志》、《沔阳州志》、《蕲州志》、《云梦县志》等。[①] 这就是说，《通志》的《前志传》范围应包括旧的《通志》和所属旧的府州县志。如果每部志书都能坚持为前志作传，那即使前志散佚，后人仍旧可以知道它的作者及其记载内容和价值。所以建议今后新修方志，都要公正地为前面志书作个列传。

旧方志有一个很大的特点，是在记载事件时有话则长、无话则短，三言两语往往都见于志书之中。有时也正是这三言两语的记载，在学术研究中倒是起到很大的作用。今天新方志的编修一般比较正规，篇章节之间的篇幅长短往往还讲究平衡，于是有些记载由于内容太少，既无类可归，又不能独立成章节，最后只好被弃而不用。如何处理好这个问题，章学诚早就提出过建议，要求每部志书都设"丛谈"。即使街谈巷议之内容也尽可能加以收录，以备日后之采用。章学诚在早年所写之《修志十议》中最后一条讲的就是这个内容，当时称"外编"。文中说：

邑志猥并错杂，使同稗野小说，固非正体，若遽以国史简严之例

[①]《章学诚遗书》卷二十七《湖北通志检存稿四》，第295页。

处之，又非广收以备约取之意。凡事属琐屑，而不可或遗者，如一产三男，人寿百岁，神仙踪迹，科第盛事，一切新奇可喜之传，虽非史体所重，亦难遽议刊落，当于正传之后，用杂著体零星纪录，或名外编，或名杂记，另成一体，使纤黟钉饾，先有门类可归，正以厘清正载之体裁也。谣歌谚语，巷说街谈，苟有可观，皆用此律。

他在晚年所修的大型志书《湖北通志·凡例》中亦立有一条，其文曰：

征材所积，各以类次为书。其间畸零小说，旁见轶闻，或考订沿讹，或传闻遗事，说铃书肆，纤黟钉饾，志家多附余编闰位，诚属巨细不遗之意。然体裁各有识职，书欲成家，先宜割爱。史载附以小说，毕竟不伦，今为《丛谈》一书，附于三书之后，亦足慰旁搜别索之思矣。

而他在《为毕制府撰湖北通志序》中还说："今编者据轶事，琐语异闻，别为《丛谈》四卷，所谓先民有言，询于刍荛，稗官小说，亦议政者所参听也。"可见他对这些内容的入志一直是很重视的，在他看来，这些内容也是"议政者所参听也"。所以今天新方志的编修亦应注意对这些内容设法编入，不能因为其三言两语或无类可归而遗弃。

可喜的是，有些新志编修者已经注意到这些内容的重要性而加以搜索和记载，做得比较突出的自然首推新编《苏州市志》。他们正是以《杂记》为篇名，记录了苏州古往今来95条互不相干的历史事件，记事之前还有简明小序，序曰："本卷主要收辑记录本志修纂时限内苏州的遗闻轶事，内容包括地方掌故、名人轶事以及具有科学价值和健康趣味的奇异珍闻，以期从各个侧面真实生动地记述苏州历史发展中的某些片断和细节，反映苏州古城丰富的文化内涵和独特风貌。惟篇幅所限，挂一漏万，难以尽收。所选有散见于书籍、报刊者，有采访记录者，重在第一手资料，并大体归类，酌加标题，以便翻查。"这里不仅讲述了收录的范围和意义，而且说明了资料的来源和处理方法。今将序文照录，供广大修志界同仁参阅。据笔者所见，这90多条资料的内容都很有价值，诸如《为封建婚丧礼仪服务的苏州六局》、《雷允上与六神丸》、《叶受和的创设和取名》、《玄妙观的传统集市》、《章氏国学讲习会》、《陈云和苏州评弹》、《胡适、钱穆相识于苏州》、《范烟桥与"拷红歌"》、《张继书张继诗刻石》、《刘海粟三写司徒柏》、《〈枫桥夜泊〉诗异文》、《〈浮生六记〉后两卷伪作情况》、《柴德赓与〈永禁机匠叫歇碑〉》、《狗肉将军张宗昌在苏丑闻》、《林彪在苏州的所作所为》、《"文革"时期苏州的标语、口号和歌谣》等。这些条目，有的是苏州的历史事件，有的是反映民风民俗，有的是关于老字号招牌的创始过程，更多的则是文人学者、社会名流在苏州留下的遗闻轶事，所有这些内容，对于保存地方文献、研究有关方面的历史和学术都有着无可代替的作用。可以想见，百年以后，人们对这些内容会感兴趣，因为其他书中都没有记载，此篇无疑起到了"拾遗补阙"的作用。众所周知，方志有别于其他著作的重要表现就是内容的一个"全"字，对于一个地区的方方面面，特别是奇闻轶事，大都有记载。然而在上一轮修志当中，有些地方过于强调整齐划一，对许多无类可归的内容则弃而不载，这无疑损害了方志记载的一个重要特点。《苏州市志》的编纂者们正是为了保住这个特点，特地设立了《杂记》篇。只要亲眼看过这《杂记》篇所记内容，都会感到这些条文确实都是杂七杂八、无类可归，但是其重要价值又是任何人所无法否定的。总之，为了保持方志的这一重要特色，希望方志界同仁在新一轮修志过程当中都能增设《杂述》篇，多为后人保留一些诸如此类的内容。

四、凡入志者皆应当有正式的篇章节目

方志的记载内容在地方文献中是最为齐全的。随着社会的发展，其内容还将不断地得以充实和完善，并且随着社会的变化而变化，因为它必须反映社会的现实，因而所记内容也必然经常在变化。因此，我们应当用变化发展的眼光来看待方志的编修，以适应社会发展的需要。在上一轮修志过程中，由于习惯于用经济部类、政治部类、文化部类等形式来确定和设置篇目，而不是从社会现实需要出发，所以对许多应当记载的内容无法设置篇目。于是许多地方便想方设法，设立"专记"、"特记"等类目来予以记载。如《嘉善县志》，为了记载该县一个生产队在1958年到1960年间，由于当时所吹"五风"使生产生活受到严重影响而饿死人的调查（这个调查是毛泽东同志的秘

书田家英亲自带领的中央调查组所作），虽然这个内容很重要，却无类可归，于是他们便将此调查与明清时期嘉善赋税之重等内容合在一道，设立《专记》。《上海县志》将1928年以前的上海情况用《特记（上）》来记载，而将那些无类可归的内容，如《马桥古文化遗址、马桥文化》、《有关黄道婆及其影响的资料》、《淞沪警备司令部》、《抗日战争纪事》、《"文革"纪事》等收入《特记（下）》。《静安区志》以上海展览中心作为《特记》，而将无类可归的《谢晋元孤军营》、《汪伪特工总部》、《中统局上海办事处》、《"文革"纪略》等内容收入《专记》。《镇江市志》则将《民主革命斗争纪略》作为《专记（一）》，将《地委行署》作为《专记（二）》等。这些内容中的大多数确实无类可归，为了把这些内容记载下来，编纂者们真是煞费苦心，这种敬业精神令人敬佩！但是，这种无法记载的局面总不能一直继续下去吧？大家都知道，篇目是由人设计出来的，我们为什么要用自己设计的篇目来束缚自己呢？那些内容有许多已经足够成篇，为什么不能作为一个正式的篇目加以记载，而非用"专记"、"特记"等形式呢？众所周知，内容决定形式是唯物论的重要观点之一，既然已经有了足够的内容，为什么不能再设置相关的篇目呢？

我向来主张，篇目设置必须从现实出发，有多少内容就应当设置多少篇目，这难道还有什么问题吗？应当看到，我们今天所修的志书，有许多内容、许多篇目都是旧方志所没有的，为什么这些内容都能作为正式篇目，而"特记"、"专记"中的这些内容就不能作为正式篇目呢？什么"温州模式"、什么"机构改革"、什么"综合经济管理"，从前听都未听说过，还不是改革开放以后才产生的吗？如今不是都作为正式篇目载入志书了吗？我看不能老是用形式来奴役、束缚自己的手脚，内容够成篇的就独立成篇，而那些内容很少又无类可归的当然就可以用"杂述"来收容。不少新修志书已经这样做了。我们也希望方志理论工作者不要再为修志工作制定更多的清规戒律，诸如有人在评论新方志时，居然强调志书篇与篇之间的内容字数要做到平衡。在评论《青田县志》时，由于该志《宗教篇》仅6000字，所以在章以下就没有再设节，竟被视作该志的"缺陷"。本来篇与篇之间内容数量不等乃是正常现象，尤其是像《宗教》等篇目，本来就是小篇章，绝不可能与商业、农业、工业等大篇章相比。事实上，《青田县志·宗教篇》应当写的内容都已经记载了，况且也只有这么多材料，这就叫作量体裁衣，是无可厚非的。至于章以下因内容太少而不再设节、设目，也是常见的事，不单是方志如此，许多学术著作也是这样，那我们又为什么一定要苛求于地方志呢？若是这样要求，那新编《广陵区志》就更要被批评了。因为其章节篇幅的长短，全是根据所记内容多少而定，不作任何的人为平衡，如《人民防空》章第一节"人防机构"用字不到两行；《拥政爱民》章第二节"维护社会治安"仅用字三行半；《城池变迁》章第一节"邗城"用字三行半；《兵役》章第一节"志愿兵役制"两行半不到，第四节"招收飞行员"三行不到；《爱国卫生运动》章共五节，仅用两面篇幅。都足以讲清事件的内容了。此类情况在有些人看来，肯定会提出疑问：怎么一节的内容就这么一点呢？他们认为这样实在太单薄了，明显有失平衡。但是要知道，《广陵区志》编修者的这种写法，正符合自古以来方志记事的特点，即有话则长、无话则短，三言两语，照样立卷设节，没有那么多清规戒律。这也正是方志生命力强的重要原因之一，并因此为我们留下许多珍贵的资料，这是学者们所共知的事实。没有空话废话，后人查检材料也就更加方便。这自然也符合方志是资料性、综合性、科学性的地方文献的要求。每件事情记完了，不发议论、不讲规律，这就是方志记事的本色。胡乔木同志在全国地方志第一次工作会议闭幕会上的讲话中就曾指出："地方志不是评论历史的书，不是史论。多余的评论不但不为地方志增光，反而为地方志减色。""地方志的价值，在于它提供科学的资料。在这个范围内，应该要求方志做到一句也不多，一句也不少"，"杜绝任何空话"。又如有些地方提出，篇目设置要做到"竖不断线，横不缺项"。表面看起来这似乎很有道理，其实是很不科学、很不切合实际的。先以"竖不断线"来看，就是以"大事记"而言，如果要求一个县从建置至今要做到每年大事不断，这在许多地方是办不到的，这本是人所共知的事，而要人家必须做到，合理吗？再看"横不缺项"，各个县市情况都不一样，因此篇目设置也就各不相同。《绍兴市志》有《绍兴师爷》这一篇目，《温州市志》有《温州模式》这一篇目，其他地方的志书不是都没有吗？尽管苏州、杭州同属"天堂"，都是历史文化名城，都是风景旅游城市，但是它们的志书篇目也还是不可能等同的。所以缺不缺项并无实际意义，因为篇目设置必须从当地实际出发，有什么内容就设什么篇目。这已经是修志界的共识，何必还要提那种不伦不类的口号呢？诸如此类的看法，在这里提出势必会得罪一些人，但是为了方志事业又不得不如此，想必广大方志界同仁能理解此意。

五、主编得人是一部志书成功的关键

修志人员的素质决定着志书的质量，主编水平的高低决定了志书质量的高低。主编文化素质有多高，志书质量也就有多高，这是人所共知的事，也是第一轮修志所证实了的。在第一轮修志过程中所出现的被大家公认的好志书，其主编不仅业务水平高，而且责任心都非常强，这也是非常重要的。因为光有文化知识、业务水平还不够，如果没有很强的责任心，没有敬业精神，那也是枉然的。有个历史文化名城，历史上早就产生过影响很大的地方志书，名志之乡本当修出一部水平高的志书，但是由于主编是挂名的，自己很少动手，副主编则是一位名副其实的江湖郎中，按理讲正副主编双休日都应忙于方志的编修工作，这位副主编却忙于给人看病。像这样的人如何能修出高水平的地方志，那自然是天晓得！我想新一轮修志当中应当对此引以为戒。为了方志事业，希望各级有关领导把文化素质高、责任心强的人选到市县志主编的位子上来。主编千万不能挂名，更不能滥竽充数。同时主编必须有职有权，最好行政上兼市县志办公室主任，便于工作协调。查看上一轮修志中涌现出的大家评价比较高的志书，其主编大多是兼志办主任，这是一条很重要的经验。如果因故不能兼办公室主任，那办公室主任必须甘当"后勤部长"，一切围绕着修志工作转，而不能从旁瞎指挥、下命令，更不能故意牵制主编的业务工作。在第一轮修志过程中，也确实出现过这种不正常的情况。有个县级市，办公室主任与主编由两人分任，由于两个人不和，经常"扯皮"，主编需要调查材料，办公室主任则在经费上给以刁难。亏得当任市长开明，为了修好志书，他采纳了我的建议，将办公室主任调离，由主编兼任，这部新志书方才得以顺利完成。因此，在这里我也寄言各市县党政领导，应当重视自己所属市县的修志工作，因为修志工作也是我们党事业的一部分；要把修好一部志书看作是自己任职期间的分内工作，将有真才实学的人选去任主编和副主编，而不要把修志机构变成"养老院"和多余人员的"安置所"，因为那里都是要干实事的。在这里我也很高兴地告诉各位领导，我从方志发展史中发现，历史上许多佳志、名志，都是当时的当权者与修志者很好配合的产物。由于这些佳志的流传，这些本不知名的地方官也都得以名垂千古。其中罗愿的《新安志》、周应合的《景定建康志》便是典型。罗愿在《新安志序》中说得非常清楚，他早有编修此志的愿望，故早就从事资料的搜集采访。赵不悔出知徽州，得知该情况后便立即邀请罗愿承担此事，两人情投意合。为了编好此志，赵不悔下令有关部门都要竭尽全力，并晓谕各属县尽力为之提供相关资料，为罗愿的编修工作提供了极大的方便。周应合的《景定建康志》的编修，亦是得到当权者马光祖的通力配合，他既从多方面大力支持，又从不作丝毫的牵制，因而周应合就可以毫无顾忌地放手编修。时至今日，仍都传为佳话。至如陈耆卿的《嘉定赤城志》，梁克家、陈傅良的《三山志》等，之所以修得很成功，亦多有此因素。可见要修一部好的志书，各级领导的支持与重视乃至关重要。这里寄语全国各市县的领导们，请你们为新中国修志事业作出应有的贡献，历史是不会忘记你们的！

第十四章
胡乔木的方志理论

第一节 胡乔木的生平简述

一、胡乔木的生平

胡乔木（1912—1992），本名胡鼎新，"乔木"是其笔名。江苏盐城人。青少年时期，他勤奋好学、追求进步。1924年至1930年在江苏扬州中学读书时，同共产党人有了接触。1930年下半年在北平清华大学读书时加入中国共产主义青年团，曾任北平团市委委员、宣传部长。1931年"九一八"事变后参与领导北平学生的抗日救亡运动。1932年在盐城加入中国共产党，并在党的领导下从事宣传组织活动，主编《海霞》等进步文艺刊物。1933年下半年到1934年底在浙江大学学习时，组织秘密读书会，传播进步的社会科学和马列主义知识，是学生运动的领导人之一。1936年至1937年在上海参加左翼文化运动和中国共产党地下组织的领导工作，曾任左翼文化总同盟书记、中共江苏省委临时委员会宣传部长，是党在上海抗日救亡工作的领导者之一。

胡乔木于1937年7月到达延安。在抗日战争初期，先后在中共中央宣传部、战时青年训练班和中央青委工作，任青年训练班负责人、中共中央青委委员、毛泽东青年干部学校教务长，主编中央青委机关刊物《中国青年》，向奔赴延安的大批进步青年和边区青年进行革命教育。从1941年2月起，任毛泽东同志的秘书、中共中央政治局秘书。他担任这个职务一直到1966年5月"文革"爆发之前。在延安工作期间，他协助毛泽东同志编辑供党的高级干部学习和研究党史用的《六大以来》、《六大以前》和《两条路线》等重要历史文献。

1942年全党整风运动开始后，胡乔木参与领导文艺界的整风运动，同作家们建立了良好关系。中央领导层的整风运动开展后，他列席中央政治局的整风会议和党的六届七中全会，并作为正式代表参加党的第七次全国代表大会。

在党中央、毛泽东同志的领导下，胡乔木参加了《关于若干历史问题的决议》的起草工作，为该决议的最后形成作出重要贡献。他还为延安《解放日报》撰写数十篇社论，积极宣传党的方针和政策。抗战胜利后，他作为毛泽东同志到重庆参加国共两党和平谈判的随行人员，同国民党统治区的文化界进步人士进行了广泛接触。

解放战争期间，胡乔木先在陕甘宁边区的陇东参加土改。1947年4月中旬起，跟随毛泽东同志转战陕北，历经艰险。1948年4月到河北省平山县西柏坡后，任新华社总编辑和社长、中央宣传部副部长。

他多次为党中央起草重要文件。1948年2月，主要由他起草的《中共中央关于土地改革中各社会阶级的划分及其待遇的规定（草案）》，受到毛泽东同志的赞扬。他为《解放日报》、新华社撰写和修改了大量社论、评论和新闻。他撰写的《驳蒋介石》、《无可奈何的供状》等重要社论，在党的宣传斗争中成为犀利的投枪。在党中央领导下，由他参与并负责组织的新闻宣传战线取得巨大的战果，对人民解放战争的胜利发展起了有力的配合作用。

1949年3月，胡乔木参加中共七届二中全会，作关于新闻工作的发言。党中央进驻北平后，他参与《中国人民政治协商会议共同纲领》的起草，出席第一届中国人民政治协商会议，为迎接新中国的诞生做了许多工作。

中华人民共和国成立后，胡乔木主要在中共中央领导机关任职。1950年至1954年任中共中央宣传部常务副部长。1954年起任中共中央副秘书长。1956年9月后任中共中央书记处候补书记。他在1951年撰写的《中国共产党的三十年》是新中国第一本具有开创性的简明党史。他先后参加《毛泽东选集》第一至四卷的编辑工作，为宣传毛泽东思想付出大量心血。他参加起草1954年的《中华人民共和国宪法》和1956年党的第八次全国代表大会的主要文件，为国家的法制建设和党的思想理论建设作出了重要贡献。他在党中央政治局主持下撰写的《再论无产阶级专政的历史经验》等文章，在重大政治问题和理论问题上深刻有力地阐明了党中央的主张，在国内外产生了广泛影响。

胡乔木是新中国新闻事业的开拓者，历任新华通讯社社长、《人民日报》社社长、中央人民政府新闻总署署长等职，为《人民日报》和新华社撰写过许多重要的社论和新闻，为新闻出版队伍的建设作出了很大的努力。他也是新中国文化教育事业的推进者，历任政务院文化教育委员会秘书长、中国文字改革委员会委员、中央推广普通话工作委员会委员和汉语拼音方案审订委员会副主任，对于推动上述有关工作的开展发挥了积极作用。党的指导思想发生"左"的错误后，20世纪50年代后期到60年代初，他在党中央领导下起草的一些重要文件对制止和纠正当时已经发现的错误起了一定作用。

在"文革"期间，胡乔木受到"四人帮"的迫害。在逆境中，他仍孜孜不倦地阅读大量马列主义著作，对党的历史经验进行反思。1975年任国务院政治研究室负责人，积极投入邓小平同志领导的全面整顿工作，主持修改《关于加快工业发展的若干问题》和关于科学院工作的《汇报提纲》等重要文件，为坚持贯彻党的正确的方针政策、批判"四人帮"的极左思潮作出了艰苦的努力。

粉碎"四人帮"后，胡乔木在揭发批判林彪、江青反革命集团罪行的同时，全力支持邓小平同志批评"两个凡是"的错误方针，支持关于真理标准问题的讨论，为拨乱反正、重新确立党的马克思主义的思想路线和政治路线进行了坚决而有成效的斗争。他在1978年10月国务院务虚会议上发表的题为《按照经济规律办事，加快实现四个现代化》的讲话，为我国经济体制的改革作了初步的理论论证。他列席1978年12月党的十一届三中全会，负责全会的文件起草工作，为实现历史性转变作出了积极贡献。在这次全会上，他被重新选为中央委员会委员，任中央副秘书长。在1980年2月的十一届五中全会上被选为中央书记处书记。他继续负责中央重要文件的起草和对理论工作的指导。

1980年至1981年，胡乔木在邓小平等同志的主持下，负责《关于建国以来党的若干历史问题的决议》的起草工作，接着又负责起草十二大的文件。在这些重要文件的起草过程中，他日夜操劳，殚精竭虑，为科学总结党的历史经验，分清历史是非，否定"文革"的理论和实践，肯定毛泽东同志和毛泽东思想的历史地位，创立和制定党在现阶段的理论、路线和政策，做了大量工作。他对新时期经济建设和改革开放的大政方针提出的一些建议得到中央的采纳。十三大以后，他退居二线，仍积极关心党的基本路线和各项政策的实施，关心党的思想理论建设和社会主义精神文明建设。他坚决拥护邓小平同志关于建设有中国特色社会主义的理论，积极支持以江泽民同志为核心的党中央为进一步扩大改革开放、加快经济建设步伐所采取的一系列重大决策。

胡乔木是十一届三中全会以后党中央关于党的文献编纂、党史研究和档案管理等方面工作的主要领导人，历任毛泽东著作编委会办公室主任、中共中央文献研究室主任、中共中央党史研究室主任。他领导《毛泽东选集》第一至四卷第二版的修订工作，亲自编辑《毛泽东诗词选》新编本。他协助邓小平同志审定《邓小平文选》等著作。他不顾体弱多病，为编辑出版老一代革命家的各种著作集付出自己的全部智慧。在纪念建党70周年时，他发表的《中国共产党怎样发展了马克思主义》是他一生中最后一篇力作。他提议撰写和参与审定的《中国共产党的七十年》，对推动党史的教学、研究和宣传产生了很大影响。

胡乔木是中国社会科学院首任院长，又先后任中国大百科全书总编辑委员会主任、国务院学位委员会主任委员、吴玉章奖金基金委员会名誉主任。他十分重视社会科学的学科建设和队伍建设，在强调以马克思主义理论为指导的同时，大力倡导贯彻党的"双百"方针，既尊重老科学家、知名学者，也关心中青年研究人员的成长。他的渊博的学识、深邃的思想和优美的文辞，在社会科学界、宣传文化界受到普遍的推崇。他被许多社会科学工作者视为良师益友，思想宣传战线的许多骨干人才都受到过他的亲切培养和熏陶。

胡乔木历来关心文艺工作。他积极倡导文艺应坚持为人民服务、为社会主义服务的方针，鼓励文艺家们认清历史责任，推陈出新，繁荣文化艺术的创作。他在1981年8月发表的题为《当前思想战线的若干问题》的讲话，对于文学艺术的健康发展起了一定的推动作用。他也非常关心地方志编修工作。实际上他是新时期方志编修的热情倡导者和发动者。还在20世纪80年代初，他已经提出要重视地方志工作。1980年4月8日，身为中央政治局委员的胡乔木，以中国社会科学院院长的身份在中国史学会第二次全国代表大会上所发表的讲话中，正式提出编修地方志的建议。特别是1986年12月他在全国地方志第一次工作会议闭幕式上代表党中央、国务院所作的报告，成为修志工作的一篇指导性和纲领性的文件。后来他在听取有关方面汇报时还作过多次讲话,可见他对修志工作之重视。

胡乔木是中共第八届、十一届、十二届中央委员会委员,第十二届政治局委员;第一届至第五届全国人民代表大会代表,第二届、第三届、第五届全国人大常务委员会委员;第一届中国人民政治协商会议全国委员会常务委员。著有《胡乔木文集》和诗选等。

胡乔木的一生是革命的一生,是追求真理、献身于共产主义事业的光辉的一生。他一贯努力学习、研究和宣传马列主义、毛泽东思想。他博学深思,勤奋笔耕,经过长时期的刻苦磨炼,终于成为才学超群的在党内外享有盛名的学者和辞章家。对于党的"解放思想,实事求是"的原则,他积极倡导,身体力行。他旗帜鲜明地反对资产阶级自由化等错误思潮,又不固守某些不符合实际的"条条"、"本本",能够根据新的实践经验提出新的理论观点。他具有高度的党性,坚持原则,顾全大局,一切服从党的安排。他几十年如一日,把毕生的精力毫无保留地奉献给了党的思想宣传事业,奉献给了党的重要文献的起草和编纂工作。他尊重知识、尊重科学、尊重人才。他治学严谨,一丝不苟,对工作兢兢业业、勤勤恳恳,竭尽全力完成党交给他的每一项任务。他始终以共产党员的标准严格要求自己,谦虚谨慎、戒骄戒躁,廉洁奉公、生活俭朴,组织纪律性强,鄙视以权谋私的不正之风。他的革命精神和优良品德是全党学习的榜样。

晚年的胡乔木还曾任中共中央顾问委员会常务委员、中共中央党史工作领导小组副组长、中国社会科学院名誉院长。1992年9月28日,杰出的马克思主义理论家、政治家和社会科学家胡乔木,因病医治无效,在北京逝世,享年81岁。

当然,在学术界,有些学者对胡乔木的理论观点还持有不同看法,对其生平事迹中有些历史问题的处理还存在一些意见。这些看法和意见的存在是很正常的。笔者觉得中国有句老话"人无完人"说得很好,它告诉人们,十全十美的人是不存在的,特别是胡乔木在那错综复杂的社会中生活了几十年,何况他又一直担任"中共中央第一支笔",产生过某些错误和缺陷也是可以理解的。就如同我们在评论一部好的学术著作时所下的结论一样,这些"均属末节,无关宏旨"。这就是我对胡乔木一生的总体看法。

二、方志编修的倡导者和发动者

20世纪80年代，在祖国大地上掀起了修志热潮，胡乔木实际上是这一热潮热情的倡导者和积极的发动者。因为还在80年代初，他已经提出了要重视地方志工作的建议。如今不仅广大读者已经不知道此中情况，即使是许多修志界同仁也早已不知道了，因此很有必要介绍一下。1980年4月8日，胡乔木以中国社会科学院院长的身份，在中国史学会第二次全国代表大会上发表讲话，正式提出编修地方志的建议。他指出："地方志的编纂，也是迫切需要的工作。现在这方面的工作处于停顿状态，我们要大声疾呼，予以提倡。要用新的观点、新的方法、新的材料，继续编写地方志。不要让将来的历史学家责备我们这一代的历史学家，说我们把中国历史学这样一个好传统割断了。"[①] 要提醒大家注意的是，他在讲话中不是一般地提出建议，而是用"我们要大声疾呼，予以提倡"，可见他当时对编修方志的紧迫感和高度重视。这个讲话其实正是反映了社会的需要，因此，不仅得到与会者的热烈响应，而且也得到了对地方志有所了解和认识的许多有识之士的积极响应。所以，就在1981年7月，中国地方史志协会正式成立。而就在那次会议召开之前，胡乔木向前去参加此次会议的中国社会科学院秘书长、党组书记梅益作了指示：

> 新的地方志要比旧志增加科学性和现代性。如各项社会、经济、文教、政法状况和统计，地方大事年表，各项政策、法令、制度，新企业、新事业、新技术、新风尚，各项公共工程和福利的发展变化，省、市、区的自然地理变化和人文地理变化，人名录，各种图片等。这是我临时想到的一些题目，很不完整……此事须邀请几位研究现代史、经济史、地理学（包括人文地理、自然地理）、社会学的学者事前有准备地共同研究一下。[②]

[①] 《关于史学工作的几个问题》，《胡乔木文集》第三卷，第110页。
[②] 《对地方志工作的指示、批示》，《中国方志文献汇编》上册，方志出版社1999年版，第21页。

他抓住一切机会贯彻、推行、研究方志编修工作。对此情况，一直以来却很少有人知道。1984 年 8 月 21 日，他在接到胡耀邦关于加强全国地方志工作领导的重要批件后，立即写信给中国社会科学院党组书记梅益和院长马洪："此件请即阅并认真改变目前的状态，调集有志于此者全力以赴。遇有困难，请按范围分请国务院和各省市县负责解决。"①他贯彻有关指示，可以说是雷厉风行。

当时中国社会科学院曾拟订了《关于加强全国地方志编纂工作领导的报告》。但是，对这个报告以什么名义向全国各地发表，还存在着分歧。中国社会科学院希望以国务院名义下发，国务院办公厅秘书局则拟以"国务院办公厅"名义下发。中国社会科学院认为："各省市编修新方志的工作大都是在各省市党委和政府主要负责人直接领导和主持下进行的，这个文件又是关于全国修志工作的第一个文件，以国务院的名义下发，可以加强文件的权威性，有利于修志工作的开展。各地修志人员都急切地期望有这样一个文件。因此，最好还是以国务院名义批发。"②除了这个文件，还有中国地方志指导小组的归属问题，因为"中国社会科学院是一个学术机构，与各地无直接联系，也无指导关系。明确中国地方志指导小组为国务院委托中国社会科学院代管，有利于指导小组的工作"③。这是当时中国社会科学院党组书记梅益写给胡乔木的信中提出的两点要求。信是 1985 年 3 月 27 日所写，而 4 月 10 日，胡乔木便给时任国务院副总理的田纪云写信，信的内容开门见山，简明扼要，现将原信抄录于下（着重号为原件所标）：

纪云同志：

中国社会科学院报告：各省市区地方志编纂工作关系重大，过去历史上（包括国民党时期）历来直属各级政府直接主管（犹如国史馆由中央政府直接主管，过去封建时代历朝皆然）。故望所拟文件以国务院名义发出，而全国地方志指导小组亦仍由国务院委托中国社会科学院代

---

① 《对地方志工作的指示、批示》，《中国方志文献汇编》上册，第 22 页。
② 《梅益同志给胡乔木同志、邓力群同志的信》，《中国方志文献汇编》上册，第 23—24 页。
③ 《梅益同志给胡乔木同志、邓力群同志的信》，《中国方志文献汇编》上册，第 23—24 页。

管。我觉得他们的意见是有理由的，望能准如所请。已代拟电文见附件末页，中间部分可不看。

　　敬礼

胡乔木
四月十日①

　　从收到中国社会科学院的信，到他给田纪云副总理写信，还不到半个月，可见胡乔木在处理这件事情上动作是相当快的，而且也非常果断，观点十分明确，而不是模棱两可。这让主管部门处理起来容易通过。当然这也反映了他的工作风格，更反映了他对地方志工作的一贯热情支持的态度。

　　1986年12月全国地方志第一次工作会议召开，这是有史以来为编修地方志而专门召开的第一次盛会，可见党和政府对继承和发扬中华民族所特有的这一优秀文化传统是非常重视的。会议期间，身为政治局委员的胡乔木不仅听取了当时指导小组负责人梁寒冰、郦家驹、高德等同志的汇报，而且还翻阅了清代、民国时期所修的几种旧志和20世纪80年代出版的两部新志书。在会议闭幕式上，他代表党中央和国务院作了一次内容非常丰富的讲话，对于修志过程中的许多重要问题都作了说明，诸如新修志书的体裁和科学性，志书应当记载哪些内容和怎样记载，以及修志的质量、志书的出版和保密问题，等等。因此，我认为这是关于修志工作的一篇指导性和纲领性的文件。这篇讲话之所以重要，并不是因为他是代表党中央、国务院所讲，更重要的在于这篇讲话出自一位学者之口、一位历史学家之口，是一位懂行人所作的一篇学术报告。诚如《中国地方志》编辑部在悼念胡乔木同志逝世的怀念文章《重温教导倍觉亲切》中所讲："这个只有4000字左右篇幅的讲话，包含的内容非常丰富，既有从国家思想文化工作领导者的角度，高屋建瓴的宏观指导、鼓励和要求，又有学者行家缜密严谨、博学深思的教诲，还有前辈长者语重心长的诱导与启发。讲话的中心是强调地方志的科学性。他认为，地方志应该是严肃的、科学的资料书，是'朴实的、严谨的、科学的资料汇集'，'尽管它不是一部科学的理论著作，但它究竟还是一部科学文献'。就

---

① 《给田纪云同志的信》，《中国方志文献汇编》上册，第22页。

是从这样的观点出发，他对地方志工作提出了若干的基本要求。"[①]可见这不是一般的讲话，而是一篇学术性、专业性都很强的方志论文，况且其内容的针对性也非常强。因此，我们可以这样讲，这个讲话实际上是给修志工作者指明了方向。此后，他还先后听取上海市地方志编纂委员会领导的汇报和中国地方志指导小组的汇报，而每次听了汇报之后，他都有针对性地发表了重要讲话，并且每次所讲都很具体，诸如志书体裁、内容繁简、不赞成名人题词、志书中的索引和图表、内容如何配插图、如何提高质量、方志机构的学术性、如何把好用人关等方面的问题，他都很关心。这就说明，他对地方志编修的重视，并不是仅仅停留在理论上或口号上，而是以具体行动直接参与；加之有胡耀邦等中央领导同志的关心和重视，20世纪80年代初在全国很快就形成了修志高潮。而以上这些事实也足以说明，胡乔木正是这一时期方志编修的热情倡导者和发动者。

第二节　明确阐述修志工作和地方志书的性质

一、编修地方志就是做学问

编修地方志就是做学问，编修地方志的地方就是做学问的地方，这个讲法是由胡乔木第一次提出的，也是他的一贯思想。这在他对方志工作的多次讲话和指示精神中得到充分的体现。而这种思想，则又源于自古以来学者们著书立说就是在做学问这一现象。胡乔木认为，"地方志是严肃的、科学的资料书"，是"科学的资料著述"，因此编修这些"科学的资料著述"，当然就是在做学问，这是毫无疑问的。而他正式提出这一说法，则是在1991年10月17日听取中国地方志指导小组工作汇报时。他告诉大家："从事地方志工作，还是要搞学问，要把它作为学术工作来抓，本来不是行政性的事。修地方志，应当是一个做学问的地方。过去修志是一些很有学问的人去

---

① 参见《中国地方志》1992年第5期。

做的，它本身是一项学术性的工作。"①他反复强调，编修地方志是一项学术性的工作，千万不要把它当作行政性工作来抓。这正是由所编修的志书的性质所决定的。因为科学的资料文献、科学的资料著述都必须是系统的、有条理的、有组织的，因此在编纂中要有一定的原则要求和写作技巧，诸如编修体例、文字表述等都有特定要求，而不是随意凑合的、杂乱无章的资料汇编。它是对省、市、县三级所作的"全面系统地记述本行政区域自然、政治、经济、文化和社会的历史与现状的资料性文献"②。因此，从事该工作者必须具有做学问的精神，懂得做学问的途径，掌握做学问的手段和方法，有步骤、有计划，按部就班地加以编修。也许有人要问，胡乔木为什么要提出这个问题？首先他要告诉各级修志领导，你们所编修的各种类型的地方志都是学术著作，因此，编修这些学术著作的地方自然"应当是一个做学问的地方"，就如同每位学者的书斋，尽管大小可能相差悬殊，但毕竟都是做学问的地方，它与一般行政办公的地方应当有所不同。在这些地方，首先必须具备学术气氛，创造一些做学问的条件，以便修志工作者能够安心认真地编修志书。其次，胡乔木已经发现，当时许多方志办公室并非如此，其性质完全是行政性的，其功能则是发号施令、考察访问。正因如此，他才非常严肃地向中国地方志指导小组提出："从事地方志工作，还是要搞学问，要把它作为学术工作来抓，本来不是行政性的事。"③说明当时许多地方编修方志机构的负责人对自己工作的性质还是不太清楚，把原本应是学术工作的修志当成行政工作来抓了，所以编修出版的地方志书质量就不可能很好，也就很难具有学术性了。很显然，在毫无学术气氛的环境中，采用行政手段编修出来的地方志，要它具有较高的学术性是很难的。所以他还对地方志指导小组的同志讲："我看了××县志，实在不怎么样。我还看过几部县志，有的简直看不下去。"④正因如此，他非常严肃地指出："地方志一定要写好，如果搞得不

---

① 《谈新编地方志——听取中国地方志指导小组工作汇报时的谈话》，《中国方志文献汇编》上册，第33页。

② 《地方志工作条例》第3条。

③ 《谈新编地方志——听取中国地方志指导小组工作汇报时的谈话》，《中国方志文献汇编》上册，第33页。

④ 《谈新编地方志——听取中国地方志指导小组工作汇报时的谈话》，《中国方志文献汇编》上册，第33页。

好,宁可慢一些,不能赶任务。我是倡导修志的,但是我不赞成起哄。编写地方志必须具有严谨的学风。"[①]从这段讲话也可看出,他提出"修志的地方,应当是一个做学问的地方",并不是随意地泛泛而谈,而是有其具体的实在的内容。因为志书中的任何一个门类,确实都是一门专门的学问,要写好它,都要花大力气、下苦功夫,搜集丰富的资料,进行深入研究,加以分析排比,最后编纂成书,这个过程不正是在做学问吗?

众所周知,真正做学问,既不能限时间,更不能赶任务。关于这点,胡乔木当时已经作了提醒。可是到如今,赶任务已经成为方志界司空见惯之事。因为目前各地修志都要以领导的意志行事,许多领导为了显示政绩,往往限定在自己任期届满时志书必须出版。事实上编修志书的周期与领导的任期不可能是一致的,领导任期满了,志书不一定就能出版,为了实现长官意志,修志工作者就只好赶任务了。这势必影响志书的质量,当然,保证志书的质量也就成了一句空话。这种情况各地都普遍存在,因为修志的费用是要领导拍板的,于是志书编修得快还是慢也只有听从领导的了。总之,胡乔木发表这个讲话已经过去20多年了,我们不妨检查一下,时至今日,究竟能有多少修志机构的负责人,特别是省一级修志机构的负责人,对于自己所负责的机构性质搞清楚了?究竟有多少人已经知道要把它作为学术工作来抓,而不是作为行政工作来抓?因为这涉及编修出来的志书的质量问题,很有必要弄弄清楚。但是,现实情况表明,目前在修志领域确实还有一批省、市志办的领导,对于自己所管的单位性质是很不清楚的。胡乔木同志已经讲过,修志队伍的专业性是很强的,因为他们都是在做学问,因而他们的人员编制应当相对稳定,不宜经常变动。据说有位省志办的负责人,对于自己所管辖的编纂人员居然来了个"大调防",将原省志编纂室的人员调到年鉴编纂室,而年鉴编纂室的人员则被调到省志编纂室去编修省志,多年从事刊物编辑的人也被调往年鉴室。对此做法,大家都感到莫名其妙!这简直就成了"乔太守乱点鸳鸯谱",你能说他对自己负责的机构性质了解了吗?

[①] 《谈新编地方志——听取中国地方志指导小组工作汇报时的谈话》,《中国方志文献汇编》上册,第33页。

二、地方志是严肃的、科学的资料书

地方志究竟是一种什么样的著作，恐怕很多人都不知道，即使那些从事方志编修工作的人也未必都十分清楚。为了使广大方志界同仁都能充分认清自己所编修的究竟是什么书，胡乔木同志在全国地方志第一次工作会议的闭幕式上的讲话中对此问题作了比较多的论述，可以说这一问题成为这次讲话的重点。他在讲话中先后将地方志称为"严肃的、科学的资料书"、"朴实的、严谨的、科学的资料汇集"、"一部科学文献"、"科学的资料著述"等。实际上地方志就是一部"科学的资料著述"，或"科学的资料文献"，国务院颁布的《地方志工作条例》中则称之为关于"历史与现状的资料性文献"。所谓科学的资料文献，自然就必须具有科学性、资料性和文献价值。而科学性指的就是这部地方志应当用新的观点、新的方法和新的资料来编修，编修中"至少要求整部地方志从头到尾都力求严谨，要保持一种科学客观的态度"[①]。至于科学性如何体现，从胡乔木的讲话中我们就可以得到启示。他说："过去的地方志，别的问题且不说，它们有一个共同的缺点，就是在各个门类之间看不出相互间的影响和逻辑关系。因此，旧的地方志作为一种资料书是有价值的，但它的科学性很差，这不足为怪。新的地方志应该在这方面有很大的改善。我们不仅要门类设得比较合理，在门类的叙述上比较得当，而且要力求表现出各门类的相互关系。"[②] 这就是说，在新方志的编修中，体例结构、篇目设置都要做到合理有序。在门类编排上要尽量做到以类相从、按类编修、归类合理、排列有序，特别是要体现出篇目之间的内在联系和逻辑性。在后来的新方志编修中，许多新志书确实都做到了这一点。例如《东阳市志》，篇目设置与编排就很富有科学性，在政区、自然环境、灾异之后，紧接着就是居民，居民以后便是方言、民俗。这种排列合乎自然规律、富有逻辑性，这样的排列在当时是不多见的。我之所以讲这样排列合乎自然规律，原因在于这样编排正体现了人类社会演变的过程。《政区》、《自然环境》、《灾异》三卷，首先展示了这里居民长期赖以生存的地理环境和

[①] 《关于地方志工作的几个问题》，《胡乔木文集》第三卷，第232—233页。
[②] 《关于地方志工作的几个问题》，《胡乔木文集》第三卷，第232—233页。

自然条件，而居民们长期共同生活在这同一个环境之中，久而久之，自然就产生了共同的方言和习俗，这完全是顺理成章之事，因而这样的编排合乎自然。而在民俗之后是人物，这就打破了新志编修以来人物总是殿后的固定格式，从而也就突出了以人为主体这一指导思想。因为有了人才有一切，这是人所共知的道理。人类一切文明史都是由人类自己所创造的，要记载这些文明史，理所当然应以人为主体，这是十分简单的道理。可就是这个简单的道理，却往往被人们所忽略，于是许多志书便出现了见物不见人的现象。所以我们说这部志书的篇目编排是相当科学的。又如《淳安县志》的篇目设置与编排亦很科学。享誉海内外的千岛湖就在该县，它原来只是一座大水库，因修建新安江水电站而形成了千岛湖。淳安县志办的修志同仁在编修《淳安县志》时，还特地为千岛湖立了专编。为了让大家了解千岛湖的形成，还在此编之前设了《移民》编，因为先有30万人大移民，然后才形成这样一个湖，这样编排是非常合理的。编纂者从本县山区实际情况出发，在《建置》、《自然环境》、《人口》这三编之后，接着就安排了《移民》和《千岛湖》编，然后是与此相关的《水利》、《水产》、《电力》、《林业》、《土特产》诸编。从而将该县因建造水电站后引起山乡巨变而形成的特色如实地反映出来。这样安排，各编之间存在着一定的相关联系，同样顺乎自然。按常规安排，作为湖泊的千岛湖，本当属于《自然环境》编，但因为千岛湖的旅游与水产品已经成为该县两大经济支柱，为了体现其在该县经济生活中所起的主导作用，因而独立成编，使之与《自然环境》并列。可见胡乔木提出新修方志要具有科学性，在新修方志的过程中已经逐步在实现。

至于资料性，则是地方志最基本的属性，也是其有别于其他各类著作的最重要的标志。因此，资料是否丰富、是否真实，乃是一部志书的生命线，因为它正是志书价值之所在。尽管旧方志缺乏科学性，但它保存的资料还是有价值的，并且许多地方可以补正史之不足。著名学者谭其骧先生在《浅谈地方史和地方志》一文中就曾指出："方志中不少材料不见于正史及其他史籍，因此成了解决历史问题的唯一依据。例如宋代是否曾在上海设置市舶司的问题，离开了方志就解决不了。"[①] 为了这一问题，谭先生和日

---

① 《江海学刊》1982年第1期。收入《长水集（续编）》。

本学者藤田丰八还打了一场笔墨官司。藤田丰八认为《宋会要》和《宋史》中均未记载在上海设过市舶司，因此便认为曹学佺《名胜志》中所讲"宋即其地立市舶提举司"一语乃出自明人传说，不可信。谭先生则根据《弘治上海县志》所载宋人董楷在咸淳五年（1269）所作两篇文章确载其事，指出："《名胜志》之说当本于方志，而方志中此说，却有确凿的史料依据。"谭先生正是以方志记载之史料为依据，最后打赢了这场笔墨官司。又如研究宋史的人都知道，研究唐宋以来对外贸易及设置市舶司等问题，无一例外都要引用《乾道临安志》和《宝庆四明志》，因为《乾道临安志》卷二"提举市舶衙"条就有明确记载："旧在城中，淳化三年四月庚午，移杭州市舶司于明州定海县，以监察御史张肃领之。"这自然就成为研究这一内容的重要根据。再如研究明清时期的江南经济发展与资本主义萌芽问题，同样离不开这一地区明清时期所修的各类方志，因为除方志以外，基本上找不到其他史料。最后还要说的则是《咸淳临安志》，它虽然只是一部地方志，但到如今，不仅已经成为研究杭州历史的人非读不可之书，而且是那些研究宋史的专家学者在研究南宋历史时的必读之书，它在学术上的地位与价值，自然也就无须多说了。

以上所举尽是史料价值，所以胡乔木在讲话中说："旧的地方志作为一种资料书是有价值的。"也正因为如此，方志才有可能得以代代相传而不衰。当然，大量使用过旧方志的人都知道，旧方志还有许多内容记载是不可靠的。所以胡乔木说"它的科学性很差"。科学性很差，不仅反映在门类编排不可能做到合理有序，各个门类之间也看不出相互间的影响和逻辑关系，而且许多内容的记载还存在着封建迷信色彩和某些奇谈怪论。所以胡乔木强调新修方志必须具有科学性。除了在篇目设置上做到科学合理外，对于入志资料一定要做到真实、准确、可靠，并且要系统、完整，也就是胡乔木所说的："地方志应当提供一种有系统的资料。这种有系统、有组织的资料应是一个有机的整体。"[①] 这就是说，方志这种资料书是有系统、有组织的资料书，是经过精心综合提炼而成的地方文献，而不是随意编排、杂乱无章的资料汇编。因此它是具有科学性的资料文献，是一个有机的整体。全书所载虽属资

---

① 《关于地方志工作的几个问题》，《胡乔木文集》第三卷，第233页。

料，但是经过科学有序的编纂，便形成了一种独特的有别于其他任何一种著作形式的科学的地方文献。

第三节　针对志书弊病，提出编纂要求

一、要避免"政治化"倾向和宣传色彩

有鉴于方志资料记载的内容都必须具备客观性和稳定性，所以胡乔木在全国地方志第一次工作会议闭幕式上的讲话中就提出："作为地方志编辑工作的同志，要力求在编辑工作中避免一种所谓的'政治化'的倾向。所谓'政治化'，就是不适当地表现出一种政治的色彩，这样就减弱了著作的严谨性、科学性，使地方志染上了一种宣传色彩。从我所看到的新编地方志中，我感到存在着这个问题……现在有的地方志，还不必去看它的本文，就使人感到有一种强烈的宣传色彩。打开这本书后，首先出现的不是序言，也不是目录，首先是大批的题词，以及大批选得不适当的照片。我觉得像这样一种格式就不合乎地方志的规范。"[1] 这段讲话针对性很强，20世纪80年代初所出版的那批新修志书几乎每本都是如此。大量的名人题词和国家领导人的照片占有很大篇幅，作为地情书的地方志，主要应当记载有关本地区的地情资料。当然，将视察过这个地区的国家领导人的照片收入所视察的相关内容之中也未尝不可，但为什么一定要都集中放在卷首呢？这自然就表现出政治色彩，削弱了作为学术著作的严谨性和学术性。不仅如此，他还指出："至于其他不相干的照片更不需要了。地方志是严肃的、科学的资料书。现在说的这种风气却损害了地方志的科学性，这是应当避免的。"[2] 本来作为学术著作来说，总都是想尽一切努力去反映其学术价值的，恐怕很少有人去考虑政治倾向和宣传色彩。而在当时地方志的编修中，为什么会产生上述情况？原因也是多方面的。首先是政治挂帅思想影响的具体表现。将国家领导人的照

---

[1]《关于地方志工作的几个问题》，《胡乔木文集》第三卷，第233—234页。
[2]《关于地方志工作的几个问题》，《胡乔木文集》第三卷，第233—234页。

片都放在卷首，自然就可以说明这部志书的编纂者突出政治，而不是只管业务、丢了政治。其次则是媚上与趋时之风在作怪。在当时除搜集国家领导人在该地留下的照片外，还千方百计请国家领导人为自己编修的志书题词写字，似乎题词越多这部志书的价值就越高，而不是把精力放在研究如何提高这部志书的科学性和资料的真实性上。这种做法难道不是在舍本逐末吗？所以胡乔木发现以后，立刻对这种不良的风气加以制止，希望扭转修志过程中所产生的这一严重的不良倾向，使修志工作走上健康的发展道路。这是众所周知的事。

值得注意的是，现在方志学界有的人在论著中又开始宣传强化地方志的政治色彩，还批评地方志的编修是"明日黄花"，"已经很落后时代"了。我要明确地告诉这些人，从某种意义上来说，方志编修的本身要求就是要写"时过境迁"的那些内容，这是方志的性质所决定的，其所写内容必须具有稳定性与客观性，否则国务院颁布的《地方志工作条例》中也就没有必要规定"每20年左右编修一次"了。这一规定本身就说明，地方志编修的内容必然是永远落后于时代的，它绝不可能做到像报纸、杂志那样日日新、月月新，它只能是"明日黄花"。因为只有通过时间的沉淀和过滤，才有可能对历史事实的真相认识得更加清晰、更加真实，有个时间的积累，才可以起到去伪存真的作用。大量历史事实证明，许多事件的定性也确实需要多年以后方能下结论，正如民间所说，盖棺方能定论。只有这样，才能体现出方志内容的稳定性和客观性，也只有这样，才能使所编修的方志能够经受历史的考验。就如在改革开放以后，在经济建设过程中所产生的"苏南模式"，当年曾喧闹一时，被当作一种成功的经验在宣传。但是到如今方才发现，这种经济发展乃是建立在破坏环境的基础上的，正如2006年无锡市副市长麻建国称，20年来，无锡开创了"苏南模式"，但去过无锡的人也许会发现，无锡太湖水已污染得不成样子了。自然环境的恶化是我们发展经济导致的后遗症。他还表示，他们将拒绝在未来的城市化进程中再度扮演杀鸡取卵的角色。[1]请看，10多年前还一直为经济学界所津津乐道的"苏南模式"，本来是被当作成功的经验在宣传，如今方才认识到这乃是惨痛的教训，而这个认

---

[1] 参见《第一财经日报》2006年9月18日报道。

识同样是经历了一段时间后才得到的。尽管这一内容对于方志来说，无论是成功或失误都是要记载的，但在记述时的写法与结论毕竟是不相同的。我想，这一例证比任何高深的理论都更加具有说服力。何况在许多具有政治性的事件中，本来就存在介于似是而非、模棱两可之间者，这就更加需要时间的沉淀，方能得到比较真实、比较可靠的结论。至于有些借贯彻党的方针政策问题而对修志工作发表的不切实际的议论，这里因限于篇幅，就不再谈自己的看法了。时任中国地方志指导小组组长的曾三在全国地方志第一次工作会议上的报告中强调："新编地方志无疑必须以马克思列宁主义、毛泽东思想为指导，要坚持党的十一届三中全会和十二大以来的路线、方针、政策，要为两个文明建设服务。但我们的志书毕竟不是马克思主义理论教科书，也不是党的政策的宣传性读物，不是把马克思主义理论和党的方针、政策简单地照搬到志书中就算完成任务。坚持马克思主义的指导，就是指要运用马克思主义的立场、观点、方法，依据党的方针、路线、政策，认真研究志书的体例、结构、篇目、内容，仔细审核和分析所掌握的事实材料，编写出能够真实地反映当地社会、历史实际的志书。"[1] 可见坚持以马克思列宁主义和毛泽东思想为指导，贯彻党的路线、方针、政策，对于修志工作者来说，就是要能用其立场、观点和方法，"编写出能够真实地反映当地社会、历史实际的志书"，这才是最终的目的。我之所以要征引这段论述，就是为了说明方志编修工作者在任何时候学习马列主义、毛泽东思想、邓小平理论、"三个代表"和科学发展观的重要思想，贯彻执行党的路线方针政策，都应当按此精神去做，编修出一部合格的新方志，否则讲得再多、说得再好也是无济于事。况且我们党在每一个新的历史时期，都要制定适应于新的历史时期的方针政策，我想这一点大家都应当知道。然而令人困惑的是，胡乔木在二十多年前就一再强调，方志编修中要避免政治化倾向，要防止染上一种宣传色彩，然而时至今日，我们却发现方志学界不仅又有人在大力宣传政治化倾向，而且还出现了功利主义的倾向。对这种不良风气，原上海市志办副主任刘其奎教授近年来曾多次发表文章加以批评。他在《中国地方志》2011 年第

---

[1] 曾三：《为编纂社会主义时代新方志而开拓前进——在第一次全国地方志工作会议上的报告》，《中国方志文献汇编》上册，第 67 页。

2期上发表的《关于第二轮志书质量若干问题的思考》一文中，提出的第三个问题就是讲"关于方志工作者要克服浮躁、趋时不正之风"，现将其中一段征引于下：

> 在我们方志界浮躁、趋时现象也确实存在。如在二轮修志中有的单位编纂的志书粗制滥造不符合志书的要求，要急于出书。还有的领导不顾志稿质量不符合要求，限时限刻要编纂人员送出版社出版。某些方志工作者，打着所谓"创新"的旗号搞什么新创：有的人否定前人概括的"六字功能"，提出"地方志的服务功能必须坚持'五个为主'的原则，即以服务人民为主，以服务当代为主，以服务本地为主，以服务经济为主，以服务党和国家的中心工作为主"。"丰富与拓展地方志的服务内容，从总体上可以概括为'四个板块'（政治、经济、社会、文化）、'三个文明'（社会主义政治文明、精神文明、物质文明）、'两个社会'（社会主义和谐社会、全面建设小康社会）、'一个发展观'（科学发展观）。做到'六个服务'，即为建设社会主义新农村服务，为推进产业结构优化升级服务，为促进区域协调发展服务，为建设资源节约型、环境友好型服务，为深化体制改革和提高对外开放水平服务，为深入实施科教兴国和人才强国战略服务。"这里玩弄的"四、三、二、一、六"的文字游戏，几乎全部是从党和政府的文件抄来的，要地方志全方位、全覆盖"服务"。还有的论著武断地提出"地方志是一种文化产业，方志发展已呈产业化趋势"，"方志具有市场，具有可开发性"，"发展方志文化产业切实可行"。还有的急功近利，想把地方志和其他媒体如报纸、期刊、广播、电影、电视、网络一样，立竿见影，不适当地夸大读志用志的宣传作用，等等。这些都是方志界浮躁、趋时的种种表现。

请看，上文所列举的这些言论，与胡乔木所提出的编修地方志要防止政治化倾向与宣传色彩的主张，完全是背道而驰的。很难想象，用这样乱七八糟的主张，如何能够编修出一部合格的地方志？

二、地方志不是评论历史的书

胡乔木在全国地方志第一次工作会议闭幕式上的讲话中还特别强调，方志编修中不要搞多余的评论，以免影响志书记载的客观性。他说："客观的历史就是客观的历史，不需要在地方志里画蛇添足地加评论。地方志不是评论历史的书，不是史论，多余的评论不但不为地方志增光，反而为地方志减色。"[1] 胡乔木认为地方志是资料性的地方文献，当然"地方志的价值，在于它提供科学的资料"[2]，这就决定了地方志必须按照客观的历史与现实加以编修，以保证其内容的客观性和真实性，而且不应当任意乱加评论。任何一种评论，都有可能会影响史实记载的客观性。众所周知，客观的历史与人们的主观认识往往会产生距离，不可能做到完全一致，加之各人的看法又不尽相同，于是个人评论也就往往有失于公正，张三的评论，李四就不一定同意，这就势必影响志书记载的真实性与可靠性。所以说"多余的评论不但不为地方志增光，反而为地方志减色"。为了更好地理解胡乔木讲话的精神，我不妨告诉大家这样一个事实，我国古代许多著名的史学评论家早就反对史书在记载史事之外再加多余的评论，几乎一致认为，"据事直书，善恶自见"。刘知幾在《史通·直书》篇中说："史之为务，申以劝诫，树之风声。其有贼臣逆子，淫君乱主，苟直书其事，不掩其瑕，则秽迹彰于一朝，恶名被于千载。"宋代史家郑樵同样主张据事直书，反对任意评论，任情褒贬，他在《通志·总序》中说：读了"萧（何）、曹（参）之行事，岂不知其忠良"，看了"（王）莽、（董）卓之所为，岂不知其凶逆"，何必多此一举再另加评论呢？而清代史学评论家章学诚在《史德》一文中则提出了更高的要求，要求历史学家在编写史书时，"当慎辨于天人之际，尽其天而不益以人也"[3]。意思是说，历史学家在编写史书的时候，首先应当辨别清楚主观与客观事实之间的关系，并且要分清哪些是自己的主观意图，哪些是客观事实。在分清主观与客观之后，要尽量尊重客观事实。要如实反映客观事实，千万不要把自

---

[1] 《关于地方志工作的几个问题》，《胡乔木文集》第五卷，第233—234页。
[2] 《关于地方志工作的几个问题》，《胡乔木文集》第五卷，第234页。
[3] 《文史通义新编新注》内篇五，第265页。

己的主观意图掺杂到客观事实中去，要尽可能做到客观，而不要套上主观。既然有人要另加评论，这就是在套上主观，这对于史书记载的客观性与真实性的影响自然也就显而易见了。至于有的论著中说，方志编修"平铺直叙、述而不论，缺乏观点"，那就更加是无稽之谈了。方志的文体叙而不论，这是长期以来方志在发展过程中所形成的，是由方志的性质所决定的，千百年来行之有效。说"述而不论、缺乏观点"，实际上是对方志无知的表现。凡从事学术研究的人都知道，每条史料本身都包含有史义，所谓"让史料说话"，就是这个意思，没有观点还说什么话呢？实际上在编修方志时，在处理史料的全过程中，处处都体现出编修者的观点。大家想想看，在史料的取舍和排列顺序上，不都是要反映作者的观点吗？为什么取这条而不取另一条？为什么这一内容放在前面，而其他内容则要依次向后排？这中间难道没有观点吗？我们主张方志文体要叙而不论，并不是说方志编修中就没有观点，而是要把观点放在叙事之中体现出来，这就是顾炎武所说的"于序事中寓论断"①。也许有人认为这是不可能的，否则为什么有人要指责方志叙而不论的文体"缺乏观点"呢？请看，司马迁写《史记》不是就这样做了么，谁能说他的《史记》"缺乏观点"呢？大家读《史记》可以发现，司马迁在叙述史事时，不加一句议论，不置任何可否，人们只要顺文一读，就会明白作者主观评价之所在。这是一种在史实的叙述中就把自己观点体现出来的笔法。例如《史记·叔孙通列传》就是体现这种笔法的典范。全篇多次通过史料对叔孙通进行评论，可是司马迁本人却一次都未出面，全是借别人之口，把一个历事十主、以面谀而得亲贵的叔孙通的真实面目赤裸裸地展现出来。用今天的话来讲，此人原来是个十足典型的马屁精。这就足以说明，方志的叙而不论是并不缺乏观点的。

方志文体叙而不论，是方志的性质所决定的，这是方志区别于其他著作的重要标志之一。这一点不存在了，方志的性质也就变了，方志这种著作也就不存在了。所以胡乔木在讲话中一再强调"地方志不是评论历史的书，不是史论"。因为他事先翻阅过部分新修志书，发现存在这些问题。因此，我认为他的讲话虽短，却都是有针对性的，甚至连文字表述不当的问题也都指

---

① 《日知录集释》卷二十六《史记于序事中寓论断》，第1429页。

出来了。他说:"在正文方面,也存在类似的问题(指"政治化"倾向,笔者注),说明编者还不很清楚在地方志里面究竟应当表述什么内容,怎样去表述。比方说,写一个人物,写完了他的事迹以后,忽然加上一句'某某同志永远活在某某地方人民的心中',下面还有个惊叹号。这不合乎地方志的体裁。还有像这样的措词:'某某地方的人民正在向着四个现代化的目标奋勇前进!'这些语言都不是地方志的语言……我们不应该画蛇添足。地方志的价值,在于它提供科学的资料。在这个范围内,应该要求地方志做到一句也不多,一句也不少。如果说不能做到后一点,至少要做到前一点。希望我们所有地方志的编辑同志一定要在自己所编辑的地方志中,杜绝任何空话,摆脱任何宣传色彩,使我们编出来的书是一部朴实的、严谨的、科学的资料汇集,让它能够经受历史的考验。尽管它不是一部科学理论著作,但是它究竟还是一部科学文献。这样,它就可以赢得读者的信赖。"[①]字里行间,充满了他对广大修志工作者的殷切希望,希望广大修志工作者都能切切实实地修出一部经得起历史考验、得到广大读者认可的好志书。

三、志书的详略要得当

我国的旧方志有一个值得后人借鉴的长处,那就是简明扼要。凡是阅读过旧方志的人都知道,旧方志的文字记载都很简略,大多是有话则长,无话则短,三言两语照样完成对一件事情的记载,因此,每部旧志书的字数都不是很多。遗憾的是,这一优良的修志传统早就为修志界同仁所抛弃。因而新志书的编修,部头越编越大,字数越编越多,如今已经达到非常令人吃惊的地步。一部县志早已超过百万字,一部市志也已突破千万字,因此,如今要看完一部新修志书,非得有点毅力和耐心不可。其实,对于新修志书的分量问题,当年胡乔木早已有所考虑,所以他在全国地方志第一次工作会议闭幕式上讲话的第三点中专门就此作了论述,现将原话抄录于下:

  第三点,就是地方志的分量。我想,地方志应做到详细,同时应当

[①]《关于地方志工作的几个问题》,《胡乔木文集》第三卷,第234—235页。

做到简略。所谓详细，指它所应讲到的方面都讲了；所谓简略，就是指每个方面的说明要像打电报、编辞书那样地精炼，要惜墨如金。作为一部实用性的文献，不能分量太大，分量太大引起种种不便。这是一种希望，一种既不容易达到而又必须达到的奋斗目标。[1]

在这里，胡乔木对于新编方志的分量问题讲得十分明确，也十分肯定，"不能分量太大，分量太大引起种种不便"。当然，他也考虑到控制分量是不太容易的，所以他才说这是"一种既不容易达到而又必须达到的奋斗目标"。至于如何才能达到这一目标，他也提出了自己的建议，要求大家在编修过程中要做到"惜墨如金"，对于每条事目的文字叙述，要做到"像打电报、编辞书那样地精炼"，文字表述上要力求做到"一句也不多，一句也不少"。如果真能按照这一精神去做，那么，新编修的地方志中的大话、空话、套话、废话以及无用的资料自然就不会存在，志书的分量自然也就压缩下来。可惜的是，如此重要的修志理论，从整个方志学界来看，早已被丢得一干二净，这难道不值得大家思考吗？正由于胡乔木的方志理论在方志学界早已被人们所遗忘，所以方志学界不仅又出现了"政治化倾向"，而且还有人公开发表文章，鼓吹新志编修必须"政治化"，上文所引的那些论调，不就是在这样鼓吹吗？由于重要理论的缺失，修志过程可以说是无拘无束，所以志书的分量也就越来越大。早在20世纪80年代初，中国地方志指导小组曾拟订过一个参考数字标准，其中县志一般应控制在50万字左右。可是，到上一轮修志结束，大多数县志的字数均已超过百万，而新一轮志书编修，其分量都早已超过上一轮，字数均已超过200万字，"就上海地区已出版的二轮志书言，区、县志都在200万字上下，多的达到230多万字。二轮修志，上限大多在20世纪90年代初，下限止于2003年前后，志稿跨度大致在十年左右"[2]。所写时间仅十年左右，字数就有200万，哪里来这么多内容好写？照此推算，若是写一部贯通古今的志书，篇幅之大就更加可想而知了。刘其奎教授在文中也指出，志稿之所以冗长，有多种原因，"究其原因最为重要的是资料选

---

[1] 《关于地方志工作的几个问题》，《胡乔木文集》第三卷，第235页。
[2] 《关于第二轮志书质量若干问题的思考》，《中国地方志》2011年第2期。

录不精,真正有存史价值的资料缺少,无存史价值的资料录用过多。再就是上面提到的交叉重复的内容记述较多;有的表格设置不当,占用篇幅;大事记内容繁杂不精;政治、文化等部类记述工作过程过细,记会议的内容空泛;行文文风不够端正,大话、套话、空话、虚话、假话等属于水分的内容还比较多"①。该文还列举了许多志书记载内容空洞无物的生动例证:

> 一部志稿记述党的会议,把大段的套话录于志稿之中:"在以江泽民同志为核心的党中央领导下,高举邓小平理论伟大旗帜,认清形势、坚定信念、抓住机遇、齐心协力,努力完成各项任务,争取两个文明建设新成果。"有一部志稿,为了凸显境内高校的优势,用极具宣传色彩的广告语,作为小标题:"历史悠久,地位重要;规模宏大,学科齐全;师资优秀,力量雄厚;设施完备,环境优美;国际交流,日趋广泛;注重质量,成效显著。"这些夸张性的广告语,与实际情况并不完全相符。还有的专记没有具体的实质性内容,记的是领导人的所谓核心理念,体裁是论说体,空话、虚话连篇,与整部志稿很不协调。②

看了这些介绍,人们自然要提出疑问,新的志书记载这些内容究竟有何作用?有何价值?如此这般修志,修出的志书分量如果不大那才怪呢!

此外,新修志书分量之所以会如此膨胀,还有其他一些原因。如现在新修志书,前面都有一篇很长的"概述",将这个地方的历史与现状在文中全部表述出来。其实这些内容就是后面所有篇章内容的浓缩和提炼,只不过是高级形式的重复而已。又如目前所有新修志书中都设置有"经济综述"篇,这个篇目本身就告诉人们,它不是资料性的记载,而是理论性的"综述",既不具有存史价值,又有违于志书的体裁。因为已经设置了,似乎也就从来无人提出疑议了。诸如此类,若是用胡乔木的方志理论来要求,"要像打电报、编辞书那样地精炼",要做到"一句也不多,一句也不少",这些篇目自然都可以去掉了。由于新修方志分量越来越大,而有用的资料却并不见增

---

① 《关于第二轮志书质量若干问题的思考》,《中国地方志》2011年第2期。
② 《关于第二轮志书质量若干问题的思考》,《中国地方志》2011年第2期。

多，这自然也就成了一种怪现象了。难怪学术界长期以来一直在批评新修方志水分太多，有用的资料实在太少。我想方志学界应当静心听听这些批评，而不要看到取得的成绩便沾沾自喜，否则将严重影响方志事业的向前发展。

第四节　确保志书质量的关键在于把好人选关

一、修志必须重视质量

胡乔木对于新修方志的质量一直是很重视的，他在全国地方志第一次工作会议闭幕式上的讲话中，第四点就专门讲了这个问题。编修一部志书，不仅要花费人力、财力，而且要花费大量的时间，因此，他希望要慎重行事，在进度上不必定出指标。当时曾三讲到，有可能在2000年或稍晚些时候做到省、市、县志都出齐。胡乔木则说："提出这样要求是非常积极的，只是我担心恐怕不容易实现，如果提出一些不切实际的要求就更不容易实现。"[1]他当时还提出，全国修志不妨分两种类型，对于那些经济不发达的地区、还没有解决温饱问题的县，还不可能编修县志，他们可以先编出一些资料，以便将来利用。"就在可以编县志的地方，也不能把修志工作看得过分轻易。与其出一部很不得体的县志，不如暂时出一部油印或铅印的资料，作为一种稿本而不出版要更好一些。可以等到过了几年，有了合格的编辑，编写新地方志的经验更多一些，所写的稿子更加成熟以后再出版。我说这样的话，是出于对地方志工作的爱护。我不希望在我们这一代编出来的县志和其他志书有某一些很不适当、很不够格的东西混杂在里边。我希望我们这一代出版的地方志都是比较够格的，这也是符合我们时代、我们国家的要求的。"[2]从这一席语重心长的讲话中人们可以看到，他确确实实是出于对地方志工作者的爱护，因为此前他已看过几部新修方志，"实在不怎么样"，"有的简直看不下去"。像这样的志书，花了大量的人力财力，出版以后能有多少价值呢？

---

[1]《关于地方志工作的几个问题》，《胡乔木文集》第三卷，第235—236页。
[2]《关于地方志工作的几个问题》，《胡乔木文集》第三卷，第235—236页。

这里我想特别提醒大家注意的是，胡乔木强调要为我们这一时代争光。他倡导恢复方志的编修，不能辜负我们所处的时代，"不要让将来的历史学家责备我们这一代的历史学家，说我们把中国历史学这样一个好传统割断了"①。既然已经修了，自然就"不希望在我们这一代编出来的县志和其他志书有某一些很不适当、很不够格的东西混杂在里边。我希望我们这一代出版的地方志都是比较够格的"。我们如果不修，后人要责备我们这一代把好传统割断了；若是修得很不像样子，后人同样要"责备我们这一代"不负责任，况且也失去了地方志的实用价值。因此我说胡乔木的这些论述，确实都是为方志编修工作在深谋远虑。正因如此，他在1990年1月15日听取上海市地方志编纂委员会领导汇报时的讲话中明确提出，希望他们努力提高质量、严格要求，力争达到高水平。

1991年10月17日，他在听取中国地方志指导小组工作汇报时的谈话中，开门见山地又谈方志的质量问题。他说："编写新的地方志，一定要重视质量，不能只强调速度。""地方志一定要写好，如果搞得不好，宁可慢一些，不能赶任务。我是倡导修志的，但是我不赞成起哄。编修地方志必须具有严谨的学风，志书中的任何一个门类都是一门专门的学问。人物传究竟应当怎么写，也是一门学问，决不可轻视。你们提出重视政治质量，要求不出政治性错误，这当然是对的，当然重要。但是一部志书，如果仅仅没有政治性错误，而这部志书整个质量很差，也是不行的，也还是一个大问题。"②

从这些论述中大家可以看到，胡乔木对于志书质量的要求是一贯的、严格的，而所讲的话都是很实在的，很少讲空洞的大道理。众所周知，在那个年代里，由于"左"倾思想还有一定的影响，因而在学术研究中讲到质量时，大家首先想到的就是把好政治质量这一关，似乎只要把好这一关，就可以万无一失了，好像只有政治质量最重要。所以胡乔木强调指出，衡量一部志书质量的好坏，政治上不出差错固然很重要，但如果志书整体质量很差，"也是不行的，也还是一个大问题"。事实上正如胡乔木所说，如果一部新修

---

① 《关于史学工作的几个问题》，《胡乔木文集》第三卷，第110页。
② 《谈新编地方志——听取中国地方志指导小组工作汇报时的谈话》，《中国方志文献汇编》上册，第32—33页。

的志书，体例结构杂乱无章，所记内容错误百出，自然就很难取得读者的信任，很快就会被社会所淘汰，当然也就不可能"藏之名山，传之后世"了。因为方志的三大功能就是"存史、资治、教化"，所记内容既然大多不足信，三大功能自然也就不存在了，这是显而易见的道理。后来在修志过程中的一些事实也可以说明，胡乔木讲话中关于志书质量问题的那些提醒确实并非多余。就如出版于1993年的《平阳县志》，1998年就已经有人在《中国地方志》杂志上发表了批评文章，指出该志书记载上的错误很多。不久，这位写批评文章的作者还出版了《新编〈平阳县志〉辨误校正》一书，可见错误确实不少。为此，平阳县志办公室组织全体人员对这部志书进行了一次全面的检查与校正，共查出错误达"八千多个知识点"，错误率竟达1%。这个错误率已经达到惊人的程度，若让这些错误流传，必将贻误后人。又如《常熟市志》是上一轮修志中所产生的相当成功的一部好志书，曾获得国家二等奖。该志的修订本已经出版，笔者从《修订后记》中得知，这部志书的编纂者们在看到"市志内容在广泛应用并历经数年'沉淀'以后，发现由于各种原因，存在比较多的差错与不足，而在使用中难以得到纠正"，加之"20世纪80年代开展修志工作时还受着当时的环境和一些条条框框的制约，有许多重要内容没有得到记载，给用志读志者带来许多困惑和不便"。为此，他们专门组织力量，对志书进行全面的修订，"整个修订工作到2004年底基本完成，全书修订4000余处，其中一半以上是各种各样的错误"。笔者在阅读了《修订后记》以后，为他们对修志工作精益求精的精神所深深感动。这种认真负责的敬业精神，无疑将会永远得到人们的尊敬！通过这两个事例，大家自然就可以理解，胡乔木为什么对志书的质量一直那么重视，当然这也同时反映了他对这一传统文化所具有的浓厚情怀，总希望所修志书都能做到不辜负时代所赋予的使命。此后，中央领导同志李铁映、王刚等在有关地方志的讲话中，都直接提出"志书的质量是志书的生命"，对此岂能等闲视之！

二、修志要把好人选这一关

要编修好一部质量有保证的地方志，修志人员的素质乃是关键，所以这也就成为胡乔木关心方志工作的重点内容之一。他在那次听取指导小组工作汇报时的讲话中,除了指出要重视方志质量外,主要就是谈论修志人选问题,因为志书总是要由人来编修的,所以人的素质高低就直接关系到所编志书的水平高低,尤其是主编的素质就更为重要。这已经是人所共知的事。所以他说:"我们说要重视质量,关键是人选要合适,否则地方志不可能修好。"又说:"地方志这项工作必须专业化,要培养一个真正有专业水平的队伍。要提高这支专业队伍的水平,不能只讲大道理,还要多讲小道理。每一个门类究竟怎样才能写好,需要分门别类地提出来,让大家都能明白,怎样算好,怎样算坏。要用具体事例来说明,这样才能让从事地方志工作的人打开眼界。所谓把关,首先是要把好人选这一关。人选这一关把不好,没有合适的人选,那么这种地方的修志工作,难免徒然浪费时间。"①非常明显,在他看来,要修好一个地方的志书,首先要把好人选这一关,因为并不是任何人都适于修志的,所以一定要把合适的人选到修志的岗位上。人员选好以后,还要加强培养,可通过举办培训班、讲习班,专门传授修志的专业知识,使之成为真正具有专业水平的人才。因此,培训班上不能只讲大道理,而必须对整个方志编修过程作分门别类的讲述。他还建议可以在比较好的旧志书中选择若干部分印出来,让修志者都能看看,这样才能知道好的志书应该是怎样的。同时对新修的志书亦可选择好的和不好的加以评论,并且"要对它加以详细的、具体的评论",这种评论,一则要通报全国,让全国修志人员都能看到;再则可以作为培训班的教材,"让大家都知道怎么算好的志书,怎么就是写得不好的志书"。不能只是空洞地、抽象地讲志书的质量。可见胡乔木考虑问题是相当周到的。人才选好以后,还想到要对他们进行培养,要使他们掌握修志的相关知识和技能,并使之达到专业化。只有这样,才能保证志书编修工作的正常运转。至于修志人选的来源,他同样也曾有所考虑。他在中国史学会第二次全国代表大会上的讲话中,在讲到"地方志的编纂,也是迫切需要的工作。现在这方面的工作处于停顿状态,我们要大声疾呼,予以提倡"时,接下去就说:"历史系大学毕业生的出路是很

---

① 《谈新编地方志——听取中国地方志指导小组工作汇报时的谈话》,《中国方志文献汇编》上册,第33页。

多的……例如编写地方志就是其中很重要的一项。"①可见他把历史系的大学毕业生作为修志人员的重要来源之一。这主要是考虑到他们在校期间所学的许多课程在方志编修中都能派上用场，因此他们若能参与方志编修，确实是个有利条件。这一点还是值得注意的。修志人员的素质直接决定着志书的质量，这在上一轮修志的过程中已经得到了证实。凡是被大家公认的好的志书，其主编不仅业务水平高，而且责任心都非常强。

新的一轮修志工作在各地启动已经多年，我希望各级领导能够按照胡乔木的讲话精神，把文化素质高、责任心强的人选送到市县志主编的位子上来。主编千万不能挂名，更不能滥竽充数。不要再把修志机构变成"养老院"和多余人员的"安置所"，因为在修志的地方都是要干实事的。

目前全国各地修志人员的文化素质是参差不齐的，这与各省市领导对修志工作的重视程度有着密切的关系。有些省市领导对此是非常重视的，还经常到修志机构视察，关心改善修志人员的工作条件，表扬修志人员的工作成绩，使修志工作者得到很大的鼓舞。有些省市的领导对此则不太重视，他们从来就没有把修志工作当一回事。需要指出的是，胡乔木对修志人员的素质要求是很高的，因为在他看来，修志工作就是在做学问，自然对人员的选配不能等闲视之。所以他指出"地方志这项工作必须专业化，要培养一个真正有专业水平的队伍"，既然是"有专业水平的队伍"，当然这支队伍也就必须相对稳定。事实上，这个要求现在基本上未能达到。

综上所述，胡乔木在那几年中对于方志编修工作问题的论述，内容非常丰富，真可谓事无巨细，想得非常周到。特别是在全国地方志第一次工作会议闭幕式上的那次讲话，从志书性质到志书体例，从志书质量到修志人选，他都作了深入的阐述。我虽然将其内容归纳为如上七个方面，但有些问题还是很难包括进去，如胡乔木对志书中有些篇目如何编写的问题论述得非常深刻，至今许多新修方志都还未能做到，有的甚至还根本没有想到。现将这段论述全文抄录于下，以便在新一轮修志中发挥作用：

在地方志每个门类下面要提供哪些资料，这个问题比较复杂，需要

---

① 《关于史学工作的几个问题》，《胡乔木文集》第三卷，第110页。

作更多的探索。例如有的县志中有这样一个门类，叫"社会"，这是很好的，是旧志所没有的。但"社会"这个门类中，究竟要包括一些什么内容，值得研究。它可以有例如以下的内容，人口的构成和分布，居民区的结构和分布，在解放以后，特别在改革开放时期，社会职业组成所发生的一些变化。县志里常常可以看到"教育"这样的门类，但在"教育"这个门类下，只是列举了有多少学校、多少学生，或它们逐年增长的数字，却没有说到学校的实际情况如何，教育事业面临的障碍是什么，文盲所占人口百分比和组成状况，在实行义务教育制后所面临的问题。社会上有些什么样的犯罪活动，在这些犯罪活动里面，有哪些可以作为社会问题列在"社会"门类下面，怎样写才比较适当。诸如此类，都需要研究。所以地方志的体裁有很多问题要在实践中努力探索解决。[1]

胡乔木逝世已经20周年了，他生前为推动新时期方志编修做了许多常人难以做到的工作，为方志事业的发展作出了巨大贡献，并为我们留下了一笔非常珍贵的方志理论财富。关于方志理论的文章，单从数量上看似乎并不太多，但其内容却相当丰富、相当系统、相当全面。他是新中国成立以来值得称道的杰出的方志理论家，他的方志理论也丰富了我国方志学科的宝库。然而令人遗憾的是，自从他逝世以后，他的方志理论不仅没有得到有关方面的大力宣传、提倡和推广，而且似乎已经销声匿迹了，很少有人再去问津。我觉得这是非常不应当的，希望有关方面对此能够引起重视。

---

[1] 《关于地方志工作的几个问题》，《胡乔木文集》第三卷，第235页。

后　记

　　拙著《方志学通论》2003年修订本出版后，本以为对于此书今后就可以不必再去过问了。不料后来在日常翻阅和使用的过程中，不断发现书中所征引的文献资料存在好多错误，还有些地方字句脱漏，文句不通。不过，起初尚未引起足够的重视。后来陈凯同志为我从头至尾对全书校读了一次，发现错误之多，足以令人吃惊。一部学术著作，在文献征引上有这么多的错误，而且其他文字差错亦不在少数，若再让其流传下去，显然就对不起广大读者了。同时此书在市面上早已脱销多年，原版自然就不能再继续使用了。经与学术界相关朋友商量，并得到出版界许多朋友的支持，特别是得到华东师范大学出版社有限公司董事长朱杰人教授的鼎力支持后，笔者决定修改后再出增订本，以答谢广大读者。这次增订，共做了四项工作：首先，请陈凯同志帮助将该书所征引的文献资料查到原书，对所有引文逐一加以校对，尽量扫除错误；其次，请王福群同志从编辑角度出发，对全书再校读一次，以减少文字上的差错；第三，接受友人的建议，对原书章节作适当的调整，原来仅分六章，现调整为十三章，因为原有章节中，有的部分内容太多，阅读起来殊为不便；第四，增加了《胡乔木的方志理论》作为第十四章，这么一来，关于新中国方志事业发展的内容就更加完善了。

　　至于有关方志方面的其他内容，这里就一概不谈了。因为要讲的或该讲的，在本书和《仓修良探方志》中都已经讲了，再讲自然就是多余的了。若是别人不愿意听，讲的次数再多也是无济于事的，只能被看作是老生常谈而已。

　　最后，还有一点要讲的是，本书初版（即1990年齐鲁书社版）后面有几行空洞的"附记"，有好多友人问起这是怎么一回事。笔者自1981年以后，经常应有些省市和大专院校的邀请，为他们办的讲习班、培训班和专修科等讲课。当时杭州师范学院所办的两次培训班的时间比较长，给我安排的讲课次数也比较多，于是我就将为我校历史系本科生讲课的有关内容也给他们讲了。所讲内容当然是比较详细的，讲课时我还特地说明："我所讲的内容，都已写成书稿，即将出版，因此，千万不劳诸位以任何形式代为发表。"可是时隔不久，有人在编写方志辞典时，发动这些学员参加编写。在编写过程中，有些人竟将我讲课的内容甚至讲课列的标题都作为辞条写入辞典。这是当时的学员写信告诉我的，所以我才有可能在第一时间就知道这个情况。因为我的书稿在齐鲁书社曾经"睡了五年"，直到1990年方才出版，而那部方志辞典又是在拙著出版之前就已出版了，为此，在行将出版时，我便将上述事实写了个"后记"。然而那本书的责任编辑是位老好人，他本着息事宁人的想法，将我所写的上述内容全部隐去，只字未留，于是就变成了今天所看到的那个不伦不类的"附记"。到如今二十多年过去了，在拙著出版增订本时，将当时所写"附记"的真实内容适当作些说明还是必要的，也让本书读者可以了解一些内情。

　　由于本书修订本存在那么多的差错，因而曾给广大读者在阅读和使用中增加了殊多不便，在增订本行将出版之际，笔者怀着十分内疚的心情，向大家致以诚挚的歉意！并再次感谢大家长期以来的热情支持和厚爱。现在能够顺利地再出增订本，首先要感谢朱杰人教授，而陈凯同志和王福群同志更是立了大功。项目编辑夏玮女士亦为本书出版付出了辛勤的劳动。此外，老朋友温玉川先生在章节调整上提出了宝贵的意见，鲍永军教授为新增内容提供了相关资料，在此一并表示感谢！

仓修良
二〇一二年三月六日于浙江大学独乐斋